国家"985工程"(二期)哲学社会科学创新基地重大成果
第三届中国出版政府奖图书奖　第三届三个一百原创图书出版工程奖

学术版

中国佛教通史

第五卷

赖永海　主编

江苏人民出版社

图书在版编目(CIP)数据

中国佛教通史. 第五卷/赖永海主编.
—南京：江苏人民出版社,2010.9(2021.10重印)
ISBN 978-7-214-06479-0

Ⅰ.①中… Ⅱ.①赖… Ⅲ.①佛教史－中国
Ⅳ.①B949.2

中国版本图书馆 CIP 数据核字(2010)第 185005 号

书　　　名	中国佛教通史（第五卷）
主　　　编	赖永海
策 划 编 辑	府建明
责 任 编 辑	张惠玲
装 帧 设 计	吴赵铎　许文菲
责 任 监 制	王　娟
出 版 发 行	江苏人民出版社
地　　　址	南京市湖南路 1 号 A 楼,邮编:210009
照　　　排	江苏凤凰制版有限公司
印　　　刷	江苏凤凰新华印务集团有限公司
开　　　本	652 毫米×960 毫米　1/16
总 印 张	549.25　插页 62
总 字 数	7100 千字
版　　　次	2010 年 11 月第 1 版
印　　　次	2021 年 10 月第 2 次印刷
标 准 书 号	ISBN 978-7-214-06479-0
定　　　价	2280.00 元（全 15 卷）

(江苏人民出版社图书凡印装错误可向承印厂调换)

本卷主要撰稿人(以姓氏笔画为序)

杨维中

　　哲学博士。现为南京大学哲学系(宗教学系)教授、博士生导师。主要著作有《心性与佛性》、《中国佛教心性论研究》、《中国唯识宗通史》等。

　　撰写内容:第一、二、三、四章。

谭　洁

　　文学博士。现为山东师范大学文学院教授。主要著作有《兰陵萧氏家族文化研究》、《南朝佛学与文学——以竟陵"八友"为中心》等。

　　撰写内容:第一章第一节之四、第二章第六节。

目 录

第一章 隋代佛教 1

第一节 隋代社会与佛教 1
一、隋代佛教的社会文化背景 2
二、隋文帝的佛教信仰及其政策 7
三、隋炀帝的佛教政策 17
四、隋代士大夫与佛教 23

第二节 隋代佛教的复兴 29
一、"六大德"与"众主" 30
二、学派延续与宗派兴起 37
三、佛典翻译 45

第三节 隋代佛教的诸位大师 73
一、僧猛 74
二、灵裕及其门下弟子 77
三、昙迁及其弟子 110
四、净影慧远及其门下弟子 125

第二章 唐代社会与佛教 163

第一节 唐代佛教的社会文化背景 163
一、唐代的政治制度 165
二、唐代的经济发展 166
三、唐代社会的开放和文化的繁荣 169

1

第二节　初唐诸帝的佛教政策　172
　　一、唐高祖、唐太宗的佛教政策　173
　　二、唐高宗的佛教政策　182
　　三、武后的佛教信仰及其对佛教的利用　185
　　四、唐中宗的佛教信仰及其政策　193
　　五、唐睿宗的崇道重佛政策　198

第三节　盛唐二帝的佛教政策　200
　　一、唐玄宗的佛教政策　201
　　二、唐肃宗的佛教政策　207

第四节　中唐诸帝的佛教政策　210
　　一、唐代宗的佛教政策　210
　　二、唐德宗、唐顺宗的佛教政策　215
　　三、唐宪宗的佛教政策　219
　　四、唐穆宗、唐敬宗的佛教政策　223
　　五、唐文宗的佛教政策　226

第五节　晚唐诸帝的佛教政策　229
　　一、"会昌法难"与中国佛教的转折　229
　　二、唐宣宗、唐懿宗恢复佛教的努力　233
　　三、唐僖宗、唐昭宗、唐哀帝的佛教政策　241

第六节　唐代士大夫与佛教　244
　　一、初盛唐士大夫与佛教　245
　　二、中唐士大夫与佛教　274
　　三、晚唐士大夫与佛教　305

第三章　唐代的佛典翻译　314

第一节　初唐的佛典翻译　315
　　一、唐代佛典翻译的肇始　315
　　二、永徽年至载初年间的佛典翻译　322
　　三、武周时期的佛典翻译　352
　　四、宝思惟三藏、菩提流志三藏的佛典翻译　371

第二节　玄奘西行求法及其佛典翻译　381
　　一、玄奘早期行历　381
　　二、玄奘西行的历程　410
　　三、玄奘归国及译场的组织　438
　　四、玄奘的翻译成就及其译学思想　455

五、玄奘翻译经论编年　459
第三节　盛唐时期的佛典翻译　467
　　　一、沙门智严的佛典翻译　468
　　　二、阿质达霰三藏的佛典翻译　475
　　　三、三藏法月的佛典翻译　476
第四节　中晚唐的佛典翻译　480
　　　一、般若三藏的佛典翻译　481
　　　二、安西、北庭的佛典翻译　500
　　　三、菩提仙三藏、满月三藏等的佛典翻译　503
　　　四、智慧轮等僧的佛典翻译　505

第四章　《圆觉经》、《楞严经》、《仁王经》的基本内容　508

第一节　《圆觉经》的传译及其要义　508
　　　一、《圆觉经》的汉译　509
　　　二、《圆觉经》的宗旨及结构　515
　　　三、如来之境　522
　　　四、依境起行　524
　　　五、行法　544
　　　六、圆觉法门　555
第二节　《楞严经》的基本思想　558
　　　一、《楞严经》的传译　558
　　　二、《楞严经》的结构及其主要内容　564
　　　三、《楞严经》佛学思想的特色　572
　　　四、《楞严经》对中国佛教的影响　580
第三节　《仁王般若经》的汉译及其基本内容　586
　　　一、《仁王般若经》的汉译　586
　　　二、《仁王般若经》的结构及其基本内容　600
　　　三、"十四忍"与"十三法师"　614
　　　四、以般若治国主政与"仁王"护教的理念　640

人名索引　655

第一章　隋代佛教

公元581年，杨坚代北周立隋，建立隋王朝。恭帝义宁二年(618)，李渊代隋立唐，隋王朝仅仅延续了37年。隋代虽然立国甚短，但在中国佛教的发展中却占据了重要地位。隋代佛教是在历经北魏太武帝和北周武帝两次灭佛运动之后逐步恢复发展起来的，由于文帝和炀帝对于佛教的特殊态度以及南朝、北朝佛教在不同方面所奠定的较为雄厚的基础，再加之国家的统一，使佛教界内部可以融通南朝、北朝佛教的不同风格而走向宗派佛教之兴盛。种种有利于佛教发展的条件，使隋代佛教逐渐走出了北周毁佛的阴影，不但呈现出新气象，而且在许多方面展现出某种程度的繁荣景象。

第一节　隋代社会与佛教

隋王朝成立伊始，就改变了北周武帝时期力图一举灭除佛教的政策。佛教逐渐恢复了元气，走向了发展的轨道。换言之，隋文帝、隋炀帝对于佛教的大力扶持，在客观上促成了佛教复兴的局面。本节先从隋王朝政治、经济、思想、文化等要素叙述这一时期佛教复兴、发展所面临的社会背景，然后重点叙述分析隋文帝、隋炀帝对待佛教的态度以及由此引发的佛教政策。

一、隋代佛教的社会文化背景

隋王朝是在逼迫北周皇帝禅让后建立的,隋文帝杨坚是隋朝的开国皇帝。①

杨坚(541—604),弘农华阴人,北周大司空、隋国公杨忠之子。杨坚14岁担任京兆尹曹,15岁因父望被授散骑常侍、车骑大将军、仪同三司。16岁迁为骠骑大将军、加开府。周明帝时,杨坚任右小宫伯,进封大兴郡公。周武帝时,杨坚任左小宫伯,进位大将军,后袭爵隋国公,周武帝将杨坚长女聘为皇太子妃。从此,杨坚益加受宠。

北周建德四年(575),杨坚率领三万水军攻打北齐。次年,杨坚又随武帝平齐,进为柱国,出任定州(今河北定县)总管,不久又改任亳州(今安徽淮泗)总管。建德七年(578),周宣帝即位,杨坚长女被封为皇后,杨坚拜为上柱国、大司马。大象初年(579),杨坚担任过大后丞、右司武,转大前疑。北周大象二年春,年仅8岁的周静帝继位。杨坚以太后父亲的身份总理朝政,控制了北周最高军政大权。第二年,杨坚废黜了年仅9岁的北周静帝宇文阐,自己登上皇帝的宝座,建立了隋朝,定都大兴,后改为长安,建年号为开皇。

隋王朝的建立,结束了长达二百多年的南北分裂局面。自东汉献帝初平元年(190)至隋文帝开皇九年(589)390年间,中国长期处于分裂局面,中间只有西晋的短暂统一(280—316)。自建兴四年(316)以后,中国北方还被外族统治了265年。隋王朝的建立(581),结束了外族在北方的统治,至公元589年,隋灭陈,中国才重归统一。

1. 政治法律制度沿革

隋文帝杨坚原是北周封建军事贵族集团的重要成员。《隋书·高祖

---

① 此节依据史学界现有成果概括而成。

纪》说他"得政之始,群情不附","握强兵,居重镇者,皆周之旧臣"①。杨坚为了争取汉族地主和已经封建化的拓跋族军事贵族的拥护,曾下令:"已前赐姓,皆复其旧"②,正式废除宇文氏强制府兵将领改从鲜卑姓的做法。他称帝后,还专门发布诏书,宣告"前代品爵,悉可依旧"③,这对稳定封建统治集团起了很大的作用。杨坚通过一些笼络人心的办法,把大部分北周的军事贵族都拉拢过来为自己服务。

杨坚还大力提拔一些有才能的人作为自己的辅佐。如高颎、苏威、李德林、贺若弼、韩擒虎等,都是有名的谋臣和武将。杨坚称帝后,任高颎为尚书左仆射,兼纳言。伐陈时,又命高颎为元帅长史。高颎与苏威共掌朝政,隋朝的许多律令,都由苏威起草。

北周末年,地方豪族拥有私兵、乡兵的情况增多,为消除这些地方割据因素,杨坚沿袭宇文泰时的办法,把这些豪强升迁为兵府的下级将领。把他们的私兵、乡兵改编为国家的府兵。全国统一后,为加强山东旧齐地区、江南旧陈地区和四川地区的统治,杨坚在并、扬、荆、益四州设四大总管府,分派自己的儿子和亲信领重兵镇守;并且一再下令,禁止民间私造武器、大船。

杨坚称帝后,在政治、经济等方面实行了一系列改革,强化了中央集权,促进了社会经济的发展。首先,对中央机构进行了改革。开皇元年(581),隋文帝在中央设置了三省,即内史省(决策机关)、门下省(审议机关)、尚书省(处理日常政务机构)。三省的设置,能互相牵制,避免了丞相一人专权的局面,把权力集于皇帝,加强了中央集权制。

其次,隋文帝对地方官制进行了改革。开皇三年(583),隋王朝将地方的州、郡、县三级制改为州、县两级,并规定九品以上地方官吏的任免权由中央执掌,每年由吏部对地方官吏进行政绩考核。各州、县级的正

---

① 《隋书》卷二,第54页,北京,中华书局,1973。
② 《隋书》卷一,第7页。
③ 同上书,第14页。

官三年一调动；佐官(副职)四年一换任,并且不得由本郡人担任,避免了地方豪强把持政务。这些措施,既减少了冗员,提高了行政效率,又节省了开支。

杨坚在加强政治权力、完善统治机构的同时,还对法律进行了修订。在他的直接组织下,著名的《开皇律》诞生了。《开皇律》是在北魏北齐刑律基础上,废除了许多酷法,对一些刑律进行删修而成。其中,有冤可以逐级上诉,直至皇帝亲自处理这项规定,是以前各代所没有的。杨坚的新律,在抑制豪强势力、缓和阶级矛盾、稳定隋朝政权方面起了一定的积极作用。

与此同时,杨坚还开了"科举取士"的先河。通过科举考试,按成绩来选取任用人才,夯实封建王朝的统治基础。

陈朝灭亡后,江南一些地方豪强势力并不甘心,纷纷起兵反隋。杨坚派大将杨素率军平息了江南叛乱,制止了豪强地主的分裂活动,巩固了统一。同时,杨坚还改革了北周以来的府兵制,加强了对军队的控制。

北周后期,刑罚苛滥,曾引起"上下愁怨"、"内外离心"[①]。杨坚上台后,十分注意刑律的制定和施行。他在总领北周朝政时,下令"行宽大之典,删略旧律,作《刑书要制》"[②]。开皇元年(581)更定新律,规定了五种刑名:死、流、徒、杖、笞。死刑只有斩、绞二等,废除前代鞭刑及枭首辕裂之法。开皇三年(583),杨坚看到刑部每年处理的案件多至万件,认为"律尚严密,故人多陷罪"[③],再令苏威等修订刑律,除死刑81条,流罪154条,徒杖等千余条,定留500条。分为名例、卫禁、职制、户婚、厩库、擅兴、贼盗、斗讼、诈伪、杂律、捕亡、断狱等篇,凡12卷。这就是《开皇律》。

《开皇律》虽然有许多内容沿袭《北齐律》,但它实质上是汉魏以来封

---

①②《隋书》卷二五,第710页。
③同上书,第712页。

建刑法长期发展的一次总结。

隋律比较魏晋以来的法律,多少有些减轻,它废除了自殷商以来的许多野蛮刑罚;又在律文以外,规定了一些有利于人民的诉讼程序。

到隋文帝统治后期,刑罚又日益严酷。隋文帝对待臣下苛察猜忌,使得许多官吏人人自危;加之晋王杨广和太子杨勇争位,宰相杨素、高颎等都卷入这场宫廷斗争中。

2. 经济发展

在经济方面,杨坚实行了搜括户口、均田、租调等措施,促进了经济的发展。开皇五年(585),杨坚令州县官吏按户籍上登记的年龄、体貌进行核对。同时又实行输籍法,由朝廷按财产和人丁确定划分户等标准,每年按此标准征收固定的赋税徭役。政府掌握的人口多了,国家的赋税收入也就有所增加。这一措施,打击了世家大族,加强了中央集权,同时也有利于社会生产的发展。

杨坚继续实行北魏以来的均田制,即男21为丁,授露田80亩、永业固20亩。妇女授露田40亩。一对夫妇共授田140亩。均田制的实行,虽然在某种程度上起到了限制土地兼并和地方豪强势力的发展,但最终对官僚地主是有利的。在实行均田制的同时,还相应地实行了租调力役制。即一对夫妻交粟二石,男丁要服役20天,交纳调绢二丈或二丈五尺。租调力役的推行,减轻了农民的负担,促进了农业发展。

杨坚还下令开凿漕河。开皇四年(584),开凿了东起潼关,西抵大兴城(今陕西西安)长约300里的通济渠,也叫富民渠。富民渠的开凿,灌溉了农田,发展了交通,便利于运输粮食。

随着一系列行之有效的改革,隋王朝在政治上得到了巩固,经济上得到了发展,实力远远超过了南方的陈朝。开皇八年(588),杨坚命杨广率领五十多万人的大军,自水、陆两路向陈朝发起总攻。第二年,南朝的最后一个朝廷——陈朝宣告灭亡。中国重新归为统一,结束了自东晋十六国以来270多年的分裂割据局面,促进了各民族融合和经济文化的交流和发展。

隋代官私手工业的组织规模和技术水平,在不少方面都超过了前代。为封建统治服务的官营手工业,组织庞大,人数众多,在手工业中占主导地位。隋政府曾把全国各地大批优秀工匠迁居长安、洛阳,并经常征发各地工匠轮番到京城服役。主管官营手工业的最高机构是尚书省的工部,具体管理官府所需各项产品的机关是太府寺(隋炀帝时分置为少府监),负责长安、洛阳皇宫及官廨土木工程的是将作寺(后改将作监)。太府寺(或少府监)下设有左尚、右尚、内尚、司织、司染、掌冶、铠甲、弓弩等署。在一些地方州县和矿产地区,也设有管理官府手工业作坊的机构。在这些官营手工业作坊中劳动的主要是官奴婢、刑徒和长期服役的工匠及短期轮番服役的地方工匠。

隋代各地手工业也很发达。河北、河南和四川都是丝织品的重要产地。《隋书·地理志》说,蜀郡"人多任务巧,绫锦雕缕之巧,殆侔于上国"[①]。魏郡(今河南安阳)"浮巧成俗,雕刻之工,特云精妙,士女被服,咸以奢丽相高,其性所尚习,得京、洛之风矣。"[②]江南宣城、吴郡(今江苏苏州)、会稽(今浙江绍兴)、余杭一带,妇女多是织布的能手,纺织业很发达。

杨坚称帝后提倡节俭,但到晚年,他滥用民力营建豪华宫殿;刑罚残酷,喜怒无常,常常错杀无辜,与其早期迥乎不同。

至炀帝时,由于统治者骄奢挥霍和穷兵黩武,耗费了国家大量的财富,使社会生产遭到严重的破坏,耕稼失时,田畴多荒。大业七年(611),山东、河南大水成灾,漂没四十余郡,加以攻打高丽惨败,死者数十万。天灾人祸交加,而官吏却不顾人民死活,还借征收租赋的机会,勾结商人,贱买贵卖,哄抬物价,地主富豪也趁机高利盘剥,大肆兼并土地。劳

---

① 《隋书》卷二九,第830页。
② 《隋书》卷三〇,第860页。

动人民家破人亡,流离失所,甚至被迫自卖为奴婢。当时,据《隋书·杨玄感传》的描写,"黄河之北,则千里无烟;江淮之间,则鞠为茂草"①。在此情形下,农民大起义爆发,最终推翻了隋王朝的统治。

3. 文化政策

与南北朝时期相比,隋王朝的文化政策也颇有特色。

隋文帝致力于传统儒学的复兴,把儒家思想作为最根本的统治思想。开皇九年(589),文帝下诏伐陈,所述理由全以传统的政治伦理观念为基本依据。隋文帝重用儒士,在礼部尚书牛弘的支持下,设立太学,并注意收集散佚民间的儒家经典。据载,当时百姓"负笈追师,不远千里;讲诵之声,道路不绝。中州之盛,自汉魏以来,一时而已"②。

为配合统一的政治形势,隋文帝接受历代帝王崇佛或废佛的经验教训,试图建立以儒学为核心,以佛、道为辅助,调和三教思想的统治政策。他提出要在儒家崇拜的五岳建造佛寺,对于道教也采取容纳态度。在这一背景下,李士谦的"三教鼎立"说和王通的"三教合一"说便应运而生。这些主张,成为隋以后统治者处理三教关系的主要方针。

由此可见,隋文帝复兴佛教,是在以儒家思想为根本统治思想的前提下进行的。这一政策,对于隋初统一国家的重建,民族矛盾的缓和,南北文化的交流等诸方面起过积极作用。

二、隋文帝的佛教信仰及其政策

隋文帝杨坚出生于具有浓厚佛教信仰的家庭,他于冯翊(今陕西大荔县)般若尼寺出生后,即由智仙尼抚养,13岁方才归家。因这一缘故,隋文帝即位后常说:"我兴由佛法。"③这使得他对于佛教既有一定程度的

---

① 《隋书》卷七〇,第1617页。
② 李延寿:《北史》卷八一,第2707页,北京,中华书局,1974。
③ 道宣:《续高僧传》卷二六,《大正藏》第50卷,第667页下,北京,中华书局,1974。

报恩心理,更重要的是想借佛教统领人心。隋文帝曾经对当时的律学高僧灵藏说:"律师度人为善,弟子禁人为恶,言虽有异,意则不殊。"①可见,隋文帝之所以提倡佛教,与他看中了佛教所具有的劝人为善的作用密切相关。

有证据表明,隋文帝以"开皇"为年号,也与佛教有关。关于此年号,《隋书》记载:"每至天地初开,或在玉京之上,或在穷桑之野,授以密道,谓之开劫度人。然其开劫,非一度矣,故有延康、赤明、龙汉、开皇是其年号。期间相去经四十一万载……五方天帝及诸仙官,转共承受,世人莫之豫也。"②王邵说:"年号'开皇'与《灵宝经》之开皇年相合,故曰协灵皇。"③依据此说,开皇年号应该来源于道教。其实,劫数之说,在北朝就相当流行,《魏书·释老志》记载:"又称劫数,繁类佛经。其延康、龙汉、赤明、开皇之属,皆其名也。"④对比《隋书》、《魏书》,二者关于劫号的顺序并不一样,而且只有四种,似乎五大劫的名号尚未完全定型统一。究其原因,在于魏晋道教理论建构时期,其时间观念的"劫运"说主要系由灵宝派抄自佛经,甚至一劫四十一亿万年之说,也是在佛教一劫四十三亿二千万年的基础上略加篡改而成。至于"五方天帝",恐怕也来自佛教的"五佛"说。难怪《隋书》和《魏书》都认为道教劫数说类似于佛教。杨坚为佛教徒,自然明了此意。故"开皇"主要是为附和佛教之劫说,采"圣皇启运,像法载兴"之意,因此是一个貌似取自道教,实为源于佛教的年号。其中之意只有文帝深知。

早在北周任大丞相之时,杨坚已经开始推动佛教的复兴工作。《历代三宝纪》记载说:隋文帝"既清廓两仪,即复兴三宝。开皇元年二月,京及诸州城居聚落,并皆创讫。"⑤开皇元年(581),杨坚即位伊始,立即诏令

---

① 道宣:《续高僧传》卷二一,《大正藏》第50卷,第610页下。
② 《隋书》卷三五,第1069页。
③ 《隋书》卷六九,第1607页。
④ 北齐魏收撰:《魏书》卷一一四,第3025页,北京,中华书局,1974。
⑤ 费长房:《历代三宝纪》卷一二,《大正藏》第49,第107页中。

在全国范围内恢复佛教。根据道宣记载,法藏(终南山法藏)在周武帝灭法后移居深山,"周德云谢,隋祚将兴。大象二年五月二十五日,隋祖作相,于虎门学。六月,藏又下山,与大丞相对论三宝经宿。即蒙剃落,赐法服一具,杂彩十五段,青州枣一石,寻又还山。"①周武帝灭佛时,朝廷强制僧人还俗,而周宣帝上台改变政策,但并未让这些被迫还俗者重为比丘。北周大象元年(579)四月二十八日下诏,"令选旧沙门中懿德贞洁、学业冲博、名实灼然、声望可嘉者,一百二十人,在陟岵寺为国行道,拟供给资须,四事无乏。"②杨坚于大象二年(580)五月,作北周相后的第二月,法藏下山与杨坚谈论佛教,并且承蒙杨坚批准,重新剃度,恢复僧形。"至七月初,追藏下山,更详开化。至十五日,令遣藏共竟陵公检校度僧百二十人,并赐法服,各还所止。藏独宿相第,夜论教始。"③大象二年七月十五日,杨坚遣法藏与竟陵公一起主持将陟岵寺的一百二十"旧沙门"重度为僧,并赐法服。大定元年(581)二月十三日,"丞相龙飞,即改为开皇之元焉。十五日,奉敕追前度者置大兴善寺为国行道,自此渐开,方流海内。"④陟岵寺被改为大兴善寺,这120位僧人于此寺"为国行道"。开皇二年(582),隋文帝下令又将陟岵寺与遵善寺合并,敕令迁陟岵寺于新都靖善坊。《辩正论》卷三记载:

> 京师造大兴善寺,大启灵塔,广置天宫,像设凭虚,梅梁架迥,璧珰曜彩,玉题含晖,画栱承云,丹栌捧日,风和宝铎,雨润珠旛,林开七觉之花,池漾八功之水,召六大德及四海名僧,常有三百许人,四事供养。⑤

大兴善寺成为隋文帝最重视的佛寺。

开皇元年(581)三月,杨坚又下诏:

---

① ③ ④ 道宣:《续高僧传》卷一九,《大正藏》第50卷,第581页中。
② 道宣:《广弘明集》卷一〇,《大正藏》第52卷,第157页上。
⑤ 法琳:《辩正论》卷三,《大正藏》第52卷,第509页上。

> 法无内外,万善同归。教有深浅,殊途同致。朕伏膺道化,念存清静,慕释氏不二之门,贵老生得一之义,总齐区有,思致无为。若能高蹈清虚,勤求出世,咸可奖劝,贻训垂范。山谷闲远,含灵韫异,幽隐所好,仙圣攸居,学道之人,趣向者广。西泉栖息,岩薮去来,形骸所待,有须资给。其五岳之下,宜各置僧寺一所。①

山野林泉本为道家栖息之所,五岳更是向来被视为中国名山,文帝在此诏中虽然释、道并举,然而,五岳之下,"各置僧寺一所"突显出文帝借助王权张扬佛教"高蹈清虚"、"勤求出世"的用意。在文帝看来,广建佛寺不仅可以奖劝"学道之人"、"贻训垂范",而且还能够用来"增长福因"、"奉资神灵"。

此外,杨坚称帝以后,马上在其以前经历的四十五州,统一营造大兴国寺。《集古今佛道论衡》卷乙载:"帝昔所龙潜所经四十五州,及登极后,皆悉同时为大兴国寺。"②《辩正论》卷三也说:"始龙潜之日,所经行处四十五州,皆造大兴国寺。"③不仅如此,文帝的诞生地冯翊般若寺、文帝之父杨忠曾就职的隋州也都重建或新建大兴国寺。《辩正论》卷三载:

> 高祖以后魏大统七年六月癸丑,生于同州般若尼寺神尼之房。……及登大位,爰忆旧居。开皇四年,奉为太祖武元皇帝元明皇太后,以般若故基造大兴国寺焉。般若寺往遭建德,内外荒凉,寸柏尺橡,扫地皆尽,乃开拓规摹,备加轮奂,七重周亘,百栱相持,龛室高竦,栏宇连袤,金盘捧云表之露,宝铎摇天上之风。又以太祖往任隋州,亦造大兴国寺。④

开皇元年(581)七月,隋文帝又于襄阳、隋郡、江陵、晋阳等其父生前经行

---

① 费长房:《历代三宝纪》卷一二,《大正藏》第49卷,第107页中—下。
② 道宣:《集古今佛道论衡》卷乙,《大正藏》第52卷,第509页上。
③ 法琳:《辩正论》卷三,《大正藏》第52卷,第509页上。
④ 同上书,第508页下—第509页上。

处,"立寺一所,建碑颂德"。其诏曰:

> 风树弗静,隙影如流,空切欲报之心,徒有终生之慕。伏惟太祖武元皇帝,穷神尽性,感穹昊之灵,膺录合图,开炎德之纪。魏氏将谢,躬事经纶。周室勃兴,同心匡赞,间开二代,造我帝基,犹夏禹之事唐虞,晋宣之辅汉魏……积德累功,福流后嗣……思欲崇树宝刹,经始伽蓝,增长福因,微副幽旨。昔夏因治水,尚且铭山,周曰巡游,有因勒石,帝王纪事,由来尚矣。其襄阳、隋郡、江陵、晋阳并宜立寺一所,建碑颂德,庶使庄严宝坊,比虚空而不坏,导扬茂实,同天地而长久。①

"帝王纪事,由来尚矣",文帝建寺立碑的目的除了遵循古例外,主要还是以此追思太祖武元皇帝"积德累功,福流后嗣"的丰功伟业。文帝最终把其父杨忠与商汤、周武相提并论,从而表露出文帝慎终追远的心迹。为此目的,开皇元年(581)闰三月,隋文帝又下诏:"每年至国忌日,废务设斋,造像行道,八关忏悔,奉资神灵。"②

除了为先帝立寺颂德,文帝还在战场建佛寺立碑。《历代三宝纪》卷一二载:

> 八月,又诏曰:门下:昔岁周道既衰,群凶鼎沸,邺城之地,实为祸始,或驱逼良善,或同恶相济,四海之内过半豺狼,兆庶之广咸忧吞噬。朕出车练卒,荡涤妖丑,诚有倒戈,不无困战。将士奋发,肆其威武,如火燎毛,始无遗烬,于是朕在廊庙任当朝宰,德惭动物,民陷网罗。空切罪己之诚,唯增见辜之泣。然兵者凶器,战实危机,节义之徒,轻生忘死,干戈之下,又闻徂落。兴言震悼日久逾深。永念群生,蹈兵刃之苦。有怀至道,兴度脱之业。物我同观,愚智俱愍。思建福田,神功佑助。庶望死事之臣,菩提增长。悖逆之侣,从暗入

---

①② 费长房:《历代三宝纪》卷一二,《大正藏》第49卷,第107页下。

明。并究苦空,咸拔生死。鲸鲵之观,化为微妙之台;龙蛇之野,永作颇梨之镜。无边有性,尽入法门,可于相州战地建伽蓝一所,立碑纪事。其营构制度、置僧多少、寺之名目,有司详议以闻。①

此诏也是即位当年(581)八月所下。

建寺必然与造像、度僧相联系。如前文所叙法藏之事所显示的,隋文帝恢复佛教的第一步便是让周武帝灭佛时被迫还俗的僧尼恢复昔日身份。如《续高僧传·释普安传》所记载:周武帝灭佛时,"京邑名德三十余僧,避地终南。"隋文帝"广募遗僧,依旧安置。时楩梓一谷三十余僧,应诏出家,并住官寺。"②关于隋初度僧,史籍记载是由昙延奏请文帝而开其端的。沙门昙延听到隋朝立国,拜谒文帝,"奏请度僧,以应千二百五十比丘五百童子之数,敕遂总度一千余人以副延请。此皇隋释化之开业也。尔后遂多,凡前后别请度者,应有四千余僧。周废伽蓝,并请兴复。"③尤其重要的是,开皇元年,隋文帝还下诏修复毁废的寺院,"听任出家,仍令计口出钱,营造经像。而京师及并州、相州、洛州等诸大都邑之处,并官写一切经,置于寺内,而又别写藏于密阁。"这一诏令,使"天下之人从风而靡,竞相景慕,民间佛经多于六经数十百倍。"④文帝又于"开皇十年,敕僚庶等有乐出家者并听,时新度之僧乃有五十余万。"⑤

在造像写经方面,从开皇元年(581)初到仁寿末年(604),"凡写经论四十六藏,一十三万二千八十六卷。修治故经三千八百五十三部,造金、铜、檀香、夹纻牙、石像等,大小一十万六千五百八十躯。修治故像一百五十万八千九百四十许躯。宫内常造刺绣织成像及画像,五色珠旛、五彩画旛等不可称计。"⑥隋文帝还下诏严禁毁坏、偷盗佛像等,《隋书·高

---

① 费长房:《历代三宝纪》卷一二,《大正藏》第49卷,第107页下—108页上。
② 道宣:《续高僧传》卷二七,《大正藏》第50卷,第681页中。
③ 道宣:《续高僧传》卷八,《大正藏》第50卷,第489页上。
④ 《隋书》卷三五,第1099页。
⑤ 道宣:《续高僧传》卷一〇,《大正藏》第50卷,第501页下。
⑥ 法琳:《辩正论》卷三,《大正藏》第52卷,第509页中。

祖纪》记载说,十二月辛巳,文帝下诏曰:

> 佛法深妙,道教虚融,咸降大慈,济度群品,凡在含识,皆蒙覆护。所以雕铸灵相,图写真形,率土瞻仰,用申诚敬。其五岳四镇,节宣云雨,江河淮海,浸润区域,并生养万物,利益兆人,故建庙立祀,以时恭敬。敢有毁坏偷盗佛及天尊像、岳镇海渎神形者,以不道论。沙门坏佛像,道士坏天尊者,以恶逆论。①

这些举措的实行,佛教不但恢复了周武帝之前的活力,而且还有很大的发展。

有关文帝下诏组织甚至参与佛教讲经活动的记载很多。如北周大象二年(580),杨坚辅政时期,名僧彦琮便为诸贤讲《般若经》。杨坚建隋后,彦琮登位讲经,"四时相续,长安道俗,咸拜其尘,因即通会佛理,邪正沾濡,沐道者万计"。名僧慧远,在杨坚建隋后,被准许落发为僧,很多旧时僧侣,全都慕名而来,史称"法门初开,远近归奔,望气成津,奄同学市"。当时,洛阳高僧慧远、魏郡高僧慧藏、清河高僧僧休、济阴高僧宝镇、汲郡高僧洪遵,均被杨坚请到长安,昙迁也率弟子到来。杨坚在大兴殿接见六大高僧,命人将他们安置在大兴善寺。杨坚虽然允许他们各带十名弟子,但又允许慕名而来的远方和尚前来拜谒,所以很多僧人不远万里,前来拜师。这些措施,对隋代佛教的发展功莫大焉,具体内容当在下文叙述。

隋文帝时期最引人注目的佛事活动是大兴舍利崇拜。从仁寿元年(601)始的四年之内,文帝先后三次下诏分舍利,于全国113州修建了113座舍利塔。其规模之宏大,参与人数之众多,影响之深远,乃为中国历史上绝无仅有者。

关于隋文帝三次营造舍利塔之事,除了《广弘明集》卷十七的《舍利感应记》、《续高僧传》相关章节的记录之外,在王昶《金石萃编》、陆征祥

---

① 《隋书》卷二,第45—46页。

《八琼室金石补正》等书籍中,也有隋代仁寿年间同州、青州、邓州、京兆、信州等处营造舍利塔的碑铭载录。

关于此事的起因,隋王劭《舍利感应记》记载:

> 帝昔在潜龙,有婆罗门沙门来诣宅,出舍利一里,曰:"檀越好心,故留与供养。"沙门既去,求之不知所在。其后皇帝与沙门昙迁各置舍利于掌而数之,或少或多,并不能定。昙迁曰:"曾闻婆罗门说,法身过于数量,非世间所测。"于是始作七宝箱以置之。神尼智仙言曰:"佛法将灭,一切神明今已西去,儿当为普天慈父重兴佛法,一切神明还来。"其后周氏果灭佛法。隋室受命,乃兴复之。皇帝每以神尼为言云:"我兴由佛。"故于天下舍利塔内,各作神尼之像焉。皇帝、皇后于京师法界尼寺,造连基浮图以报旧愿,其下安置舍利。开皇十五年季秋之夜,有神光自基而上,右绕露盘,赫若冶炉之焱。一旬内,四如之。皇帝以仁寿元年六月十三日,御仁寿宫之仁寿殿,本降生之日也。岁岁于此日深心永念,修营福善,追报父母之恩,故迎诸大德沙门与论至道,将于海内诸州选高爽清静三十处各起舍利塔。①

为此,隋文帝于仁寿元年(601)六月十三日专门下了一道诏书,云:

> 仰惟正觉,大慈大悲救护群生,津梁庶品。朕归依三宝,重兴圣教,思与四海之内一切人民俱发菩提,共修福业,使当今现在爱及来世,永作善因,同登妙果。宜请沙门三十人谙解法相兼堪宣导者,各将侍者二人并散官各一人,熏陆香一百二十斤,马五匹,分道送舍利往前件诸州起塔。其未注寺者,就有山水寺所,起塔依前山。旧无山(有云'寺')者,于当州内清静寺处建立其塔。所司造样,送往当州。僧多者三百六十人,其次二百四十人,其次一百二十人,若僧少

---

① 道宣:《广弘明集》卷一七,《大正藏》第52卷,第213页中一下。

者尽见（现）僧，为朕、皇后、太子、广诸王子孙等及内外官人一切民庶幽显生灵，各七日行道并忏悔。起行道日打刹，莫问同州异州，任人布施，钱限止十文以下，不得过十文。所施之钱以供养塔，若少不充，役正丁及用库物。率土诸州僧尼普为舍利设斋。限十月十五日午时同下石函。总管、刺史以下，县尉以上，自非军机，停常务七日，专检校行道及打刹等事务，尽诚敬副朕意焉。①

从诏书可以看出隋文帝这次全国性的迎请佛舍利法事活动规模很宏大。"皇帝于是亲以七宝箱，奉三十舍利，自内而出，置于御座之案，与诸沙门烧香礼拜，'愿弟子常以正法，护持三宝，救度一切众生'，乃取金瓶、琉璃各三十，以琉璃盛金瓶，置舍利于其内，熏陆香为泥，涂其盖而印之。三十州同刻十月十五日正午，入于铜函石函，一时起塔。"②诏书对仪式的规格、程序都作了详细规定。

《舍利感应记》记载安奉的过程如下：

> 诸沙门各以精勤奉舍利而行。初入州境，先令家家洒扫，覆诸秽恶，道俗士女，倾城远迎。总管刺史诸官人夹路步引，四部大众容仪齐肃，共以宝盖、幡幢、华台、像辇、佛帐、佛舆、香山、香钵，种种音乐，尽来供养。各执香华，或烧，或散，围绕赞呗，梵音和雅。依《阿含经》舍利入拘尸那城法，远近禽然，云蒸雾会。虽盲躄老病，莫不匍匐而至焉。沙门对四部大众作是唱言："至尊以菩萨大慈无边无际，哀愍众生，切于骨髓。是故分布舍利，共天下同作善因。"又引经文种种方便，诃责之，教导之，深至恳恻，涕零如雨。大众一心合掌，右膝着地。沙门乃宣读《忏悔文》曰："菩萨戒佛弟子皇帝某敬白十方三世一切诸佛、一切诸法、一切贤圣僧：弟子蒙三宝福佑，为苍生君父，思与一切民庶共遵菩提。今欲分布舍利，诸州起塔，欲使普修

---

① 道宣：《广弘明集》卷一七，《大正藏》第52卷，第213页中。
② 同上书，第213页下。

善业，同登妙果。为弟子及皇后、皇太子、广诸王子孙等内外官人，一切法界幽显生灵，三涂八难，忏悔行道。奉请十方常住诸佛、十二部经甚深法藏、诸尊菩萨一切贤圣，愿起慈悲，受弟子等请，降赴道场，证明弟子为一切众生发露忏悔。”于是如法礼拜，悉受三归。沙门又称：“菩萨戒佛弟子皇帝某，普为一切众生发露无始已来所作十种恶业，自作教他见作随喜，是罪因缘堕于地狱、畜生、饿鬼，若生人间，短寿多病，卑贱贫穷，邪见谄曲，烦恼妄想，未能自寤。今蒙如来慈光照及于彼众罪，方始觉知。深心惭愧，怖畏无已，于三宝前发露忏悔。承佛慧日，愿悉消除。自从今身乃至成佛，愿不更作此等诸罪。”大众既闻是言，甚悲甚喜甚愧甚惧，铭其心刻其骨，投财贿、衣物及截发以施者不可胜计，日日共设大斋，礼忏受戒。请从今以往修善断恶，生生世世常得作大隋臣子，无问长幼、华夷咸发此誓。虽屠猎残贼之人，亦躬念善。舍利将入函，大众围绕填噎，沙门高奉宝瓶，巡示四部。人人拭目谛视，共睹光明。哀恋号泣，声响如雷，天地为之变动。凡是安置处，悉如之。①

仁寿二年(602)，隋文帝再次派遣使者团迎请舍利赴各地寺庙起塔供奉，这次共有51州寺院榜上有名(一说有53州)。正月二十三日使者团出发，规模仪式一如去年，佛诞日四月初八午时全国统一将佛舍利封入石函入塔。据统计报告，仅魏州一郡前后参加法会的人数就超过30万。

仁寿四年(604)，隋文帝又分建舍利塔三十余州，其诏书说：“朕祇受肇命，抚育生民，遵奉圣教，重兴象法。而如来大慈覆护群品，感见舍利开导含生。朕已分布远近，皆起灵塔。其间诸州，犹有未遍。今更请大德奉送舍利，各往诸州依前造塔。所请之僧必须德行可尊，善解法相，使能宣扬佛教，感窹愚迷。宜集诸寺三纲，详共推择，录以奏闻，当与一切

① 道宣：《广弘明集》卷一七，《大正藏》第52卷，第213页下—214页上。

苍生同斯福业。"①四月八日,三十余州,一时同送。

尽管隋文帝对于佛教有一定程度的信仰,但是,他并非独尊佛教,而是试图建立以儒学为核心、以佛道二教为辅助、调和三教的统治政策。这一策略,成为后来唐代统治者的一贯方针。从这个意义上来说,隋文帝对于隋唐佛教的繁荣,除了上面所述的复兴之功外,最为重要的是提供了一个可资借鉴的政策模式。

三、隋炀帝的佛教政策

隋代第二代皇帝炀帝杨广(604—618年在位)是历史上著名的暴君。杨广本来为隋文帝之次子,于604年弑杀隋文帝而即位,时年36岁。

隋炀帝与佛教的关系显得异常复杂。客观上说,炀帝在即位前以及即位后的作为,对于隋代佛教的发展起了显著的推动作用,突出体现在对南方佛教的扶持以及对于南北佛教交融的促进等方面。

隋文帝平陈之初,出于政治偏见,对于南方的佛寺一度加以严格控制。如《续高僧传·慧觉传》所说:"隋朝克定江表,宪令唯新,一州之内,止置佛寺二所,数外伽蓝皆从屏废。"②这激起了江南佛教界的不满,再加上一些政治经济等方面若干过激政策的实行,陈朝灭亡不足两年,在陈朝旧境就爆发了反隋的叛乱。平叛之后,开皇十年(590)杨广就受任为扬州总管,负镇抚江南之大任,镇守江都(今江苏省扬州市)。针对当时的局面,晋王杨广采取了种种镇压与抚慰、感化的措施。杨广与其父一样,深知佛教所具有的劝善化民、资助王化的政治功能,为了争取江南佛教界的支持,杨广采取了很多措施,推动了佛教的传播。

晋王杨广在扬州设置了四道场,即慧日、法云二道场及玉清、金洞二道观。这是仿效隋文帝在长安建造大兴善寺与玄都观模式而建的。道

---

① 道宣:《续高僧传》卷二一,《大正藏》第50卷,第611页下。
② 道宣:《续高僧传》卷一四,《大正藏》第50卷,第516页上。

宣在《续高僧传》卷一五叙述说：

> 自爰初晋邸即位，道场慧日、法云广陈释侣，玉清、金洞备引李宗，一艺有称，三征别馆，法轮长转，慧炬恒明。①

杨广如此，将江南著名僧人召集一起，一方面在江都形成了新的佛教传播中心，另一方面，也达到了控制宗教的目的。

慧日道场创建的具体日期未见明确记载，但在开皇十二年(592)晋王杨广致智顗的书信中可以约略推定其时间："始于所居外援，建立慧日道场，安置照禅师以下，江陵论法师亦已远至于内援，建立法云道场，安置潭州觉禅师已下，即建深善，辄以谘知。"②可见，晋王于"外援"方面建造了慧日道场，"内援"则起建了法云道场。在慧日道场招请照禅师、论法师等进住，法云道场则请潭州的觉禅师等进住。

在江都的慧日道场，以义解僧为中心，召请到很多的高僧，但法云道场召请的僧众，所知者只有上述的潭州觉禅师而已。见于文献记载的住于慧日道场的高僧很多。如江都的慧日道场所招请到的著名高僧之中，可知有三论宗的吉藏、智炬以及慧觉、慧乘、智脱、法澄、道庄等人。

三论宗的创立者吉藏，曾接受陈朝桂阳王的归依而为江南佛教界的导师，也被晋王杨广迎至慧日道场而优遇有加。在都城长安开创日严寺时，吉藏也移居于此，以长安佛教界之雄的地位弘扬三论宗。

智炬曾在建康建初寺讲"三论"，听众经常有百人，他也应杨广的招请而住慧日道场，后来又移于长安的日严寺，人称当时的俊杰，对其评价在吉藏之上。他于大业二年(606)正月以72岁殁世。

宝台经藏的主持人慧觉，曾受陈代晋安王伯恭的礼遇，当炀帝建立慧日道场时，也迎请其转法轮。

陈武帝待以厚遇亲任的慧乘，也被招请至慧日道场。开皇十七年

---

① 道宣：《续高僧传》卷一五，《大正藏》第50卷，第549页上—中。
② 灌顶编：《国清百录》卷二，《大正藏》第46卷，第806页上。

(597),慧乘曾在扬州永福寺建立香台。大业六年(610),慧乘奉敕命在东都的四方馆行道,做大讲主。晚年,慧乘则住长安胜光寺,受到唐朝王室的尊崇。贞观四年(630)十月二十日,慧乘以76岁圆寂。

应陈帝的邀请而入内讲经的智脱,颇受鄱阳王伯山、仆射王克、中书王固等的敬仰,也曾进入慧日道场,后来更移住长安日严寺。大业元年(605),智脱应召赴洛阳,住东都内慧日道场。大业三年(607),智脱殁世,寿67岁。

开皇二十年(600),杨广被封为皇太子。不久,即于京师大兴城内建日严寺,僧彦琮、智脱、法澄、法论、智炬、明舜、吉藏、慧頵、慧常等都曾住锡于此。杨广即位后,又于东都宫廷内建慧日道场,此为"内道场"名称之始。与智脱同在《续高僧传》卷九有其传记的法澄与道庄,都曾由江都的慧日道场移住于长安日严寺,再行转住于东都的慧日道场。

晋王即位之后,为文帝造立西禅定寺,在洛阳设置慧日内道场,以此作为弘法中心。大业元年(605),炀帝以大隋国运既臻隆盛,遂集义学沙门及四海首领于慧日道场。隋太尉尚书令杨素曾经邀请名僧道基至东都,请其住慧日道场。随从净影寺慧远的泽州清化寺智徽(560—638)也于大业七年奉敕被迎至东都的内道场弘法。

在东都洛阳,隋炀帝在洛阳南滨的上林园中设置翻经馆,请达摩笈多等外国僧众住入其中,从事翻译经典的事业。在《续高僧传》卷二《彦琮传》中有以下记述:"新平林邑所获佛经,合五百六十四夹,一千三百五十余部,并昆仑书,多梨树叶,有敕送馆付琮披览,并便编叙目录。"①此地保存了大量梵文、胡语佛典写本,此译场也译出不少佛典。

晋王杨广也设置了收藏佛教经典的经藏。他于扬州令人整理佛经并抄写成新本,合612藏,29173部,903580卷。在此基础上,杨广在江都建立了"宝台经藏"。《续高僧传·慧觉传》记载:"先是江都旧邸立宝

---

① 道宣:《续高僧传》卷二,《大正藏》第50卷,第437页下。

台经藏,五时妙典大备于斯。及践位东朝,令旨允属,掌知藏事。"①这是说,隋炀帝即位后,令沙门慧觉管理"宝台经藏"。其时,有僧智果擅长书法,晋王招其书写而不从,"王大怒,长囚江都,令守宝台经藏。及入京储贰,出巡杨越,乃上《太子东巡颂》。……遂下令释之。"②可见,"宝台经藏"的建立确是在开皇二十年之前。《广弘明集》所收隋炀帝《宝台经藏愿文》说:

> 宝台四藏将十万轴,因发弘誓,永事流通,仍书愿文,悉连卷后。频属朝觐,著功始毕。今止宝台正藏,亲躬受持。其次藏以下,则慧日、法云道场,日严、弘善灵刹,此外京都寺塔、诸方精舍,而梵宫互有小大,僧徒亦各众寡,并随经部多少斟酌付。③

这是说,"宝台经藏"之"正藏"留给自己受持,"次藏"以下则可颁付各大小寺域,并且"必欲传文,来入寺写。"④可见,隋炀帝对于南方所藏经藏在全国的流通起了重要的促进作用。

隋炀帝的佛教政策,在其与智𫖮的特殊关系中也能得到反映。开皇十一年(591),杨广慕智𫖮之名,招请他来扬州,赐"智者大师"称号,智𫖮则回授杨广"总持菩萨"法号。其后,杨广又一次邀请智𫖮前往扬州,为自己主持授戒法会。杨广于此并命智𫖮撰写《净名经疏》。过去的学者由此认定智𫖮与晋王杨广有非同寻常的亲密关系。其实,智𫖮有较为强烈的对于隋朝统治的抵触情绪,并不乐意为之服务,处处表现出貌合神离的态度,乃至公然与之对抗。⑤ 智𫖮的这一态度,受到了杨广的劝诫:"即日欲服膺智断,率先名教,永泛法流,兼同治国。"⑥这是说,朝廷要将

---

① 道宣:《续高僧传》卷一二,《大正藏》第50卷,第516页中。
② 道宣:《续高僧传》卷三〇,《大正藏》第50卷,第704页中。
③ 道宣:《广弘明集》卷二二,《大正藏》第52卷,第257页中—下。
④ 同上书,第257页下。
⑤ 参见潘桂明《智𫖮评传》,第44—70页,南京,南京大学出版社,1996。
⑥ 炀帝:《王谢天冠并请义书》,灌顶编《国清百录》卷二,《大正藏》第46卷,第807页中。

名教置于佛法之上,维护国家的秩序,警告他务必放弃与朝廷的对抗。智𫗱则表示:"今王涂既一,佛法再兴,谬承人泛,沐此恩化,内竭朽力,仰酬外护。"①希望通过王权的外护以保护佛教的发展。从智𫗱与晋王的一系列交往情形看,晋王杨广时时含有控制、敦劝智𫗱的意图,这与历来史家所说的隋炀帝力图以王权统领教权的政策取向一致。

开皇十一年(591)十一月二十二日,晋王杨广在扬州举行千僧会,邀请智𫗱顶受菩萨戒,智𫗱当时即做菩萨戒师,授戒予晋王杨广。在《国清百录》卷二收录有《王受菩萨戒疏第二十六》,其中详细地叙述了晋王布施供养给戒师的衣物及金钱等事,依之可知他是很尊敬天台智𫗱的。当时晋王杨广23岁,智𫗱54岁。另据《大宋僧史略》卷中所示:作为菩萨戒师的智𫗱,由晋王赐予智者国师的称号,智𫗱称晋王为"总持王"。开皇十五年(595),智𫗱再度应晋王杨广的邀来到了扬州的禅众寺,并以撰著的《净名义疏》面呈晋王杨广。当年九月,智𫗱告辞晋王,回到天台山。开皇十七年十月,智𫗱又接受晋王杨广的招请下山,途中行至天台山西门的石城寺即罹患重病,于是便把《发愿疏文》及遗书《与晋王》托付弟子,十一月二十四日,智𫗱圆寂于前往扬州的途中。

智𫗱遗留给晋王杨广很长的一篇遗书,其中叙述了六件遗憾的心情:第一,修行求证悟却只是上负三宝下愧本心而已;第二,未能成就利他之行;第三,空受晋王杨广的信施,却未举化导之功;第四,徒有为僧雄壮之志,却未嘉惠于有缘之士;第五,在荆州虽曾会聚了千余听众,以及教化三百禅众,可是旋即散离,而未能继续长时研修;第六,本想弘扬教法,因已返抵天台山,兼之身体衰弱而断绝法缘等。智𫗱在遗书中希望他能留心佛法,扶持和弘扬佛教。

晋王杨广在智𫗱圆寂之后的态度和诸多做法,一方面表明了对佛教的支持,另一方面也表达了对其"师"的尊敬。前者对于天台宗的发展,

---

① 灌顶:《隋天台智者大师别传》,《大正藏》第50卷,第194页下。

尤其关键。后者,对于晋王稳定南方、争取人心等等方面都有显著好处。智顗圆寂之后,智顗弟子灌顶继续与晋王杨广交往,在其即帝位以后,炀帝与天台山的关系仍然持续不断。

隋炀帝尽管自称菩萨戒弟子,但是,在即位后却一直力图使沙门敬拜王者。《广弘明集》记载:

> 隋炀帝大业三年新下律令格式令云:"诸僧道士等有所启请者,并先须致敬,然后陈理。"虽有此令,僧竟不行。时沙门释彦琮不忍其事,乃著《福田论》以抗之,意在讽刺。①

但是,隋炀帝并未放弃逼迫僧人就范的企图。《广弘明集》有文记载:

> 大业五年,至西京郊南大张文物,两宗朝见,僧等依旧不拜。下敕曰:"条令久行,僧等何为不致敬?"时明赡法师对曰:"陛下弘护三宝,当顺佛言。经中不令拜俗,所以不敢违教。"又敕曰:"若不拜敬,宋武时何以致敬?"对曰:"宋武虐君,偏政不敬,交有诛戮。陛下异此,无得下拜。"敕曰:"但拜。"僧等峙然。如是数四令拜。僧曰:"陛下必令僧拜,当脱法服,着俗衣,此拜不晚。"帝夷然,无何而止。②

这段文字中所论及的"宋武"是指宋孝武帝刘骏。孝武帝于大明六年(462)曾经下令僧人必须敬拜王者,"既行刳斮之虐,鞭颜竣面而斩之,人不胜其酷也。"③僧人只得屈从。不过两年之后,宋孝武帝驾崩,这一做法就不再能坚持了。隋炀帝意欲仿效孝武帝,未能成功。可见,隋炀帝对于僧人的态度并非如其"菩萨戒弟子"之号般名副其实。

除强迫僧尼敬拜王者之外,隋炀帝还于大业五年(609)下诏使无"德业"的僧尼还俗,寺院按照僧尼的数量保留,其余一概拆毁,一时造成因僧废寺的现象。从这些事实可以看出,隋朝对于佛教也有限制的一面。

---

① 道宣:《广弘明集》卷二五,《大正藏》第 52 卷,第 280 页下。
② 同上书,第 280 页下—281 页上。
③ 道宣:《广弘明集》卷六,《大正藏》第 52 卷,第 126 页上。

大业五年颁示寺院的统合或废却之令,在其他的史料中也有明述。例如在《集神州三宝感通录》卷上的《五扶风岐山南古塔》条有:此塔者,原系阿育王寺,由于北周的毁佛仅只存留二堂而已,到了隋代,则在此设置了成实寺。但在大业五年,因为住僧不满五十众而遭废寺,接着则被京师的宝昌寺所统合,而住僧则编入到宝昌寺的僧众当中。至于古塔的基地,则变成为寺庄。在《佛祖统纪》卷三九记载:"五年,诏天下僧徒无德业者,并令罢道,寺院准僧量留,余并毁拆。"①僧众中戒德疏荒者令还俗,寺院中住僧少者命废却,只有几座大的寺院存续下来。与此相关,庐山福林大志禅师即烧身自杀。隋炀帝废佛令下达后,"庐山福林大志禅师素服哭于佛前三日,誓舍身明道,乃诣东都上表曰:'愿陛下兴隆三宝,贫道当然臂以报国恩。'上敬而许之,遂以布蜡缠臂,升大棚端坐,度火然之,焚毕入定,七日加趺而终。"②炀帝当下命准所奏,大志禅师于是就入火定三昧而殁。缘于此一废佛令的结果,在京师的大兴城(长安)中,在大业七年(611)就有圣敬寺、仁法寺、明觉寺、香海寺等21座寺院遭毁废。

总体而言,隋炀帝对待佛教的态度颇为复杂多变,有支持佛教发展的一面,也有利用、限制的一面,尤其是以王权统领教权的意图很明显。

四、隋代士大夫与佛教

由于帝王的倡导,隋代不少士大夫如李士谦、卢思道、辛彦之、薛道衡、杨素、费长房、王劭、王通、卢太翼等,均信奉佛教。

李士谦(523—588),字子约,赵郡平棘人(今河北赵县),是隋代著名的三教调和论者。他幼年丧父,事母以孝闻,母曾呕吐,疑为中毒,遂跪而尝之,伯父魏岐州刺史李玚,深所嗟尚,每称之为"吾家之颜子"③。年

---

①② 志磐:《佛祖统纪》卷三九,《大正藏》第49卷,第362页上。
③《隋书》卷七七《李士谦传》,第1752页。

十二,魏广平王赞辟开府参军事。后丁母忧,居丧骨立。有姊适宋氏,不胜哀而死。士谦服阕,舍宅为伽蓝,脱身而出,这表明他看破红尘,欲有所作为。李士谦博览群籍,兼善天文、术数。他立志不仕,自以少孤,未尝饮酒食肉,口无杀害之言。李士谦相信因果报应,又善谈玄理。尝遇一不信佛教因果报应的客人在坐,士谦指出,积善余庆,积恶余殃,高门待封,扫墓望丧,怎不是休咎之应呢?佛经所云,轮转五道,无复穷已,不可不信。客人又问其三教优劣,李士谦说:"佛,日也;道,月也;儒,五星也。"①李士谦将佛教比做太阳,将道教、儒教比做月亮和五星,表明他对佛教的虔诚信仰。元代刘谧曾评说:"隋李士谦之论三教也……岂非三光在天,缺一不可,而三教在此,亦缺一不可?虽其优劣不同,要不容于偏废欤!"(《教平心论》)李士谦深受佛教教理教义的影响,自觉践履慈悲观念。其家富于财,然他性情宽厚,举止约以戒定。躬处节俭,施药散谷积30年,可谓"大善人"。开皇八年(588),李士谦卒于家,时年六十六,会葬者万余人,乡人相与树碑于墓。

卢思道(535—586),字子行,范阳人(今河北涿县)。祖阳乌,魏秘书监。父道亮,隐居不仕。思道聪爽俊辩,通俛不羁,师事河间邢子才,才学兼著。仕齐为黄门郎,有诗名,曾被称为"八米卢郎"②。卢思道与尚书敬长瑜、元行恭、邢恕等,礼接释彦琮,同为之建斋,请其讲《大智度论》,事载《续高僧传》卷二《彦琮传》。另他作有《辽阳山寺愿文》、《从驾经大慈照寺诗并序》,《广弘明集》卷二八、卷三〇有载。周灭齐后,卢思道入周,仍以文才见重于时。卢思道崇重佛法,对佛教兴盛发展中存在的弊端看得很清楚。《北山录》卷一〇认为古者沙汰有两个意思,一为崇重教门,恶其渝滥,故澄汰奸冗,务令清净;二为憎嫉昌显,危身挟怨,故须除荡,以畅胸襟。③ 卢思道属于前者。他在《西征记》中以事实指出,兴佛导

---

① 《隋书》卷七七《李士谦传》,第1754页。
② 《隋书》卷五七《卢思道传》,第1397页。
③ 《北山录》卷一〇,《大正藏》第52卷,第632页上。

致了巨大浪费;又在《周齐兴亡论》中指出,崇佛靡费财力,也认为"罢之则谓强国富民之策,斯一代之小识,非远大之弘略"①,故他被归入兴隆佛法之列。隋令卢思道使陈。陈主用《观世音经》中的话问他:"是何商人,赍持重宝",卢思道也用《观世音经》中的话回答说:"勿遇恶风,漂堕罗刹鬼国"②,可知他谙知佛教经典。

辛彦之(?—591),陇西狄道人。祖世叙,魏凉州刺史。父灵辅,周渭州刺史。彦之九岁而孤,不交非类,博涉经史,与天水牛弘同志好学。后入关,遂家京兆。仕周为中外府礼曹、中书侍郎,历职典祀、太祝、乐部、御正四曹大夫、开府仪同三司。因奉使迎突厥皇后有功,赍马200匹,赐爵龙门县公,邑千户,寻进爵五原郡公,加邑千户。宣帝即位,又拜少宗伯。周灭入隋,为太常少卿,改封任城郡公,进位上开府。寻转国子祭酒,拜礼部尚书,与秘书监牛弘撰《新礼》。后拜隋州刺史,迁洛州刺史,前后俱有惠政。据《隋书》卷七五《辛彦之传》所载,其"崇信佛道,于城内立浮图二所,并十五层"③。州人张元暴卒复苏,说自己神游天上,见一殿堂极为崇丽,天人说,这是因为辛刺史有大功德,立此堂在此等待他。这个故事表明辛彦之好佛甚有声名。开皇十一年(591),辛彦之卒,谥曰"宣"。其所撰《坟典》一部、《六官》一部、《祝文》一部、《礼要》一部、《新礼》一部、《五经异义》一部,并行于世。

薛道衡(540—609),字玄卿,河东汾阴人(今山西万荣)。祖聪,魏齐州刺史。父孝通,常山太守。薛道衡6岁而孤,专精好学,有才名于时。齐时待诏文林馆,与范阳卢思道、安平李德林齐名友善。后入隋,为内史侍郎,加仪同三司,又进位上开府。薛道衡久当枢要,才名益显,太子诸王争相与交,高颎、杨素雅相推重,声名籍甚,无竞一时。炀帝嗣位,薛道衡转番州刺史。据《续高僧传》卷二《彦琮传》记载,薛道衡与彦琮、陆彦

---

① 道宣:《广弘明集》卷七,《大正藏》第52卷,第133页中。
②《神异典释教部纪事》卷一,《续藏经》第88卷,第491页中。
③《隋书》卷七五《辛彦之传》,第1709页。

师、刘善经、孙万寿等共著《内典文会集》。开皇十一年(591)昙延法师卒,朝臣各修诔铭,薛道衡有《吊延法师亡书》,载《广弘明集》卷二四。其中盛赞其师昙延的人格和修为,云其"弱龄舍俗,高蹈尘表,志度恢弘,理识精悟。灵台神宇,可仰而不可窥;智海法源,可涉而不可测。同夫明镜瞩照不疲,譬彼洪钟有来斯应,往逢道丧玄维落纽,栖志幽岩确乎不拔。高位厚礼,不能回其虑;严威峻法,未足惧其心。经行宴坐夷险莫二,戒德律仪始终如一"①。又云其广接信众,弘护三宝,宣扬二谛,功劳堪比佛图澄、鸠摩罗什,远超道安、慧远等人,最后薛道衡表达了对昙延师的无限崇敬和哀悼之情。薛道衡善于文辞,沙门惠响能制文,为薛道衡所重。沙门明则有词藻,薛道衡亦赞美"则公之文屡发新彩,英英独照"②。另《广弘明集》卷三〇中收录有《薛道衡展敬上凤林寺》诗,云"净土连幽谷,宝塔对危峰。林栖丹穴凤,地迩白沙龙。独岩楼回出,复道阁相重。洞开朝雾敛,石湿晓云浓。高筵低云盖,风枝响和钟。檐阴翻细柳,涧影落长松。珠桂浮明月,莲座吐芙蓉。隐沦徒有意,心迹未相从"③。全诗在写景中表现了开悟后从容淡定的心情。

杨素(544—606)④,字处道,弘农华阴人。祖暄,魏辅国将军、谏议大夫。父敷,周汾州刺史。素少有大志,后与安定牛弘同志好学,研精不倦,多所通涉,善属文,下笔立成,词义兼美,工草隶,颇留意于风角。美须髯,有英杰之表。入隋为帝王所重,累官上柱国,封越国公,成为一代重臣。杨素重佛法,与释智命相见交谈,以为其有风韵,非鄙俗所怀,是"廊庙伟器";礼接释道基,请于东都,讲扬《心论》;又与左仆射邳国公苏威一起,引重僧人智琰,常派人问候。杨素还造有光明、思觉两寺,事载《续高僧传》卷二《彦琮传》中。对于佛、道二教的关系,杨素自有一番见

---

① 道宣:《广弘明集》卷二四《吊延法师亡书》,《大正藏》第52卷,第280页中。
② 道宣:《续高僧传》卷一〇《玄靖传》,《大正藏》第50卷,第502页中。
③ 道宣:《广弘明集》卷三〇《薛道衡展敬上凤林寺》,《大正藏》第52卷,第360页中。
④ 参见杨君《杨素行年及其它》,《文学遗产》,第2004年6期,第120—121页。

解。据《集古今佛道论衡》卷二记载,杨素曾经过道教楼观,见墙壁上有尹喜化胡的画像。于是对诸道士说:"承闻老君化胡,胡人不受;令喜变身作佛,胡人方受。是则佛能化胡,胡人奉佛,道不能化,云何言老子化胡?"①从中可知杨素认为佛教比道教高明。

王劭,生卒年不详。字君懋,太原晋阳人(今山西太原)。劭少沉默,好读书,以博物见称。据《续高僧传》卷二《彦琮传》记载,王劭为赵郡佐时,寓居寺宇,听释彦琮讲经,仰慕不已,进而友敬之。齐灭后王劭入周,周灭后又入隋,先后为著作佐郎、员外散骑侍郎、著作郎等职。王劭抓住隋文帝喜欢符瑞的心理,屡次上表言符命,大获恩宠。他采民间歌谣,引图书谶纬,依约符命,捃摭佛经,撰为《皇隋灵感志》30卷,又集诸州朝集使,洗手焚香,闭目读之,曲折其声,有如歌咏,颇得文帝欢心。王劭还受敕为杨坚的收养尼智仙作传,事载《续高僧传》卷二六《道密传》中。仁寿年间,文帝下敕分布舍利,诸州起塔供养,王劭为《舍利感应记》文,载《广弘明集》卷一七。文献皇后独孤氏驾崩,王劭以"佛说人应生天上,及上品上生无量寿国之时,天佛放大光明,以香花妓乐来迎之。如来以明星出时入涅槃。伏唯大行皇后圣德仁慈,福善祯符,备诸秘记,皆云是妙善菩萨……后升遐后二日,苑内夜有钟声三百余处,此则生天之应显然也"②,奉承皇后已学佛得道。王劭撰有《隋书》80卷、《齐志》20卷、《齐书》100卷、《平贼记》3卷、《读书记》30卷等。其《齐志·述佛志》云:"释氏非管窥所及,率尔妄言之。又引列御寇书,述商太宰问孔子圣人事,又黄帝梦游华胥氏之国,华胥氏之国,在佛神游而已,此之所言仿佛于佛。石符姚世经译遂广,盖欲柔伏人心,故多寓言以方便,不知是何神怪浩荡之甚乎。其说人身心善恶世事因缘,以慈悲喜舍常乐我净,书辩至精明如日月,非正觉孰能证之?凡在黔首莫不归命,达人则慎其身口,修其慧

---

① 道宣:《集古今佛道论衡》卷二,《大正藏》第52卷,第378页下。
② 《隋书》卷六九《王劭传》,第1608—1609页。

定,平等解脱,究竟菩提;及僻者为之不能通理,徒务费竭财力,功利烦浊。犹六经皆有所失,未之深也已矣。"①可知王劭自认对佛理有着较高认识,对不能通理者甚为惋惜。

王通(584—617),字仲淹,洛阳龙门人(今山西河津),隋末大儒,号"文中子",主张"三教合一"。王通弱冠之年便慨然有弘济苍生之志。入隋,献太平十二策不见用,遂作《东征之歌》以归。聚徒河汾间,京兆杜如晦、赵郡李靖、河东薛收、中山贾琼、清河房玄龄、巨鹿魏征、太原王珪、温彦博等,俱从之受学。王通仿古作六经,又为《中说》以拟《论语》,其《中说·周公篇》说:"诗书盛而秦世灭,非仲尼之罪也;虚玄长而晋室乱,非老庄之罪也;斋戒修而梁国亡,非释迦之罪也。"为对梁武因佛灭国的指责进行辩护。王通对佛、道二教有自己的看法:"或问佛,(文中)子曰:'圣人也。'曰其教如何?曰:'西方之教也,守国则泥。'(文中)子读《说》,议曰:'三教于是乎一矣。'或问长生神仙之道,(文中)子曰:'仁义不修,孝悌不立,奚为长生?'"②他认为佛、道虽与儒家思想有别,但还是可以融合在一起的。这些言语流露出这位大儒对佛教所抱持的好感,以及"三教统释"的思想倾向。

隐士卢太翼(生卒年不详)也是值得一提的人物。他字协昭,河间人,本姓章仇氏。7岁诣学,日诵数千言,州里号曰"神童"。及长,闲居味道,不求荣利。博综群书,爰及佛道,皆得其精微。尤善占候、算历之术。隐于白鹿山,数年徙居林虑山茱萸涧,请业者自远而至,初无所拒,后惮其烦,逃于五台山。地多药物,与弟子数人庐于岩下,萧然绝世,以为神仙可致。后为太子所召而出山。太子废,太翼受到牵连,成为官奴。其所言天文之事,不可称数,关诸秘密,世莫得闻,后数载,卒于洛阳。

---

① 道宣:《广弘明集》卷二《齐书述佛志》,《大正藏》第52卷,第106页中—下。
② 志磐:《佛祖统纪》卷三九《法运通塞志》,《大正藏》第49卷,第361页中。

此外，据《辩正论》卷四所载，太师上柱国申国公李穆，太保上柱国薛国公长孙览，上柱国使持节淮南总管寿州刺史观王杨雄，大司马上柱国神武肃公窦毅，上柱国尚书右仆射鲁国公虞庆则，上柱国尚书左仆射齐国公高颎，上柱国右卫大将军陈国公窦抗，上柱国武卫将军梁国公侯莫陈芮，上柱国洛豫十七州诸军事洛州刺史洵阳公元孝矩，上柱国荆州总管上明公杨纪，上柱国尚书右仆射纳言邳国公苏武威，上柱国都督河东诸军事河东太守窦庆，上柱国右卫将军南康公刘嵩，骠骑将军仪同三司汾州刺史崔凤隋，上柱国何明王杨辟邪，兵部尚书上大将军龙岗公段文振，上柱国亳灵四州总管海陵公贺若谊，使持节大将军凉州诸军事凉州刺史赵国公独孤罗，上柱国凉益六州总管将国襄公梁睿，上柱国广宗庄公李崇，上柱国左武卫大将军使持节凉州刺史宇文庆，上大将军营州总管魏兴公韦世文，上柱国吏部尚书上庸公韦世康，广汉太守襄垣侯薛琰等，皆为隋代的奉佛者。①

第二节　隋代佛教的复兴

从政治上，隋王朝是在北周"禅让"的背景下建立的，在佛教方面，隋王朝面对的却是北魏太武帝、北周武帝毁佛运动所留下来的惨状。然而，在隋文帝、隋炀帝两代皇帝的关照下，隋代佛教不但有所恢复，而且在许多方面步入一个大发展时期，主要表现在佛经翻译与经录的编撰、南北佛教风格的融合、佛教义学的发达，以及天台宗、三论宗、三阶教的形成等方面。佛典经录的编纂在本节下文与唐代归并说明，至于隋代三大宗派的形成情况将在本书第六卷列专章分别论述，在此仅就隋王朝设置"众主"的情况以及佛教学派的发展、宗派的形成、佛典翻译等方面的内容略作叙述，以见隋代佛教恢复甚至走向繁荣的盛景。

---

① 法琳：《辩正论》卷四，《大正藏》第52卷，第511页上。

一、"六大德"与"众主"

　　复兴佛教的首要着力点在于高僧,特别是具有相当影响力的高僧。隋文帝深知这一点,因此在较大规模地吸收被迫还俗的僧人"归队"以及度僧的基础上,先后数次在全国范围内征发高僧入长安弘教。在当时影响较大的数"六大德"、"五众"和"二十五众"的设置。

　　从道宣《续高僧传》记载来看,开皇七年(587)隋文帝从全国征召"六大德"是不争的事实,将道宣《续高僧传》的数处记载综合起来观之,可知道宣此书所记载的六位大德是昙迁、慧藏、僧休、宝镇、慧远、洪遵。道宣《续高僧传》中几处都记载了此事,而以《续高僧传·昙迁传》记载的稍微详细些。其文说:

> 开皇七年秋,下诏曰:"皇帝敬问徐州昙迁法师,承修叙妙因,勤精道教,护持正法,利益无边,诚释氏之栋梁,即人伦之龙象也。深愿巡历所在,承风飡德,限以朝务,实怀虚想,当即来仪,以沃劳望。弟子之内闲解法相,能转梵音者十人,并将入京,当与师崇建正法,刊定经典。且道法初兴,触途草创,弘奖建立,终借通人,京邑之间,远近所凑,宣扬法事,为惠殊广,想振锡拂衣,勿辞劳也。寻望见师,不复多及。"①

此传记载了文帝征召昙迁时所下的诏书。道宣的上述引文长达一百六十余字,从文字结构看,应该是诏书的全文。诏书中明确说,昙迁可以带十位弟子一起进京。

　　《续高僧传·昙迁传》又叙述:

> 时洛阳慧远、魏郡慧藏、清河僧休、济阴宝镇、汲郡洪遵,各奉明诏,同集帝辇。迁乃率其门人,行途所资,皆出天府。与五大德谒帝

---

① 道宣:《续高僧传》卷一八,《大正藏》第50卷,第572页下。

于大兴殿,特蒙礼接,劳以优言。又敕所司,并于大兴善寺安置供给。王公宰辅,冠盖相望。虽各将门徒十人,而慕义沙门,敕亦延及,遂得万里寻师,于焉可想。①

此文中列出了六位大德的法号,并且对到达长安后文帝的接见、安置都作了说明。依据此说,六位大德同住于大兴善寺,并且明确说,跟随这六位大德的弟子不只十位,远近慕道者纷至沓来,大兴善寺当时的盛景可想而知。

《续高僧传·昙迁传》所说的"洛阳慧远"即史籍中所称的净影慧远。依据史籍记载,北周于大象二年(580)恢复佛教时,于东都洛阳和西京长安各立大陟岵寺,置"菩萨僧",净影慧远被安置于少林寺。杨坚代周立隋之后,慧远重新剃发恢复比丘身份。慧远在洛阳大开讲会,文帝"下敕授洛州沙门都,匡任佛法,远辞不获免,即而位之。"②开皇七年(587)秋天,慧远时在上党,隋文帝"下玺书,殷勤重请,辞又不免,便达西京。于时敕召大德六人,远其一矣。仍与常随学士二百余人,创达帝室。亲临御筵,敷述圣化,通乎家国。上大悦,敕住兴善,劳问丰华,供事隆倍。"③慧远受诏带领常随学士二百余人到达京师,特蒙文帝礼敬,敕住于大兴善寺。

释慧藏(522—605),姓郝氏,赵国平棘人。"十一出家,即流听视,未登冠具,屡讲《涅槃》,剖析深奇,符契文旨。及律仪圆备,更业毗尼,行等明珠,解逾前达。未听《智论》、《十地》、《华严》、《般若》等经论,博见之举,人谁肯推?但深穷性体,义难抑伏,皆仰谢高断,罕不师焉。"④从此叙述可知,慧藏精通《大涅槃经》、《大智度论》、《十地经论》、《华严经》、《般若经》,然都是无师自通。《续高僧传·释慧藏传》又记载:慧藏"年登不惑,乃潜于鹊山,木食泉浆,澄心玄奥。研详虽广,而以《华严》为本宗。

---

① 道宣:《续高僧传》卷一八,《大正藏》第50卷,第572页下。
②③ 道宣:《续高僧传》卷八,《大正藏》第50卷,第491页上。
④ 道宣:《续高僧传》卷九,《大正藏》第50卷,第498页上。

洞尽幽微,未测邪正,仰托圣助,希示是非。登即夜降灵感,空中声言是是。既闻斯告,因撰《义疏》,躬自传扬,继预学流,普皆餐揖。齐主武成,降书邀请,于太极殿开阐《华严》,法侣云繁,士族咸集,时共荣之,为大观之盛也。自尔专弘此部,传习弥布。"①由于慧藏所撰《华严义疏》的精湛,时人称其为"华严藏公"。周武帝灭法时,慧藏"刬迹人间,栖息烟霞,保护承网。隋初开法,即预出家,讲散幽旨,归途开悟。化自东川,风行草偃,行成达义,德以诱仁,冰玉方心,松筠等质。故法雨常流,仁风普扇,致使道俗,庆其来苏,蒙心重其开奖。"鉴于其在"东川"的影响,开皇七年,隋文帝"承敬德音,远遣征请,蒲轮既降,无爽纶言。藏乘机立教,利见大人。杖锡京辇,仍即谒帝承明,亟陈奥旨,凡所陶诱,允副天心。即六大德之一也。有敕加之殊礼,故二纪之内,四时不坠。"慧藏进入长安,住锡于大兴善寺,在沙门智稳、僧朗、法彦等的请求下,开讲《金刚般若论》,"于时年属秋方,思力虚廓,但控举纲致,标异新理,统结词义,言无浮泛,故禀益之徒,恐其声止,皆崇而敬焉。"②慧藏圆寂于大业元年(605)十一月二十九日,春秋八十有四。

  关于僧休法师,道宣《续高僧传》未曾为其立传。现存史籍中有零星记载。从这些资料可知,僧休是地论北道道宠法师的弟子,而其在北朝、隋初声望都很高。《续高僧传·宝袭传》称僧休为"雍州三藏僧休法师",可见,僧休的籍贯是雍州(今陕西凤翔一带)。《宝袭传》又补充说:"休聪达明解,神理超逸。齐末驰声广于东土,周平齐日,隐沦本州岛。天元嗣立,创开佛法。休初应诏为菩萨僧,与遵、远等同居陟岵。开皇七年召入京辇,住兴善寺。"③此外,《续高僧传·昙迁传》有"清河僧休"的提法。将这些记载联系起来可知,僧休于邺都在道宠门下学习之后,在北齐末年,至清河(今河北省清河县)传播佛教,名声远扬。北周灭齐并且于齐地毁

---

① 道宣:《续高僧传》卷九,《大正藏》第 50 卷,第 498 页上一中。
② 同上书,第 498 页中。
③ 道宣:《续高僧传》卷一二,《大正藏》第 50 卷,第 520 页上。

灭佛法之后,僧休潜行于"本州岛"即清河。宣政元年(578)六月,周宣帝即位,恢复佛教,僧休应召以"菩萨僧"的身份在陟岵寺弘法。与僧休同住于陟岵寺的"遵、远"就是洪遵、慧远,而洛阳陟岵寺也就是北周武帝毁掉、此时才恢复的嵩山少林寺。

与昙迁等带十位弟子入京师一样,僧休也应该带若干弟子随行。《续高僧传·宝袭传》记载:"释宝袭,贝州人,雍州三藏僧休法师之弟子。……袭十八归依,诵经为业,后听经论,偏以《智度》为宗,布响关东,高问时杰。从休入京,训勖为任。"①僧休在大兴善寺曾经参加过达摩崛多的译场。《历代三宝纪》卷一二记载:开皇十二年(592),"仍敕崛多专主翻译,移法席就大兴善寺,更召婆罗门沙门达摩笈多并遣高天奴、高和仁兄弟等同翻,又增置十大德沙门僧休、法粲、法经、慧藏、洪遵、慧远、法纂、僧晖、明穆、昙迁等,监掌始末,诠定旨归。"②几年之后,僧休就圆寂了。《续高僧传·灵幹传》记载,灵幹于开皇十七年遇疾闷绝,醒来后叙述说:

> 初见两人手把文书,户前而立曰:"官须见师。"俛仰之间,乃与俱往。状如乘空,足无所涉,到一大园,七宝树林,端严如画。二人送达,便辞而退。幹独入园,东西极目,但见林地山池,无非珍宝,焜煌乱目,不得正视。树下花座,或有人坐,或无坐者。忽闻人唤云:"灵幹,汝来此耶?"寻声就之,乃慧远法师也。礼讯问曰:"此为何所?"答:"是兜率陀天。吾与僧休同生于此。次吾南座上者,是休法师也。"远与休形并非本身,顶戴天冠,衣以朱紫,光伟绝世,但语声似,旧依然可识。③

搁置这一传闻的真实与否,单从道宣将其写入传中,即可知晓僧休一定

---

① 道宣:《续高僧传》卷一二,《大正藏》第50卷,第520页上一中。
② 费长房:《历代三宝纪》卷一二,《大正藏》第49卷,第104页中。
③ 道宣:《续高僧传》卷一二,《大正藏》第50卷,第518页中。

于此前已经圆寂。净影慧远圆寂于开皇十二年,而隋文帝于开皇十六年设立"五众主"时立了僧休弟子宝袭为"大论众主",如《宝袭传》所言"开皇十六年,敕补为大论众主。于通法寺四时讲化,方远总集。"由此可知,僧休圆寂于开皇十三年至开皇十六年之间。

关于宝镇,道宣未为其立传,史籍未详。《续高僧传·释智隐传》和《续高僧传·释宝宪传》都提及宝镇。从这些资料中可以推知,宝镇确实是开皇七年征召的"六大德"之一。

《续高僧传·释智隐传》明确说:"释智隐,姓李氏,贝州人。即华严藏公之弟子也。"开皇七年,"敕召大德,与藏入京,住大兴善,通练《智论》、《阿毗昙心》及《金刚般若论》,明其窟冗。"①智隐于开皇七年跟随其师进入长安,住于大兴善寺。《续高僧传·释宝宪传》记载:"释宝宪,郑州人,宝镇律师之学士也。"宝宪少年时期就皈依宝镇,"开皇之始,与镇同来,住大兴善,威仪调顺,言无涉俗"②。从这些史料可知,宝镇于开皇七年受文帝征召进入长安,住于大兴善寺,弟子智隐、宝宪跟随其师入京。而根据《续高僧传·释昙迁传》所说"济阴宝镇"可知,宝镇于隋初在济阴弘法,且是从济阴出发前往长安的。

律学大师洪遵也是隋文帝于开皇七年征召的"六大德"之一,《续高僧传》卷二一有《释洪遵传》。

释洪遵(530—608),姓时氏,相州人。洪遵8岁出家,"从师请业,屡高声驾,及受具后,专学律部,心生重敬。内自唯曰:'出家基趾,其存戒乎?住持万载,被于遗教,谅非虚矣。'更辞师友,游方听习,履涉相京,谘访深义,有所未喻,决问罕通。三夏将满,遂知大旨。初住嵩高少林寺,依资云公,开胸律要。并及《华严》、《大论》,前后参听,并扣其关户,涣然大明。承邺下晖公,盛弘《四分》,因往从焉。"③洪遵出家受具足戒之后,

---

① 道宣:《续高僧传》卷二六,《大正藏》第50卷,第668页上。
② 同上书,第672页上。
③ 道宣:《续高僧传》卷二一,《大正藏》第50卷,第611页上—中。

依照当时的惯例,拜师学习律部。从此传后文叙述的洪遵的卒年和享年来推测,洪遵受大戒是在东魏,东魏的首都为邺都,因此,"履涉相京"数句指的是,洪遵是在邺都初学律学的,"三夏将满"后又前往嵩山少林寺跟随道云学习律部,此后又回到邺城跟随道晖学习《四分律》。在道晖门下,洪遵"乃束晖制疏,捧入堂中曰:'伏膺有日,都未见知,是则师资两亡。敢以文疏仰及。'便置之坐上往覆。云所既属,舍见来降,即命登座覆述,吐纳纤隐,众仰如山。自后专预正时,结徒毕业。"①此文未曾提及洪遵在道晖门下学习的时间久暂,然传文又说:洪遵"以戒律旁义,有会他部者,乃重听《大论》《毗昙》,开沃津奥。又以心使未静,就诸禅林,学调顺法。年踰十腊,方归律宗,四远望风,堂盈千计,时为荣大也。"由此可知,洪遵离开道晖门下,又重新学习经教,且修习禅定。在他僧腊十年,时为549年后,洪遵方才重归律部。

北齐时期,洪遵出任"断事沙门,时青齐诸众,连诤经久,乃彻天听,无由息讼,下敕令往,遵以法和喻,以律科惩曲感物情,繁诤自弭,由是更增时美,法侣欣之"。北周灭齐后,在齐境推行灭佛政策,洪遵"隐于白鹿岩中,及宣政搜扬,被举住于嵩岳,德不孤峙,众复屯归。"周宣帝恢复佛教,洪遵被征召至嵩山陟岵寺。"大隋廓定,招贤四海。开皇七年,下敕追诣京阙,与五大德同时奉见,特蒙劳引,令住兴善,并十弟子四事供养。"②开皇十一年(591),隋文帝"又敕与天竺僧共译梵文。至十六年,复敕请为讲律众主,于崇敬寺聚徒成业。先是关内素奉《僧祇》,习俗生常,恶闻异学,乍讲《四分》,人听全稀,还是东川,赞击成务,遵欲广流法味,理任权机,乃旦剖《法华》,晚扬法正,来为开经,说为通律,屡停炎澳,渐致附宗。开导《四分》一人而已。迄至于今,《僧祇》绝唱,遵为人形仪儒雅,动据现猷,而神辩如泉,声相钟鼓,预升法位罕有昏漠。开悟之绩,寔

---

① 道宣:《续高僧传》卷二一,《大正藏》第50卷,第611页上—中。
② 同上书,第611页中。

难嗣焉"①。洪遵进入关中的历史性贡献是《四分律》研习的兴盛。

从开皇七年(587)后,隋文帝一直在征召各地的大德进入长安弘扬佛教各部经论。至开皇十二年,隋文帝下诏在全国征招更多的高僧至京师弘法。《续高僧传·法应传》说:"开皇十二年,有敕令搜简三学业长者,海内通化,崇于禅府。选得二十五人,其中行解高者,应为其长。敕城内别置五众,各使一人晓夜教习,应领徒三百,于实际寺相续传业,四事供养并出有司。"②从这段史料看:第一,开皇十二年,文帝敕令选拔精通三学的高僧,共得25人,僧人法应为"长";第二,隋文帝又于"二十五众"之外,设立"五众"。法应为禅僧,当为"禅门众主"。第三,"五众"(也可能包含"二十五众"在内)的任务是统领数百僧人"教习传业",所有供养都出自朝廷。

"二十五众"中,可考的有:大兴善寺沙门僧璨曾为"二十五众第一摩诃衍匠",舍卫寺沙门慧影也为弘扬摩诃衍的"二十五众主",大兴善寺沙门僧琨曾为"二十五众教读经法主"。从现存史料考察,"五众"包括"涅槃众"、"地论众"、"大论众"、"讲律众"、"禅门众",每众立"众主"若干,由修、学双馨的高僧担任,如长安"涅槃众主"法总、童真、善胄,"地论众主"慧迁、灵璨,"大论众主"法彦、宝袭、智隐,"讲律众主"洪遵,"禅门众主"法应。从学科名目来看,五众包含了戒、定、慧三学。而在义解方面,"涅槃众"以《涅槃经》为主,"地论众"以《十地经论》为主,"大论众"则是研究《大智度论》,"五众"实际上已包括了南北朝佛教义学的核心学派。从上述资料看,"二十五众"、"五众"实际是由国家供给的佛教教育机构,其分类以佛教自身的教学和学派来归类划分,隶属于不同的佛寺。如此一来,如果每一众主都统领数百僧人于一佛寺弘扬特定学说,很容易形成学派与寺院的相对固定的联系。由于这些特定寺院都由国家供养且人

---

① 道宣:《续高僧传》卷二一,《大正藏》第50卷,第611页中一下。
② 道宣:《续高僧传》卷一九,《大正藏》第50卷,第508页上。

数众多,延续日久,宗派佛教形成所必需的专弘特定经论的"祖庭"便有了赖以产生的土壤。

隋文帝采取了许多措施提倡佛教义学。这些措施对于融会南北佛教的不同风格,尤其是对于宗派佛教的兴起,起了重要的推动作用。

二、学派延续与宗派兴起

隋朝尽管只有短短的 37 年,但对于中国佛教的发展起了十分重要的作用。国家的统一,使佛教界内部可以将此前形成的南朝、北朝佛教的不同风格融汇起来,进而形成不同于"学派"的佛教宗派。隋文帝、隋炀帝两代皇帝对于佛教的态度以及由此决定的佛教政策,为"学派佛教"向"宗派佛教"的过渡提供了政治基础,而隋代诸位佛教大师以及广大信徒的佛教信仰热忱,直接成就了隋代佛教宗派的形成以及中国佛教的初步繁荣。

隋代佛教义学非常发达,远远超过前代。这一时期所流行的经论和学说,从《续高僧传》所记载的 137 名隋代僧人来分析,《大涅槃经》是隋代弘扬最广的佛经,弘扬者为 55 家;《摄大乘论》31 家,《大智度论》24 家,《十地经论》23 家,般若类经典 19 家,三论 18 家。① 凡是在南北朝时期流行的佛教学派,都在隋代流行并且有所发展。

确切地说,佛教中国化的过程,从佛教传入中土的时刻就已经开始了。由于中国固有文化思想传统的成熟与强大,也由于佛教理论思辨性和宗教特性与中国文化的隔膜,佛教的传播一开始便走了一条向中国本土文化妥协而隐匿自己个性的发展之路。这一特殊的传教策略,不但使佛教未曾在其力量薄弱时与本土文化发生难于调和的冲突,反而引起了中土上层人士和政府的好感。从两汉直到魏晋时期,中土人士一直借助于中土固有的文化思想形式来理解佛学,特别是黄老之学以及魏晋玄学,对佛学在中

---

① 参见蓝吉富《隋代佛教史论》第四章第一节,台北,台湾商务印书馆,1993。

土的普及起了很明显的促进作用。以罗什至长安译经以及其弟子僧肇、道生等人佛学思想的成熟为标志，中土人士终于登堂入室，深刻理解了印度佛学的精义，开始了师心独造的新阶段。南北朝时期佛教学派的形成与发展，使得佛教中国化走向了综合创新的成熟期。而天台、三论宗、三阶教在隋代的产生，则将佛教中国化推进到宗派佛教的新阶段。

所谓的"宗派佛教"是相对于南北朝时期的"学派佛教"而言的。如果将南北朝佛教学派与隋代的天台宗、三论宗、三阶教的情况作一对照，就会发现二者在以下三方面有很大的差别：第一，形成有一定排他性的创始者、传授者及其信仰者系统；第二，具有独特内容的教义体系；第三，具有独特内涵的修行方法及其仪轨制度。以下我们通过对隋代三论宗、天台宗兴起的基本条件的分析来管窥佛教宗派形成的历史必然性。

第一个条件中，所谓"排他性的创始者、传授者"是指一般所说的"法统"。兴起于东晋末年的"学派佛教"，虽说是"学派"，但其传承从来就不是固定的，而且并不具有排他性。譬如隋代大师级的僧人净影慧远，既弘扬《十地经论》，又弘扬《涅槃经》、《摄大乘论》、《起信论》。而之所以如此，其根本原因在于：虽然净影慧远具有丰富的佛学思想，而且在某些方面具有很强的创新性，但是，他的学说来源庞杂，没有固定的师承以及可以追根溯源的传承体系；与此相联系，以其为核心的僧团及其僧团内部研习的学说自然也是不固定的，当然也谈不上排他性；由于僧团本身的流动性，自然也难于在学统与寺院以及寺院之间建立固定的具有一定程度的排外性的联系。尽管净影慧远在隋代的影响，并不一定比同时代的吉藏、信行小多少，但吉藏、信行却是宗派的创立者，净影慧远却并未创立宗派，仅仅是南北朝涅槃学派、地论学派在隋代的重要代表。"在中国佛教的宗派历史中，传法是一个关键的概念。它在隋唐以后才甚为流行，前此不然也。"[1]中国佛教发展到隋唐时，师资传授渐受注意。

---

[1] 汤用彤：《中国佛教宗派问题补论》，《汤用彤学术论文集》，北京，中华书局，第394页，1983。

根据汤用彤先生的考据,在隋之前,所谓"付法"实际是推举能够继续其师讲授经论的人,所付者不过是经论的讲解权或所著作的义疏。我们可借助于作为三论学派之遗绪的"明法师"一系在隋末唐初的活动情况来分析说明这一区别。

其实,吉藏之师法朗"付嘱"的传法者并不是吉藏,而是"明法师"。据《续高僧传·法敏传》记载,茅山明法师为兴皇法朗的"遗嘱"。其具体经过如下:

> 初,朗公将化,通召门人,言在后事,令自举处,皆不衷意,以所举者并门学有声,言令"自属"。朗曰:"如吾所举,乃明公乎?"徒侣将千,名"明"非一。皆曰:"义旨所拟,未知何者'明'耶?"朗曰:"吾坐之东柱下'明'也。"明居此席不移八载,口无谈述,身无妄涉,众目"痴明"。既有此告,莫不回惑。私议:"法师他力扶矣。"朗曰:"吾举明公,必骇众意。法教无私,不容瑕隐。"命就法座,对众叙之。明性谦退,泣涕固让。朗曰:"明公来,吾意决矣。为静众口,聊举其致。"命少年捧就传座,告曰:"大众听,今问《论》中十科深义。初未曾言,而明已解,可一一叙之。"既叙之后,大众惬伏,皆惭谢于轻蔑矣。即日辞朗,领门人入茅山,终身不出,常弘此论。故兴皇之宗或举山门之致者是也。①

关于明法师的生卒年,史书没有记载,道宣《续高僧传》也没有为其设立本传,却为其弟子慧嵩、慧棱、法敏、慧璇四人都立了本传。

释慧嵩(547—633)在出家不久,"承苞山明法师兴皇遗属,世称郢匠,通国瞻仰,因往从之,谘奉无倦。"隋大业年(605—617),前往蜀川弘扬三论,至唐武德初年有任诬奏:"结徒日盛,道俗屯拥,非是异术,何能动世?"唐高祖下诏追究,后经查实得以免祸。"乃旋途南指,道出荆门,

---

① 道宣:《续高僧传》卷一五,《大正藏》第50卷,第538页中—下。

随学之宾,又倍于前。"①贞观七年卒(633)于安州方等寺,春秋八十有七。

释慧棱(576—640),于16岁时至"茅山明法师下,依位伏听。问经大意,深有奇理,召入房中。三年曲教,唯陈'不有有'也。棱于此义,深会其旨。隋末还襄,又逐安州暠师入蜀,凡有法轮皆令覆述,吐言质朴,谈理入微,时人同号'得意棱'也。"②及至"暠之将终,告曰:'棱公来,吾今付嘱最后续种。自吾讲来,唯汝一人,得经旨趣。'乃握棱手曰:'夫讲说者,应如履剑,不贪利养,不惮劬劳。欲得灯传,多于山寺,读经法事,并为物轨,如为一人,众多亦然。如此可名报佛恩也。'"③"后还襄州紫金寺,讲《论》五年,众有三百。贞观八年,又还须弥,讲《涅槃》、《大品》、《唯度》等经。"④慧棱于贞观十四年(640)十月十六日圆寂,春秋六十五。在圆寂之前,"便取一生《私记》焚之,曰:'此《私记》于他读之,不得其致矣。'"⑤

释法敏(579—645),姓孙氏,丹阳人。《续高僧传·法敏传》说:"释法敏,姓孙氏,丹阳人也。8岁出家,事英禅师为弟子,入茅山,听明法师'三论'。明即兴皇之遗属也。"⑥"年二十三,又听高丽实公讲大乘经论,躬为南坐,结轸三周。及实亡后,高丽印师上蜀讲论。法席雕散,陈氏亡国,敏乃反俗三年潜隐,还袭染衣,避难入越,住余姚梁安寺,领十沙弥,讲《法华》、'三论',相续不绝。贞观元年,出还丹阳,讲《华严》、《涅槃》。"贞观二年(628),于一音寺"众集义学沙门七十余州八百余人,当境僧千二百人,尼众三百,士俗之集不可复纪。时为法庆之嘉会也。"⑦贞观十九年八月二十三日圆寂,春秋六十七。

---

① 道宣:《续高僧传》卷一三,《大正藏》第50卷,第522页下。
② 道宣:《续高僧传》卷一四,《大正藏》第50卷,第536页下。
③ 同上书,第536页下—537页上。
④ 同上书,第537页上。
⑤ 同上书,第537页中。
⑥ 道宣:《续高僧传》卷一五,《大正藏》第50卷,第538页中。
⑦ 同上书,第538页下。

释慧璿(571—649),姓董氏,据《续高僧传·慧璿传》记载:"释慧璿,姓董氏。少出家在襄州,周灭法后南往陈朝,入茅山听明师三论,又入栖霞听悬布法师四论、《大品》、《涅槃》等。晚于安州大林寺听圆法师《释论》。""唐运斯泰,又住龙泉。三论、大经,镇常弘阐。"① 贞观二十三年(649),讲《涅槃经》。至七月十四日,讲完《盂兰盆经》后随即圆寂,春秋七十九。

依据以上所叙,可将明法师的传承总结如下:

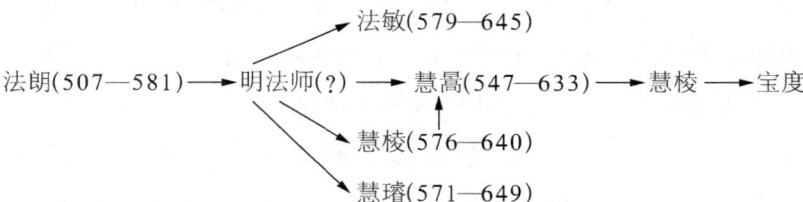

从上文引述《续高僧传》的文字可知,兴皇法朗在圆寂之前"遗嘱"的人选是明法师,而现存的明法师四位弟子的本传中未见"付嘱"的记载。明法师的弟子慧棱在明法师圆寂之后,又拜同门慧暠为师,慧暠则"付嘱"慧棱。值得注意的是,慧棱圆寂之前,当着其弟子宝度的面,将自己讲经的《私记》焚烧殆尽。这一传承,由法朗卒年581年到慧璿圆寂之年650年,延续四代。根据汤用彤先生的考证,兴皇法朗可以考知的弟子有13位,呈分头行化之势。② 在13位弟子中,被当做三论宗创立者的吉藏并不是法朗圆寂之前"付嘱"的人选。然而,值得深思的是,法朗所"遗嘱"的明法师一系弟子并不太强调自己的特殊身份,其兼直传和再传弟子双重身份的慧棱在圆寂之前将自己的《私记》焚毁,这与吉藏极力强调其师承的做法大异其趣。而且从其前述引文中,我们已经可以看出"遗嘱"的主要内容正是汤用彤先生所说的经论的讲解权或所撰著的义疏。如法

---

① 道宣:《续高僧传》卷一五,《大正藏》第50卷,第539页上。
② 参见汤用彤《汉魏两晋南北朝佛教史》下册,第548—549页。

朗"遗嘱"明法师的"证明"方式恰为向众宣讲"三论"中十科深义,而慧嵩对慧棱叮嘱了"讲说者,应如履剑"以及"欲得灯传,多于山寺读经法事"等语,此足可证明汤先生言之不虚。

其实,南北朝学派不大标榜师承是很常见的做法。如成实师是齐梁之际佛教最大的流派,但学派内部诸家对涅槃佛性的理解就各不相同,并且还相互辩论。灌顶在《大涅槃经玄义》中引用了四家对于"涅槃体"的不同解释之后,说:"此皆成论师说,自相矛盾,都不惬人情。"① 由此可见,南北朝时期的佛教学派主要的着眼点在于讲解经论,而讲经的一贯做法就是"问难"即讨论。因此,统一学派各家见解不一,甚至互相问难反驳,都是很正常的,甚至对于师说的背离也并非有多大的问题。如梁代成实学派的三位大师僧旻、智藏、法云都是僧柔、慧次的弟子,但在许多问题上见解不同,想必其说都非来自于其师。这些做法在隋唐佛教宗派中是不可想像的。

吉藏极重视家学,在其著作里,不论是述及自家学脉,或破斥他说,多次皆以"师资之有无"立论。譬如吉藏立说反对真谛为正因佛性,其理由是:"问:真谛为佛性,何经所出?承袭是谁?无有师资,亦无证句,故不可用也。"② 在叙述佛性诸说时,吉藏承认"'得佛理为佛性'者,此是零根僧正所用,此义最长";但是却说:"然阙无师资相传。学问之体,要须依师承习。"③ 尤其是,吉藏对于南北朝时期流行的师徒之间义理相悖的现象提出了尖锐批评:"其师既'以心为正因佛性',而弟子'以得佛理为正因佛性'者,岂非背师自作推画耶?故不可用也。"④ 在吉藏著述中,将师承来源当做正确与否标准的情形非常普遍。这不是偶然的,而是其传承"关河旧说"的历史使命感使然。吉藏在自述师资时,每指出家学是来自"关河旧说"、"摄岭相承"。吉藏在其著作中屡屡称引鸠摩罗什、僧肇、

---

① 灌顶:《大涅槃经玄义》卷上,《大正藏》第38卷,第7页下。
②③④ 吉藏:《大乘玄论》卷三,《大正藏》第45卷,第36页下。

僧叡、昙影等"关河旧说",并且在其著述中大致列出了其"法统"。尤其是,吉藏在著述中屡屡以"家师朗和上"、"兴皇大师"来称呼其师,经过检索《大正藏》,现存资料中唯有吉藏著作中有"兴皇大师"之称。这些史实已经足以说明吉藏具有明显的创立宗派意识,这一点也可从当时以"学派"风习弘讲"三论"的法朗其他徒孙无法在京师立足的史实中得到旁证。

在隋代三大宗派中,由于三论宗是由同名的"学派"演进成宗派的,因此,近百年来始终有人认为它是否为一宗派是有问题的。我们特意以三论宗为例,来说明"佛教宗派"形成的最基础的标志或条件是排他性的法统的形成,也借此说明三论宗流传虽短,却仍然属于"宗派"。

天台宗"道统"是由智𫖮和灌顶共同建立的。灌顶在《摩诃止观》的"缘起"部分说:

> 此之止观,天台智者说己心中所行法门。……智者师事南岳,南岳德行不可思议,十年专诵,七载方等,九旬常坐,一时圆证,大小法门朗然洞发。南岳事慧文禅师,当齐高之世独步河淮,法门非世所知。履地戴天莫知高厚,文师用心一依释论。……天台传南岳三种止观:一、渐次。二、不定。三、圆顿。①

尽管智𫖮在其著述中对于其师承有所叙说,但灌顶对于天台法统谱系的建立也花费了不少心思。灌顶首先直接使用了《付法藏因缘传》的说法,将智𫖮的思想上溯到龙树:"文师用心一依释论。论是龙树所说,付法藏中第十三师。智者《观心论》云'归命龙树师',验知龙树是高祖师也。"②这一叙说,不但确立了天台的中土传承,而且将其与天竺,甚至于与佛陀也可联系起来。

形成于隋代的三阶教,据唐释怀感《释净土群疑论》中说:"如三阶禅

---

① 智𫖮:《摩诃止观》卷一上,《大正藏》第46卷,第1页中—下。
② 同上书,第1页中。

师等,咸以信行禅师是四依菩萨。"①可见,其传承体系的排外性也是显而易见的。

由上述考察可知,佛教学派向宗派的演进,确立排外性的"法统"是其基础性工作。这一工作重要的倒不一定是现代史学意义上的历史真实,而是其于当时及其以后所获得的可信度。三阶教的法统谱系简单明了,现今基本上可以确立其唐初之前的传承谱系,历史真实程度颇高,但却并未充分获得当时的上层统治者以及佛教界核心成员的认可,因此,其命运便坎坷。而天台宗的法统谱系却与其相反,在隋唐以至于后代的佛教界以及官方,得到充分认可,因此,其作为独立的佛教宗派传扬便更为久远。

从隋代三大佛教宗派的形成过程,已经能够得出这样的结论:佛教宗派的形成与发展,其排他性的寺院以及佛寺系统的出现是一个明显的标志。这也是其与学派佛教的重大区别。而支撑某一宗派之寺院体系的基本平台就是经济条件。三阶教的"无尽藏"在论说三阶教章专门论之,在此仅就天台宗的建立、发展与寺院经济的关系略说一二。

陈隋之际率先形成的天台宗,与智𫖮及其后继者艰苦经营所形成的"国清寺"经济实体所具有的雄厚的经济实力密切相关。陈朝太建九年(577),陈宣帝下诏曰:"智𫖮禅师,佛法雄杰,时匠所宗,训兼道俗,国之望也。宜割始丰县调以充众费,蠲两户民,用供薪水,主者施行。"②入隋之后,智𫖮利用晋王杨广一再拉拢的机会,一再请求杨广为其弘法提供经济基础。开皇十七年(597),智𫖮在著名的"石城遗书"中,请求晋王杨广"愿为玉泉作檀越主。今天台顶寺,茅庵稍整。山下一处非常之好,又更仰为,立一伽蓝。始剪木位基,命弟子营立。不见寺成,冥目为恨。天台未有公额,愿乞一名移荆州玉泉寺,贯十僧住天台寺。乞废寺田,为天

---

① 怀感:《释净土群疑论》卷三,《大正藏》第47卷,第48页上。
② 灌顶编:《国清百录》卷一,《大正藏》第46卷,第799页上。

台基业。"①在智顗圆寂后,晋王一一答应了智顗的请求:"今遣司马王弘创建伽蓝,一遵指画,寺须公额并立嘉名,亦不违旨。佛陇头陀并各仍旧使移荆州玉泉。十僧守天台者,今山内现前之众,多是诸宫之人,已皆约勒,不使张散,岂直十僧而已?所求废寺水田以充基业,亦勒王弘施肥田良地。"②隋文帝开皇十八年,寺域建成,初名"天台山寺"。炀帝大业元年(605),炀帝颁赐"国清寺"匾额。这一祖庭一直延续至今。同时,由于晋王杨广答应作玉泉寺的"檀越",玉泉寺在智顗圆寂之后也得到扩大。进入唐朝,国清寺、玉泉寺的寺院经济仍然在不断壮大。譬如《宋高僧传·文举传》记载,太和中(827—835),主事僧清蕴与文举谋,为国清寺"置寺庄田十二顷。"③智顗所建立的当阳玉泉寺膳僧田庄,历经隋唐、五代、北宋,至南宋绍兴二十一年(1151)尚存,承袭达六百余年。

对于佛教宗派来说,"法统"的排他性本身如果没有坚实的内容作支撑,其"法统"是没有意义的。因此,宗派成立的第二、第三个条件——具有独特内容的教义体系、具有独特内涵的修行方法及其仪轨制度,才是佛教宗派成立的最关键因素。

从中国佛教发展的整体观之,隋代佛教其实是唐代佛教步入繁荣鼎盛时期的序幕,因此,人们常常将隋代佛教与唐代佛教合并考察。天台宗、三论宗、三阶教的兴起,一方面开拓了隋唐宗派佛教发展的广阔道路,另一方面也将佛教中国化推向了一个新阶段。这是隋代佛教的最大贡献。

三、佛典翻译

佛典的翻译与经录的编撰是隋代佛教复兴的标志之一。关于隋代佛典翻译者的数量,费长房说:"凡诸译经婆罗门道俗并见缉缀,此方缁

---

① 灌顶编:《国清百录》卷三,《大正藏》第46卷,第810页中。
② 同上书,第811页上。
③ 赞宁:《宋高僧传》卷一六,《大正藏》第50卷,第808页中。

儒十有九人。"①智昇《开元释教录》记载："隋杨氏都大兴，自文帝开皇元年辛丑至恭帝义宁二年戊寅，相承三帝38年，缁素九人所出经论及传录等，总64部310卷，于中62部287卷见在，二部14卷阙本。"②此中智昇列出的九位是：隋洋川郡守瞿昙法智、沙门毗尼多流支、沙门那连提黎耶舍、沙门阇那崛多、沙门释法经等、沙门释宝贵、沙门菩提登、翻经学士费长房、沙门达摩笈多。费长房、智昇此中所列不单单是翻译者，也包括经抄、改编者甚至中土撰述者在内。其中严格意义上的佛典主译者是沙门毗尼多流支、瞿昙法智、沙门那连提黎耶舍、沙门阇那崛多、达摩笈多等五位主译。从开皇二年(582)到大业三年(607)，隋朝在京城共建立了五处译场，即瞿昙法智译场、毗尼多流支译场、那连提黎耶舍译场、阇那崛多译场、达摩笈多译场。瞿昙法智译场和毗尼多流支译场存续时间短暂，译出经卷也不多，翻译最多的是阇那崛多。

至于翻译的数量，《历代三宝纪》卷十记载为75部462卷，《开元释教录》考订为62部87卷。

1. 梵本西来

从现有资料考察，隋王朝佛典翻译起因于宝暹、道邃等11位僧人西行求法归来。在杨坚称帝的当年(581)冬季，相州沙门宝暹、道邃、智周、僧威、法宝、僧昙、智照、僧律等11人西游回来，带回260部梵文经典。这一机缘，激发了长安僧界以及隋文帝的译经热情。

隋费长房和道宣都记载，宝暹、道邃、智周、僧威、法宝、僧昙、智照、僧律等11人于北齐武平六年(575)"相继西游，往还七载，凡得梵经二百六十部"③。路过突厥时，听说北周灭齐，在齐境毁灭佛法。他们"退则不可，进无所归，迁延彼间"，恰逢从长安西行欲归国的阇那崛多，于是"同誓焚香，共契宣译"。从这一记述可知，宝暹、道邃等一行到达突厥的时

---

① 费长房：《历代三宝纪》卷一二，《大正藏》第49卷，第102页上。
② 智昇：《开元释教录》卷七，《大正藏》第55卷，第547页中。
③ 费长房：《历代三宝纪》卷一二，《大正藏》第49卷，第104页中。

间至迟已经是580年,而文献又记载:"大隋受禅,佛法即兴,暹等赍经,先来应运。开皇元年季冬,届止京邑。"①由这些记述推知,宝暹、道邃等一行在突厥停留时间最多一年多。

关于这次回国的相州僧人,费长房、道宣所列出的八人法号中,在其他文献中有记载的有宝暹、道邃和僧昙。宝暹、道邃在《历代三宝纪》所列隋代助译僧中有其名录,而道宣《续高僧传》则列有《释僧昙传》。

释僧昙,姓张,住洺州。《续高僧传》卷一○《释僧昙传》记载:"少小出家,通诸经论,慨佛法未具,发愤求之。以高齐之季,结友西行。前达葱山,会诸梗涩,路既不通,乃旋京辇。梵言音字,并通诂训。"②根据此文记载,僧昙于北齐时期与同伴一起西行,至葱山(即帕米尔高原)道路遇阻,随即返回长安。这一记载与《续高僧传·阇那崛多》的记载一致。《续高僧传》卷二记载:"有齐僧宝暹、道邃、僧昙等十人,以武平六年,相结同行,采经西域,往返七载,将事东归,凡获梵本二百六十部。"③可见,宝暹、道邃、僧昙等10人或11人并未到达印度,而只是在西域停留数年,获得梵本260部。开皇十年(590),文帝敕召翻译,释僧昙住于大兴善寺协助阇那崛多翻译佛典。仁寿二年(602),"敕送舍利于蒲州之栖岩寺,即古云居寺也。"④后来,于仁寿末年"又敕于殷州智度寺置塔。"道宣记述说:"昙以传译之美,继业终寺,即大业初年矣。"⑤由此记载可知,僧昙圆寂于大业(605—617)初年,可惜不知其享年。

关于宝暹,各种文献都记载玄奘在成都曾经向宝暹学习过《摄论》,但玄奘的这位老师是否就是西行归来的这位宝暹,不易于断定。

宝暹、道邃等一行于开皇元年(581)冬季到达长安,隋文帝"敕付所司,访人令译。二年仲春,便就传述。开皇二年夏,文帝下诏,于大兴城

---

① 费长房:《历代三宝纪》卷一二,《大正藏》第49卷,第104页中。
②④ 道宣:《续高僧传》卷一○,《大正藏》第50卷,第506页上。
③ 道宣:《续高僧传》卷二,《大正藏》第50卷,第433页下—434页上。
⑤ 道宣:《续高僧传》卷一○,《大正藏》第50卷,第506页中。

中建大兴善寺,译场又转移至大兴善寺"①。根据前文叙述可知,开皇二年春天从事翻译的是毗尼多流支、瞿昙法智,译出三部。开皇二年十月,那连提黎耶舍在大兴善寺为主译,至开皇五年十月共翻译出8部28卷。上述两个译场所用的梵本就是宝暹、道邃等一行带回的,但仅仅是其中11部。也许主要由于那连提黎耶舍年事已高,翻译于开皇五年十月中辍了。此后,隋文帝相继征召阇那崛多、达摩笈多等外来僧人翻译这一批西行僧人带回来的梵文佛典。

2. 毗尼多流支、瞿昙法智译场

隋代第一个译场的主译是毗尼多流支。关于毗尼多流支,《历代三宝纪》记载:

> 北天竺乌场国三藏法师毗尼多流支,隋言灭喜,既闻我皇兴复三宝,故能不远五百由延,振锡巡方,来观盛化。至止,便召入令翻经,即于大兴善寺译出,给事李道宝、般若流支次子昙皮二人传译,大兴善寺沙门长安释法纂笔受为隋言,并整比文义,沙门彦琮并皆制序。②

根据《历代三宝纪》的记载,毗尼多流支翻译的时间是开皇二年(582)二月。《历代三宝纪》卷一二著录说:

> 《象头精舍经》一卷,开皇二年二月译,第二出,与《伽耶山顶经》体同名异。
>
> 《大乘方广总持经》一卷,开皇二年七月译。③

从这些记载推知,毗尼多流支是从北天竺来长安的僧人,时间是开皇二年二月,其开始时间比瞿昙法智开始翻译的时间早一月。

关于瞿昙法智,《历代三宝纪》卷一二记载:

---

① 道宣:《续高僧传》卷二,《大正藏》第50卷,第434页上。
②③ 费长房:《历代三宝纪》卷一二,《大正藏》第49卷,第102页下。

元魏世婆罗门优婆塞瞿昙般若流支长子达摩般若,隋言法智,门世已来,相传翻译。高齐之季,为昭玄都。齐国既平,佛法同毁,智因僧职,转作俗官,册授洋州洋川郡守。大隋受禅,梵牒即来,显佛日之重兴,彰国化之冥应,降敕召智还,使译经,即于大兴善寺翻出。智既妙善隋、梵二言,执本自翻,无劳传译。大兴善寺沙门成都释智铉笔受文辞,诠序义理。日严寺沙门赵郡释彦琮制序。①

根据这一记述,法智是北魏时期来中土的僧人瞿昙般若流支的长子,曾经在北齐时期做过昭玄都,在北周灭齐毁佛时,由僧官之职转任俗官,被任命为洋川郡守。根据记载,达摩般若(法智)于北齐时期曾经在那连提黎耶舍译场担任"传语"。于开皇二年(582)三月,法智译出《业报差别经》一卷。

关于毗尼多流支、瞿昙法智翻译的地点,《历代三宝纪》笼统地记载为大兴善寺,对此,智昇作了辨析:"长房等《录》并云'于兴善寺译《业报差别经》'。今谓不然。此经二年季春译出,季夏有诏,始迁大兴。云兴善寺翻,小非详审也。"②智昇所说有一部分道理。然而,开皇二年(582)夏,隋文帝下诏将陟岵寺与遵善寺合并,且正式称为大兴善寺。然而,此前已经将陟岵寺改为大兴善寺。如此可知,达摩般若(法智)译经的地点是在位于陟岵寺的大兴善寺。毗尼多流支翻译《象头精舍经》一卷的地点是陟岵寺的大兴善寺,翻译《大乘方广总持经》一卷的地点则是大兴城的大兴善寺。

3. 那连提黎耶舍译场

那连提黎耶舍(490—589),《续高僧传》卷二又记载为"那连提黎耶舍,隋言尊称。"③北印度乌场国人,姓释迦,属刹帝利种。耶舍17岁出家,21岁受具足戒。"闻诸宿老叹佛景迹。或言某国有钵,某国有衣、顶

---

① 费长房:《历代三宝纪》卷一二,《大正藏》第49卷,第102页中。
② 智昇:《开元释教录》卷七,《大正藏》第55卷,第547页下。
③ 道宣:《续高僧传》卷二,《大正藏》第50卷,第432页上。

骨、牙齿,神变非一。遂即起心,愿得瞻奉。以戒初受,须知律相。既满五夏,发足游方,所以天梯石台之迹,龙庙宝塔之方,广周诸国,并亲顶礼,仅无遗逸,曾竹园寺一住十年。"①耶舍足迹北至雪山,南达师子国。后至芮芮国,逢突厥之乱,遂断绝归国之志。北齐天保七年(556)耶舍抵达邺城,受文宣帝厚遇,住天平寺译经,耶舍时年40。北齐朝廷"三藏殿内梵本千有余夹,敕送于寺,处以上房,为建道场,供穷珍妙,别立厨库,以表尊崇。又敕昭玄大统沙门法上等20余人,监掌翻译,沙门法智、居士万天懿传语。懿元鲜卑,姓万俟氏,少出家,师婆罗门,而聪慧有志力,善梵书语,工咒符术,由是故名预参传焉。初翻众经50余卷,大兴正法,弘畅众心。宣帝重法殊异,躬礼梵本,顾群臣曰:'此乃三宝洪基,故我偏敬。'其奉信推诚为如此也。"②

在北齐时期,那连提黎耶舍共翻译出八部佛典。《历代三宝纪》卷九记载如下:

《大世论》三十论一卷(见唐内典录)

《菩萨见实三昧经》十四卷,天统四年,天平寺出。

《月藏经》一二卷,天统二年,于天平寺出。

《月灯三昧经》十一卷,天保八年,于天平寺出。

《大悲经》五卷,天保九年,于天平寺出。

《须弥藏经》二卷,天保九年,于天平寺出。

《然灯经》一卷,亦名《施灯功德经》,天保九年于天平寺出。

《法胜阿毗昙论》七卷,河清二年于天平寺出。③

---

① 道宣:《续高僧传》卷二,《大正藏》第50卷,第432页上—中。
② 同上书,第432页下。
③ 费长房:《历代三宝纪》卷九,《大正藏》第49卷,第87页中—下。现存的《历代三宝纪》卷九有一记载:"《大世论三十论》一卷,见唐《内典录》。"(《大正藏》第49卷,第87页中)但现存的道宣《大唐内典录》中并无此记载,《开元释教录》中也无此记载,且未有纠正《历代三宝纪》的文字。由此可见,这一记载应该是《开元释教录》之后混入的,不足为信。

上述共 7 部合 52 卷,现存。而那连提黎耶舍译场的"传语"就是法智。

由于受到北齐宣帝的崇信,"未几,授昭玄都,俄转为统。"耶舍"又于汲郡西山建立三寺,依泉旁谷,制极山美。又收养厉疾,男、女别坊,四事供承,务令周给。又往突厥客馆,劝持六斋,羊料放生,受行素食。"①可惜好景不长,周武帝灭齐毁佛,"耶舍外假俗服,内袭三衣,避地东西,不遑宁息,五众雕窘,投厝无所。俭饿沟壑者,减食施之。老病扶力者,随缘济益。虽事力匮薄,拒谏行之,而神志休强,说导无倦。此负留难,便历四年。"②隋文帝复兴佛教,下诏征发那连提黎耶舍前来长安翻译佛典。开皇二年(582)七月,那连提黎耶舍与弟子道密等一起到达长安,住于大兴善寺。"其年季冬草创翻译。敕昭玄统沙门昙延等三十余人,令对翻传。主上礼问殷繁,供奉隆渥。年虽朽迈,行转精勤。"③

《续高僧传·那连提黎耶舍传》还记载:那连提黎耶舍"曾依舍利弗陀罗尼,具依修业,梦得境界,自身作佛。如此灵祥杂沓,其例非一。后移住广济寺,为外国僧主,存抚羁客,妙得物心。忽一旦告弟子曰:'吾年老力微,不久去世,及今明了,诫尔门徒,佛法难逢,宜勤修学,人身难获,慎勿空过。'言讫就枕,奄尔而化,时满百岁,即开皇九年八月二十九日也。"④依据道宣这一叙述,那连提黎耶舍曾经从大兴善寺迁住广济寺,具体时间道宣未说,而费长房《历代三宝纪》卷一二又记载:"至五年十月勘校讫了。舍九十余矣。至九年而卒。"⑤费长房在叙述阇那崛多翻译活动时说:"于时广济寺唯独耶舍一人译经。至七年,别敕崛多使兼翻经,两头来往。"⑥将这些记载合观则可推知如下事实:那连提黎耶舍从开皇二年(582)冬开始翻译活动,至开皇五年十月停止,先在大兴善寺,后移

---

① 道宣:《续高僧传》卷二,《大正藏》第 50 卷,第 432 页下。
② 同上书,第 432 页下—433 页上。
③④ 同上书,第 433 页上。
⑤ 费长房:《历代三宝纪》卷一二,《大正藏》第 49 卷,第 103 页上。
⑥ 同上书,第 104 页中。

至广济寺。开皇九年八月二十九日，那连提黎耶舍圆寂，时满 100 岁。由费长房的叙述可知，开皇五年时，那连提黎耶舍 90 余岁，实在无法从事翻译活动了，只好中辍，至开皇七年，隋文帝令阇那崛多指导大兴善寺和广济寺两个译场。

根据《历代三宝纪》卷一二记载，那连提黎耶舍于隋初翻译出的佛典如下①：

《百佛名经》一卷，开皇二年(282)十月出，沙门寻献笔受。

《牢固女经》一卷，开皇二年十二月出，沙门寻献笔受。

《大庄严法门经》二卷，开皇三年正月出，沙门智铉笔受。

《德护长者经》二卷，开皇三年六月出，沙门慧琨笔受。

《莲华面经》二卷，开皇四年三月出，沙门寻献笔受。

《大方等日藏经》十五卷，开皇四年五月起翻，开皇五年二月方讫，沙门智铉、道邃、慧献、奉朝请庚质、学士费长房笔受文义。

《大云轮请雨经》二卷，开皇五年正月出，沙门寻献笔受。

《力庄严三昧经》三卷，开皇五年十月出，费长房笔受。

从上述记载可知，那连提黎耶舍于开皇二年(582)十月开始翻译，至开皇五年十月共翻译出 8 部 28 卷佛典。"沙门僧深、明芬、给事李道宝等度语笔受，昭玄统沙门昙延、昭玄都沙门灵藏等二十余僧，监护始末。"②沙门彦琮为其译籍制序。

4. 阇那崛多译场

阇那崛多(527—?)，意译"德志"、"至德"、"佛德"、"志德"，北印度犍陀罗国人。"崛多昆季五人，身居最小，宿殖德本，早发道心，适在髫龀，便愿出家，二亲深识其度，不违其请。本国有寺名曰大林，遂往归投，因蒙度脱。"师事阇那耶舍、阇若那跋达啰，"崛多自出家后，孝敬专诚，教诲

---

① 费长房：《历代三宝纪》卷一二，《大正藏》第 49 卷，第 102 页下。
② 同上书，第 103 页上。

积年,指归通观。然以贤豆圣境灵迹尚存,便随本师具得瞻奉。时年二十有七,受戒三夏。师徒结志,游方弘法。初有十人,同契出境。"①其中,阇那崛多之师阇那耶舍以及阇那崛多、耶舍崛多师兄弟也同时出行,出发的时间是532年。

关于他们到达长安的时间,几种文献的记载不太一致。《续高僧传·阇那崛多传》记载,阇那耶舍等一行十人曾至迦臂施国、厌怛国、于阗、吐谷浑等地,到达鄯州时,即西魏大统元年(535)。"虽历艰危,心逾猛励,发踪跋涉,三载于兹。十人之中,过半亡没,所余四人仅存至此。以周明帝武成年初,届长安,止草堂寺。师徒游化,已果来心。"②从数种文献记载推知,来长安的四人是:阇那崛多及其师阇那耶舍、同学耶舍崛多,另外有波头摩国三藏律师攘那跋陀罗(智贤)。武成年号使用近两年(559—560),而武成年初即559年。《历代三宝纪》卷一一则记载,明帝"周二年"(558)波头摩国三藏律师攘那跋陀罗已经在长安翻译出《五明论》一卷。不过,依据道宣记述,阇那崛多一行四人于周明帝武成年初(559)到达长安,住草堂寺。其后,"稍参京辇,渐通华语。寻从本师胜名,被明帝诏延入后园,共论佛法,殊礼别供,充诸禁中。思欲通法,无由自展,具情上启,即蒙别敕,为造四天王寺,听在居住。自兹已后,乃翻新经。"③依照道宣的这一记载,阇那崛多一行四人在四天王寺建成后才开始翻译佛典。如此两种说法,相差近两年。

阇那崛多一行四人在长安,"既非弘泰,羁縻而已,所以接先阙本,传度梵文,即《十一面观音》、《金仙问经》等是也。会谯王宇文俭镇蜀,复请同行,于彼三年,恒任益州僧主,住龙渊寺。又翻《观音偈佛语经》"④。《周书》卷五《武帝纪》记载,天和五年(570)七月"辛巳,以柱国、谯国公俭为益州总管"⑤。依据这些记载可知,阇那耶舍、阇那崛多、耶舍崛多师徒

---

① 道宣:《续高僧传》卷二,《大正藏》第50卷,第433页中。
②③④ 同上书,第433页下。
⑤ 令狐德棻等撰:《周书》卷五,第77页,北京:中华书局,1971。

等四人于天和五年七月跟随谯王宇文俭从长安入蜀地,住于成都龙渊寺。在蜀地三年,阇那崛多任僧主,也从事翻译活动,译出《观音偈佛语经》等。

阇那崛多等四人在北周都曾经从事过佛典翻译活动,费长房《历代三宝纪》分别作了著录。

《历代三宝纪》卷一一记载说:

> 《五明论》合一卷。一声论,二医方论,三工巧论,四咒术论,五符印论。周二年出。右一卷,明帝世,波头摩国三藏律师攘那跋陀罗,周言智贤,共阇那耶舍于长安旧城婆伽寺译,耶舍崛多、阇那崛多等传语,沙门智仙笔受。①

根据这一记载,以攘那跋陀罗为主译,耶舍崛多、阇那崛多等传语,于长安旧城婆伽寺翻译出《五明论》一卷,时间为明帝"周二年"(558)。

以摩伽陀国三藏禅师阇那耶舍为主译,共译出六部佛典。《历代三宝纪》记载说:"右六经一十七卷,武帝世,摩伽陀国三藏禅师阇那耶舍,周言藏称,共二弟子耶舍崛多、阇那崛多等,为大冢宰晋荡公宇文护于长安旧城四天王寺译,柱国平高公侯伏侯寿为总监检校。"②六部经如下:

> 《佛顶咒经并功能》一卷,保定四年(564)译,学士鲍永笔受。
> 《入如来智不思议经》三卷,天和三年(568)译,沙门圆明笔受。
> 《大云轮经请雨品第一百》一卷,天和五年译,沙门圆明笔受。
> 《大乘同性经》四卷,天和五年译,上仪同城阳公萧吉笔受。
> 《定意天子所问经》五卷,天和六年译,沙门圆明笔受。
> 《宝积经》三卷,天和六年译,沙门道辩笔受。③

上述佛典翻译的开始时间是周武帝保定四年(564)至天和六年(572),地点在长安四天王寺。

---

①②③ 费长房:《历代三宝纪》卷一一,《大正藏》第49卷,第100页中。

三藏法师耶舍崛多于北周时期主译的佛典有三部。《历代三宝纪》卷一一记载说:"右三经合八卷,武帝世,优婆国三藏法师耶舍崛多,周言称藏,共小同学阇那崛多为大冢宰宇文护译。"①具体经目如下:

《金光明经更广寿量大辩陀罗尼品》五卷,在北胡坊归圣寺译,沙门智儇笔受。

《须跋陀罗因缘优波提舍经》二卷,于四天王寺译,沙门圆明笔受。

《十一面观世音咒经并功能》一卷,于四天王寺译,上仪同城阳公萧吉笔受。②

上述三部经翻译于长安四天王寺,具体时间未见记载。

关于阇那崛多于北周时期主译的佛典,《历代三宝纪》卷一一记载如下:

《金色仙人问经》二卷,于长安四天王寺译,上仪同萧吉笔受。

《妙法莲华经普门品重说偈》一卷,《种种杂咒》一卷,《佛语经》一卷,上三经并在益州龙渊寺译。③

费长房解释说:"右四经合五卷,武帝世,北天竺捷达国三藏法师阇那崛多,周言志德,于益州为总管上柱国谯王宇文俭译,沙门圆明笔受。"④然如上引文显示,第一部经译地点是长安四天王寺,而后面三部佛典则翻译于益州。

北周武帝于建德三年(574)五月开始毁灭佛教。于此时,周武帝下敕,将阇那耶舍、阇那崛多、耶舍崛多师徒以及攘那跋陀罗等僧人"追入京辇,重加爵禄,逼从儒礼,秉操铿然,守死无惧。帝愍其贞亮,哀而放归,路出甘州,北由突厥,阇梨智贤还西灭度。崛多及以和上,乃为突厥

---

① ③ ④ 费长房:《历代三宝纪》卷一一,《大正藏》第49卷,第100页下。
② 同上书,第100页中一下。

所留。未久之间,和上迁化,只影孤寄,莫知所安。赖以北狄君民颇弘福利,因斯飘寓,随方利物"①。依据此文所记载,在周武帝灭佛运动中,武帝强迫四僧还俗,遭到拒绝。其后,四位僧人西行回国,经过甘州、突厥。攘那跋陀罗在路途圆寂,阇那耶舍及其弟子被突厥留住,不久,阇那耶舍(和上)圆寂,阇那崛多则独留突厥。道宣此传未明确交代耶舍崛多在突厥的情形,而费长房则有如后叙述:

> 还向北天,路径突厥,遇值中面他钵可汗,殷重请留,因往复曰:"周有成坏,劳师去还。此无废兴,幸安意住。资给供养,当使称心。"遂尔并停十有余载。师及同学,悉彼先殂,唯多独在。②

由此可见,耶舍崛多圆寂于突厥,唯有阇那崛多后来重回长安。

阇那崛多在突厥时,相州沙门宝暹、道邃、智周、僧威、法宝、僧昙、智照、僧律等11人西游回来路过突厥,与阇那崛多相遇。他们"退则不可,进无所归,迁延彼间",恰逢从长安西行欲归国的阇那崛多,"遂逢志德,如渴值饮,若暗遇明。仍共寻阅所得新经,请翻名题,勘旧录目,颇觉巧便,有殊前人。暹等内诚各私庆幸,获宝遇匠,得不虚行,同誓焚香,共契宣译"③。宝暹、道邃等一行在突厥停留期间,请求阇那崛多翻译从西域带回的梵文佛典,并且一起发愿将其翻译成汉语流通。

宝暹、道邃等一行于开皇元年(581)冬季到达长安,隋文帝先后征召毗尼多流支、瞿昙法智、那连提黎耶舍等在大兴善寺等翻译出11部经典。然而,朝廷依然不满足于此,继续寻找能承担主译重任的高僧。在朝廷寻找主译的过程中,有主事者想起了阇那崛多。此时阇那崛多仍住于突厥。对于此事,《续高僧传·阇那崛多传》记载说:

> 至开皇五年,大兴善寺沙门昙延等三十余人,以躬当翻译,音义

---

① 道宣:《续高僧传》卷二,《大正藏》第50卷,第433页下。
② 费长房:《历代三宝纪》卷一二,《大正藏》第49卷,第104页上。
③ 同上书,第104页中。

乖越，承崛多在北，乃奏请还，帝乃别敕追延。崛多西归已绝，流滞十年，深思明世，重遇三宝，忽蒙远访，欣愿交并，即与使乎同来入国。于时文帝巡幸洛阳，于彼奉谒。天子大悦，赐问频仍。未还京阙，寻敕敷译。新至梵本，众部弥多，或经或书，且内且外，诸有翻传，必以崛多为主。佥以崛多言识异方，字晓殊俗，故得宣辩自运，不劳传度。理会义门，句圆词体，文意粗定，铨本便成。笔受之徒，不费其力，试比先达，抑亦继之。①

《历代三宝纪》卷一二则记载说："崛多四年方果入国，处之兴善，将事弘宣。五年，敕旨即令崛多共婆罗门沙门若那竭多"②一起翻译佛典。费长房是阇那崛多译场的当事者，自然叙述细致些。由此可知，阇那崛多于开皇四年到达长安，住锡于大兴善寺，第二年开始翻译佛典。

这次重回长安从事翻译，与阇那崛多同来的几位同伴都已圆寂，而阇那崛多此时来中土已经二十余年，已经熟悉汉语，因此，翻译起来自然得心应手。尽管如此，隋文帝仍然为其召集练达者协助翻译。隋文帝诏婆罗门僧达摩笈多以及居士高天奴、高和仁兄弟等同传梵语。"又置十大德沙门僧休、法粲、法经、慧藏、洪遵、慧远、法纂、僧晖、明穆、昙迁等，监掌翻事，铨定宗旨。沙门明穆、彦琮，重对梵本，再审覆勘，整理文义。"③这样的安排，人才济济，在隋代佛典翻译中绝无仅有。

关于阇那崛多在隋朝的翻译成果，费长房著录如后④：

《大威灯仙人问疑经》一卷，开皇六年（586）正月翻，二月讫；沙门道邃笔受，沙门彦琮制序。

《文殊尸利行经》一卷，开皇六年正月翻，二月讫；沙门僧昙笔

---

① 道宣：《续高僧传》卷二，《大正藏》第50卷，第434页上。
② 费长房：《历代三宝纪》卷一二，《大正藏》第49卷，第104页中。
③ 道宣：《续高僧传》卷二，《大正藏》第50卷，第434页上—中。
④ 参见隋费长房《历代三宝纪》卷一二，《大正藏》第49卷，第103页中—104页上。已经依照时间先后调整顺序。

受,沙门彦琮制序。

《八佛名号经》一卷,开皇六年五月翻,六月讫;沙门道邃笔受,沙门彦琮制序。

《希有校量功德经》一卷,开皇六年六月翻,其月讫;沙门僧昙笔受,沙门彦琮制序。

《善恭敬师经》一卷,开皇六年七月翻,八月讫;沙门僧昙等笔受,沙门彦琮制序。

《如来方便善巧咒经》一卷,开皇七年正月翻,二月讫;沙门僧昙等笔受,沙门彦琮制序。

《虚空孕菩萨经》二卷,开皇七年正月翻,三月讫;沙门僧昙笔受,沙门彦琮制序。

《不空胃索观世音心咒》一卷,开皇七年四月翻,五月讫;沙门僧昙等笔受,沙门彦琮制序。

《十二佛名神咒除障灭罪经》一卷,开皇七年五月翻,其月讫;沙门僧琨笔受,沙门彦琮制序。

《金刚场陀罗尼经》一卷,开皇七年六月翻,八月讫;沙门僧琨等笔受,沙门彦琮制序。

《佛本行集经》六十卷,开皇七年七月起手,开皇十二年二月讫功;沙门僧昙、学士费长房、刘凭等笔受,沙门彦琮制序。

《月上女经》三卷,开皇十一年四月翻,六月讫;学士刘凭笔受,沙门彦琮制序。

《善思童子经》二卷,开皇十一年七月翻,九月讫;学士费长房笔受,沙门彦琮制序。

《移识经》二卷,开皇十一年十月翻,十二月讫;学士费长房笔受。

《法炬陀罗尼经》二十卷,开皇十三年四月起手,开皇十六年六月讫;沙门道邃等笔受。

《四童子经》三卷，开皇十三年五月翻，七月讫；沙门僧琨笔受。

《五千五百佛名经》八卷，开皇十三年八月翻，开皇十四年九月讫；沙门僧昙等笔受。

《诸佛护念经》十卷，开皇十四年十月起手，十二月讫；沙门僧昙笔受。

《贤护菩萨经》六卷，开皇十四年十二月起首，至开皇十五年二月讫；沙门朗芬等笔受。

《贤善住天子所问经》四卷，开皇十五年四月翻，沙门道密等笔受。

《观察诸法行经》四卷，开皇十五年四月二十四日翻，五月二十五日讫；学士费长房笔受。

《譬喻王经》二卷，开皇十五年五月翻，六月讫；沙门道邃等笔受。

《诸法本无经》三卷，开皇十五年六月翻，七月讫；学士刘凭等笔受。

《入法界经》一卷，开皇十五年七月翻，八月讫；沙门道密等笔受。

《威德陀罗尼经》二十卷，开皇十五年七月起手，开皇十六年十二月讫；沙门僧琨等笔受。

《商主天子问经》一卷，开皇十五年八月翻，九月讫；学士费长房等笔受。

《出生菩萨经》一卷，开皇十五年九月翻，其月讫；学士刘凭笔受。

《发觉净心经》二卷，开皇十五年九月翻，十月讫；沙门僧琨等笔受。

《一向出生菩萨经》一卷，开皇十五年十一月翻，十二月讫；沙门僧昙笔受，沙门彦琮制序。

《诸法最上王经》一卷,开皇十五年十一月翻,开皇十六年四月讫;沙门明芬等笔受。

《金光明经嘱累品银主品》合一卷。

费长房总共著录了阇那崛多的译籍31部合165卷。费长房说:

> 右三十一部合一百六十五卷,北天竺揵达国三藏法师阇那崛多,隋言至德(译),又云佛德,周明帝世武成年初,共同学耶舍崛多,随厥师主摩伽陀国三藏禅师阇那耶舍,赍经入国。师徒同学,悉习方言。二十余年,崛多最善。同世在京及往蜀地,随处并皆宣译新经,或接先阙,文义咸允。①

费长房的这一叙述从总体上说明了与阇那崛多同来中土的同学耶舍崛多以及乃师阇那耶舍在翻译上的贡献。如前文所叙述,阇那耶舍、耶舍崛多在突厥亡故,唯有阇那崛多于隋初重回长安,重新从事翻译工作。因此,同来四人中,他的贡献最大。应该特别指出,费长房所说31部合165卷并非阇那崛多在隋代译出佛典的全部,《历代三宝纪》撰成于开皇十七年(597),而上引费长房的著录截止于开皇十六年十二月,可见,此书进呈皇帝后未作增补,阇那崛多此后的翻译未曾写入。

此外,在《金光明经嘱累品银主品》合一卷后,费长房加注说:"《金光明经嘱累品银主品》合一卷,凉世昙无谶翻四卷,梁世真谛翻六卷,周世崛多翻五卷并无此两品,今有故后出也。"②应该指出,根据《历代三宝纪》记载,此处的"周世崛多"是指阇那崛多的师兄耶舍崛多,而现存《合部金光明经》卷首《序》文则说成是阇那崛多。

《历代三宝纪》卷一二在著录《新合金光明经》八卷后记载:

> 右一部八卷,大兴善寺沙门释宝贵,开皇十七年合。贵即周世

---

① 费长房:《历代三宝纪》卷一二,《大正藏》第49卷,第104页上。
② 同上书。此处《大正藏》本有抄误,已遵从宋、元本改之。

道安神足，玩阅群典，见昔晋世沙门支敏度合两支、两竺一百五家《首楞严》五本为一部作八卷，又合一支两竺三家《维摩》三本为一部作五卷，今沙门僧就又合二谶、罗什、耶舍四家《大集》四本为一部作六十卷，诸此合经，文义宛具。斯既先哲遗踪，贵遂依承，以为规矩。而《金光明》见有三本，初昙无谶译四卷，其次崛多译为五卷，又真谛译复为七卷。……今新来经二百六十部内，其间复有《银主陀罗尼品》及《嘱累品》，更请崛多三藏出，沙门彦琮重复校勘。故贵今分为八卷，品部究足，始自乎斯。文号经王，义称深妙，愿言幽显，顶戴护持。①

现存《合部金光明经》卷首有序文说：

而《金光明》，见有三本。初在凉世，有昙无谶译为四卷，止十八品。其次，周世阇那崛多译为五卷，成二十品。后逮梁世，真谛三藏，于建康译《三身分别》、《业障灭》、《陀罗尼最净地》、《依空满愿》等四品。足前出没，为二十二品。其序果云，昙无谶法师称《金光明经》，篇品阙漏，每寻文揣义，谓此说有征，而雠校无指，永怀寤寐。宝贵每叹，此经秘奥，后分云何竟无《嘱累》？旧虽三译，本疑未周，长想梵文，愿言逢遇。大隋驭寓，新经即来，帝敕所司，相续翻译。至开皇十七年，法席小间，因劝请北天竺捷陀罗国三藏法师，此云志德，重寻后本，果有《嘱累品》，复得《银主陀罗尼品》，故知法典源散，派别条分，承注末流，理难全具。赖三藏法师，慧性冲明，学业优远，内外经论，多所博通，在京大兴善寺即为翻译。并前先出，合二十四品，写为八卷。学士成都费长房笔受，通梵沙门日严寺释彦琮校练。宝珠既足，欣跃载深，愿此法灯，传之永劫。②

此文未署名，但从文中叙述观之，应该为释宝贵所撰。对照上述二文的

---

① 费长房：《历代三宝纪》卷一二，《大正藏》第49卷，第106页上。
② 无名氏：《合部金光明经序》，《大正藏》第16卷，第359页中—下。

记载可见出两处差异:一是北周翻译《金光明经》的译者,费长房写为耶舍崛多,宝贵写为阇那崛多。二是宝贵说隋代阇那崛多翻译此经时费长房任笔受,而费长房自己则未明确说及。二者相比较,关于北周翻译《金光明经》的译者应该以费长房所说为是,费长房未提及自己笔受之事也并非紧要,值得注意的倒是《历代三宝纪》卷三的记载:

> 丙辰十六,《金光明经嘱累》一品,阇那崛多译。
>
> 丁巳十七,《金光明经》前后三翻,今总为一部八卷,沙门宝贵合。开皇已来新所译经,并此年正月二十四日奏闻。①

综合上述记载可知,阇那崛多确实曾经于开皇十六年(596)翻译出《金光明经嘱累》一品,第二年又翻译出《银主陀罗尼品》。开皇十七年,沙门宝贵又将上述三种译本合编为《合部金光明经》八卷。

关于阇那崛多于开皇五年(585)至开皇十七年之前的翻译活动,费长房有一段综合叙述:

> 五年敕旨,即令崛多共婆罗门沙门若那竭多、开府高恭、恭息都督天奴和仁,又婆罗门毗舍达等道俗六人,令于内史内省翻梵古书及乾文等。于时广济寺唯独耶舍一人译经,至七年别敕崛多使兼翻经,两头来往。到十二年,翻书讫了,合得二百余卷,进毕。尔时耶舍先已殁亡,仍敕崛多专主翻译。移法席就大兴善寺,更召婆罗门沙门达摩笈多并遣高天奴、高和仁兄弟等同翻。

应该注意的是上引文字所透露的阇那崛多译场的地点变迁过程。依据上引费长房的叙述,开皇五年(585)开始,阇那崛多在内史内省翻译"梵古书及乾文",至开皇七年下诏派遣阇那崛多协助当时在广济寺翻译佛典的那连提黎耶舍,阇那崛多往来于两个译场。至开皇十二年,共翻译出二百余卷。现在的问题是,如前文所叙述,那连提黎耶舍翻译工作于

---

① 费长房:《历代三宝纪》卷三,《大正藏》第49卷,第48页上。

开皇五年十月"勘校讫了"①,共得8部28卷。而上引文字所说,由开皇五年至开皇十二年间,"合得二百余卷"并且进呈朝廷,即便将那连提黎耶舍翻译的计算在内也凑不够数。费长房说,《大威灯仙人问疑经》一卷、《文殊尸利行经》一卷、《八佛名号经》一卷、《希有校量功德经》一卷、《善恭敬师经》一卷、《如来方便善巧咒经》一卷、《虚空孕菩萨经》二卷、《不空胃索观世音心咒》一卷、《十二佛名神咒除障灭罪经》一卷、《金刚场陀罗尼经》一卷、《佛本行集经》六十卷、《月上女经》三卷、《善思童子经》二卷、《移识经》二卷等十四部七十六卷"并是余处十一年前崛多自翻,沙门彦琮制序皆是"②。如此则知,费长房所说"到十二年,翻书讫了,合得二百余卷"之语,也许不完全指的是佛教经典,费长房所说隋文帝令其翻译"梵古书及乾文",似乎种类甚多,费长房似乎仅仅记录了佛典。费长房又说:"其十七部《法炬经》等八十九卷,十二年来在大兴善寺禅堂内出,沙门笈多、高天奴兄弟等助,沙门明穆、沙门彦琮重对梵本,再更覆勘,整理文义。"③——这17部89卷则是阇那崛多由开皇十三年四月至开皇十七年翻译出的。

从费长房的文字中已经可以推知,在《历代三宝纪》编定之年(开皇十七)后,阇那崛多仍然在翻译佛典。道宣在《续高僧传·阇那崛多传》记载:

> 隋滕王遵仰戒范,奉以为师,因事尘染,流摈东越。又在瓯闽,道声载路,身心两救,为益极多。至开皇二十年,便从物故,春秋七十有八。

依据道宣此说,由于政治斗争的牵涉,阇那崛多被贬谪到今日福建一带。不过,道宣记载的阇那崛多于开皇二十年(592)圆寂的说法被智昇质疑。

---

① 费长房:《历代三宝纪》卷一二,《大正藏》第49卷,第103页上。
② 同上书,第104页中。费长房文中说共14部76卷,但依据其文统计为78卷。
③ 同上书,第104页中。

《开元释教录》卷七记载:

> 准《添品法华序》,仁寿元年辛酉,崛多、笈多二法师于大兴善寺重勘梵本阙者添译。既在仁寿之元出此《添品》,即非开皇二十年卒也。又《内典录》云"仁寿之末,崛多以缘他事流摈东越",《续高僧传》即云"开皇二十年卒"。《传》、《录》俱宣所撰,而自相矛盾,何也?①

智昇所说极是。道宣确实在《大唐内典录》中将他在《续高僧传·阇那崛多传》叙述过的阇那崛多被贬谪事系于仁寿末年,其文说:"仁寿之末,崛多以缘他事,流摈东越,笈多乘机专掌传译。"②由此可见,道宣《续高僧传·阇那崛多传》中所说阇那崛多的卒年是误记,阇那崛多圆寂的时间不应该晚于仁寿四年(604),很大可能是在大业年间。如道宣所说,阇那崛多"又在瓯闽,道声载路,身心两救,为益极多"③,似乎在东越很得僧俗宠信。而从仁寿末年的情形推测,似乎由政治原因被摈的可能性最大。

对于《添品妙法莲华经》的翻译,现存的记载颇为零碎。现保存于《添品妙法莲华经》卷首的《序》文说:

> 昔燉煌沙门竺法护,于晋武之世,译《正法华》。后秦姚兴更请罗什,译《妙法莲华》。考验二译,定非一本,护似多罗之叶,什似龟兹之文。余捡经藏,备见二本。多罗则与正法符会,龟兹则共妙法允同,护叶尚有所遗,什文宁无其漏?而护所阙者,《普门品》偈也。什所阙者,《药草喻品》之半,《富楼那》及《法师》等二品之初、《提婆达多品》、《普门品》偈也。什又移《嘱累》,在《药王》之前。二本陀罗尼,并置《普门》之后。其间异同,言不能极。窃见《提婆达多》及《普门品》偈,先贤续出,补阙流行。余景仰遗风,宪章成范。

---

① 智昇:《开元释教录》卷七,《大正藏》第55卷,第550页中。
② 道宣:《大唐内典录》卷五,《大正藏》第55卷,第280页上。
③ 道宣:《续高僧传》卷二,《大正藏》第50卷,第434页下。

> 大隋仁寿元年辛酉之岁,因普曜寺沙门上行所请,遂共三藏崛多、笈多二法师,于大兴善寺,重勘天竺多罗叶本。《富楼那》及《法师》等二品之初,勘本犹阙,《药草喻品》更益其半,《提婆达多》、《通入塔品》,陀罗尼次神力之后,《嘱累》还结其终,字句差殊,颇亦改正。傥有披寻,幸勿疑惑。虽千万亿偈,妙义难尽。而二十七品,本文且具。所愿四辩梵词,遍神州之域,一乘秘教,悟象运之机,聊记翻译,序之云尔。①

此文未署名,但从文中叙述的口气观之,应该是隋代译场的当事者所为。依据此文,《添品妙法莲华经》是由阇那崛多、达摩笈多共同翻译的。而道宣对隋译此经的记述颇显杂乱。《大唐内典录》卷六著录为:"《妙法莲华经》八卷,一百五十五纸,移《嘱累品》在末,加《药草品》五纸,咒文异。隋仁寿二年,笈多于兴善寺译。"②现存署名"唐终南山释道宣述"的《妙法莲华经弘传序》又有"隋氏仁寿,大兴善寺北天竺沙门阇那、笈多后所翻者,同名《妙法》"③的叙述。然而,《大唐内典录》卷九则为:"《妙法莲华经》七卷,一百四十八纸,后秦弘始年罗什于常安译。右一经,西晋竺法护初译称《正法华经》十卷。隋大业年,笈多后译,加《药草品》之五纸,诸咒并异,移《嘱累品》在后,随机所尚,无减秦翻。"④此处又将年代写为大业年,且只说及达摩笈多。

上引有关《添品妙法莲华经》翻译文献记载,不一致处虽多,但基本事实是:隋仁寿元年(601)至仁寿二年,阇那崛多、达摩笈多共同重译了《添品妙法莲华经》,而在阇那崛多于仁寿末年被贬谪至今日福建后,达摩笈多又对原本二人合译的译本作了修改。也许出于这一原因,道宣在费长房著录阇那崛多译籍31部之外所补充的六部不包括《添品妙法莲

---

① 无名氏:《添品妙法莲华经序》,《大正藏》第9卷,第134页下。
② 道宣:《大唐内典录》卷六,《大正藏》第55卷,第286页下。
③ 道宣:《妙法莲华经弘传序》,《大正藏》第9卷,第1页中。
④ 道宣:《大唐内典录》卷九,《大正藏》第55卷,第314页上。

华经》。

道宣在《大唐内典录》卷五补充的六部阇那崛多译籍是:

> 《无所有菩萨经》四卷,《护国菩萨经》二卷,《佛华严入如来不思议境界经》二卷,《大云请雨经》,《东方最胜灯王如来经》,《大乘三聚忏悔经》。右六经十一卷,亦是崛多、笈多二师于兴善续出。长房《录》阙名,今搜现入藏经有之,故附此第。①

此中的六部,《三聚经》二卷未列入《历代三宝纪》卷一二的阇那崛多译籍目录,但在卷二中又记载阇那崛于开皇十九年译出《三聚经》二卷,开皇十八年译出《超世经》十卷,而后一部经则被道宣直接列入达摩笈多译籍目录中。如此,阇那崛多译籍于隋代的译籍总数为31部合176卷。

唐智昇在《开元释教录》卷七认可了费长房和道宣的著录,此外又从经题署名和经序中补进两部,一部是《妙法莲华经添品》,另外一部则是"《起世经》十卷,第五译,是《长阿含记世经》异出。见经题上云'崛多、笈多二法师共出',新编入"②。如此,阇那崛多译籍于隋代的译籍总数为39部合192卷。

综合上述考辨可知,阇那崛多于北周、隋代都从事过翻译活动,且在不同情形下都有合译的情况发生,因此,诸家经录的角度和标准不同,或记入合作者名下,或者重出,都可情可原。这些记述并不违背基本的事实。

5. 达摩笈多译场

关于达摩笈多生平,数《续高僧传》卷二记载得详细。《续高僧传·达摩笈多传》记载:

> 有沙门彦琮,内外通照,华梵并闻,预参传译,偏承提诱。以笈多游履具历名邦,见闻陈述事逾前传,因著《大隋西国传》一部,凡十

---

① 道宣:《大唐内典录》卷五,《大正藏》第55卷,第277页上。
② 智昇:《开元释教录》卷七,《大正藏》第55卷,第549页上。

篇。本传：一方物，二时候，三居处，四国政，五学教，六礼仪，七饮食，八服章，九宝货，十盛列山河国邑人物。斯即五天之良史，亦乃三圣之宏图。①

道宣又在《释迦方志》卷一中说："昔隋代东都上林园，翻经馆沙门彦琮著《西域传》一部十篇。"②可见，此书是在大业年（605—617）于洛阳完成的。彦琮又撰有《达摩笈多传》四卷，可能是以传记体记述了达摩笈多的事迹。这两部现已失传，但其体例被玄奘门下所继承。道宣《续高僧传·达摩笈多传》简略地叙述了达摩笈多在来华之前的情况，有可能来源于彦琮的《达摩笈多传》。

达摩笈多，南印度人，刹帝利种姓。兄弟四人，笈多为长。年二十三，到中印度一寺院出家，取名"达摩笈多"，年二十五，受具足戒。现存史籍中未记载达摩笈多的生年。值得注意的是，道宣所撰的《续高僧传·达摩笈多传》中有一段重要文字，比较系统地记载了达摩笈多从25岁出家到到达中土期间的行历，我们可以凭借这一记述，大致推知其生年。文中的关键点是："年二十五方受具戒……笈多受具之后仍住三年，就师学问。……后以普照师为咤迦国王所请，从师至彼经停一载，师还本国，笈多更留四年。"③如此，笈多33岁，"于是历诸大小乘国及以僧寺，闻见倍多，北路商人颇至于彼，远传东域有大支那国焉。……初虽传述，不甚明信，未作来心。但以志在游方，情无所系，遂往迦臂施国，六人为伴，仍留此国停住王寺，笈多遂将四伴，于国城中二年停止"。此中有两方面的重要信息：一是笈多曾经遍游诸国，时间段不详。二是在天竺某国听闻"大支那国"，后结伴至迦臂施国，停住两年。在迦臂施国，达摩笈多"遍历诸寺，备观所学，远游之心，尚未宁处。其国乃是北路之会，雪山北阴商侣咸凑其境。于商客所，又闻支那大国三宝兴盛，同侣一心，属意

---

① 道宣：《续高僧传》卷二，《大正藏》第50卷，第435页下。
② 道宣：《释迦方志》卷一，《大正藏》第51卷，第948页中。
③ 道宣：《续高僧传》卷二，《大正藏》第50卷，第435页上。

来此,非唯观其风化,愿在利物弘经,便踰雪山西足薄佉罗国、波多叉拏国、达摩悉鬓多国。此诸国中并不久住,足知风土诸寺仪式。又至渴罗盘陀国,留停一年。"①此一段记述中,唯一未记述时间长短的是遍游诸国,而于迦臂施国停住两年,翻越雪山至雪山之西的三国,然后至渴罗盘陀国留停一年。如此算来,至少四年,多则需六年。

达摩笈多"又至沙勒国。同伴一人复还本邑,余有三人停在王寺,谓沙勒王之所造也。经住两载,仍为彼僧讲《说破论》,有二千偈,旨明二部,多破外道。又为讲《如实论》,亦二千偈,约其文理,乃是世间论义之法"②。《说破论》也有版本作《念破论》,具体内容不详,但从"旨明二部,多破外道"来推测,"二部"有可能是指中观和瑜伽行派。③《如实论》则是世亲所造的因明著作。

达摩笈多"又至龟兹国,亦停王寺,又住二年,仍为彼僧讲释前论。其王笃好大乘,多所开悟,留引之心,且夕相造。笈多系心东夏,无志潜停,密将一僧间行至乌耆国,在阿烂拏寺,讲通前论。又经二年,渐至高昌,客游诸寺。其国僧侣,多学汉言。虽停二年,无所宣述"④。笈多在龟兹国停留两年,为国王讲述《如实论》、《说破论》,后又秘密离开,经过两年,至高昌。高昌国通行汉语,笈多不懂,自然不能讲说佛法。达摩笈多于高昌国停住两年。

达摩笈多"又至伊吾,便停一载。值难避地西南,路纯砂碛,水草俱乏,同侣相顾,性命莫投,乃以所赍经论权置道旁,越山求水,冀以存济。求既不遂,劳弊转增,专诵观世音咒。夜雨忽降,身心充悦,寻还本途,四顾茫然,方道迷失,踟蹰进退,乃任前行,遂达于瓜州"。由此,到达隋王朝领域。"寻蒙帝旨,延入京城,处之名寺,供给丰渥。"⑤这一年为开皇

---

① 道宣:《续高僧传》卷二,《大正藏》第 50 卷,第 435 页上一中。
②④⑤ 同上书,第 435 页中。
③ "二部"也可解释成大乘、小乘,或者更详细些的佛教内部的宗部,但从达摩笈多所学以及来华之后作为看,应该以指大乘内部的宗派最为妥当。

十年(590)冬十月也。

将上述文字记述的年限相加,达摩笈多从 25 岁之后的上述活动最短时间为 20 年,长则 23 年。① 如此一来,达摩笈多来华时的年龄在 45 至 48 岁之间,卒于唐武德二年(619),则生年在公元 570 年至 567 年之间。

当达摩笈多来到长安时,阇那崛多正在大兴善寺译经。《高僧传》说,隋文帝"于大兴善更召婆罗门僧达摩笈多,并敕居士高天奴、高和仁兄弟等,同传梵语"②。对此,道宣在《大唐内典录》卷五叙述说:

> 开皇、仁寿并参传译。于时崛多控权,令望居最,传度梵隋,时惟称美;至于深义,莫不反启。斯人而容范滔然,无涉世路,所以传译声望,抑己扬人。仁寿之末,崛多以缘他事,流摈东越。笈多乘机专掌传译。大业三年,东都伊始,炀帝于洛水南汭天津桥左置上林园,立翻经馆,遂移京师旧侣于新邑翻经。③

从文献记载可知,开皇十年(590)至仁寿末年(604),长安译场的领袖是阇那崛多,而达摩笈多是主要的参译者,而且在义理方面,阇那崛多反而要向达摩笈多请教。

大业(605—617)年间,隋炀帝于洛阳上林园建立翻经馆。在此译场,达摩笈多翻译出了几部重要的瑜伽行派经典。

关于上林园译场建立的经过,《续高僧传·达摩笈多传》记载:达摩笈多"自居译人之首,唯存传授,所有覆疎,务存纲领。炀帝定鼎东都,敬重隆厚,至于佛法,弥增崇树。乃下敕于洛水南滨上林园内,置翻经馆,搜举翘秀,永镇传法。登即下征笈多并诸学士,并预集焉,四事供承,复恒常度,致使译人不坠其绪,成简无替于时"④。如前所说,在仁寿末,大

---

① 将上引文字所说遍游诸国而未明确记录的年限者预估为三年。
② 道宣:《续高僧传》卷二,《大正藏》第 50 卷,第 434 页上。
③ 道宣:《大唐内典录》卷五,《大正藏》第 55 卷,第 280 页上。
④ 道宣:《续高僧传》卷二,《大正藏》第 50 卷,第 435 页下。

兴善寺译场主译阇那崛多因故被摈东越,达摩笈多由此开始主持长安大兴善寺译场。

道宣在《大唐内典录》中说:"大业三年,东都伊始,炀帝于洛水南汭天津桥左置上林园,立翻经馆,遂移京师旧侣于新邑翻经。笈多相从,羁縻而已。余以大业十年躬至其馆,时琮师已往,则上犹存,落漠风猷,缀旒谁赏?寻尔离乱,宗师殄绝。悲哉!"①这是道宣写于达摩笈多译经目录后的文字,其中有几个重要信息。一是隋炀帝在洛阳建立翻经馆的时间是大业三年(607)②,二是道宣自己亲自去翻经馆参访,当时隋王朝译场中最重要的本土翻译家彦琮已经圆寂。考之以《续高僧传·彦琮传》则可知,大业六年七月二十四日,彦琮"素患虚冷,发痢无时,因卒于馆,春秋五十有四"③。三是达摩笈多于洛阳并未人尽其才,翻译进行的并不如意,如道宣所说"羁縻而已",道宣不由得替笈多发出"落漠风猷,缀旒谁赏"的慨叹。隋王朝立国以来,尽管有四五位三藏法师相继主持译经事业,但唯有达摩笈多精通瑜伽行派经典,学识最为渊博。

关于达摩笈多译籍目录,道宣《大唐内典录》卷五著录了 9 部 46 卷,具体如下:

《缘生经》(《缘生初胜分法本经》)二卷并《缘生论》一卷。现存《缘生论序》中说:

> 并有圣者郁楞迦附此经旨作论,显发其论也。遍取三乘之意,不执一部之筌。先立偈章,后兴论释。偈有三十,故亦名《三十论》也。大业二年十月,南贤豆国三藏法师达摩笈多,与故翻经法师彦琮,在东都上林园,依林邑所获贤豆梵本,译为隋言,三年九月其功

---

① 道宣:《大唐内典录》卷五,《大正藏》第 55 卷,第 280 页上。
② 关于上林园译场的建立时间,道宣也有不同说法。《续高僧传》卷二《释彦琮传》记载:"大业二年,东都新治,与诸沙门诣阙朝贺,特被召入内禁,叙故累宵谈述治体,呈示文颂。其为时主见知如此,因即下敕,于洛阳上林园,立翻经馆以处之。"(《大正藏》第 50 卷,第 437 页下。)此中说,此翻经馆是为彦琮而设的,时间为大业二年(606)。
③ 道宣:《续高僧传》卷二,《大正藏》第 50 卷,第 437 页下。

乃竟。《经》二卷，《论》一卷。①

此中说，此二部经论于大业二年（606）十月始译，大业三年九月完成。②可见，这是上林园译场最先翻译出的经典。

关于《药师如来本愿经》的翻译，《药师如来本愿功德经序》说：

> 昔宋孝武之世鹿野寺沙门慧简已曾译出，在世流行。但以梵宋不融，文辞杂糅，致令转读之辈多生疑惑。矩早学梵书，恒披叶典，思遇此经，验其纰谬。开皇十七年初获一本，犹恐脱误，未敢即翻。至大业十一年复得二本，更相雠比，方为指定。遂与三藏法师达摩笈多并大隋翻经沙门法行、明则、长顺、海驭等，于东都洛水南上林园翻经馆重译此本。……其年十二月八日翻勘方了，仍为一卷。③

此文是当时参译的行矩所写。从此文可知，此经翻译完成于大业十一年（615）十二月八日。

《起世因本经》十卷。关于此经，智昇解释说："《起世因本经》十卷，第六出，与《长阿含》第四分《记世经》及《楼炭经》等同本，亦直云《起世经》。"④而另有一署名"崛多、笈多二法师共出"⑤的《起世经》十卷本存世。对照可知，两本略有差别，因而达摩笈多实际上是重译了此经。

《大方等善住意天子所问经》四卷。关于此经，智昇解释说："《大方等善住意天子所问经》四卷，第七译。与《如幻三昧》及《圣善住意经》等同本，见《内典录》。今编入《宝积》，当第三十六会。"⑥而如上文所叙述，

---

① 《大正藏》第16卷，第837页中。
② 关于此经、论的翻译，道宣在《大唐内典录》卷六记载为大业十年（614），而现在流行的《大正藏》版《开元释教录》卷七小注说："大业十二年十月出，至十三年九月兼论并讫，见经前《序》。"（《大正藏》第55卷，第551页中。）因为序中说彦琮参与此论的翻译，如道宣所记载，彦琮圆寂于大业六年七月。由此可知，《开元释教录》的大业十二年、大业十三年应该分别为大业二年、大业三年。
③ 《大正藏》第14卷，第401页中。
④ 智昇：《开元释教录》卷七，《大正藏》第55卷，第551页下。
⑤ 同上书，第549页上。
⑥ 同上书，第551页中。

崛多于开皇十五年(595)四月主译《贤善住天子所问经》四卷时,达摩笈多曾经参与过。现收入唐本《大宝积经》第三十六会的本子署名达摩笈多译。可见,达摩笈多实际上是重译了此经。

《大方等大集菩萨念佛三昧经》十卷,此经是《大集经》的"别分",现存。

达摩笈多也翻译了龙树重要论书《菩提资粮论》。全书本颂计165颂,为龙树所写,释文是自在比丘所作。此为唯一汉语译本。

达摩笈多是唯一于隋代翻译出瑜伽行派经典的翻译家。关于《摄大乘论释》十卷的翻译,现存资料非常有限。此论的世亲释已有几个译本,达摩的这一译本现存,题名为《摄大乘论释论》,译者一般署名"隋天竺三藏笈多共行矩等译"。至于时间,现今有些著作甚至辞书作大业五年(609)译出,根据不足。其实,从其署名入手即可知,此论应该译于彦琮圆寂之后。从前所述即可知,洛阳上林园译场实际上是隋炀帝为彦琮建立的,彦琮自任为笈多的助译。大业二年至大业三年,彦琮与达摩笈多一起翻译出《缘生经》、《缘生论》。彦琮于大业六年七月圆寂,因为如上文所叙,大业十一年笈多翻译《药师如来本愿经》之时,达摩笈多的助译即为行矩、法行、明则、长顺、海驭等。

关于行矩,《续高僧传》卷二《彦琮传》后有一附传说:"门人行矩者,即琮兄之子。为立行记,流之于世。矩少随琮学,谙训叶经,东西两馆并参翻译。为性颇属文翰,通览坟素,夙为左仆射房玄龄所知,深见礼厚。贞观初,奏敕追入。既达京室,将事翻传,遂疾而终,不果开演,乡族流恸接柩。"①依据此中所说,行矩参与了隋王朝隋文帝、炀帝分别于长安和洛阳设立的译场,在彦琮在世时大概是以彦琮弟子的身份侧身其列的,殆彦琮圆寂,行矩则成为上林园译场的首席助译。道宣《大唐内典录》卷五还著录了行矩所撰的两种著述:"《序内法》一卷,《内训》一卷,右翻经沙

---

① 道宣:《续高僧传》卷二,《大正藏》第50卷,第439页下。

门行矩所撰。矩即彦琮之犹子也,然以家风梵学,故之此任。后召翻经,不久终世,不成其器云。"①唐贞观初,因宰相房玄龄的推荐,大概从洛阳至京师准备从事翻译,不幸因病圆寂,其愿未遂。

从上述事实可推知,《摄大乘论释论》是达摩笈多共行矩等于大业年间(605—617)译出,地点在洛阳上林园,时间不会早于大业六年(610)八月。

至于达摩笈多译出的另外一本唯识典籍——无著造《金刚般若论》二卷,现存资料有限,仅知大业年译出于洛阳上林园。

此外,道宣还说达摩笈多有一未定稿译籍当时仍然存在。《续高僧传·达摩笈多传》中说:"初,笈多翻《普乐经》一十五卷,未及练覆。值伪郑沦废,不暇重修。今卷部在京,多明八相等事。"②从这一叙述看,应该是大业末年,中原大乱时期所出。智昇《开元释教录》卷七则有一注解说:"今谓大唐日照三藏翻《方广大庄严经》一十二卷与旧《普曜》梵本是同,于中亦明八相等事,与此《普乐经》亦应梵本同也。"③智昇推测达摩笈多所译《普乐经》大概是竺法护《普曜经》以及唐日照三藏所译《大庄严经》的同本异译。

第三节　隋代佛教的诸位大师

隋代佛教义学发达及其融合南北佛教风格的直接结果就是宗派佛教的兴起。这一时期,僧猛、灵裕、昙迁、昙延、慧远等五位学派中的"佛学大师"连同天台宗的智顗、三论宗的吉藏、三阶教的信行一起,可以称之为隋代的八位佛学大师。不过,八人之中,灵裕、昙迁、昙延三位在当时影响很大,甚至在某些方面超过了三位宗派大师以及现在仍然被人称

---

① 道宣:《大唐内典录》卷五,《大正藏》第55卷,第280页上。
② 道宣:《续高僧传》卷二,《大正藏》第50卷,第435页下。
③ 智昇:《开元释教录》卷七,《大正藏》第55卷,第552页中。

道的净影慧远,但由于他们的著述遗失甚多,现今难得其详,所以在现今的学术界重视不够。昙延的生平事迹已在此著第三卷作了叙述,三位创立宗派的大师的事迹和贡献,则在宗派部分叙述。此章,仅将僧猛、灵裕、昙迁、慧远等四位大师的生平、思想和贡献略作分析叙述。

一、僧 猛

隋王朝继承的是西魏、北周的政权,政治、经济中心和佛教的中心自然是一致的。然而,地论学派发源于北魏、东魏,在东、西魏对峙的情形下,将《地论》扩展到关中的僧人寥寥无几。成名于西魏、北周的僧猛是关中最主要的弘扬《十地》的高僧。

僧猛(507—588),俗姓段氏,京兆泾阳(今陕西泾阳县)人。《续高僧传·僧猛传》记载:僧猛"竟孺出家,素知希奉,聪慧利根,幽思通远,数十年间躬事讲说,凡有解悟,靡不通练"[①]。从这一叙述可知,僧猛幼年时期即出家,成年之后,致力于"讲说"佛教经论。可惜,传文未列出其师承。北魏孝武帝西奔长安,后被宇文泰杀掉,另立元宝炬为帝,是为西魏文帝,时为535年。《僧猛传》记载:"昔魏文西位[②],敕猛在右寝殿阐扬《般若》,贵宰咸仰,味其道训。"西魏文帝登基不久,令僧猛宣讲《般若经》,后来,宇文氏篡位,"周明嗣历,诏下屈住天宫,永弘《十地》"。"周明"即北周明帝宇文毓,"天宫"一词语意不详,似乎应该是天宫寺。僧猛此时已经五十多岁了,一改以前所着力弘扬的《般若》为"永弘《十地》",其中的转折多少有些奇怪。僧猛所弘扬的《十地》学,有无明确的师承,也是一个问题。在当时很讲究师承的背景下,周明帝下这样的诏书令其转弘《十地》,僧猛似乎应该不是师心独悟而致。在《十地经论》翻译出来之前,鸠摩罗什翻译的《十地经》也有较为广泛的流通,关中地区也有不少传承者。如此,则僧

---

① 道宣:《续高僧传》卷二三,《大正藏》第50卷,第631页上。
② 北魏皇帝本来在洛阳承位,后因孝武帝西奔而于西边的长安承位,所以叫"西位"。

猛"永弘"的是《十地经》还是《十地经论》，真不好确定。

《续高僧传·僧猛传》又说：

> 又敕于紫极、文昌二殿，更互说法。当时旨延问对，酬答无穷，黄巾之徒，纷然构聚。猛乃徐摇谈柄，引敌深涡，方就邪宗一一穷破。故使三生四见之语，并屈当时，元始真文之经，纷碎曩日。天师徒侣，瓦解乖张，道俗肃然，更新耳目。初帝始齐三教，猛分为九十五门，后退一乘，更进三十有生之善，词甚崇粹，学观所归。既不预帝览，遂沦俗侣。猛退屏人事，幽栖待旦。①

此中记载了两件大事，一是僧猛参与三教讲论之事，二是僧猛撰文评议三教。从文中所说"既不预帝览，遂沦俗侣"等语推测，此中的"帝"是指周武帝，文中暗示，僧猛所撰文并未被皇帝看到，僧猛于是混同于"俗人"。这一描述，是道宣对周武帝灭法时期被迫穿着俗人衣服而行沙门之事的"僧人"的惯常用语。由此可见，僧猛撰写上文，是在周武帝对佛教有所反感的情况下，挺身所作的护法行为。这一点，在《续高僧传·静蔼传》中可得证实。

《续高僧传·静蔼传》记载，"属周武之世，道士张宾谲诈罔上，冒增荣宠，潜进李氏，欲废释宗。既纵幸紫宸，蝇飞黄屋，与前僧卫元嵩唇齿相副"②，提出毁灭佛教的主张。"有猛法师者，气调高拔，躬抗帝旨，言颇激切。众恐祸及其身，帝但述怀，曾无赧退。"③大概在面谏无效的情况下，僧猛法师写了上述论文。然而并未奏效，周武帝于建德三年(574)五月下诏"断佛、道二教，经像悉毁，罢沙门道士，并令还民"④。诏令发布之后，立即实施。在这种情形下，僧猛"退屏人事，幽栖待旦"⑤。

《续高僧传·僧猛传》又说："隋文作相，佛日将明，以猛年德俱重，玄

---

①⑤ 道宣：《续高僧传》卷二三，《大正藏》第50卷，第631页上。
②③ 同上书，第626页中。
④ 令狐德棻等撰：《周书》卷五《武帝纪上》，第85页。

儒凑集，追访至京，令崇法宇。于大象二年，敕住大兴善寺，讲扬《十地》。寺即前陟岵寺也。声望尤著，殊悦天心。"①隋文帝杨坚于北周任左大丞相是在大象二年（580）五月。杨坚在上任不久就令僧猛住于大兴善寺宣讲《十地》，"寻振为隋国大统三藏法师，委以佛法，令其弘护。未足以长威权，固亦光辉释种。"杨坚在做丞相的第二年就强迫周静帝禅让，自己做了皇帝。文中说，隋文帝任命僧猛为隋王朝"大统三藏法师"。不过，隋朝的"大统"已经不同于北齐时期的"大统"。隋文帝杨坚于开皇年间连续下达诏书，重建了统管全国僧务的昭玄寺及其地方僧官。在中央，隋文帝将北齐时期"掌诸佛教"的昭玄寺与鸿胪寺主管外国僧人的职能合并，设置崇玄署。具体方案是在鸿胪寺下设典客、司仪、崇玄三署，每署各置令一人。崇玄署是中央政权的正式衙司，是管理佛教事务的最高机构。崇玄署令为"从八品"，是有品级的朝廷官员。这与由僧人担任的昭玄寺中的僧官是不同的。这样，隋代便建立起了由崇玄署和昭玄寺组成的两重中央佛教事务机构。僧猛仅仅是昭玄寺的"大统"，而非佛教界最高职官，因而道宣文中才说"未足以长威权，固亦光辉释种"。关于此事的时间，《佛祖统纪》将其系于开皇元年（581），《释氏稽古略》卷二将其系于开皇二年（582）。

隋初，僧猛"移都南顿寺，亦同迁于遵善里，今之兴善是也。名虽居隶，而恒住云花，勖徒课业"②。《续高僧传》中的这几句，交待了僧猛于隋代住寺的变迁情况。北周时期，僧猛住于陟岵寺，大概在其任大统后移住南顿寺，后迁移至遵善寺。隋文帝于开皇二年（582），将陟岵寺与遵善寺合并建成大兴善寺，因而僧猛名义上属于大兴善寺，实际上常住于长安城的另一寺院——云华寺。僧猛于开皇八年（588）四月四日，卒于云华寺，春秋八十二。

总之，僧猛是隋王朝敕命专弘《十地》的第一高僧。尽管依据现有文

①② 唐道宣：《续高僧传》卷二三，《大正藏》第50卷，第631页上。

献无法考证出其师承,甚至此《十地》是指《十地经论》还是《十地经》也无法确定。但有一点是确定无疑的,僧猛于北周以及隋初在长安对《十地》的弘扬,对于地论学派在关中地区,特别是隋王朝的首都的传播,起了预热作用。从上述叙述已经可以见出,在整个北朝,地论学派主要的传播区域是东魏、北齐统治区域,关中地区几无波及。然而,这一局面在隋文帝征召各地高僧进京之后,很快得到了改观。

二、灵裕及其门下弟子

在慧光法师的第二代传人中,灵裕法师与净影慧远可以称之为地论师第三代的"双璧"。从当时的影响以及唐初的历史评价上看,与净影慧远相比,灵裕法师甚至有过之而无不及。从佛教修养和弘法趣向等等方面来说,以博通三藏来评价灵裕法师是恰如其分的。正如道宣所言:"自东夏法流,化仪异等,至于立教施行,取信千载者,裕其一矣。"①尤其是,灵裕有弟子慧休,唐玄奘曾经向慧休参学,由此即可见灵裕法系对于隋唐佛教的重要影响。

1. 灵裕行历

关于灵裕法师的生平,以道宣《续高僧传·灵裕传》最为详细②,而法藏《华严经传记·灵裕传》明显是节略道宣之文而来,基本上没有新材料。清代人编的《全唐文》卷九〇四收有《大法师行记》碑文③,石碑现存河南安阳灵泉寺石窟。此碑立于贞观六年(632),为灵裕弟子海云所立,可惜中段残缺。另外,现灵泉寺存北宋绍圣元年(1094)所立《有隋相州天禧镇宝山灵泉寺传法高僧灵裕法师传并序》,基本上是《续高僧传·灵

---

① 道宣:《续高僧传》卷九,《大正藏》第50卷,第498页上。
② 与《续高僧传》中南北朝时期其他人的传记相比较,道宣所写《灵裕传》很详尽,夸赞之语也很多。道宣曾经亲自前往相州以及宝山寺考察,而且道宣著录灵裕撰有《十德传》记载慧光十大弟子的行历。可见,道宣所写根据充足。
③ 参见河南省古代建筑保护研究所编《宝山灵泉寺》,第376页图版,郑州,河南人民出版社,1991。

裕传》的摘抄,无多少新材料。下文主要依据这些资料,对灵裕法师的行历、著述以及传承等内容作些考辨叙述。

释灵裕(518—605),俗姓赵,定州巨鹿曲阳(今河北省曲阳县①)人。根据《续高僧传·灵裕传》记载:灵裕年居童幼时,就对佛教有特殊的感觉,"异行感人,每见仪像、沙门,必形心随敬;闻屠杀声相,亦切怆胸怀。致使乡党传芳,亲缘为之止杀。年登六岁,便知受戒"。等到"年七岁,启父出家。父以慧解夙成,意宗继世,决誓不许。唯令俗学,专寻世务,碍之道法。裕叹曰:'不得七岁出家,一生坏矣。'遂通览群籍,资于父兄,并包括异同,深契幽赜,唯老庄及易,未预承传"②。15岁时,正想潜逃出家,恰好其父去世,便依照伦理要求,为父守孝三年,"杖而能起,服毕厌俗,心猛不敢辞母,默往赵郡应觉寺,投明、宝二禅师而出家焉,其人亦东川之摽领也"③。由这一叙述可知,灵裕年少即有出家之志,但至18岁(535)方才至赵郡应觉寺出家为沙弥。应觉寺,原名堰角寺,在元氏县飞龙山。道宠即出家于此寺。文中所说的宝禅师、明禅师史籍失载。④唯

---

① 历史上有上曲阳和下曲阳之分。上曲阳故城在定州曲阳县西五里,此处所说"定州曲阳",笔者以为是指上曲阳。汉置上曲阳县,属恒山郡。后汉属中山国。晋属常山郡。后魏属中山郡。北齐改为曲阳县。隋开皇六年,改曰石邑。开皇七年,改为恒阳,属定州。唐因之。下曲阳位于今河北省晋州市西。
②③ 道宣:《续高僧传》卷九,《大正藏》第50卷,第495页中。
④ 有学者推测明禅师"或许就是僧稠曾经从学过的赵州道明禅师"(徐文明《中土前期禅学思想史》第111页,北京师范大学出版社,2004),唯未讲出理由。经过笔者考证,这一推测是不正确的。《续高僧传·僧稠传》记载:僧稠"又诣赵州障供山道明禅师,受十六特胜法"。此中"障供山"又写做"漳洪山"、"嶂洪山"。此漳洪山与道宠、灵裕出家的飞龙山应觉寺不在一地。《续高僧传》又有《隋赵郡漳洪山释智舜传》,其文说:释智舜"年二十余,厌世出家,事云门稠公居于白鹿,始末十载"。后卒于元氏县屈岭禅坊,时年七十有二,即仁寿四年(604)正月二十日。"初葬于终所山侧,后房子县界嶂洪山民,素重舜道,夜偷尸柩瘗于岩中,及往追觅皆藏其所。"传文又记载开皇十年(590)文帝下诏:"皇帝敬问赵州房子界嶂洪山南谷旧禅房寺智舜禅师,冬日极寒,禅师道体清胜,教导苍生,使早成就。朕甚嘉焉。……"而时赵州刺史杨达,"以舜无公贯,素绝名问,依敕散下,方始知之,乃为系名同果寺。用承诏旨,而舜亦不临赴。山民为之起寺,三处交络,四方闻造"。这就是智舜圆寂地屈岭禅坊的由来。大约在元代,该寺犹存,仍名为"禅房寺"。少林寺方丈古岩普就(1241—1317),河北真定人,15岁时(1255)即出家于"封龙山禅房寺"。经查考历史地理文献可知,飞龙山禅房寺、应觉寺位于赵郡元氏县(今河北省),而"嶂洪山"则属于赵郡房子县(今河北临城县)。

《大法师行记》碑文有一句:"盖明法师(阙十二字)中(阙一字)当千季之后之上首也,又是光律师之孙,凭法师之息……"①此句明确说明了明禅师是慧光的徒孙,道凭的弟子。道宣还记叙了灵裕于应觉寺的表现:"既初染大法,敕令诵经。裕执卷而誓曰:'我今将学,必先要心。三藏微言,定当穷旨,终无处中下之流。暨于儒、释两教,遍须通晓也。'"②显然,灵裕无论在家,还是出家为沙弥时,都有凌云之志,确实显得卓尔不群。

"年始登冠"③时,灵裕前往邺都,准备归禀慧光法师。然而当他于当年3月24日到达邺都时,才知慧光已经于七日前圆寂。灵裕于是转投慧光的弟子道凭法师,"听于《地论》,荏苒法席,终于三年。二十有二,方进具戒。还从明、宝二德,求为本师。乃皆辞曰:'吾为汝缘,吾非汝师。可往胜上所也。'遂赴定州而受大戒,即诵《四分》、《僧祇》二戒,自写其文。八日之中书诵俱了。有定州刺史侯景,访裕道行,奏请度之,隶入公名,甚相器重。后南游漳滏,于隐公所偏学《四分》,随闻寻记,五卷行之。又以《地论》初兴,惠光开悟之元匠,流衍弘导,道凭即光师之所亲承"④。灵裕又"依凭法席,晨夜幽通,发奇剖新者,皆共推揖"。

关于灵裕这一段的行程,道宣叙述得颇为细致因而显得曲折,而法藏在撰写《华严经传记》时作了删节引录,由此引起当代一些学者的怀疑,认为道宣叙述重复混乱。如先后两次请求明、宝二禅师为其本师却被拒绝以及两次皈向道凭门下等,似乎显得多余。⑤ 笔者以为,道宣的叙述是可信的。受具足戒成为比丘,一是需要走许多程序,二是有名额限

---

① 参见河南省古代建筑保护研究所编《宝山灵泉寺》,第376页图版。
② 道宣:《续高僧传》卷九,《大正藏》第50卷,第495页中。
③ 同上书,第495页上。《大正藏》采用的是"年始弱冠"而有注宋元本作"年始登冠"。《大法师行记》记载,"二十有一,南游邺京",由此可知,"登冠"较为恰当。
④ 同上书,第495页中一下。
⑤ 参见徐文明《中土前期禅学思想史》,第111页,北京师范大学出版社,2004。

制,三是并非所有比丘都有给人授具足戒的资格。灵裕尽管出家的愿望很早,成为沙弥的时间为18岁。从上文的表述看,他受具足戒面临一些困难,道宣不方便明白道来。实际真相是,灵裕没有进入"公度"名牒之中。原来北魏后期为了限制僧尼数量的膨胀,实行"敕度"制度,以每年4月8日和7月15日两次"敕度"为常态。通过"敕度"的僧尼,官方登记造册,属于合法僧尼,而"私度"即民间隐瞒不报私自履行受戒手续,是不合法的。"敕度"是由皇帝亲自批准名额、受戒地点的,而授戒的"三师七证"是由官方选择任用的。灵裕赴定州受大戒的时间是东魏兴和二年(540)。正式受戒之前要考试,灵裕于八日之内诵《四分》、《僧祇》二戒,自写其文并且诵出。考察通过之后,经过当时的定州刺史侯景①奏请朝廷同意,灵裕方才得以成为"公度"比丘。依照当时的惯例,受具足戒之后,还须到律师门下研习律学一两年。这就是灵裕为何于定州受戒后又南下至邺都于昙隐门下研习《四分律》的原因。研习《四分律》并且以昙隐的讲解为基础著成《四分律疏》五卷之后,灵裕又回到道凭门下研习《十地经论》。

  道宣的上述叙述,在《大法师行记》碑文中也得到印证。碑文有如此记载:"盖明法师……(阙七字)八秋中涉学,学且散矣!薄言从宅巡衢,野望繁霜,满(阙五字)怖(阙二字)猛,倚树叹息,拭(阙十三字)命也。忠情既发,留者谁乎?不计危亡,专投隐觉。于腊(阙九字)此日而受出家(阙十三字)。"②——此段叙述灵裕出家为沙弥的简单过程,"隐觉"即应觉寺。"岁已,向周有人言曰:'此非佛法矣!'求仙之念,从是(阙十一字)而兼饵诵(阙十四字)念(阙一字)吾当学问于阎浮提中,作最大法师,若(阙一字)不尔,(阙十一字)伴难逢跛(阙十四字)到已(阙一字)。"——这

---

① 根据史籍记载,侯景在击败葛荣的战争中立功,后被提拔为定州刺史。天平三年(536)九月,侯景任定州刺史兼尚书右仆射、南道行台;兴和三年(541)秋八月,转任开府仪同三司、吏部尚书兼尚书仆射、河南行台。灵裕受戒时,侯景恰好任定州刺史。
② 参见河南省古代建筑保护研究所编《宝山灵泉寺》,第376页图版。

是说,在出家为沙弥一年之后,受周围人影响,灵裕一度有信奉道教的想法,但很快坚定信仰,发愿"作最大法师"。于是,"奉大法师,听《十地》、《地持》。其法师也,道讳道(阙十一字),季在从(阙十六字)之威巍巍自住,薄有四王之德"。《大法师行记》的最后又有一句说:"师时十八家,求学造此结门(阙十四字),二十有一,南游邺京。"如前文所引道宣所写《灵裕传》所说"年始登冠",二者参照可知,元象元年(538)三四月间,灵裕至邺城已经年满20岁或21岁。《大法师行记》接着记载:"师于夏日辄患曰:(阙十二字)此(阙十六字)还向定州而受具戒。受已,连翩复返上原。年廿(阙二十八字)亦讫。季廿六,从隐律师学于《四分》。其律师也,业想清高(阙三十字)。"——此段叙述灵裕跟从"大法师"道凭学习《十地经论》和《地持经》。其后,前往定州受戒。受戒后又回到邺都。26岁时,他又跟从昙隐律师研习律学达三年,当时昙隐在邺东大衍寺。"年廿九,向彼白鹿李潜下寺,首尾一周,时造《十口疏》(阙二十九字)。"至29岁(546)时,他离开昙隐所在的寺院至另外的寺院造《疏》。此后,又"更还邺,更访名师"①,重新回到道凭身边,其时间应在天保元年(550)之前。当时,道凭在邺城宝山寺。

将道宣《灵裕传》所写与《大法师行记》相对比,一致者如上。但有一个差别,就是灵裕第一次师从道凭的持续时间。道宣说:"师听于《地论》,荏苒法席,终于三年。二十有二,方进具戒……后南游漳滏,于隐公所偏学《四分》,随闻寻记。"②但以"年始登冠"以及二十有一至邺都来计算,以年头计算也就是两年,实际上仅仅一年而已。然而,《大法师行记》于此不巧有较多缺文,其文是:"受已,连翩复返上原,年廿(阙二十八字)亦讫。"其后则是26岁跟随昙隐学律。如此一来,灵裕法师在22岁至26岁之间做何事,便缺失载记。我们推测,他受戒归来,很大可能是重新回

---

① 参见河南省古代建筑保护研究所编《宝山灵泉寺》,第376页图版。
② 道宣:《续高僧传》卷九,《大正藏》第50卷,第495页下。

到道凭法师座下研习经论。

从上述疏解可知,灵裕起先两次间断地至道凭门下学习。第一次为538年至539年,身份是沙弥;第二次是外出受戒数月后返回。26岁至29岁,灵裕跟随昙隐学习律学。29岁的某时之后,大概一直系籍于道凭法师住持的宝山寺。如前文所叙述,道凭于北齐天保十年(559)三月七日圆寂于邺城西南宝山寺,现存的《凭法师烧身塔》立于北齐河清二年(563),可知,此碑应该是包括灵裕在内的弟子们共同树立的。

在叙述完灵裕重回道凭所在的寺院之后,《续高僧传·灵裕传》接着说:

> 自此专业《华严》、《涅槃》、《地论》、律部,皆博寻旧解,穿凿新异。唯《大集》、《般若》、《观经》、《遗教》等疏,拔思胸襟,非师讲授。又从安、游、荣等三师听《杂心》义。嵩、林二师学《成实论》,功将一纪,解贯二乘,纲领有存,皆备科举,而精爽弘赡,理相兼通。曾与诸僧共谈儒教,旁有讲席,参涉间闻,两听同散,竟以相闻覆述句义,并无一遗。由此邺下擅名,遐迩驰誉,且而刚梗严毅,守节自专。①

依据此文所说,灵裕真正博通了大小二乘,其中对《华严经》、《涅槃经》、《十地经论》以及律部,都在博寻旧解的基础上,做了很有新意的解释。而《大集经》、《般若经》、《观经》、《遗教经》等疏,则是自己师心独悟而成。此外,灵裕又跟从安、游、荣等三师听《杂心论》,跟从嵩、林二师学《成实论》。

道宣在《灵裕传》中说过,灵裕"自年三十即存著述,初造《十地疏》四卷,《地持》、《维摩》、《波若疏》各两卷"。又说:"故十夏初登,而为领袖倾敬。"②灵裕30岁即548年,"十夏"即受具足戒10年,为550年,此年恰好为天保元年。而《大法师行记》有文记载:"年廿九,向彼白鹿李潜下寺,首尾一周,时造《十口疏》(阙二十九字)。"现存的碑石在"十"与"疏"

---

① 道宣:《续高僧传》卷九,《大正藏》第50卷,第495页下。
② 同上书,第497页下。

之间有一缺字。此碑的前文延伸,似乎此疏应该与律学有关。但是,《大法师行记》后文又记载:"齐天保元年冬,在邺京讲《十地论》,(阙三十字)旨(阙一字)一卷合十三卷矣。"①因此,此缺字为"地"字。几种记载是一致的。由此可知,灵裕开讲的第一部经论是《十地经论》,而且在讲之前的两年,就已经写好了《十地经论疏》四卷。关于灵裕宣讲经论,道宣还写道:

> 至于都讲、覆述,励怀非任,世供道望,销声避隐,有事不获已者,让而受之。夏居十二,邺京创讲,名节既著,言令若新,预听归依,遂号为裕菩萨也,皆从受戒三聚,大法自此广焉。因以导物为恒务矣,意存纲领不在章句,致有前后重解,言义不同,亡筌者会其宗归,循文者失其宏趣。②

此文说,灵裕本来不以"都讲"③为己任,而对于著述兴致更高。但在众人的请求下,也就当仁不让了。特别是在夏腊十二年(552)开始独立宣讲经论,一举成名,世人称之为"裕菩萨"。此后,多次讲解同样一部经论,因此其著述的文句就略有不同。此后,"会齐后染患,愿讲《华严》,昭玄诸统举裕以当法主,四方一会,雅为称先。时有雄鸡一头,常随众听。逮于讲散,乃大鸣高飞西南树上,经夜而终。俄尔疾遂有瘳。斯亦通感之明应也。内宫由是施袈裟三百领,裕受而散之"④。

灵裕为学以广博为务,为人则清高而淡泊名利。北齐文宣帝于邺都修建了不少大寺,"敕召德望,并处其中,国俸所资,隆重相架。裕时郁为称首,令住官寺,乃固让曰:'国意深重,德非其人,幸以此利授堪受

---

① 参见河南省古代建筑保护研究所编《宝山灵泉寺》,第376页图版。
② 道宣:《续高僧传》卷九,《大正藏》第50卷,第495页下。
③ "都讲"为古代寺院讲经时所设之职掌,即都讲者负责发问,主讲者回答,俾使听众容易理解文义。
④ 道宣:《续高僧传》卷九,《大正藏》第50卷,第495页下—496页上。

者'"①。灵裕拒绝接受朝廷所给予的当时一般名僧所具有的特殊待遇，但"有善生法供，则受而无惮"，对于民间有利于佛教发展的供养，无论数量多大，都毫无顾虑地接受。"故其所行藏，不为世情之所同测矣。"②在此，道宣之文又涉及到他与法上的关系。道宣说："有齐宣帝盛弘释典，大统法上势覆群英，学者望风向附，用津侥幸，唯裕仗节专贞，卓然不偶伦类，但虑未闻所闻，用为翘结耳。后上统深委高亮，钦而敬之。"③理解这一段文字，需要回顾前文所说的法上在地论师特别是在东魏、北齐所具有的佛教领袖地位这样的事实。以慧光门下十大弟子而言，由于法上接替慧光长期担任朝廷的最高僧官——大统的职务，因此，法上实际上是地论师第二代的核心人物。道凭年长于法上，但道凭很早就至邺都之外的宝山修行，而法上住于邺城内的大觉寺。道宣此段文字的要义在于，在其师道凭圆寂之后，灵裕坚持独立发展，不卑不亢，受到大统法上的尊敬。

灵裕在565年47岁时，"将邻知命，便即澄一心想，禅虑岩阿，未盈炎溽，范阳卢氏，闻风远请"④。在灵裕打算谢绝干扰，专修禅定之时，范阳卢氏请法师至范阳宣讲经论，"裕乘时弘济，不滞行理，便往赴焉。至止讲供，常溢千人。听徒嘉庆，前后重迭"⑤。道宣的这一记载，在《大法师行记》中也有记载："年四十七，赴请范阳，随宜阐说，三智博流。"⑥可知，灵裕的声名已经广泛传播，已经成为很有影响的论师。

灵裕法师"后还邺下，与诸法师连座谈说。齐安东王娄叡，致敬诸僧，次至裕前，不觉怖而流汗。退问知其异度，即奉为戒师。宝山一寺，裕之经始，叡为施主，倾撒金贝，其潜德感人又此类也"⑦。灵裕法师继承其师道凭的事业，继续营造宝山寺，而当时的权臣娄叡是其最大的檀

---

①②④⑤⑦ 道宣：《续高僧传》卷九，《大正藏》第50卷，第496页上。
③ 同上书，第495页下。
⑥ 参见河南省古代建筑保护研究所编《宝山灵泉寺》，第376页图版。

越。娄睿,鲜卑人,本姓匹娄,简改称娄。从《北齐书·武成纪》、《北齐书·娄睿传》及出土的《墓志》来看,他的姑母娄昭君是高欢的嫡妻,他即为北齐武明皇太后的内侄。自随高欢"信都起义",先为帐内都督,曾平定叛乱,收复炽关,为北齐建立军功,先后封东安王、司空、司徒、太尉,天统二年(566)封为大司马统领全军,天统三年为太傅、太师,兼录并省尚书事、并省尚书令,成为"坐而论道"、"总领帝机"的宰辅重臣。在东魏、北齐之世,他是一个很有影响的人物。他以外戚而贵幸,也有纵情声色、敛财无厌,滥杀无辜等劣迹,史书都有记载。他卒于武平元年(570)二月五日。从道宣文字表述看,娄睿成为宝山寺的大檀越,是从灵裕从范阳回来后开始的,应在天统二年娄睿被封为大司马之后。

周武帝灭齐毁佛,灵裕潜形世壤,穿着孝服,如丧考妣,誓得佛法。在此期间,灵裕"引同侣二十余人,居于聚落,夜谈正理,书读俗书,学既探幽,随览缀述。各有部类,名如后列"①。这是道宣《续高僧传·灵裕传》中的句子。此段文字中可知,灵裕法师即便是在如此艰难险境中仍然带领弟子二十余人,研习经论不辍,并且著述不断。尤其是,依照灵裕法师的教诲,这二十人各有重点。从此可见,灵裕对于法系的代代相承以及弘法方向至少于此时已经有自己独特的安排。

隋朝立国,佛教复兴,灵裕出山弘法。开皇三年(583),相州刺史樊叔略创办讲经法会,邀请灵裕讲经论,"一期影向,千计盈门"②,听讲者数以千计。在隋初,灵裕具有很高的声望,隋文帝"有敕令立僧官,略乃举为都统"③。灵裕对刺史说:"统都之德,裕德非其德,统都之用,裕用非其用。既其德用非器,事理难从。"刺史手下的人说:"舍于此人,则荐失纲要。"刺史又多次邀请,灵裕"乃潜游燕赵,五年行化,道振两河"④。灵裕这次外出弘法,至开皇九年(589)才回到邺城。因为有题记显示,这一

---

①② 道宣:《续高僧传》卷九,《大正藏》第50卷,第496页上。
③④ 同上书,第496页中。

年他在宝山寺主持修建了一座石窟。

《续高僧传·灵裕传》记载:"又营诸福业,寺宇灵仪,后于宝山造石龛一所,名为金刚性力住持那罗延。窟面别镌法灭之相,山幽林竦,言切事彰。每春游山之僧,皆往寻其文理,读者莫不歔欷而持操矣。"①而现存的"大住圣窟"有题记如下:

> 大隋开皇九年乙酉岁敬造窟,用功一千六百廿四;像世尊,用工九百:卢舍那世尊一龛、阿弥陀世尊一龛、弥勒世尊一龛、三十五佛世尊三十五龛、七佛世尊七龛、传法圣大法师廿四人。叹三宝偈言:如来(智)慧无边际,神通广大妙难思,相好光明超世纲,故令三界归依,法宝清净如虚空,善(寂)甚深无穷尽,无生无灭无往来,(寂)灭离垢难思议,圣众口真功德海,断灭一切诤流,戒□清净无瑕口。②

此窟位于宝山寺西侧。窟作方形平面,覆斗形窟顶,窟由东、西、北三壁各凿一大型圆拱龛,龛中雕卢舍那佛、弥勒佛和阿弥陀佛,龛侧雕35佛和7佛。窟门外东侧镌刻灵裕造窟记,窟门两侧浮雕那罗延神王和迦毗罗神王各一尊,窟内前壁东侧线刻"世尊去世传法圣师"24祖形象,始于大迦叶,终于师子比丘。

开皇十年(590),灵裕曾经至洺州(今河北省永年县)灵通寺弘法。第二年,隋文帝欲在各地征召高僧至京师弘法,许多人都推举灵裕。文帝随即下诏:

> 敬问相州大慈寺灵裕法师,朕遵崇三宝,归向情深,恒愿阐扬大乘,护持正法。法师梵行精淳,理义渊远。弘通玄教,开导聋瞽。道俗钦仰思作福田。京师天下具瞻,四方辐凑,故远召法师共营功业,宜知朕意早入京也。③

---

① ③ 道宣:《续高僧传》卷九,《大正藏》第50卷,第496页中。
② 参见河南省古代建筑保护研究所编《宝山灵泉寺》,第376页图版。

灵裕得到诏书,起先以有疾病相推辞,又说:"业缘至矣,圣亦难违。"于是,灵裕步行进入长安,不乘坐官乘,而时年他已经74岁了。到长安面见皇帝后,灵浴被文帝下敕住于大兴善寺。其后,"仍诏所司咸集僧望,评立国统,众议咸属,莫有异词。裕笑曰:'当相通委,何用云云?'遂表辞请还,置言详核。帝览表究情,依即听返。仆射高颎等,意存统重,又表请留。帝即下敕,令且住此。裕曰:'一国之主,义无二言,今复重留情所未可。'告门人曰:'王臣亲附,久有誓言。近则侮人轻法,退则不无遥敬。故吾斟酌向背耳。'寻复三敕固邀,裕较执如上。帝语苏威曰:'朕知裕师纲正,是自在人,诚不可屈节。'乃敕左仆射高颎、右仆射苏威、纳言虞庆则、总管贺若弼等诸公诣寺宣旨:'代帝受戒忏罪。'并送绫锦衣服绢三百段,助营山寺。御自注额,可号'灵泉',资送优给,有逾常准。"①经过灵裕多次推托,总算推掉了"国统"职位。隋文帝不但允许灵裕回到邺城,并且下敕将灵裕的住寺宝山寺改名为灵泉寺。灵裕又步行,回到邺城。

以上是依据道宣所记,费长房在《历代三宝纪》卷一二中也有一记载:

> 开皇十年,降敕所部,追裕入京,至见阙庭,劳问殷重。方应攀龙鳞,以布法云,使苍生蒙润;附凤翼以扬慧吹,令黔首获凉。到未几何,频辞请退。乃云:"不习水土,屡觉病增。"十一年春,放还归邺。②

依据此说,开皇十年(590),文帝发诏书请灵裕来京师,而灵裕住京师时间不长,就提出回去,开皇十一年春,灵裕启程回相州。如此,灵裕到长安至少停留数月,并且在京师多次宣讲经论,如《续高僧传·灵裕传》记载,"由是至终,远常赴集"③,灵裕师一旦开讲经论,净影慧远都要前去捧场。

---

① 道宣:《续高僧传》卷九,《大正藏》第50卷,第496页中—下。
② 费长房:《历代三宝纪》卷一二,《大正藏》第49卷,第105页中。
③ 道宣:《续高僧传》卷九,《大正藏》第50卷,第498页上。

灵裕师由此名震京师。此后隋文帝多次下诏问候,"赕锡重沓,稽疑请决者,不远而至,餐风沐道者,复结于前矣"①。灵裕晚年又住于邺城城西的演空寺,文帝闻之又下诏说:"敬问演空寺大德灵裕法师,朕遵仰圣教,重兴三宝,欲使生灵,咸蒙福力。法师舍离尘俗,投旨法门,精诚若此,深副朕怀"②。

仁寿年间,灵裕又主持在邺城外的寒陵山造佛塔。根据《续高僧传·道昂传》的记载,此塔可能是其弟子道昂所住的寒陵山寺。《灵裕传》记载说:

> 寒陵山所造九级浮图,仁寿末岁,止营四层。裕一旦急催曰:"一切无常,事有障绝。"通夜累构,将结八重,命令断作,仅得施座安橙。值晋阳事故,生民无措其手足。裕命复悬于后载。③

这是指仁寿四年(604)七月隋文帝驾崩,隋炀帝即位后的八月,并州总管汉王杨谅举兵造反,今河南、山西、河北一带陷入战火。文中说,灵裕预见到战乱将至,先是吩咐加快修造进度,其后则停止修造而封闭佛塔以待将来再行建造。这时,邺城也流行一句谶语:"裕师将过世矣",但不知其言的出处。后来,灵裕感觉身体不适,至第七日,援笔制诗二首。第一篇题为《哀速》,末尾说:"今日坐高堂,明朝卧长棘。一生聊已竟,来报将何息。"第二篇名为《悲永殒》:"命断辞人路,骸送鬼门前。从今一别后,更会几何年。"④当夜即圆寂于演空寺,春秋八十八。此即大业元年(605)正月二十二日。

2. 灵裕的贡献

总结灵裕的一生,著述、宣讲经论、授徒、修建塔寺是其四大业绩。灵裕知识渊博,学通内外。唐初道宣《大唐内典录》卷五有一评价:"裕即道凭法师之弟子也。轨师德量,善守律仪,慧解钩深;见闻弘博,兼内外

---

① ② ③ 道宣:《续高僧传》卷九,《大正藏》第50卷,第496页下。
④ 同上书,第496页下—497页上。

学,为道俗归;性爱传灯,情存著述,可谓笃识高行沙门也。"[1]这一评价客观真实,可谓确切之论。修建塔寺方面的业绩已见上文所论,在此逐次将其他三方面的贡献简述如下。

从其传记以及道宣的评价看,上述四方面,灵裕最看重的是著述,他的著述特别多,可惜保存下来的非常有限。道宣在《续高僧传》卷九《灵裕传》以及《大唐内典录》中有著录,而《大法师行记》则以编年体方式作了详细著录,可惜此部分已难于辨认。灵裕30岁以后,即开始著述。其著述涉及范围广泛驳杂,可分为四大类。下文主要依据道宣的著录,参照《大法师行记》,对灵裕的著述作一分类罗列。

第一类:经论著述。《十地经论疏》4卷,《地持经疏》、《维摩经疏》、《般若经疏》各2卷,《般若论疏》1卷,《华严经疏》及《华严旨归》合9卷,《涅槃经疏》6卷,《大集经疏》8卷,《胜鬘经疏记》、《央掘经疏记》、《无量寿经疏记》、《观无量寿经疏记》、《仁王般若经疏记》、《往生论疏记》、《弥勒上生经疏记》、《弥勒下生经疏记》、《遗教经疏记》、《温室疏》1卷,《成实论抄》、《毗昙抄》、《大智度论抄》各抄5卷。此外,还有首尾注《华严》等经论、《众经宗要》等。

第二类:自撰佛教论书。《大乘义章》4卷,《信三宝论》1卷,《序大小乘同异》、《论舍利目连传御众法》等,又制《安民论》、《陶神论》各10卷,《劝信释宗论毂卵成杀论字本》7卷,《因果论》2卷,《圣述记》2卷(或称《圣迹记》2卷),《十法忆》1卷,《触事申情颂》、《三行四去颂》、《十慈颂》、《十志颂》等。此外,灵裕对佛典翻译也有理论总结,反映在《译经体式》之中。

第三类:律学及僧尼制度方面的著述。《毗尼母疏记》、《四分律疏》5卷,《四分戒本疏》1卷,《受菩萨戒法》并《戒本》以及《僧制寺诰》、《僧尼制》1卷等。

第四类:佛教史著。《佛法东行记》、《经法东流记》1卷,《光师弟子十

---

[1] 道宣:《大唐内典录》卷五,《大正藏》第55卷,第277页下。

德记》①、《圣迹记》2卷,《齐世三宝记》、《灭法记》、《寺破报应记》、《塔寺忆》1卷。

第五类:外学著述。《孝经义记》、《庄记老纲式》、《经兆纬相录》、《五兆书》、《医决》、《符禁法》、《文断水虫序》等,《十怨十志颂》、《齐亡消日颂》、《诗评》并《杂集》等五十余卷。

宣讲经论是灵裕法师第二大业绩。他从32岁开始宣讲经论,以《地论》、《华严经》为宣讲重点。关于这一方面的特色,道宣有较为全面的叙述:"至于弘法轨模,万代宗辖。志存远大,不局偏授。故有单讲双时,雅为恒度。略文对讲,生常不经,必有传讲。"②这是关于灵裕法师对讲经传法之重要性的看法,以及不辞辛劳常讲常新的作为的最好概括。"故十夏初登,而为领袖倾敬。或大德同集,间以谑情。及裕之临席,无不肃然自持,喧闹攸静。所以下座尼众,莫敢面参。而性刚威爽,服章粗弊,贵达之与厮下,承对一焉。"③这是对灵裕法师宣讲经论之风范的描述,严肃认真,但又不喜客套,"去来自彼,曾无迎送,故通儒开士,积疑请决;艺术异能,抱策呈解,皆顶受绝叹,言不写情,可谓坐镇雅俗于斯人矣。故邺下谚曰:衍法师伏道不伏俗,裕法师道俗俱伏。诚其应对无思,发言成论故也"④。衍法师即灵裕之师叔,这一评价反映了灵裕在僧、俗中都有同样的震撼力。道宣《续高僧传·灵裕传》有一则故事:

要须延请,供承颙仰,方登法座。尝有一处,敷演将半。因行游观,乃近韭园。问其本缘云:"是讲主所有。"裕曰:"弘法之始,为遣过原。恶业未倾,清通焉在?此讲不可再也,宜即散之。"便执锡持衣,径辞而出。讲主曰:"法师但讲,此业易除耳。复未足忧之。"便借倩村民犁具,一时耕杀四十亩韭,拟种谷田。斯道俗相依,言行无

---

① 道宣《续高僧传》卷一记载:"唯隋初沙门魏郡释灵裕,仪表缀述,有意弘方,撰《十德记》一卷,偏叙昭玄,师保未奥,广嗣通宗。"(《大正藏》第50卷,第425页中)
② 道宣:《续高僧传》卷九,《大正藏》第50卷,第497页上。
③④ 同上书,第497页中。

越,一人而已。①

这则故事形象地说明了灵裕对俗士严格的信仰要求。

关于灵裕法师讲解经论的语言风格,道宣《续高僧传·灵裕传》如此概括描述:

> 其讲悟也,始微终著,声气雄远,辩对无滞,言罕重宣。或一字盘桓,动移数日。或一上之中,便销数卷。及至后讲更改前科,增减出没,乘机显晦,致学者疑焉。裕曰:"此大士之宏规也,岂可以恒情而断之?"②

对于这一风格,明代莲池大师在《竹窗随笔》"灵裕法师"条中评论说:"裕师盖得无碍辩才,庶几乎于法自在。而拘名著相,以文害辞,以辞害意,与夫参死句之辈,何足以知之?今人不可执己见,而蔑视胜流,轻谈横议;又不可昧己量,而效颦先德,妄行自用也。"对于灵裕法师这种不拘一格的讲解风格,莲池大师大加赞赏之余,告诫常人不可东施效颦,因为灵裕法师乃获得无碍辩才之大士也。

在授徒方面,灵裕最突出的是严格僧仪和寺院规范。道宣说:"自有师资希附,斯轨年登耳顺,养众两堂,简以未具,异室将抚,言行有滥即令出众。"③凡是想正式作为灵裕法师的及门弟子,必须年资达到40岁后方才予以考虑,如果言行方面有瑕疵,立即令其离开。作为比丘寺院,灵裕在其住持的寺院中严格遵守戒律规定:首先"寺法不停女人尼众,誓不授戒。及所住房由来禁约,不令登践。"④在弘法之时,方才允许女众入寺,"并后入先出,直往无留"。其次,严格执行授戒仪轨,"沙弥受具,和上德难,故尽报不行。自余师证,至时临众,若授以三聚则七众备传。致有法席清严,向传宇内"。第三,"侍者供给不预沙弥,僧制澄正,无论主客,内

---

① 道宣:《续高僧传》卷九,《大正藏》第50卷,第497页上。
② 同上书,第497页上—中。
③④ 同上书,第497页中。

唯护法,外肃愆过。"①第四,"身服清修,不御绫绮,垂裙踝上四指,衫袖仅与肘齐,祇支极长至胫而已,设见衣制过度,则处众割之。故方裙正背大毡被褥,皮革上色,钱宝等物,并不入房。何况身履而为资具?斯又处俭之后教矣。"这是对寺院全体僧人的规定,灵裕法师也身体力行,"常服五条,由来以布,纵有缯帛成施,终以惠人。祇支亦尔,余则弊纳而已"。对于灵裕这种做派,世间有一些人不理解,认为如此是为了获取更大的名声。灵裕法师说:"吾闻君子争名,小人争利,复何辞乎?"有人说:"名本利缘耳。"灵裕回应说:"吾得利,便失名矣。"又有人说:"此乃诈为善相。"灵裕回答说:"犹胜真心为罪也。"时人以为佳言。道宣评论说:"其志行之仪,可垂世范。"②

道宣在《续高僧传》卷一五"论"中有一评论:

> 沙门灵裕,行解相高,内外通赡,亦当时之难偶也。然而立性刚毅,峭急不伦。侍人流汗,非可师范。世或讥论,以此为先,斯亦不比德而观也。语俗而谈,滔滔风流;爱心绵密,未觌其短,多容瑕累。见心机动,祸福相邻。若不先知,何成惩艾?致使裕公虚沾此及。若能返求诸己,斯言自亡。③

此处道宣罗列了当时佛教界对灵裕的三点非议:一是刚毅而具威慑力,使得身边的人战战兢兢,不足以成为别人的楷模;二是语言通俗而滔滔不绝,因充满爱心而容纳别人的短处;三是预知祸福,精通古代各种相术。有意思的是,道宣所描述的前二者恰好能构成互补,即外表刚毅严格而内心具海纳百川的气度。第三方面则是指他屡屡以相术言事,道宣《续高僧传·灵裕传》中也叙述了在灭法时期灵裕以出售自编的相书及相术筹集粮食等生活用品之事。而且,灵裕也将这一技能传授给弟子

---

① 道宣:《续高僧传》卷九,《大正藏》第 50 卷,第 497 页中—下。
② 同上书,第 497 页下。
③ 道宣:《续高僧传》卷一五,《大正藏》第 50 卷,第 549 页下。

们。尽管如此,在此文之后,道宣的总评是:"故宣尼流无备之词,居士设未轻之论,诚有由矣。"①可见,非议者是少数,而灵裕在僧、俗两界都具有崇高威望。

灵裕法师的及门弟子,具体数字不详。道宣说"各有部类,名如后列"②,但其传文中并无名字。可见,道宣写此传的资料中原有主要弟子的名单,道宣照抄其文而未列其弟子之名。从如前所论说,灵裕法师自身所学所弘不限于《地论》、《华严经》,甚至不限于大乘。他不仅继承其师道凭之学,更有一个宏大的建立佛法体系的决心。因此,举凡大乘重要经典,甚至小乘"毗昙学"、《成实论》,还有律学,都是其关注、研习、弘扬的对象。因此之故,他的弟子兴趣和发展方向都是多样的。从后世的影响来说,主要有五大方向:一是弘扬《十地经论》者,二是弘扬《华严经》,三是《摄大乘论》,四是律学,五是禅修。此外,灵裕精通术数,而其弟子中也不乏以此见长者,如《续高僧传》卷二五《道辩传》所写的道辩就是此类僧人,道宣也专门将其与感通类僧人置于一卷。依据此传所说:释道辩,"齐人,住泰山灵岩寺。居无常所,游行为任,经史洞达,偏解数术"③。道辩曾经跟人说:"吾昔于裕法师所,学观七曜。……"④可见,灵裕也以术数传人授徒。

从此著主题出发,将详细叙述前三个方向的主要弟子,后两个方向则略之。

3. 道昂、灵智

在邺城以弘扬《地论》和《华严经》为主的灵裕弟子,现在可知者仅有道昂、灵智、海云等。

释道昂(565—633),未详其氏,魏郡(今河北省磁县东南)人。《续高

---

① 道宣:《续高僧传》卷一五,《大正藏》第50卷,第549页下。
② 道宣:《续高僧传》卷九,《大正藏》第50卷,第496页上。
③ 道宣:《续高僧传》卷二五,《大正藏》第50卷,第662页中。
④ 同上书,第662页下。

僧传·道昂传》记载：

  初投于灵裕法师而出家焉。裕神识刚简，气岸云霄，审量观能，授其明训。昂饮沐清化，爱敬亲承。岁积炎凉，斋踪上伍。常于寒陵山寺，陶融初教，纲领玄宗。日照高山，此焉收属，讲《华严》、《地论》，稽洽博诣，才辩天垂。扣问连环，思彻恒理。而混斯声迹，**拟谦藏用**，幽赞之功，谅拟前杰。①

依据此说，仅知如下事实：其一，道昂皈依灵裕法师出家，接受了灵裕师的教化。其二，道昂主要是在韩陵山寺接受灵裕的教化。如前所述，灵裕曾经主持过韩陵山寺修塔事宜，而灵裕常住于宝山寺和慈润寺，可见，韩陵山寺后来可能主要是由道昂主持的，而道宣称其为"唐相州寒陵山寺释道昂"。其三，道昂以宣讲《华严经》和《地论》为主。

道宣还叙述说，道昂归向净土，"化物余景，志结西方，常愿生赡养，履接成务，故道扇漳河，咸蒙惠泽。"其圆寂之时，显现出往生瑞相，"便于高座端坐而终，卒于报应寺中，春秋六十有九，即贞观七年八月也"②。后来信众"还送寒陵之山，凿窟处之，经春不朽，俨然如初"。

此外，作为《道昂传》的附传，道宣顺便叙述了灵裕的一位重要弟子——灵智（560—634）。其文说：

  时相州有灵智沙门，亦裕公弟子也。机务亮敏，著名当世，常为裕之都讲，辩唱明衷，允惬望情。加以明解经论，每升元席，文义弘远，妙思霜霏，难问锐指，擅步漳邺，故使四海望尘，俱敦声教。③

这位僧人，在灵裕教团中地位相当重要，常常作为灵裕师宣讲经论的助手——都讲。从道宣的简单叙述看，灵智很擅长宣讲经论。晚年，灵智"屏绝章疏，更修定业。步曷守心，怀虚成务。乞食头陀，用清灵爽。垂

---

① 道宣：《续高僧传》卷二〇，《大正藏》第 50 卷，第 588 页上—中。
② 同上书，第 588 页中。
③ 同上书，第 588 页下。

行物范,光德生焉。"可见,晚年,灵智以修行禅定和头陀行为主。贞观八年(634)圆寂于邺城,春秋七十五。"后诸学行俭约,附其尘者众焉。"①看来,弟子不少。

另外,《大法师行记》署名"弟子海云集",并且标于碑首,可见,海云在灵裕弟子中的地位非同一般,海云应该是唐初于相州住持其师法脉的大弟子。此碑立于贞观六年(632)。而现存宝山 79 号龛标有"报应寺古大海云法师灰身塔"。其铭文较长,但缺字很多。其师为"中古法师",文中有:"六十三口大唐……",依照一般表述习惯,这不是标明年寿,就是法腊。此塔造于"大唐贞观廿季四月八日"②。如果此位海云确实卒于贞观二十年(646)四月前不久,且享年 63 岁的话,一定不是灵裕大弟子的海云。因为年岁不合。也许,63 岁是其法腊。

4. 青彡渊与至相寺地论师

作为灵裕法师常住长安的弟子,青彡渊在中国佛教史中具有特殊的地位。不仅由其创始的至相寺成为华严宗的祖庭,而且以他为纽带将地论学派的思想较为直接地导入华严宗的初祖、二祖的思想体系中,并且实际上形成华严宗的一个传统。

释青彡渊(544—611),姓赵氏,京兆武功(今属陕西省)人。《续高僧传·青彡渊传》记载:"家世荣茂,冠盖相承,厌此浮假,希闻贞素。"③557年,13 岁出家,"道务宏举,定慧攸远。属周武凌法,而戒足无毁。慨佛日潜沦,拟抉目余烈,乃剜眼奉养,用表慧灯之光华也"④。隋文帝重开佛法,随即重穿僧服。"而慧业遐举,闻持莫类。自《华严》、《地持》、《涅槃》、《十地》,皆一闻无坠,历耳便讲。既释众疑,时皆叹伏,行必直视,动静咸安,住则安禅,缘诸止观。一盏之与百纳,始习至终;常坐之与山居,

---

① 道宣:《续高僧传》卷二〇,《大正藏》第 50 卷,第 588 页下。
② 河南省古代建筑保护研究所编:《灵山宝泉寺》,第 84—85 页。
③④ 道宣:《续高僧传》卷一一,《大正藏》第 50 卷,第 511 页中。

报倾便止。讥疑有涉,敛足不行。"①从此可知,渊法师早年已经熟悉《华严经》、《地论》和《大涅槃经》。

《续高僧传·青乡渊传》记载:"承灵裕法师擅步东夏,乃从而问焉。"②从传文排列次序看,渊法师归灵裕门下应该是在开皇初。此时灵裕师是在邺城外的宝山寺。渊法师于宝山寺,"居履法堂,亟经晦朔,身服粗素,摧景末筵,目不寻文,口无谈义。门人以为蒙类也,初未齿之"。也许是灵裕门下弟子才高八斗者太多,渊法师处事低调,沉默寡言,似乎很愚笨。"裕居座数,观异其器宇,而未悉其惠解。乃召入私室,与论名理。而神气霆击,思绪锋游,对答如影响,身心如铁石。"灵裕由此大为赞叹,"以为吾之徒也。遂不许住堂,同居宴寝,论道说义,终日竟夜,两情相得,顿写幽深。"渊法师有一次说:"理出不期,更流神府。博观盛集,全无可师。"由此可见,在渊法师心中,灵裕师是天下第一"可师"之人。传中又说:渊法师"还返裕所,具陈性欲"。这是说,渊法师至灵裕的住所,向其师诉说自己的志向和打算。随后,他"后整操关壤,屏迹终南。置寺结徒,分时程业。三辅令达,归者充焉。今之至相寺是也"③。不久,渊法师回到自己家乡所在的关中,隐居在终南山,建成至相寺。从时间上推测,至相寺初建也就是开皇初年的事情。

开皇十一年(591),"裕后敕召入朝,才有间隙,径投渊寺,欣畅意得,倾阴屡改。又以帝之信施,为移山路,本居迮隘,兼近川谷,将延法众,未日经远。裕卜西南坡阜,是称福地,非唯山众相续,亦使供拟无亏。渊即从焉,今之寺墟是也。自尔迄今五十余载。凶年或及,而寺供无绝。如裕所示,斯亦预见之明也"④。灵裕在长安抽空去渊法师所修的至相寺视察,并且将皇帝所施的钱财用之以为至相寺修路之资。至相寺最初是在蝇梓谷内的狭谷之中,水流湍急,诸多不便。灵裕让其改迁西南坡阜,

---

① 道宣:《续高僧传》卷一一,《大正藏》第50卷,第511页中一下。
②③④ 同上书,第511页下。

此即至相寺今址。

青乡渊"因疾卒于至相之本房,春秋六十有八",即大业七年(611)四月八日。"弟子法琳,夙奉遗踪,敬崇徽绪,于散骸之地,为建佛舍利塔一所,用津灵德,立铭表志云。"①

青乡渊于至相寺弘扬《地论》和《华严经》,最大的成效就是十几年之后,此寺"成为全国最有名、最稳定的华严学研究中心,华严宗的学说正是从这里形成的。"②而这一切是从智正入住至相寺开始的。

释智正(549—639),姓白,定州安喜(属河北省定州市)人。《续高僧传·智正传》记载:年十一,出家为沙弥。"身无戏掉,口不妄传;奉戒精勤,昏晓自策。和上同师,私共叹异。年虽弱冠,曾无驱役,供赡所须,恣其学问。不盈数载,慧声遂远。"③这一简略叙述,没有记载其出家寺院和师父法号,仅仅知道其师不让其从事劳务,专心于经论的研习,因此,名声远播。"年虽弱冠"一句暗示其已经受具足戒。道宣此传跳跃性太大,此句后就直接接续"开皇十年,文皇广访英贤,遂与昙迁禅师同入魏阙,奉敕慰问,令住胜光。"——这一句话对于当今的学者太重要了,因为很多人从中推出昙迁与智正之间具有师徒关系。笔者以为未必如此。

上述引文中的"开皇十年"(590)不能轻易否定而改换为开皇七年④。开皇七年秋天,隋文帝下诏,应征"徐州昙迁法师"并带"闲解法相、能转梵音"的弟子十人一起入京,"又敕所司,并于大兴善寺安置供给"⑤。其实,隋文帝下诏应征高僧不仅这一次,如《续高僧传》卷一○《法瓒传》记载:"开皇十四年,文帝省方,招访名德。人有述其清旷者,乃下敕延之。与帝同归,达于京邑,住胜光寺。"⑥《续高僧传》卷二六《宝积传》记载:"开

---

① 道宣:《续高僧传》卷一一,《大正藏》第50卷,第511页下—512页上。
② 魏道儒:《中国华严宗通史》,第101页,南京,江苏古籍出版社,1998。
③⑤ 道宣:《续高僧传》卷一四,《大正藏》第50卷,第536页中。
④ 汤用彤先生即持此说,理由即是"六大德"入长安之事。参见《隋唐佛教史稿》第164页,中华书局1982年版。此后多有沿袭者。
⑥ 道宣:《续高僧传》卷一○,《大正藏》第50卷,第506页下。

皇十四年,隋高东巡,候驾请谒。一见便悦,下敕入京,住胜光寺,讲扬《智论》及《摄大乘》。"①同书同卷又有释法性,"开皇十四年,文帝东巡,搜访岩穴,因召入京,住胜光寺"。可见,隋文帝每到一地巡幸,有搜访当地高僧并选择性地招入京师的习惯。《续高僧传·昙迁传》也记载:开皇十年春,"帝幸晋阳,敕迁随驾。既达并部,又诏令僧御殿行道,至夜追迁入内,与御同榻。……"②可见,开皇十年,昙迁跟从隋文帝至晋阳,隋文帝并于晋阳宫中召集僧众行道。如此,则二僧有于此时此地相见的很大可能。《昙迁传》也记载:开皇十年,"寻下敕为第四皇子蜀王秀,于京城置胜光寺,即以王为檀越,敕请迁之徒众六十余人,住此寺中受王供养"③。另外,由上述引证可知,开皇七年那次征召六大德,敕六大德及其弟子住于大兴善寺,而胜光寺是开皇十年新建寺院。如果将开皇十年改为开皇七年,后面的叙述即与事实不合④。

总之,智正很大可能是开皇十年于晋阳随昙迁一同入京城,然后入住胜光寺。说智正师从昙迁缺乏证据,纯属揣测之辞。然而,智正佩服昙迁并且从其短暂学习是可能的,但这与古代严格的师徒传承是不同的。

仁寿元年(601),"左仆射虞庆则,钦正高行,为奏寺额,造仁觉寺,延而住之,厚礼设御"⑤。智正有可能在仁觉寺住了几年。他又以为"深唯苦本,将捐此务,归静幽林。承终南至相有渊法师者,解、行相高,京城推仰,遂往从焉。道味江湖,不期而会,因留同住。"这一叙述,又被一些人解读为智正又成为渊法师的弟子。笔者以为,证据不足。因为上述引文明确讲,智正之所以离开仁觉寺,是想归于幽林,远离城市以及都市寺院

---

① 道宣:《续高僧传》卷二六,《大正藏》第50卷,第669页中。
② 道宣:《续高僧传》卷一八,《大正藏》第50卷,第572页下—573页上。
③ 同上书,第573页上。
④ 当然,也存在一种可能,道宣后文的叙述有可能有脱漏。但依照考据学的一般规则,以简单性原则的诠释为胜。
⑤ 道宣:《续高僧传》卷一四,《大正藏》第50卷,第536页中。

的喧嚣,文中的"道味江湖,不期而会"是说二人趣味相投,未曾暗示是归其座下学习。而且这时的智正已经52岁,渊法师年长其五岁,应该说早已过了正式皈依为某僧弟子的年龄。总之,智正与渊法师是同道关系,即如当时的净影慧远与昙迁的关系一样。由于当时渊法师年资和学问略高于智正法师,因此,智正受到渊法师的较深影响是符合实际的。

道宣所写《智正传》在"不期而会,因留同住"后面接着说:"二十八年,静恭无事,不涉人世。有请便讲,详论正理,无请便止,安心止观。世情言晤,不附其口。贞梗自课,六时无憩。"①有学者将二十八年与"因留同住"连缀起来,成为智正与渊法师同住于至相寺二十八年。实际上,二十八年应该连缀于下文,成为二十八年以来,智正"不涉人世",游走于宣经讲论和修行止观之间。智正于贞观十三年(639)二月二十八日圆寂于至相寺,春秋八十一。如果以圆寂之年逆推则可知,至611年,智正即远离人世纷扰。如此,是否暗示,智正于大业七年(611)始住于至相寺呢?而渊法师恰恰是于此年四月圆寂的。笔者经过考辨,初步认定可能性不大。

道宣《续高僧传》以及法藏《华严经传记》记载了智正几位弟子的事迹,如智现、灵辨、智俨等。

首先是释智现。道宣于《智正传》的"附传"中写道:

> 现,少出家,谘承法教,正之箴诫,略无乖绪,致所著诸疏,并现笔受。故正之制作也,端坐思微,现执纸笔,承颜立侍。随出随书,终于毕部。乃经累载初,不赐坐也。或足疼心闷,不觉倒仆。正呵责曰:"昔人翘足七日,尚有传扬。今尔才立颠坠,心轻致也。其翘仰之极,复何得而加焉?"②

这故事足见智正法师教诲弟子的风格,后来的佛教文献中引述评论者亦

---

① 道宣:《续高僧传》卷一四,《大正藏》第50卷,第536页中。
② 同上书,第536页中—下。

多。智正"凡讲《华严》、《摄论》、《楞伽》、《胜鬘》、《唯识》等不记其遍,制《华严疏》十卷,余并为抄记,具行于世"①。其《华严经疏》于唐代还传入日本。

释灵辨(586—663),姓李氏,祖籍陇西狄道(今甘肃省临洮县南)。灵辨生于洛阳。根据《华严经传记》卷三记载:"年十丧父,哀毁过礼。伯父幹法师愍之,亲自抚育,教以义方。"此中的幹法师即慧光大弟子昙衍的高足灵幹。灵辨13岁,得以出家,住于京师胜光寺。灵幹平时与昙迁禅师"芝兰允洽,因令亲侍,谘受异闻,辨宿夜研精,俄升堂奥"②。昙迁此时住于大兴善寺,因而灵辨从胜光寺至大兴善寺跟随昙迁法师学习。18岁,灵辨即讲《唯识论》、《起信论》、《胜鬘经》、《维摩经》等经论。受具足戒之后,又讲《仁王经》、《十地经论》、《地持经》、《摄大乘论》等。昙迁圆寂于大业三年(607)十二月六日,时灵辨21岁。

法藏《华严经传记·灵辨传》又写道:灵辨"以为一乘妙旨无越《华严》,遂废敷扬,于终南山至相寺智正法师所,研味兹典"③。灵辨转投至相寺智正,很大可能是因为昙迁圆寂的缘故。因此,灵辨到至相寺的时间应该在大业三年后不久。灵辨"既卒师资之功,备举传灯之业,并采众经,傍求异义"。可见,灵辨继承的是智正的事业。他撰《华严经疏》十二卷,《华严经抄》十卷,《华严章》三卷,并行于代。唐代,慈恩寺建毕,妙选高僧,灵辨"以鹤誉闻天,遂当斯举。然其怀望贞峻,中外式瞻,每于崇圣宫、鹤林寺、德业寺、百福殿等,而行受戒法。京城及诸州僧尼,从受归戒者,一千余人"④。灵辨共讲《华严经》48遍。最后,于菩提寺讲《华严经》时,感觉不适,寻返慈恩寺,未久圆寂,春秋七十八,即龙朔三年(663)九月五日。

灵辨也写作灵辩。如《续高僧传》卷一二《灵干传》记载:"沙门灵辩,

---

① 道宣:《续高僧传》卷一四,《大正藏》第50卷,第536页下。
② 法藏:《华严经传记》卷三,《大正藏》第51卷,第163页上。
③④ 同上书,第163页中。

即幹之犹子也。少小鞠育，诲以义方，携在道位，还通大典。今住胜光寺，众议业行，擢知纲任，扬导《华严》，擅名帝里云。"①道宣的记载，核心部分与法藏所记述一致，但关于其住寺有差别。道宣说，灵辨现在住于长安胜光寺，并且为胜光寺的"纲任"即"三纲"之一。道宣所说的"今"也即《续高僧传》主体部分完稿的时间贞观十九年(645)，因为灵幹为隋代僧人，按照常理，这一传记应该是道宣首先写成，在叙述完灵幹的事迹之后，顺便提及其侄儿灵辨也是顺理成章的事情。如将此记载与法藏的叙述联系起来，即可知灵辨在贞观十九年之前，长期住于胜光寺。因他是从胜光寺出家的，因此，学成回到胜光寺，后来成为其寺的"纲任"。而慈恩寺建成于贞观十九年，依照法藏的记载，灵辨在此寺刚建成时就被征选进入，并且最后圆寂于慈恩寺。

由渊法师开创的至相寺华严学中心最重要的一个环节就是智俨法师入至相寺学习。通过他的弘扬，地论思想被后来的华严宗所继承，成为华严宗教义的重要组成部分。因此，至相寺也被看做华严宗的祖庭。

释智俨(602—668)，俗姓赵，天水(属今甘肃省)人。其父赵景任申州(今河南省信阳市)录事参军。炀帝大业九年(613)，即智俨12岁时，法顺到赵景的家里，请求把智俨给他作弟子，赵景夫妇欣然应允。法顺就把智俨交给其高足弟子达法师，"令其顺诲。晓夜诵持，曾无再问。后属二梵僧来游至相，见俨精爽非常，遂授以梵文，不日便熟"。可见，这位达法师当时住于至相寺。14岁，智俨出家为沙弥。智俨"后依常法师，听《摄大乘论》，未盈数岁，词解精微。常因龙象盛集，令其竖义。时有辨法师，玄门准的，欲观其神器，躬自击扬。往复征研，辞理弥王。咸叹其慧悟，天纵哲人"②。此处的"常法师"即法常，"辨法师"应该是僧辨。

释法常(567—645)，是昙延法师的弟子。《续高僧传·法常传》记

---

① 道宣：《续高僧传》卷一二，《大正藏》第50卷，第518页下。
② 法藏：《华严经传记》卷三，《大正藏》第51卷，第163页中—下。

载:法常从 22 岁起,于"秦齐赵魏,靡不周行",研习《摄论》五年。"至于《成实》、《毗昙》、《华严》、《地论》,博考同异,皆为轨辙。"①当时佛教界认为其以弘扬《摄论》见长,而其志之所尚为《涅槃》。可见,法常是一个以《摄论》、《地论》、《涅槃经》为研习核心的博学之僧。唐朝初年,法常住于长安大禅定寺,后住普光寺,均以宣讲《摄论》为务。从法藏《华严经传记》的叙述看,从 14 岁至受具足戒的这一段时间,智俨主要是跟随法常学习《摄论》。

释僧辩(568—645),也是隋唐之际著名的《摄论》学者。大业初年也住于大禅定道场,唐初"武德之始,步出关东,蒲虞陕虢,大弘法化"②,其后即回京师。《续高僧传》有记载说法常与僧辩是好友。由此可见,智俨是从法常学《摄论》,也得到另一位《摄论》大师僧辩的赞扬。

武德五年(622),智俨 20 岁时,受具足戒。其后,"听《四分》、《迦延毗昙》、《成实》、《十地》、《地持》、《涅槃》等经。后于琳法师所,广学征心,索隐探微,时称得意"③。此处的"琳法师"④应该是位精通禅定者。

根据《续高僧传》卷二〇《静琳传》记载,静琳先投昙猛法师为师五年,"犹事沙弥,未敢受具"。受大戒后,"又于觉法师所听受《十地》,回趾邺都炬法师所,采听《华严》、《楞伽》、《思益》"⑤。后来,"即舍讲业,专习禅门。初学不净念处等法,又嫌其琐小,烦稽人虑。乃学大乘诸无得观,离念唯识,弥所开宗。每习一解,陶练十年,精其昔知,更新后习……"⑥。由此叙述可知,静琳法师后来所习的是"唯识禅观",刚好与智俨跟从琳法师

---

① 道宣:《续高僧传》卷一五,《大正藏》第 50 卷,第 540 页下。
② 同上书,第 540 页中。
③ 法藏:《华严经传记》卷三,《大正藏》第 51 卷,第 163 页下。
④ 隋唐之际的长安至少有三位释法琳。最著名的是护法沙门法琳,这位法琳祖籍颍川郡,因而被称为"颍川沙门法琳";因为远祖随宦徙寓襄阳,因而又被称为"襄阳沙门法琳";隋末曾住终南山龙田寺,因而又被称为"终南山龙田寺沙门法琳"。而至相寺青乡渊也有弟子法号法琳。另外,可能被称为"琳法师"的是静琳。汤用彤先生注意到了三位可以称之为"琳法师"唐初僧人,但未确定其所指。参见《隋唐佛教史稿》第 164 页,中华书局 1982 年版。
⑤⑥ 道宣:《续高僧传》卷二〇,《大正藏》第 50 卷,第 590 页上。

学习"征心"相合。引文中说,智俨"索隐探微,时称得意"①,可见已经基本掌握了静琳法师所习禅观的精髓。武德三年(620)后,静琳法师住锡弘法寺。智俨跟随静琳法师修习唯识禅观,应是前往弘法寺。《续高僧传》又记载说,静琳与法常是好友,如《静琳传》所说"有沙门法常者,盛名帝宇,素与周旋"②。可见,智俨的问学一直是在一个友人链条中进行的。

《华严经传记》卷三《智俨传》又记载:智俨感到佛教的经典和派别很多,难以遍学,因而在经藏前发誓,信手探取,获得《华严经》第一卷,于是决定专学《华严》。"即于当寺智正法师下听受此经。虽阅旧闻,常怀新致,炎凉亟改,未革所疑。遂遍览藏经,讨寻众释。传光统律师文疏,稍开殊轸,谓'别教一乘无尽缘起',欣然赏会,粗知毛目。"③此中说,智俨通过听闻智正所讲的《华严经》,再细心阅读各种经疏。特别是,地论学派的第一代传人慧光的著述,给予智俨极大的启发。以这一思想线索逆推上去即是智正——渊法师——灵裕——道凭——慧光——勒那摩提。传说中,智俨又遇到一位僧人,告诉他:"汝欲得解一乘义者,其《十地》中'六相'之义,慎勿轻也。可一两月间,摄静思之,当自知耳。"④智俨依照这一指引,作疏解释《华严经》的义理,即成《大方广佛华严经搜玄分奇通智方轨》,略称《华严经搜玄记》,那时他才27岁,即贞观三年(629)。不过,这部著述直到他晚年才在至相寺弘传。

智俨于总章元年(668)十月二十九日夜圆寂于清净寺,春秋六十七。法藏说:"俨所撰义疏,解诸经论,凡二十余部,皆简略章句,剖曜新奇。"⑤现存的有《大方广佛华严经搜玄分奇通智方轨》十卷、《华严一乘十玄门》一卷、《华严五十要问答》二卷、《华严经内章门等杂孔目章》(略称《华严

---

① 法藏:《华严经传记》卷三,《大正藏》第51卷,第163页下。
② 道宣:《续高僧传》卷二〇,《大正藏》第50卷,第590页下。
③④ 法藏:《华严经传记》卷三,《大正藏》第51卷,第163页下。
⑤ 同上书,第164页上。

孔目章》)四卷、《金刚般若波罗蜜经略疏》二卷,其他著述都已失传。与唯识学有关的著述有《楞伽经注》七卷、《大乘起信论义记》一卷、《大乘起信论疏》一卷、《摄大乘论无性释论疏》等,而《入道禅门秘要》一卷应是阐释智俨自己禅观方法的著作。如前文所考辨,《入道禅门秘要》应该是从静琳法师处学来的唯识观法。

智俨弟子很多,著名的有法藏、怀齐、义湘、慧晓、薄尘、道成法师等多人。其中,法藏大师为华严三祖,义湘大师于新罗弘扬大法,被推为新罗华严宗的初祖。

5. 慧休

关于释慧休,一直以来的最主要资料是道宣《续高僧传·慧休传》,道宣写此传时,慧休尚健在。1984年于安阳宝山发现了《慈润寺故大慧休法师灰身塔》以及《慈润寺古大论师慧休法师刻石记德文》①,其卒年问题也一并解决了。对照两种资料,内容基本一致,也有若干差别。从其所学以及一生着力弘扬的内容看,慧休应该属于摄论师和律师。但慧休自己以及时人都将其看做灵裕弟子,所以置于此叙述其行历和贡献。

释慧休(548—647),姓乐氏,瀛州(州址在今河北省河间市)②人。"世居海滨,以蚕渔为业,而生知离恶,深唯罪报,常思出济,无缘拔足。"③于是产生出家之念,《慧休法师刻石记德文》中作:"文举让梨之岁,志在出尘;陆绩怀橘之年,便欣入道。"④此文中的陆绩怀橘为六岁,孔融让梨在七岁。大致言之,慧休六七岁时就向往出家。根据《续高僧传·慧休传》记载:16岁(564)时,他"遇相州沙门巡里行化,谈三世之循,扰述八苦之交侵,雅会夙怀,背世情决,乃违亲背俗,投勖律师而出家焉"⑤。这位勖律师,道宣未记载,《慧休法师刻石记德文》说:"始受业于僧树律师,习

---

① ④ 参见河南省古代建筑保护研究所编《宝山灵泉寺》,第388页图版。
② 这是《续高僧传》中的说法。《慈润寺古大论师慧休法师刻石记德文》作"河间平舒人",此说更详尽些。平舒为瀛州(河间郡)管辖的一个县,今名为大城县,由廊坊市管辖。
③ ⑤ 道宣:《续高僧传》卷一五,《大正藏》第50卷,第544页中。

毗尼五部。星纪未周,即洞晓玄妙,遂乃驰骛三藏,欲游十门。"①以"星纪未周"推测,慧休大概在此律师门下五年左右。《慧休法师刻石记德文》又说慧休享年99岁,法腊77,可见其受具足戒是在22岁。大概在受具足戒(570)后,勖律师又叮嘱慧休,去邺城皈依灵裕法师修学。《续高僧传·慧休传》又记载:

  休天机秀举,惟道居心,乃背负《华严》,远游京邺。一闻裕讲,銮动身心,不略昏明,幽求体性。而章句无昧,至理未融。展转陶埏五十余遍,研讽文理,转加昏漠。试以所解,遍问诸师,皆虑涉重关,返启其致。②

在灵裕门下,慧休先是听灵裕法师讲解《华严经》,接着结合章疏研习《华严经》五十余遍,但并未完全明了其中的深意。于是又悟曰:"斯固上圣之至理也,岂下凡而抑度哉?"③其后,离开邺城去游学。

  综上所述,慧休于570年受具足戒后,至灵裕门下学习。北齐时期,灵裕是以邺城宝山一带为弘法中心的。北齐灭亡,578年,武帝于齐地毁佛。从道宣的叙述看,可以初步断定,在北齐灭亡之前,慧休可能已经离开灵裕而去游学。

  离开邺城,慧休前往渤海(今河北省沧县),跟从明彦法师听《成实论》,"先出章抄,品藻异同,慧满冲情,解津法友,以彦公化世,受染余流"④。明彦法师,《续高僧传·志念传》记载:开皇四年(584),志念之弟沙门志湛将志念感叹自己所学《迦旃延阿毗昙》未能传授之事告诉明彦法师。"彦,《成实》元绪,素重念名,与门人洪该等三百余人,躬事邀延,阐开《心论》。"⑤从文中的表述看,明彦邀请志念到其所在的渤海弘传其学而并非拜师。慧休跟从明彦法师研习《成实论》之后,又"从志念法师

---

① 参见河南省古代建筑保护研究所编《宝山灵泉寺》,第388页图版。
②③④ 道宣:《续高僧传》卷一五,《大正藏》第50卷,第544页中。
⑤ 道宣:《续高僧传》卷一一,《大正藏》第50卷,第508页下。

受学小论《迦杂》、《婆沙》,各闻数遍。穷其本支,晓其固执,解既清迥,行寔贞严"。志念对其大加赞赏:"余讲小乘,岁序多矣。今乃值子,谅不虚延。"慧休即著《杂心玄章抄疏》,"各区别部类,条贯攸归。文教才出,初寻重敬,频当元宰,讲授相续。幽致既举,慧烛天悬,故使驰名冀都,击响河渭"①。慧休在志念门下,撰成《杂心玄章抄疏》,并且开讲《杂心论》,闻名冀都(即河北省冀州市)。可见,慧休从学志念时,志念时在冀都。

道宣未曾提及齐地灭法时期慧休的去处。是跟随志念避难海滨呢,还是在此前已经回到邺城宝山寺灵裕师身边,或者与其他人一起避难?——由于这一疑难,慧休游学之后重归灵裕师身边的起始时间就不大好确定。但不管如何,在开皇十一年(591),灵裕应隋文帝之征召,步行入关中至京师之时,慧休随之也到达长安。在长安时期,慧休"遇昙迁禅师及尼论师等讲扬《摄论》,每举一会,余驾停轮。词吐既新,领拔弥悉,周涉三遍,即造疏章,神会幽陈,广疏听视。自大小诸藏,并统关键"②。可见,在长安,慧休跟随真谛的弟子道尼及地论昙遵的弟子昙迁学习了三遍《摄大乘论》并且造出《摄大乘论疏》一种。

慧休在长安又钻研律部。《续高僧·慧休传》记载:

> 惟有律部,未遑精阅。昔以戒禁随事,可用缘求,案读即了,未劳师授。曾披一卷,持犯茫然。方悔先议,更弘神府。乃负律提瓶,从洪律师听采《四分》,一经讲肆三十余遍,日渐其致,终未极言。③

洪律师即洪遵,开皇七年(587)至长安,为"六大德"之一,开皇十六年敕请为讲律众主。慧休听闻《四分律》讲肆四十余遍,理解逐渐清楚,但未达到极致。他对一同学习者说:"余听涉多矣。至于经论,一遍入神。今游律部,逾增逾暗,岂非理可虚求,事难通会乎?"慧休"懔课六时,纤尘或

---

① 道宣:《续高僧传》卷一五,《大正藏》第 50 卷,第 544 页中。
② 同上书,第 544 页中—下。
③ 同上书,第 544 页下。

阻,即申忏洗。目见大小讲匠,知名者多,奉法自修,实罕联类"。可见,对于律学,他是多闻博采的。"尝听砺公讲律。砺曰:'法师大德,暮年如何犹勤律部?'休曰:'余忆出家之始,从虎口中来,即奉投戒法,岂以老朽而可斯须离耶?恨吾不得常闻耳。'"①砺公即法砺,隋代住于相州日光寺。可见,在长安停留一段时间,学习《摄大乘论》和《四分律》后,慧休即回到邺城。灵裕师可能在慧休之前先行步行回到邺城。《续高僧传·道杰传》记载,道杰于开皇十九年,从卫到达邺城,"听休法师《摄论》",可见,慧休回邺城后已经以《摄论》教人了。

至于慧休回到邺城的住寺,史籍中没有明确记载。灵裕师在邺城先后开创和驻锡几所寺院。先住宝山寺(后改名为灵泉寺),后住演空寺。而道宣称慧休为"相州慈润寺释慧休",可见其晚年主要住于慈润寺,而《慧休传》文中又有文字显示,隋末唐初,慧休住于邺城云门寺。

从隋末至唐初,相州发生四次战乱,"屡经寇荡,荒芜相仍,寺众僧厨,亟经宿触。故从隋末终至唐初,四度翻秽,获资净供。致使四方嘉会,休有功焉"。特别是,唐初武德四年(621),刘黑闼反叛,第二年正月,刘黑闼至相州,僭称汉东王,建元天造。"魏相诸州,并遭残戮。忽一日警急,官民小大弃城逃隐。休在云门,闻有斯事,乃率学士二十余人,东赴相州,了无人物,便牢城自固。四远道俗,承休城内,方来归附。当斯时也,人各藏身,而休挺节存国,守城引众,可谓乱世知人者矣。"云门寺位于邺城郊外西山。在民众恐慌,纷纷逃出邺城的情形下,慧休逆向而行,颇有保护天下苍生的菩萨精神。经查阅史书可知,这一事件可能发生于武德五年初。刘黑闼至相州称帝后,移军洺州,定都洺州。此年正月,秦王李世民统帅军队前来平定叛乱。在秦王军队到达获嘉时,刘黑闼部放弃相州,正月十五日,秦王军占领相州。这就是《慧休传》所说的"其年不久,天策陈兵,远临贼境,军实无委"的背景。在这种情况下,慧

---

① 道宣:《续高僧传》卷一五,《大正藏》第50卷,第544页下。

休敏锐地看到其中的利害关系,集众告诉僧众说:"官军静乱,须有逢迎。僧食众物,义当先送。"①与会大众并无应和者,慧休担心唐军收复失地后,惩戒佛教界,于是独诣军门,具陈来意。"于时曹公徐世绩,引劳赏悦。仍令部从,随休至寺,任付粮粒。及平珍后,曹公为奏,具述休功。"②果然,唐朝廷在此后下敕,凡是被刘黑闼占领诸州,仅仅允许保留三十位僧尼。唯相州一境,"特宜依定"而不省减沙汰僧尼。

唐太宗贞观九年(635),"频敕征召,令入京师。并固辞以疾,无预荣问"③。道宣写道:"至今十九年中,春秋九十有八,见住慈润,爽健如前。"这是说,截至道宣写此传的时候,慧休仍然健在,时年98岁。在现存此传的最后,又有一句:"又休以年学高远,今上重之。因事辽左,亲幸其室,叙故陈道,弥会帝心。故又续其绩。"④经查考,此是指唐太宗于贞观十九年二月从洛阳出发,到达定州扎营。从行军路线上看,似乎应该是路过相州时看望了慧休。从"叙故"一语以及"今上重之"等推测,太宗是认识慧休的。现存《慈润寺故大慧休法师灰身塔》以及《慈润寺古大论师慧休法师刻石记德文》记载了慧休的卒年:"贞观廿季岁次敦口季春旬有五日法师藻漱讫,因右胁"而卧入灭。如此可知,慧休圆寂于贞观二十年(646)三月十五日,"春秋九十有九,夏腊七十有七。"

道宣在《续高僧传·慧休传》中未记载慧休的著述,而《慧休法师刻石记德文》则略有记录:"法师所制《十地》、《地持义记》、《成实论义章》及《疏》,《毗婆沙论》、《迦旃延经》、《杂阿毗昙》等疏,小乘……《摄口大乘论义疏》,又续远法师《华严疏》,又著《大乘义章》凡四十八卷。"⑤

关于慧休,道宣《续高僧传》卷一五"论",在评论了灵裕法师之后说:

---

① 道宣:《续高僧传》卷一五,《大正藏》第50卷,第544页下。
② 同上书,第544页下—545页上。
③ 同上书,第545页上。
④ 同上书,第545页中。
⑤ 参见河南省古代建筑保护研究所编《宝山灵泉寺》,第388页图版。

> 世有慧休,即承裕绪,学《杂心》而惧陵小犯,受师礼而亲执瓶衣,遭难而更立净厨,临危而深诲禁约。人法斯具,慧解通微;章疏所行,诵为珠璧,犹恨不系于先业。①

依据此说,于唐初,一般将慧休看做灵裕的弟子,尽管在隋唐之际,他是以弘扬《摄大乘论》和《杂心论》知名的。

慧休的不容忽视,还在于玄奘曾经专门至相州向他问学。

关于慧休的弟子,《续高僧传·慧休传》附有昙元传,而从僧传所写看,神照也可列为慧休弟子。

《续高僧传·慧休传》叙述说:

> 弟子昙元,高洁僧也。经论及律并曾披导,偏重清行,不妄衣食。寺虽结净,犹怀尘点。常乞食自资,今托静林虑、宝山,志道辞世。门人灵范,学通休涉,慧悟少之,敕召弘福,时扬《摄论》,今居宗树业,振名京邑。②

从文中可见,昙元精通慧休所学,但立志修头陀行,唐初住相州林虑山和宝山寺。昙元弟子灵范也精通慧休所学,唐代贞观年应召至长安弘扬《摄大乘论》。

释神照(607—665),姓淳于,汴州中牟县(今属河南省)人。《续高僧传》卷一三《神照传》记载:

> 年十二,投尉氏明智律师而出家焉。于时载扬律藏,学徒云集,宇内初定,糇粒未充。照巡村邑,负粮周给,年经六祀,劳而无倦。供众之暇,夜讲《法华》、《胜鬘经》。虽久,人无知者。受其听律,每发奇思,前学之流,惊其迥悟。又往邺下休法师,听《摄大乘论》,一遍无遗,讲散辞还,休送出寺。学门怪异。休顾曰:"斯是河南一遍

---

① 道宣:《续高僧传》卷一五,《大正藏》第50卷,第545页下。
② 同上书,第545页中。

照也,后生领袖。尔其知之。"①

神照似乎是18岁之后至邺城听慧休讲《摄大乘论》的,即武德八年(625)之后。神照出师之后,"《涅槃》、《华严》、《成实》、《杂心》,随机便讲,曾不辞退"②。

《续高僧传》卷一三《神照传》中还记载:"新译《能断金刚般若》初至,披读寻括。词义似少一行,遂以情测注。及后其本果与符同。时咸讶其思力也。"③——这件事发生于贞观二十二年(649)十月之后。传文说:神照"贞观中遘疾逾久,而戒行无玷,卒于安业本寺,春秋五十有九。"依据此传所叙述,神照最早卒于唐麟德二年(665)④,其出家寺院在尉氏县,卒于汴州(今河南省开封市)安业寺(即后来的大相国寺)。

另外,《续高僧传》中记载道杰等曾经听闻僧休讲《摄大乘论》,不过,道杰师承广博,严格说,不是慧休的弟子。

三、昙迁及其弟子

在摄论学派的历史中,昙迁很是独特,也有十分重要的地位。从"独特"言之,他属于无任何明确摄论师承的大家,最多是通过阅读注疏而精通《摄大乘论》的;从重要性言之,无论是从隋代摄论学派而言,还是从隋代佛教整体而言,昙迁都是举足轻重的大师级人物。尤其需要强调,玄奘曾专门前往拜访学习《摄大乘论》的慧休就是听闻昙迁宣讲而精通《摄大乘论》的。

1. 昙迁行历及其贡献

释昙迁(542—607),俗姓王,博陵饶阳(今河北省饶阳县)人。年13

---

① 道宣:《续高僧传》卷一三,《大正藏》第50卷,第528页下—529页上。
②③ 同上书,第529页上。
④《续高僧传·神照传》记载:"年九岁,隋乱,眷属凋亡。"年12时,"宇内初定"。依照这一线索,暂定神照12岁为唐武德元年(618),如此则可得其生年为607年(不过,武德元年河南并未被唐所收复,王世充建立的"郑"至武德三年方才失败),享年59岁,则卒年为665年。可见,此传为道宣后来所补写。

时,随从其舅父学习六经、《易》、《老子》等,后皈依佛教。根据《续高僧传·昙迁传》记载:

> 初投饶阳曲李寺沙门慧荣,荣颇解占相,知有济器。告迁曰:"有心慕道,理应相度,观子骨法,当类弥天。自揣澄公有惭德义,可访高世者以副雅怀。"迁虽屡伸勤请,而固遮弗许。又从定州贾和寺昙静律师而出家焉。时年二十有一。①

昙迁在故乡出家为沙弥,皈依的是沙门慧荣。他请求跟从慧荣受具足戒被婉拒,后前往定州(今属河北定州市)跟从贾和寺的昙静律师受具足戒,时年二十一。于昙静师前背诵《胜鬘》,"不日便了。怪而检覆,未差一字",昙静律师于是给其受足戒,"恣其问道"。此时博陵、定州属于北齐政权管辖。

受具足戒之后,昙迁"从师五台山,此山灵迹极多,备见神异。后归邺下,历诸讲肆,弃小专大,不以经句涉怀。偏就昙遵法师,禀求佛法纲要"。昙遵法师是地论南道开创者慧光十大弟子之一,昙迁跟从昙遵学习了大乘佛教的基本教义,后"窜形林虑山黄花谷中净国寺,蔬素覃思,委身以道。有来请问,乍为弘宣。研精《华严》、《十地》、《维摩》、《楞伽》、《地持》、《起信》等,咸究其深赜"②,并且寻找北魏瞿昙般若流支翻译的《唯识论》。从上述引文推知,昙迁至林虑山净国寺住锡时,已经精通了《地论》、《楞伽经》和《大乘起信论》、《唯识论》,并且"有来请问,乍为弘宣",已经单独传讲经论了。从下文可知,已经有僧静凝跟随他问学。

北周灭北齐之后,于齐境推行灭佛政策,昙迁"将欲保道存戒,逃迹金陵,结侣霄征,间行假导,多被劫掠"③。他先避难于寿阳(今属山西省)曲水寺,后至建康,住道场寺,"扫衣分卫,摄念无为。时与同侣,谈唯识

---

① 道宣:《续高僧传》卷一八,《大正藏》第50卷,第571页下。
② 同上书,第571页下—572页上。
③ 同上书,第572页上。

义。彼有沙门慧晓、智瓘等,并陈朝道轴,江表僧望。晓学兼孔释,妙善定门。瓘禅慧两深,帝王师表。又有高丽沙门智晃,善萨婆多部,名扇当涂,为法城堑。并一见而结友,于再叙而高冲奥"。昙迁在道场寺,与慧晓、智瓘及高丽僧智晃等结交。慧晓、智瓘是陈朝著名的禅师,高丽僧智晃则擅长"有部"教义及《十诵律》。

《续高僧传·昙迁传》又记载:昙迁"因至桂州刺史蒋君之宅,获《摄大乘论》,以为全如意珠"①。此中所说的桂州郡治在今广西桂林,可见,昙迁是在蒋刺史在建康的宅第中发现真谛翻译的《摄论》的,而不是有学者所解释的,他是在桂州找到的。昙迁"虽先讲唯识,薄究通宗,至于思构幽微,有所流滞。今大部斯洞,文旨宛然"②。昙迁大为兴奋,经过仔细研习,"将欲弘演",后又听闻自己的家国已经被隋王朝所统治,"遂与同侣俱辞建业"③,准备回到北方弘扬《摄论》。依照这些记载可以推知,昙迁在建康停留时间不算太长,仅仅五六年而已,即577年至582年之间。

道宣所写的《昙迁传》最为隐晦的是昙迁精通《摄论》,是否真的如传文所说的师心独悟,没有师承? 如前所论,在昙迁至建康的陈太建十年(578)之前,曹毗已经于太建三年请建光寺僧正明勇法师讲《摄论》,后曹毗于江都(今江苏省江都县西南)白塔寺开讲《摄论》等。陈太建三年,法泰还建业,并赍新翻经论并加以宣讲,靖嵩为避北周法难而至建康,随侍法泰而精通《摄论》、《俱舍论》。如此则知,《摄论》尽管在建康不是显学,但并非完全无人弘扬。依照时间推算,昙迁似乎应该有可能听闻曹毗、明勇和法泰讲《摄论》,或者即便是曹毗已经圆寂,法泰确实是在建康宣讲《摄论》的,因为靖嵩在这一时间内就是拜法泰为师学习《摄论》的。但奇怪的是,道宣之文丝毫未提及。这一方面说明,摄论学派在当时并未成为建康佛教的主流,另一方面也说明,在学习唯识时,昙迁可能未曾专

---

① 道宣:《续高僧传》卷一八,《大正藏》第50卷,第572页上。
② 同上书,第572页上一中。
③ 同上书,第572页中。

门师从某一僧,因此,遗留下来供道宣撰写传文的资料就未涉及具体的摄论师法号和师承。《续高僧传》的传文说,当昙迁离开建康时,"缁素知友,祖道新林,去留哀感,各题篇什"①。其中,晓禅师②所赋诗被道宣所节录。这也在提示,昙迁在建康未曾正式拜师学习,与其交往的僧人都是他的道友。

《续高僧传·昙迁传》记载:昙迁"进达彭城,新旧交集,远近欣赴。欝为大众,有一檀越,舍宅栖之,遂目所住为慕圣寺。始弘《摄论》,又讲《楞伽》、《起信》、《如实》等论,相继不绝。《摄论》北土创开,自此为始也"③。彭城即现在的江苏省徐州市,是南北交汇地带,是南北朝时期佛教的重要中心之一。昙迁到达彭城,有人舍捐己宅建成寺院供昙迁住锡弘法,他称此寺为慕圣寺④。于是,昙迁开始弘扬《摄论》,也宣讲《楞伽经》、《起信论》、《如实论》等瑜伽行派经典。"徐州总管谷城公万绪,率诸僚佐拥彗谘承,尽弟子之礼。迁弘化此土,屡动暄凉,黑白变俗,大有成业。自周毁正法,遗形充野,乃劝奖有缘,于慕圣寺多构堂阁,随有收聚,庄严供养。"⑤昙迁至徐州时,隋、陈仍然对峙。根据《隋书·文帝本纪》记载,开皇二年(582)六月,尔朱敞为徐州总管;开皇五年十月,吐万绪始任徐州总管,直至平陈。《昙迁传》又说:"上柱国宋公贺若弼、长史张坦,出镇杨州,承风思展,结为良导。及诸道俗,伫愿德音,坦乃手疏邀延,迁亦虚舟待吹,远到广陵,举郭迎望,歌梵遏云霞,香花翳日月,桑门一盛,荣莫如斯。宋公名重位高,颇以学能傲诞,迁应权授法,不觉心醉形摧,

---

① ③ ⑤ 道宣:《续高僧传》卷一八,《大正藏》第50卷,第572页中。
② 惠禅师可能是指惠晓。《续高僧传·法泰传》记载,智敫以太建十四年(582)至建业,"乃遇栖玄寺晓禅师,赐与昙林解《涅槃疏》释经后分。"《续高僧传·保恭传》记载:保恭"受具已后,随惠晓禅师综习定业,深明观行,频蒙印可。"保恭圆寂于唐武德四年(621),推算可知,保恭随惠晓禅师习禅定是在陈天嘉三年(562)。昙迁是在隋立国不久就北上的。上述三处所说的"晓禅师"很大可能是同一僧人。
④ 从南北朝以及隋朝寺院管理制度来看,此寺属于私建寺院,因此,无正式寺额,道宣的写法很准确。

乃携其家属，从受归戒。"①经过核查，文中的"扬州"当时称吴州。开皇元年三月，杨坚拜贺若弼为吴州（今扬州一带）总管，镇江北要地广陵（今江苏扬州西北）。贺若弼邀请他南下至广陵弘法。在广陵，昙迁"初停开善，建弘《摄论》，请益千计。不久，徐方官庶，思渴法言。江都才了，复迎还北。盛转法轮，声名遐布"②。可见，昙迁于建康弘扬《摄论》之所是开善寺，此后又北上至徐州弘法。由此可见，陈、隋之际，昙迁对《摄论》的流行也起到过重大作用。

隋开皇七年(587)秋，文帝下诏说：

> 皇帝敬问徐州昙迁法师，承修叙妙，因勤精道教，护持正法，利益无边，诚释氏之栋梁，即人伦之龙象也。深愿巡历所在，承风飡德，限以朝务，实怀虚想。当即来仪，以沃劳望。弟子之内，闲解法相、能转梵音者十人，并将入京。当与师崇建正法，刊定经典。且道法初兴，触途草创，弘奖建立，终借通人。京邑之间，远近所凑，宣扬法事，为惠殊广。想振锡拂衣，勿辞劳也。寻望见师，不复多及。

当时，"洛阳慧远、魏郡慧藏、清河僧休、济阴宝镇、汲郡洪遵，各奉明诏，同集帝辇"③。这就是隋初佛教很著名的征发"六大德"之事。昙迁率领门人，前往长安，沿途都是官方接送，"与五大德，谒帝于大兴殿，特蒙礼接，劳以优言。又敕所司，并于大兴善寺安置供给，王公宰辅冠盖相望。虽各将门徒十人，而慕义沙门敕亦延及，遂得万里寻师，于焉可想。于斯时也，宇内大通，京室学僧，多传荒远，众以《摄论》初辟，投诚请祈，即为敷弘，受业千数"。自从昙迁到达长安，大弘《摄论》，一时成为显学，轰动北方。本属于瑜伽行派系统的北方地论师，纷纷前去听讲，由此形成了地论与摄论学派的合流。当时地论师的领袖净影慧远就是一例，"沙门

---

① 道宣：《续高僧传》卷一八，《大正藏》第50卷，第572页中—下。
②③ 同上书，第572页下。

慧远,领袖法门,躬处坐端,横经禀义"①。如此的示范作用,使《摄论》在全国的普及,很快成为现实。

昙迁到达京城不久,就成为佛教界的领袖之一,很得文帝的崇信。《佛祖统纪》记载:开皇"七年,诏昙迁法师为昭玄大沙门统"②。此事不见于《续高僧传·昙迁传》。此前是 81 岁高龄的僧猛为"大沙门统",昙迁大概一直任职到圆寂。开皇十年(590),文帝"下敕为第四皇子蜀王秀,于京城置胜光寺,即以王为檀越,敕请迁之徒众六十余人,住此寺中,受王供养"③。而左仆射高颎、右卫将军虞庆则、右仆射苏威、光禄王杨端等于"朝务之暇,执卷承旨"。由此政教互动,自然便于昙迁传播其学,但也引起了一些人的非议。僧传说:"迁既为帝王挹敬,侯伯邀延,抗行之徒,是非纷起,或谓滞于荣宠者。"于是,昙迁著《亡是非论》以示同道。《昙迁传》节录如下:

> 夫自是非彼,美己恶人,物莫不然。以皆然故,举世纭纭,无自正者也。斯由未达是非之患,乃致于此。言至患者,有十不可:一是非无主,二自性不定,三彼我俱有,四更互为因,五迭不相及,六隐显有无,七性自相违,八执者偏著,九是非差别,十无是无非。初明无适主者,此云我是,彼云我是,彼此竞取,乃令是非无定。从彼云此非,此云彼非,彼此竞兴,遂使非无适趣。或者必欲以是自归,以非属彼者,此有何理而可然耶? 理不然故,强为之者,莫不致败耳。物岂知其然哉。④

从道宣传文的表述来看,时人的非议源于有些人对于僧人与皇帝、朝官频繁密切交往的不同看法;但也可能与其弘扬《摄论》却并非真谛弟子或再传弟子有关。真谛直传弟子中精通《摄论》者大有人在,如道尼就于开

---

① 道宣:《续高僧传》卷一八,《大正藏》第 50 卷,第 572 页下。
② 志磐:《佛祖统纪》卷三九,《大正藏》第 49 卷,第 359 页下。
③ 道宣:《续高僧传》卷一八,《大正藏》第 50 卷,第 573 页上。
④ 同上书,第 573 页上—中。

皇十年到达长安弘传《摄论》，但名声及影响似不及昙迁。也许因此故，道宣在《昙迁传》中将真谛当年对智恺的"授记"落定在昙迁身上。①

不过，应该强调，当此之时，北方佛教还未从北周灭佛的灾难中完全恢复过来，昙迁利用接近皇帝的机会，为隋代佛教的复兴做出了很大贡献。

开皇十年(590)春，隋文帝幸晋阳，敕昙迁随驾。"既达并部，又诏令僧御殿行道，至夜追迁入内，与御同榻。帝曰：'弟子行幸至此，承大有私度山僧，于求公贯。意愿度之，如何？'迁曰：'昔周武御图殄灭三宝，众僧等，或划迹幽岩，或逃窜异境。陛下统临大运，更阐法门，无不歌咏有归，来投圣德。比虽屡蒙招引度脱，而来有先后致差际会。且自天地覆载，莫匪王民，至尊汲引万方，宁止一郭蒙庆？'帝沉虑少时，方乃允焉。因下敕曰：'自十年四月已前，诸有僧尼私度者，并听出家。'故率土蒙度数十万人，迁之力矣。"②通过这件事，昙迁诱导文帝下诏解决了周武帝毁佛之后隐迹民间的私度僧转"公度"的问题，此处说达数十万人，不算夸张。

开皇十三年(593)，隋文帝幸岐州，昙迁受敕跟随。蜀王在打猎中发现："满窟破落佛像。王遂罢猎，具以事闻。迁因奏曰：'比经周代毁道，灵塔圣仪，填委沟壑者多。蒙陛下兴建，已得修营。至于碎身遗影，尚遍原野，贫道触目增恸，有心无事。'帝闻悯然曰：'弟子庸朽，垂拱岩廊，乃使尊仪冒犯霜露。如师所说，朕之咎也。'又下诏曰：'云云，诸有破故佛像，仰所在官司，精加检括，运送随近寺内。率土苍生口施一文，委州县

---

① 《续高僧传·真谛传》原文是："谛以手指西北曰：'此方有大国，非近非远。吾等没后，当盛弘之。但不睹其兴，以为太息耳。'即验往隔，今统敷扬有宗，传者以为神用不同，妄生异执。唯识不识其识，不无慨然。"真谛话语之后的数句，是道宣面对玄奘弟子对真谛的批评所发的感慨。《续高僧传·昙迁传》文字为："故《真谛传》云：'不久有大国，不近不远，大根性人，能弘斯论。'求今望古，岂非斯人乎？"目前并无充分的根据说明，此授记是道宣落定在昙迁身上呢，还是昙迁生前就有此说，因此，不能完全肯定昙迁所传《摄论》在当时就存在"合法性"危机。
② 道宣：《续高僧传》卷一八，《大正藏》第50卷，第572页下—573页上。

官人检校庄饰。'故一化严丽,迁寔有功。"①由于昙迁的建议,被周武帝灭佛时毁坏的佛像得以修复。

开皇十四年(594),泰山发生火灾。昙迁又上书建议:"诸废山寺并无贯逃僧,请并安堵。"文帝又答应了。"寻敕率土之内,但有山寺一僧已上,皆听给额,私度附贯。"这又是昙迁的功劳。文帝下敕令河南王"为泰岳神通道场檀越,即旧朗公寺也。齐主为神宝檀越,旧静默寺也。华阳王为宝山檀越,旧灵岩寺也。又委迁简齐鲁名僧,来住京辇。"②由于昙迁的请求,隋文帝令河南王修复神通道场,齐主修复神宝寺,华阳王修复宝山寺。

此外,隋文帝下敕于诸州供奉舍利也与昙迁有密切关系。仁寿元年,昙迁禀告文帝:"如来法身过于数量,今此舍利即法身遗质。以事量之,诚恐徒设耳。"③文帝"即请大德三十人安置宝塔为三十道,建轨制度一准育王"④。仁寿四年,"又下敕于三十州造庙,遂使宇内大州一百余所,皆起灵塔,劝物崇善。迁寔有功"⑤。

献后驾崩,隋文帝于京邑西南置禅定寺,文帝下敕说:"宜于海内召名德禅师百二十人,各二侍者,并委迁禅师搜扬。"其后,"有司具礼,即以迁为寺主。既恩敕爰降,不免临之。绥抚法众,接悟贤明,皆会素心,振声帝世"⑥。

昙迁于大业三年(607)十二月六日圆寂,时年66岁,葬于终南北麓胜光寺的山园中。昙迁主要著述有《摄论疏》十卷,又有《楞伽经疏》、《起信论疏》、《唯识论疏》、《如实论疏》等,《九识章》、《四明章》、《华严明难品玄解》等等,共二十余卷。对于昙迁这些著述,道宣先引用净影慧远的赞誉作了评论:"故远公每云'迁禅师破执入理,此长胜我'。斯言合也。而

---

①③ 道宣:《续高僧传》卷一八,《大正藏》第50卷,第573页中。
② 同上书,第572页下—573页上。
④ 同上书,第573页中—下。
⑤⑥ 同上书,第573页下。

词旨典正,有文章焉。虽才人沉郁含豪,未能加也。"①有沙门明则,为之撰《行状》,流行于世。

昙迁弟子众多,日本有学者将其分为三大系统来叙述:第一,师事涅槃师昙延学习《涅槃》尔后改从昙迁学《摄论》的;第二,先师事地论师净影慧远学习《地论》尔后再受业昙迁学习《摄论》的;第三,直接向昙迁学习的。② 这一分类,能够比较方便地说明摄论师与其他学派之间的互摄关系。但是,古代的僧人,特别是唐代宗派佛教之前,其师承复杂,不大容易定于一端,被学者列入昙迁弟子中的一些僧人,并不能完全肯定确实如此。有鉴于此,下文仅仅将静凝、明驭、道哲、道英、玄琬等史籍明确界定的昙迁弟子叙述如后。

2. 静凝、明驭

在现存资料中,静凝是昙迁最早的弟子。

释静凝(?—602),汴州人。根据《续高僧传》卷二六《静凝传》记载,静凝早年即听受于昙迁,"深闲邪正,经律、《十地》是所询求。后师《摄论》幽显,常乐止观,掩关思择。缘来便讲,唱吼如雷,事竟退静,状如愚叟。世间之务,略不在言。人不委者,谓为庸劣,同住久处,方知有道。兼以行不涉疑,口无庆吊。块然卓坐,似不能言"③。这段文字很简要地叙述了净凝先跟从昙迁学习《十地经论》后学习《摄大乘论》的核心事实。传文又说:"开皇六年,随迁入雍,住兴善寺。"《续高僧传·昙迁传》等都说,昙迁等"六大德"进京是开皇七年(587)之事。隋文帝下诏,"六大德"可带十位高足一起进京,但《续高僧传》等所记载的昙迁弟子中,静凝是唯一一位随昙迁进京并住于大兴善寺的僧人。从上述记载看,静凝研习弘扬的主要是《地论》和《摄论》。

---

① 道宣:《续高僧传》卷一八,《大正藏》第50卷,第574页上。
② 参见日本镰田茂雄《中国佛教通史》第四卷,第384—385页,高雄,佛光出版社。并见圣凯《摄论学派研究》第35—39页,北京,宗教文化出版社,2006。
③ 道宣:《续高僧传》卷二六,《大正藏》第50卷,第675页中。

仁寿二年（602），文帝下敕令静凝送舍利于杞州（今河南省杞县）。然奇怪的是，《续高僧传》以及《广弘明集》所记的奉送安置舍利于诸州的高僧大德很多，静凝是目前可知的唯一一位因此而受责备的僧人。

《续高僧传·静凝传》记载："初至，频放白光，状如皎月，流转通照。及下塔日，白鸟空中旋绕基上，瘗讫远逝。更有余相，凝为藏隐，示出一二，知大圣之通瑞也。余则隐之不书。"①《广弘明集》卷一七记载："杞州表云：舍利以三月四日到州，十四日辰时，琉璃瓶里色白如月，须臾之间即变为赤色。至四月二日后，变作紫光，或现青色，瓶内流转，一来一去，循环不止。道俗瞻仰，咸共归依实相容仪。良久乃散，七日午时，神影复出，变动辉焕，于前无异。"②看来，静凝不谙官场通例，上表太过简略，因此"及至京师又被责及，方便解免"③。也就是经过辩解才免于处罚，不久他就圆寂了。

释明驭，瀛州（今河北省河间市）人。《续高僧传》卷二六有传："初学《涅槃》，后习《摄论》，推寻理源，究括疑滞。晚游邺下，谘访未闻，隐义重玄，皆所披览。开皇八年（588），来仪帝里，更就迁师询求《摄论》。"④从引文的表述看，在开皇八年跟从昙迁研习《摄论》之前，明驭似乎已经从某师学习过此论。"住无漏寺，讲诵为业。仁寿中年，敕请送舍利于济州崇梵寺。"⑤仁寿三年（603）禅定寺建成后，受召住于此寺，后圆寂于此寺。从僧传的叙述看，明驭师是以弘宣《摄论》等经论为主的僧人。

3. 道哲、道英

作为昙迁的弟子，道哲、道英属于精通禅定而兼通《摄论》的类型。

释道哲（564—635），姓唐，齐郡临邑（即山东省临邑县）人。初投颍川（即河南省禹州市）明及法师，学《十地》、《地持》，为同听者所揖。受具

---

① ③ 道宣：《续高僧传》卷二六，《大正藏》第50卷，第675页中。
② 道宣：《广弘明集》卷一七，《大正藏》第52卷，第218页上。
④ 道宣：《续高僧传》卷二六，《大正藏》第50卷，第674页中—下。
⑤ 同上书，第674页下。

足戒后,又跟从魏郡(今河南安阳市)希律师禀承《四分》,受教博晓,将近六年,也即从隋开皇三年(583)至开皇九年(589)。随后,道哲又礼昙询禅师学习禅法,"一悟真谛,霍然大通。禅侣相谢,解齐登室"①。道哲听说京城佛法兴盛,于是步行至长安。"初至,住仁觉寺。沙门昙迁有知人之誉,敬备师礼,从受《摄论》,研味至理,晓悟其文。"根据《续高僧传·智正传》记载:"仁寿元年,左仆射虞庆则,钦正高行,为奏寺额,造仁觉寺,延而住之。"②由此可知,道哲至长安的时间不会早于仁寿元年(601),而昙迁圆寂于大业三年(607)。

也许在昙迁圆寂之后,也许就在昙迁生前,道哲以为,"标拟有方,岂唯声教?遂厌辞人世,潜于终南之骆谷也"③。从此,以隐居山闲禅修为业,实际不再属于专门弘扬《摄论》的摄论师。从僧传所记住寺的变化推知,至唐初,道哲受邀才从终南山骆谷中出来,依住于大庄严寺。《续高僧传·道哲传》记载:"京师大庄严寺,以哲素有道声,延住华馆。"④此大庄严寺也即隋代的禅定寺,唐初改名。道哲于此寺居住一段时间,"盩厔县民,昔以隐居骆谷,得信者多,相率迎请,乃往赴焉。营构禅宇,立徒策业,山俗道侣,相从屯赴。教以正法,训以律仪,野逸是凭,闻诸京辅"。贞观九年(635)正月,"东归庄严,讯问名德,奄然卒于故房,春秋七十二矣"⑤。

由上述内容推断:其一,道哲研习《四分律》长达六年,尽管这一时期有受具足戒之后研律数年的惯例,但不属于律师而研律六年者并不多见。其二,道哲从594年开始习禅,至少七年,这与后来转入隐居禅修打下基础。其三,跟从昙迁研习《摄大乘论》数年,其义学基础有助于其独抒己见撰写佛学论文。正如道宣所叙述评论:"然哲迥发天才,学不师

---

①③ 道宣:《续高僧传》卷二〇,《大正藏》第50卷,第588页下。
② 道宣:《续高僧传》卷一四,《大正藏》第50卷,第536页中。
④⑤ 道宣:《续高僧传》卷二〇,《大正藏》第50卷,第589页上。

古,撰《百识观门》十卷、《智照自体论》六卷、《大乘闻思论》等行世。"①

总结道哲之一生所学所修,以律、禅为主兼弘义学。而如道宣所简单叙述的:"弟子静安、道诚,并承习厥宗,匡务有叙。安掩迹林泉,念定存业。诚行感玄解,谦穆自修,包括律部,讲道时接。"静安继承的是道哲隐居禅修方向,而道诚继承的是其师律学和义学方向。前者常住山泉,道诚初住大庄严寺,"以传业高今,征入瑶台,匡化于彼,余波潜被,盛绩京师"②。从道宣叙述语气推知,这两位弟子当时健在,道诚开始住锡于大庄严寺,后被征入瑶台寺常住,此寺是贞观五年(631)在昭陵建造。

释道英(560—636),姓陈氏,蒲州猗氏(今山西省临猗县)人。根据《续高僧传·道英传》记载:

> 年十八,叔休律师引令出家,而二亲重之,便为取妇,五年同床誓不相触,素在市贩,与人同财,乃使妻执烛,分判文疏,付嘱留累,遂逃而剃落。至并州炬法师下,听《华严》等经,学成返邑,其妻尚在。③

开皇十年(590),道英31岁,方才受具足戒。开皇十九年,"遂入解县太行山栢梯寺,修行止观,忽然大解。南埵悟人,北岭悟法,二空深镜,坐处树枝,下映四表"。道英于山中树下证悟"人"、"法"二空。随后"营理僧役,以事考心",积极办理寺院事务,不单纯隐居不问寺事。

大概在开皇末年,道英至京师住于胜光寺,"从昙迁禅师听采《摄论》,讲悟既新,众盈五百,多采名教,尠能如理。而英简时问义,唯陈止观;《无相思尘》,诸要盘节,深会大旨。"也许道英已经有修禅经验,所以他着重用力于唯识止观,对于真谛翻译的《无相思尘论》特别有兴趣。对于道英,昙迁评价很高,也很看重,对其弟子说:"尔虽曰考通文义,无择

---

①② 道宣:《续高僧传》卷二〇,《大正藏》第50卷,第589页上。
③ 道宣:《续高僧传》卷二五,《大正藏》第50卷,第654页上。

121

昏明,得其妙者,唯道英乎?"①

道英独立特行,"仪服饮噉,未守篇章,颇为时目作达者也。听讲之暇,常供僧役,有慕道者,从其所为,因事呈理,调伏心行,寄以弘法。"②而道英常说:"余冥目坐禅,穷寻理性,如有所诣,及开目后,还合常识。故于事务,游观役心,使有熏习。"大业九年(613),道英"尝任直岁,与俗争地,遽斗不息。便语彼云:'吾其死矣。'忽然倒仆如死之僵。诸俗同评:'道人多诈。'以针刺甲,虽深不动,气绝色变,将欲洪膡。傍有智者,令其归命,誓不敢诤,愿还生也。寻言起坐,语笑如常。"③

《续高僧传·道英传》记载:

晚还蒲州住普济寺,置庄三所,麻麦粟田,皆在夏县东山深隐之所,不与俗争,用接羁远,故使八方四部,其归若林。昼则厉众僧务,躬事担运,难险缘者必先登践;夜则跏坐,为说禅观。时或弊其劳者,闻法不觉其疲。

此中未标明时间,但从隋唐之际政治动荡、战乱不止的情况判断,为普济寺设置庄田之事应该是在唐初才有可能。道英很善于经营寺院经济,善于管理寺院事务,但却不耽误弘法讲论修禅,一日宣说《起信论》,讲到"真实门"时,他"奄然不语,怪往观之,气绝身冷。众知灭想,即而任之。经于累宿,方从定起"④。

道英圆寂于贞观十年(636)九月,春秋七十七。临终为弟子说法要,其中有一句:"无常,常也。不可自欺,不可空死。"⑤

4. 玄琬

昙迁弟子中也有学唯识而以律名世的,玄琬即其例。

释玄琬(562—636),俗姓杨,本弘农华州(今陕西省华县)人,远祖徙

---

① 道宣:《续高僧传》卷二五,《大正藏》第50卷,第654页上。
②③④ 同上书,第654页中。
⑤ 同上书,第654页下。

122

至雍州新丰(今陕西省西安市临潼区新丰镇)。玄琬15岁时出家,事沙门昙延法师。《续高僧传·玄琬传》记载:

> 琬位居入室,恭恪据怀。及进具后,便随洪遵律师伏膺《四分》,冠冕遮性,镕汰持犯。涉律三载,便事敷演。使于后进乐推,前英叹美,乃旋踵本师。涅槃真体,捃摭新异,妙写幽微。①

玄琬先是皈依昙延为沙弥,受具足戒后,又跟从洪遵律师研习《四分律》三年。其后,再回归昙延门下,时为开皇三年(583)。而昙延法师圆寂于开皇八年八月十三日。

《续高僧传·玄琬传》又记载:玄琬"又欲钦佩唯识,包举理性,于昙迁禅师禀学《摄论》,并寻阅众锋,穷其心计。《法华》、《大集》、《楞伽》、《胜鬘》、《地论》、《中》、《百》等,并资承茂实,研核新闻,环循弥讨。其际搜会,擢其玄理"②。看来,玄琬跟从昙迁全面地学习了唯识经典以及中观、如来藏类经典。

玄琬在隋唐之际,除宣讲经论之外,最突出的还有两件大事:一是完成了其师昙延未了的愿望,"延师存日,愿造丈六释迦,经略未圆,奄便物故"③。仁寿二年(602)七月十五日,"长安延兴寺铸丈六金铜佛像,天雨宝屑银华"④。而"金像之大,有未过也"⑤。其二,玄琬"又造经四藏,备尽庄严,诸有缮写,皆资本据"。道宣传文说:

> 寻有别敕,于苑内德业寺,为皇后写现在藏经。当即下令,于延兴寺更造藏经,并委其监护。琬以二宫所寄,惟谷其诚,祗奉不难,义须弘选。自周季灭法,隋朝再兴,传度法本,但存卷秩。至于寻检文理,取会多乖,乃结义学沙门,雠勘正则。其有词旨不通者,并谘而取决,故得法宝无滥于疑伪,迷悟有分于本末,纲领贞明自琬

---

① ② ③ ⑤ 道宣:《续高僧传》卷二二,《大正藏》第50卷,第616页上。
④ 觉岸:《释氏稽古略》卷二,《大正藏》第49卷,第809页下。

始也。①

根据《释氏稽古略》卷三记载：贞观五年（631），唐太宗"敕法师玄琬于苑内德业寺，为皇后写佛藏经。又于延兴寺更造藏经，并委琬监护"②。这是玄琬于唐代造两部藏经的记载，而前引传文说玄琬一共造了四部写本藏经，其余两部的编订抄写时间不详。

应该特别指出，《续高僧传》中称玄琬为律师，而一般将纯粹的涅槃师、地论师、摄论师称之为"论师"。可见，玄琬尽管师承了涅槃师昙延和摄论师昙迁，但其在当时也被当做《四分律》的传承者。根据《续高僧传·玄琬传》记载：

> 逮贞观初年，以琬戒素成治，朝野具瞻，有敕召为皇太子及诸王等受菩萨戒，故储宫以下师礼崇焉。有令造普光寺，召而居之。供事丰华，广沾会响。又别敕延入，为皇后六宫并妃主等受戒。③

在授戒仪轨方面，玄琬也有创设，"至于授受，遮难滋彰，乃莹饰道场寻诸忏法。每春于受戒之首，依二十五佛及千转神咒，洁斋行道。使彼毁禁之流，澄源返净，登坛纳法，明白无疑。并传嗣于今，住持不绝"④。对此，道宣总结说："然其匠训于世，三藏含之，偏以苦节自修德，以律仪驰誉。言为世范，缁素收归，华夷诸国僧尼从受具戒者三千余人，王公僚佐爰及皂隶，从受归戒者二十余万。"⑤这是说，玄琬对经、律、论三藏都有弘扬，然律学方面的影响更大些。

贞观十年（636）冬，玄琬遘疾，上表于太宗：

> 伏以僧尼等不依戒律致犯刑章，闻彻阙庭尘劳听览，琬等僧徒无任惭惧。但恐余年昏朽，疾苦相仍，弱命不存，洪恩未答。遂于经中，撰《佛教后代国王赏罚三宝法》及《赡养苍生论》并《三德论》各一

---

① ③ ⑤ 道宣：《续高僧传》卷二二，《大正藏》第50卷，第616页中。
② 觉岸：《释氏稽古略》卷二，《大正藏》第49卷，第809页下。
④ 道宣：《续高僧传》卷二二，《大正藏》第50卷，第616页上—中。

卷,伏愿圣躬亲降披览。①

《大唐内典录》卷五著录玄琬著作如后:

  《三德论》一卷,《入道方便门》二卷,《镜喻论》、《无拟缘起》一卷、《十种读经仪》、《无尽藏仪》、《发戒缘起》二卷、《法界图并十不论》、《礼佛仪式》二卷,右九部一十二卷。②

同书卷七有著录"《众经目录》五卷,九十纸,唐贞观初普光寺玄琬撰"③,此大概是他组织编写的藏经的总目录。④

  贞观十年十二月七日,玄琬圆寂于延兴寺房,春秋七十五。

四、净影慧远及其门下弟子

  无论从当时朝野僧俗的看法还是当代学界的看法来讲,净影慧远都是隋代佛教足以与天台智𫖮、三论吉藏比肩的佛教大师。净影慧远不仅着力于弘扬《地论》,而且是隋代最重要的涅槃师之一,他对《大乘起信论》的重视更具有开创性的意义。但从总体上看,他首先是一位地论学派的大师。

1. 净影慧远行历

  释慧远(523—592),俗姓李,祖籍敦煌(今甘肃省敦煌市),后迁居于上党高都(今山西省泽州县东北)。慧远幼年丧父,由叔父代养,颇感其仁孝之教,"年止三岁,心乐出家。每见沙门,爱重崇敬。七岁在学,功逾

---

① 道宣:《续高僧传》卷二二,《大正藏》第50卷,第617页上。
② 道宣:《大唐内典录》卷五,《大正藏》第55卷,第281页上一中。
③ 道宣:《大唐内典录》卷七,《大正藏》第55卷,第302页中。
④ 道宣在《大唐内典录》卷五说:"又以法流东渐,三被诛残,虽后鸠拾,不无纰紊。琬欲澄一文义,该贯后贤,乃集达解名德三十余人,亲面综括,披寻词理,经延岁序,方乃究竟。即写净本,以为法宝正则,故方隅道俗,欲写藏经,皆就传本以为揩准。"《大正藏》第55卷,第281页中)

常百,神志峻爽,见称明智。十三,辞叔,往泽州东山古贤谷寺。① 时有华阴沙门僧思禅师,见而度之。思练行高世,众所宗仰。语远云:'汝有出家之相,善自爱之。'初令诵经,随事训诲。六时之勤,未劳呼策。"② 慧远皈依僧思出家为沙弥不久,当地屡发生战乱,僧思于是携慧远南下至怀州(今河南省沁阳市)北山丹谷修学,僧思禅师每以经中大义考问慧远,他都能对答如流,僧思深知其必成大器。

慧远跟随僧思禅师受学三年,在慧远 16 岁时,僧思令其跟随阇梨湛律师前往邺城,"大小经论,普皆博涉,随听深隐,特蒙赏异。而偏重大乘,以为道本。年满进具,又依上统为和上,顺都为阇梨,光师十大弟子并为证戒,时以为声荣之极者也"③。依照仪轨,授受具足戒须"三师七证",由文中所说"光师十大弟子并为证戒"可知,当时为慧远受戒者全为慧光的大弟子。其中,法上在光统门下为统领者,为其"得戒和尚";"顺都"一般认为是指慧顺国僧都,为其羯摩阿阇梨。从这一阵容看,早在此时慧远已被诸师看好。后来的结果也证明,净影慧远确实是第三代地论师中最为杰出者。

受具足戒之后,慧远随即跟随昙隐律师研求《四分律》。道宣记载说,慧远于其门下"流离请诲,五夏席端",长达五年,即 542—546 年。对于《四分律》,慧远"淘简精粗,差分轨辙。灭诤捷度,前后起纷,自古相传,莫晓来意。远乃剖析约断,位以单重,原镜始终,判之即离,皆理会文

---

① 参见李会智、师焕英《净影慧远生平小考》,《五台山研究》2002 年第 2 期。此处所说的"古贤谷寺"也许是一个泛指。道宣《续高僧传·灵璨传》有文说:"仁寿末年,又敕送于泽州古贤谷景净寺起塔,即远公之生地也。"由此可知,慧远生于古贤谷。现存《大金泽州陵川县古贤谷禅林院重修弥勒殿记》(金赵安时撰文)中说:"太行之间,山灵而水秀,地幽而势阻,峰峦缭绕,岩谷深邃,中有平原,传记称为'古贤谷',盖古贤圣之所居也。傍有九仙台、齐云峰、参园洞、清凉泉,真灵圣之福地也。自北齐天保二年,建置伽蓝于此,更周历隋,名景净寺,殿阁峥嵘,廊庑岑寂,前代高僧惠远、灵璨相继居之。至唐太宗兴崇释教,贞观三年,赐熟田五十顷,以为常住。逮宋太平兴国三年,赐名禅林院。"此碑立于正隆四年(1159)四月八日。由此可知,景净寺始建于北齐天保二年(551),此时慧远在邺都随法上学习。
② 道宣:《续高僧传》卷八,《大正藏》第 50 卷,第 489 页下—490 页上。
③ 同上书,第 490 页上。

合,今行诵之"①。从道宣称赞可知,慧远对《四分律》这一问题的解释,在后世仍然颇受重视。

受具足戒五年之后,慧远"专师上统,绵笃七年,迥洞至理,爽拔微奥。负笈之徒,相喧亘道。讲悟继接,不略三余。沐道成器,量非可算。乃携诸学侣,返就高都之清化寺焉。众缘欢庆,叹所未闻,各出金帛,为之兴会,讲堂寺宇,一时崇敞。韩魏士庶,通共荣之"②。此中蕴含三个重要事实:一是慧远跟随法上研习经论七年。其二,在师从法上期间,慧远已经开始讲说经论。《续高僧传·净影慧远传》说:"七夏在邺,创讲《十地》,一举荣问,众倾余席,自是长在讲肆,伏听千余。"③此语与上述语句参照,可知"慧远在受具足戒七年、从学法上三年后(549)首次讲《十地经论》"④。时为东魏末年。其三,在法上处受学七年之后,慧远回到了故乡高都清化寺弘法。根据从地方志以及考古资料中获得的线索,慧远在高都住锡的寺院有清化寺和碳石寺。

关于清化寺,根据明代朱载堉撰《羊头山新记》⑤的记载,清化寺初建于北魏"孝文帝太和之岁,初名定国寺,北齐改名宏福,隋末寺废。唐武则天天授二年重建,改今额。有碑,乃唐乡贡明经牛元撰并书"。依据此说,清化寺似乎是武则天天授二年(691)改名后才有的。然2001年6月,高平市档案局工作人员于羊头山神农城下五谷畦旁护林院内发现北齐"天保二年"(551)残碑一通,碑额残存"羊头山清化寺"等字。碑文残存400余字,多漫漶不清,可辨析者有"地处唐公,山号羊头,环以琅嶂,萦以丹流","神农圣灵所托,远瞻太行"等内容。⑥ 依据这一残碑,至迟在

---

①② 道宣:《续高僧传》卷八,《大正藏》第50卷,第490页上。
③ 同上书,第491页下。
④ 冯焕珍:《回归本觉——净影寺慧远的真识心缘起思想研究》,第90页,北京,中国社会科学出版社,2006。
⑤ 此文依据的是唐武则天天授二年(691)所立《泽州高平县羊头山清化寺碑》。此碑已于2001年8月在羊头山顶清化寺遗址发掘中出土,但字迹模糊。
⑥ 刘金堆《羊头山发现北齐古碑,神农遗迹又添新物证》,山西高平《炎帝文化全国学术研讨会论文》,2004年。

北齐时期,羊头山已有清化寺存在。根根考古发掘,清化寺原位于现高平市神农镇境内,有上、中、下之分。上清化寺即《羊头山新记》中所说的清化寺,在羊头山正东稍南1.5里。中清化寺又名六名寺,位于羊头山半山腰处,相传建于唐贞观六年(632),此寺距上清化寺约200多米。下清化寺原位于现神农镇政府院内。此外,羊头山山顶还有北魏时期始建的石窟群,现有北魏四面造像塔一座,底座为伏羊,是此山之标志,另有唐代石塔两座。将上述材料联系起来综合考虑,现在考古工作者所说的三座寺院,应该是不同的寺院。在北齐时期,至少于此山存在两所寺院,一是清化寺,一是定国寺。前者在山顶,应该与石窟为一整体。慧远回故乡后,主要是居于此寺。

唐代道宣《续高僧传》记载了在清化寺皈依慧远学习的两位弟子。

首先是释智徽,年十三(572)时,"志乐出家,不希世累,住本州清化寺,依随远法师听涉经论,于《大涅槃》偏洞幽极"①等等。从道宣的记载考察,智徽跟随慧远离开泽州,后来又回到清化寺。贞观十二年圆寂,春秋七十九。

第二位是释玄鉴,"十九,发心投诚释种,爱重松林,终日庇其下,忘遗食息。后住清化寺,依止远公听采经论,于《大涅槃》深得其趣"②。道宣在其传中说:"于今神志贞亮,每讲《涅槃》、《十地》、《维摩》,四时不辍,春秋八十有三。"③由此可知,道宣作传之时,玄鉴尚在人间。依据道宣的自序,其最初所撰截止于贞观十九年(645)。如以贞观十九年玄鉴83岁尚健在来计算,则玄鉴19岁后前往清化寺依慧远学习《大涅槃经》、《十地经论》的时间为581年。依据后文考释可知,慧远此年并不在清化寺。而且,《续高僧传·静藏传》的记载,也证实早在北齐末年,慧远就已经离开清化寺了。

---

① 道宣:《续高僧传》卷一五,《大正藏》第50卷,第541页中。
② 同上书,第542页上。
③ 同上书,第542页中。

释静藏(570—626),9岁(579)出家,"投清化寺诠禅师而为师主,训诲之至,极附大猷,进戒已后,乐思定业,通微尽相,宗徒有归。年二十三,发弘誓曰:'丈夫出俗,绍释为氏,岂不欲义流天下名贯玄班者乎?'承乡壤大德远法师敕召在京弘化为务,便往从之。未至值迁,果非本遂。"①静藏以武德九年(626)十二月圆寂,春秋五十有六。推算下来,静藏23岁(虚岁)时恰为慧远圆寂的592年。由此可知,581年时,慧远确实不在清化寺。由此可知,上述《玄鉴传》所载玄鉴皈依慧远的年龄有误,或者写作此篇传记的时间要早于贞观十九年好几年。但不管如何,慧远在高都所住锡的寺院确实叫清化寺,而且至少收了两位高徒,并且都以弘扬《十地经论》和《大涅槃经》为要务。

尤其是,道宣在《续高僧传·玄鉴传》中还记载了清化寺的毁坏与重建情况。文中说:"隋运末龄,贼徒交乱,佛寺僧坊并随灰烬,众侣分散,颠仆沟壑。"②而"及至年谷丰熟,还返故乡,招集缁素,崇建法席,劝诸信识,但故伽蓝皆得营复,有故塔庙,并令涂扫,遂使合境庄严,赫然荣丽,奉信归向十室其九"。这是说,隋末战乱中,泽州许多寺院都毁于战火,清化寺也不例外。在唐朝初年,经济恢复之后,玄鉴回故土大规模地修复泽州的佛寺塔庙。文中又说:"时清化寺修营佛殿,合境民庶,同供崇建。泽州官长长孙义,素颇奉信,闻役工匠其数甚众,乃送酒两舆以致之。鉴时检校营造,见有此事,又破酒器狼藉地上。"③经过查考史籍,此中所说的泽州长官长孙义有可能是长孙顺德。长孙顺德为唐王朝立国的功臣,唐太宗皇后长孙氏的本家叔父。《旧唐书》卷五八《长孙顺德传》中说:长孙顺德"坐与李孝常交通除名。岁余,太宗阅功臣图,见顺德之像,闵然怜之,遣宇文士及视其所为,见顺德颓然而醉,论者以为达命。召拜泽州刺史,复其爵邑。"④李孝常谋反案发生在贞观元年(627)十二

---

① 道宣:《续高僧传》卷一三,《大正藏》第50卷,第523页中。
②③ 道宣:《续高僧传》卷一五,《大正藏》第50卷,第542页上。
④ 刘昫等:《旧唐书》卷五八,第2308页,北京,中华书局,1975。

月,推算则知,长孙顺德出任泽州刺史应在贞观三年初。《旧唐书·长孙顺德传》又说:"前刺史张长贵、赵士达并占境内膏腴之田数十顷,顺德并劾而追夺,分给贫户。"①顺德任泽州刺史最多不过两年,被免去泽州刺史不久就病死了,时间大致是贞观五年左右。由此记载可知,玄鉴重修清化寺的时间也应在贞观三年至贞观五年之间。这与方志所说"中清化寺"修建的时间——贞观六年也很接近。

根据方志和碑石记载,净影慧远在泽州还曾经住锡于硖石寺。此寺后来名青莲寺,位于泽州县硖石山腰。② 此山摩崖上刻有东魏武定元年(543)题记。《全唐文》收有《硖石寺惠远法师遗迹志》一文,此碑为薛重元所撰,立于唐宝历元年(825),其碑石已经出土。其文有曰:

> 硖石岩岩,灵气应候,千载之口不口详其志。自北齐、周、隋,物接耳目,远公之居,以成其道。既修《涅槃》藏疏,绝笔石巅,掷上太虚,得以明真契示其同。法师称号惠远,生敦煌李氏之族。家数世居霍秀里,本宅犹存。……验掷笔故处,丹流中贯,危石最峭。后之人实目曰"掷笔台"。邑里时朝礼之,想在容声。有唐宝历元年夏四月,傅学沙门紫羽请刻石台上,河东薛重元刊录故志云。

由此可知,净影慧(惠)远《大涅槃经义记》确实是在此寺完成的。

至于慧远在高都弘法的起讫时间,从道宣的叙述看,应该是离开其师法上后随即离开邺都。依照当时僧籍管理制度言之,僧人首先应该隶名于一个固定的寺院(也有同时主事两所甚至数所寺院者)。从这个角度考虑,在北周灭北齐之前的较长时间内,慧远无疑是以泽州清化寺为弘法根据地的。当时的高僧或者名僧游化各地讲经说法很频繁,因而洪遵律师尽管多在邺京、青州(今山东省淄博市)和齐州(今山东省济南市)

---

① 刘昫等:《旧唐书》卷五八,第2308页。
② 参见李会智、高天《山西晋城青莲寺史考》,《文物世界》,2003年第1期。

活动,他"常与慧远等名僧通宵造尽"①也并不难做到。因此,笔者同意日本学者所说的净影慧远于32岁时(556)离开邺都至相州西南的故乡泽州弘法,至北齐末年,慧远离开泽州又回到相州。

时人和后世公认,净影慧远在行持上的壮举就是在周武帝宣布废除佛法时当庭抗辩。

《续高僧传·净影慧远传》记载:"及承光二年春,周氏克齐,便行废教,敕前修大德并赴殿集。武帝自升高座,序废立义。"②在周武帝以"真佛无像"为理由认定,偶像崇拜非真佛法,佛教靡费资财,沙门不孝不敬等。由此,武帝宣布废除佛教,逼迫在场僧人表态接受。"于时沙门大统法上等五百余人,咸以帝为王力,决谏难从,佥各默然。下敕频催答诏,而相看失色,都无答者。远顾以佛法之寄,四众是依,岂以杜言,情谓理伏。"③于是慧远出列,就第一、第二项作了反驳。慧远甚至大声说:"陛下今恃王力自在,破灭三宝,是邪见人。阿鼻地狱不拣贵贱,陛下何得不怖?"④周武帝勃然大怒,盯视着慧远说:"但令百姓得乐,朕亦不辞地狱诸苦!"慧远回答说:"陛下以邪法化人,现种苦业。当共陛下同趣阿鼻,何处有乐可得?"周武帝理屈辞穷,更无所答,只得说:"僧等且还,后当更集。"⑤

关于此事发生的背景,道宣叙述说:"当斯时也,齐国初殄,周兵雷震,见远抗诏,莫不流汗,咸谓粉其身骨,煮以鼎镬。而远神气嵬然,辞色无挠。"北周军队攻破邺城,武帝在邺城停留近月余。道宣叙述说,在慧远顶撞周武帝时,在场的北周兵众都喊:"粉其身骨,煮以鼎镬",而慧远依然"神气嵬然,辞色无挠"。集会结束,北齐大统法上以及国都昙衍等执慧远手泣而谢曰:"天子之威如龙火也,难以犯触。汝能穷之,《大经》

---

① 道宣:《续高僧传》卷二一,《大正藏》第50卷,第611页中。冯焕珍以此句为据,主张慧远此时不一定完全隶属于泽州清化寺。
② 道宣:《续高僧传》卷八,《大正藏》第50卷,第490页上。
③ 同上书,第490页中。
④⑤ 同上书,第490页下。

所云护法菩萨,应当如是。彼不悛革,非汝咎也。"慧远回答:"正理须申,岂唯顾此形命?"慧远又说:"时运如此,圣不能遣。恨不奉侍目下,以为大恨。法实不灭,大德解之,愿不以忧恼。"①法上为慧远之师,昙衍为其师叔。尽管慧远此举未能挽狂澜于既倒,但其不畏死、不畏帝王的护法精神,得到了当时和后世僧俗的崇敬。

《续高僧传·慧远传》最后在讲到其禅定功夫时说:

> 既而勤业晓夕,用心太苦,遂成劳疾,十五日内觉观相续,不得眠睡。气上心痛,状如刀切,食弱形羸,殆将欲绝。忆昔林虑巡历名山,见诸禅府,备蒙传法,遂学数息,止心于境,克意寻绎经于半月,便觉渐差,少得眠息,方知对治之良验也。因一夏学定,甚得静乐,身心怡悦,即以已证用问僧稠。稠云:"此心住利根之境界也。若善调摄,堪为观行。"远每于讲际,至于定宗,未尝不赞美禅那,盘桓累句,信虑求之可得也。自恨徇于众务,无暇调心,以为失耳。②

这里说,净影慧远由于研习经义、讲经说法过于用力,积劳成疾,后来以昔日曾经在林虑山所修的禅定功夫治愈了疾患。其后,又以一年的时间专门修习禅定。僧稠是当时北方影响最大的禅师,生于北魏太和四年(480),于乾明元年(560)四月圆寂于相州云门寺,年八十一。天保元年(550),齐文宣帝高洋征请僧稠从定州至邺都传播禅法。由僧稠的卒年可推知,净影慧远重新修习禅定一年的时间不应晚于北齐天保末年(559)。然而,上引文字中所说的慧远两次习禅的时间都难于准确排定。只能简单地确定净影慧远在师从法上之前或者期间曾经至林虑山短暂习禅,而在邺都开始讲经说法之后,针对其所患疾病,他又习禅一年。

在周武帝灭北齐于齐地推行灭法政策之后,慧远"遂潜于汲郡西山,勤道无倦。三年之间,诵《法华》、《维摩》等,各一千遍,用通遗法。既而

---

① 道宣:《续高僧传》卷八,《大正藏》第50卷,第490页下。
② 同上书,第491页下。

山栖谷饮,禅诵无歇,理窟更深,浮囊不舍"①。此中须明确的是"汲郡西山"的所指。现代许多学者不加辨析地将此解释为今河南省汲县(1988年改为卫辉市)。其实,"汲郡西山"就是指安阳市的林虑山,在史籍及出土碑铭中屡见"相州汲郡"以及"汲郡林虑县"的提法。这是因为北魏曾经在邺设置行台,以经营黄河中下游地区,道武帝天兴四年(401)于邺行台管辖的六郡(魏郡、阳平、广平、汲郡、顿丘、清河)置相州,以取河亶甲居相为州名,是为相州之始。其辖区大致相当于曹操时代的魏郡。其后,虽然相州辖区屡变,汲郡很多时候也不再属于相州,但"相州汲郡"的称呼则延续未绝。此称呼的另外一个来源当与安阳县有关。晋始置安阳县,属魏郡。后魏又并入邺,后复置,属汲郡。后周末,自故邺城移相州治此,也称邺县。隋开皇十年(590),又恢复安阳县之名。相州城外有西山和林虑山。林虑山属于林虑县,三国魏时属朝歌郡,晋时属汲郡,北魏太平真君六年(445),并省入邺县。太和二十一年(497),复置。永安初(528),又置林虑郡。北齐郡废,北周复置林虑郡。由此可见,净影慧远于北齐承光二年(578)周武帝于齐地灭佛之后,至北周大象二年(580)之间,避难的地方是相州外的西山。

北周于大象二年恢复佛教,于东都洛阳和西京长安各立大陟岵寺,置"菩萨僧",净影慧远被安置于少林寺。杨坚代周立隋之后,慧远重新剃发恢复比丘身份。慧远在洛阳大开讲会,"远近归奔,望气成津,奄同学市,所以名驰帝阙,皇上闻焉。下敕授洛州沙门,匡任佛法,远辞不获免,即而位之"②。隋文帝听闻慧远之声名,任命慧远为洛州"沙门都"。慧远"立性质直,荣辱任缘,不可威畏,不可利染,正气孤雄,道风齐肃,爱敬调柔,不容非滥。至治犯断约,不避强御;讲导所之,皆科道具;或致资助有亏,或不漉水护净,或分卫乖法,或威仪失常,并不预听徒。自余堕眠失时,

---

① 道宣:《续高僧传》卷八,《大正藏》第50卷,第490页下—491页上。
② 同上书,第491页上。

或后及法席,并依众式有罚无赦。故徒侣肃穆,容止可观"①。隋初的洛州统县十八个,不限于今日的洛阳。慧远担当这一广大区域的地方僧官,从律仪、讲说唱导之法等等方面整顿管理,使僧侣的面貌得到了很大改观。

开皇五年(585),慧远受"泽州刺史千金公请赴本乡"②,再次回到故乡传法。此中所说的泽州刺史千金公即北周、隋朝重臣伊娄谦。《隋书》卷五四《伊娄谦传》记载:"伊娄谦,字彦恭,本鲜卑人也。……周受禅,累迁宣纳上士、使持节、骠骑大将军。"③周武帝伐北齐前夕奉命出使,获武帝信任,"寻赐爵济阳县伯,累迁前驱中大夫。大象中,进爵为侯,位开府。隋文帝作相,授亳州总管"④。杨坚受禅立隋之后,"以彦恭为左武候将军,俄拜大将军,进爵为公。后出为泽州刺史,清约自处,甚得人和。以疾去职,吏人攀恋,行数百里不绝。卒于家"⑤。此中说,伊娄谦于隋初任泽州刺史。而《隋书·于顗传》则记载:于顗于隋初因事被"贬为开府,后袭爵燕国公,邑万六千户,寻以疾免。开皇七年,拜泽州刺史。数年,免职,卒于家。"⑥根据道宣记载,净影慧远恰好于开皇七年春离开泽州打算前往定州。《隋书·伊娄谦传》说,伊娄谦于立国初进封为"公"⑦,并出任泽州刺史,后因病辞职,一般都认为他卒于隋初。综合这些资料可知,伊娄谦隋开皇初年任泽州刺史,开皇七年辞职,其空缺由于顗接

---

① 道宣:《续高僧传》卷八,《大正藏》第50卷,第491页上。另外,《全隋文》卷二九有《比丘惠远等造象铭》一文,其文曰"开皇三年岁次癸卯五月戊戌朔十五日壬子,邑师比丘法□、邑师比丘惠远"。从"邑师比丘惠远"的署名看,似乎不是净影慧远所为。
② 同上书,第491页上。
③ 《隋书》卷五四,第1363页。
④⑤ 同上书,第1364页。
⑥ 《隋书》卷六〇,第1456页。
⑦ 依照此文的叙述,伊娄谦的爵位为济阳县伯——济阳侯——济阳公。汉代济阳县在今河南兰考东北,西晋在此曾置济阳郡,晋南迁后废。济阳县在唐初并入冤句县。汉朝分梁国置济阳国,改为济阳郡,治所在定陶(今山东定陶县西北),隋唐时为曹州济阴郡。一般以为范蠡离开越国后隐居于曹州,《史记》说范蠡"止于陶","老死于陶",《水经注》说"寓于陶",《元和郡县志》也说范蠡"居于陶"。济阳作为县名,《史记》出现三次,《汉书》出现了九次,是指曹州冤句县境内的济阳故城(现已不存)。因这些原因,将"济阳"这一爵位名称与其地域中的历史名人相联系而称"济阳公"为"千金公"应该是顺理成章的。

任。而净影慧远则在伊娄谦辞职随即离开泽州,准备前往定州(今河北省定州市)。在途经上党(今山西省长治市)时,于此地"留连夏讲,遂阙东传"。从"遂阙东传"一语推知,慧远停留于上党而未能到达定州①。

慧远在上党停留数月,隋文帝就"下玺书,殷勤重请,辞又不免,便达西京。于时敕召大德六人,远其一矣。仍与常随学士二百余人,创达帝室。亲临御筵,敷述圣化,通乎家国。上大悦,敕住兴善,劳问丰华,供事隆倍"②。开皇七年(587),隋文帝为广弘佛法,于长安设立"六大德",慧远为其中之一。慧远带领常随学士二百余人到达京师③,特蒙文帝礼敬,敕住于大兴善寺。

慧远在大兴善寺住锡未久,隋文帝下诏为其另建佛寺供其弘讲。《续高僧传·净影慧远传》记载:

> 又以兴善盛集,法会是繁。虽有扬化,终为事约。乃选天门之南,大街之右,东西冲要,游听不疲,因置寺焉,名为净影。常居讲说,弘叙玄奥,辩畅奔流,吐纳自深,宣谈曲尽。于是四方投学,七百余人皆海内英华。法轮前辙,望京趣寺,为法道场。但以堂宇未成,同居空露,蘧篨庵舍,巷分州部,日夜徂习,成器相寻。虽复兴善诸德英名一期,至于归学师寻,千里继接者,莫高于远矣。④

这一段文字很准确传神地叙述了慧远初至净影寺讲说经论的情形。在皇帝下诏建寺而寺院殿堂未完成的情况下,各地投奔慧远的信徒就达七百余人。生活环境虽然简陋,但在慧远的督促带领下,研习经义,未曾松

---

① 从地理方位上说,定州位于泽州的东北方向。由上文叙述可知,开皇七年(587)慧远又应召前往长安,因而没有时间达到定州弘法。现今几种佛教研究著作讲到净影慧远曾经于定州讲经、住锡,依据不足。
② 道宣:《续高僧传》卷八,《大正藏》第50卷,第491页上。
③ 隋文帝当时征召"六大德"入长安,令各位大德精选十位弟子跟随入京师,并且允许其住入大兴善寺。道宣在记叙净影慧远时说,常随200大士同时跟随慧远进入京师。然而,道宣又在记叙慧远弟子时提及十大弟子的说法。
④ 道宣:《续高僧传》卷八,《大正藏》第50卷,第491页上—中。

懈。与当时仍然住于大兴善寺的名僧相比较,来往于净影寺的高官显贵不一定多,但千里投奔就师者之数,没有超过慧远的。

慧远在净影寺的几年,是他一生弘法的高峰期。后世于长安以至关中弘扬《十地经论》和《大涅槃经》的最重要的僧人,几乎都出自慧远门下。开皇十二年(592)春,文帝"下敕,令知翻译,刊定辞义。其年卒于净影寺,春秋七十矣。冕旒哀感,为之罢朝。帝呼嗟曰:'国失二宝也。'时远与李德林同月而丧,故动帝心"①。是为此年六月二十四日。隋文帝令于其住锡过的大兴善寺、净影寺分别立碑纪念,"薛道衡制文、虞世基书、丁氏镌之,时号三绝"②。

2. 净影慧远的著述

净影慧远被后世称为"隋朝三大师"之一,将其与创立宗派的天台智顗、三论吉藏并列,已足以说明其历史地位。净影慧远总其一生着力弘扬的是《十地经论》和《大涅槃经》。从现存史料看,净影慧远以《十地经论》和《大涅槃经》为核心,在吸收《大乘起信论》和《摄大乘论》之精粹的基础上,建构出了独立的佛教教义体系。

净影慧远一生宣讲经论不倦,勤于著述。道宣说他自从受大戒七夏,于邺城开讲《十地经论》之后,"一举荣问,众倾余席。自是长在讲肆,伏听千余,意存弘奖,随讲出疏"③。并且"自远之通法也,情趣慈心,至于深文隐义,每丁宁频复提撕其耳。唯恨学者受之不速,览者听之不尽,一无所惜也。是以自于齐朝至于关辅及畿外要荒,所流章疏五十余卷,二千三百余纸,纸别九百四十五言"④。道宣评价说,慧远"四十年间曾无痾疹,传持教导",在其所弘宣过的地方,至今"并皆成诵在心,于今未绝"。

关于慧远的著述,道宣记载 10 种:《大般涅槃经义记》10 卷、《地持经

---

① 道宣:《续高僧传》卷八,《大正藏》第 50 卷,第 491 页中。
②③ 同上书,第 491 页下。
④ 同上书,第 492 页上。

义记》5 卷、《十地经论义记》10 卷、《华严疏》7 卷①、《维摩诘经义记》8 卷、《胜鬘经义记》2 卷、《无量寿经义疏》1 卷、《观无量寿经义疏》2 卷、《温室经义记》1 卷以及《大乘义章》14 卷。另外，日本《东域传灯目录》中记载有《法华经疏》、《金刚般若经疏》、《金光明经义疏》、《大乘起信论义记》4 卷、《金刚般若论疏》3 卷等 5 种。②其中，现存 10 种。对净影慧远所撰的《大乘义章》14 卷，道宣评价说："又撰《大乘义章》十四卷，合二百四十九科，分为五聚，谓教法、义法、染、净、杂也，并陈综义差，始近终远，则佛法纲要，尽于此焉。学者定宗，不可不知也。"③后世大多认同道宣的评价。

净影慧远最重要的弘法地点是高都清化寺和长安净影寺。对这两个时期慧远的授徒盛况，道宣分别作了评述。在《续高僧传·净影慧远传》中，道宣说："本住清化，祖习《涅槃》。寺众百余，领徒者三十，并大唐之称首也。"④在同书卷一五的"论"中，道宣又说："沙门慧远，齐余开士，隋运高僧，首达帝城，即陈讲议，服勤请益七百余人，道化天下，三分其二。"⑤前者说，慧远之弟子，在大唐都是首屈一指的；后者说，慧远弟子在弘扬佛教方面的贡献占据"三分其二"地位。这样的评价，并不多见。

3. 净影慧远判教说

作为地论南道第三代领袖人物，净影慧远的判教说复杂且影响很

---

① 现存《慈润寺古大论师慧休法师刻石记德文》中记载，慧休"又续远法师《华严疏》"。可见，慧远此疏未曾完成。
② 关于净影慧远著述的最新考证成果见冯焕珍《回归本觉》第 82—102 页。此著在当代学者研究的基础上，列出净影慧远著述 16 种，并且对若干重要著述的编述时间作了一些考证，颇便参照。特别是，此著对《大乘起信论义记》非净影慧远撰著之说的批驳很恳切。笔者上文仅罗列净影慧远著述 15 种，是省略了《仁王经疏》的结果。冯君沿袭了日本学者佐藤哲英《净影寺慧远とその无我义》（日本《佛教学研究》第 32—33 号，1977）提出的 S.2502 号敦煌抄本是净影慧远所撰的观点。而笔者经过研究，认为此说证据不足，S.2502 号敦煌抄本《仁王经疏》残卷属于其师爷慧光的可能性要远远大于净影慧远。参见拙文《S.2502 号敦煌抄本〈仁王经疏〉的作者考辨》，《觉群佛学》，北京，宗教文化出版社，2006。
③④ 道宣:《续高僧传》卷八,《大正藏》第 50 卷, 第 491 页下。
⑤ 道宣:《续高僧传》卷一五,《大正藏》第 50 卷, 第 549 页上。

大。说其复杂,是因为慧远各种经疏所持的"判教"观与其在自己撰写的著作《大乘义章》中所阐述的观念非常不一致。仔细分析《大乘义章》,我们甚至发现,净影慧远其实反驳了自己经疏中所持的判教观。尤为费解的是,隋唐时期的佛教史家对于净影慧远的判教观及其来源的记述惊人的混乱和矛盾。

慧远经疏中的判教观与敦煌本《仁王经疏》的判教观是完全一致的,都是由"二藏"说——声闻藏及菩萨藏、"半教"与"满教"以及"菩萨藏"又分"顿教"与"渐教"两部分等三个环节构成。这样的划分实际上是"三宗判教"。然而,我们在慧远自己撰写的《大乘义章》中却明确地看到了慧远对于"顿教"、"渐教"二分法的否定。

净影慧远在《大乘义章》中列出了言"顿渐"的二人:"晋武都山隐士刘虬说言,如来一化所说无出顿、渐。《华严》等经是其顿教,余名为渐,渐中有其五时七阶。"①"又诞公云:佛教有二,一顿,二渐。顿教同前。但就渐中,不可彼五时为定。但知昔说悉是不了,双林一唱是其了教。"②慧远对这两人所言的"顿渐说"进行了批驳:

> 刘虬所云佛教无出顿、渐二门,是言不尽。如佛所说四《阿含经》、五部《戒律》,当知非是顿、渐所摄。所以而然,彼说被小不得言顿。说通始终,终时所说,不为入大,不得言渐。又设余时所为,众生闻小取证,竟不入大,云何言渐?是故顿、渐摄教不尽。又复五时七阶之言,亦是谬浪。③

"诞公所言顿、渐之言,义同前破。然佛一化,随诸众生。应入大者,即便为说。随所宣说,门别虽异,无不究竟,何独《涅槃》偏是了义?"④然而,慧远又以"顿渐说"批驳"一音说"。他说:"又菩提流支宣说如来一音以报

---

① 慧远:《大乘义章》卷一,《大正藏》第44卷,第465页上。
②③ 同上书,第465页中。
④ 同上书,第465页下。

万机,大、小并陈,不可以彼顿、渐而别。"①慧远说:"是亦不然。如来虽复一音报万,随诸众生,非无渐、顿。自有众生藉浅阶远,佛为渐说。或有众生,一越解大,佛为顿说,宁无顿、渐?"②

综观《大乘义章》中的说法,可以看出,慧远的判教与传说的地论南道派不同,与同时代的智𫖮、吉藏也大不相同。他是从总体和各类经典的宗旨两方面来判释佛经的,用他的话讲就是"于中两门:一、分圣教。二、定宗别"。"言定宗者,诸经部别,宗趣亦异。宗趣虽众,要唯二种:一是所说,二是所表。言所说者,所谓行德。言所表者,同为表法,但法难彰,寄德以显。显法之德,门别无量,故使诸经宗趣各异。"③在"分圣教"部分,他坚持了"声闻"、"菩萨""二藏"以及大小乘、半满教的划分,"声闻藏"即小乘也即半教,"菩萨藏"即大乘也即满教。而"言定宗者,诸经部别,宗趣亦异。宗趣虽众,要唯二种:一是所说,二是所表。言所说者,所谓行德。言所表者,同为表法,但法难彰,寄德以显。显法之德,门别无量,故使诸经宗趣各异。"慧远的意思似乎是,可以依照"所说"与"所表"两方面来分判每一部经的宗趣。慧远在《大乘义章》卷一中分别列出了若干佛经的宗趣。他说:

> 如彼《发菩提心经》等,发心为宗。《温室经》等,以施为宗。《清净毗尼优婆塞戒》如是等经,以戒为宗。《华严》、《法华》、《无量义》等,三昧为宗。《般若经》等,以慧为宗。《维摩经》等,解脱为宗。《金光明》等,法身为宗。《方等如门》如是经等,陀罗尼为宗。《胜鬘经》等,一乘为宗。《涅槃经》等,以佛圆寂妙果为宗。如是等经,所明各异。然其所说皆是大乘缘起行德究竟了义,阶渐之言,不应辄论。④

---

① 慧远:《大乘义章》卷一,《大正藏》第44卷,第465页中。
②③ 同上书,第466页下。
④ 同上书,第466页下—467页上。

在列举出上述十几种佛经的宗趣之后，慧远又一次正告"阶渐之言，不应辄论"，显然是坚决反对以"顿渐"分论大乘佛教经典的。在此，净影慧远似乎竭力在坚持"二教"说。尽管隋唐时期的文献趋向一致地称慧远主张"二教"，但他们记载的"二教"并非慧远在《大乘义章》中所主张的"二教"，而是他在《大乘义章》中所批驳的顿渐二教。

华严宗法藏在《华严一乘教义分齐章》中说：

> 二、依护法师等，依《楞伽》等经立渐、顿二教。谓以先习小乘，后趣大乘，大由小起，故名为渐。亦大、小俱陈故，即《涅槃》等教是也。如直往菩萨等，大不由小，故名为顿。亦以无小故。即《华严》是也。远法师等后代诸德多同此说。①

在《华严经探玄记》卷一中，法藏又说："二、陈朝真谛三藏等立渐、顿二教……后大远法师等亦同此说。"②而澄观则进一步说："二、隋远法师立渐、顿二教，谓约渐悟机，大由小起。所设具有三乘，故名为渐。若约顿机，直往于大，不由于小，名之为顿。此虽约机说有渐、顿，而所说法不出半、满。"③为何发生如此偏差呢？澄观所说道出了其中的秘密："隋远法师亦同此立者，彼《涅槃疏》初云……"④原来唐代诸德是依据慧远所撰写的经疏来论定的。不过，他们的描述也是不确切的。如前文所分析，准确地讲，慧远在《大般涅槃经义记》中所说的是"声闻藏"、"渐教"、"顿教"等"三宗"而非单纯的顿、渐二教。

将上述几方面联系起来，便有一个问题：如果净影慧远的"二教说"真的是来源于菩提流志、真谛等人，那么，慧远为何在《大乘义章》中仅仅列出菩提流志"一音教"的说法，并且还加以批驳呢？可见，关于慧远经疏中的判教思想来源于菩提流志、真谛等人的说法是不大可靠的。

---

① 法藏：《华严一乘教义分齐章》卷一，《大正藏》第45卷，第480页中。
② 法藏：《华严经探玄记》卷一，《大正藏》第35卷，第110页下。
③ 澄观：《华严经疏》卷一，《大正藏》第35卷，第508页中。
④ 澄观：《华严经随疏演义抄》卷六，《大正藏》第36卷，第41页中。

然而,既然如此,为什么唐代大德要如此说呢?

如果我们将隋唐时期文献所引述的判教观点作一分类,便可发现一有趣的现象。从西域、印度来的僧人的判教观点大都直接来源于佛经,而中土僧人则趋向于在此基础上作综合发挥。如前所述,菩提流志等人所主张的"一音教"实际上是来源于《维摩经·佛国品》,此经有文曰:"佛以一音演说法,众生随类各得解,皆谓世尊同其语,斯则神力不共法。"①而顿渐二教说来源于《楞伽经》,"半、满教"来源于《大般涅槃经》。如此等等。唐代大德在叙述外国僧人的判教观时,很自然地将这些外国僧人所翻译及其在中土着力弘扬的佛典的判教观归之于其名下。这也正是在隋唐佛教史籍中,有关鸠摩罗什、昙无谶、菩提流志、真谛等人的判教观的记述众说纷纭的原因。其实,判教在印度佛教中并不是一个问题,简单地将其分为大乘、小乘或者如《解深蜜经》中的"三时"说就可解决问题。中土最早的判教者慧观以《大般涅槃经》的"牛乳五味"说与当时流行的"顿渐"说相结合,创立"二教五时"说,力图给予每一类佛经一个相对固定的位置。后来隋唐宗派佛教更将判教理论当做建立自宗优越性的基本方法。中土人士出于各种目的和需求将这一问题中心化和复杂化了。净影慧远在经疏中所采纳的判教说正是最为简便的"三宗"说。后来慧远在《大乘义章》中又直接反对"顿渐"之说,实际上是感于主张"顿渐"者所判定的"顿教"经典过于狭隘的缘故。譬如,在现存的慧远几种注疏中,《大般涅槃经》、《维摩诘经》、《华严经》、《胜鬘经》、《无量寿佛经》、《观无量寿经》等等都属于"顿教"。而慧远所反对的主张"顿渐"二教的慧观仅仅以《华严经》为"顿教"经典,诞公则仅仅将《大般涅槃经》当做"顿教"经典。

面对净影慧远判教说的混杂,当今学者力图疏解其中的混乱和矛盾。然而,不管如何诠释,地论师们在判教方面缺乏一贯,缺乏代代相承

---

① 鸠摩罗什译:《维摩诘经》卷上,《大正藏》第14卷,第538页中。

的定说,甚至同一位地论师,前后或者不同著述中所持观点也会不同。这就是学派与宗派的显著不同之一。

不过,地论师诸多的判教说有一点是共同的,那就是首先突出《华严经》和《十地经论》,其次是《大般涅槃经》,这正好是佛教思想最核心的两部分——心识说和佛性说的经典依据。

在地论师那里,《十地经论》实际上是包含在《华严经》诠释体系中的,因此说,在南北朝时期甚至隋唐之际,华严学与地论学是合一的,基本上可以看做一个系统。今人因为华严宗的关系,特别强调《华严经》与唯识学的区分,因此,很流行将华严学与地论学割裂开来。这不一定完全符合实际。可以这样说,在《十地经论》未曾翻译出来之前,《华严经》的研习自然有其特定的轨道,而在《十地经论》译出并且流行之后,讲解《华严经》而忽视《十地经论》是不大可能的。

地论学派对于中国佛学以后的发展的最为突出影响是将《华严经》的地位抬高到一个前所未有的地位,使华严学迅速成为当时中国佛学的热点,为隋唐时期创立以此经为宗经的宗派奠定了基础。"慧光通过分析揭示原经描述的神通境界场面的象征意义,从中提出具有宗教哲学意味的概念,用以论证经文中蕴含的义理,并以此作为全经思想的概括。这种从形象描述向理性分析的宗教哲学的过渡方式,一直为华严研究后继者,包括华严宗人所使用。"① 如前文所考辨叙述的,华严宗的产生与至相寺的地论师关系非常密切,而这一法系出自于宝山寺灵裕,上推至道凭、慧光。因此,在《十地经论》流行之后、法藏创宗之前,地论学与华严学是合流的。从这个意义上说,说华严宗是从地论学派中孕育发展出来的,是妥当的。

4. 慧远清化寺时期的弟子智徽和玄鉴

净影慧远弟子中,现今可以明确知晓的清化寺时期皈依的弟子是智

---

① 魏道儒:《中国华严宗通史》,第3页,南京,江苏古籍出版社,1998。

徽和玄鉴。

释智徽(560—638),俗姓焦,泽州高平(即山西省高平市)人,年十三(572)时,志乐出家,"住本州岛清化寺,依随远法师听涉经论,于《大涅槃》偏洞幽极,故齿年学稔,为诸沙弥之卓秀者也"①。受具足戒之后,"歆慕弘道,岁常讲《涅槃》、《十地》、《地持》、《维摩》、《胜鬘》,用为恒业,声务广被,远近追风"②。大业七年(611),隋炀帝下诏延请入于东都内道场,"但专讲诵,倡导为先"。七年之后即618年,隋炀帝被杀于江都,王世充奉越王杨侗为帝。第二年,王世充废杨侗,自立为帝,国号"郑"。这时,智徽离开洛阳,回到故乡高平,"道俗欣赴,世接屯难,饥馁相委,乃遗以粮粒,拯济寔多,皂素赖之,皆餐法味。便即四时长讲,屡有升堂,外施衣帛悉供讲众,频值俭岁米食不丰"。在战乱与饥荒中,智徽一边想方设法赈济灾民,一边讲法不辍。由于常住僧人超越过去几倍,"徽以听侣不安,为营别院。四方学士,同萃其中。财法两施,无时宁舍"。为了使更多的信众能够听闻讲法,智徽另建"别院"以处之。③

《续高僧传·智徽传》又记载:"怀州都督郧国公张亮,钦抱德教,远延讲说,道俗屯赴,又结河阳,乃请为菩萨戒师。珍敬道风,誓为善友。"④根据史书记载,张亮任怀州总管始于贞观元年(627),贞观五年就入长安任御史大夫、光禄卿。可见,智徽受张亮邀请至怀州(今河南沁阳市)、住锡于河阳(今河南省孟县一带)应在这一时间段内。数年之后,贞观十二年(638)三月二十日,智徽圆寂于河阳,春秋七十九,怀州僧俗送葬归于高都。

从道宣的叙述看,智徽继承了净影慧远的传统,既讲《十地经论》,又讲《大般涅槃经》。道宣对智徽对其师的忠诚作了叙述:

> 自徽之在远门也,敬法尊人,诚孝第一。每登法席,讲析幽通,

---

① 道宣:《续高僧传》卷一五,《大正藏》第50卷,第541页中。
②④ 同上书,第541页下。
③ 如上文所叙述,清化寺后来形成上、中、下寺的规模,此次扩建也许与此相关。

皆云："大法师意如此。"因即声泪俱下。常谓诸徒曰："父母生吾肉身,法师生吾法身,恩报此恩,何由可逮?惟有弘教利物,薄展余怀耳。"所以每岁常讲,不敢告劳,以惟斯故也。①

他不愧是净影慧远之学的忠实继承者和弘扬者。

释玄鉴,俗姓焦,泽州高平(即山西省高平市)人。19岁,发心出家,后住清化寺,依止于慧远"听采经论,于《大涅槃》深得其趣"②。唐初致力于修复泽州塔寺,在当地影响很大。道宣记叙说:"于今神志贞亮,每讲《涅槃》、《十地》、《维摩》,四时不辍,春秋八十有三。"③可知道宣作传之时,玄鉴尚在人间。玄鉴也继承了其师的事业,以宣讲《地论》和《涅槃经》为要务。另外,《宋史·艺文志》中著录僧玄鉴编《续古今诗集》三卷,不知是否就是这位玄鉴编集的?

5. 入长安十弟子等

净影慧远弟子中最著名的是随其从洛阳进入长安的十位高足④——慧迁、灵璨、明璨、宝儒、僧昕、宝安、善胄、慧畅、辩相等,其中慧迁、灵璨于开皇十七年(597)被隋文帝分别立为"地论众主"。此外,根据《续高僧传》的记载,道嵩确实随师入长安,但出家时间不长,恐不入十大弟子之列。除此之外,净影慧远的重要弟子还有道嵩、道颜、智嶷、净业、善胄、慧畅、净辩、灵达、行等等。

释慧迁(548—626),瀛州(今河北省河间市)人。《续高僧传·慧迁传》记载:

> 好学专问,爱玩《地论》,以为心赏之极,负锡驰骋,求慕郢匠。

---

① 道宣:《续高僧传》卷一五,《大正藏》第 50 卷,第 541 页下。
② 同上书,第 542 页上。
③ 同上书,第 542 页中。
④ 隋文帝开皇七年在全国征召"六大德"僧入京城传法,道宣在叙述这一事时都提及"十弟子"一同进京,且住于大兴善寺。在叙述净影慧远时,道宣却说"常随学士二百余人,创达帝室"。不过在叙述慧远最著名的弟子事迹时,又提及十弟子之选等。在此,笔者从史籍中对"十弟子"人选作些考辨叙述。

虽研精一部,而横洞百家,每至难理,则群师具叙。有齐之时早扇名实。①

由此可知,慧迁早就立志研习《十地经论》,而且对于诠释《十地经论》的各家都有了解,在叙述疑难之处时,同时罗列诸师的解释。因此之故,在遇到慧远之前,慧迁就已经是北齐名僧。

《续高僧传·慧迁传》又记载:"又从远公重流前业,义不再缘,周经一纪,并通《涅槃》、《地持》,并得讲授。"②这是慧迁第一次跟从慧远学习,经历一纪(即12年)。北齐灭亡(577),周武帝毁灭佛法,慧迁南奔陈国。隋朝建立(581),慧迁从南方启程欲归故乡,行经洛阳。当时,慧远正在洛州任僧都,慧迁又重新跟随慧远,"故业新闻,备填胸臆。及远入关,从而来至,住大兴善,弘敷为任"③。道宣的这一段叙述,时间线索很清楚。慧迁是慧远从洛阳带入长安住锡大兴善寺的十位弟子之一。

应该注意的一个细节,在慧远得到文帝允许新建净影寺住锡时,慧迁并未被允许跟随其师。显然,大兴善寺也需要有地论师于兹弘《十地经论》。在慧远于开皇十二年圆寂之后,"开皇十七年,敕立五众,请迁为《十地》众主,处宝光寺,相续讲说,声类攸陈"④。显然,慧迁是净影慧远的直接继承者,如道宣所评论:"迁后频开《十地》,京邑乃多无与比肩者。及大禅定兴,召入处之。……自迁之末后,《十地》一部,绝闻关壤。"⑤仁寿二年(602),慧迁受文帝敕令送舍利至其故乡弘博寺。武德末年(626),卒于所大禅定寺,春秋七十九。

释灵璨(549—618),怀州(今河南省沁阳市)人。关于其皈依慧远的时间,道宣《续高僧传·灵璨传》记载:"禀志淳直,宽柔著称。游学相邺,研蕴正理,深明《十地》、《涅槃》,备经讲授。"⑥似乎是在邺城跟随慧远研

①② 道宣:《续高僧传》卷一二,《大正藏》第50卷,第520页中。
③ 同上书,第520页中—下。
④⑤ 同上书,第520页下。
⑥ 道宣:《续高僧传》卷一〇,《大正藏》第50卷,第506页中。

习《十地经论》和《大涅槃经》的,此后可能一直随师。"随远入关,十数之一也,住大兴善。"这是开皇七年(587)的事情。慧远在大兴善寺住锡未久,隋文帝下诏为其另建净影寺供其弘讲,灵璨仍然留在大兴善寺。"后为远公去世,众侣无依,开皇十七年,下敕补为众主,于净影寺传扬故业。"① 开皇十二年春,慧远于净影寺圆寂。开皇十七年,灵璨被补为"众主",此时他由大兴善寺迁入净影寺。

灵璨两次参与隋文帝奉送舍利至各地供奉的活动,"仁寿兴塔,降敕令送舍利于怀州之长寿寺。仁寿末年,又敕送于泽州古贤谷景净寺起塔,即远公之生地也"②。第一次是仁寿二年,第二次是仁寿末年至其师慧远出家之寺院③安置舍利。僧灵璨后住大禅定寺,武德之初(618)卒于本寺,春秋七十。

释明璨(554?—618年顷),俗姓韦,莒州沂水(今山东省沂水县)人,10岁出家。《续高僧传·明璨传》记载:"二十受具,中途寻阅,备通经史,禀性调柔,初不陈怒。未及三夏,频扬《成论》及《涅槃经》。值废教隐伦,避世林泽,还资故业,重研幽极。"④ 明璨属于北齐僧人。如果道宣的这一叙述是连续的话,则可推知,明璨大致生于554年。北周大象二年(580)恢复佛教,当慧远在洛阳陟岵寺(即少林寺)时,投于慧远门下,"璨时投足归师,诸部未久深悟,遂演于世,讲徒百数,心计明白。开隐析疑,善通问难。精虑勃兴,未曾沉息。"依据此中所说,明璨在洛阳已经开始独立讲解经论。

隋开皇七年(587),明璨随慧远敕召入京,住大兴善寺。仁寿二年(602),召送舍利于蒋州(今江苏南京)栖霞寺。"而璨情存传法,所在追访,乃于江表获经一百余卷,并是前录所遗。及诸阙本,随得福利处处传

---

① 道宣:《续高僧传》卷一〇,《大正藏》第50卷,第506页中。
② 同上书,第506页下。
③ 从道宣的表述看,净影慧远出家的寺院可能与其出生地距离很近。
④ 道宣:《续高僧传》卷二〇,《大正藏》第50卷,第669页上。

写。"①明璨在南方获得当时北方未曾见到的佛经一百多卷,抄写传至长安。仁寿"末住大禅定寺,弘法为务"②。道宣说明璨"唐朝初卒",但未记载具体年月。

释宝儒(？—602),幽州(今北京市)人。《续高僧传·宝儒传》记载:"童子出家,游博诸讲,居无常准,唯道是务。后至邺下,依止远公,《十地》微言,颇知纲领。"③如前所述,慧远重回邺都是在北齐末,即572年之后。周武帝于齐地灭法时,宝儒避难陈朝。隋朝兴佛(580),"便归洛汭,还师于远,听《大涅槃》,首尾三载,通镜其旨,即蒙覆述。远自处坐,印可其言"。由此,宝儒于其师处精通了《地论》和《涅槃经》。慧远赴长安(587),"慕义相从,还居净影,慧心更举,遐讨前英立破之间,深鉴弥密"④。

慧远至长安先住大兴善寺,后至净影寺,宝儒随之,必且继续钻研《地论》和《涅槃经》经义。隋文帝仁寿二年(602),奉送舍利至各地供奉,宝儒被派至邓州(今河南省邓州市),当时的塔铭现存,文中说"以仁寿二年岁次壬戌四月戊申朔八日乙卯,谨于邓州大兴国寺,奉安舍利,崇建神塔"⑤。道宣《宝儒传》记载:宝儒"返寺之后,闭门修业,时因食次,方见其面。不久,卒于本寺"⑥。可见,宝儒于仁寿二年(602)从邓州回到长安大兴善寺不久就圆寂了。

释僧昕,潞州上党(今山西省长治市)人。关于僧昕的早年经历,《续高僧传·僧昕传》记载得很模糊:

> 自骛道法津,周听大小,逮诸禅、律,莫大登临。倾渴身心,无席不赴,而导戒愚智,众通喧静,昕一其正度,恭慎横经,聆其披析,曾

---

① 道宣:《续高僧传》卷二〇,《大正藏》第50卷,第669页上。
② 道宣在叙述完仁寿初奉送舍利之事后说"末住大禅定寺",从上下文语义推测作上述补充说明。
③④ 道宣:《续高僧传》卷一〇,《大正藏》第50卷,第507页上。
⑤《邓州舍利塔下铭》,载《全隋文》卷二九。
⑥ 道宣:《续高僧传》卷一〇,《大正藏》第50卷,第507页中。

不忽忘。初众见其低目寡言,绝杜论道,皆号为矇叟也。①

从文中推测,他对于禅法、律学、经论都曾经认真学习,但沉默寡言,人们无从了解其深浅。"后有智者问其文理,咸陈深奥,轻浮章句,略不预怀。"周武帝于齐地灭法,僧昕逃隐泰山。"大隋开法,还归听习,游步洛下,从学远公。《十地》、《涅槃》咸究宗领。后入关,住兴善寺。体度高爽,不屈非滥。时复谈讲,辩词迅举,抑扬有度。至于僧务营造,情重勤切,躬事率先,担揰运涉。"②于隋初慧远在洛阳时,僧昕归其门下研习《地论》和《大涅槃经》,开皇七年(687)随慧远至长安,住于大兴善寺。僧昕擅长讲谈,并且参与了各种僧务和寺院的营造。仁寿二年(602),僧昕奉命送舍利至毛州(今山东省冠县北馆陶镇)护法寺安置。"晚还资业,不测其卒。"③这是说,完成任务后,僧昕回到长安大兴善寺继续其事业,然道宣已无从知晓其卒年。

释辩相(557?—627?),俗姓史,瀛州(今河北省河间市)人。根据《续高僧传·辩相传》记载:他早年游学于齐赵之地,"后旋洛下,涉诸法席,又往少林依止远公,学于《十地》、大小三藏,遍窥其奥隅。而于《涅槃》一部,详核有闻"④。辩相跟从慧远的起始时间应在580年后。"末南投徐部,更采《摄论》及以《毗昙》,皆披尽精诣,传名东壤。光问师资,众所归向。"⑤后来,辩相南下至徐州学习了《摄大乘论》和《毗昙》。开皇七年(587),辩相随慧远入长安,住大兴善寺,"创住净影,对讲弘通,仁孝居心,崇仰师辙"。后随师创建净影寺而居之。仁寿元年(601),受敕奉送舍利于越州(治会稽,即今浙江省绍兴市)大禹寺,十月完成安奉。"还返京都,大弘法席,常听学士一百余人,并得领袖当时,亲承音诰。"安奉舍

---

① 道宣:《续高僧传》卷二六,《大正藏》第50卷,第673页上。
② 同上书,第673页上—中。
③ 同上书,第673页下。
④ 道宣:《续高僧传》卷一二,《大正藏》第50卷,第519页下—第520页上。
⑤ 同上书,第520页上。

利回到长安,辩相又重回净影寺,常讲经论,颇具佛教领袖风范。

《续高僧传·辩相传》记载:"大业之始,召入东都,于内道场敷散如故。"①大业元年(605),隋炀帝在东都洛阳宫内建立慧日道场,征召僧人入住,辩相也在其中。而《续高僧传·净愿传》又记载,"大业初岁,辩相法师追入慧日,见徒一百,并识知津,皆委于愿"②。依照此说,辩相法师被征召临走之前,将自己的弟子一百余人委托给净愿法师,让其弟子跟随净愿学习《摄论》等经典。文后又说:"相仍一岁,奄就无常。春秋六十有余,即大业五年五月也。"③净愿法师圆寂于大业五年,如此推断,辩相至东都洛阳内道场的时间应在大业四年。

隋炀帝被杀后,王世充建郑独立,辩相被禁锢于洛阳。武德四年(621)④,"蒙敕延劳,还归京室,重弘经论,更启蒙心"⑤。唐太宗"昔在弘义,钦崇相德,延入宫中,通宵法论,亟动天顾,嚓锡丰美,乃令住胜光,此寺即秦国之供养也,故以居焉"。李世民为秦王时,多次邀请其入宫论佛法,后秦王上奏说服高祖,使其移入胜光寺住锡。"晚以素业所资,慧门初辟,追崇净影,仍就讲说。又舍所遗,图远形相,常存敬礼,用光先范。"后来又重归净影寺,并在净影寺绘画慧远之像,常常敬拜。"以贞观初年,因疾缠身,无由取逝,乃隐避侍人,自缢而卒于住寺,春秋七十余矣。"⑥

释宝安,兖州(即山东兖州市)人。根据《续高僧传·宝安传》记载:

> 初依慧远,听涉《涅槃》,博究宗领。周灭齐亡,南投陈国。大隋一统,还归乡壤,行次瀍洛,又从远焉。因仍故业,弥见深隐。⑦

---

① 道宣:《续高僧传》卷一二,《大正藏》第50卷,第520页下一上。
②③ 道宣:《续高僧传》卷一〇,《大正藏》第50卷,第504页下。
④《大正藏》本《续高僧传·辩相传》作"武德初年",而注释中说宋、元本作"武德平年"。笔者以为宋、元本是对的,这是指武德四年秦王平定了郑国。
⑤⑥ 道宣:《续高僧传》卷一二,《大正藏》第50卷,第520页上。
⑦ 道宣:《续高僧传》卷二六,《大正藏》第50卷,第674页上。

宝安先跟从慧远学习《涅槃经》和《十地经论》,于周武帝毁齐地佛教时逃至南方的陈国。隋文帝即位建隋后,他先回故乡,后至洛阳又跟随慧远。开皇七年(587),宝安"慕义入关,住净影寺。当远盛日,法轮之下听众将千,讲会制约,一付安掌。于时远方辐凑,名望者多,难用缉谐,故在斯任。安随机喻接,匡救有仪,虽具征治,而无衔怨,各怀敬叹,登白称焉"。宝安随其师进入长安后,成为慧远弘法讲经的组织者。不但如此,宝安"讲《十地》、《涅槃》,纯熟时匠,性存摄默,不好扬演,有问酬对,辩写泉流。"①他宣讲《十地经论》和《涅槃经》都有独特的风格。仁寿二年(602),奉敕置舍利塔于营州(今辽宁省朝阳市)梵幢寺,即黄龙城也。晚年还京寺,不测其终。

释道嵩(568?—),姓刘,瀛州河间(即河北省河间市)人。道宣《续高僧传·道嵩传》很简略。其文说:"十三出家,游听洛下,访讯明哲。终日栖遑,衣服粗单,全不涉意。值慧远法师讲诸经论,陶染积时,遂寝幽极。"②慧远于580年始至洛阳,587年离开洛阳去长安。由此推知,道嵩的生年在568至574年。道嵩于此期间跟随慧远研习经论,后来随师"入京室,为慕义学士同侣推崇道心人也"。可见此时他是一位很热心活跃的年轻沙门。仁寿元年(601)置塔,敕召其奉送舍利安置于苏州虎丘山寺。"嵩还京室,住总化寺。"③卒年不详。

释道颜(552?—622),俗姓李,定州(今河北省定县)人。根据《续高僧传·道颜传》记载:道颜"初学远公《涅槃》、《十地》,领牒枢纽,最所殷赡。仍频讲授,门学联尘,道启东川,开悟不少"④。看来,道颜出道之后,主要是讲授"门学"即《地论》和《涅槃经》,在"东川"(应该是泛指)即河东一带。"后入京辇,还住净影寺,当远盛世,居宗绍业。仁寿中年,置塔赤县,下敕征召送舍利于桂州。"从文中的表述推测,道颜似并未随师至长

---

① 道宣:《续高僧传》卷二六,《大正藏》第50卷,第674页上。
②③ 同上书,第676页中。
④ 同上书,第676页下。

安,而是后至京师入住净影寺的。经查道宣在《弘明集》及《三宝感通录》中所记,桂州(即广西桂林市)安奉舍利是在仁寿元年十月,不在"仁寿中",而是仁寿初。"后返京邑,常尊上业。唐运唯新,宇内尚梗,崇树斋讲,相循净影,因疾而卒,春秋七十余,即武德五年矣。"隋唐之际,道颜一直以弘传其师之学为己任。《续高僧传·道颜传》记载:他"临终清漱,手执香炉,若有所见奄然而逝。自颜之处世也,衣服粗素,不妄朋从,行必以时,情避嫌郤;言必详审,深唯物忤。又兼济禽畜,慈育在心,微经恼顿,便即垂泣。不忽童稚,不行楚叱。纵有轻陵,事同风拂"①。其品行高洁如此!

释智嶷,姓康,本康居王后裔,因国难东归,魏封其于襄阳,累居之十余世。《续高僧传·智嶷传》记载:智嶷"七岁初学,寻文究竟,无师自悟,敬重佛宗。虽昼权俗缘,令依学侣。而夜私诵《法华》,竟文纯熟,二亲初不知也。十三拜辞即蒙剃落,更谙大部,情因弥著。二十有四,方受具足。携帙洛滨,依承慧远。传业《十地》及以《涅槃》,皆可敷导"②。智嶷是在洛阳皈向慧远,因而当在580年之后。依据道宣传文所说,受戒一段时间后,才跟随慧远。道宣记载说:智嶷"后入关中,住静法寺"③。而静法寺初建于隋开皇十年(590),由此可知,智嶷入关中住静法寺是在慧远入京师之后,是否在其师慧远圆寂之后也未可知。

仁寿元年(601),智嶷被敕召奉送舍利至瓜州(即甘肃省瓜州县)崇教寺安置。从道宣所写传记考察,智嶷无疑也以宣讲《十地经论》和《大涅槃经》为己任,但晚年更归于禅观。《续高僧传·智嶷传》记载:"嶷住寺多年,常思定慧,非大要事,不出户庭,故往参候,罕睹其面。末以年事高迈,励业弥崇。寺任众务,并悉推谢。"④他着力于禅观,推掉了曾经担

---

① ③ ④ 道宣:《续高僧传》卷二六,《大正藏》第50卷,第676页下。
② 同上书,第676页中。

任的寺院领导责任。卒于唐初,享年七十余岁。

释净业(564—616),俗姓史,汉东随(今湖北省随州市)人。《续高僧传·净业传》记载:

> 年登小学,即沾缁服,闾里嘉之,号称贤者。专经之岁,割爱出家,净养威仪,霜厉冰洁。受戒以后,游刃河内,精研律部,博综异闻。时有论师慧远,树德漳河,传芳伊洛,一遇清耳,便伸北面,学《涅槃》等经,皆品酌其致,弘宣大旨。①

净业受具足戒之后,依照惯例,先是研习律部数年,后则皈依慧远门下。时间应在584年之后。开皇七年(587)慧远应召入长安,"业亦负帙陪从,首尾餐承,尽其幽理。晚就昙迁禅师,学于《摄论》。迁器宇崇廓,墙仞重深,遂举知人,同扬乐说。嘉业钻仰诚至,乃倾襟导引。随闻顶受,缄勒寸心"。此中所说的"晚就昙迁禅师"学习《摄大乘论》,当受其师慧远的影响。慧远晚年也曾经向昙迁学习《摄论》。

净业"开皇中年,高步于蓝田之覆车山,班荆采薇,有终焉之志。诸清信士,敬揖戒舟,为筑山房,竭诚奉养,架险乘悬,制通山美。今之悟真寺是也"②。有清信士为其在蓝田之覆车山建造"山房",由此逐渐扩建为著名的悟真寺。③ 仁寿二年(602),净业被推举送舍利于安州之景藏寺。大业四年(608),隋炀帝召其入鸿胪馆,教授蕃僧。"九年,复召住禅定寺,联翩荏苒,微壅清旷。后欲返于幽谷,告同学曰:'此段一行,便为不返。'而别未淹旬,已闻殂化。春秋五十有三。"④净业于炀帝时代被召入京师,大业十二年(616)二月初离开禅定寺而回悟真寺,此年二月十八日圆寂。

释善胄(550—620),俗姓淮氏,瀛州(今河北省河间市)人。根据《续

---

① ② 道宣:《续高僧传》卷一二,《大正藏》第50卷,第517页中。
③ 此寺的建立不早于开皇九年(589),也许应在开皇十二年慧远圆寂之后。目前有些著述称其为开皇初建造,是错误的。或者笼统地写为开皇年建造,也有失道宣原意。
④ 道宣:《续高僧传》卷一二,《大正藏》第50卷,第517页下。

高僧传·善胄传》记载:他年少出家,"预涉讲会,乐详玄极。《大论》、《涅槃》是所钻注"①。齐亡后投奔于陈,在讲《大涅槃经》的法会上多次问难,催破讲主,"由此发名振绩,大光吴越。隋初度北,依远法师,止于京邑,住净影寺,听徒千数,并锋锐一期,而胄覆述竖义,神采秀发。偏师论难,妙通解语。远制《涅槃》文疏,而胄意所未弘,乃命笔改张,剖成卷轴,凿深义窟,利宝罔遗"②。善胄欲修改其师《涅槃经义记》,后来取得了慧远的首肯。

慧远圆寂之后,文帝敕令善胄于净影寺为"涅槃众主"。开皇末年,蜀王秀镇部梁益,携善胄同行。"逮仁寿末岁,还返关中,处蜀道财,悉营尊像,光坐严饰,绝世名士,虽途经危险,而步运并达,在京供养,以为模范。"③他将在蜀地募得的资财用来建造佛像。后来,隋文帝令其奉送舍利,至梓州(今四川三台县)牛头山安置于华林寺。"隋炀帝即位,于长安造寺数座,广招僧人住锡。"④善胄由此入住大业元年(605)造的禅定寺。善胄"住禅定,屡开法席,传向相寻。"⑤大业十三年,返回净影寺。唐武德三年(620)八月圆寂于净影寺,春秋七十一。弟子慧威住总持寺(唐武德元年改大禅定寺为此名),讲说经论遵循其师之学,为唐初著名僧人。

释慧畅,俗姓许,莱州(今山东省掖县)人,生卒年不详。《续高僧传·慧畅传》记载:

> 偏学《杂心》,志存名实,拘滞疆界,局约文义。初不信大乘,以言无宗当,事同虚诞也。后闻远公播迹洛阳,学声退讨,门人山峙,时号通明,畅乃疑焉。试往寻造,观其神略,乃见谈述高邃,冒罔天地,返顾小道,状等游尘,便折挫形神,伏听三载,达解《涅槃》,慨其晚悟。⑥

---

① 道宣:《续高僧传》卷一二,《大正藏》第50卷,第519页上。
②③ 同上书,第519页中。
④⑤ 同上书,第519页下。
⑥ 道宣:《续高僧传》卷一〇,《大正藏》第50卷,第508页上。

慧畅起初学习《杂阿毗昙心论》,后来于585年入洛阳听闻慧远宣讲经论,遂归向慧远为师,听师讲解《大涅槃经》三年。"又至京邑,仍住净影。陶思前经,师任成业。"①慧畅应该是跟随其师进入京师的弟子之一,后随师住于净影寺。仁寿元年(601),敕送舍利于牟州(今山东省烟台市牟平区)巨神山寺。"畅安处事了,还返京寺,综习前业,终世不出。"②七十余岁时圆寂。慧畅也可能通《地论》,但弘法重心在《大涅槃经》,更多地属于净影慧远系中的涅槃师。

释净辩(?—618),俗姓韦,齐州(今山东省济南市)人。早年博览孔墨老庄,后来出家"受习禅门,息缘静虑"。《续高僧传·净辩传》记载:净辩于"开皇隆法,入住京师,依止远公,住净影寺,更学定境"③。显然属于慧远于净影寺时期所收的弟子。他"又从迁尚受《摄大乘》,积岁研求,遂终此业"。此后,他又跟随昙迁学习《摄大乘论》。严格地说,净辩已经不属于地论师,而属于摄论师。仁寿元年(601),他奉敕召送舍利于衡州(今湖南省衡阳市)衡岳寺,此寺原名大明寺,为陈宣帝为天台慧思禅师所立。"后兴禅定,复请住之。大业末年,终于此世。"④大业元年(605),炀帝建大禅定寺,净辩随即住锡此寺,大业末年圆寂于大禅定寺。

释灵达(远)(?—605),恒州(今陕西省西安市)人。《续高僧传·灵达传》记载:先在儒门备览经史,后出家,"从远公学义。咸知大意。因即依随,三业无舍。及远(原文误为"达")入京,慕义相从。晚住延兴,退隐自守,端敛身心,终日禅默。衣食粗弊,不希华美"⑤。从道宣的叙述看,灵达也是从洛阳跟随慧远进入长安的弟子,但他是以坐禅为业,与慧远及其门下行为不大合拍。特别是,"达后连寻定业,追访山世,不顾名实,

---

① 道宣:《续高僧传》卷一〇,《大正藏》第50卷,第508页上。
② 同上书,第508页中。
③ 道宣:《续高僧传》卷二六,《大正藏》第50卷,第676页下。
④ 同上书,第677页上。
⑤ 同上书,第673页上。

头陀林冢,虽逢神鬼,都不怖惮。大业之始,终于墓丛"①。大业元年(605),灵达圆寂于墓冢。

释行等(570—642),姓吉氏,冯翊(即陕西省大荔县)人。《续高僧传·行等传》记载:"十二出家,与会公同事总师为弟子,服章粗素,立性铿卓。"②此中宗所说的"会公"即玄会,"总师"即法总。

《续高僧传》卷一〇有《法总传》,"开皇中年,敕召为涅槃众主,居于海觉"③。法总于大业年中卒于海觉寺,春秋七十,门人行等、玄会继承其业。《续高僧传·行等传》中说:"登听净影远公《涅槃》,伏读文义,时以荣之"④,显示出二者仅仅是一般的师生关系,其听慧远《大涅槃经》是其受具足戒之前所为。行等"又与玄会同住慈悲,弘法之时,等必先登。会随后赴,时以为相成之道也"⑤。行等于贞观十六年(642)三月六日因疾而终,春秋七十三。

此外,道宣还说,并州(今山西省太原市)开义寺尚有两僧"俱名智达,远公门人,善解当世,武德之初,京邑称美"⑥。

慧远一生宣讲的经论部类很多,但以《华严经》、《地论》、《大涅槃经》、《观无量寿佛经》为重点。其弟子主要的弘扬方向是《地论》和《大涅槃经》,至于有几位弟子转向《摄论》,也可能受慧远晚年所学扩张至《摄论》的影响,但其学另有来源,下文再论。

6. 慧远法孙灵润及其弟子

灵璨也属于随净影慧远入长安的十大弟子之一。灵璨有弟子灵润,在唐初很知名,属于将涅槃学派、地论学派和摄论学派合一的重要人物。由于他曾经师从道奘,精通《摄论》,因此被当代学者当做摄论学派的后

---

① 道宣:《续高僧传》卷二六,《大正藏》第50卷,第673页上。
②⑤ 道宣:《续高僧传》卷一五,《大正藏》第50卷,第543页上。
③ 道宣:《续高僧传》卷一〇,《大正藏》第50卷,第505页下。
④ 此文后还有一句"相从讲说百一十遍"等,笔者以为这是说的行等自己宣说《大涅槃经》110遍。因为慧远至京师五年后就圆寂了,似乎不会在京师宣讲如此多遍《涅槃经》。
⑥ 道宣:《续高僧传》卷一二,《大正藏》第50卷,第521页上。

期代表人物看待。灵润后来参与玄奘译场,而且与玄奘弟子神泰就佛性问题进行过论争,因此,留存资料较多。但从严格的师承关系角度看,灵润无疑应该属于净影慧远的法孙。

释灵润(580—?),俗姓梁,河东虞乡(今山西省虞乡县西)人。《续高僧传》卷一五《灵润传》记载:灵润"昆季十人,秀美时誉。中间三者,齐慕出家。父告子曰:'但诵观音,先度即当许也。'润执卷便诵,一坐不起,从旦至中,文言遂彻,便预公度。依止灵粲法师,住兴善寺"①。此中所说的"灵粲法师"即灵璨法师②,灵润此时年13岁。出家之后,第一次听《涅槃经》,妙通文旨。"将及志学,销会前闻,括悟新理,便登讲座,宣释教意,部分科宗,英秀诸僧,咸欣其德。"这是说,灵润15岁时,就登座宣讲《涅槃经》。"加又钦重行禁,动静唯安,不妄游从,常资规矩",所以,兴善寺的大德以及海内名僧都说:"此沙弥发踪能尔,堪住持矣。"③此后,他"深心至道,通赡群师",不断地扩大自己的见闻。

仁寿二年(602),灵润随从其师灵璨前往怀州奉安舍利。尽管一路上,"官供驿乘,随师东赴,乞食徒行,独无受给。既达河内,道俗服其精通,敬其行范,所有归戒,并从于润。当即名厉河北,誉满京师"④。灵润"又闻泰岳灵岩寺,僧德肃清,四方是则,乃杖策寻焉。既睹副师,遂从谘训,习般舟行定,无替晨昏,初经三七,情事略疲,自斯已后,顿忘眠倦。身心精励,遂经夏末,于时同侣五百余人,各奉行之,互相敦励。至于解坐,同行无几。唯润独节秀出,情事莫移,皆不谋同词,敬称徽绩"⑤。此中的"夏末",应该是指夏安居。灵润在泰山灵岩寺先是做了21日的禅修,然后于此寺坐夏。此后,他下山又前往青州道藏寺拜访道奘法师。当时的道奘"擅名海岱,讲《摄大乘》",他向其学习《摄论》。这一次学习

---

① ③ 道宣:《续高僧传》卷一五,《大正藏》第50卷,第545页中。
② 此一解读应当无任何问题。将《续高僧传·灵璨传》与《灵润传》比照可知,灵璨正是灵润跟随的至怀州安奉舍利的兴善寺沙门。
④ 道宣:《续高僧传》卷一五,《大正藏》第50卷,第545页中—下。
⑤ 同上书,第545页下。

在某种程度上改变了灵润法师的弘法道路。

关于灵润在道奘门下的情况,《续高僧传·灵润传》记载:

> 时未具戒,早飞声采,周流法席,文义圆通。问难深微,称传元宰。预是同席,心共揖之。既承师有本,即奉奘以为和上,大戒已后,方诣律司。《十地》诸经,略观文体。年二十三,还返京室。①

这一段话很重要,但也有歧义。此段文字给人的直观理解是灵润在道奘门下学习三年。因为僧人一般20岁即可正式受具足戒,而灵润13岁之前就出家为沙弥,因此,有人据此推断他20岁时于道奘门下受具足戒,23岁回长安,似乎是合于情理的。但是,如果将前述引文后面所接的"值志念法师正弘小论,将欲博观智海,预在听徒"连起来考虑,灵润受具足戒的具体年代可能是另外的情形。

《续高僧传·志念传》记载:

> 仁寿二年,献后背世,有诏追王入辅。王乃集僧曰:"今须法师一人,神解高第者,可共寡人入朝,拟抗论京华,传风道俗。"众皆相顾,未之有对。王曰:"如今所观,念法师堪临此选。"遂与同行。既达京师,禅林创讲,王自为檀越,经营法祀。念登座震吼,四答冰消,清论徐转,群疑潜遣。由是门人慕义,千计盈堂,遂使义窟经笥,九衢同轨。百有余日,盛启未闻,王又与念同还并部。②

文帝献后于仁寿二年(602)八月驾崩,冬十月,葬献皇后于太陵。汉王杨谅于十一月离开长安。如此看来,灵润如果是在长安听到志念所讲《毗昙》,则他需最迟在此年十月底十一月初回到京师。我们需考察有无这种可能性。

《广弘明集》卷一七记载了怀州安奉舍利的过程:

---

① 道宣:《续高僧传》卷一五,《大正藏》第50卷,第545页下。
② 道宣:《续高僧传》卷一一,《大正藏》第50卷,第509页中—下。

> 怀州表云:舍利于州城长寿寺安置。四月五日辰时,有一雄雉飞来函侧,心闲从容,质羽鲜华,自飞自止,曾无惊畏。……敕使沙门灵璨即与受戒。……八日至午前,舍利欲入塔函,遂放光于瓶外,巡回数匝,晖彩照曜,或上或下,乍隐乍出。①

依照惯例,灵润作为灵璨的随从,应该参加整个活动。但四月八日安奉完毕之后,可以自由安排行程。如上文所叙述,灵润在泰山灵岩寺"遂经夏末"即度过了夏安居的最后一段,"至于解坐"即到了七月十五日后离开泰山前往青州。如此计算,从七月至十月,灵润先至青州道藏寺,然后又回到长安,听志念法师宣讲《毗昙》,时间紧是紧一些,但是可以做得到的。

总而言之,从现有资料看,灵润在青州道藏寺停留的时间仅仅一两个月,尽管从后来弘法的内容看,似乎受道奘传授的《摄论》学的影响很大。但以目前的证据将其归于道奘门下似乎有不合理的地方,因此,本著认定灵润为灵璨法师的弟子、净影慧远大师的法孙。他与辩相法师一样,代表了慧远门下自觉地融汇《摄论》的发展方向。《续高僧传·灵润传》正好记载了二僧互动的情形:

> 有辩相法师,学兼大小,声闻于天,《摄论》初兴,盛其麟角,在净影寺创演宗门,造疏五卷,即登敷述京华,听众五百余僧,竖义之者,数登二百。润初从关表,创预讲筵,祖习异闻,遂奋奇论,一座惊异,侧目嘉之。登有辩行法师,机论难拟,处众高谢而敬惮焉。虽则负誉帝京,而神气自得。②

此段文字说明,灵润是在辩相法师"讲筵"上一举成就摄论师之名的。此文也暗示,灵润也曾经听闻辩相法师宣讲《摄论》,而文中的辩行法师似乎是与灵润在辩相法席上问难之人。

---

① 道宣:《广弘明集》卷一七,《大正藏》第52卷,第219页上。
② 道宣:《续高僧传》卷一五,《大正藏》第50卷,第545页下。

大业初年，灵润身患风疾，"又恐报倾旦夕，不守本怀，讲导世流，往还烦杂，遂脱略人事，厌俗归闲，遂往南山之北，西极澧鄠，东渐玉山，依寒林头陀为业"①。由文中的描述可见，灵润当时是去长安郊外的终南山隐修的。"属大业末年，不许僧出，遂亏此行。乃还兴善，托于西院，独静资业，一食入净，常讲《涅槃》众经。有慧定禅师等，归依受业，相率修课，不出院宇，经于三年。结侣渐多，行清动众。时僧粲法师，一寺顶盖，锐辩无前，抗衡京国，乃率诸翘望五十余僧，来至法会，详其神略。人并投问，玄隐之义，润领宗酬答，位判泠然，咸共欣赏，妙符经旨。"②僧粲当时为大兴善寺寺主，大业九年（613）圆寂于大兴善寺，春秋八十五。由僧粲领衔的五十余僧来到灵润法会旁听，实际上是鉴定其水平。灵润的表现当然获得这些高僧的赞许，"尔后誉传光价，众聚相从。既懿业内传，将流法味"。大业十年（614），他"被召入鸿胪教授三韩，并在本寺翻新经本，并宗辖有承，不亏风采"。

隋末战乱，灵润隐潜于蓝田化感寺，首尾一十五载，"足不垂世。离经专业，众请便讲，以示未闻，春秋入定，还遵静操"。在战乱环境中，"化感一寺，独延宾侣，磨谷为饭，菽麦等均，昼夜策勤，弘道为任，故四方慕义归者云屯，周赡精粗，无乖僧法，共餐菜果，遂达有年"③。灵润在化感寺一直住到唐初。《灵润传》记载：武德七年（624），灵润"时住化感。寺主智信为人所告，敕使围寺，大显威权。润曰：'山居行道，心不负物，贤圣所知，计非所告。'使人逾怒。忽有大风雷震，山崩树折，吹其巾帽坐席，飘落异处。人众丧胆，遂求悔过。润曰：'檀越有福，能感幽灵。斯之祥征，昔来未有。'使者深愧，释然事解。贞观年中，与诸法侣登山游观，野烧四合，众并奔散。唯润安行，如常顾陟，语诸属曰：'心外无火，火实自心。谓火可逃，无由免火。'及火至润，燎余自敛"④。由此可见灵润法

---

① 道宣：《续高僧传》卷一五，《大正藏》第 50 卷，第 545 页下—546 页上。
②③ 同上书，第 546 页上。
④ 同上书，第 546 页中。

师修行之一斑。

《灵润传》又记载:"兴善本寺,敬奉芳尘,上陈敕使,请充寺任,便不守专志,就而维之。"①关于此事,《续高僧传》卷一三《昙藏传》记载:

> 贞观译经,又召为证义。时以藏威烈气远,容止清肃,可为兴善寺主。藏深怀礼让,用开贤路。乃荐蓝田化感寺润法师焉。即依其言,举称斯目。②

此处所说的"贞观译经"是指贞观三年(629)三月朝廷为波罗颇迦罗蜜多罗在大兴善寺组织的译场。在此年,灵润又入长安城弘法。由此逆推,灵润至感化寺的时间为大业十五年(615)前后。

贞观八年(634),灵润又被征召至新建的弘福寺。玄奘归来,贞观十九年,太宗为玄奘在弘福寺设置译场,灵润受命为证义。在译场,灵润与神泰就佛性问题发生争论。后来玄奘译场迁移至慈恩寺,灵润未再跟随。

在贞观年间,"有僧因事奉敕还俗,复经恩荡,情愿出家,大德连名,同举得度。上闻天听,下敕深责,投诸南裔骧州行道。于时诸僧创别帝里,无非恸绝,润独安然,容仪自若。顾曰:'三界往还,由来恒理,敕令修道,何有悲泣?'拂衣东举,忻然而趣。道俗闻见,莫不叹服。寻尔敕追洛东安置,化行郑魏,负帙排筵。弘阐《涅槃》十有余遍,奥义泉飞,惠流河洛"③。朝廷无由干涉僧事,灵润等一干人无辜受罚,灵润泰然处之。至洛东数年,宣讲《涅槃经》十几遍。《灵润传》节录了灵润写给留在京师弟子的书信:

> 吾今东行,略有三益:一酬往谴,二顺厌生,三成大行。吾有宿累,蒙天慈责,今得见酬,则业累转灭。惟加心悦,何所忧也?愚夫

---

① 道宣:《续高僧传》卷一五,《大正藏》第50卷,第546页上—中。
② 道宣:《续高僧传》卷一三,《大正藏》第50卷,第525页下。
③ 道宣:《续高僧传》卷一五,《大正藏》第50卷,第546页中。

痴爱随处兴著,正智不尔,厌不重生。夫净秽两境,同号大空,凡圣有情,咸惟觉性。觉空平等,何所著也? 自度度人,俱利之道。举人出家,依道利物。愿在三有,普济四生,常无退转。三益如是,汝等宜知。各调谇根业,与善而住,吾无虑矣。①

其修行境界跃然纸上。

不几年,太宗敕命追还,敕其住弘福寺。从《续高僧传·灵润传》的内容看,道宣写此文时灵润尚健在,因此,现存史籍中未曾记载其卒年。《释门自镜录》卷上《唐京师普光寺明解罢道身死托梦求福事》记载:

显庆五年,天皇大帝造西明寺,搜集龙象以居之。其取一人,令弘福寺灵润法师详择可否。时有僚宰数人,俱来润所,共荐明解。润曰:"公等国器名臣,出言不易,宜求戒、定、慧学增长福田,何乃举酒客画师,以当洪寄?"官等失色流汗,逡巡俯退。……②

此外,《释门自镜录》卷上《唐玄法寺僧玄真破斋受罪事》记载:行真"至永徽三季,于胜光寺听润法师讲《涅槃经》。……以显庆五年八月,润法师又于玄法寺讲《涅槃经》"③。由此可推知,至显庆五年(660),灵润法师仍然健在,且仍然在宣讲《涅槃经》,时年已经八十余岁。由于《续高僧传》修订的下限是麟德二年(665),因而据此推断,灵润至此年仍然健在。

作为净影慧远大师的法孙,灵润继承了慧远弘扬《涅槃经》的传统,如道宣所称赞的"《涅槃》正义,唯此一人"④。不过,对于唯识学,灵润也是非常重视的,对于其祖师所精通的《十地经论》,他自然是烂熟于心。此后又接受了道奘法师(也许还应该包括辩相法师)的影响,他又热衷于弘扬《摄论》。此正如《续高僧传·灵润传》所记:

---

① 道宣:《续高僧传》卷一五,《大正藏》第50卷,第546页中—下。
② 怀信:《释门自镜录》卷上,《大正藏》第51卷,第810页上。
③ 同上书,第812页上。
④ 道宣:《续高僧传》卷一五,《大正藏》第50卷,第546页下。

> 前后所讲,《涅槃》七十余遍,《摄大乘论》三十余遍,并各造义疏一十三卷,《玄章》三卷。自余《维摩》、《胜鬘》、《起信论》等,随缘便讲,各有疏部。而玄义备通,颇异恒执,至如《摄论》黎耶,义该真俗。……①

由此可见,灵润的著述有:《涅槃经义疏》13卷、《涅槃玄章》3卷、《摄大乘论义疏》13卷、《摄大乘论玄章》3卷,另有《维摩经疏》、《胜鬘经疏》、《起信论疏》等。

现存史籍中记载的灵润弟子有净元、智衍等。

关于净元,《续高僧传·灵润传》有附传,称赞他"讲释经论,亟经载纪,铨辩名理,响逸学门。加以性爱林泉,捐诸名利,弊衣粗食,谈玄为本。元以润之立义,建志寻求,转解传风,被于当世"②。可见,净元传播其师的思想不遗余力。

关于智衍,《续高僧传·灵润传》有附传,其文说:"沙门智衍,即润之犹子也。幼携入道,勖以教宗,承明词义,深有会击,讲《摄论》、《涅槃》。近住蓝田之法池寺,统律成匠,亟动时誉。"③

关于灵润法师,道宣评价说:"然有法以来,师资传道,其宗罕接,唯润之绪,继美前修,亚迹安、远。斯尘难济,见于今日矣。"④此中所说的"安"指道安,"远"应该是指庐山慧远。道宣以庐山慧远传承道安学说的伟业,来类比灵润对于其师的传承,灵润的影响由此可见一斑。道宣在《续高僧传·灵润传》中节录了灵润的有关唯识思想的文句,结合留存的其他思想文献,我们可以大致管窥这一时期摄论师对唯识学的诠释状况。

---

① 道宣:《续高僧传》卷一五,《大正藏》第50卷,第546页下。
② 同上书,第547页上。
③④ 同上书,第546页上。

第二章 唐代社会与佛教

唐代是中国历史上最为繁荣昌盛的时期,其间虽然也有过战乱和动荡,但总体上国力强盛、文化昌明、人民富足、社会安定。这样一种国家统一和空前强盛的社会经济背景,为佛教的发展奠定了强有力的基础。唐王朝延续了289年,20位皇帝先后登基。这一时期,除个别皇帝之外,大多数皇帝或者对佛教采取包容以至于利用政策,或者干脆就信仰佛教。与最高统治者的态度相应,佛教在民间、士人等阶层中,成为普遍的信仰。这也是唐代佛教逐渐走向繁荣的原因之一。本章对唐代佛教赖以形成的社会文化背景作一简述,然后重点通过对唐王朝宗教政策的考察,来揭示唐王朝佛教大繁荣的政治背景,最后则对唐代士大夫奉佛的基本情况作一叙述。

第一节 唐代佛教的社会文化背景

李渊于公元618年立唐,至天祐四年(907)梁王朱温篡位灭唐,唐王朝共延续了289年,传了20位皇帝(加武则天则为21位皇帝)。关于唐代289年的历史,有"二分法"、"三分法"和"四分法"等不同分期。

"二分法"即唐前期和后期,这是当代史学界最流行的做法。但要确定两期的分界线,即具体规定以哪一年为分期断限,却不容易,学术界似乎也没有明确的说法。一般以唐玄宗天宝十四年(755)的安史之乱和唐德宗建中元年(780)两税法的颁布为标志。安史之乱是唐朝由盛而衰的关键。在此以前,唐王朝国势强盛,政局稳定,经济繁荣,是唐朝的鼎盛时期。此后由于长达八年的战乱消耗了国力,河朔藩镇割据形成半独立状态,北方经济遭受破坏,朝廷内部宦官擅权、朋党交争,开元、天宝盛世一去不返。两税法的颁布宣告了均田制与租庸调的彻底废除,此后中国的土地制度和赋税制度基本上沿袭两税法的模式而有所发展变化,奠定了中国封建社会后期的基本面貌,其影响甚为巨大,是一个划时代的经济措施。这两件大事,一件的重要性在政治方面,一件的重要性在经济方面,两者共同构成前后期的分界。

"三分法"将唐王朝分为前期、中期、后期三个历史阶段。唐高祖至玄宗开元二十九年(618—741)为前期,中期自玄宗天宝元年至宪宗元和十五年(742—820),后期自穆宗长庆元年至昭宣帝(即哀帝)天祐四年(821—907)。[①] 这一分期是以"统治阶级内部主要矛盾的存在和发展"为依据的。前期的"主要矛盾是中央统治集团内部腐朽倾向和进步倾向的矛盾,由于进步倾向起主导作用,因而保持长期强盛状态"。中期是"中央集权势力和地方割据势力的矛盾,中央集权势力取得相对的胜利,因而基本上还能够保持国家的统一"。后期是"中央统治集团内部宦官势力和士族势力的矛盾,由于宦官势力占优势,中央集权势力愈趋衰弱;又由于黄巢所率农民起义军被击败,地方割据势力成为唯一的力量,唐朝就此灭亡,中国又出现五代十国的大分裂局面"[②]。这种划分对于分析唐代政治史特别是统治阶级内部斗争史有一定便利之处。

"四分法"是把唐朝分为初、盛、中、晚四期。初唐——高祖至睿宗,盛唐——玄宗至肃宗,中唐——代宗至文宗,晚唐——武宗至哀帝。这

---

①② 参见范文澜《中国通史简编》第三编,第8页,北京,人民出版社,1965。

是元人杨士宏所著《唐音》一书中的划分法。这是一部唐诗选集,作者把唐代诗人的诗按其生年分别纳入这四个时期。明人胡震亨的《唐音癸签》也这样分。近现代以来对唐代文学的叙述一般都采取这一分期。本著在叙述唐代帝王与佛教以及士大夫与佛教等问题时,也采用这一分期法。

一、唐代的政治制度

唐王朝在总体上继承了隋王朝政治体制,当然也有所变革。① 唐代政治体制变革的核心内容是政府机构在按职能分工的基础上,不断加以调整。政府机构按职能分工,不论是尚书、门下、中书三省,还是尚书省六部和寺监,都是如此。在此基础上的不断调整,不论是对原有机构的微调,还是从临时差遣到固定使职,到逐步形成军事的、财政的和其他使职系统,则是根据现实情况的不断变化,对原有制度的修改和补充。使职和使职系统为政治制度的不断调整提供了一种灵活的形式,并使一些制度增加了弹性,更能适应日益加快的社会变化。

唐朝初年运用制度和法律来保证政府机构的正常运转,以及由令式所规定的政务处理的高度程式化,在中国古代政治制度史上是很突出的。各种制度和令式,规范了各级政府的组织机构和职掌,明确规定了官员组成及其职责范围;规定了公文处理的程序和程限,使政务的处理形成了一整套严密的程序;四等官制按政务处理程序把官吏分为长官、通判官、判官和主典,明确了各级官吏在公文处理过程中的地位和责任。律令和各种制度,包括勾检制度、监察制度、谏议制度、考课制度,规定了各种监督百官执行的制度。对官吏失职、违法乱纪、贪赃枉法,也从法律上规定了具体的处分办法。这些做法基本上为以后各朝所承袭。

唐朝各级官吏的任用都必须经过考试,官僚形态呈现出新的特征。

---

① 本专题参照史学界研究成果编写而成。

在中书省和门下省都成为国家机关的同时,科举制在隋炀帝时也从古老的察举制中脱颖而出。隋初废除了九品中正制,最终从制度上结束了按门第选官的做法。科举制是不论门第的。门荫虽然也是给予高级官吏的一种政治特权,但其标准是当朝的官品,也与传统意义上的门第无关。而且不论是门荫、杂色入流(包括流外入流、勋官、品子等)或科举入仕,都需要经过出身考试和入仕考试。科举制的建立,以及不论何种出身均需经过考试,考试合格方能做官的机制,使中国古代官僚形态进入了一个新的阶段。

二、唐代的经济发展

唐前期的经济繁荣,主要表现在农业生产的兴盛上,自中期以下的繁荣,主要表现在工商业特别是商业的兴盛上。①

封建经济的根本在于农业。唐朝农业的兴衰,与均田变为庄田以及租庸调变为两税是有关系的。唐高祖武德七年(624)规定均田法和租庸调法。唐代均田法规定,男丁18岁以上给田1顷,其中2/10为世业(永业),八为口分。老男、残废人给40亩。寡妻、寡妾给30亩,如是户主,加给20亩。受田人身死,世业田得由继承人接受,口分田归官,另行分配。一般看来,均田法实行的程度,关东地区最高,关中地区最低,长江流域居中。唐前期的农业生产,关东是由恢复走向发展,长江流域是在继续发展,总的趋势是上升,繁荣强盛的唐朝就是在这个基础上建立起来的。

《新唐书·食货志》说:"租庸调之制,以人丁为本。"武德七年(624)颁布的租庸调法,是以均田法的"凡天下丁男给田一顷"为出发点的。租庸调法是:租,每丁每年纳粟二石或稻三石。调,随乡土所产,蚕乡每丁每年纳绫、绢各二丈,绵三两,非蚕乡纳布二丈五尺,麻三斤。庸,每丁每

---

① 此部分内容参照现有学术界研究成果概括而成。

年服役20日,闰月加2日,如不服役,每日纳庸绢三尺或布三尺七寸五分。中男受田后,纳租调并服役,成丁后,服兵役。国家有事,20日外加役15日,可免调;加役30日,租调都免。加役连同正役,总数不得超过50日。如水旱虫霜成灾,十分损四以上免租,损六以上免调,损七以上,课役都免。唐租庸调法比前朝赋税制较轻也较合理。

《新唐书·食货志》说,开元以后,天下户籍久不改造,丁口转(转移居地)死,田亩买卖,贫富变化,都不再调查。这是说,天宝年间,均田制度早不存在,调查丁口并无实际意义,也就无须造户籍。当时社会因长期安宁,除去逃户,各地户口一般确有增殖,官府不管真实丁口,只凭旧户籍向乡里索取租税,实行不以人丁为本的租庸调法。安史大乱以后,户口削减,向乡里按丁收税已不能行,唐代宗大历年间,开始按亩定税,改变以人丁为本的旧法,分夏秋两季收税,为两税法开先例。780年,唐德宗采杨炎的建议,正式改租庸调法为两税法。

铁犁牛耕进一步推广是唐朝农业迅速发展的原因之一。在黄河流域乃至今甘肃、新疆地区,铁犁牛耕已普遍用于农业生产。关于这一情况不仅在文献中有记载,在一些墓葬和敦煌、榆林石窟的众多壁画"牛耕图"中,都有反映。其中多数为二牛抬杠,用长单直辕犁;少数用一牛耕田,犁有双长直辕,亦有短曲辕。犁均为铁制,多使用犁壁(镤土)。这时在江南地区也推广牛耕,并使用曲辕犁。据文献和考古资料证明,这时边疆地区也在推广铁犁牛耕。

唐代的水利事业有很大发展。唐前期见于记载的重要水利工程有160多处。遍布于黄河中下游之南北,南到淮水和长江流域。一般渠塘,可溉田数百顷。所用灌溉工具也有进步,如辘轳、桔槔、翻车等传统汲水工具,已被普遍使用。此外,还在江南水田地区出现了一些新的灌溉工具,其中主要的有水车和筒车。水碓、水磨、水碾也在广泛使用。水利事业的发展,对农业生产的发展和粮食加工都起了重要作用。

唐初田地荒芜的很多,后来逐渐开垦。至天宝年间,许多高山深谷地带也开垦出来,垦田面积达850万顷。粮食亩产量也有增加。天宝八年,官仓存粮达9600万石。青州、齐州一带,米价最低时每斗才五文。

唐朝手工业比前朝有很大的进步,商业也比前朝发达。手工业进步对社会生产力的发展起着有益的作用,商业的发达刺激着手工业进步,也加强着各地区的经济联系。

唐朝手工业有官营、私营两种。官营手工业的产品供宫中或朝廷使用,私营手工业生产商品,供商贾贩卖致富,但商贾借以致富的商品,主要还是广大农民生产出来的谷物和布帛。

唐前期的手工业主要有纺织业、陶瓷业和矿冶业等。纺织业中以丝织业和麻织业最为重要。丝织品的主要产地仍在今河北、河南一带。主要品种有绢、绫、锦、罗、绮、纱等,花色繁多,图案精美,色彩鲜艳,织造精巧。当时生产的布绝大多数是麻布,麻织品盛产于南方,黄州(今湖北黄冈)的赀布是其中的上品。毛织品主要产于今西北地区。棉织品主要产于高昌(今新疆吐鲁番)和岭南一带。唐代的印染技术也达到了相当高的水平,夹缬、蜡缬、绞缬等印染方法都广泛流行,印染的花纹十分精美。

陶瓷业在唐代有很大发展,制瓷技术亦有很大进步。越州(今浙江绍兴)的青瓷类玉类冰,邢州(今河北邢台)的白瓷类银类雪,昌南镇(今江西景德镇)的青瓷、白瓷,四川大邑的白瓷,都很有名。陶器以唐三彩最为著名。这是一种造型生动、色彩艳丽的铅釉陶器,因主要是青、绿、黄三色,故名三彩。

唐代采矿业比较发达,主要矿产有金、银、铜、铁、锡、铅、矾、水银、朱砂等。铸造业的规模以铸钱业为首。玄宗时,政府有铸钱炉99处,每年铸钱32.7万缗。另外还有许多私人盗铸钱。唐代的金属制造加工技术已达到相当高的水平。盛唐一些精美的金银器,采用了铸造、切削、抛光、焊接、铆、镀、刻凿等工艺。当时可能已有了手摇脚踏的简单车床。

建造航海和江河用的船舰,历朝相沿,造船工匠积有丰富的经验。唐太宗想再伐高丽,发江南十二州工人造大船数百艘。刘晏做盐铁转运使,在扬子设十个造船场,造漕运船只。这都说明唐朝造船能力是很强的。

唐初已有印刷品。《云仙散录》引《僧园逸录》说,玄奘用回锋纸印普贤像,施给四众(僧、尼、善男子、善女子)。后来逐渐流行,见于记载的也渐多。835年,唐文宗敕诸道府不得私置历日板。冯宿《禁版印时宪书奏》里说,西川淮南等道,都用版印历日,在市上发卖,每岁不待司天台奏准颁下新历,私印历本早已通行天下。佛像和历本都是大数量发行,利用印刷术是很自然的。现存唐朝印本有咸通九年(868)王玠"为二亲敬造普施"的《金刚经》。全卷长16尺,高1尺,卷首刻佛像,下面刻经文全部。又近年四川成都唐墓中出土印本陀罗尼经咒一方,约一尺见方,中刻佛像一尊,环绕佛像刊印梵语经文,四边印各种小佛像。这两件仅存的实物,足以证明唐朝印刷技术已达到较高的水平,为五代北宋印刷业的发展准备了条件。

唐王朝国内水陆交通畅达,即便是在许多地方被割据的唐后期,交通仍保持畅达状态,这给社会经济的发展提供了有利的条件。而对外交通的畅通不仅有利于对外的政治经济文化交流,对唐代佛教的发展也至关重要。限于篇幅,在此不再叙述。

三、唐代社会的开放和文化的繁荣

唐代是一个社会开放的历史时期,正是由于坚持了这种开放政策,才使得唐代社会的经济、政治、军事、文化等各个方面都取得很大发展。[①]唐代的社会开放首先表现在对外开放上,即吸收外来文化因子与输出自身优秀文化同时并举。

唐朝对境内各民族实行了类似民族自治的政策,即所谓羁縻府州的

[①] 此专题在吸收学术界现有成果的基础上编写而成,特别是杜文玉《唐代社会开放的特点与历史局限》(《河北学刊》,2008年第3期)中的表述。

制度,这些府州的长官由各少数民族的首领或国王担任。可以世袭,可以保持原有的部落制度,但必须对唐朝尽一定的政治、军事和经济义务,并服从各都护府的领导。在政治上同样也实行开放政策,强调各民族平等,有大量的少数民族之人在中央或地方担任高官,甚至有不少人做到宰相的高位。据《新唐书》统计,唐朝共有宰相369人,其中有24人为少数民族,占宰相总人数的6%左右。根据少数民族在唐朝总人口中所占的比例,这一数据应该说是相当高了。至于在唐朝担任高级将领的少数民族人数就更多了,如李光弼、哥舒翰、仆固怀恩、浑瑊、安禄山、史思明等便是其中的代表人物。在经济方面,全国各地区之间也是开放的,而且在唐代一个较长历史时期内不征商税,这对各地间的经济交流是有极大好处的。内地与各民族之间的互市贸易也非常繁荣,除了官方从事这种贸易外,各民族之间的民间贸易也非常频繁,大批的各族商人活跃于全国各地,仅在京师长安就有大量少数民族商人存在。经济上的这种频繁交流,有力地促进了各地经济社会的共同发展。各民族在生产技术、服饰、饮食、文化艺术及社会习俗等方面的相互影响,也达到了一个空前的高度,胡化风气一度风靡于内地各大城市。

唐代社会是一个宽容的社会,这种宽容不仅表现为经济、政治、文化等方面的开放,而且还表现在思想观念的开放上。唐朝统治者对言论控制是比较松弛的,可以说创造了较为宽松的政治环境。唐代尽管推崇儒学,但对其他学说亦允许自由传播,实际上实行的是儒、道、佛思想兼容的多元化政策。在社会生活与社会习俗方面,也实行了较大程度的开放。唐朝的节庆假日之多,超过了历史上任何一个时期,每逢假日,君臣士民或结伙出游,或欢宴畅饮,或赋咏酬唱,或投亲会友,充分享受生活的乐趣。唐代妇女地位(无论是政治地位、经济地位还是家庭地位)也有一定程度的提高,社会禁忌对妇女的束缚相对较小。在唐代,妇女可以改嫁、着男装,在公开场合抛头露面,甚至和男子一样追求新潮,享受胡食、胡服与胡乐的乐趣,乃至有和男性交往的自由。正是这种宽容开放的社会风气,促成了唐朝在其他各方面的全面开放,促进了唐代经济与文化的高度繁荣。

在对外输出优秀文化方面,唐朝亦毫无保留。当时,世界上许多国家都或多或少受到了唐代文化的影响,其中影响最大的当属所谓"东亚汉文化圈"内的国家,如日本、高丽、新罗、百济和越南等。在这些国家,不仅其政治制度、法律法规、生产技术、生活习俗、宗教信仰与文学艺术等方面都深受唐朝影响;而且,其使用的文字与学术思想也都受到很大影响,朝鲜半岛三国和越南还直接使用了汉字,日本虽然创造了自己的文字,但也是在汉字的基础上改造而成的,还包括不少汉文原字。①

唐代在吸收外来文化的过程中,建立了富有自身特色的文化。唐代文化是中国乃至世界文化百花园里的奇葩。在诗歌、绘画、书法、雕塑、音乐、舞蹈、小说、散文和茶道等方面都取得了空前的成就,涌现出李白、杜甫、孙思邈和陆羽等世界文化名人,名垂汗青的诗人、画家、书法家、音乐家、舞蹈家之多,艺术水平之高,历代罕有其匹。从思想领域来看,传统儒学自西汉中期汉武帝实行"罢黜百家,独尊儒术"之后,成为中国社会占统治地位的思想,到了唐代,唐前期的统治者采取了儒、佛、道思想兼收并蓄的策略,也就是说,不再单纯采取汉代"独尊儒术"之策,而是采用儒、道、佛三足鼎立的政策,同时也不排斥其他学派。这样一来,尽管儒学仍然表现出主流文化的影响力,但其他思想并未被抹杀而保持应有的地位。在宗教方面,唐代允许信仰自由,造就了多教并行、共同发展的局面。在原有的佛教、道教之外,又相继引入了西方的祆教、景教、摩尼教和伊斯兰教。唐代文化的魅力不仅是自信与昂扬,不仅是恢弘与大气,更重要的是文化的丰富与多元。唐代官修前朝历史,在二十四史中占有八种。刘知几《史通》是价值很高的史学理论著作。杜佑《通典》总结历代典章制度,开"政书"一体之始。文学则诗人辈出,作品丰富,初唐

---

① 参见杜文玉《唐代社会开放的特点与历史局限》,《河北学刊》,2008 年第 3 期。

陈子昂、盛唐李白、杜甫,中唐白居易、元稹,晚唐李商隐、杜牧,是唐诗的杰出代表。词是配乐的诗歌新体裁,中晚唐逐渐流行。以韩愈、柳宗元为代表以改革骈体文为目的的古文运动,把散文写作提到一个新阶段。此外,传奇小说和保存于敦煌文献中的称为变文的俗讲文学,都有丰富内容和文学活力。

绘画、雕塑艺术名家迭出。阎立本、吴道子的人物画,李思训父子、王维的山水画,以及曹霸的马,韩滉、戴嵩的牛,边鸾的花鸟,均有独创,其中的吴道子被尊为"画圣"。见于石窟和墓室的壁画,甚多珍品。今存唐代雕塑作品如昭陵六骏、龙门佛像以及敦煌莫高窟和其他石窟中的实物,都闻名世界。书法则楷、行、草法均有高手。音乐方面,隋有七部乐,唐初扩充为十部乐,西域的及域外的占一大半。玄宗时改编为立部伎和坐部伎,并设梨园训练乐师。舞蹈、舞曲也都有汉有胡。这一特点最能反映唐代扩展的国势、密切的民族关系和频繁的域外交往。

总而言之,唐王朝在政治上的开明、经济上的繁荣和文化思想方面的融合政策,对佛教的发展提供了最有利的条件。这也是唐代佛教繁荣的原因之一。

第二节 初唐诸帝的佛教政策

李唐肇始陇西,联姻鲜卑,军功显赫,以武立国。由于门第卑微,在初唐时期,唐高祖将老子的姓氏和李唐宗室联系起来,道教因此而具有特殊的地位。唐朝初年,太宗倡佛奉道,以佛、儒、道三教并奖定为国策。实际是采取以儒家为主体,对佛、道两家调和并用的政策。

初唐,也即由唐代立国至睿宗统治结束这一发展时期,先后有唐高祖、唐太宗、唐高宗以及唐中宗、唐睿宗五位李姓皇帝和武则天一位另立新朝的女皇。这一时期,唐王朝在总体上继承了隋王朝的佛教制度和若干政策,为佛教的传播提供了宽松的环境,为唐代佛教的繁荣奠定了基础。关于这六位皇帝有无佛教信仰,历史上本来就众说纷纭,现今的学术界自然也难于有统一的说法。其根由不外乎他们执政时期都有不同程度的限制佛教发展的举措,以及在三教关系上将佛教列于最后等等政策取向。其实,信仰作为一种心理情感呈现,隐微难言,特别是政治家为了政治的需要,其宗教信向及其表现将更加复杂。但是,不管他们内心对于佛教的信仰究竟如何,而表现在政策取向上,与隋朝二帝相似,也就是对佛教既限制又利用,佛教实际上是其稳定国家、社会的一种可资利用的工具。

一、唐高祖、唐太宗的佛教政策

唐朝的建立者是李渊(618—626年在位)。李渊是西魏的八柱国之一李虎之孙。李虎因有功于西魏死后被追封为唐国公。李渊的父亲李昞死后,李渊又袭封唐国公。在隋朝,李渊先后做过州刺史、郡太守。大业十一年(615),隋炀帝又以李渊为山西、河东抚慰大使,大业十三年(617)初,李渊为太原留守。就在这一年,他起兵反隋。大业十三年七月,李渊经过充分准备,率军三万人,向关中进发。十一月,李渊攻破长安,迎代王杨侑为皇帝,遥尊隋炀帝为太上皇。李渊以尚书令、大丞相的身份掌握了实际大权。武德元年(618)三月,宇文化及等人缢杀了隋炀帝。从四月到五月,代王侑被迫让位,李渊登上了皇帝的宝座,他就是唐高祖。

武德元年(618),唐朝新建时,全国尚未统一,边境不安宁,突厥军队不时侵扰边境,长期动乱,社会经济也很凋敝。因此完成全国统一和巩固唐政权,就成了武德年间的中心任务。李渊的佛道政策就是围绕这一中心任务来制定的。

唐朝建立后,高祖鉴于道教在李唐建立中所起的作用,采取了一些崇道活动。高祖对佛教则有一个信佛到抑佛的转变过程。唐高祖李渊早年是信奉佛教的。李世民小时病重,他曾经至草堂寺为世民祈福,其

173

子病愈后,他还造弥勒佛像供养还愿。① 在太原起兵时,人马来到兴国寺附近,李渊立即命人马驻扎下来,并且对李世民说:"纪纲三千,足成霸业,处之兴国,可谓嘉名。"②武德元年(618),李渊下诏为其太祖已下造檀等身佛三躯。以沙门景辉尝记帝当承天命,为立胜业寺,以沙门昙献于隋末设粥救饥民,为立慈悲寺,以义师起于太原,为立太原寺。又诏并州立义兴寺,以旌起义之功。武德二年(619)正月,唐高祖还曾下诏,要全国在每年的正月、五月、九月的三个月中,禁止屠宰。其诏文曰:"释典微妙,净业始于慈悲;道教冲虚,至德去其残杀。"③可见,李渊对于佛教是有一定信仰的。实际上在立国确立国策之时,李渊对于儒、道、佛三教都想利用。他坚持用儒家思想来约束佛教、道教,对于佛教的发展采取适当限制的策略。

《唐会要》卷五〇记载:

> 武德三年五月,晋州人吉善行于羊角山,见一老叟,乘白马朱鬣,仪容甚伟。曰:"谓吾语天子,吾汝祖也,今年平贼后,子孙享国千年。"高祖异之,乃立庙于其地。④

这是高祖受禅后,制造神话,与老子攀上关系,用以装点门面,并借此对抗社会上所尊敬的世家大族。武德七年(624)十月,高祖幸终南山谒老子庙;武德八年,又造太和宫于终南山。高祖为李唐王朝寻找的这一血统,奠定了唐代处理佛道关系的基本模式。

高祖从政治出发,将道教置于优先地位,对佛教颇显冷淡。高祖开国之初,便有几次强迫沙门还俗之事。武德元年(618),高祖下诏只允许长安留四座佛寺,僧人一千名,其余寺院改作王公住宅,限额外的僧尼令

---

① 参见董诰等《全唐文》卷三《草堂为子祈疾疏》,第 45 页,北京,中华书局影印本,1983。
② 温大雅:《大唐创业起居注》卷一,第 6 页,上海古籍出版社,1983。
③ 唐高祖:《禁正月、五月、九月屠宰诏》,《唐大诏令集》卷一一三《道释》,第 586 页,北京,商务印书馆,1959。
④ 王溥:《唐会要》卷五〇,第 1013 页,上海古籍出版社,2006。

其还俗。在刘黑闼之乱(621—623)平定后,高祖下令曾被刘氏叛军占领的黄河中下游地区(即所谓"入贼诸州")每州只许保留一家佛寺,寺中留三十沙门,其余一律要还俗。辅公祐之乱(623—624)以后,唐政府对辅氏所据江南地区"依关东旧格"每州也是保留一寺,每寺30人。

唐高祖于武德九年(626)在信奉道教的人士的鼓动下,意欲沙汰僧尼。这年五月,他下诏曰:

> 又伽蓝之地,本曰净居,栖心之所,理尚幽寂。近代以来,多立寺舍,不求闲旷之境,唯趋喧杂之方。缮采崎岖,栋宇殊拓,错舛隐匿,诱纳奸邪。或有接延廛邸,邻近屠酤,埃尘满室,膻腥盈道。徒长轻慢之心,有亏崇敬之义。且老氏垂化,实贵冲虚,养志无为,遗情物外。全真守一,是谓玄门,驱驰世务,尤乖宗旨。
>
> 朕膺期驭宇,兴隆教法,志思利益,情在护持。欲使玉石区分,薰莸有辨,长存妙道,永固福田,正本澄源,宜从沙汰。诸僧、尼、道士、女冠等,有精勤练行、守戒律者,并令大寺观居住,给衣食,勿令乏短。其不能精进、戒行有阙、不堪供养者,并令罢遣,各还桑梓。所司明为条式,务依法教,违制之事,悉宜停断。京城留寺三所,观二所。其余天下诸州,各留一所。余悉罢之。①

从诏书看,高祖下令沙汰僧尼,不是要灭除佛教,而是想借机整顿佛教,正本清源。尽管语气很严厉,但是,佛教经过隋初的复兴,实力已经得到大幅度的增强,朝野僧俗反对沙汰者甚众,六月,他又下诏"其僧、尼、道士、女冠,宜依旧定"②。六月四日,发生了玄武门之变;八月,高祖被迫让位于李世民,这次沙汰僧尼诏未曾执行。

唐太宗(626—649年在位)是中国历史上最有作为的皇帝之一。他对于佛教的态度,颇为复杂。从其个人经验来说,他小时患病应祈福求

---

① 唐高祖:《沙汰僧道诏》,《旧唐书》卷一,第16—17页。
② 王溥:《唐会要》卷四七,第979页。

佛而痊愈；身为秦王讨伐窦建德时，据说曾经在夜雨中看见观音菩萨"金身毕露"，当即"拜首顿瞻"，并禀告高祖在荥阳广武山建观音寺。① 在自己即位之后，也屡屡表现出对于佛教的热心。贞观三年（629），为太武皇帝造龙田寺，还将其父母昔日的旧宅——长安通义坊的统义宫舍为尼寺，名为"兴圣寺"。他自述其意图说："永怀慈训，欲报无从，靖言因果，思凭冥福。"②想借此为其母荐福。同样情形，他又于贞观十五年五月十四日以"皇帝菩萨戒弟子"身份为其母祈福，"发愿文"说："唯以丹诚归依三宝，谨于弘福道场奉施斋供，并施净财以充檀舍，用其功德奉为先灵。"③第二年五月，他又为其母"追福"，其诏书曰：

> 欲报靡因，惟凭冥助。敬以绢二百匹奉慈悲大道，傥至诚有感，冀销过往之愆。为善有因，庶获后缘之庆。④

贞观三年闰十一月，唐太宗下令在自己征战过的七个战场设立佛寺，"破薛举于豳州，立昭仁寺。破宋老生于台州，立普济寺。破宋金刚于晋州，立慈云寺。破刘武周于汾州，立弘济寺。破王世充于邙山，立昭觉寺。破窦建德于郑州，立等慈寺。破刘黑闼于洺州，立昭福寺"⑤。他还下令为自己亲手所杀之人，大作佛事活动，其诏曰：

> 今宜为自征讨以来手所诛剪，前后之数将近一千，皆为建斋行道，竭诚礼忏；朕之所服衣物并充檀舍。冀三途之难，因斯解脱。万劫之苦，藉此弘济。灭怨障之心，趣菩提之道。⑥

从这些事例来看，似乎太宗对于佛教是有几分信仰的。然而从其自述以

---

① 参见陆元朗《敕建广武山观音寺碣》，《全唐文》卷一四六，第1484页。
② 唐太宗：《造兴圣寺诏》，道宣《广弘明集》卷二八，第329页下。
③ 唐太宗：《弘福寺施斋愿文》，道宣《集古今佛道论衡》卷丙，《大正藏》第52卷，第385页下—326页上。
④ 唐太宗：《为太穆皇后追福愿文》，道宣《广弘明集》卷二八，第329页下。
⑤ 唐太宗：《于行阵所立七寺诏》，道宣《广弘明集》卷二八，第328页下—329页上。
⑥ 唐太宗：《为战亡人设斋行道诏》，道宣《广弘明集》卷二八，第329页上。

及对于佛教的某些限制来看,又不尽然。

唐太宗上台后,未实行高祖的毁法诏令,但是对于弘法的限制仍然很严厉。贞观元年(627),唐太宗下诏仍然令执行武德年间的规定:京师留寺四所,僧人千名;各州留寺一所,僧人三十名。"贞观元年,敕遣治书侍御史杜正伦,检挍佛法,清肃非滥。"①贞观三年,唐太宗又下令"天下大括,义宁私度,不出者斩。闻此咸畏,得头巾者,并依还俗。其不得者,现今出家。"②道宣记载:"贞观初年,下敕有私度者,处以极刑。"③可见,贞观初年,唐太宗对于佛教的整顿,特别是剔出私度僧人令其还俗,执法甚为严厉。因此,尽管在特定情形下,太宗于这一时期也下过诏书准许度僧尼,但总体上仍然坚持了高祖时期的控制佛教发展的政策。这固然与太宗佛教信仰较为平淡有关系,但更多的则是出于政治方面的考虑。

依据汤用彤的研究,"综计太宗一生,并未诚心奖挹佛法"④。他曾经于贞观二年(628)对大臣说:梁武帝好释老,足为鉴戒,"朕今所好者,唯在尧舜之道,周礼之教。以为如鸟有翼,如鱼依水,失之必死,不可暂无耳"⑤。贞观二十年,太宗下诏书贬斥信佛的大臣、梁武帝之后代萧瑀:

> 至于佛教,非意所遵,虽有国之常经,固弊俗之虚术。何则?求其道者,未验福于将来;修其教者,翻受辜于既往。至若梁武穷心于释门,简文锐意于法门,倾帑藏以给僧祇,殚人力以供塔庙。及乎三淮沸浪,五岭腾烟,假余息于熊蹯,引残魂于雀鷇。子孙覆亡而不暇,社稷俄顷而为墟,报施之征,何其缪也!⑥

可见,唐太宗是充分借鉴前朝佞佛误国的教训而确立自己对待佛教的态

---

① 道宣:《续高僧传》卷二四《释智实传》,《大正藏》第50卷,第635页上。
② 道宣:《续高僧传》卷二六《释法向传》,《大正藏》第50卷,第606页上。
③ 道宣:《续高僧传》卷三五《释法冲传》,《大正藏》第50卷,第666页上。
④ 汤用彤:《唐太宗与佛教》,《汤用彤学术论文集》,第14页,中华书局,1983。
⑤ 吴兢:《贞观政要》卷六,第195页,上海古籍出版社,1978。
⑥ 刘昫等:《旧唐书》卷六三《萧瑀传》,第2403页。

度的,加之在三教关系的政治格局之中,佛教处于劣势,儒教为教化根本,唐王朝又标榜自己为李耳之后裔,因此,对于佛教保持一定距离而"非意所尊"是可以理解的。然而,太宗也并未采纳傅奕、秦世英等流辈的毁佛动议,对于唐初佛教的发展也提供了足够的空间。作为历史上不多见的明君,唐太宗能从宗教的社会功能着眼,从政治利益出发,表现了他成熟、老练的政治家风范,也体现了大唐兼容并蓄的多元文化气象。

在太宗朝,佛教最重大的事件无疑是玄奘从天竺归来以及此后的译经活动。正如汤用彤先生所说:"太宗晚年,因遭遇奘师,或较前信佛。"①唐太宗晚年对于佛教态度的改变是和他与玄奘的交往有重要关联。因此,从二者之间关系的演变中可以窥见唐太宗晚年对于佛教态度的转变轨迹。

从玄奘与太宗初次接触的情形看,太宗对于佛教仍然不很热忱。贞观十九年(645)正月,玄奘至长安。二月初,玄奘至洛阳宫见太宗。此时太宗"军事忙迫,闻法师至,令引入朝,期暂相见"②。贞观十九年元月底,玄奘才到洛阳宫见驾。大约太宗当时正忙于军事,初次会面只是礼貌性的。直到七天以后第二次会面时,他们才作深谈。在这次召见中,太宗所注重的仍在政事,不在佛教。太宗首先半真半假地责备玄奘西行为何不报,然后详问玄奘西游时沿途所历诸国的山川形势、气候、物产、风俗等事,玄奘既耳闻目见,记忆无遗,酬对皆有条理。太宗惊叹于玄奘的"词论典雅,风节贞峻"③,顿有收归己用之意,劝玄奘还俗辅政。玄奘固辞得免。太宗谈兴未尽,而大军出征在即,欲带玄奘随师出征,别更叙谈。玄奘亦坚辞得免。最后,玄奘提出到少林寺译经的请求,太宗初不应允,说:"法师唐梵俱赡,词理通敏,将恐徒扬仄陋,终亏圣典。"④经玄奘固请,太宗虽同意,但于译经地点,不同意玄奘所提远离京师的少林寺,

---

① 汤用彤:《唐太宗与佛教》,《汤用彤学术论文集》,第16页。
②③ 慧立、彦悰:《大唐大慈恩寺三藏法师传》卷六,《大正藏》第50卷,第253页中。
④ 同上书,第253页下。

而是定在京城的皇家寺院弘福寺。在这次诏见中,玄奘还接受了太宗下达的一个政治任务,即将西行所历笔录成书,以供太宗披览,这就是著名的《大唐西域记》。从这一过程看,太宗并不像此前各代最高统治者对待佛典翻译那样重视,朝廷为玄奘所提供的条件远不能与前秦、后秦甚至隋朝译场相比拟。

唐太宗晚年有三件大事对其打击很大:其一,贞观十年(636)长孙皇后去世之后,储君之争更加白热化。其二,征辽多年仍然以失败告终。其三,在征辽等一系列事变中,太宗还重病,身体日益虚弱。早在玄奘返国的两年以前,储君之争,相当紧张。原来的皇太子承乾和魏王泰争宠,"各树朋党,遂成釁隙"①。争夺的结果,使渔人得利,晋王李治成为王位的继承人,他就是后来的唐高宗。晋王被立为太子,颇富于戏剧性。《旧唐书·长孙无忌传》记载说:"太子承乾得罪,太宗欲立晋王,而限以非次,回惑不决。御两仪殿,群官尽出,独留无忌及司空房玄龄、兵部尚书李绩,曰:'我三子一弟,所为如此,我心无憀!'因自投于床,抽佩刀欲自刺。无忌等惊惧,争前扶抱,取佩刀以授晋王。无忌等请太宗所欲,报曰:'我欲立晋王。'无忌曰:'谨奉诏。有异议者,臣请斩之。'太宗谓晋王曰:'汝舅许汝,宜拜谢。'"②"这种家事的烦恼使得太宗濒于精神崩溃。"③因此,太宗才导演了这样一出好笑之剧,以图早日结束纷争。然而,不久,太宗又悔于立晋王为太子,又想以另一皇子李恪作太子,遭到长孙无忌等大臣的反对,只好作罢。这一连串事件发生于贞观十七年(643),也就是玄奘归国的前两年。这些事件虽改变了太宗的心态,然并未直接导致他对于佛教态度的转变。转变的机缘其实在于玄奘潜移默化的影响,此改变的"临界点"产生于贞观二十二年。

贞观二十年(646)七月十三日,玄奘上表,请太宗为新译经作序,为

---

① 刘昫等:《旧唐书》卷七六,第 2648 页。
② 刘昫等:《旧唐书》卷六五,第 2452—2453 页;《新唐书》第一○五卷所叙大致相同。
③ (英)崔瑞德编:《剑桥中国隋唐史》,第 237 页,北京,中国社会科学出版社,1990。

太宗所拒绝。后经玄奘固请,太宗虽应允,却迟迟不见下文。可见此时太宗仍然对于佛教没有十分明确的信仰。至贞观二十二年,太宗对佛教的态度发生了变化。本年六月,太宗在玉华宫诏见玄奘。太宗爱慕玄奘的学业仪韵,一直想逼劝归俗,共谋朝政。在洛阳宫诏见之时,太宗曾提及此事,为玄奘所谢绝。这次太宗又旧事重提,玄奘以"七义奏对"①,广述太宗神武英明之德,请求太宗勿夺其守戒缁门、阐扬遗法之志。太宗听后大悦,对玄奘说:"既欲敷扬妙道,亦不违犯志可努力。今日已后,亦当助师弘道。"②自从这一次谈话之后,玄奘与太宗的关系进入了一个亲密的阶段。太宗需要一位有才能、善言辞、经验丰富而又不卷入朝中是非的人,和他闲谈解闷。更重要的是,他在晚年的一系列事变中,身心疲惫,极需一位宗教人士帮助他减轻各种心理压力。玄奘正好是太宗所需要的人物。所以在这次会见中,他又问玄奘最近所译的经论。此后,太宗亲自阅读了《瑜伽师地论》,深深感到佛经是"瞻天望海,莫测高深"。太宗一生忙于军事、政治,虽然常和僧、道来往,但多限于公务,可能从来没有读过佛经。这一次因为三藏法师的推荐,读了一部佛教经典,不禁对重臣们叹道:

> 朕比以军国务殷,不及委寻佛教。而今观之,宗源杳旷,靡知涯际。其儒道九流比之,犹汀滢之池方溟渤耳。而世云三教齐致,此妄谈也。③

太宗遂敕令有司书写《瑜伽师地论》九部,颁赐九州,展转流通。

经玄奘重启,太宗很快撰成《大唐三藏圣教序》置于经首,太子李治亦制《述圣记》附于经后。太宗与太子的这两篇序文,对新译佛经的弘传影响之巨大,正如彦悰所说:

---

① 参见冉云华《玄奘大师与唐太宗及其政治理想探微》的分析,《华岗佛学学报》第八期 1985 年 7 月。
② 慧立、彦悰:《大唐大慈恩寺三藏法师传》卷六,《大正藏》第 50 卷,第 255 页下。
③ 同上书,第 256 页上。

> 自二圣序文出后,王公百辟,法俗黎庶,手舞足蹈,欢咏德音,内外揄扬,未浃辰而周六合。慈云再荫,慧日重明。归依之徒,波回雾委。所谓上之化下,犹风靡草,其斯之谓乎?①

从这一事件之后,太宗才真正对佛教有了了解和信赖。因为这一深刻印象,太宗才下令秘书省手写新翻经论为九本,分发于雍、洛、并、兖、相、杨、凉、荆、益等九州。这是唐朝政府官方写经流通规模最大的一次。他又读了玄奘所进的《菩萨藏经》,甚为赞赏,敕令皇太子为其作后序。又赐纳袈裟一领,剃刀一口给玄奘。这年九月,太宗又做了一件"助师弘法"的大事,即度僧。事情起因于太宗之问:"欲树功德,何最饶益?"玄奘对以"度僧为最"。② 太宗即下诏,京城天下诸州寺宜各度5人,弘福寺宜度50人,共计度僧尼1.85多万人。又在北阙紫微殿西,别建一所,号为弘法院,留玄奘日间闲谈,晚上在弘法院译经。两个月以后,慈恩寺修成,太宗以盛大典礼,送法师入住新寺。冬日以后,太宗又于次年四月,驾幸翠微宫,并召皇太子及玄奘陪从。公务以外的时间,主要是和玄奘法师闲谈。太宗所问的题目,包括"因果报应,及西域先圣遗芳故迹"③。玄奘引经据典,一一回答。"帝深信纳。数攘袂叹曰:朕共师相逢晚!不得广兴佛事。"④一个多月以后,太宗去世。

关于太宗晚年向佛,时人早有恰切的分析。玄奘弟子慧立在《大唐大慈恩寺三藏法师传》中写道:

> 帝少劳兵事,纂历之后,又心存兆庶。及辽东征罚,栉沐风霜。旋旆已来,气力颇不如平昔,有忧生之虑。既遇法师,遂留心八正,墙堑五乘,遂将息平复。⑤

---

① 慧立、彦悰:《大唐大慈恩寺三藏法师传》卷六,《大正藏》第50卷,第257页下。
② 参见慧立、彦悰《大唐大慈恩寺三藏法师传》卷七,《大正藏》第50卷,第259页上。
③④ 同上书,第260页上。
⑤ 同上书,第258页下—259页上。

除此之外,"太宗相信因果之说,对他晚年渐近佛教有很大的关系"①。太宗早年曾对傅奕说道:"佛道玄妙,圣迹可师,且报应显然,屡有征验。"②后来在他亲笔所撰的《大唐三藏圣教序》中,也有"是知恶因业坠,善以缘升。升坠之端,唯人所托"③等语。可见太宗对佛家因果报应的理论,是很清楚而且有几分相信的。太宗在与佛教保持一定距离的时期,既未听信反佛之士的蛊惑,反而屡有占地建寺和为母祈福等等举措,如果没有一定的感性基础,这些事情不大可能连续发生。因此,太宗早年对于佛教的态度并非毫无信向,而是有几分好感而保存在心中。

二、唐高宗的佛教政策

唐高宗李治(650—683年在位)是太宗与长孙皇后所生的第三子,他的两个兄长——太子李承乾和濮王泰,因为争夺太子地位,双方各树朋党,互相倾轧,以致在贞观十七年(643)时太子被废为庶人,不久太宗发觉濮王泰亦凶险难立,于是立素有"仁孝"之名的晋王李治为太子。晋王李治亲历兄长的废立,故当太子时小心谨慎,侍奉太宗战战兢兢,对于他的老师更是礼敬有加,因而得到太宗的欢心以及当时朝臣的赞誉。《旧唐书·高宗本纪》说他"幼而岐嶷端审,宽仁孝友"④,因此,承乾与濮王泰争夺皇位的事件发生后,在长孙无忌、褚遂良的极力推荐下,贞观十七年(643),16岁的李治被立为太子。

李治从小体弱,即位不久就患风疾,头痛症频频发作。起初,政治、经济、文化等各方面唐高宗都还能谨守太宗成规。后来,则天皇后临朝理政,诸事均依照皇后意图办理。高宗是从内心相信佛教的人生哲理的,登上帝位的经过,使其体味到了人生的无常;体弱多病,使其更加倾

---

① 冉云华:《玄奘大师与唐太宗及其政治理想探微》,《华岗佛学学报》第八期,1985年7月。
② 刘昫等:《旧唐书》卷七九《傅奕传》,第2717页。
③ 慧立、彦悰:《大唐大慈恩寺三藏法师传》卷六,《大正藏》第50卷,第256页下。
④ 刘昫等:《旧唐书》卷五《高宗本纪上》,第65页。

向于祈求佛的佑助。因此,高宗时期,佛教比之于前,有较为突出的发展。高宗对于佛教的扶持,比之于太宗也更为明显。

唐高宗对佛教的了解及其佛教政策,受玄奘影响很深。正如他在《菩萨藏经》后序中所说:"余以问安之暇,澄心妙法之宝。"①因此,通过高宗与玄奘的往来线索分析唐高宗朝的佛教政策可信度更高些。

晋王李治被立为太子两年后,玄奘回国。受太宗礼遇,玄奘经常与太宗一起谈论佛教,太子李治因此耳濡目染不少,加上他天性喜静,因而对佛教义理产生浓厚的兴趣。在当太子阶段,他与玄奘的交往记载不多,但据两唐书所载,他侍奉太宗周到,甚至寸步不离,太宗与玄奘的对话,乃至对玄奘的赏识、护持,他应知之甚详。《慈恩传》记载,贞观二十二年(648)八月,太宗为玄奘撰《大唐三藏圣教序》一文,凡781字,并命上官仪对群僚读之,敕贯众经之首。皇太子接踵其后亦作《述圣记》一文,此后又为玄奘所上《菩萨藏经》作序。这次的文字因缘,奠定了太子与玄奘的交情。

除此之外,被认为是太子对玄奘最大护持的是慈恩寺的落成与礼请玄奘任住持。慈恩寺位于长安晋昌坊,原为净觉伽蓝,太子在写完《述圣记》一文后,为追念生母文德皇后而请太宗准予设立。此寺成为玄奘译经的重要场所,也成为日后窥基弘法的大本营。

高宗积极支持佛典翻译事业,这突出地体现在对玄奘翻译活动的支持上。根据《慈恩传》卷七记载,太宗驾崩,高宗即位后,"法师还慈恩寺。自此之后,专务翻译,无弃寸阴"②。永徽二年(651),玄奘奏请在慈恩寺西院建塔以安置经像舍利,经高宗许可后,玄奘亲负则簣畚,担运砖石,基塔之日,并命名为"大雁塔"。显庆元年(656)正月,高宗就慈恩寺为皇太子设五千僧斋,每人施布帛三段,敕遣朝臣行香。玄奘请薛元超、李义

---

① 慧立、彦悰:《大唐大慈恩寺三藏法师传》卷六,《大正藏》第50卷,第258页中。
② 慧立、彦悰:《大唐大慈恩寺三藏法师传》卷七,《大正藏》第50卷,第260页上。

府转请高宗准许援以往成例,由朝廷简派大员监阅、襄理译事。此后,高宗指派于志宁、来济、许敬宗、薛元超、李义府、杜正伦等校阅经文,襄助译事。三月,高宗为慈恩寺作碑文,并允御笔亲书。书成,法师特集合徒众,及京城僧尼,举行一次"迎接御制并书慈恩寺碑文"的大典。玄奘法师为此前后两次表谢高宗。四月十四日,高宗送御书《大慈恩寺碑》,于佛殿前东南角造碑屋安置。《旧唐书·高宗本纪上》记载,显庆元年"夏四月戊申,御安福门,观僧玄奘,迎御制并书慈恩寺碑文。导从以天竺法仪,其徒甚盛"①。同年,中宗出生,赐名佛光王,并诏于玄奘处出家、受戒。可以这样说,高宗对玄奘翻译活动的支持力度远远超过了太宗。正是由于高宗的支持和理解,玄奘的翻译活动才更顺畅。

高宗不仅重视玄奘的翻译活动,在驾崩的弘道元年(683),还遣使至印度迎请菩提流志。菩提流志至唐土,翻译了许多经典,对于唐代佛教的繁荣起了重要作用。仪凤二年(677),杜行顗译《尊胜纪》,为避国讳,以"世尊"为"圣尊","救治"为"救除"。高宗说:"佛经之言,岂当避讳?"②乃下令改正。由此也可看出高宗对于佛教的尊重是发自内心的。

然而,从佛道关系而言,由高祖所奠定的道在佛先的政策,是不能轻易变更的。高宗即位后,虽然追随太宗的脚步,继续礼遇护持玄奘大师,也对道宣、怀素二律师礼敬有加,也曾经兴建不少寺院。如永徽二年(651)废玉华宫为佛寺,永徽六年在昭陵侧立佛寺,以为太宗追福。龙朔三年(663)为文德皇后立资圣寺。若以如实如法的观点看,高宗的造寺动机,仍然脱离不了弘扬名教(孝道)、布施祈福的层次,因此在玄奘圆寂后,因政策的需要,高宗转而扶植道教,为老君上尊号为"太上玄元皇帝",并亲谒亳州老子庙。

永徽年间,高宗实施的宗教政策,有部分规定对"僧事僧治"的僧团

---

① 刘昫等:《旧唐书》卷五《高宗本纪上》,第75页。
② 志磐:《佛祖统纪》卷三九,《大正藏》第49卷,第369页上。

自主权伤害很大,如《慈恩传》卷九记载,永徽六年(655),高宗下敕,"道士、僧等犯罪,情难知者,可同俗法推勘。边远官人不闲敕意,事无大小,动行枷杖,亏辱为甚"①。玄奘法师"每忧之。因疾委顿,虑更不见天颜。乃附人陈:'前二事,于国非便。玄奘命垂旦夕,恐不获后言,谨附启闻。伏枕惶惧'"②。高宗敕遣回答说:"道教清虚,释典微妙,庶物藉其津梁,三界之所遵仰。比为法末人浇,多违制律。权依俗法,以申惩诫,冀在止恶劝善,非是以人轻法。但出家人等,具有制条,更别推科,恐为劳扰。前令道士女道士、僧尼有犯依俗法者宜停。必有违犯,宜依条制。"③此事经过玄奘劝谏,总算废止。

相反的,高宗对于道士炼丹以求长生相当有兴趣,自显庆(656—660)年间开始广征诸方道术之士,合炼黄白,后因道士叶法善之谏而罢之。不久,复命胡僧卢伽阿逸多合长年药,药成,将服之,为朝臣郝处俊所阻。又命道士刘道合炼丹,丹成上之。不久,道合死,弟子将开棺改葬,其尸唯体空皮,而背上开坼,有似蝉蜕,尽失其齿骨,众谓尸解。高宗闻之不悦,曰:"刘师为我合丹,自服仙去。其所进者,亦无异焉。"④开耀元年(681),高宗终因服食丹药,药性发作,身体不适,而令太子监国。两年后,高宗驾崩。高宗之死,是否因饵药之故,史无明文,不得而知。但由欲长生而重视道教,相对而言,执行道教、佛教的并重,在高宗看来,是顺理成章的事。

三、武后的佛教信仰及其对佛教的利用

武则天(624—705),名曌,是中国历史上唯一的女皇。武氏为唐开国功臣武士彟次女,母亲杨氏,祖籍并州文水县(今山西省文水县),生于利州(今四川省广元市)。本名不详,14岁入后宫为才人(正五品),唐太

---

①② 慧立、彦悰:《大唐大慈恩寺三藏法师传》卷九,《大正藏》第50卷,第270页上。
③ 同上书,第270页中。
④ 高宗服食丹药之事分见《旧唐书》卷一九一《方伎传》、卷八四《郝处俊传》、卷一九一《隐逸传》等。

宗赐名媚，人称"武媚娘"。唐高宗时为皇后（655—683）、唐中宗时为皇太后（683—690），后自立为武周皇帝（690—705），改"唐"为"周"，史称"武周"，705年退位。

李渊于太原起兵反隋之后，武士彟以金钱资助李渊。唐王朝建立，武氏由此成为显贵家族。则天14岁，太宗李世民听说其美丽非凡，召其入宫，立为才人。不久，太宗驾崩，则天依照惯例出家居感业寺为尼。高宗李治到寺烧香，则天求见哭诉。高宗被其打动，复召其入宫为昭仪。后来，王皇后、良娣萧氏与武昭仪三人争宠，纠纷不断。永徽六年（655）高宗废掉王皇后而立武则天代之。李治被风疾困扰，一切大事委托武后处理，时人称之为"二圣"。

从宫宦之女到太宗才人，一跌又为尼姑，对于常人，落到如此地步，余生很难再有作为。但是她偏偏又能够被高宗看中，由尼姑一跃成为昭仪、皇后，不久又实际上掌握了朝政。摆在她面前的好像是金光大道。然而，身为女子，她深知政治的变换不定，对于自己能否一帆风顺并无十分把握。当尼姑的遭遇，柳暗花明又一村的戏剧变化，对前途的难于预卜，诸种因素无疑对武后产生了重要影响，使她心理上萌发了一种既归功于佛助又迫切求助于佛力的想法。武后深知，权力仅仅依赖美貌色相并不完全可靠，她还需要另外的力量。权衡再三，她选择了佛教，终生不渝。高宗的许多佛教活动，她都是积极的推动者。

高宗临终遗诏："皇太子即位于柩前。园陵制度务求节俭。军国大事有不决者，取天后处分。"①这样，武则天的亲生子李显即位，是为中宗。太后临朝称制，改元嗣圣。不料，未到三个月，武则天就废掉了中宗李显，另立高宗第八子李旦为帝，是为睿宗，改元文明。如此看来，仅仅辅助皇儿，垂帘听政，是不能满足武则天的心理需要的。经过长期准备，在载初元年（690）九月九日，武则天革了唐的命，改国号为"周"，改元天授，

---

① 刘昫等《旧唐书》卷五，第112页。

正式做了皇帝。第二年四月,武则天以"释教开革命之阶"为由,"令释教在道法之上,僧尼处道士女冠之前"①。在唐代,佛教首次超越道教,成为武周治国策略的重要组成部分。

武周时期,佛教空前繁荣。主要表现在:其一,修建大量寺庙,塑造众多佛像。虽然大臣们一再劝谏,但她为了积攒功德,求佛保佑,还是坚持大兴土木,修建众多寺庙佛像。其二,武后时期译经数量巨大,译经成果累累,译经名手和梵经善本荟萃,佛典翻译及其流通达到新的水平。她打破唐太宗由玄奘一统译场的局面,接待各方译僧,其中除实叉难陀外,还有地婆诃罗、义净等,最著名的是菩提流志。她很重视佛典的翻译,天册万岁元年(695)十月二十六日,命佛授记寺大德僧明佺检校《大周刊定众经目录》。其三,此时期信佛者数量众多。除了僧尼以外,社会中的佛教信仰者数量众多,信仰阶层也比较多样。不仅当朝的士大夫们大部分都信仰佛教,百姓中也有大量信仰佛教的人,甚至还有一些道士改信佛教。《集古今佛道论衡》卷丁记载,早在高宗龙朔元年(661),京城西华观道士郭行造金铜佛像五躯,十一面观音像两躯,并诸大乘经,改依佛教。"洛阳弘道观主杜义乞为僧,赐名玄嶷,赐夏三十腊,敕住佛授记寺。嶷撰《甄正论》以尊佛教。"②这充分证明当时佛教信仰的巨大号召力。其四,武后时期一些重要佛教宗派创立并繁荣起来。武则天支持并促进了在中国思想史上有重要影响的华严宗、禅宗之创立与繁荣。如此等等事例,都可说明武周时期佛教发展到了鼎盛阶段。

从总体上考察武则天与佛教的关系,有三件事须略作论说:一是武则天与《大云经》、《宝雨经》的关系;二是她与法藏及其华严宗的关系;三是法门寺佛骨的迎奉。一般认为,武后之所以能够大胆地登上皇帝的宝座,与其利用佛教经典大造舆论有密切关系。武后以女主称帝,在儒家

---

① 赞宁:《大宋僧史略》卷二,《大正藏》第 54 卷,第 247 页上。
② 志磐:《佛祖统纪》卷三九,《大正藏》第 49 卷,第 370 页中。

经典中找不到根据,因而她需要利用佛教《大云经》一类作为宣传的工具,制造舆论,取得人心。武则天以妇人身份登帝位,只好从佛经教义中寻找其合法性的说明。早在高宗驾崩、中宗即位不久,武后即着手篡位,于是大造符瑞图谶,以期转移天下之观听。

垂拱四年(688)四月(或五月),武承嗣伪造瑞石,文曰:"圣母临人,永昌帝业。"令雍州唐同泰表称获之于洛水。皇太后大悦,号其石为宝图,六月又得瑞石于泛水,即《广武铭》,文略曰:"发我铭者小人,读我铭者圣君……三六年少唱唐唐,次第还唱武媚娘。……化佛从空来,摩顶为授记。"①这是暗示女子武媚当为天子,而佛为其摩顶授记,则实暗指《大云经》符谶之事。

载初元年(690)七月,沙门怀义、法朗等造《大云经疏》,陈符命,言则天是弥勒下生,作阎浮提主。其年九月,武后自立为皇帝,改国号曰周,改元天授。武后得《大云经》,怀义与法朗等九人,并封县公,皆赐紫袈裟银龟袋,于每州置大云寺,颁《大云经》于天下。

长寿二年(693),菩提流志等翻译了《宝雨经》呈上,也颇投合武后的心意。在圣历二年(699),八十《华严》译成,武后亲为制序,文曰:

> 朕曩劫植因,叨承佛记,金仙降旨,《大云》之偈先彰;玉扆披祥,《宝雨》之文后及。加以积善余庆,俯集微躬。遂得地平天成,河清海宴。殊祯绝瑞,既日至而月书;贝叶灵文,亦时臻而岁洽。逾海越漠,献賝之礼备焉。②

武后亲制的《大唐新译圣教序》也说:"甘露之旨既深,《大云》之喻方远。"武后在《大周圣教序》说道:"重开甘露之门,方布《大云》之荫。"③可见,武则天俨然以为,佛在《大云经》、《宝雨经》所授记的正是自己。

---

① 刘昫等:《旧唐书》卷六,第119页。
② 武则天:《大周新译大方广佛华严经序》,《大正藏》第10卷,第1页上。
③ 《大正藏》第15卷,第706页上。

《大云经》又名《方等无想经》、《大方等无相大云经》、《方等无相大云经》、《大方等大云经》、《方等大云经》等。《出三藏记集》卷二载为昙无谶于北凉玄始六年(417)译出,《法经录》卷一及《彦琮录》卷一则载是前秦竺佛念于长安译出,又《历代三宝纪》卷八载竺佛念译《方等无相经》五卷,同书卷九载昙无谶译《方等大云经》六卷,《开元释教录》卷一一则谓本经初译本阙,昙无谶所译为第二译。近来在敦煌发现的《大云无想经》卷九,其文则专说陀罗尼。现存的文本为昙无谶译本。《旧唐书》说:"有沙门十人伪撰《大云经》,盛言神皇受命之事。"①然据今人研究②,武则天登基所藉用的《大云经》并非重译或者伪撰,而是薛怀义等人袭用昙无谶的旧译本,辅以新疏,巧以附会。《大周刊定众经目录》即可为证。

昙无谶译《大方等无想大云经》中有两段经文提到女子做国王的事情。

第一段曰:"尔时,众中有一天女,名曰净光。"③佛告诉净光天女:

> 天女,时王夫人即汝身是。汝于彼佛暂得一闻《大涅槃经》,以是因缘今得天身,值我出世,复闻深义。舍是天形,即以女身,当王国土,得转轮王所统领处四分之一,得大自在,受持五戒,作优婆夷。教化所属城邑聚落男子女人大小,受持五戒,守护正法,摧伏外道诸邪异见。汝于尔时实是菩萨,为化众生现受女身。④

第二段经文说:

> 尔时,诸臣即奉此女以继王嗣。女既承正,威伏天下。阎浮提中所有国土悉来承奉无拒违者,女王自在摧伏邪见,为欲供养佛舍利故,遍阎浮提起七宝塔。……善男子,如是女王,未来之世过无量

---

① 刘昫等:《旧唐书》卷六,第121页。
② 参见陈寅恪《武曌与佛教》,《金明馆丛稿二编》,上海古籍出版社,1986。
③ 昙无谶译:《大方等无想大云经》卷四,《大正藏》第12卷,第1097页上。
④ 同上书,第1098页上。

劫,当得作佛,号净实增长。①

当时的一些僧人将其与中土模拟,自然容易与武则天做女皇挂钩。现存敦煌写本《〈大云经〉神皇授记义疏》有云:"经曰:'今以女身当王国土……者',今神皇王南阎浮提一天下也。"几乎是明确说此经所言就是当即的"神皇"武曌,难怪武则天看到此经后会欣喜若狂!武皇在《大云经》颁布之后,立即令诸州都要修建大云寺,当时有358州,建造大云寺358座,总度僧上千人。规模自然是空前绝后的。

适逢其时,长寿二年(693),印度来华僧人菩提流志与薛怀义等人于洛阳佛授记寺译出《宝雨经》10卷。与《大云经》类似,此经也是早有两种汉译本:梁曼陀罗仙译《宝云经》7卷、陈须菩提译《大乘宝云经》8卷(已佚失),唐代后,北宋时期的法护又译作《除盖障菩萨所问经》20卷。

唐译本是对梁译本的重译,但多出了佛授记东方月光天子将为支那国女王的一段经文:

> 尔时,东方有一天子名曰月光,乘五身云,来诣佛所,右绕三匝,顶礼佛足,退坐一面。
>
> 佛告天曰:"汝之光明,甚为希有!天子,汝于过去无量佛所曾以种种香花、珍宝、严身之物、衣服、卧具、饮食、汤药,恭敬供养种诸善根。天子,由汝曾种无量善根因缘,今得如是光明照耀。天子,以是缘故,我涅槃后最后时分,第四五百年中法欲灭时,汝于此赡部洲东北方摩诃支那国,位居阿鞞跋致。实是菩萨,故现女身,为自在主。经于多岁,正法治化,养育众生,犹如赤子,令修十善;能于我法,广大住持,建立塔寺;又以衣服、饮食、卧具、汤药供养沙门,于一切时常修梵行,名曰月净光天子。……"②

这一段经文,由于现存梁译本的阙失,所以,屡有人怀疑其为武周译者所

---

① 昙无谶译:《大方等无想大云经》卷六,《大正藏》第12卷,第1107页上—中。
② 菩提流志译:《佛说宝雨经》卷一,《大正藏》第16卷,第284页中。

擅加,敦煌遗书题记中的发现恰好证明这是历史的真实。敦煌遗书斯2278号《宝雨经》残卷为我们回答了这一问题。该卷译经题记称:

> 大周长寿二年(693)岁次癸巳九月丁亥三日己丑佛受记寺译。
> 大白马寺大德沙门怀义监译;南印度沙门达磨流支宣释本……

这个"怀义",就是武则天的嬖臣薛怀义。这条题记的发现,说明所谓"佛记"完全是薛怀义一手炮制的。

佛经经典中所宣扬的女身也可成国王、也可成佛的说法,在印度文化思想是有积极的意义的,对于印度文化本身所具有的歧视女性的传统是一有力纠正。佛经中的这些说法,一方面能够满足武则天的政治需要;另外一方面,确实也有一些热衷参与政治的僧人在有意识地强化这些说法,以迎合当时的政治需要。这里面有少数如薛怀义之流是以僧尼为外衣的投机分子,大多数僧人如菩提流志等,仍然是想藉助于朝廷,达到弘法的目的。由于历史上业已存在的对于武则天的反评,最高统治者对于佛经的这次借用,对于佛教的声誉实际上是有巨大负面影响的。

从唐代佛教宗派的发展来说,太宗、高宗时期,朝廷扶持的是法相唯识宗,而在武周时期正是北宗禅和南宗禅双峰并峙的时期,尤其是,华严宗就是在武则天直接的大力支持下平地崛起的。其中,法藏与武则天的特殊关系对于华严宗的兴起至关重要。

法藏与武则天的关系始于高宗咸亨元年(670)。当时,法藏年28岁,武后之母荣国夫人(杨氏)死,武后为其大树福田,度僧并把住宅施舍作太原寺。于是道成、薄尘等京城耆德连状荐举,度法藏为僧,得到许可,并且令其隶属太原寺。此时法藏只受了沙弥戒(《五祖略记》谓在上元元年),奉诏在太原寺讲《华严经》。后来,他又在云华寺开讲,有旨命京城"十大德"为其授具足戒,并把《华严经》中贤首菩萨的名字赐给他作称号,一般称为贤首国师。自此以后,法藏经常参加翻译、广事讲说和著述,大振华严的宗风。当武周圣历二年(699),重新翻译的《华严经》告成,武则天诏令法藏在洛阳佛授记寺宣讲。《宋高僧传》等说他常为武后讲新《华严经》,讲到"天帝网义十重玄门"、"海印三昧门"、"六相和合义门"、"普眼境界门"等,武后骤听之下茫然不解。法藏于是指殿隅金狮子作譬喻,讲到一一毛头各有金狮子,一一毛头狮子同时顿入一毛中,一一毛中皆有无边狮子,重重无尽。武后于是豁然领解,因而把当时所说集录成文,叫做《金狮子章》。

　　武周时期的那次迎奉法门寺佛骨活动,也与法藏密切相关。法藏16岁时,曾经在法门寺塔前燃一指供养佛骨舍利。长安四年(704)冬,法藏在内道场向武则天提到,法门寺佛骨多年来未曾迎奉,需加以护持。"则天特命凤阁侍郎博陵崔玄暐与藏偕往法门寺迎之。时藏为大崇福寺主。……遂与应大德、纲律师等十人俱到塔所。行道七昼夜,然后启之,神辉煜烁。藏以昔尝炼指,今更蒸肝,乃手擎兴愿,显示道俗,舍利于掌上腾光洞照遐迩。"①法藏以自己残损的手指高举佛骨,于是众人"顶缸指炬者争先,舍宝投财者耻后。岁除日,至西京崇福寺"②。第二年正月十一日,佛骨被迎入洛阳。武则天敕令王公以下精心制作幡花幢盖,又令太常准备乐队迎接。佛骨迎入宫内,置于明堂。"夫明堂者,天子宗祠之堂,朝诸侯之位也。"③而武则天却将天子祭祀天地、祖先的圣堂用做瞻礼佛骨之所,其以"佛"代"天"的意图明矣!正月十五日,武则天"身心护净,头面尽虔"④,由法藏等僧人、权臣陪同至明堂瞻礼佛骨。实际上,此时武则天已经病入膏肓。几天之后,皇太子李显率领亲信军士杀掉武则天的崇臣张宗昌、张易之。病中的武则天只得无可奈何地传位给太子李显。李显即位,二月就恢复国号唐。十一月,武则天去世,终年83岁。武则天一生曾经两次迎奉佛骨,其政治生涯以迎奉佛骨始,又以迎奉佛

---

① 崔致远:《唐大荐福寺故寺主翻经大德法藏和尚传》,《大正藏》第50卷,第283页下—284页上。
②④ 同上书,第284页上。
③ 刘昫等:《旧唐书》卷二二《礼仪二》,第863页。

骨终。这并不是偶然的巧合,而是她信仰佛教、感恩佛法的必然归结。

四、唐中宗的佛教信仰及其政策

唐中宗李显(656—710),高宗第七子,武则天第三子。唐中宗前后两次当政(683—684年、705年—710年在位),在位七年。

显庆元年(656),中宗出生时,传闻"端正奇特,神光满院,自庭烛天"①,应高宗请求,玄奘给其取法名为"佛光王"。高宗因其出生受过玄奘护念之故,令其"受三皈、服袈裟,虽保养育,所居常近法师。十二月五日,满月,敕为佛光王度七人,仍请法师为王剃发"②。因此缘由,李显自然容易了解佛教。③

弘道元年(683),高宗驾崩后,中宗即位,但来年二月即被武则天废为庐陵王;五月,被幽居于房陵,直至圣历元年(698)方被召还东都,复为太子。至此,李显在房陵度过了15年失去了人身自由、诚惶诚恐的痛苦生活。《旧唐书·后妃传》载:

> 嗣圣元年……(韦)后随从房州。时中宗惧不自安,每闻制使至,惶恐欲自杀。后劝王曰:"祸福倚伏,何常之有,岂失一死,何遽如是!"④

在惶惶不可终日之中,李显潜心于佛典。《开元释教录》卷九记载:"帝以昔居房部幽厄无归,祈念药师,遂蒙降祉,贺兹往泽,重阐洪猷。因命法徒更令翻译,于大佛光殿译成二卷,名《药师琉璃光七佛本愿功德经》,帝御法筵,手自笔受。"⑤武则天极力扶持佛教。深谙这一点的中宗,在幽居

---

① 慧立、彦悰:《大唐大慈恩寺三藏法师传》卷九,《大正藏》第50卷,第271页中。
② 同上书,第272页上。
③ 关于这一专题,参见《论唐中宗、睿宗时期佛道政策的嬗变》,《厦门大学学报》(哲学社会科学版),1998年第3期。
④ 刘昫等:《旧唐书》卷五一,第2171页。
⑤ 智昇:《开元释教录》卷九,《大正藏》第55卷,第568页下。

房州时，便投其母所好，潜心于佛典之中，一方面藉此聊以自慰，祈盼佛的保护；另一方面也希望藉此避过身边耳目的刺探，保全性命。15年的幽居与潜心于佛典，不仅使中宗"深崇释典"，从中找到了精神寄托，而且"精贯白业，游艺玄极"①，成为一个虔诚的信佛者。

作为中兴李唐的象征，唐中宗于神龙元年（705）下令在各州兴建一所佛寺与一所道观，分别命名为"中兴寺"与"中兴观"；神龙三年二月，又"改中兴寺、观为龙兴，内外不得言'中兴'"②。后来改"中兴寺"、"中兴观"为"龙兴寺"、"龙兴观"。

中宗刚即位，就令天下试经度人。根据《佛祖统纪》记载，神龙元年（705），中宗"下诏天下，试经度人。山阴灵隐僧童大义，年十二诵《法华经》，试中第一。"③对此事，《宋高僧传·大义传》也有记载："属中宗正位，恩制度人。都督胡元礼考试经义，格中第一，削染配昭玄寺，自兹听习，旁赡玄儒。"④

中宗登基不久，为其母武则天追福，改"中兴寺"为"圣善寺"，寺内为武则天立报慈阁。神龙二年（706）二月"丙申，僧会范、道士史崇玄等十余人授官封公，以常赏圣善寺功也"⑤。此年七月，中宗又下诏："释典玄宗，理均迹异，拯人化俗，教别功齐。自今每缘法事聚集，僧、尼、道士、女冠等宜齐行并集。"⑥唐太宗的政策是"道在佛先"，武则天的政策则是"佛在道上"，中宗的政策则改为佛、道"齐班并集"，表面看去不偏不倚，实质上，对于佛教更偏重些。而禁断《老子化胡经》最能说明中宗对待佛教和道教的态度。

关于中宗禁断《老子化胡经》之事，《旧唐书·中宗本纪》记载：神龙

---

① 赞宁：《宋高僧传》卷一四，《大正藏》第50卷，第793页中。
② 刘昫等：《旧唐书》卷七《中宗本纪》，第143—144页。
③ 志磐：《佛祖统纪》卷四〇，《大正藏》第49卷，第371页中。
④ 赞宁：《宋高僧传》卷一五，《大正藏》第49卷，第800页上。
⑤ 刘昫等：《旧唐书》卷七《中宗本纪》，第141页。
⑥ 念常：《佛祖历代通载》卷一二，《大正藏》第49卷，第587页中—下。

元年(705)九月"壬午,亲祀明堂,大赦天下。禁《化胡经》及婚娶之家父母亲亡停丧成礼。天下大酺三日。"①而《佛祖统纪》载录了中宗的诏书:

> 如闻道观皆画化胡成佛之相,诸寺亦画老君之形,两教尊容互有毁辱,深为不然。自今并须毁除,其《化胡经》屡朝禁断,今后有留此伪经及诸记录有言化胡者,并与削除。违者准敕科罪。②

有"弘道观者桓彦道表留《化胡经》",中宗下敕说:"朕志在还淳,情存去伪。顷以万几之暇寻三教,道德二篇之说,空有二谛之谈,莫不敷畅玄门,阐扬妙理,何假化胡之伪,方盛老子之宗?义有乖违,事须除削。"③由此可见,相形之下,中宗对佛教的态度更为热忱些。

中宗李显先后两次登上帝位,心中自然感慨万端,对于佛教的信仰并不亚于其父皇、母后。中宗全心全意护持佛教,在位五年间,做了不少护法崇僧的事情。中宗以朝廷名义设立无遮大会,如景龙三年(709)七月"壬戌,安福门外设无遮斋,三品已上行香"④。景龙四年"春正月乙卯,于化度寺门设无遮大斋"⑤。

有关中宗礼遇高僧的记载很多。如《宋高僧传》卷八记载,释道亮,"年八岁出家,极通经业。受具后,学河中'三论',复讲《涅槃经》。"神龙元年(705),中宗下诏请道亮"与法席宗师十人入长乐大内坐夏安居。时帝命受菩萨戒,睿宗及妃后送异锦衾毡席。二年,诏于西园问道,朝廷钦贵"⑥。神龙二年,赐嵩岳慧安国师紫摩纳衣,为其度弟子14人,并延入禁中供养。北宗初祖神秀神龙二年去世后,中宗赐谥曰大通禅师,并于相王旧邸造报恩寺。神龙三年,"敕高安令崔思亮往泗州迎僧伽大师。

---

① 刘昫等:《旧唐书》卷七《中宗本纪》,第140页。
② 志磐:《佛祖统纪》卷四〇,《大正藏》第49卷,第371页中。
③ 同上书,第371页中—下。
④ 刘昫等:《旧唐书》卷七《中宗本纪》,第147页。
⑤ 同上书,第149页。
⑥ 赞宁:《宋高僧传》卷八,《大正藏》第50卷,第757页下。

师西域何国人,高宗时来洛阳,行化至泗州,城民贺跋舍宅为寺。师令掘地得碑云:'齐李龙舍宅建香积寺。'又获金佛。师曰:'普照王佛也。'因名普照王。上以天后讳,改'普光王'。师既至,尊为国师,出居荐福寺。帝及百僚皆称弟子,度弟子慧俨、慧岸、木叉,御书寺额"①。

景龙二年(708),中宗请文纲等僧"入内道场行道,送真身舍利往无忧王寺入塔"。文纲此年又"于乾陵宫为内尼受戒。复于宫中坐夏,为二圣内尼讲《四分律》一遍。中宗嘉尚,为度弟子,赐什物彩帛三千匹"②。实叉难陀因为武后译《华严经》、《大乘入楞伽经》、《文殊授记》等经而受武后礼遇,后以母老而辞归。中宗于景龙二年又征实叉难陀入京,"帝屈万乘之尊,亲迎于开远门外,倾都缁侣备幡幢导引,仍饰青象,令乘之入城。敕于大荐福寺安置"③。

唐中宗对佛典翻译活动的支持也是不遗余力的。神龙元年(705),僧义净在中宗的支持下,先后译出《孔雀王经》、《胜光天子》、《香王菩萨咒》、《一切庄严经》等四部佛经。神龙二年,敕菩提流志于佛光殿译经,中宗亲临法筵笔受,"百僚侍坐,妃后同瞻"④。中宗在位时期,佛典翻译呈现出兴盛景象。

唐中宗时期,除常规的造寺度僧外,也有不少"恩度"之事。神龙三年(707),以兴圣寺(高宗旧第)枯树复荣,中宗"赦天下,赐百官封爵,普度僧尼道士凡数万"⑤。景龙四年,中宗下敕将圣善寺"开拓五十余步,以广僧房。计破百姓数十家"。监察御史宋务光上疏谏,中宗置之不理。⑥根据中宗朝左拾遗辛替否的叙述,当时"天下之寺,盖无其数,一寺当陛

---

① 志磐:《佛祖统纪》卷四〇,《大正藏》第49卷,第372页下。
② 赞宁:《宋高僧传》卷一四,《大正藏》第49卷,第792页上。
③ 赞宁:《宋高僧传》卷二,《大正藏》第49卷,第719页上。
④ 志磐:《佛祖统纪》卷四〇,第372页中。
⑤ 念常集:《佛祖历代通载》卷一二,《大正藏》第49卷,第588页上。
⑥ 参见王溥《唐会要》卷四八。

下一宫,壮丽之甚矣!用度过之矣!是十分天下之财而佛有七八"①。睿宗时期,他又上书睿宗,谏阻其修造道观。辛替否说:

> 中宗孝和皇帝,陛下之兄,居先人之业,忽先人之化,不取贤良之言,而恣子女之意。官爵非择,虚食禄者数千人;封建无功,妄食土者百馀户。造寺不止,枉费财者数百亿;度人不休,免租庸者数十万。是使国家所出加数倍,所入减数倍。仓不停卒岁之储,库不贮一时之帛。②

诸如此类的记载还有一些。这些都说明,至中宗朝,修造佛寺成风,社会影响很大。

武则天从法门寺迎入皇宫的佛骨舍利置放于皇宫整整三年。景龙二年(708),唐中宗令法藏、文纲等僧人入宫内道场做法会,恭送佛骨归于法门寺。唐中宗李显、皇后等当即割下自己的头发少许,交给法藏等带到法门寺供养佛骨。二月十五日,法藏等会同法门寺僧人将佛骨以及皇帝、皇后的头发瘗埋入地宫。为盛装佛骨,法藏等特意制造了白石灵帐一铺。这铺白石灵帐,高116厘米,边长43厘米,雕饰华美,以浅浮雕方法在帐身外围四周雕饰幡、铃、珠宝等串饰,四周均有连接华柱。帐座为须弥座,下有禅床,每面雕刻托座金刚力士,帐身内壁每面刻有两尊薄体圆雕菩萨。1987年出土时,灵帐内的铁函侧部放置一只鎏金银丝结条鞋。据考古专家研究,此鞋可能是武则天所赐(地宫出土的《物帐碑》有记载)。鞋已经朽破,鞋口为素纹罗缘口,鞋内帮衬素纹罗,后衬一种南方产的树皮,再衬深褐色细绢,里子为几何形纹绫,鞋底、鞋针脚7厘米,针距1毫米,缘口宽7毫米,鞋帮后中缝高45毫米、宽14毫米,鞋口在外缘与内衬之间有浅褐色牙缘一周。鞋总长240毫米,宽45毫米,中高35毫米,鞋面长95毫米。鞋面饰重瓣的金丝结条六出团花,下衬金箔。鞋

---

① 刘昫等:《旧唐书》卷一〇一《辛替否传》,第3158页。
② 同上书,第3159页。

后帮上缘以鎏金银丝编织成鞋拔,中高65毫米,边高57毫米,上宽57毫米,下宽40毫米,中宽45毫米。这是迄今为止唯一仅存的唐代高档鞋。唐中宗等下发入塔碑石也已经于1987年出土,碑铭为:"大唐景龙二年岁次戊申二月乙丑朔十五日乙卯,应天神龙皇帝、顺天翊圣皇后各下发入塔供养舍利。温王,长宁、安乐二公主,鄁国、崇国二夫人,亦各下发供养。□□内寺主妙威、都维那仙嘉、都维那无上。"两年之后,即景龙四年(710)二月十一日,唐中宗派使臣至法门寺旌表寺院为"圣朝无忧王寺",题舍利塔为"大圣真身宝塔"。六月,唐中宗李显被韦后、安乐公主毒杀。数天之后,临淄王李隆基举兵杀死韦后、安乐公主,政归睿宗李旦。

五、唐睿宗的崇道重佛政策

唐睿宗李旦(662—716)是高宗第八子,中宗李显之弟。文明元年(684)、景云元年(710)两次称帝。第一次为帝半年,即被武则天废掉。第二次为帝三年,禅位于玄宗,称太上皇,居五年后,驾崩,享年55岁。

唐睿宗是一位恭谨退让,性格恬淡温和的皇帝。《旧唐书·睿宗纪》载:睿宗"及长,谦恭孝友,好学,工草隶,尤爱文字训诂之书"[①]。其后,"自则天初临朝及革命之际,王室屡有变故。帝每恭俭退让,竟免于祸。"[②]睿宗恬淡温和的性格,不仅使他淡于政治功名,疏远权柄,在自武后以来血雨腥风的政治斗争中,苟全性命。这种性格也使睿宗极易接受道家无为的思想,对道教产生浓厚的兴趣。不过,也许深受武则天重佛的影响以及对太平公主的庇护,睿宗又有明显的崇佛倾向。种种因素综合作用,使得睿宗朝采取佛道并重的政策。

景云二年(711),睿宗下诏:

> 朕闻释及元宗,理均迹异,拯人救俗,教别功齐。岂于中间,妄

[①] 刘昫等:《旧唐书》卷七,第151页。
[②] 同上书,第152页。

生彼我，不遵善下之旨，相高无上之法，有殊圣教，颇失彝章。自今每缘法事集会，僧尼、道士女冠等，宜令齐行并进。①

这可以看做睿宗朝处理宗教问题的总纲。

睿宗对道家、道教的信奉，也可以从其对待司马承祯的态度上看出。《旧唐书·司马承祯传》载：

> 景云二年，睿宗令其兄承祎就天台山追之至京，引入宫中，问以阴阳术数之事。承祯对曰："道经之旨：为道日损，损之又损，以至于无为。且心目中所知见者，每损之尚未能已，岂复攻乎异端，而增其智虑哉？"帝曰："理身无为，则清高矣。理国无为，如何？"对曰："国犹身也。《老子》曰：'游心于淡，合气于漠，顺物自然而无私焉，而天下理。'《易》曰：'圣人者，与天地合其德。是知天下言而信，不为而成。无为之旨，理之道也。'"睿宗叹息曰："广成之言，即斯是也。"②

如前所述，李唐政权在创立过程中，曾得到道教的鼎力相助，李唐政权建立后，老子就被尊为李唐的祖先，尊祖重道一直是李唐的传统。武周政权建立后，武则天废弃了这一传统。睿宗继位后，强调"元元皇帝，朕之始祖，无为所庇，不亦无远乎"？③ 重新确认了李唐与道教的同宗关系。他对道教持赞护政策，所以刚一即位，便令西城、昌隆二公主为奉天皇天后入道，且于京城并造金仙、玉真二观。但因在营造过程中，只"烧瓦运木，载土填坑"，"计用钱百余万贯"，百姓怨声载道，不少朝臣上疏规谏。在朝野反对、民怨沸腾的逼迫下，睿宗才下了"停修两观诏"，但他崇道之心不死，京城不能造观，又于台州始丰县造了一所桐柏观，度了三五道士。由此可见，睿宗崇道之心切。

睿宗在崇道的同时也重佛。在武则天崇佛的影响下，睿宗也参与立

---

① 董诰等编：《全唐文》卷一八《令僧道并行制》，第217页。
② 刘昫等：《旧唐书》卷一九二《司马承祯传》，第5127页。
③ 《资治通鉴》卷二〇九"睿宗景云元年"，第6649页，北京，中华书局，1976。

寺、度僧、译经等活动。睿宗为藩王时，曾为武后立招福寺、荷泽寺以讨好武则天。景云元年（710），"高祖旧第兴圣宫有柿树枯瘁岁久，至是重荣，乃大赦天下，赐百官封爵，普度僧道三万人。帝初受内禅，请法藏法师从受菩萨戒"①，自谓"菩萨戒弟子"。同年，他舍昔日旧宅为安国寺；景云二年，贤首法师亡，睿宗赠鸿胪卿，葬神和原。先天元年（712），睿宗下令于景行坊立华严寺。② 睿宗积极支持佛典翻译事业，如先天二年（713）六月八日，菩提流志和法藏法师等于北苑甘露亭翻译《大宝积经》，睿宗遣宰相张说、右丞卢藏用、博士贺知章、中书侍郎陆象先等润文监护。译完之后，睿宗御置《圣教序》冠于经首。睿宗对文纲律师也相当尊敬。《宋高僧传·文纲传》记载：

> 先天载，睿宗圣真皇帝又于别殿请为菩萨戒师，妃主环阶侍从罗拜，兜率天上亲听法言，王舍城中普闻净戒，恩旨赐绢三千余匹。③

如此事例，屡见于史籍。正因为如此，《旧唐书》卷七《睿宗本纪》说，其时"天下滥度僧尼、道士、女冠并依旧"④。可见，睿宗执政期间，不仅没有抑制佛、道二教的发展，反而更是尊道崇佛，扶植二教。在其统治期间，佛教继续繁荣。

睿宗对道教的崇尚，被玄宗所继承。

第三节　盛唐二帝的佛教政策

历史上关于盛唐的说法不一。我们这里所说的盛唐是指唐玄宗和唐肃宗两代皇帝统治时期，即公元712年至761年共50多年的唐代历史。玄宗在位时期唐朝国力的强盛、经济的繁荣达到了顶点，也是中国

---

① 志磐：《佛祖统纪》卷四〇，《大正藏》第49卷，第372页下。
② 参见王溥《唐会要》卷四八。
③ 赞宁：《宋高僧传》卷一四，《大正藏》第50卷，第792页中。
④ 刘昫等：《旧唐书》卷七，第157页。

历史上少有的社会安定、经济繁荣的时期,历史上称为"开元盛世"。唐玄宗是对佛教持反感态度而且信奉道教的皇帝,不过,玄宗尽管反感佛教,但仍然能够坚持执行唐太宗所奠定的三教并用的国策,唐玄宗曾御注《孝经》、《道德经》和《金刚经》三部分别代表儒家、道教和佛教的经典,颁行天下,表明他对三教合一的提倡。肃宗在战乱中,需求佛力佑助,佛教信仰明显。因此,这一时期的佛教仍然处于巅峰状态,许多方面仍然在迅速发展。

一、唐玄宗的佛教政策

唐玄宗李隆基(685—762),又称唐明皇,唐睿宗李旦第三子,母昭成窦皇后(窦德妃),公元712年至756年在位,在位44年。

唐玄宗李隆基生于武后垂拱元年(685)。李隆基登基前命运坎坷,经历了武后时期对唐宗室的屠杀、中宗时期武韦集团对睿宗父子的排斥和打击、中宗时期太平公主对他的迫害等诸多磨难。到先天元年(712)继位为止,唐玄宗的青少年时期就是在李唐王室与外戚血雨腥风的政治斗争中度过的。先天元年(712)七月三日,李隆基得知太平公主密谋叛乱的消息后,先发制人,率家人及亲信尽诛叛乱者,令太平公主自杀,终于结束了多年以来如履薄冰、时刻有性命之忧的政治生活。

青少年时期的痛苦经历和受睿宗信道的影响,唐玄宗从小就表现出对道教思想的兴趣。在与太平公主的斗争中,李隆基得到了"好玄象合炼之学"[①]的王琚的支持。玄宗即位后,一方面重用姚崇、宋璟,全面推行改革,兴利除弊;另一方面,为了减轻农民负担,缓解国家财政困难,他又大力宣扬道家清静无为的思想,提倡戒奢、节俭,力图用道家思想治国。在玄宗的大力扶植下,道教地位提高了,势力增长了,形成了唐以来最兴盛的局面。

[①] 刘昫等:《旧唐书》卷一〇六,第3248—3249页。

与重道相反,鉴于佛教自武后以来一直得到重视和扶持,造寺不止,僧尼众多,以及出于重振李唐的需要,玄宗对佛教采取的是抑制政策。

开元年间的唐玄宗是一位历史上不多见的励精图治的有为君主。然而,这一时期也正是他力图限制佛教过于猛烈发展势头的时期,从正史及现存的诏令中可以找出 19 项玄宗整肃佛教的主要敕令,兹按其年代前后排列如下①:

1. 开元二年(714)正月七日,"令铨择僧尼滥者还俗"。
2. 开元二年二月十九日,"禁创造寺观诏"。
3. 开元二年闰二月二日或十三日,"令僧尼道士女冠拜父母敕"。
4. 开元二年七月十三或廿三日,"禁百官与僧道往还制"。
5. 开元二年七月廿七或廿九日,"禁坊市铸佛写经诏"。
6. 开元三年十一月十七日,"断妖讹等敕"。
7. 开元九年四月廿六日,"禁士女施钱佛寺诏"。
8. 开元九年六月十一日,"分散化度寺无尽藏财物诏"。
9. 开元十年二月十九日,"禁僧道掩匿诏"。
10. "禁僧道不受戒律诏"。
11. 开元十二年六月,"试天下僧尼诏"。
12. "括检僧尼诏"。
13. "禁僧俗往还诏"。
14. 开元十三年六月三日,"诸寺三阶院并令除去敕"。
15. 开元十五年,"拆除或封闭村坊佛堂"。

---

① 此 19 项敕令的出处如下:1.《唐会要》卷四七,第 836—837 页,北京,中华书局,1990;《旧唐书》卷九六《姚崇传》,第 3023 页。2.《唐会要》卷四九,第 860 页。3.《唐会要》卷四七,第 836 页。4.《唐会要》卷四九,第 860 页。5.《全唐文》卷二六。6.《册府元龟》卷一五九。7—9.《全唐文》卷二八。10.《全唐文》卷二九。11.《旧唐书》卷八《玄宗本纪上》。12、13.《全唐文》卷三〇。14.《开元释教录》卷一八,《大正藏》第 55 卷,第 679 页上。15. 志磐:《佛祖统纪》卷四〇,《大正藏》第 49 卷,第 374 页上一下。16.《册府元龟》卷一五九。17.《全唐文》卷三〇。18、19.《唐大诏令集》卷一一三。

16. 开元十九年四月五日,"诫励僧尼敕"或称"禁僧徒敛财诏"。
17. "澄清佛寺诏"。
18. 开元十九年七月十三日,"不许私度僧尼及住兰若敕"。
19. 开元二十一年十月,"僧尼拜父母敕"。

  第一至第六项为玄宗即位不久于开元二至三年间连续颁发的诏令,由此可见其整顿佛教伪滥的决心很大。上述19条诏令可分为四类:其一,上列敕令的第一、二、九、十一、十二、十七、十八项用意在整理僧制和控制寺观数目,被认定伪滥还俗者,或称二万余人。① 其二,第五、第六两项试图限制佛事活动的内容和规模。其三,第三、第十九两次诏令改变佛教、道教之礼仪。其四,第四、第十三项诏书试图限制僧尼与世俗人士的交往。其五,上述敕令中的第七、八、十四项都与取缔三阶教教团的无尽藏有关。

  唐玄宗对于佛教的态度固然与其对于道教的信仰有关,但最重要的原因在于佛教在高宗、武周时期的大力发展所蕴藏的与整个社会的不协调。武周晚年及中宗、睿宗朝佛教僧团过分膨胀,滥造寺院,大量侵占民产,引起社会各方面的非议。这一现象,自武周时代以来已有多位大臣陆续提出警告,谓"天下僧尼滥伪相半,请并寺,著僧常员数缺则补"②,请朝廷控制寺院及僧尼的增长,维持在一定范围内。寺院建筑过于奢华,"今之伽蓝,制过宫阙","雕画土木,相夸壮丽"。拥有庞大私产,"水碾庄园,数亦不少","是十分天下之财而佛有七八"③。而且皇亲贵族捐宅立寺,"造寺不止,枉费财者数百亿。度人不休,免租庸者数十万。是使国

---

① 刘昫等:《旧唐书》卷八,第172页,称二万余人;《资治通鉴》卷二一一,第6695页,称万二千余人。
② 苏环规劝武后停止铸浮图立庙塔,见其传,《新唐书》卷一二五,第4398页。
③ 狄仁杰谏止造洛阳白司马坡大像(七〇〇)见其传,《旧唐书》卷八九,第2893—2894页;韦嗣立上疏中宗事,参见《资治通鉴》卷二〇九,第6633页。

家所出加数倍,所入减数倍"①。剃度纳钱不入公府,反入私家,这不但造成国家财政的直接损失,而且"缁衣半道,不本行业,专以重宝附权门"②,更助长韦后及太平公主朋党的势力,威胁唐朝皇室。

　　唐玄宗实行抑制佛教政策的另外一个重要根由是政治方面的原因。玄宗夺回政权很不容易,而且击败太平公主是仅仅比对方早一天动手而获险胜,因此在权力巩固之后,他便重申唐太宗将置道士女冠地位在僧尼之上的政策,更大立道观于长安、洛阳两处京域及诸州。对于佛教,玄宗虽然未采取过分裁抑的手段,然革除武则天过度崇佛的旧政自然成为玄宗"新政"的重要内容。

　　不过,开元年间整肃佛教的功效如何,颇值得怀疑。开元七年(719),玄宗曾经令诸道士、僧尼之簿三年一造,分送中央与地方以便管理③,如此才能确实掌握全国的僧籍与道籍。玄宗在开元末《澄清佛寺诏》中说:"不度人来尚二十余载,访闻在外有三十已下小僧尼,宜令所司及州府括责处分。"④看来尽管朝廷20余年不准剃度僧尼,但连玄宗自己也知晓私度者不少。开元十年至二十六年之间编纂而成的《大唐六典》便反映出造籍后的数目:凡天下观,总1687所,1137所道士,550所女道士。凡天下寺,总5358所,3245所僧,2113所尼。可知佛寺的数量约为道观的三倍以上。由此可见,玄宗限制佛教发展的规模,大力发展道教的设想并未完全实现。到了开元末年,玄宗的宗教政策有了一定的变化,形成了佛道并崇而以道教为尊的局面,对佛教的限制局面有所缓和。

　　随着政治、经济形势的好转,玄宗对佛教的抑制逐渐放宽,他曾说:

---

① 此两段引文皆来自辛替否之谏疏,前者见《谏中宗朝置公主府官疏》(或称《陈时政疏》),见《文苑英华》卷六九八;后者见《谏造金仙玉真两观疏》,《新唐书》卷一一八《辛替否传》,第4279页。
② 宋祁、欧阳修等:《新唐书》卷一二二《魏元忠传》,第4345—4346页,北京,中华书局,1975。
③ 参见(日)仁井田升《唐令拾遗·杂令篇》第27条,东京,东方文化学院,1933。
④ 董诰等编:《全唐文》卷三〇,第339页。

"道释二门,皆为圣教,义归宏济,理在尊崇。"①所以,除了注释《道德经》外,他还用两年时间注释《金刚经》。开元二十三年(735)定稿后,中书令张九龄上疏,要求颁行天下。玄宗虽然知道是因为"僧徒固请,欲以兴教",但仍同意颁行天下。② 这说明玄宗对佛教并不是单向的严格抑制,而是努力将其发展控制在一定范围内。

开元十八年(730)崇福寺沙门智昇重新整理历代所译佛经,"别真伪,明是非",撰成《开元释教录》二十卷,进呈玄宗,敕附入大藏。同年,玄宗妹金仙公主参与了河北房山的刻经活动,"为奏圣上赐大唐新旧译经四千余卷,充幽府范阳县为石经本",又奏请赐范阳周围土地给寺院供养用,并委请云居寺禅师"岁岁通转一切经,上延宝历,永福慈王",下度众生。③ 同年,玄宗为庆贺自己的生日,"日诏天下寺观,建天长节祝寿道场"④。种种事实表明,玄宗皇帝与佛教的关系已经越来越密切。尤其是,传播印度密教并且于中土创立密宗的"开元三大士"与朝廷的关系尤为密切,密宗的创立以及禅宗的兴盛与朝廷的支持也是分不开的。

在禅宗的传播方面,北宗禅领袖神秀入寂,中宗再召其同门玄颐入京(708),续传禅法。玄宗时,朝野仰慕禅法者自洛阳邀请神秀的弟子义福(658—736)至长安说法。至开元二十四年(736),义福卒于南龙寺,归葬洛阳龙门奉先寺之北冈,"威仪法事,尽令官给,槢(揩)绅缟素者数百人,士庶丧服者有万计"。玄宗"皇帝降中使特加慰赗,寻策谥号曰大智禅师"⑤。义福所受礼遇,比美其师。文学家如王维(700—761)也与禅宗大师颇多来往。他曾受南宗神会之托,为宣扬其师慧能之事迹而写"六祖能禅师碑铭",也为撰写禅宗早期思想与传承史重要著作《楞伽师资

---

① 董诰等编:《全唐文》卷二四《春郊礼成推恩制》,第277页。
② 参见《册府元龟》卷五一《帝王部·崇释氏》。
③ 参见《山顶石浮图后记》,《房山石经题记汇编》,第11—12页,北京,书目文献出版社,1987。
④ 志磐:《佛祖统纪》,《大正藏》第49卷,第374页下。
⑤ 参见严挺之《大唐故大智禅师碑铭并序》,《金石萃编》卷八一《石刻史料新编》第一辑第2册第1373页,台北,新文丰出版社,1986。

记》的净觉(683—750)写"塔铭"。① 这一时期,北宗禅兴盛于北方,南宗禅在南方逐渐发展壮大。这自然与朝廷对于佛教发展的宽容有很大关系。

被称为开元三大士的印度高僧善无畏、金刚智与不空相继携大量密教经典传译至中国,使长安、洛阳成为当时密教信仰的中心。善无畏于开元四年(716)抵长安,受玄宗召入"内道场,尊为教主,自宁、薛王以皆跪席捧器"②,唐玄宗对其给予了相当的礼遇,后来将其安置在兴福寺。然而,当善无畏译出《虚空藏菩萨求闻持法》写定呈进朝廷之后,即有敕令将带来的梵本全部送藏内廷。这一事件颇耐人寻味。唐代智昇说过:"缘此,未得广译诸经。"③当代学者周一良评论可谓一针见血:"因为玄宗早年并不喜爱佛教。敕令善无畏进上所携梵典也许正是由于不喜欢密宗,不希望密宗经典广为人知。"④如此,善无畏没有了原典可以翻译,从此他便注意寻访未译的密典梵本。先有江陵(今湖北省江陵县)无行求法,游历南海、东印、中印各地,曾住大觉、那烂陀等寺闻法,并访求梵本。学毕回国,途经北印病卒,所将梵本,由同行者带回中土,存于长安华严寺。善无畏和一行同往选取前未译过的重要密典数种,以后就无行所将梵本内选译的有三种。善无畏所译经典不多,大概与此有关。善无畏、金刚智在开元年间都有随侍玄宗的机会。其间,二僧也以自己所擅长的祈雨、疗疾等法术获得皇帝的欢喜和朝廷的瞩目。善无畏曾应玄宗所请祈雨,金刚智曾受诏为玄宗第二十五公主授临终戒,并亲劝武贵妃、河东邵主造像供养以求延命。如此等等,善无畏逐渐获得了皇帝和皇室成员的崇信,玄宗对密教的兴趣也由此大增。可以说,不空之所以与皇帝和朝廷具有空前密切的关系,与二僧奠定的基础有极大的关系。

---

① 王维:《六祖慧能禅师碑铭》、《大唐大安国寺故大德净觉师塔铭》,《全唐文》卷三二七,第3313—3315页,北京,中华书局影印本,1983。
② 赞宁:《宋高僧传》卷二,《大正藏》第50卷,第715页中。
③ 智昇:《开元释教录》,《大正藏》第55卷,第572页上。
④ 周一良:《唐代密宗》,钱文忠译,第30页,上海远东出版社,1996。

天宝十四年(755)冬,"安史之乱"爆发。第二年,长安陷落,唐玄宗仓皇逃亡蜀川。太子李亨在灵武即位,是为肃宗。唐玄宗被尊为太上皇。

正是因为唐玄宗在偏重道教的同时,并不废弃佛教且在一定程度上宽容和扶持佛教的发展,因而盛唐时期佛教与道教同时在发展。

二、唐肃宗的佛教政策

唐肃宗李亨(711—762),唐玄宗第三子,756年—762年在位。公元738年被立为太子。马嵬驿兵变后,被玄宗任为天下兵马大元帅,领朔方、河东、平卢节度都使,指挥平叛。玄宗继续西逃,太子为百姓所留,与玄宗分道,北上至灵武。756年,李亨在灵武即位,史称肃宗,遥尊玄宗为太上皇,改年号为"至德"。

唐肃宗李亨在匆忙中到河西,靠近边塞,军队之中少数民族占多数。为了稳定军心、民心,肃宗于刚刚即位之时就下诏,"天下寺观各度七人"[1]。至德元年(756)十月"癸未,彭原郡以军兴用度不足,权卖官爵及度僧尼"[2]。因为军用不足,肃宗皇帝允许各州府售卖僧人度牒以充实军费,称之为"香水钱"。后来,唐肃宗又诏令诸州僧尼、道士可以纳钱买官;不愿还俗做官的可以购置房产、庄园、蓄养奴婢;凡是能够将资产十分之三捐献给国家的,其余钱财可以允许近亲继承。[3] 这些做法尽管是为了平定叛乱的权宜之计,但却开了朝廷从寺观收取资财的恶例。

随着少数民族军人不断地聚集在唐肃宗周围,肃宗事佛的态度更为积极而虔诚。列名"开元三大士"的不空,与肃宗朝廷的关系尤其特殊。

天宝五年(746)不空回到长安。不空在长安广收门徒,还在宫中设内道场,为皇帝灌顶。玄宗赐紫袈裟及绢二百匹,赐号为"智藏"。天宝

---

[1] 董诰等编:《全唐文》卷四四《即位大赦文》,第489页。
[2] 刘昫等:《旧唐书》卷一〇,第244页。
[3] 参见《资治通鉴》卷二二四《唐纪》四十,第7196页,北京:中华书局,1956。

八年,不空受"恩旨,许归本国",不过至韶州便停了下来。天宝十二年,不空应节度使哥舒翰所请,经长安至武威住开元寺,给节度使灌顶,士庶数千人咸登道场。天宝十五年不空回长安,住大兴善寺。至德二年(757),唐肃宗将平叛的指挥部东移至凤翔郡,准备收复长安。为了得到佛的佑助,唐肃宗在凤翔临时宫廷设立内道场,"供奉僧在内道场晨夜念佛,动数百人,声闻禁外"①。佛教密宗讲求咒语法术,唐肃宗以为密法可以招兵御敌,专门请求密教大师不空传授秘密大法。不空召集僧人一百多名入宫,在凤翔皇宫之内,日夜念咒,祈求唐军平乱成功。至德二年(757)九月,唐军收复长安。唐肃宗说:"今已京城再复,贼寇歼灭。岂独宗庙之福,社稷之灵,京城等兆民恳诚感达天地之所致也。"②不空率僧尼上表祝贺:"上皇汾阳之驾,类上帝圆丘之坛。演沙劫而转法轮,朗千劫而悬佛日。智藏久沾王化,重视汉仪,生成已多,报效何冀?"③唐肃宗感于僧尼在平叛之中的贡献,特为其建内道场,并亲受诏不空入宫为其行"转轮王位七宝灌顶大法"。肃宗还下令搜集全国既有而未翻的梵本请不空翻译。

僧人元皎在凤翔府开元寺设置药师道场,选择21位僧人"六时行道,燃灯歌呗,赞念持经。忽于法会内生一丛李树,有四十九茎,具事奏闻"④。唐肃宗派宦官证实后,大为惊喜,"曰:'此大应瑞。'四月十八日检校药师道场念诵僧元皎等表贺,答敕曰:'瑞李繁滋,国之兴兆。生在伽蓝之内,足知觉树之荣。感此殊祥,与师同庆。'"⑤如此等等,都显示了肃宗对于佛教的"迷信"态度。

肃宗影响于后世的还有放生池的大规模设置。中国大规模放生始于天台智者大师。智者居天台山时,为令临海居民莫以捕鱼杀生为业,

---

① 刘昫等:《旧唐书》卷一一一,第3327页。
② 董诰等编:《全唐文》卷四四,第482页。
③ 《不空表制集》卷一,《大正藏》第52卷,第827页中。
④⑤ 赞宁:《宋高僧传》卷二四,《大正藏》第50卷,第864页中。

曾自舍身衣，并劝募众人购置放生池，复传授池中族类"三皈戒"，为彼等说《金光明经》、《法华经》等，以结法缘，从而开天台放生会之滥觞。唐肃宗于乾元二年(759)下诏，在山南道、剑南道、荆南道、浙江道等地设置放生池81所。颜真卿书《天下放生池碑铭》记述此事。《天下放生池碑铭》有文说：

> 皇唐七叶，我乾元大圣光天文武孝感皇帝陛下以至圣之姿，属艰虞之运，无少康一旅之众，当禄山强暴之初。……历选内禅，生人以来，振古及隋，未有如我皇帝者也。而犹妪煦万类，动咳四生。乃以乾元二年太岁已亥春三月已丑，端命左骁卫右郎将史元琮、中使张庭玉，奉明诏，布德音，始于洋州之兴道，洎山南、剑南、黔中、荆南、岭南、江西、浙江西诸道，讫于升州之江宁秦淮太平桥，临江带郭，上下五里，各置放生池，凡八十一所，盖所以宣皇明而广慈爱也。《易》不云乎"信及豚鱼"。《书》不云乎"暨鸟兽鱼鳖咸若"。古之聪明睿智神武而不杀者，非陛下而谁？昔殷汤克仁，犹存一面之网；汉武垂惠，才致衔珠之答。虽流水救涸，宝胜称名，盖事止于当时，尚介祉于终古。岂若我今日动者植者，水居陆居，举天下以为池，罄域中而蒙福？乘陀罗尼加持之力，竭烦恼海生死之津，揆之前古，曾何仿佛？微臣职忝方面，生丁盛美，受恩寝深，无以上报。谨缘皋陶、奚斯歌虞、颂鲁之义，述《天下放生池碑铭》一章。虽不足形容明圣万分之一，亦臣之精恳也。……①

不管肃宗出于何种考虑设置如此多的放生池，但此事对于佛教发展所产生的影响不可低估。

肃宗奉佛的大事还有迎奉法门寺佛骨活动。上元元年(760)，长安虽然已经收复，但是，唐朝的大部分国土仍然陷于贼手，唐王朝仍然四分五裂。这样艰难的形势，更加深了肃宗依赖于佛法佑助的心理。这年五

---

① 董诰等编：《全唐文》卷三三九，第3434—3435页。

月,唐肃宗决心迎奉法门寺佛骨。他"敕僧法澄、中使宋合礼、府尹崔光远启发迎赴内道场。圣躬临筵,昼夜苦行"①。由于军事吃紧,这次迎奉礼拜只持续约两个月。加之于财政紧张,不敢大肆张扬,供奉佛骨物品不多。七月一日,唐肃宗派人奉送佛骨归还本寺,随同佛骨归还的还有佛像一铺、金银器具五件、金襴袈裟一领、沉香三百两等。

《旧唐书·肃宗本纪》记载,在肃宗皇帝病重之时,朝廷也大肆举行佛事活动为皇帝祈福。如《旧唐书》所记:上元二年(761)春正月,"甲午,上不康,皇后张氏刺血写佛经"②。九月,"上不康,百僚于佛寺斋僧"③。如此等等,均表明肃宗在位时期,朝廷上下奉佛气氛浓厚,而这些极有利于佛教的发展。

第四节 中唐诸帝的佛教政策

中唐包括唐代宗登基(762)至唐文宗驾崩(840)近60余年的历史。这一时期,内政方面,"宦官擅政"、"朋党交争",政治权力斗争消耗了唐王朝的能量,虽经德宗两税改制、宪宗收平淮西等镇等等努力,唐王朝由盛转衰的趋势已经难于挽回。在这一社会背景下,中唐文化的发展也丧失了盛唐时期那种恢弘博大、高扬揭举的气势,但朝廷上下对佛教的支持依然是有增无减,佛教仍然呈现出繁荣的景象。然而这一繁荣,也为晚唐时期的武宗毁佛惹下了祸根。

一、唐代宗的佛教政策

唐代宗李豫(726—779),唐肃宗长子,762年至779年在位,共17年。

---

① 张彧:《真身宝塔碑铭并序》,《金石萃编》卷一〇一,《石刻史料新编》第一辑第3册第1669页,台北,新文丰出版社,1982。
② 刘昫等:《旧唐书》卷一〇,第260页。
③ 同上书,第261页。

李豫15岁被封为广平王。安禄山叛乱后,随父肃宗在灵武招集兵马,被任命为兵马大元帅。李豫联合回纥兵马,打击叛军,多次取胜。至德二年(757),李豫、郭子仪、李光弼率朔方及回纥西域军队15万,收复了两京,回师长安,李豫受封为楚王。乾元元年(758)三月,李豫被封为成王,四月被立为皇太子。宝应元年(762),唐肃宗患病,太子监国,引起了后宫的不满。李辅国、程元振搞宫廷政变,诛杀后宫,拥太子李豫登上了皇位。即位初,李豫再次借回纥兵马收复洛阳,史朝义死,安、史余部纷纷投降,安史之乱被平定。唐代宗提拔了安史之余部,使安史旧将又变成了唐朝藩镇。唐王朝西境尽沦入吐蕃、回纥、党项之后,全国形成了藩镇割据的局面。

唐代宗采用妥协的方式平息了叛乱,名义上获得了统一、中兴,实际上祸根并未根除。此时,吐蕃侵扰大唐的边境,唐吐连年战争,农民起义四起,代宗手忙脚乱。无奈之下,代宗先诛宦官李辅国,又放宦官程元振,再诛宦官鱼朝恩,然后,任用了一些贤能之士进行改革,企图重振大唐雄风,但他仍用宦官主兵,地方则是藩镇坐大,武将日横,边疆吃紧,内部矛盾激化。地方政权尾大不掉,朝廷积弱不振,争权夺利,纷争叠起。唐王朝实际上已经日落西山,一时不如一时了。

唐代宗起初喜好道教祠祀,并不很信佛。元载、王缙、杜鸿渐为相,这些人都崇信佛教,逐渐影响了代宗。《释氏通鉴》卷九记载:

> 始,上好祠祀,未甚重佛。元载、王缙、杜鸿渐为相,三人皆好佛,缙尤甚,不食荤血,与鸿渐造寺无穷。上尝问:"以佛言报应,果为有、无?"王缙奏曰:"国家运祚灵长,非宿植福业,何以致之?福业已定。虽时有小灾,终不能为害。所以禄山、思明,毒流方煽,而皆有子祸。仆固怀恩称兵,内侮出门,病死回纥。吐蕃大举深入,不战而退。此皆非人力所及,岂得言无报应也?"上由是深信之。载等每侍,上从容多谈佛事。由是宫中祀佛,梵呗、斋熏无少懈。群臣承风

旨,四方之民,皆相化矣。①

《释氏通鉴》将这一段系于永泰元年(765),此时唐代宗登基仅仅两年。《资治通鉴》将其置于大历二年(767)追叙,以见至此年唐代宗佞佛的程度。

唐代宗信佛之后,事佛的虔诚、规模都远远超过肃宗。他征发高僧49人常住长安大兴善寺,随时听候入宫念佛祈愿。每年正月、五月、九月,唐代宗都要在大兴善寺开坛灌顶,教化文武百官。

永泰元年(765)是唐代宗最为紧张的一年。九月,仆固怀恩领回纥、吐蕃兵进逼奉天,京师戒严。唐代宗命其手下鱼朝恩组织不空等名僧,翻译《仁王护国般若经》。时正值仆固怀恩招引回纥、吐蕃等骑兵10万,聚集灵武,凭凌径阳。郭子仪率师往讨,此时,代宗"内出《仁王般若经》两典付资圣、西明二佛寺,置百尺高座讲之。及奴虏逼京畿,方罢讲"②。《大唐贞元续开元释教录》记载说:

> 永泰元年八月八日大安国寺上座临坛大德沙门乘如等上表。宝应元圣文武皇帝批答曰:"《仁王真经》理端义邃,化流贤劫,福利苍生,师等咸愿敷陈,助宁国土。所请开讲者,依时有恩旨,取二十三日,于资圣、西明两寺,共置百座,请百法师讲《仁王经》及百大德转《密严》等,香花饮食,鼓乐弦歌,并出有司,不得阙乏。"时属秋雨霖霪不休,所司奏闻,请更延日:"奉进止两寺百座,先令二十三日迎经,为霖雨,宜改至二十六日迎经开讲。其诸司供料著人计会,准改日造。"永泰元年八月二十二日,左监门卫将军知省事刘清潭宣。改期甫至,天雨未晴,恩旨又延九月一日。是日也,两街大德,严洁幡花、幢盖、宝车,太常音乐梨园仗内及两教坊,诣银台门,百戏系奏。时观军容使兼处置神策军兵马事开府仪同三司兼左监门卫大将军

---

① 《续藏经》第76册,第101页上—中。
② 刘昫等:《旧唐书》卷一一《德宗本纪》,第280页。

知内侍省事内飞龙廐弓箭等使上柱国凭翊郡开国公鱼朝恩与六军使陈，天龙众八部鬼神，护送新经出于大内。其经适出，彩云浮空，郁郁纷纷，昭彰异瑞。洎乎己午，两寺开经，万姓欢心，祥云方隐，缁素瞻仰，获庆非常。①

上引文字叙述的是开讲的情况。而这次大规模的讲经，从永泰元年九月一日开始，至十六日西明寺"散斋，鼓乐弦歌，百戏弥日，西明讲终"②。此法会延续十六日，"西明寺百座法师大德并赴资圣寺佛殿，为国传经行道。其资圣寺百座法师良贲等五十座，依前讲说《仁王般若护国》、《密严》等经，普及苍生。其京城诸寺观僧道等，并二时于当处转经行道"③。而九月十七日，皇帝派高品李希逸宣旨："仍令三纲差了事僧，专知检校，务在精修，不在疏怠。李元琮、贾明观等专知句当。"④法会继续进行。"尔时，两街大德百座法师，准敕咸皆萃资圣寺，二时讲唱，两上转经行道。午时及与日暮，供设音乐，无易于初。夜后悉集大讲堂内，举众齐声称念摩诃般若波罗蜜多，为国为家，愿无忧惧。京城寺观转念亦然。"⑤

郭子仪获胜还京，代宗又设"无遮斋"，重赏诸僧，倾城轰动，以为边境清平，乃是"圣力经威"所感"福应"。《大唐贞元续开元释教录》记载说：

时，制使关内河中副元帅司徒兼中书令上柱国汾阳郡王郭子仪杖节出师，亲总戎律，发于帝里，洎彼泾阳。凭恃天威，赖兹经力，两军交对，列阵相望，钲鼓发声，剑戟如雪。时汾阳王单骑直出，挺立军前，感激一言，怀恩屏退。西戎、北狄，各自相攻。浃旬之间，王国大定。是知《仁王护国般若真经》，圣心佛心，子育万姓，其义一也。然后收军整律，振旅还京，亲对天颜，特蒙赐赍。敕资圣寺百座道

---

① 圆照：《大唐贞元续开元释教录》，《大正藏》第55卷，第751页下—752页上。
② 同上书，第752页中。
③ 同上书，第752页中—下。
④⑤ 同上书，第752页下。

场,取闰十月二十二日,设无遮斋,以成庆散。是日也,寺南门外,陈布道场,尽正一坊东西街内,弈幕云布,幡花丽天,尊容焕然,光照人里。饭僧既毕,六乐争陈,百戏充盈,歌吹尽日。①

在此年十一月一日,代宗特授不空"特进试鸿胪卿,可赠开府仪同三司,仍赐号大弘教三藏"②。此年,不空入五台山传法,代宗又敕令不空于五台山修建金阁寺、玉华寺等密教道场。大历五年(770),诏请不空往五台山修功德、作法会。大历九年(774)六月十一日,代宗下诏赠不空"可开府仪同三司,仍封肃国公,食邑三千户"③。六月十五日,不空圆寂,代宗为之辍朝三日,追赠司空。

密教之所以在这一时期得到超常发展,不空之所以能够得到如此高的礼遇,一个重要原因在于肃宗、代宗以为可以依靠密法及其祈祷使国家得到安宁。唐代宗虔信密宗,对密宗经典自然特别眷顾,大历十一年(776)二月八日,甚至规定天下僧尼每天必须诵念《佛顶尊胜陀罗尼》,为众生祈福:

> 天下僧尼令诵《佛顶尊胜陀罗尼》,限一月日诵,令精熟,仍仰每日诵二十一遍。每年至正月一日,遣贺正使,具所诵遍数进来。④

正因为这一欲求,代宗时期,寺院经济快速发展,以致"凡京畿之丰田美利,多归佛寺观"⑤。

唐代宗礼敬的高僧众多。除密宗外,禅宗方面也不少,南阳慧忠国师、法钦禅师就是如此。大历三年(768),代宗诏径山法钦禅师入宫相见,代宗"待以师礼"。《佛祖统纪》卷四一记载:

---

① 圆照:《大唐贞元续开元释教录》,《大正藏》第55卷,第752页下。
② 同上书,第753页上。
③ 同上书,第754页中。
④ 《代宗朝赠司空大辨正广智三藏和上表制集》卷五,《大正藏》第55卷,第752页下。
⑤ 刘昫等:《旧唐书》卷一一八《王缙传》,第3417页。

诏径山法钦禅师入见,上待以师礼。尝在内廷,见帝至,起立。帝曰:"师何以起?"师曰:"檀越何得向四威仪中见贫道?"帝大悦。所赐一不受,布衣瓦钵,与弟子日唯乞食。①

唐代宗时期,"内道场"佛事活动频繁。《佛祖统纪》卷四一记载,唐代宗在大历元年(766)"七月,诏建盂兰盆会,设高祖下七庙神座。自太庙迎入内道场,具幡华、鼓吹,迎行衢道,百僚迎拜。岁以为常"②。代宗依此为常例,即每年都做。大历四年,"于大明宫建道场,感佛光现,诸王、公主、近侍诸臣并睹光相,自子夜至鸡鸣。宰相裴冕上表称贺"③。这些事例很多,不一一而举。

唐代宗对于法门寺同样也有特殊关照。不过,由于无法改变所谓"三十年一迎佛骨"的惯例,只得下令修补了法门寺佛塔,聊表心意。这次修葺,工程量相当大。朝廷与京师、扶风僧尼共同发起主持。沙门法筠、法昭、澄演等"同力致用,誓相与谋",侍御史张公增、少尹建校司勋员外郎丘鸿渐等几十位朝臣共参同赞,历时五六年方才大功告成。此次重修以修复门楼、东西行廊、钟鼓楼、藏经阁为主,并且增修了若干殿堂楼阁。经过重修增建,法门寺形成了"瑰林宫二十四院"的规制,置院之多、规模之大、布局之严整,均为唐代佛寺所罕见。大历十三年(778)四月,法门寺重修工程完工,征事郎、殿中侍御史、内供奉张彧撰写了《大唐圣朝无忧王寺大圣真身宝塔碑铭并序》,盛赞王化,供养佛骨。

二、唐德宗、唐顺宗的佛教政策

唐德宗李适(742—805),唐代宗长子,779 年至 805 年在位,在位 26 年。

唐德宗在平定安史之乱的最后一仗中立下战功,收复了洛阳,平定

---

① 志磬:《佛祖统纪》卷四一,《大正藏》第 49 卷,第 378 页中。
②③《大正藏》第 49 卷,第 378 页下。

了河南、河北。大历十四年(779),唐代宗卒,李适即位。"德宗皇帝初总万机,励精治道。思贤若渴,视民如伤。凝旒延纳于谠言,侧席思求于多士"①,被誉为"天才秀茂"②,颇有英主姿态。然而,唐朝内部矛盾重重,国库空虚,人民疲困不堪,振兴谈何容易!此时,佛教发展过分滋茂。唐德宗上台后本想改变祖父、父王崇佛的方针,他在刚刚即位的当年六月就下诏曰:"不得奏置寺观及度人。"③建中元年(780),"妃父王景先、驸马高怡献金铜像,上曰:'有何功德?非吾所为。'退还之"④。"秋七月丁丑,罢内出盂兰盆,不命僧为内道场。"⑤根据这些记载可知,德宗登基之后,废弃了其父设为常例的于内道场举行盂兰盆会的做法。但是,为时未久,唐德宗推行的一系列削藩政策失败,藩镇连兵对抗中央。唐德宗急调西北泾州军队去平叛。谁料泾州军却在长安发难,反而将德宗驱逐到了奉天。唐德宗被迫改剿灭为安抚,下罪己诏,称藩镇叛乱是因为"朕抚驭乖方,致其疑惧,皆由上失其道而下罹其灾"⑥。经过艰苦奋战、抚慰,好不容易才平息了叛乱,德宗于兴元元年(784)七月方才得以返回长安。这次灾难使德宗认识到,朝廷并没有打败藩镇的军事力量,由此失去了昔日的锐气和雄心,便只好采取怀柔政策,并且向佛教靠拢,祈求佛佑了。

建中元年(780),"沙门圆照进新定《四分律疏》,敕赐紫衣,充内供奉检校鸿胪卿,食邑三百户"⑦。兴元元年(784),"法照法师于并州行五会,教人念佛。帝于中宫常闻东北方有念佛声,遣使寻至太原,果见师劝化之盛,乃迎入禁中,教宫人念佛,亦及五会"⑧。

---

① 刘昫等:《旧唐书》卷一三《德宗本纪》,第400页。
② 同上书,第401页。
③ 刘昫等:《旧唐书》卷一二《德宗本纪》,第321页。
④ 同上书,第325页。
⑤ 同上书,第326页。
⑥ 同上书,第340页。
⑦ 志磐:《佛祖统纪》卷四一,《大正藏》第49卷,第379页上。
⑧ 同上书,第379页中。

贞元年间，由朝廷推动的佛事活动明显多于建中年间，最值得注意的是，德宗对于佛寺的保护修葺。贞元三年(787)，"京兆尹宇文炫奏，乞以乡落废寺为学舍材。敕曰：'奉佛之宫转为儒馆，此侵毁三宝之渐，罪在不宥。'炫渐惧，即日自解归"①。贞元五年，德宗下诏："释、道二教福利群生，馆宇经行，必资严洁。今后寺、观不得容外客居住，破坏之处随宜修葺。"②

贞元二年(786)，德宗下诏恢复了代宗实行的于"内道场"举行盂兰盆会的惯例，此后，内道场的活动频繁。贞元六年四月，德宗下诏"令僧惠果入内，于长生殿为国持念。在内七十余日，放归"③。惠果为密宗大师，其受命在皇宫"内道场"为国祈祷念诵达七十余日。贞元十一年四月诞节，德宗下诏请澄观法师"入内殿讲经，以妙法清凉帝心，号清凉法师教授和上"④。德宗也恢复了三教讲论的传统。贞元十二年正月，德宗"敕皇太子于内殿集诸禅师，详定传法旁正。四月，诞节，御麟德殿，敕给事中徐岱等与沙门覃延道士葛参成讲论三教"。贞元十三年，德宗"敕沙门端甫入内殿与儒道论议，赐紫方袍，令侍皇太子于东朝，顺帝敬之若兄"⑤。

从贞元三年(787)十一月丁丑至贞元四年八月十九日，京师连续地震21次。⑥ 德宗几次下罪己诏，减膳、祭天，最后又下令迎奉法门寺佛骨。不过，由于距离肃宗迎奉不足30年，只好推迟两年。⑦ 贞元六年，正逢肃宗迎奉后30年的法定时日，德宗便又一次下诏迎奉佛骨。史书这样记载："春，诏出岐州无忧王寺佛指骨迎置禁中，又送诸寺以示众，倾都

---

①② 志磐：《佛祖统纪》卷四一，《大正藏》第49卷，第379页下。
③ 《大唐青龙寺三朝供奉大德行状》，《大正藏》第50卷，第295页下。
④⑤ 志磐：《佛祖统纪》卷四一，《大正藏》第49卷，第380页上。
⑥ 据刘昫等《旧唐书》卷一二《德宗本纪》统计。
⑦ 据元熙仲《释氏资鉴》卷七。有人将其解释为另外一次迎奉，也有人怀疑其记载有误。但查《金石录》知晓宋时贞元六年吴通征撰写的碑铭尚存，因此，可以得知《释氏资鉴》所记应当是有根据的。

217

瞻礼,施财巨万。二月,乙亥,中使复葬故处。"① 这次迎奉,正月初,佛骨至长安,二月八日送还法门寺,实际仅仅持续月余。唐德宗迎奉法门寺佛骨,一是为了祈愿国泰民安,风调雨顺;二是为了表明他崇佛的鲜明态度。迎奉佛骨活动中民众所展现的虔诚热情,更使德宗从心底里信仰佛法。

贞元七年(791)七月十五日,德宗"幸章敬寺,赋诗九韵。皇太子与群臣毕和,题之寺壁"②。贞元九年德宗又定国忌日,寺、观齐集,僧道行香。贞元十五年七月,德宗"帝幸安国寺,设盂兰盆供,宰辅皆从"③。

德宗还鼎力支持般若的译经活动。贞元十一年(795)南天竺乌荼国师子王派使者进贡其所亲写的《华严经》梵本。贞元十二年,德宗下诏召华严宗四祖澄观到长安,协助罽宾沙门般若翻译这一《华严经》梵本。贞元十四年译成 40 卷,也题名《大方广佛华严经》,世称《四十华严》。德宗又诏令澄观作疏解释,于是澄观在终南山草堂寺撰成《贞元新译华严经疏》(又作《华严经行愿品疏》或《普贤行愿品疏》)10 卷。次年,澄观为德宗皇帝讲《华严》,被授以"清凉国师"的称号。在德宗的支持下,华严宗呈现出兴盛景象。

德宗崇佛敬僧、扶植佛教,在其在位时期,佛教继续繁荣。

唐顺宗李诵(761—806),是德宗李适的儿子。唐代宗大历十四年(779)封为宣王,德宗建中元年(780)正月立为皇太子,居储位 20 余年。贞元二十一年(805)正月,德宗病逝,李诵登基,是为顺宗。不过,顺宗在位未久,当年八月驾崩。

李诵"性宽仁有断",且素有大志,对肃宗朝以来形成的宦官专权、藩镇割据及其弊政颇为不满。为太子时,常与侍读王叔文、王伾等谋划继位后的改革之事,并留意物色人才。登基后,随即着手改革,史称"永贞

---

① 《资治通鉴》卷二三三,第 7520 页。
② 刘昫等:《旧唐书》卷一三《德宗纪下》,第 372 页。
③ 志磐:《佛祖统纪》卷四一,《大正藏》第 49 卷,第 380 页上。

维新"。永贞元年(805)八月初三日,俱文珍联合其他宦官刘光琦、薛文珍等人发动宫廷政变,胁迫唐顺宗把帝位让给皇太子李纯。806年正月,46岁的唐顺宗李诵死在咸宁殿。

顺宗为太子时,受其父影响,礼遇高僧,学习佛教义理。释端甫(770—836)记载:"演大经于太原,倾都毕会,德宗皇帝闻其名征之,一见大悦。常出入禁中,与儒道议论,赐紫方袍。"德宗又"诏侍皇太子于东朝。顺宗皇帝深仰其风,亲之若昆弟,相与卧起,恩礼特隆"①。根据《宋高僧传》卷五记载,顺宗做太子时,向澄观请教佛法,澄观撰"《了义》一卷、《心要》一卷,并《食肉得罪因缘》,洎至长安频加礼接"②。《了义》一文,全文失传,《大方广圆觉修多罗了义经略疏》卷一有引文:"清凉大师《答顺宗皇帝所问诸经了义》云:佛一代教,若约本为一事,则八万度门莫非了义;若圆器受法,无法不圆,得之由人,亦皆为了义。"③《心要》一文,现存,一般称为《五台山镇国大师澄观答皇太子问心要》。

顺宗皇帝在位的数月,也曾经向禅师请问佛法。《佛祖统纪》卷四一记载:永贞元年,顺宗"诏尸利禅师入内殿咨问禅理。帝曰:'大地众生如何得见性成佛?'利曰:'佛法如水中月,月可见,不可取。'帝说"④。——从这一记载看,顺宗皇帝对禅宗还是颇为了解的。

三、唐宪宗的佛教政策

唐宪宗李纯(778—822),顺宗长子。永贞元年(805)即位,至公元820年于病中被宦官所杀,终年43岁,在位15年。唐德宗未能削平藩镇,郁郁而死。其子李诵登上帝位仅七个月就驾崩,德宗的长孙李纯继位,这就是号称"中兴之主"的唐宪宗。唐宪宗迎奉法门寺佛骨的活动在

---

① 赞宁:《宋高僧传》卷六,《大正藏》第50卷,第741页中。
② 赞宁:《宋高僧传》卷五,《大正藏》第50卷,第738页中—下。
③ 《大正藏》第39卷,第528页上。
④ 志磐:《佛祖统纪》卷四一,《大正藏》第49卷,第379上。

历史上因韩愈的谏迎佛骨而更为著名。

有关宪宗礼敬僧人的记载很多。唐宪宗即位不久,元和元年(806),"诏沙门知玄入殿问道,赐号悟达国师"①。元和二年,又诏鹅湖大义禅师入麟德殿与诸法师议论。史籍记载:

> 法师问曰:"如何是四谛?"师曰:"圣上一帝,三帝何有?"问:"如何是禅道?"师以指点空,法师罔措。帝曰:"法师一点尚不奈何?"帝问:"何谓佛性?"师曰:"不离陛下所问?"帝默契。尚书李翔问:"大悲用千手眼作么?"师云:"今上用公作么?"②

上述问答,颇为专业。由此可以见出,宪宗登基之时,对佛教了解已经颇为深透。如此的记载很多。元和三年,宪宗又"诏章敬怀恽禅师至京召见内殿,咨问禅法"。元和四年,"诏唯宽禅师入见问禅要,敕住安国寺"③。元和五年,"帝问澄观国师:'何谓华严法界?'师曰:'法界者,众生之性体也。世尊称法界性说《华严经》,事理互融,无不周遍。'帝豁然有得。敕有司铸金印,封为大统清凉国师"④。

元和七年(812),经过一系列政治、军事斗争和思想化解,尤其是魏博镇的归顺,唐宪宗获得了平定藩镇的绝好机会。元和七年,魏博节度使田季安死,其子田怀谏仅仅 11 岁,以副节度使的身份统领将士,军政大事全由其家仆蒋士则把持,军士不服。十月,众将士发动政变,杀掉蒋士则等数十人,拥立衙将田兴为主帅。田兴决意归顺朝廷,便以所辖六州的地图、印玺献予唐宪宗。宪宗任命田兴为银青光禄大夫、检校工部尚书、充魏博节度使。为了笼络人心,宪宗采纳李绛之议,发放国库钱 150 万缗赏赐魏博将士。魏博将士受赏,欢呼雷动。这一事态,终于使其他割据政权有些动心。宪宗以此事件为契机,怀柔与武力兼施,很快便

---

① 志磐:《佛祖统纪》卷四一,《大正藏》第 49 卷,第 380 页中。
②③ 同上书,第 380 页下。
④ 同上书,第 381 页上。

有了效果。元和十年一月,李愬夜袭蔡州,生擒吴元济;元和十三年成德节度使王承宗请降。至此,四方已归王化,中兴之梦实现在即。对于佛教的佑助,宪宗心存感激。恰好,元和十三年十一月,"功德使上言:'凤翔法门寺塔有佛指骨,相传三十年一开,开则岁丰人安。来年应开,请迎之'"①。为了将自己的政策更紧密地与佛法挂钩,祈求佛骨保佑国泰民安,宪宗当即决定迎奉佛骨。不料,这次迎奉却引起了一场不小的风波,主事者便是被苏轼称为"道济天下之溺,文起八代之衰"的韩愈。

元和十三年(818)十二月底,宪宗派遣中使杜英奇率僧众30人赴法门寺开塔迎取佛骨。第二年正月初八,佛骨迎至长安。佛骨自光顺门进入皇宫,宪宗亲自燃香跪拜。当日夜,佛骨在宫中大放光明,宪宗当即赋诗一首以表欣喜之情。诗云:"功成积劫印文瑞,不是南山得恐难。眼睹数层金光润,手撑一片玉光寒。炼经百火精神透,藏之千载英彩完。净果修成真秘密,正心莫作等闲看。"第二日,宪宗将这一瑞相在朝廷宣布,"群臣皆贺曰:'陛下圣德所感。'韩愈独不言。上问愈。愈曰:'微臣曾见佛经,佛光非青、黄、赤、白等相,此是龙神护卫之光。'上曰:'如何是佛光?'愈无对"②。

三日后,唐宪宗令人将佛骨遍送京城寺院,巡回供养。一时间,京城佛乐喧天,旌幡飘扬,长安城中掀起了瞻礼佛骨的狂潮。王公士人奔走施舍,唯恐落后。百姓平民,有捐献全部财产供养佛骨者,有在头顶点燃艾香燃顶供佛者,更有点燃臂膀以身供养佛骨者。作为一代文坛领袖的韩愈,一向以儒家道统的传承者自居,对于佛教一直抱排斥态度。看到这种场面,怎能不痛心疾首呢?韩愈心潮起伏,奋笔疾书,写成了《论佛骨表》。韩愈深知宪宗事佛之意很坚决,此表一旦上递,命运难于预测。然而,欲挽狂澜于既倒的责任感以及宏大的气魄,使得韩愈置个人荣辱

---

① 《资治通鉴》卷二四〇,第7756页。
② 志磐:《佛祖统纪》卷四一,《大正藏》第49卷,第382页上。

与生死于度外。果然,宪宗见到表后,勃然大怒,下令处死韩愈。宰相裴度、崔群竭力营救、疏解,宪宗仍然怒气难消。宪宗说:"愈言我奉佛太过,我犹为容之。至谓东汉奉佛以后,帝王咸致夭促,何言之乖剌耶?愈为人臣,敢尔狂妄,固不可赦!"[1]韩愈被治重罪的消息震动了朝野,皇亲贵戚纷纷出来说情,都说因佛骨而杀韩愈,恐怕会因此堵绝臣民上书的言道。宪宗的怒气这才稍见减退。最后,宪宗将韩愈贬谪到潮州任刺史。

那么,韩愈究竟说了些什么,差点惹来杀身之祸呢?第一,韩愈认为,朝廷迎奉佛骨,实际上是一种宗教祈祷行为,这类活动古已有之,而皇上"巫祝不用,桃茢不用",却去迎奉外国之佛骨,这是舍近求远。第二,韩愈对于迎奉佛骨之中出现的狂热行为表示不满,"所以灼顶燔指,百十为群,解衣散钱,自朝至暮,转相仿效,唯恐后时,老幼奔波,弃其生业。若不即加禁遏,更历诸寺,必有断身以为供养者。伤风败俗,传笑四方,非细事也"。韩愈以为这些消极现象都是皇上奉佛太过而造成的上行下效。第三,佛教"与中国语言不通,衣服殊制,口不言先王之法言,身不服先王之法服,不知君臣之义、父子之情",与中国文化的隔膜很严重。以上三点,韩愈虽然言辞比较激烈,宪宗还是可以容忍的,因为这是当时反佛人士的老生常谈。最让宪宗恼火的是韩愈所说:"汉明帝时,始有佛法。明帝在位才18年耳。其后乱之相继,运祚不永。宋、齐、梁、陈、元魏以下,事佛渐谨,年代尤促。唯梁武帝在位48年,前后三度舍身施佛……其后竟为侯景所逼,饿死台城,国亦寻灭。事佛求福,乃更得祸!"这一观点也不是韩愈首创,唐初道士傅奕给唐高祖就讲过这些,释法琳更有精辟的辩驳。但是,此等语言为何一经韩愈说出,就会引火烧身呢?那是因为这话恰恰触及到了宪宗的伤心处。

唐宪宗李纯日理万机,尽心尽力,在延英殿议政往往"昼漏率五六刻

---

[1] 刘昫等:《旧唐书》卷一六〇,第4200页。

方退"①,所以刚刚年过四十身体就欠佳,自感黄泉路近。费尽心机创建的功业,享国之日浅,于心何甘呢?恰好有人向他推荐方士柳泌、僧人大通。柳泌自称能够制出长生之药,他游说宪宗:"天台山多灵草,群仙所会,臣尝知之,而力不能致。愿为天台长吏,因以求之。"宪宗于是任命柳泌为台州刺史。谏官阻止,宪宗说:"烦一郡之力而致神仙长年,臣子于君父何爱焉?"②僧人大通自称150岁,得到了长生不死药。宪宗延命心切,不加分辨,崇信这两位,经常服用他们给的药丸。正当皇帝追求长生的当口,韩愈不识时务地说什么奉佛太过则年命短促之类的话,怎么能不使皇帝怒气冲天呢?

韩愈悲壮地离开了京师长安,而长安城瞻礼佛骨的活动仍然在继续着。元和十四年二月二十四日,唐宪宗方才下令将法门寺佛骨送归本寺本塔安置。翰林学士张仲素奉敕撰写《佛骨碑》树立于法门寺内。其碑云:"岐阳法门寺,鸣阜有阿育王造塔,藏佛身指节。太宗特建寺宇,加之重塔。高宗迁之洛邑,天后荐以宝函,中宗纪之国史,肃宗奉之内殿,德宗礼之法宫。据本传,必三十年一开,则玉烛调,金镜朗,氛祲灭,稼穑丰云云。二十四日奉佛骨,还于岐阳旧塔。"

在迎奉佛骨的热潮中,宪宗削弱藩镇的行动也显出大的成效。元和十四年(819),淄青节度使李师道也请求归附。宪宗将这些大镇划小,分而治之,军政大权收归朝廷。在朝政方面,宪宗整顿吏治,加强了宰相的权力,切断了小人竞进的途径,任用贤臣良将。朝廷上下井井有条,一派中兴气象。不过,奉还佛骨十个月之后,唐宪宗李纯就英年早逝,据说是被宦官谋杀,或言服食丹药中毒而亡。

四、唐穆宗、唐敬宗的佛教政策

唐宪宗之后,先后继位的唐穆宗李恒、唐敬宗李湛都崇尚佛教,热衷

---

① 刘昫等:《旧唐书》卷一五《宪宗本纪》,第472页。
② 刘昫等:《旧唐书》卷一三五,第3742页。

于佛事。在这两位皇帝在位的五六年中,佛教继续繁荣。

唐穆宗李恒(795—824),宪宗第三子。元和七年(812)被立为皇太子,元和十五年登基,在位四年,于长庆四年(824)病死,享年30岁。

穆宗为太子时,应该已经接触佛教,且对佛教有好感。他在登基的当年,即元和十五年(820)秋七月乙卯,就驾"幸安国寺,观盂兰盆"①。长庆元年(821)唐穆宗亲制《南山律师赞》,文中说:

> 代有觉人,为如来使,龙鬼归降,天人奉事。声飞五天,辞惊万里,金乌西沈,佛日东举,稽首归依,肇律宗主。②

此年,幽州节度使刘总上表请出家,穆宗从道义和政治角度作出挽留的表态,而刘总"乃以印付留,后自剃发为僧,以私第为寺。帝乃从其志,封为大觉师,赐僧腊五十,寺名报恩"③。此年,河东节度使裴度奏:"五台佛光寺庆云,见文殊大士乘师子于空中,从者万众。"④穆宗皇帝遂遣使往五台山,斋僧万人。这是一次规模很大的佛事活动,足以看出穆宗对待佛教的崇敬态度。《旧唐书·穆宗本纪》也记载,长庆三年(823)十一月,穆宗"御通化门,观作毗沙门神,因赐绢五百匹"⑤。毗沙门是佛教四大天王之一,此天王为阎浮提北方的守护神。当时传说,唐玄宗请不空三藏祈求毗沙门天王护持。不空三藏作法之后,果然感得天王神兵在西方边境的云雾间鼓角喧鸣地出现,终使蕃兵溃走。由于这个缘故,盛唐之后,毗沙门信仰颇为流行。穆宗朝也大力鼓励推动这一信仰,以为由此可以兴国。

唐敬宗李湛(809—826),唐穆宗长子。长庆二年(822)十二月,在大臣裴度等人的强烈要求下,穆宗才册立李湛为皇太子。长庆四年(824)正月,敬宗先因父亲穆宗健康恶化以太子身份监国,很快因父皇驾崩而

---

① 刘昫等:《旧唐书》卷一六,第479页。
②③④ 志磐:《佛祖统纪》卷第四十二,《大正藏》第49卷,第384页中。
⑤ 刘昫等:《旧唐书》卷一六《穆宗本纪》,第503页。

登基。在位两年,为宦官谋杀,终年18岁。

唐敬宗沿袭了其父的佛教政策。在登基的当年,即长庆四年(824)十二月"乙未,徐泗王智兴请置僧尼戒坛,浙西观察使李德裕奏状论其奸幸。时自宪宗朝有敕禁私度戒坛,智兴冒禁陈请,盖缘久不兴置,由是天下沙门奔走如不及。智兴邀其厚利,由是致富,时议丑之"①。对此事,《新唐书·李德裕传》记载:

> 自元和后,天下禁毋私度僧。徐州王智兴绐言天子诞月,请筑坛度人以资福,诏可。即显募江淮间,民皆曹辈奔走,因牟撷其财以自入。德裕劾奏:"智兴为坛泗州,募愿度者人输钱二千,则不复勘诘,普加髡落。自淮而右,户三丁男,必一男剔发,规影徭赋,所度无算。臣阅度江者日数百,苏、常齐民,十固八九,若不加禁遏,则前至诞月,江淮失丁男六十万,不为细变。"有诏徐州禁止。②

参照这些记载可知,这一次度僧的规模巨大。宝历元年(825),敬宗"敕两街建方等戒坛,左街安国寺,右街兴福寺。以中护军刘规充左右街功德使,择戒行者为大德,令试童子能背诵经百五十纸、女童诵百纸者,许与剃度"③。这是由皇帝下诏在京城度僧,可见,敬宗朝对待佛教仍然非常宽松。

《佛祖统纪》还有一条记载:

> 二年,敕沙门道士四百余人,于大明宫谈论设斋。
>
> 上幸兴福寺,观沙门文叙讲经,上称善。④

敬宗在位很短,有关其参与佛教活动的记载不多,从《佛祖统纪》的记载看,他也时常于内殿招待僧人,至佛寺听僧人讲经。

---

① 刘昫等:《旧唐书》卷一七《敬宗本纪》,第513页。
② 宋祁、欧阳修等:《新唐书》卷一八〇,第5329页。
③④ 志磐:《佛祖统纪》卷四二,《大正藏》第49卷,第384页下。

五、唐文宗的佛教政策

唐文宗李昂(809—840),唐穆宗第二子,唐敬宗之弟。敬宗宝历二年(826),李昂被宦官王守澄等拥立为帝,在位14年,享年32岁。

唐文宗在位期间,朝臣倾轧,宦官掌权。大和九年(835),发生"甘露之变",朝臣受诛,文宗也被宦官钳制,感喟良多,信奉佛教日益虔诚。现存的有关文宗与佛教关系的记载呈现出不同的面目:一方面是奉佛和参与佛事活动颇为积极,另一方面则是有不断地试图抑制佛教发展规模的举动。

就奉佛方面来说,文宗一度坚持了圣诞日三教讲论的惯例。如太和元年(827)十月,诞节诏秘书监白居易、安国寺引驾大师义林、上清宫道士杨弘元,于麟德殿谈论三教。《白氏长庆集》卷六八《三教论衡》一文有较为详细的记载。

白居易《三教论衡》说:"太和元年十月,皇帝降诞日,奉敕召入麟德殿内道场,对御三教谈论。略录大端,不可具载。第一座:秘书监赐紫金鱼袋白居易,安国寺赐紫引驾沙门义林、太清宫赐紫道士杨弘元。"

先由白居易作序说,然后是义林法师问:"《毛诗》称六义,《论语》列四科。何者为四科?何者为六义?其名与数,请为备陈者。"白居易作了回答,且以之与"法师本教佛法中比方,即言下晓然可见"。文繁不引。义林法师所难:"十哲四科,先标德行。然则曾参至孝,孝者百行之先,何故曾参独不列于四科者?"白居易作了回答,文略。接着,由白居易问僧:"儒书奥义,既已讨论,释典微言,亦宜发问。"问:"《维摩经·不可思议品》中云'芥子纳须弥',须弥至大至高,芥子至微至小,岂可芥子之内,入得须弥山乎?假如入得,云何见得?假如却出,云何得知?其义难明,请言要旨。"白居易文中未记载义林的回答。白居易问难:"法师所云,芥子纳须弥,是诸佛菩萨解脱神通之力所致也。敢问诸佛菩萨以何因缘,证此解脱?修何智力,得此神通?必有所因,愿闻其说。"同样,白文不记录义林的回答。此后是白居易与道士间的问答,白文作了简要记载,不引录。最后是道士向义林法师问难。道士问："法师所问,《孝经》云：'敬一人则千万人悦',其义如何者？"义林回答说："谨按《孝经·广要道章》云：'敬者礼之本也，敬其君则臣悦，敬一人则千万人悦，所敬者寡而悦者众，此之谓要道也。'夫敬者谓忠敬，尽礼之义也；悦者谓悦怿，欢心之义也；要道者谓施少报多，简要之义也。如此之义明白，各见于经文。其间别有所疑，即请更难。"

道士又说："法师所难云'凡敬一人则合一人悦，敬二人则合二人悦'，何故敬一人而千万人悦？"又问难："所悦者何义？所敬者何人？"义林回答说："《孝经》所云一人者，谓帝王也，王者无二，故曰一人，非谓臣下众庶中之一人也。若臣下，敬一人则一人悦，敬二人则二人悦；若敬君上，虽一人则千万人悦。何以明之？设如人有尽忠于国，尽敬于君，天下见之，何人不悦，岂止千万人乎？设如有人不忠于国，不敬于君，天下见之，何人不怒，亦岂止千万人乎？然敬即礼也，礼即敬也，故《传》云：'见有礼于其君者，事之如孝子之养父母也。'如此，则岂独空悦乎？亦将事而养之也。'见无礼于其君者，诛之如鹰之逐鸟雀也。'如此，则岂独空不悦乎？亦将逐而诛之也。由此而言，则敬不敬之义，悦不悦之理，了然可见，复何疑哉！"最后，是白居易提出退场："臣伏唯三教谈论，承前旧例，朝臣因对扬之次，多自叙才能，及平生志业，臣素无志业。又乏才能，恐烦圣聪，不敢自叙。谨退。"

太和七年冬十月"壬辰，上降诞日，僧徒、道士讲论于麟德殿。翌日，御延英，上谓宰臣曰：'降诞日设斋，起自近代。朕缘相承已久，未可便革，虽置斋会，唯对王源中等暂入殿，至僧道讲论，都不临听。'宰相路随等奏：'诞日斋会，诚资景福，本非中国教法。臣伏见开元十七年张说、源乾曜以诞日为千秋节，内外宴乐，以庆昌期，颇为得礼。'上深然之，宰臣因请十月十日为庆成节上诞日也。从之"①。这一记载说明，太和七年

---

① 刘昫等：《旧唐书》卷一七下，第552页。

(833)之前,文宗可能坚持了圣诞日三教讲论的传统,而在此年作了些许改变。

在限制佛教发展方面,唐文宗有几次下达抑制度僧的举措。太和二年(828),江西观察使沈传师上报朝廷请求于洪州建方等戒坛,"以圣诞度僧,文宗制答:'此因国事暂免度僧。'敕命已下而传师违禁,申请宜罚,奉一月以示不允"①。这一记载说,地方官提出度僧的建议,文宗皇帝不但未批准,而且对提议者作出处罚。在此背景下,太和四年,"祠部请令天下僧尼非正度者,许具名申省给牒,时入申者七十万人"②。这一命令的目的似乎是加强对僧团的管理和控制。果然,第二年,文宗又下令"敕天下州郡造僧尼籍"。正是在此背景下,太和五年四月,翰林学士李训请罢长生殿内道场、沙汰僧尼伪滥者,"是日大内灵像,夜大风,含元殿四鸱吻皆震坠,拔殿前树者三,坏金吾仗馆舍,内外标观城门数十所,光化门西城俱坏,士民震恐。帝以训所请忤天意,亟下敕停前沙汰,复立大内仪像,风始息"③。关于此事,《旧唐书·五行志》记载:"九年四月二十六日夜,大风,含元殿四鸱吻皆落,拔殿前树三,坏金吾仗舍,废楼观内外城门数处,光化门西城墙坏七十七步。是日,废长生院,起内道场,取李训言沙汰僧尼故也。"④看来,《佛祖统纪》的记载来源于《旧唐书》。此怪异之所以触动了文宗,使其废弃了沙汰僧尼的诏令,很大程度是因为文宗心中仍然对佛教存有敬畏之心。七月,李训又"请令天下僧尼试经业不中格者罢之。十一月,李训坐谋诛宦官,斩首于昆明池。敕免僧尼试经"⑤。从文中的表述看,文宗这一次沙汰僧尼主要是李训推动的结果。李训被杀,此事似乎就此停顿了一段时间。但是,至开成四年(839),"中书奏,诞节令宰臣百僚诣寺设千僧斋。诏许之。时名僧俱会,士民纵观

---

①② 志磐《佛祖统纪》卷第四二,《大正藏》第 49 卷,第 385 页上。
③⑤ 同上书,第 385 页中。
④ 刘昫等:《旧唐书》卷三七,第 1362 页。

莫不倾敬"①。为了隆重纪念国忌日,又下了《增设斋人数诏》。三教讲论不做了,换作斋僧,实质未变。

开成五年(640)正月,唐文宗死,武宗李炎即位,改元会昌。

第五节 晚唐诸帝的佛教政策

晚唐近百年的历史是唐王朝日趋没落,最后走向崩溃的历史。唐王朝旧有的矛盾没有得到解决,又日益派生出新的社会矛盾,最后在农民战争的打击下土崩瓦解。晚唐佛教发展有两件大事,一为"会昌灭佛",二为懿宗礼迎凤翔法门寺佛骨。前者是唐王朝反佛力量汇聚的总爆发,后者则是佛教经历重大打击之后的一次强力反弹,二者共同构成了晚唐佛教的风景线。

一、"会昌法难"与中国佛教的转折

武宗李炎(814—846),穆宗第五子,文宗的弟弟。李炎曾被封为颖王,文宗病重时,宦官仇士良等伪造诏书,立他为皇太弟。开成五年(640)正月,文宗死,李炎继位。在位六年,病死,终年33岁,

唐武宗执政后排斥佛教,其抑制佛教的活动愈演愈烈,至会昌五年(845)达到顶点,史称"会昌法难"。著名的"会昌法难",使中国佛教从顶峰逐渐走向衰落。

唐武宗会昌年间的毁佛,并不是一个偶然的事件,而是唐后期皇权与僧侣矛盾冲突的总爆发。唐后期僧侣的势力有了很大的发展,在社会上的影响越来越大,占有的财富也越来越多,这必然引起世俗地主和寺院地主在经济上的争夺。唐武宗本人曾说:"僧徒日广,佛寺日崇,劳人力于土木之功,夺人利于金宝之饰……坏法害人,无逾此道。"②在唐武宗

---

① 志磐:《佛祖统纪》卷第四二,《大正藏》第49卷,第385页下。
② 刘昫等:《旧唐书》卷一八,第605页。

看来,佛教势力的发展已严重损害了李唐统治集团的利益,给百姓带来了深重的灾难,毁佛汰僧成为必然趋势。

唐武宗毁佛,首先在中央政权内部形成了一个坚决的毁佛领导集团,决策者唐武宗是一个坚定的反佛者。他指出:

> 朕闻三代已前,未尝言佛,汉、魏以后,像教寖兴。是由季时,传此异俗,因缘染习,蔓衍兹多。以至于蠹耗国风,而渐不觉诱惑人意,而众益迷……。今天下僧尼,不可胜数,皆待农而食,待蚕而衣。寺宇招提,莫知纪极,皆云构藻饰,僭拟官居。晋、宋、齐、梁,物力凋残,风俗浇诈,莫不由是而致也。①

基于这样的认识,唐武宗才成为一个坚定的反佛者。

在唐武宗手下,逐渐形成一个坚决反佛的宰相班子。宰相李德裕在元和末年就上奏宪宗皇帝,揭发徐州节度使王智兴私度僧尼,请政府严厉处罚王智兴。他说:"此事非细,系于朝廷法度。"②宝历二年(826),亳州言出圣水,德裕又上书:"臣访闻此水,本因妖僧诳惑,狡计丐钱。数月已来,江南之人,奔走塞路……。昔吴时有圣水,宋、齐有圣火,事皆妖妄,古人所非。乞下本道观察使令狐楚,建令填塞,以绝妖源。"③

会昌年间另一位宰相李绅,也是一位坚定的反佛者。《入唐求法巡礼行记》卷三谓宰相李绅等议《条流僧尼敕》,说明其对佛教一直持反对态度。此外,宰相崔珙"性威重,尤精吏术"④。李石机辩有方略,尤精吏术。⑤ 这些人大都是儒家的信徒,不喜佛教。因此,会昌年间,朝中有许多大臣都站在反佛立场,毁佛是得到了朝中宰相的支持才开始大规模进行的。唐武宗在取得宰臣的支持后,开始打击朝中的信佛势力。以宦官

---

① 刘昫等:《旧唐书》卷一八,第605页。
② 刘昫等:《旧唐书》卷七四,第4514页。
③ 同上书,第4516页。
④ 刘昫等:《旧唐书》卷一七七,第4588页。
⑤ 参见刘昫等《旧唐书》卷一七二《李石传》,第4483—4487页。

仇士良等人为首的亲佛派是反对毁佛的巨大阻力。

《入唐求法巡礼行记》卷三记载：会昌二年，宰相李绅先进议《条流僧尼敕》，仇士良依仗昔日拥立武宗即位有功，拒敕，不欲条流，后终引退。会昌四年(844)，武宗又追削仇士良旧授各官，家财籍没，从其家得兵仪数千，乃兼前罪。这样，朝中宦官势力暂时受到压制，反佛势力占了上风。

仅凭唐武宗君臣的力量还不能彻底打击僧侣，还必须借助道教的势力来打击佛教。众所周知，道教是中国土生土长的宗教。唐朝初年，曾以道家学说的创始人老子为祖先，积极扶植道教，使道教的势力得了迅猛发展。但是，道教与佛教相比，其发展比较缓慢。在唐一代，佛、道之间的矛盾始终存在。然而，自"安史之乱"以后，佛教在社会上发展迅速，道教却遭冷落，这引起了道教徒的不满。唐武宗毁佛正是利用道教来反对佛教，达到自己目的的。

除了唐武宗本人有利用道教的动机外，应该说他本人也确是一位道教信徒。据《旧唐书·武宗本纪》载："武宗在藩时，颇好道术修摄之事。"①继承皇位后，对道教的信奉到了狂热程度。他宠信道士赵归真、刘玄靖等人，即位不久，就"召道士赵归真等八十一人入禁中，于三殿修金箓道场，武宗亲幸三殿，于九天坛亲受法箓"②。会昌四年，又以道士赵归真为左右街道门教授先生。这些道教徒们积极支持武宗排佛，如赵归真、邓元起、刘玄靖等人出于门户之见，"排毁释氏，言非中国之教，蠹耗生灵，尽宜除去，帝颇信之"。

"会昌法难"可以分为三个阶段：会昌元年(841)六月十一日是武宗的生辰。李炎于当日在内宫召集两街大德、道士谈论经法，两位道士获赏紫衣，释门大德则被冷落。来中国传法的天竺僧人宝月愤愤不平，不

---

① 刘昫等：《旧唐书》卷一八，第585页。
② 同上书，第585—586页。

经同意允准,擅闯内宫,从怀中取出表章呈上,请求允准回国。武宗大怒,下令将宝月关禁闭五日,不许其归国,并且棒打其三名弟子和通事僧人。会昌二年,武宗下令伪滥僧尼还俗;若僧尼有钱物以及谷物田地庄园,一律没收纳官;若惜钱财,自愿还俗者,可允许还俗并入纳税户册籍。当年仅长安自愿还俗者就有 3491 人。会昌二年十月,武宗下敕,过去有过犯罪记录的僧人,为逃兵役而入佛门者,不修戒行者,并勒令还俗,并没收全部财产,充入两税徭役。这是第一阶段。

会昌三年(843),叛乱藩镇的奸细藏匿于京师佛寺,武宗借机下令搜检僧尼,一时打杀三百余人。会昌四年,毁法活动愈演愈烈。十月,下诏拆毁天下大小佛寺,其僧尼全部还俗。这是第二阶段。

会昌五年(845)七月,武宗下诏:

> 敕上都、东都两街各留寺二寺,每寺留僧三十人;天下节度、观察使治所及同、华、商、汝州各留一寺,分为三等:上等留僧三十人,中等留僧十人,下等留僧五人。余僧及尼并大秦穆护、祆僧皆勒还俗。寺非应留者,立期令所在毁撤,仍遣御史分道督之。财货田产并没官,寺材以葺公廨驿舍,铜像、钟磬以铸钱。①

长安城里的僧尼还俗分为三批,从会昌五年四月一日起,凡 40 岁以下者先还俗,每日 300 人,十五日方尽。从十六日起,50 岁以下者还俗,直到五月十日方尽。五月十一日起,50 岁以上无祠部牒者还俗。外国僧侣无祠部牒者亦令还俗,有祠部牒者准许保留。奴婢分为三等,有艺业者没入军中役使,无技能但少壮者出售,货卖奴婢所得钱官收。老弱者没为官奴婢。② 日本僧人圆仁在《入唐求法巡礼行记》卷四中说:"前年已来条流僧尼,即简粗行不依本教者还俗,递归本贯。今不简高行粗行,不论验僧大德内供奉也。"对于外国僧人,圆仁也记述:"外国僧等若无祠部牒者

---

① 《资治通鉴》卷二四八,第 8015—8016 页。
② 参见刘昫等《旧唐书》卷一八《武宗本纪》、《入唐求法巡礼行记》卷四。

亦勒还俗递归本国者。"当时，执政的宰相李德裕不信仰佛教，他在任浙西观察使时就有限制佛教的举措。武宗毁佛令一下，李德裕执行得很严格。当时，黄河以北四节度使不遵从毁佛佛令，僧尼纷纷向北潜逃。李德裕知晓大怒，召邸吏令其责问幽州节度副使张仲武。"仲武惧，以刀授居庸关吏，曰：'僧敢入者斩'。"①八月，唐武宗又下诏宣称："其天下所拆寺四千六百余所，还俗僧尼二十六万五百人，收充两税户，拆招提、兰若四万余所，共膏腴上田数千万顷，收奴婢为两税户十五万人。"②这是第三阶段。

唐武宗灭佛历时五年，给了鼎盛期的中国佛教以沉重打击。经过这一挫折，中国佛教一蹶不振达千年之久。

会昌毁佛摧毁了僧侣赖以存在的经济基础和生活基础，昔日僧侣们居住的寺院被拆除，拥有的田庄被没收，许多人被迫还俗。拆毁寺院、兰若数量极大，致使许多僧人居无定处，不得不四处流浪，靠乞讨为生。另外，寺院拥有的"膏腴上田数千万顷"收归国有，原来寺院经营的邸店被没收，对寺院经济也是一个沉重打击，唐代寺院经济逐渐衰落。

二、唐宣宗、唐懿宗恢复佛教的努力

唐武宗毁佛，带有强烈的主观性和个性偏见，并没有达成全国上下一致的反佛浪潮。在唐后期佛教势力根深蒂固的情况下，唐武宗毁佛不能把佛教从人们的心里深处抹去。所以，唐宣宗一登基，就极力恢复佛教。

唐宣宗李忱（810—859），原名怡，宪宗第十三子。长庆元年（821），封为光王。会昌六年（846）三月，禁佛又迷道的唐武宗因服用道士长生仙丹，药物过量中毒病死，其叔父李忱以皇太叔身份由宦官拥立为帝，是

---

① 宋祁、欧阳修等：《新唐书》卷一八〇，第 5342 页。
② 刘昫等：《旧唐书》卷一八《武宗本纪》，第 606 页。

为唐宣宗。

宣宗一登基,就把主张和推行禁佛的首席宰相李德裕赶出中枢,调为荆南节度使,以后李氏及李党被一贬再贬。五月,又调整禁佛政策。《旧唐书·宣宗本纪》记载:

> 五月,左右街功德使奏:"准今月五日赦书节文,上都两街旧留四寺外,更添置八所。两所依旧名兴唐寺、保寿寺。六所请改旧名,宝应寺改为资圣寺,青龙寺改为护国寺,菩提寺改为保唐寺,清禅寺改为安国寺,法云尼寺改为唐安寺,崇敬尼寺改为唐昌寺。右街添置八所。西明寺改为福寿寺,庄严寺改为圣寿寺,旧留寺二所旧名,千福寺改为兴元寺,化度寺改为崇福寺,永泰寺改为万寿寺,温国寺改为崇圣寺,经行寺改为龙兴寺,奉恩寺改为兴福寺。"敕旨依奏。诛道士刘玄靖等十二人,以其说惑武宗,排毁释氏故也。①

日僧圆仁补充说:

> 新天子姓李,五月中大赦,兼有敕天下每州造两寺,节度府许造三所寺,每寺置五十僧。去年还俗僧、年五十以上者,许依旧出家;其中,年登八十者,国家敕五贯文。②

从宣宗只许年长者出家、禁用金银铜铁铸塑佛像来看,宣宗恢复佛教是有经济原则的。次年即大中元年(847)闰三月,宣宗下敕:"会昌季年,并省寺宇。虽云异方之教,无损致理之源。中国之人,久行其道,厘革过当,事体未弘。其灵山胜境,天下州府,应会昌五年四月所废寺宇,有宿旧名僧,复能修创,一任住持,所司不得禁止。"③

大中二年(848)正月三日宣宗下敕,其文说:

---

① 刘昫等:《旧唐书》卷一八下,第615页。
② (日)圆仁:《入唐求法巡礼记》卷四,第198页,上海古籍出版社点校本,1986。
③ 刘昫等:《旧唐书》卷一八下,第617页。

> 上都除元置寺外,每街更各添置寺五所,东都共添置五所,僧寺三所,尼寺二所。仍每寺度五十人。益、荆、扬、润、汴、并、蒲、襄等八道,除元置寺五所外,更添置僧寺一所,尼寺一所。诸道节度刺史州,除元置寺外,更添置寺一所。其所置僧寺合度三十人。诸道管内州未置寺处,宜置僧尼寺各一所,每寺度三十人。五台山宜置僧寺四所,尼寺一所;如有见存者,便令修饰,每寺度五十人,其僧尼年几限约并诸条流,并准会昌六年五月五日条例处分。①

宣宗这次恢复佛教的举措是长安、洛阳各置佛寺五所,每寺度 50 人;每州置寺庵各一所,每寺度 30 人;五台山新置寺四所。

大中五年(851)正月,宣宗下诏:"京畿及郡县士庶,要建寺宇村邑,勿禁。兼许度僧尼,住持营造。"②至此,明确准许全国建寺宇村邑,度僧尼主持营造。六月,进士孙樵上言:

> 百姓男耕女织,不自温饱,而群僧安坐华屋,美衣精馔,率以十户不能养一僧。武宗愤其然,发十七万僧,是天下一百七十万户始得苏息也。陛下即位以来,修复废寺,天下斧斤之声至今不绝,度僧几复其旧矣。陛下纵不能如武宗除积弊,奈何兴之于已废乎!日者陛下欲修国东门,谏官上言,遽为罢役。今所复之寺,岂若东门之急乎?所役之功,岂若东门之劳乎?愿早降明诏,僧未复者勿复,寺未修者勿修,庶几百姓犹得以息肩也。③

七月,中书门下奏:"陛下崇奉释氏,群下莫不奔走,恐财力有所不逮,因之生事扰人,望委所在长吏量加撙节。所度僧亦委选择有行业者,若容凶粗之人,则更非敬道也。乡村佛舍,请罢兵日修。"④宣宗皇帝批曰"从之"。十月十七日,宰臣等上言:

---

① ② 王溥:《唐会要》卷四八,第 1000 页。
③ 《资治通鉴》卷二四九,第 8047 页。
④ 同上书,第 8048 页。

近有敕许罢兵役后建置佛堂、兰若,若今边事宁息,必恐奏请继来。若不先议条流,临事恐难止约。伏以释门之教,本贵正真,奉之精严,则人用加敬。今诸州府寺宇新添,功悉未毕。百姓等若志愿崇奉,则宜并力同修。自今已后,有请置佛堂、兰若者,望所在长吏分明晓示。待一切毕后,或有云州府远处大县,即许量事建置一所,其余村坊不再更置佛堂、兰若限。①

大中六年(852)十二月,祠部奏:

"当司伏准累年赦文及别敕,建置佛堂,并剃度僧尼等。伏以陛下护持释教,以济群生,自出圣慈,孰不知感?非欲华饰寺宇,广度僧尼,兴作劳人,匮竭物力。近日天下未喻圣心,建置渐多,剃度弥广,奢靡相尚,浸以日繁,恐黎甿因兹受弊,臣职司其局,不敢旷官,当陛下求理纳谏之时,是小臣罄竭肝胆之日,伏乞允臣所奏,明立新规,旧弊永除,天下知禁,如此见佛法可久,民不告劳。"时宰臣因是上言:"伏以西方之教,清净为宗,拯济为业,国家弘阐已久,实助皇风。然度僧不精,则戒法隳坏,造寺无节,则损费过多。有司举陈,实当职分,但须酌量中道,使可久行,自后应诸州准元敕置寺外,如有胜地名山,灵踪古迹,实可留情,为众所知者,即任量事修建,却仍旧名。其诸县有户口繁盛,商旅辐辏,愿依香火,以济津梁,亦任量事各置院一所,于州下抽三五人住持。其有山谷险难,道途危苦,羸车重负,须暂憩留,亦任因依旧基却置兰若,并须是有力人自发心营造,不得令奸党因此遂抑敛乡间。此外更不得辄有起建,如引别敕处分,不在此限。其僧尼逾滥之源,皆缘私度。本教遮止,条律极严,不得辄有起建。如可容奸,必在禁绝,犯者准元敕科断讫,仍具乡贯、姓号,申祠部上文牒,其官度僧尼,数内有阙,即仰本州集律僧众同议,拣择聪明有道性,已经修炼,可以传习参学者度之。贵在教

---

① 王溥:《唐会要》卷四八,第1001页。

法得人，不以年齿为限，若唯求长老，即难奉律仪。剃度讫，仍具乡贯、姓号申祠部请告牒，其僧中有志行坚精，愿寻师访道，但有本州公验，即任远近游行，所在关防，切宜觉察，不致真伪相杂，藏庇奸人。"制可。①

祠部上奏指出，完全放任佛教发展，会产生许多弊端，请求严禁私度僧尼，若官度僧尼有阙，则择人补之，仍申祠部给牒；其欲远游寻师者，须有本州公验。宣宗又从之。

大中十年(856)十一月，宣宗敕：

> 于灵感、会善二寺置戒坛，僧尼应填阙者委长老僧选择，给公凭，赴两坛受戒，两京各选大德十人主其事。有不堪者罢之，堪者给牒，遣归本州。不见戒坛公牒，毋得私容，仍先选旧僧尼。旧僧尼无堪者，乃选外人。②

这一诏书是恢复戒坛。

总体言之，宣宗恢复佛教是有秩序地进行的。宣宗晚年，"颇好神仙"③。宣宗上台伊始曾把参与排佛的罗浮山道士轩辕集流放岭南，现在又把他请回，可见宣宗逐渐又疏佛近道。大中十二年(858)，"时上饵方士药，已觉躁渴，而外人未知，疑忌方深。闻之，俛首不复言"④。大中十三年，宣宗不听大臣韦澳等的劝阻，饵医官李玄伯、道士虞紫芝、山人王乐(之)药，疽发于背，八月，疽甚，宰相及朝士皆不得见。最后驾崩。唐懿宗即位，李玄伯与山人王乐、道士虞紫芝俱弃市。

唐懿宗李漼(833—873)，宣宗长子，始封郓王，大中十三年(859)八月被宦官拥立为帝，时年27岁，在位15年。

---

① 王溥：《唐会要》卷四八，第987—988页。
② 《资治通鉴》卷二四九，第8061页。
③ 同上书，第8065页。
④ 同上书，第8069页。

大中十三年八月十三日,唐懿宗李漼从崇佛的父亲手中接过皇位,此时其年仅27岁。"姿貌雄杰"①的年轻皇帝蓦然发现,此时的大唐帝国已经满目疮痍,宪宗的中兴之梦只是昙花一现。此后的几代皇帝任用奸人,国政日益混乱。藩镇长期割据,重起叛乱。宦官权势强大,可以随意废立皇帝。懿宗连年讨伐藩镇,愈讨愈乱,加重了人民负担,老百姓民不聊生,饥馑遍地。昏政、榨民、叛乱,形成了恶性循环,李唐王朝处于风雨飘摇之中。帝王需要稳固自己的统治,人民渴望摆脱深重的苦难,佛教因此又被摆到了比任何时候都更加神圣的位置。唐懿宗崇信佛教,大臣屡次进谏,皇帝奖而不用。咸通三年(862),散骑常侍萧倣上疏:"伏睹陛下留神天竺,属意桑门,内设道场,中开讲会。或手录梵笈,或口扬佛音。虽时启于延英,从容四辅;虑稍稀于听政,废失万机。"②对于这些议论,唐懿宗只是一笑置之,仍然常常在内宫举行近万人的供僧施食法会,并且亲自跪拜、念诵,如"神策军中有浮屠像,懿宗经常跪拜。"③咸通十一年(870)十一月,唐懿宗皇帝诞生日,京师僧人奉召至宫中讲论。安国寺僧人僧澈"辞辩浏亮,帝深称许。澈又恢张佛理,旁慑黄冠,当时号为法将。帝悦,敕赐号曰净光大师"④。当时,参与讲论的僧人云颢、可浮、重谦等也得到了奖励。吏部尚书李蔚认为赏赐太多,上书切谏,并且引用前朝狄仁杰、姚崇、辛替否等谏武后、中宗、睿宗所言为证,唐懿宗并不听从。

咸通十二年(871)五月,唐懿宗到京师安国寺听僧澈讲经,并且赐给僧澈"宝座二,度高二丈,构以沉香、涂粖,褛龙凤葩花,金扣之;上施复坐,陈经几其前,四隅立瑞鸟神人,高数尺;磴道以升,前被绣囊锦襜,珍丽精绝"⑤。八月,一大批僧人连续向唐懿宗请求迎奉法门寺佛骨。八月十日,大兴善寺住持智慧轮专门打造金函献给皇帝,其铭文曰:"敬造金

---

① 刘昫等:《旧唐书》卷一九《懿宗本纪》,第649页。
② 刘昫等:《旧唐书》卷一七二,第448页。
③ 宋祁、欧阳修等:《新唐书》卷三五,第912页。
④ 赞宁:《宋高僧传》卷六,《大正藏》第50卷,第745页上。
⑤ 宋祁、欧阳修等:《新唐书》卷一八一,第5354页。

函盛佛真身。上资皇帝圣祚无疆,国安人泰,雨顺风调,法界有情,同沾利乐。"十五日,智慧轮又献上银函,"福资皇帝千秋万岁"①。九陇山禅师师益看到时机已经成熟,便上书请求唐懿宗批准,在法门寺塔下地宫结坛祈请佛骨舍利。经过数日虔请,在十九日,果然在地宫旧隧道西北角发现佛骨。十月十六日,比丘智英造四十五尊造像银函供养佛骨,上有錾文曰:"奉为皇帝造释迦牟尼佛真身宝函。"②十月十四日是唐懿宗38岁生日。如去岁一样,唐懿宗召集京师高僧赴麟德殿讲论佛经,僧人澄依专门制作了捧真身菩萨鎏金银像为皇帝祝贺生日。菩萨像金光闪闪,双手捧一镀金双匜的荷叶形盘,盘上置一镀金银匜,匜上錾发愿文曰:"奉为睿文英武明德至仁大圣广孝皇帝敬造捧真身菩萨,永为供养。伏愿:圣寿万春,圣枝万叶,四海无波,八荒来服。咸通十二年辛卯岁十一月十四日皇帝诞庆日记。"③所谓"捧真身"者,意为法门寺佛骨可放于此荷叶盘上供人礼拜。唐懿宗大为高兴,当即重重施赐在座的各位高僧。

　　咸通十四年(873)三月,迎奉法门寺佛骨活动正式拉开了序幕,组织机构由朝臣、内库负责官员以及主管全国佛教的僧官、皇帝指定的高僧组成,凤翔监军王景徇、观察判官元充率军队负责护卫。百官纷纷上书谏阻,甚至有人以宪宗迎奉佛骨十个月后就暴亡的事情来阻止迎奉。唐懿宗却坚决地说:"使朕生见之,死无恨。"④三月二十二日,唐懿宗正式下诏,令"供奉官李奉建、高品彭延录、库家齐询敬、承旨万鲁文,与左右街僧录清澜、彦楚、首座僧澈、唯应、大师重谦、云颢、慧晖等,同严香火,虔请真身"⑤。接着,懿宗再次下诏,令长安民众做好迎接佛骨的准备,"令京城及畿甸于路傍垒土为香刹,或高一二丈,迨八九尺,悉以金翠饰之"⑥。三月底,佛骨从重真寺起程,"自京城至寺三百里间,道路车马,昼

---

① ② ③ 法门寺地宫出土文物铭文。
④ 宋祁、欧阳修等:《新唐书》卷一八一,第5354页。
⑤ 法门寺地宫出土《大唐咸通启送岐阳真身志文》碑。
⑥ 苏鹗:《杜阳杂编》卷下,《唐五代笔记小说大观》,第1398页,上海古籍出版社,2000。

夜不绝"①。人们手持小型佛塔、宝帐、香舆、幡幢,跪拜于路旁。"以金银为宝刹,以珠玉为宝帐、香舁。仍用孔雀氄毛饰其宝刹。小者高一丈,大者二丈。刻香檀为飞帘花槛瓦木阶砌之类,其上遍以金银覆之。舁一刹,则用夫数百。其宝帐香舁,不可胜纪。工巧辉焕,与日争丽。又悉珊瑚、玛瑙、真珠、瑟瑟缀为幡幢。计用珍宝不啻白斛。其剪彩为幡为伞,约以万队。"②

四月八日,佛骨至长安。"导以禁军兵杖、公私音乐,沸天烛地,绵亘数十里,仪卫之盛,过于郊祀。元和之时不及远矣!"③唐懿宗在皇城西边的中门——安福门顶楼等候佛骨到来。迎奉队伍将至,唐懿宗走下门楼到安福寺"亲自顶礼,泣下沾臆。即召两街供奉僧,赐金帛各有差。而京师耆老、元和迎真体者,悉赐银椀锦彩。长安豪家,竞饰车服,驾肩弥路,四方挈老扶幼,来观者莫不蔬素,以待恩福。时有军卒,断左臂于佛前,以手执之,一步一礼,血流满地。至于肘行膝步,齧指截发,不可算数。又有僧以艾覆顶上,谓之炼顶。火发痛作,即掉其首呼叫"④。迎接佛骨的仪式结束后,唐懿宗亲自迎奉佛骨入皇宫内道场供奉。懿宗"迎佛骨入内道场,即设金华帐、温清床、龙麟之席,凤毛之褥,焚玉髓之香,荐琼膏之乳"⑤。以上这些物品都是咸通九年河陵国所贡奉的。唐懿宗先后两次赏赐物品供奉佛骨,留存至今的《监送真身使随真身供养道具及恩赐金银衣物帐》记载:"真身到内后,相次赐到物一百三十二件","慧安皇太后及昭仪晋国夫人衣计七副:红罗裙衣二副各五事,夹缬下盖二副各三事,以上慧安皇后施;裙衣一幅四事,昭仪施;衣二副八事,晋国夫人施。"上行下效,"宰相以下竞施金帛,不可胜计"⑥。佛骨于皇宫停留供养三日,懿宗令人将其奉送至长安各大寺巡回供养,并专门下诏曰:"朕

---

① ③《资治通鉴》卷二五二,第 8165 页。
② 苏鹗:《杜阳杂编》卷下,《唐五代笔记小说大观》,第 1397—1398 页。
④ ⑤ 苏鹗:《杜阳杂编》卷下,《唐五代笔记小说大观》,第 1398 页。
⑥ 法门寺地宫出土《监送真身使随真身供养道具及恩赐金银衣物帐》。

以寡德,缵成鸿业,十有四年。顷属寇猖狂,王事未息。朕忧勤在位,爱育生灵,遂乃尊崇释教,至重玄门,迎请真身,为万姓祈福。今观睹之众,隘塞路歧。载念犴牢,寝兴在虑,嗟我黎人,陷于刑辟。况渐当暑毒,系于缧绁,或积幽凝滞,有伤和气;或关连追扰,有妨农务。京畿及天下州府见禁囚徒,除十恶忤逆、故意杀人、官典犯赃、合造毒药、持火执杖、开发坟墓外,余罪轻重节级递减一等。其京城军镇,限两日内疏理讫闻奏;天下州府,敕到三日内疏理奏闻。"①

佛骨一送出宫廷至坊间佛寺供养,一下子就激起了京师民众更大的热忱。"坊市豪家相为无遮大会,通衢间结彩为楼阁台殿,或水银以为池,金玉以为树,竞聚僧徒,广设佛像,吹螺击钹,灯烛相继。又令小儿玉带金额白脚,呵唱于其间,恣为嬉戏。又结锦绣为小车舆以载歌舞。"②这种盛况,一直持续了两个月。

六月,唐懿宗李漼悲喜忧惧并发,病重卧床。七月六日,皇帝病势更加沉重,八日下制立普王李俨为太子。十九日,懿宗李漼驾崩,享年41岁。遗诏太子"于柩前即皇帝位……宜三日而听政"③。二十日,普王李儇(此前将其名由"俨"改为"儇")即位,是为唐僖宗。

三、唐僖宗、唐昭宗、唐哀帝的佛教政策

唐僖宗、唐昭宗、唐哀帝都崇尚佛教,对佛教持扶持态度。然而,由于唐王朝政治经济早已崩溃,佛教也只能随波逐流勉强守成了。

唐僖宗李儇(862—888),唐懿宗第五子,873年至888年在位,在位13年,享年27岁。僖宗于咸通十四年(873)由宦官拥立,时年15岁。

懿宗是在迎奉佛骨的高潮中晏驾的,僖宗登基的第一件佛事活动就是送佛骨还归法门寺。咸通十四年(873)十二月,唐僖宗将自己使用的

---

① 刘昫等:《旧唐书》卷一九《懿宗本纪》,第683页。
② 苏鹗:《杜阳杂编》卷下,《唐五代笔记小说大观》,第1398页。
③ 刘昫等:《旧唐书》卷一九《懿宗本纪》,第684页。

一套银茶具赐给法门寺以供养佛骨。十二月十九日,僖宗下诏,令东头高品孙克政、西头高品彭延鲁与左街僧录僧澜、彦楚,首座僧澈、惟应等僧人,在军队仪仗的护卫之下,奉送佛骨回归扶风重真寺。"京城耆耋士女,争为送别,执手相谓曰:'六十年一度迎真身,不知再见复在何时?'即俯首于前,呜咽流涕。"①咸通十五年正月四日,佛骨重新安奉于重真寺塔下地宫。懿宗、僖宗以及后宫太后、皇后、嫔妃等赏赐的物品,迎奉佛骨的各位负责人僧人澄依、鸿照、智英、智慧轮等供养的物品以及重真寺原有的物品,共计2499件同时下塔埋入地宫。唐僖宗令僧人僧澈撰写《大唐咸通启送歧阳真身志文》和《监送真身使随真身供养道具及恩赐金银衣物帐》两文,大兴善寺僧人令真、僧觉分别书写刻石,放置于塔下地宫。宰相萧倣撰写的《佛骨碑》被树立于塔前。

僖宗登基时,年仅15岁,政事全交给宦官田令孜掌握,自己却玩物丧志。当时灾害连年,人民生活困苦,官员盘剥沉重。乾符元年(874),王仙芝发动起义。次年,黄巢也起兵于冤句,唐末农民大起义爆发。王仙芝失败后,起义军由黄巢率领,攻战各地,并于广明元年(880)占领长安,僖宗仓皇逃亡入蜀。中和四年(884),黄巢起义失败,次年三月僖宗返回长安。

僖宗避祸蜀地后,崇奉佛教之心日深。《佛祖统纪》卷四二记载:中和元年(881),"黄巢犯长安,自号大齐。上幸成都,诏知玄国师赴行在,所引对,大说。上自制号悟达国师,留行宫久之,辞归九陇"②。中和三年(883),"泰山沙门大行诵《弥陀经》,至三七日,忽于夜中见流离宝地、宝台之上佛及二大士,无数化佛咸现其前。上闻殊异,诏入内,问所见,赐号常精进菩萨,爵开国"③。中和四年(884),"泗州刺史刘让言:僧伽弟子木叉塔得舍利八百粒。进上,诏以其骨塑为像,谥曰真相"④。如此事例

---

① 苏鹗:《杜阳杂编》卷下,《唐五代笔记小说大观》,第1398页。
② 志磐:《佛祖统纪》卷四二,《大正藏》第49卷,第389页中。
③④ 同上书,第389页下。

很多,足以说明僖宗的奉佛态度。

唐昭宗李晔(867—904),唐懿宗第七子、唐僖宗的弟弟,889 年至 904 年在位,在位 16 年,享年 38 岁。唐昭宗即位后,藩镇趁着平定农民起义的机会逐渐扩大,唐政府已经名存实亡,唐昭宗根本没有实权。后来,唐昭宗被当时最大的藩镇朱温控制着。朱温镇压各地藩镇,最后又于天祐元年(904)杀害了唐昭宗。

史籍中有关唐昭宗在位时期朝廷表彰高僧、修造佛寺的记载很多,但此时藩镇割据,政令不大统一,依昭宗名义下诏的佛教活动并非一定出自于昭宗本人的批准。但可以肯定,昭宗沿袭了唐懿宗、唐僖宗的佛教政策,许多做法都与前朝一致。如龙纪元年(889)"圣诞,敕两街僧道入内殿谈论"①。唐昭宗曾经诏僧人辩光询问佛法。《宋高僧传·辩光传》记载:辩光"乃西上,昭宗诏对御榻前书,赐紫方袍"②。《宋高僧传·可止传》记载:景福年(892—893)中,可止至河池,"有请讲《因明》,后于长安大庄严寺,化徒数载"。乾宁三年(896),"进诗昭宗,赐紫袈裟,应制内殿"③。可见,三教讲论、诏僧问法的传统,昭宗仍然在坚持。

在修佛寺方面,昭宗也颇为积极。龙纪三年(891),昭宗"敕于罗什法师译经处重建草堂寺"④。关于重修草堂寺之事,《宋高僧传·可止传》也有记载:"止顷在长安,讲罢游终南山逍遥园,是姚秦什法师译经之地,年代寖深,鞠为茂草。且曰:'吾为释子,忍不兴乎?'奏昭宗乞重修,帝允,仍旧赐草堂寺额。"⑤温州大云寺也于唐大顺年(890—891)中得以修复。根据《宋高僧传·鸿楚传》记载,鸿楚"以城南有废大云寺荒墟,表闻昭宗,欲重缔构。帝俞其请,于是百工俱作,楚躬主之"⑥,大云寺因此因

---

① 志磐:《佛祖统纪》卷四二,《大正藏》第 49 卷,第 389 页下。
② 赞宁:《宋高僧传》卷三〇,《大正藏》第 50 卷,第 889 页中。
③ 赞宁:《宋高僧传》卷七,《大正藏》第 50 卷,第 748 页中。
④ 志磐:《佛祖统纪》卷四二,《大正藏》第 49 卷,第 390 页上。
⑤ 赞宁:《宋高僧传》卷七,《大正藏》第 50 卷,第 748 页下。
⑥ 赞宁:《宋高僧传》卷三〇,《大正藏》第 50 卷,第 898 页上。

缘得以重建。又如光化二年(899),"抚州言,曹山有梵僧群集山顶,乡民追之,皆飞行而去。遗其笠制,甚奇古,敕于其地建荷玉禅寺"①。由于当地官员报告传闻,昭宗下诏同意兴建玉禅寺。

唐哀帝李柷(892—908),唐昭宗第九子,904年至907年在位,在位三年。哀帝在位时间很短,而且年少,有关他与佛教的记载不多。但从《佛祖统纪》的记载看,在其在位间期,朝廷仍然在定期举行佛事活动。如《旧唐书·哀帝本纪》记载,在哀帝登基当年的诞日,中书上奏:"皇帝九月三日降诞,请以其日为乾和节。"②哀帝从之。"皇帝听政。丁巳,敕:乾和节方在哀疚,其内道场宜停。"③而天祐元年(904)诞节,哀帝下"敕天下寺观设斋,民间禁屠钓"④。庚申,敕:"乾和节文武百僚诸军诸使诸道进奏官准故事于寺观设斋,不得宰杀,只许酒果脯醢。"⑤可见,皇帝诞日举行佛事的传统,哀帝时期仍然在坚持。

唐天祐四年(907),朱温见废帝灭唐时机已到,便先将唐朝朝臣全部杀光,接着又废哀帝为济阴王,自己做皇帝,建国号"大梁",史称"后梁",改元"开平"。至此,唐王朝灭亡,中国进入自魏晋南北朝以来又一次大分裂时期——五代十国。唐哀帝也在被废后次年,即开平二年(908),被朱温毒死。

第六节　唐代士大夫与佛教

在佛教逐渐繁荣的背景下,唐代奉佛的士大夫明显多于前朝。换言之,奉佛的士大夫是佛教走向繁荣的重要推动力量。

---

① 志磐:《佛祖统纪》卷四二,《大正藏》第49卷,第390页上。
② 刘昫等:《旧唐书》卷二四《哀帝本纪》,第786页。
③ 刘昫等:《旧唐书》卷二〇下,第787页。
④ 志磐:《佛祖统纪》卷四二,《大正藏》第49卷,第390页中。
⑤ 刘昫等:《旧唐书》卷二四《哀帝本纪》,第787页。

一、初盛唐士大夫与佛教

初唐、盛唐时期,太史令傅奕上书要求废除佛法,以及玄奘的求法译经活动,均是当时极有影响的事件,涌现出不少信奉佛教或对佛教抱护持态度的士大夫。武德七年(624),傅奕上书,请求废除佛法,高祖李渊组织群臣、众僧商议。释法琳、释明慨、释慧乘、萧瑀、裴寂、李思政等均进行了积极辩论。时为中书令的萧瑀辩解道:"佛,圣人也。奕为此议,非圣人者无法,请置严刑",还合掌说:"地狱正是为傅奕这样的人设立的"①,表现出对佛教的全力护持态度。

萧瑀(574—647),字时文,来自佛教世家。高祖梁武帝,曾祖昭明太子,祖詧,后梁宣帝,父岿,后梁明帝。史载"萧瑀好释氏,常修梵行,每与沙门难及苦空,必诣微旨"②。他曾采十余家注,为《法华经》撰疏,并邀集京师名僧研讨。萧瑀敬重玄奘具有脱颖之风神,奏请其住大庄严寺;对释慧因崇仰钦承;并为释智宝开脱罪责,称其"精进有闻";还向释玄琬"每谘法华会三之旨,龙树明中之教"。唐太宗李世民也知萧瑀好佛道,"尝赍绣佛像一躯,并绣瑀形状于佛像侧,以为供养之容。又赐王褒所书《大品般若经》一部,并赐袈裟,以充讲诵之服"③。另据《续高僧传》卷一九《法喜传》记载,萧瑀于蓝田造津梁寺,请法喜禅师居之。其兄萧璟也是虔诚的佛教信徒,曾参与唐初译经,一生读诵《法华经》一万多遍,雇人抄写近千部。

针对傅奕的"佛教无用"论,左仆射裴寂也发表了自己的观点。他对高祖李渊说:"陛下昔创义师,志凭三宝,言登九五,誓启玄门。今六合归仁,富有四海,而欲纳奕之言。岂不亏往德,而彰今过乎?"④表现出为佛

---

① 刘昫等:《旧唐书》卷七九《傅奕传》,第2716页。
② 刘昫等:《旧唐书》卷六三《萧瑀传》,第2398页。
③ 同上书,第2402页。
④ 志磐:《佛祖统纪》卷三九,《大正藏》第49卷,第362页下。

教辩护的姿态。

裴寂(593—652),字玄真,蒲州桑泉人。祖融,司木大夫。父瑜,绛州刺史。裴寂隋大业中为晋阳宫副监。高祖李渊即位,裴寂作为亲信,官尚书右仆射,恩遇无比。据《续高僧传》卷二〇《志超传》记载,裴寂于"第中别院,置僧住所,邀延一众,用以居焉"①,这当是信仰所致。武德九年(626)六月玄武门政变,次子秦王李世民立为太子,后内禅登基,第二年改元贞观。裴寂与李世民的亲信刘文静之间有矛盾,实质上是公开了李渊与李世民之间的冲突。晚年裴寂因不良沙门的牵连祸起萧墙。据《旧唐书》卷五七《裴寂传》记载:贞观三年(629),裴寂亲近的沙门法雅,因不能出入两宫,心怀怨望,遂出妖言,被关进大狱。兵部尚书杜如晦审理此案,法雅声称裴寂知道此事,裴寂却说自己当时正在病中,没有听到法雅的妖言。但法雅证实了此言不实,裴寂因而被免官,回到家乡。不久,又因狂人信行的妖言惑众而卷入是非纠纷。唐太宗李世民闻听后大怒,认为裴寂死罪四条:一是位为三公,却与妖人法雅亲密;二是事发之后,乃负气愤怒,称国家有天下,是我所谋;三是妖人言其有天分,匿而不奏;四是阴行杀戮以灭口。② 于是裴寂被徙交州,竟流静州,郁郁而卒。

秦王府典仪李思政也强烈反对傅奕废佛主张。李思政是山西上党人,早年并不信佛,后阅读佛经,信随闻起,师从释法琳。曾任扶沟令、门下典仪、东宫学士等职。针对傅奕的反佛言论,李思政写下《内德论》进行辩斥。③ 其大意是:佛教宣扬十力调御,运法舟于苦海;三乘汲引,坦夷途于火宅。这些劝善进德、戒恶防患的言论,是六经和九流都不能相及相比的;而且对于臣民来说,佛教唯弘善不长恶,以戒律为本,哪里会有损于国家呢?如果人人守善,家家奉戒,则无需刑罚,祸乱也就无由而作了。对于有人欲借废佛讪惑皇上,我深感忧虑,因此特著论三篇:《辩惑

---

① 道宣:《续高僧传》卷二〇《志超传》,《大正藏》第 50 卷,第 592 页中。
② 刘昫等:《旧唐书》卷五七《裴寂传》,第 2289 页。
③ 道宣:《广弘明集》卷一四《内德论》,《大正藏》第 52 卷,第 187 页中—188 页上。

篇》为了明邪正之通蔽,《通命篇》为了辩殃庆之倚伏,《空有篇》为了破断常之执见。三篇文章驳斥种种对佛教不利的言论,宣扬佛化之益,表现出全力护法的精神。李思政在《辩惑篇》中称:"其恕及接物,孰与佛之弘乎?其睹末知本,孰与佛之远乎?其劝善惩恶,孰与佛之广乎?其明空析有,孰与佛之深乎?由此观之,其道妙矣,圣人之德何以加焉?岂得以生于异域而贱其道,出于远方而弃其宝?"①李思政高度赞美佛法无边,堪称圣道,他也因而成为后世有名的护法居士。

对这次辩论表示声援的还有秦王府记室虞世南。释法琳为护法作《破邪论》二卷,虞世南为之作序以赞之。虞世南(558—638),字伯施,越州余姚人,隋内史侍郎世基弟。祖检,梁始兴王谘议。父荔,陈太子中庶子,俱有重名。世南性沉静寡欲,笃志勤学,少与兄世基受学于吴郡顾野王,经十余年,精思不倦,善属文。又师从同郡沙门智永习王羲之书,妙得其体,甚有声名。大业中累官至秘书郎。贞观年间为弘文馆学士,与房玄龄对掌文翰。唐太宗李世民称虞世南有"五绝":"一曰德行,二曰忠直,三曰博学,四曰文辞,五曰书翰"②,后官银青光禄大夫,作为功臣图形于凌烟阁。虞世南作《帝王略论》五卷,以先生、公子问答形式,记载了帝王行迹,其中也发表了自己对佛教的看法。如云"释教者,出世之津梁,绝尘之轨躅,运于方寸之内,超于有无之表。尘累既尽,攀缘已息,然后入于解脱之门。至若化俗之法,则有布施、持戒、忍辱、精进、禅定、智慧,与夫仁、义、礼、智、信,亦何异焉?盖以所修为因,其报为果。……夫修道宜以弘济为怀,仁恕为体。有一物失所,若己之纳于隍,推此一言以及万物,则得道之真也。若乃泽不及于行苇,化不沾于海外,区区一介之善,亦无取焉。"③他认为佛教的修行与儒家学说中所倡导的"五德"一致,这实际上是一种"儒释统合"论,颇能代表当时士大夫接受佛教的深层心

---

① 道宣:《广弘明集》卷一四《内德论》,《大正藏》第52卷,第188页下—189页上。
② 刘昫等:《旧唐书》卷七二《虞世南传》,第2570页。
③ 心泰:《佛法金汤编》卷八,《续藏经》第87卷,第401页下—402页上。

态。据《佛法金汤编》卷八记载,虞世南还为唐太宗下令给阵亡将士荐福而建造的寺庙撰写碑文。其卒后,唐太宗感梦,敕令"可与其家为设五百僧斋,并为造天尊像一区"①,以资冥福,以申思旧之意。

释玄奘的求法、翻经活动,得到唐太宗李世民的极大支持。当时参与翻经协助工作的士大夫有房玄龄、杜正伦、李孝恭、萧瑀、于志宁、来济、许敬宗、薛元超、李义府等,他们中如房玄龄、杜正伦、萧瑀都是对佛教有信仰的官僚士大夫,而其他亦可归入支持佛教事业者。

房玄龄(579—648),字乔(一说名乔,字玄龄),齐州临淄(今山东淄博)人。曾祖翼,后魏镇远将军、宋安郡守,袭壮武伯。祖熊,字子威(或子彪),释褐州主簿。父彦谦,好学,通涉《五经》,隋泾阳令。房玄龄博览经史,工草隶,善属文,能谋略,是唐太宗李世民的重要幕僚,玄武门政变的主谋。据《续高僧传》卷三《波罗颇迦罗蜜多罗传》和《释氏稽古略》卷三的相关记载,摩伽陀国三藏法师波罗颇迦罗蜜多罗于贞观元年(627)十二月入京,贞观四年(630)承诏翻经,尚书左仆射房玄龄、散骑常侍行太子詹事杜正伦、尚书李孝恭受敕负责铨定,光禄大夫太府卿萧璟总知监护。贞观十九年(645)玄奘求法归来后,唐太宗下敕京师留守梁国公房玄龄专知监护,资备所须,一从天府;不久又下敕为玄奘翻经准备弘福禅寺,所需人物吏力,并与房玄龄商量,务令优给,事载《续高僧传》卷四《玄奘传》。

房玄龄与杜正伦同以释智首为师,崇其戒范,释慧赜称美他二人是"尽忠贞而事主,外形骸以求法"②。这表明房玄龄是对佛教有信仰的人。房玄龄与释慧静交情深厚;与释法冲相善,曾作书延请;礼遇能为文的释彦琮兄子行矩;还曾为祈雨事,恭造释明净住所;并对举止怪异的释通达表示关心,迎至第中。

杜正伦(575?—658),相州洹水人。仕隋为羽骑尉。入唐历任齐州

---

① 刘昫等:《旧唐书》卷七二《虞世南传》,第2571页。
② 慧赜:《般若灯论释序》,《大正藏》第30卷,第51页上。

248

总管府录事参军、兵部员外郎、中书侍郎、散骑常侍、太子右庶子、崇贤馆学士、黄门侍郎、中书令、弘文馆学士等职。据《旧唐书》卷七〇记载："正伦善属文,深明释典。"①太宗时期,他与房玄龄一起受敕负责校定佛经。《续高僧传》卷二五《法冲传》云:其"亲位法席,详评玄义"②,从中可知他通晓具玄学化色彩的佛教。

杜正伦不仅与房玄龄同师释智首,而且还与国子祭酒萧璟、工部尚书张亮、司农李道裕等,同誓为释静琳弟子。据《续高僧传》卷二四《智实传》记载,贞观元年(627),唐太宗敕遣治书侍御史杜正伦检校佛法,清肃非滥。此事颇可质疑:其一,杜正伦贞观元年的官职是兵部员外郎,而非治书侍御史;其二,据《旧唐书》卷二《太宗纪》记载,贞观元年太宗对侍臣说:"神仙事本虚妄,空有其名。秦始皇非分爱好,遂为方士所诈……汉武帝为求仙,乃将女嫁道术人,事既无验,便行诛戮。据此二事,神仙不烦妄求也。"③这里太宗批评的是道教求仙活动,而不是佛教。

当时在大慈恩寺辅佐玄奘翻经的左仆射于志宁、中书令来济、礼部许敬宗、黄门郎薛元超、中书郎李义府等,均以文辞见知于时。除了参与译经,有关他们具体的奉佛行为,限于史料,只有许敬宗参与普济寺撰碑,事载《佛法金汤编》卷八,余人不得详知。

与房玄龄同时的杜如晦也奉佛。杜如晦(584—630),字克明,京兆杜陵人。曾祖皎,周赠开府仪同大将军、遂州刺史。高祖徽,周河内太守。祖果,周温州刺史,入隋,为工部尚书、义兴公。父咤,隋昌州长史。杜如晦少聪悟,好谈文史。他与房玄龄同师事隋代大儒王通,且与释法琳保持着密切交往。释法琳作《辩正论》护法,曾致书杜如晦,而杜亦有答书,书中自称"弟子",事载《唐护法沙门法琳别传》卷一。杜如晦与释玄琬关系也非同一般。玄琬(562—636),俗姓扬,弘农华阴人,师事昙延

---

① 刘昫等:《旧唐书》卷七〇《杜正伦传》,第 2541 页。
② 道宣:《续高僧传》卷二五《法冲传》,《大正藏》第 50 卷,第 666 页下。
③ 刘昫等:《旧唐书》卷二《太宗纪》,第 33 页。

法师、洪遵律师、昙迁禅师。唐贞观年间,太宗敕令其为皇太子及诸王、皇后、六宫受菩萨戒,因而皇室成员多敬玄琬,崇以师礼。杜如晦经常请教玄琬,临终时更是召琬,愿为世世之师。此事《续高僧传》卷二二《玄琬传》有载,云"右仆射杜如晦,临终委命,召为历劫师资"①,表明杜如晦相信佛教三世轮回,不然也不会冀望于世世以玄琬为师。另据《佛祖统纪》卷二七记载,病重的释明瞻在兴善寺举办斋会,告别道俗,杜如晦和房玄龄两人均到场。

同为朝廷重臣的长孙无忌(?—659)也支持佛教。他字辅机,河南洛阳人。其先出自后魏献文帝第三兄,为拓拔族贵戚。无忌好学,该博文史,性通悟,有筹略。因辅佐唐太宗李世民平定天下,以功封齐国公。贞观十九年(645),玄奘求法归来,无忌对之有高誉,认为道安虽高行博识,然弘法之功,远不如法师躬趋圣域,讨论众妙,究探宗极者矣,此论见载于《佛祖历代通载》卷一一。此外,长孙无忌为文德皇后追福,曾舍宅为资圣寺,事载《宋高僧传》卷二四《唐湖州法华寺大光传》。从中可知他信佛的功利心理。另《佛法金汤编》卷八引《旧唐史》云,贞观年间,无忌对中书令褚遂良说:"佛教冲玄,天人莫测,陛下至道昭明,建立三宝,致法师跋险求经,归国翻译。若庵摩之始说,犹金口之新开,皆陛下圣德所感。臣等愚瞽,预此见闻,苦海波澜舟航有寄,况天慈广远,使布之九州,蠢蠢黔黎,俱飡妙法,臣等亿劫欣逢,不胜感幸。"②此论《旧唐书》中无存,《武林梵志》卷八记为褚遂良所说,《佛祖历代通载》卷一一则记为长孙无忌和褚遂良同奏,故存疑。

褚亮(560—647),唐初虔诚的佛教信徒。他字希明,杭州钱塘(今浙江杭州)人。曾祖湮,梁御史中丞。祖蒙,太子中舍人。父玠,陈秘书监,并著名前史。亮幼聪敏好学,善属文,博览无所不至,经目必记于心。喜

---

① 道宣:《续高僧传》卷二二《玄琬传》,《大正藏》第50卷,第616页中。
② 心泰:《佛法金汤编》卷八,《续藏经》第87卷,第401页下。

游名贤,尤善谈论,为唐代十八学士之一。在《与暹律事师等书》中,褚亮自称:"弟子植生多幸,早预法缘。……法师等学洞经典,誉宣真俗,实宜共化苍生升于彼岸。且远人屈己,存乎应物,大德忘名,唯在申教,理必弘济,无隔遐迩。仰愿俯从微请,降迹来仪,则释远禅居,遥踪可拟,王珣精舍,清尘不沫,是所愿也。"①这表明他很早即与佛教结缘。

褚亮敬重释慧静,曾对人说:"静(法师)俯视(道)安、(慧)远,顾蔑(竺道)生、(僧)肇,真当世独步也。"②在《广弘明集》卷二二中有褚亮的《述注般若经序》,序文赞美慧静法师注经一事。另贞观十年(636),释慧赜卒,褚亮为之写有碑文,事载《续高僧传》卷三《慧赜传》。

其子褚遂良(596—659),字登善,善书,与欧阳询、虞世南、薛稷同为初唐四大书法家。其不少书法作品均与佛教有关,传世的碑刻有《大唐三藏圣教序》、《伊阙佛龛记》、《孟法师碑》、《房玄龄碑》、《雁塔圣教序》等。唐太宗破宋金刚于晋州,立慈云寺,命褚遂良撰碑。褚遂良后因反对高宗册立武昭仪为皇后遭贬,卒于官。

唐太宗为给阵亡的将士们荐福,贞观四年(630)在七处战场建寺,命七人撰碑。据《佛法金汤编》卷八记载,除褚遂良外,还有虞世南、李百药、颜师古、许敬宗、朱子奢、岑文本等,均受命撰碑。这些人均与佛教有着或深或浅的交往。

李百药(565—648),字重规,定州安平(今河北安平)人,隋内史令、安平公德林之子。为童儿时多疾病,祖母赵氏故以百药名之。李百药善属文,曾以唐太子右庶子、安平男的身份为摩伽陀国三藏法师波罗颇迦罗蜜多罗所译的《大乘庄严经论》作序,云"佛以法为师,佛从法生,佛依法住,岂止研几尽性,妙物穷神,出入无间,包含元气而已。若夫唯天为大,寒暑运其功;谓地盖厚,山泽通其气。是以姬文以大圣之姿,幽赞易

---

① 道宣:《广弘明集》卷二八,《大正藏》第52卷,第329页中—329页下。
② 念常:《佛祖历代通载》卷一一,《大正藏》第49卷,第570页中。

道;丘明怀同耻之德,祖述微言。诸经著论,俯同斯旨。《大乘庄严经论》者,无著菩萨纂焉。菩萨以如来灭度之后,含章秀发,三十二相,具体而微,八千亿结,承风俱解,弘通正法,庄饰经王。明真如功德之宗,显大士位行之地,破小乘执著,成大乘纲纪。其菩提一品,最为微妙。转八识以成四智,束四智以具三身。详诸经论所未曾有,可谓闻所未闻,见所未见"[1]。从中可知李百药的思想倾向是儒、释、道"三教兼弘",且对于佛教的《大乘庄严经论》,亦有自己的见解。唐太宗破刘武周于汾州,立弘济寺,命李百药撰碑。

颜师古(581—645),颜之推之孙,字籀(一说名籀,字师古),祖籍琅玡临沂(今山东临沂),其祖徙居关中,遂为雍州万年(今陕西西安)人。颜师古是唐代著名学者,少传家业,博览群书,尤精诂训,善属文。太宗时期受敕考定《五经》、撰写《五礼》,其所注《汉书》和《急就章》,大行于世。又有《匡谬正俗》8卷,《文集》60卷。唐太宗破窦建德于郑州,立等慈寺,命颜师古撰碑。

朱子奢(？—641),字不详,苏州吴人。少从乡人顾彪习《春秋左氏传》,后博观子史,善属文。隋大业中直秘书学士,及天下大乱,辞职归乡里。随杜伏威入唐,授国子助教。贞观年间,累官谏议大夫、弘文馆学士。为人乐易,能剧谈,以经义缘饰。每侍宴,帝令与群臣论难,皆莫能及。太宗破王世充于洛州,立昭觉寺,命朱子奢撰碑。

岑文本(595—645年),字景仁,南阳棘阳(今新野县东北)人。祖善方,仕萧詧吏部尚书。父之象,隋末为邯郸令。文本性沈敏,有姿仪,博考经史,多所贯综,美谈论,善属文。贞观元年(627)除秘书郎,迁中书令。据《佛祖统纪》卷三九记载,岑文本少时常念《法华经·普门品》。曾乘船行于吴江,船翻了,一船人包括岑文本都掉入水中。此时他仿佛听到有人对他说:"但一心念佛,保你大难不死。"岑文本照着做了,不久就

---

[1] 李百药:《大乘庄严经论序》,《大正藏》第31卷,第589页下。

被波浪推出水面,到岸获救。后来他在家设斋,有一僧人对他说:"天下快要大乱,你幸好没有参予,灾难过后终至富贵。"后果如僧言,唐太宗年间,岑文本官为中书令。① 相信一心系念观世音菩萨即可免除灾祸,原是一种简便易行的佛教修行方法,由此亦可知岑文本小时接触的佛教形态。另据《佛法金汤编》卷八记载,唐太宗破刘黑闼于洺州(今广平府),立昭福寺,命岑文本撰碑。

令狐德棻(583—666),唐代有名的修史学者,晚年尤勤于著述,国家凡有修撰,无不参与。据《佛法金汤编》卷八记载,龙朔二年(662)高宗诏释老致拜君亲,敕群臣议之。令狐德棻说:"窃以释老二教慈敬弘深,有国因循,遂开崇尚,既久其法,须从其道。切谓拜伏,理恐未通。何者?削发,异冠带之仪,持盋,岂罇俎之礼?申恩方祈定慧,无劳拜跪严亲。报德有冀真如,何必屈膝慈后。山林既往,非无廊庙之宾;朝野裁殊,理宜高尚其事。今使责以名教,有亏其旨,臣等愚昧,请从不拜为宜。"时众议请拜者300余人,请不拜者500余人。六月八日高宗李治下诏:"朕商榷群议,沉研幽颐,然箕颍之风,高尚其事,遐想前代,固亦有之,今后不宜拜跪。"晚年令狐德棻的这番议论,表现出对佛教的维护姿态。

另据《宋高僧传》卷二记载,有鸿胪寺典客署令杜行颢,京兆人,高宗时受敕与日照三藏同译《尊胜经》,这也是支持佛教事业的士大夫。

在六朝义学兴起的基础上,唐代形成宗派佛教。唐初对华严学说加以宣扬和论述的知名学者是李通玄。李通玄(635—730),太原人,唐宗室子弟。据《宋高僧传》卷二二记载,李通玄轻乎轩冕,尚彼林泉,放旷自得,靡所拘绊,而该博古今,洞精儒释。武后时期,他隐居不仕,倾心《华严经》,因不满意旧译《华严经》"诸家疏义繁衍,学者穷年无功进取"②的状况,遂足不出户,精研三年,造《新华严经论》40卷,总括80卷经之文

---

① 志磐:《佛祖统纪》卷三九,《大正藏》第49卷,第469页上。
② 赞宁:《宋高僧传》卷二二《法圆传》,《大正藏》第50卷,第853页下。

义。其中,学佛者都认为佛说此经时居七处九会,独李通玄说是十处十会。另他还有《决疑论》四卷,亦"绾十会果因之玄要,列五十三位之法门"①。开元十八年(730),李通玄坐化,时年九十六。

对《华严经》情有独钟的还有孙思邈。孙思邈(581—682),京兆华原(今陕西耀县)人。弱冠善谈《庄》、《老》及百家之说,兼好释典。曾隐居太白山。唐太宗时辞爵不受,高宗时又固辞不受。时知名人士宋令文、孟诜、卢照邻均与之相交,执师资之礼以事。卢照邻对孙思邈的评价是:"道合古今,学殚数术。高谈正一,则古之蒙庄子;深入不二,则今之维摩诘耳。其推步甲乙,度量乾坤,则洛下闳、安期先生之俦也。"②孙思邈自注《老子》、《庄子》,撰《千金方》30卷,行于代。又撰《福禄论》3卷,《摄生真录》及《枕中素书》、《会三教论》各1卷。据《佛法金汤编》卷八记载③,高宗李治尝问孙思邈:"佛经以何为大?"孙思邈说:"没有比得上《华严经》的。"高宗又问:"近奘法师译《般若经》六百卷,何不为大?"孙思邈说:"华严法界是一切门,于一门中可演出大千经卷。《般若经》不过是《华严经》中一门罢了。"于是高宗也持读《华严经》。孙思邈后隐居终南,笃志佛典,手写《华严经》。

唐代极有影响的佛教宗派是禅宗,其北宗禅在"安史之乱"前,盛极一时。其学广传于京洛地区,吸引着燕国公张说、武平一、严挺之、李邕、裴宽、房琯、王瑨等人。

张说(667—730),字道济,河南洛阳人,唐代名相。武则天时授太子校书;中宗时为工部、兵部侍郎;睿宗时迁中书侍郎,进门下平章事;玄宗时为中书令,封燕国公。

张说信佛,他认为佛教有利于王道政治,"先圣一心奉佛者,盖为百

---

① 赞宁:《宋高僧传》卷二二《法圆传》,《大正藏》第50卷,第854页上。
② 刘昫等:《旧唐书》卷一九一《孙思邈传》,第5095页。
③ 心泰:《佛法金汤编》卷八,《续藏经》第87卷,第402页下。

姓求福也"①,主张帝王支持佛教。据《宋高僧传》卷八记载,张说对神秀"问法执弟子礼"②。神秀死后,他亲服师丧,为其撰《唐玉泉寺大通禅师碑》。另据《佛法金汤编》卷八记载,"(张)说尝寄香十勉,附武平一,至曹溪礼六祖。有诗曰:'大师捐世去,空留法身在。愿寄无碍香,随心到南海'"③,表明他也有心与南宗禅传人结交。张说还与禅师惠秀交往,惠秀俗姓李,初以戒律饰躬,后以禅定为务,玄宗时卒,"燕国公张说素所归心,送瘗龙门山"④。会稽开元寺的昙一律师,渔猎百氏,囊括六籍,甚有学识,公卿慕名与之相交者甚众,张说、宋璟、苏瓌、陆象先、贺知章、万齐融等,"皆以同声,并为师友"⑤。

张说对般若"空"观甚有研究,他在《般若心经赞序》中说:"万法起心,心人之主。三乘归一,一法之宗。知心无所得是真得,见一无不通是玄通。如来说五蕴皆空,人本空也。如来说诸法空相,法亦空也。知法照空见空舍法,二者知见复非空耶,是故定与慧俱空中法"⑥,宣扬人我法俱空。张说还将般若空观与禅宗理论结合起来,他在《三归堂赞》中说:"敬告诸佛子,一心清净观。欲求正真道,当从信根入。是佛虚空相,是法微妙光。定慧不相离,是僧和合义。人空法亦空,二空亦复空。住心三空宝,是名三归处。"⑦又在《善法堂赞》中说"见若不染色,知若不取识,是名真实见,亦名解脱知。佛观离生灭,诸法等如是。"⑧张说认同"自心清净",复归本性,这显然受到南宗禅的影响;但他主张观静、空心,可知仍囿于北宗禅法,而未得南宗真谛。

张说作为一代名相,有调和"三教"的思想倾向。他在《益州太清观

---

① 张说:《张燕公集》卷九,四库本。
② 赞宁:《宋高僧传》卷八《神秀传》,《大正藏》第50卷,第756页上。
③ 心泰:《佛法金汤编》卷八,《续藏经》第87卷,第403页上。
④ 赞宁:《宋高僧传》卷一九《唐洛京天宫寺惠秀传》,《大正藏》第50卷,第835页下。
⑤ 赞宁:《宋高僧传》卷一四《唐会稽开元寺昙一传》,《大正藏》第50卷,第798页中。
⑥ 张说:《般若心经赞序》,《大正藏》第33卷,第555页上。
⑦ 董诰等编:《全唐文》卷二二六《三归堂赞》,第2279页。
⑧ 董诰等编:《全唐文》卷二三六《善法堂赞》,第2280页。

精思院天尊赞》文中说:"蜀山刘尊师,上清品人也。兄学儒,弟奉佛,洒画三圣,同在此堂。焕乎有意哉,达观之一致也。……正气生神,结虚为实,上清尊帝,中黄首出。华彩衣裳,虚无宫室,紫气乘斗,赤炉锻日。十天从化,万灵受律,莲花释门,麟角儒术。法共不二,心同得一,道心惟微,守而勿失。"①张说还有《卢舍那像赞》《兰田法池寺二法堂赞》《龙门西龛苏合宫等身观世音菩萨像颂》《大唐西域记序》等佛教文章。另据《宋高僧传》卷一和卷三所载,他还参与义净、菩提流志的译经工作。

武平一,名甄以,字行,太原人,博学通《春秋》,工文辞。武后时畏祸,不敢与事,隐嵩山修浮屠法,屡召不应。中宗时,为修文馆学士。神龙三年(707),中宗敕菩提流志于西崇福寺译《宝积经》,修文馆学士武平一"充翻经使",事载《佛祖统纪》卷四○。据《曹溪大师别传》云,武平一是"北宗俗弟子。开元七年,磨却韦据碑文,自著武平一文"②,可知他曾参与南、北禅宗之间的正统地位之争。不过,他与张说一样,与南宗禅人也有交往,事载《佛法金汤编》卷八。

严挺之(673—742),华州华阴(今属陕西)人。少好学,举进士。中宗时为义兴尉、右拾遗。玄宗时迁考功郎中、给事中、中书舍人。出为登州刺史、太原少尹,迁濮、汴二州刺史,后擢为刑部侍郎,改太府卿,为尚书左丞,知吏部选。因得罪李林甫,出为洺州刺史,移绛郡太守,后乞请养疾归闲,兼授太子詹事。严挺之前后历任二十五官,竭心尽力,然仕途沉浮,不由人力。

郁郁不得志的生存环境,使严挺之坚定了对佛教的信仰。他与北宗禅传人普寂、义福均建立了深厚交情。严挺之师事普寂,曾自为墓志,云愿葬于大照和尚普寂塔次西原,这有乞其灵佑的意思。《旧唐书》卷九九《严挺之传》云:"挺之素归心释典,事僧惠义(系义福之误)。"③义福禅师

---

① 董诰等编:《全唐文》卷二二六,《益州太清观精思院天尊赞》,第2280页。
② 《曹溪大师别传》卷一,《续藏经》第88卷,第333页下。
③ 刘昫等:《旧唐书》卷九九《严挺之传》,第3106页。

也法于神秀,严挺之常所礼谒。开元二十年(732)义福卒,严挺之"躬行丧服,若弟子焉,又撰碑文"①,事载《宋高僧传》卷九。此外,严挺之还与陆象先、毕构、陆余庆、崔日用、贺知章、裴宽、崔希逸、房琯、崔涣、李澄、王昌龄等,躬事龙兴寺的法慎律师,《文苑英华》卷八六二《扬州龙兴寺经律院和尚碑》中有载。②

李邕(678—747),字泰和,广陵江都(今江苏扬州)人。其父李善,注《文选》六〇卷,大行于时。邕初拜左拾遗,历任郡守,频遭贬斥。天宝初,为汲郡、北海二太守。他工于文,尤长碑颂。《旧唐书》卷一九〇中《李邕传》云:其"虽贬职在外,中朝衣冠及天下寺观,多赍持金帛,往求其文。前后所制,凡数百首,受纳馈遗,亦至巨万。时议以为自古鬻文获财,未有如邕者"③。李邕写过不少碑、塔铭文,如《大照禅师塔铭》、《国清寺碑》、《嵩岳寺碑》、《东林寺碑》、《清凉寺碑》等,其中《嵩岳寺碑》记叙北宗禅的传法谱系是,"达摩菩萨传法于可,可付于璨,璨受于信,信恣于忍,忍遗于秀,秀钟于今和上寂,皆宴坐林间,福润寓内"④,明显有为北宗禅张目的意思。李邕有无真诚的佛教信仰,尚不可知,如同此文到底是李邕对北宗禅情有所归,抑或收受金钱而作一样。

裴宽(681—755),唐代名臣。景云中为润州参军,引为判官,后举河南丞,转长安尉,太常博士,迁刑部员外郎,历中书舍人、御史中丞、兵部侍郎、户部侍郎等职。开元末迁河南尹。天宝初除陈留太守,兼采访使。又除范阳节度使,兼河北采访使,其年,加御史大夫,为户部尚书,兼御史大夫。因为政清简,深得地方信赖,也得到唐玄宗的恩遇。然得罪权臣李林甫,被贬为睢阳太守、安陆别驾员外置。累迁东海太守、襄州采访使、银青光禄大夫,转冯翊太守,官终礼部尚书。

---

① 赞宁:《宋高僧传》卷九《义福传》,《大正藏》第50卷,第760页中。
② 李昉等:《文苑英华》卷八六二《扬州龙兴寺经律院和尚碑》,第4549页,北京,中华书局,1966。
③ 刘昫等:《旧唐书》卷一九〇中《李邕传》,第5043页。
④ 董诰等编:《全唐文》卷二六四《嵩岳寺碑》,第2674—2675页。

裴宽是神秀弟子普寂的在家弟子,他对普寂甚是恭敬,"日夕造谒执弟子礼,曾无差脱"。其原因是因为"寂之阐化,神异颇多,裴皆目击。又得心印,归向越深"①。史载普寂去世后,"宽与妻子皆服缞绖,设次哭临,妻子送丧嵩山"②,礼同家丧,但却召来"搢绅之讥"③。随着裴宽与李林甫矛盾的加剧,以及官场遭贬的打击,裴宽对佛教的信仰更加笃诚。天宝年间,裴宽为避祸,"上表请为僧,诏不许",然他"崇信释典,常与僧徒往来,焚香礼忏,老而弥笃"④。恶劣的现实,使裴宽对佛教树立起坚定信仰,不过,值得注意的是,他注重佛教形式,有别于一般士大夫对佛理的兴趣。

房琯(697—763),字次律,河南(今河南洛阳)人。其父为武后时宰相房融。房琯少好学,隐于陆浑伊阳山中读书十余年。玄宗时为秘书省校书郎,调补同州冯翊尉,授虢州卢氏令,拜监察御史,贬为睦州司户,历慈溪、宋城、济源县令,天宝元年拜主客员外郎,迁试主客郎中,擢试给事中,赐爵漳南县男。因事贬宜春太守,历琅邪、邺郡、扶风三太守,后又拜左庶子,迁宪部侍郎。玄宗入蜀,房琯及时谒见,拜文部尚书、同中书门下平章事,加银青光禄大夫。肃宗时深得信任,参与军机。后频遭贬,沉浮于官场,官终刑部尚书。

房琯好佛。肃宗朝参与军事,但他不善用兵,时讥之"但与庶子刘秩、谏议李揖、何忌等,高谈虚论,说释氏因果、老子虚无而已"。⑤ 房琯与北宗禅传人交往密切。为三祖僧璨写有碑文;并与严挺之、韦涉等对北宗禅传人义福,常所礼谒。此外,房琯还支持南宗禅,作有《六叶图序》(《宋高僧传》卷八)。在《唐明皇杂录》中,房琯被描绘为其前身就是永禅师,这显然是为其信佛说事。《旧唐书》卷一百一十一云房琯广德元年(763)卒于阆州僧舍,可知他晚年寄居在寺院。

---

① 赞宁:《宋高僧传》卷九,《大正藏》第50卷,第760页下。
② 刘昫等:《旧唐书》卷九〇《严挺之传》,第3106页。
③ 赞宁:《宋高僧传》卷九。
④ 刘昫等:《旧唐书》卷一〇〇《裴漼传》,第3131页。
⑤《旧唐书》卷111《房琯传》,同上,第3323页。

王缙(700—781),字夏卿,太原祁县(今属山西)人。少好学,与兄维早以文翰著名。初为侍御史、武部员外。"安史之乱"时为太原少尹,加宪部侍郎,兼本官,肃宗时拜国子祭酒,改凤翔尹、秦陇州防御使,历工部侍郎、左散骑常侍,改兵部侍郎。代宗时拜黄门侍郎、同平章事、太微宫使、弘文崇贤馆大学士,兼东都留守等。

王缙奉佛。《旧唐书》卷一一八有载,云"缙弟兄奉佛,不茹荤血,缙晚年尤甚。与杜鸿渐舍财造寺无限极。妻李氏卒,舍道政里第为寺,为之追福,奏其额曰宝应,度僧三十人住持。每节度观察使入朝,必延至宝应寺,讽令施财,助已修缮"①。由于王缙、元载、杜鸿渐等人的奉佛行为,如造寺、饭僧,以及向代宗陈述福业报应事的影响,代宗也转而积极支持佛教,令僧百余人在宫中陈设佛像,经行念诵,谓之"内道场";有军事行动则令群僧诵《仁王经》以攘敌;优待僧众,横加赏赐;设盂兰盆,又设高祖以下七圣神座,幡花鼓舞,迎呼道路,诸如此类,不一而道。

王缙与北宗禅传人有交往。他在《东京大敬爱寺大证禅师碑》中自述:"缙尝官登封,因学于大照,又与广德素为知友。大德弟子正顺,即十哲之一也。"②大照即普寂禅师,他又在其中宣扬北宗禅的传法谱系是:"夫修行之有宗旨,如水木之有本源。始自达摩,传付惠可,可传僧璨,璨传道信,信传宏忍,忍传大通,大通传大照,大照传广德,广德传大师。一一授香,一一摩顶,相承如嫡,密付法印。"③这对北宗禅是有力的支持。

不过,需要指出的是,王缙的奉佛带有很强的功利心。《旧唐书》卷一一八云:"五台山有金阁寺,铸铜为瓦,涂金于上,照曜山谷,计钱巨亿万。缙为宰相,给中书符牒,令台山僧数十人分行郡县,聚徒讲说,以求货利。……又纵弟妹女尼等广纳财贿,贪猥之迹如市贾焉。"④表明王缙

---

① 刘昫等:《旧唐书》卷一一八《王缙传》,第3417页。
② 董诰等编:《全唐文》卷三七〇《东京大敬爱寺大证禅师碑》,第3758页。
③ 同上书,第3757—3758页。
④ 刘昫等:《旧唐书》卷一一八《王缙传》,第3418页。

对佛教的狂热,多的是谋求福报的私心以及敛取财物的贪婪,而缺乏真正的敬畏和学习精神。

北宗禅在京城如火如荼的发展时,作为与之对抗的南宗禅也在悄然兴起,其中对此学慧能大师予以支持的士大夫有韦据、薛简。

韦据,在《传法正宗记》卷七里,他名列慧能所出法嗣中。史载慧能受法弘忍后,曾就法性寺智光律师受具足戒,开"东山法门",移住宝林寺。"韶州刺史韦据请于大梵寺,转妙法轮,并受无相心地戒。"①由于韦据的支持,慧能讲法,广说顿教,座下僧尼道俗一千余人,刺史官僚等有十余人,其所说为门人法海抄录,名《坛经》,流行于世。慧能卒后,广州都督韦据又"率韶新二郡官吏,迎奉全身归于曹溪宝林寺建塔"②。其文后为北宗俗弟子武平一磨去。

薛简,曾受中宗之敕前去宝林寺迎请慧能,但被慧能婉拒。时薛简与慧能有一番对话。薛简说:"京城禅德,皆云欲得会道,必须坐禅、习定,若不因禅定而得解脱者,未之有也。未审师所说法如何?"慧能说:"道由心悟,岂在坐也。经云,若见如来若坐若卧,是行邪道,何故?无所从来,亦无所去。若无生灭,是如来清净禅,诸法空寂,是如来清净坐,究竟无证,岂况坐邪?"薛简又说:"弟子回主上,必问。愿和尚慈悲,指示心要。"慧能答:"道无明暗,明暗是代谢之义,明暗无尽,亦是有尽相待立名。故经云,法无有比,无相待故。"薛简又问:"明喻智慧,暗况烦恼。修道之人,傥不以智慧照破烦恼,无始生死凭何出离?"慧能又答:"烦恼即是菩提,无二无别。若以智慧照烦恼者,此是二乘小见,羊鹿等机,大智上根,悉不如是。"薛简又问:"如何是大乘见解?"慧能说:"明与无明,其性无二。无二之性,即是实性。实性者,处凡愚而不减,在贤圣而不增,住烦恼而不乱,居禅定而不寂。不断不常,不来不去,不在中间,及其内

---

① 觉岸:《释氏稽古略》卷三,《大正藏》第49卷,第824页中。
② 念常:《佛祖历代通载》卷一三,《大正藏》第49卷,第588页下。

外,不生不灭,性相如如,常住不迁,名之曰道。"薛简又问:"师说不生不灭,何异外道?"慧能答:"外道所说,不生不灭者,将灭止生,以生显灭,灭犹不灭,生说无生。我说不生不灭者,本自无生,今亦无灭,所以不同外道。汝若欲知心要,但一切善恶都莫思量,自然得入清净心体。湛然常寂,妙用恒沙。"薛简得慧能指教后,"豁然大悟,礼辞归阙,表奏祖语"。中宗有诏赐慧能磨衲袈裟,绢五百匹,宝钵一口,并敕改古宝林为中兴寺,事载《五灯会元》卷一。

慧能生前一直隐居传法,故名声并不大,但他死后,其学因弟子神会得到极大传播,遂使其为众多士大夫仰慕和推崇。他们或宣扬其学,或前往礼拜,或请为谥号,或写碑铭,代表人物有王维(详见下述)、宋之问、宋璟、马总等。

宋之问(656—712),字延清,汾州(今山西汾阳)人。弱冠知名,尤善五言诗。上元进士,中宗时倾附张易之、武三思,沉浮于官场,官至考功员外郎,转越州长史。睿宗时被配徙秦州,赐死。其贬谪途中,多有诗作,流传于世。曾于衡阳贬所,特至韶州参谒慧能,并写有《自衡阳至韶州谒能禅师》诗。其中云,"吾师在韶阳,欣此得躬诣。洗虑宾空寂,焚香结精誓。愿以有漏躯,聿薰无生惠。物用益冲旷,心源日闲细。伊我获此途,游道悔晚计。"[①]将慧能称为"吾师",表达了宋之问对南宗禅的皈依。宋之问还与崔日用、武平一、沈佺期、岑羲、薛稷等俱钦重宝志之流的神僧万回,事载《宋高僧传》卷一八。

宋璟(663—737),字广平,邢州南和(今属河北)人。少耿介有大节,博学,工于文翰。弱冠举进士,武则天时累转凤阁舍人,迁左御史台中丞。中宗时迁吏部侍郎,兼谏议大夫,拜黄门侍郎,历杭、相二州刺史,为官清严。睿宗时迁吏部尚书、同中书门下三品,贬为楚州刺史,历魏兖冀

[①] 彭定求等编:《全唐诗》卷五一《宋之问·自衡阳至韶州谒能禅师》,第348页,延吉,延边人民出版社,2004。

三州刺史、河北按察使、幽州都督兼御史大夫、国子祭酒兼东都留守、京兆尹、御史大夫等职,坐事出为睦州刺史,转广州都督,仍为五府经略史。玄宗开元初拜刑部尚书,迁吏部尚书,兼黄门监,为侍中,累封广平郡公,兼京兆留守,又兼吏部尚书,迁尚书右丞相。乞年老归家,许之,仍令全给禄俸,终于东都私第。

宋璟对南宗禅有兴趣,任广州都督时曾礼六祖慧能塔。此事《宋高僧传》卷八有载,云"广州节度宋璟来礼其塔,问弟子令韬无生法忍义。宋公闻法欢喜,向塔乞示征祥。须臾微风渐起,异香袭人,阴雨霏霏"[1]。宋璟与昙一律师友好,此僧学兼外典,"渔猎百氏,囊括六籍",深得士大夫赏重,"时丞相燕国公张说、广平宋璟、尚书苏瓌、充国陆象先、秘书监贺知章、宣州泾县令万齐融,皆以同声,并为师友"[2]。

马总(?—823),字会元,扶风(今属陕西)人。少孤贫,好学。元和初迁虔州刺史,四年,兼御史中丞,充岭南都护、本管经略史。八年,转桂林刺史、桂管经略观察使,入为刑部侍郎。寻检校工部尚书、蔡州刺史、兼御史大夫,充淮西节度使。其后又历任许州刺史、华州刺史等职,官终户部尚书。据刘禹锡的《曹溪六祖大鉴禅师第二碑》所载,元和十一年(816),"诏书追褒曹溪六祖能公,谥曰大鉴。实广州牧马总以疏闻,由是可其奏。"[3],可知慧能谥号与马总上疏有关。

神会在南阳传法之际,太守王弼、内乡县令张万顷曾向他问法。开元二十二年(734),神会在滑台(今河南滑县)大云寺召开无遮大会,阐发本宗大义,宣告禅宗内部出现分化,新的势力崛起。在神会周围也聚集了一些士大夫,如宋鼎、房琯、王琚等。

宋鼎,天宝四年(745)任兵部侍郎,请神会入东都(洛阳),住于荷泽寺。据《宋高僧传》卷八所载,"会于洛阳荷泽寺,崇树能之真堂,兵部侍

---

[1] 赞宁:《宋高僧传》卷八,《大正藏》第50卷,第755页中—下。
[2] 赞宁:《宋高僧传》卷一四,《大正藏》第50卷,第798页中。
[3] 董诰等编:《全唐文》卷六一〇《曹溪六祖大鉴禅师第二碑》,第6161—6162页。

郎宋鼎为碑焉。会序宗脉,从如来下西域诸祖外,震旦凡六祖,尽图缋其影。太尉房琯作《六叶图序》"①。说明宋鼎与房琯均在神会传播南宗禅的过程中发挥过积极作用。

王琚(657—746),怀州河内(今河南沁阳)人。少孤而聪敏,有才略,好玄象合炼之学。因暗中辅佐玄宗,得授詹事府司直、内供奉兼崇文学士,拜太子舍人,寻又兼谏议大夫、内供奉。玄宗称帝,擢拜中书侍郎,又拜银青光禄大夫、户部尚书,封赵国公。深得玄宗信任,在帷幄之侧,常参闻大政,时人谓之"内宰相"。被小人谗言,遭贬,历衡、郴、滑、虢、沔、夔、许、润九州刺史,后又改同、蒲、通、邓、蔡五州刺史,又为广平、邺郡二太守,后为李林甫陷害至死。他曾以偈问"三车"义于神会,神会回答他:"三车在门外,说即在宅中。诸子闻说时,已得三车讫。"王琚还与赵颐贞一起,对慧能弟子慧忠表示信向。《宋高僧传》卷九记为,"开元年中,刺史前中书侍郎开国公王琚、司马太常少卿赵颐贞,信潭以清,闻风而悦,税驾扣寂,杳然虚空。礼足散金银之华,不异弥伽长者;执手见微尘之佛,等毗目仙人"②。他们上奏玄宗,慧忠征居龙兴寺。

此外,据《神会语录》所载,崔齐公、礼部侍郎苏晋、润州刺史李峻、侍郎苗晋卿、郑璇、嗣道王、常州司户元思直、润州司马王幼琳、苏州长史唐法通、扬州长史王怡、相州别驾马择、别驾苏成、长史裴温、司马元光绍、给事中房管、峻仪县尉李冕、洛阳县令徐锷、武皎、江陵郡长史拓拔开府,以及门人刘相倩、蔡镐等,均与神会相交并切磋禅法。

牛头禅相传是四祖道信旁出弟子法融创立,以其居于牛头山而得名,其学在弟子玄素时得以光大。在其周围聚集了一批士大夫信徒,如李华(详见下述)、李橙、齐澣(详见下述)、张均、刘日正、梁升卿、徐峤、刘国升、韦昭理、韩延赏、李丹、万齐融、崔令钦等。

李橙,太原文水(今属山西)人,早聪敏,以明经举,有吏干,明于政

---

①② 赞宁:《宋高僧传》卷八,《大正藏》第50卷,第755页中。

务。开元初为咸阳尉,历迁长安尉,兵、吏部郎中,给事中,河南少尹。天宝初出为清河太守,转河东太守、本道采访,迁尚书右丞、京兆尹。天宝十四年(755),转光禄卿、东京留守,判尚书省事。安禄山叛乱时带兵守城,罹难。李憕信佛,曾舍洛阳旧塾为北惠林寺,事载《旧唐书》卷一八七下《李憕传》。据《宋高僧传》卷九《唐玄素传》记载,李憕为杨州牧时,对玄素"斋心虔虔,二时瞻近"①。另据《宋高僧传》卷一四《唐杨州龙兴寺法慎传》所载:李憕还与陆象先、毕构、陆余庆、严挺之、崔希逸、房琯、崔涣、王昌龄、綦母潜等对法慎"佥所瞻奉,愿同洒扫"②。其子李源以父死祸乱,无心禄仕,誓不婚妻,不食酒肉,多止北惠林寺,寓居一室,依僧斋戒,"随僧一食,已五十年"③。

张均是张说之子,曾任兵部侍郎,后出为饶州刺史、苏州刺史。据《佛祖历代通载》卷一三所载,张均曾师从玄素法师受菩萨戒。此外,张均还与神秀弟子义福禅师有交情。《宋高僧传》卷九记为,"兵部侍郎张均、太尉房琯、礼部侍郎韦陟,(对义福)常所信重。"④

初盛唐的文坛,受到整个社会崇佛风尚的影响,不少文人习佛。而受朝廷"三教齐立"环境的影响,他们更多地采取"三教兼容"的立场。根据理解各取所需,加以运用和发挥,周流于"三教"之中。如号称初唐"四杰"中的王勃、卢照邻、杨炯、骆宾王,倡导诗文革新的陈子昂,以及贺知章、齐澣、李华、萧颖士、元德秀、王维、孟浩然、李白等,均为其中的代表。

王勃(649 或 650—676 或 675),字子安,绛州龙门(今山西河津)人。祖通,隋代大儒。勃六岁解属文,构思无滞,词情英迈,与兄勔、勮才藻相类,时号"王氏三珠树"⑤。王勃麟德初对策高第,授朝散郎,数献策阙下。太原王氏本有着悠久的奉佛传统,王勃写过与佛教有关的不少诗文,如

---

① 赞宁:《宋高僧传》卷九,《大正藏》第 50 卷,第 762 页上。
② 赞宁:《宋高僧传》卷一四,《大正藏》第 50 卷,第 796 页下。
③ 刘昫等:《旧唐书》卷一八七下《李憕传》,第 4889 页。
④ 赞宁:《宋高僧传》卷九,《大正藏》第 50 卷,第 760 页中。
⑤ 刘昫等:《旧唐书》卷一九〇《王勃传》,第 5005 页。

《释迦画像记》《维摩画像碑》《释迦如来成道记》《观音大士赞》等。他还和律宗的代表人物道宣有交谊,为其《四分律宗记》作序自称"弟子"。此外,王氏还有道学家世渊源,因此有不少神仙题材的作品,如《八仙径》《忽梦游仙》等,表现出对神仙世界的向往之情。

卢照邻,生卒年不详。字升之,幽州范阳(今河北涿县)人,自号"幽忧子"。博学,善属文。初授邓王府典签,王甚爱重之,比之为相如。后拜新都尉,因染风疾去官,居太白山中,以服饵为事。后疾转笃,徙居阳翟之具茨山。卢照邻倾心道术,结交道士李荣、黎元兴、孙思邈。孙是当时有名的道士,卢照邻赞美他"道洽今古,学有数术。高谈正一,则古之蒙庄子;深入不二,则今之维摩诘"①。卢照邻信道,但也有如《益州长史胡树礼为亡女造画赞》《相乐夫人檀龛赞》等佛教作品。

对于儒、释、道三教,卢照邻自述"当高宗时尚吏,已独儒;武后尚法,已独黄、老"②,又说"晚更笃佛法,于山下间营建,所费尤广"③。他在《五悲文》中说:"若夫正君臣,定名色,威仪俎豆,郊庙社稷,适足夸耀时俗,奔竞功名,使六艺相乱,四海相争,我者遗其无我,生者哀其无生。孰与乎身肉手足,济生人之涂炭,国城府库,恤贫者之经营,舍其有爱以至于无爱,舍其有行以至于无行。若夫呼吸吐纳,全身养精,反于太素,飞腾上清,与乾坤合其寿,与日月齐其明,适足增长诸见,未能永证无生。孰与夫离常离断,不始不终,恒在三昧,常游六通。不生不住无所处,不去不灭无所穷,放毫光而普照,尽法界与虚空。苦者代其劳苦,蒙者导其愚蒙,施语行事,未尝称倦,根力觉道,不以为功。"④这实际上是认为儒家学说和道教,均不能跟佛教相比。如果联系卢照邻为病痛折磨的人生经历,则他晚年归信释氏,也在情理之中。

---

① 《病梨树赋》,《卢照邻集编年笺注》卷一,任国绪笺注,第36页,哈尔滨,黑龙江人民出版社,1989。
② 《威仪道众玉华殿谢土地醮词》,《道藏》第11册,第295页。
③ 《寄裴舍人遗医药直书》,《卢照邻集编年笺注》卷七,第442页。
④ 《五悲文》之《悲人生》,《卢照邻集编年笺注》卷四,第284—285页。

比较而言,"四杰"中,杨炯和骆宾王的宗教感情不及王、卢。杨炯(650—692),华阴(今属陕西)人。幼聪敏博学,善属文。神童举,拜校书郎,为崇文馆学士。迁詹事司直。恃才简倨,闻时人以"四杰"称,乃自言曰:"吾愧在卢前,耻居王后"①。他写过与道教有关的诗如《游废观》,他说"悠然出尘网,从此狎神仙"②;杨炯还写过与佛教有关的作品。据《旧唐书》卷一九○上所载,武则天如意元年(692)七月,宫中出盂兰盆,分送佛寺,武则天御洛南门,与百僚观之,炯献《盂兰盆赋》,词甚雅丽。其中描述这种法会"宣大乘,昭群圣,光祖考,登灵庆,发深心,展诚敬"③,成为详细记载唐代盂兰盆会的仅有的作品。

骆宾王(约619—约687),婺州义乌(今属浙江)人。七岁能赋诗,童年生活贫困落拓。唐高宗仪凤四年(679),骆宾王升任侍御史,终因好向武则天上书言事,被诬下狱。获释后改任临海(今属浙江)丞,所以后人亦称他为"骆临海"。光宅元年(684),武则天废中宗李显为庐陵王,积极准备改唐为周。这年9月,徐敬业(即李敬业)据扬州起兵,骆宾王为之传檄天下。此文写得极有气势,据说武则天见后,赫然变色,叹其有才。11月,徐敬业兵败,骆宾王下落不明。关于骆宾王最后的去向,《太平广记》有说法。云唐考功员外郎宋之问,以事累贬黜,放归江南,游灵隐寺。见夜月极明,遂赋诗。二联沉吟未就,有老僧点长命灯,坐大禅床,应声随和,之问愕然,续终成篇。第二天宋之问再去拜访,则不见此僧。寺里其他僧人说,这人是骆宾王,因徐敬业兵败,落发为僧,遍游名山,至归居灵隐寺。当然,这只是关于其去向的、与佛教有关的一种说法而已。

陈子昂(661—702),梓州射洪(今属四川)人,家世富豪。子昂独苦节读书,尤善属文。初为《感遇诗》30首,为人所称道,以此知名。此诗既有对佛教缘业之说的批驳和对佛教寺院建筑繁费的揭露,又有诸如"吾

---

① 刘昫等:《旧唐书》卷一九○《杨炯传》,第5003页。
② 彭定求等编:《全唐诗》卷五○《杨炯·游废观》,第344页。
③ 董诰等编:《全唐文》卷一九○《盂兰盆赋》,第1920页。

闻西方化,清净道弥敦"①这样对佛教倾心的表述。陈子昂早年在蜀中,与晖上人从往甚密。从《陈拾遗集》中《酬晖上人秋夜山亭有赠》、《酬晖上人秋夜独坐山亭有赠》、《酬晖上人夏日林泉见赠》、《夏日晖上人房别李参军崇嗣》、《秋园卧疾呈晖上人》、《夏日游晖上人房》、《晖上人房饯齐少府使入京府序》、《夏日晖上人房别李参军序》等八篇诗文,可知陈子昂与这位禅师的交情非同一般。陈子昂入京后,还有《为僧谢讲表》等文字。

贺知章(659—744),会稽永兴(今浙江萧山)人,少以文词知名,举进士。为人性情旷达,善谈笑,与李白、张旭、陆象先诸人友善,宾客皆倾慕之。神龙二年(706),唐中宗诏释道亮于长安西园问道。据《宋高僧传》卷八《道亮传》所载:"大都督李孝逸、工部尚书张锡、国子监周业崔融、秘书监贺知章、睦州刺史康诜,同心慕仰,请问禅心,多结师资,或传香火。"②表明贺知章交往禅师,以求禅学。在《景德传灯录》卷四"前嵩岳慧安国师等法嗣"条中,则云道亮禅师旁出五人,即前所述李孝逸、张锡、崔融、贺知章、康诜等,这显然把这些人看成是禅学传人了。③

景云二年(711),唐睿宗敕菩提流志同法藏、尘外等,于北苑甘露亭译《大宝积经》,时贺知章、王瑨、卢藏用、郭元振等负责润色,陆象先、魏知古负责监护,事载《佛祖统纪》卷四○和《释氏稽古略》卷三中。唐玄宗开元年间,贺知章又与张说、宋璟、苏瓌、陆象先、万齐融等,与律学沙门释昙一,"皆以同声,并为师友"④。此事《全唐文》卷五二○《越州开元寺律和尚塔碑铭》亦有记载,云昙一才学出众,"由是与少保充国陆公象先、贺宾客知章、李北海邕、徐中书安贞、褚谏议庭海,及泾县令万齐融为儒释之游,莫逆之友"⑤。此外,贺知章还与康希铣、朱元昚,并与释玄俨"以

---

① 彭定求等编:《全唐诗》卷八三《陈子昂·感遇诗》,第487页。
② 赞宁:《宋高僧传》卷八《道亮传》,《大正藏》第50卷,第757页下。
③ 道原:《景德传灯录》卷四,《大正藏》第51卷,第224页中。
④ 赞宁:《宋高僧传》卷一四《昙一传》,《大正藏》第50卷,第798页中。
⑤ 董诰等编:《全唐文》卷五二○《越州开元寺律和尚塔碑铭》,第5288页。

乡曲,具法朋之契"①。

贺知章晚年自号"四明狂客",又称"秘书外监",遨游里巷,醉后属词,动成卷轴,文不加点,咸有可观。天宝三年(744),贺知章因病恍惚,上疏请度为道士,求还乡里,仍舍本乡宅为千秋观,唐玄宗赋诗送行。贺知章晚年要求为道士,恐与玄宗尊道抑佛的政策有关。至乡,贺知章无几寿终,时年八十六。

齐澣(？—746),字洗心,定州义丰人。少以词学称。弱冠以制科登第,调蒲州司法参军,开元中,用为给事中,迁中书舍人。开元十二年(724)齐澣出为汴州刺史,为政清严,民吏歌之。开元二十五年(737)迁润州刺史,充江南东道采访处置使。齐澣与越州都督景诚、采访卢见义、泗州刺史王弼,均对释玄俨"禀承法训"②,事载《宋高僧传》卷一四《唐越州法华山寺玄俨传》。齐澣后因剥削财货,贿赂中贵,物议非之。

另据《佛祖统纪》卷四〇记载,开元二十九年(741),江南采访使齐澣说:"至道可尊,当从宗仰。未免鞭挞,有辱形仪。其僧道有过者,欲望一准僧道格律处分,所由州县不得擅行决罪。"③奏可。可知他对佛教僧人抱持的善意。齐澣还和梁升卿、徐峤、韦昭理、韩延赏(疑为李延赏)、李丹、崔令钦、张均、刘日正等,并对禅师释玄素敬以师礼,为受菩萨戒弟子,事载《宋高僧传》卷九和《佛祖历代通载》卷十三。

李华(715—766),字遐叔,赵郡赞皇(今河北元氏)人。开元二十三年(735)进士擢第。天宝中,登朝为监察御史,累转侍御史、礼部、吏部二员外郎。李华善属文,与兰陵萧颖士友善。萧颖士,字茂挺,与李华同年进士。据《旧唐书》卷一九〇下记载,两人文风有别,李氏文体温丽,少宏桀之气,萧氏词锋俊发,李置疑此评价,遂为《祭古战场文》,并有意将材质弄旧,放置在有佛书的搁架里。又借与萧颖士翻阅佛书之机,从中拿

---

①② 赞宁:《宋高僧传》卷一四《玄俨传》,《大正藏》第 50 卷,第 795 页下。
③ 志磐:《佛祖统纪》卷四〇,《大正藏》第 49 卷,第 375 页上。

出此文,假装问道:"你觉得这篇文章怎样?"萧颖士看后说:"不错呀!"李华又问:"如果是当代的人写的,你认为谁能有这个水平呢?"萧颖士说:"你只要稍为精思,便可达到这个水平。"李华于是愕然,信服。从中可知两人均有翻阅佛书的习惯,不然李华也不会想出此计。唐代武后时期"天台盛弘止观"①,李华、梁肃、田敦、崔恭均师从天台宗荆溪湛然受学。《佛祖统纪》卷十五云:"荆溪之世,有梁肃、李华。……是数君子,不特知道,又能立言以赞之。"②表明李华对天台宗宗旨当有深刻见解。荆溪湛然有《止观大意》一卷,卷首云:"因员外李华欲知止观大意,略撮纲要,略述教观门户大概。"③可知是特为李华的请教而作。《佛祖统纪》卷二五亦记此"为司对李华出"。

此外,李华亦与禅师相交。他对润州鹤林寺径山大师玄素禅师持师礼,自称"弟子尝闻道于径山,犹乐正子春之于夫子也"④。此话出自《礼记·祭义》:乐正子春天下堂伤其足,数月不出,犹有忧色。面对孔门弟子的质疑,乐正子回答说:"吾听曾子、夫子这些人说:身体是父母全而生之,作为孩子就该全而归之,不使身体受到伤害,方可谓孝。因此君子时刻不敢忘记孝道。但我这次伤了脚,有亏道义,故感到忧愁。只有举足出言时刻谨慎,才能做到不辱其身,不羞其亲,这才是真正的孝。"李华借此比喻自己对玄素的尊敬就像孩子对父母,唯恐有不尽之处。

玄素是禅宗牛头禅法的传人智威的弟子,在唐玄宗时期享有盛名,如前所述,许多士大夫均与之交接,成为菩萨戒弟子。天宝十一年(752),玄素卒,李华为之撰《润州鹤林寺故径山大师碑铭》。其中云:"初达摩祖师传法,三世至信大师。信门人达者曰融大师,居牛头山,得自然智慧,信大师就而证之。且曰:七佛教戒,诸三昧门,语有差别,义无差别。群生根器,各

---
① 志磐:《佛祖统纪》卷七,《大正藏》第49卷,第188页上。
② 志磐:《佛祖统纪》卷一五,《大正藏》第49卷,第226页中。
③ 《止观大意》,《大正藏》第46卷,第459页上。
④ 念常:《历代佛祖通载》卷一三,《大正藏》第49卷,第596页下。

各不同,唯最上乘,摄而归一。凉风既至,百实皆成,汝能总持,吾亦随喜。由是无上觉路,分为此宗。……融授岩大师,岩授方大师,方授持大师,持授威大师,凡七世矣。"①这是指牛头禅的传法谱系:道信——法融——智岩——慧方——法持——智威——玄素,道信别传法融之说并无依据,"但以李华碑铭发端,牛头禅源于道信,其后七祖相传之说,逐渐为禅家公认,从而为牛头禅争得禅宗一席之地,这是李华的贡献"②。

此外,李华为扬州龙兴寺释法慎、润州招隐寺释朗然撰有碑铭,为善无畏撰有《玄宗朝翻经三藏善无畏赠鸿胪卿行状》、《大唐东都大圣善寺故中天竺国善无畏三藏和尚碑铭并序》等护法文字。

元德秀(696—754),字紫芝,河南(今河南洛阳)人,开元进士。少孤贫,事母孝。据《旧唐书》卷一九〇下本传记载,元德秀"登第后,母亡,庐于墓所,食无盐酪,借无茵席,刺血画像写佛经"③。后历任荆州南和尉、龙武录事参军、鲁山令,其为官重诚信教化。后隐居陆浑山,终生不娶,虽缺衣少食,而弹琴读书,怡然自乐。房琯每见元德秀,都叹息道:"见紫芝眉宇,使人名利之心都尽"④。

天宝十三年(754)元德秀卒,家唯枕履箪瓢而已。族弟元结哭之,云其"生六十年,未尝识女色,视锦绣未尝求足,苟辞佚色,未尝有十亩之地、十尺之舍、十岁之僮,未尝完布帛而衣,具五味而飧"⑤,认为像元德秀这样有操守的人,足以告诫那些荒淫、贪佞,绮纨梁肉的人。佛教界僧人亦为元德秀的操行所感,认为他"俨然一高僧"⑥。

王维(701—761),字摩诘,原籍祁(今山西太原),后迁居蒲州(今山西永济),为河东人。与弟王缙俱有俊才,博学多艺。开元九年(721)进士。历右拾遗、监察御史、左补阙、库部郎中、吏部郎中等职。天宝末,为

---

① 董诰等编:《全唐文》卷三二〇《润州鹤林寺故径山大师碑铭》,第3248页。
② 潘桂明:《中国居士佛教史》(上册),第371页,北京,中国社会科学出版社,2000。
③ 刘昫等:《旧唐书》卷一九〇《元德秀传》,第5050页。
④⑤⑥ 念常:《佛祖历代通载》卷一三,《大正藏》第49卷,第598页上。

给事中。"安史之乱",玄宗奔蜀,王维扈从不及,被迫受伪职。两京收复,肃宗则授太子中允。后迁中书舍人、给事中,最后官尚书右丞。王维是虔诚的佛教信徒,《旧唐书》云:"维弟兄俱奉佛,居常蔬食,不茹荤血,晚年长斋,不衣文彩。得宋之问蓝田别墅,在辋口,辋水周于舍下,别涨竹洲花坞,与道友裴迪浮舟往来,弹琴赋诗,啸咏终日。……妻亡不再娶,三十年孤居一室,屏绝尘累。"①俨然是在家出家,世外高僧的形象。

王维的佛教信仰受其家庭环境的影响,也与当时社会环境、个人境遇也有关系。其母崔氏是佛教徒,"师事大照禅师三十余岁,褐衣蔬食,持戒安禅,乐住山林,志求寂静"②,故王维早年约开元十七年前后,即师事释道光。他有《大荐福寺大德道光禅师塔铭》,自述"十年座下,俯伏受教"③。王维主要生活的开元、天宝年间,正是禅宗大兴的时期,他一生与南北两宗均有密切往来。其母师事的大照禅师(即普寂),是北宗神秀的弟子。王维有《过福禅师兰若》,其中的福禅师,就是与普寂同门的义福或惠福;而《谒璇上人并序》中的"璇上人"即瓦官寺道璇,出于普寂门下。据《宋高僧传》卷一七《唐金陵钟山元崇传》所载:"安史之乱"后,道璇的弟子元崇"于辋川得右丞王公维之别业。松生石上,水流松下,王公焚香静室,与崇相遇,神交中断"④。

此外,王维还与南宗神会有交情。据敦煌本《神会和尚问答杂征义》,神会与王维曾在南阳相会。王维所撰《六祖能禅师碑铭》,便是受神会之托。其文云"无有可舍,是达有源。无空可住,是知空本。……举足下足,长在道场。是心是情,同归性海"⑤。在《同崔兴宗送衡岳瑗公南归并序》中,王维写道:"滇阳有曹溪学者,为我谢之"⑥,指的也是与慧能曹

---

① 刘昫等:《旧唐书》卷一九○下《王维传》,第5052页。
② 董诰等编:《全唐文》卷二二四《请施庄为寺表》,第3290页。
③ 董诰等编:《全唐文》卷三二七《大荐福寺大道道光禅师塔铭》,第3312页
④ 赞宁:《宋高僧传》卷一七《唐金陵钟山元崇传》,《大正藏》第50卷,第814页下。
⑤ 董诰等编:《全唐文》卷三二七《六祖能禅师碑铭》,第3313页。
⑥ 彭定求等编:《全唐诗》卷一二六《王维·同崔兴宗送衡岳瑗公南归并序》,第690页。

溪传法处有关的南宗禅师。

作为官僚贵族子弟而又有才华的王维,入仕即受到朝廷达官显贵的重视,"凡诸王驸马豪右贵势之门,无不拂席迎之,宁王、薛王待之如师友"①。开元二十二年(734),张九龄入朝为相,王维因其举荐官右拾遗,两年后张被贬职,王维出为河西节度使崔希逸判官。这是他人生的一大变故。后他虽又入朝为官,但朝廷的黑暗,使他内心陷入苦闷。"安史之乱"起,他被叛军拘于洛阳,身受屈辱。后虽奉肃宗朝,但心志消沉。"在京师日饭十数名僧,以玄谈为乐,斋中无所有,唯茶铛、药臼、经案、绳床而已。退朝之后,焚香独坐,以禅诵为事。"②

王维的禅学经历了由北宗向南宗转变的过程。这是因为南宗的顿悟成佛主张,"一方面否定了佛教义学的繁琐教义和偶像迷信,同时又和中国传统儒学'正心诚意'理论相调和,加之由此派生出一种随缘任运的人生哲学,很容易被中国知识阶层所接受"③。

王维对佛理有自己的理解,他的许多诗文,表达了学佛的心得体会。如他模仿维摩居士示疾,佛陀派文殊师利前去慰问而作的《与胡居士皆病寄此诗兼示学人二首》,以"一兴微尘念,横有朝露身。如是睹阴界,何方置我人。碍有固为主,趣空宁舍宾。……因爱果生病,从贪始觉贫。色声非彼妄,浮幻即吾真"④,说明佛教的"人我空"的思想,主张凡人破除妄念,任运随缘。再如他在《西方净土变画赞》中,以"法身无对,非东西也;净土无所,离空有也。若依佛慧,既洗涤于六尘;未舍法求,厌如幻于三有"⑤,认为心净土净,无需迷信"西方净土"。

王维以五言诗闻名,佛教思想对其诗歌形成独特的艺术风格起了一定作用。具体说来,"禅宗影响于王维诗歌创作艺术,可分三个层次:以

---

①② 刘昫等:《旧唐书》卷一九〇下《王维传》,第5052页。
③ 孙昌武:《佛教与中国文学》,第77页,上海人民出版社,2007。
④ 彭定求等:《全唐诗》卷一二五《王维·与胡居士皆病寄此诗兼示学人二首》,第674页。
⑤ 董诰等编:《全唐文》卷三二五《西方净土变画赞》,第3299页。

禅语入诗,以禅趣入诗,以禅法入诗"①。其中,以禅语入诗指使用禅学典故、词语。如《过香积寺》末联的"毒龙"一词出自《涅槃经》卷二九中"但我住处,有一毒龙,其性暴性"②。以禅趣入诗指表现进入禅定的愉悦闲适的心境。如《酬张少府》的"松风吹解带,山月照弹琴"③,《中南别业》的"行到水穷处,坐看云起时",均对山林之美、心灵之静进行了形容。以禅法入诗指在诗的构思过程中借鉴禅的认识和表达方法。如《鹿柴》的"空山不见人,但闻人语响。返景入深林,复照青苔上";《鸟鸣涧》的"人闲桂花落,夜静春山空。月出惊山鸟,时鸣春涧中",创造出一种"言有尽,而意无穷"的境界。这与禅宗对语言要求"不即不离"是相符合的。有关这方面的研究,孙昌武先生在其专著《佛教与中国文学》中有详述,可参考。④

王维以佞佛著称,但实际上,他也写过不少与道教、道士有关的诗。如《和尹谏议史馆山池》是与道士尹愔交往、唱和;《鱼山神女祠歌》是歌颂神仙祭祀;《李居士山居》是谈论道教炼丹;《送张道士归山》是咏叹隐居修道。这些表明王维是佛道兼通,只不过他对道教的通融态度被其学佛的虔诚所掩饰了。

孟浩然(689—740),襄阳人。40岁以前,隐居于距鹿门山不远的汉水之南,曾南游江、湘,北去幽州,一度寓寄洛阳,往游越中。开元十六年(728),他入长安应举,结交王维、张九龄等人,开始遍交诗坛群彦。次年赋诗秘省,以"微云淡河汉,疏雨滴梧桐"一联名动京师,但却不幸落第。随后,他南下吴越,寄情山水。开元二十五年(737)入张九龄荆州幕,酬唱尤多。三年后不达而卒。

孟浩然的思想和创作深受佛教影响。他对大乘般若空观的"无生"

---

① 孙昌武:《佛教与中国文学》,第82—83页。
②《涅槃经》卷二九,《大正藏》第12卷,第540页中。
③ 程亚林先生将此两句理解成"松风吹(来)解(我之)带;明月照(来)弹(我之)琴",颇有新意。参见《"松风吹解带,明月照弹琴"别释》,《名作欣赏》2004年第10期。
④ 孙昌武:《佛教与中国文学》,第82—86页。

思想早有所闻,曾在《还山贻湛法师》诗中写道:"幼闻无生理,常欲观此身。"在《游明禅师西山兰若》诗中,他又写道:"吾师往其下,禅坐证无生。"他追求一切毕竟空的"无我"之境,在《陪姚使君题惠上人房》诗中云:"会理知无我,观空厌有形。迷心应觉悟,客思未遑宁。"

孟浩然将禅的静默观照与山水审美体验合而为一,在对山水清晖的描绘中,折射出清幽的禅趣。如其《万山潭作》诗:"垂钓坐盘石,水清心亦闲。鱼行潭树下,猿挂岛藤间。"又如其《武陵泛舟》诗:"水回青嶂合,云度绿溪阴。坐听闲猿啸,弥清尘外心。"体现的均是对境观心,而道契玄微。

此外,裴迪、储光羲、刘眘虚、常建等文人,也均与禅僧往来密切,其文学创作,如山水诗,从观物方式到感情格调,都带有受禅宗思想影响的文化意蕴,饶有禅意和禅趣。

二、中唐士大夫与佛教

"安史之乱"后,唐朝内乱迭起,徭役繁重,帝王为维护统治,多崇佛以求庇佑,民众亦纷纷出家,以寺院为依托。士大夫在其中推波助澜,与佛教宗派人士多有往来,致使中唐佛教发展势头强劲。特别是禅宗,因其独特的发明心性的旨趣,备受士大夫欢迎和推崇。

中唐继续支持北宗禅的官僚士大夫有独孤及和张延赏。独孤及(725—777),字至之,河南洛阳人。天宝末举进士,补华阴尉,辟江淮都统李峘府掌书记,转左拾遗,迁礼部员外郎,历濠、舒二州刺史,官终常州刺史。其有《舒州山谷寺觉寂塔隋故镜智禅师碑铭》、《观世音菩萨等身绣像赞》、《唐故扬州庆云寺律师一公塔铭》、《佛顶尊胜陀罗尼幢赞》等佛教文字。在《镜智禅师碑铭》中,独孤及提及禅宗的传法体系是,"至菩提达摩大师,始示人以诸佛心要……惠可大师传而持之……追禅师三叶,其风浸广(指僧璨)……双峰大师道信其人也,其后信公以传宏忍,忍公传惠能神秀……秀公传普寂,寂公之门徒万人,升堂者六十有三,得自在慧者一曰宏正。正公之廊庑龙象又倍焉。或化嵩洛,或之荆吴,自是心教之被于世也"①。这也是为北宗禅张目。

独孤及还与灵一律师相交。宝应元年(762)灵一卒,独孤及撰有塔铭,其中高度赞美了灵一的佛学修为。云其"九岁出家,三千断结,严持律藏,将绍法宝,示人文学,以诱世智",并指出由于灵一具有相当的文学才华,"赋诗歌事,思入无间,兴含飞动,潘阮之遗韵,江谢之阙文",故"右补阙赵郡李纾,殿中丞侍御史顿邱李汤,尝以文字言语,游公廊庑",而又"与天台道士潘清,广陵曹评,赵郡李华,颍川韩极,中山刘颖,襄阳朱放,赵郡李纾,顿邱李汤,南阳张继,安定皇甫冉,范阳张南史,清河房从心,相与为尘外之友,讲德味道,朗咏终日"②。这表明僧人出色的文化修养,成为士大夫仰慕并交接的重要因素。

张延赏(727—787),博涉经史,达于政事。开元末为左司御率府兵曹参军,肃宗时为监察御史,转殿中侍御史。代宗时除给事中,任御史中丞,中书舍人,河南尹等职,后出为扬州刺史、淮南节度观察使等。德宗时官至中书侍郎、同中书门下平章事,后改授左仆射。张延赏一生仕途沉浮,然对北宗禅倾心支持。僧璨去世,时为淮南节度使、扬州牧、御史大夫的张延赏为其向朝廷请求谥号,获"镜智"之称。大历年间,张延赏留守东都,兼河南尹,曾"迎致嵩山沙门澄沼,修建大圣善寺"③。澄沼是神秀支系禅师,为东山第十祖。此事其曾孙张彦远于咸通二年(861)重刊三祖僧璨大师碑时有记,事载《全唐文》卷七九〇《三祖大师碑阴记》中。

中唐时期南宗禅发展迅速,其中以南岳怀让和青原行思两个系统尤为突出。怀让传马祖道一,道一又传百丈怀海,怀海后分出两支:黄檗希运传临济义玄的"临济宗",和沩山灵祐传仰山慧寂的"沩仰宗"。青原行思传石头希迁,希迁下也分为两支:云门文偃的"云门宗",和玄沙师备三

---

① 董诰等编:《全唐文》卷三九〇《舒州山谷寺觉寂塔隋故镜智禅师碑铭》,第3973页。
② 以上参见董诰等编《全唐文》卷三九〇《唐故扬州庆云寺律师一公塔铭》,第3962页、第3963页。
③ 董诰等编:《全唐文》卷七九〇《三祖大师碑阴记》,第8278页。

传至清凉文益的"法眼宗",形成了有代表性的"五家禅"。

马祖道一曾在江西洪州传禅,其禅法很有影响,围绕在道一周围支持他的士大夫不少,有权德舆、李兼、裴谞、路嗣恭、齐映等。

权德舆(759—818),字载之,天水略阳(今甘肃秦安北)人。元和初拜礼部尚书、同平章事。他"尝闻道于大寂"①,大寂即道一。道一卒,权德舆又应其弟子之邀,为道一撰塔铭,文见载于《全唐文》卷五〇一《唐故洪州开元寺石门道一禅师塔铭》。可知权德舆受南宗禅熏染。其还著有《草衣禅师宴坐记》,首云禅师高风亮节,有大智慧,次云至人返静于动,复性于情,则已见禅宗"尽性归真"之旨。今《全唐文》卷五〇一所载《唐故宝应寺上座内道场临坛大律师多宝塔铭并序》、《唐故东京安国寺契微和尚塔铭并序》,卷五〇六所载《唐故润州昭代寺比邱尼元应墓志铭并序》、《唐大兴善寺故大宏教大辩正三藏和尚影堂碣铭并序》,均是权德舆与佛教相交涉的记录。至于《全唐文》卷五〇一所载《唐故太清宫三洞法师吴先生碑铭并序》,则是他与道教人士相交往的记录。

李兼系陇右成纪(今甘肃秦安北)人,曾任江西观察使,兼御史大夫。《唐故洪州开元寺石门道一禅师塔铭》云其贞元二年(786),"以侍极司宪,临长是邦,勒护法之诚,承最后之说"②,可知也是支持马祖道一的士大夫。

裴谞(719—793),字士明,他曾历任虔州刺史、饶州刺史,其于道一洪州禅多所扶持。《唐故洪州开元寺石门道一禅师塔铭》上云其"刺史今河南尹裴公,久于禀奉,多所信向,由此定慧,发其明诚"③,当也是奉佛居士。

路嗣恭(710—780),大历中,任江南西道都团练观察使,其治所在洪州,故公事之暇,常恭请道一讲法,事载《唐故洪州开元寺石门道一禅师塔铭》④。另路嗣恭又"雅重黄老,尊崇虚无"⑤,与道士刘宏山交往。《全唐文》卷五三四《道士刘宏山院壁记》云,其"始闻先生(指刘宏山),望风

---

① 董诰等编:《全唐文》卷五〇一《唐故章敬寺百岩大师碑铭》,第5104页。
②③④ 董诰等编:《全唐文》卷五〇一《唐故洪州开元寺石门道一禅师塔铭》,第5106页。
⑤ 董诰等编:《全唐文》卷五三四《道士刘宏山院壁记》,第5423页。

委质,先询以简礼,后聘以车乘,服门人之礼,约方外之游"①。

齐映(748—795),贞元七年(791)任洪州刺史、江西观察使,任职期间,亦对道一洪州禅多所倾心扶持。

道一门下人才济济,有百丈怀海、南泉普愿、鹅湖大义、兴善惟宽、章敬怀晖、西堂智藏、归宗智常等大师,围绕在他们周围的士大夫也不少,如陈诩、陆亘、甘挚、韦处厚、李翱、白居易、贾岛、权德舆、李渤等。

陈诩(一作翊),字载物,闽县(今福建福州)人,大历中进士,贞元时为户部郎中、知制诰。他为怀海禅师撰有碑铭,自称"从事于江西府,备尝大师之法味"②。

陆亘和甘挚都是南泉普愿的俗家弟子。陆亘(764—834),字景山,吴郡人。大和年初,陆亘为宣歙观察使,与一些官僚,请普愿下山传法,"北面申礼"。陆亘与普愿有很多禅话。如普愿问陆亘:"大夫十二时中作么生?"陆亘答:"寸丝不挂"。普愿说:"阶下汉"。又如陆亘与普愿见人双陆,陆亘拈起骰子说:"恁么,不恁么,只恁么,信彩去时如何?"普愿也拈起骰子说:"臭骨头,花十八"等。参禅机锋,士大夫乐在其中。甘挚亦得法于普愿,他住在池州(今安徽贵池),与雪峰义存、岩头全豁禅师均有交往。

韦处厚和李翱则与鹅湖大义有交情。韦处厚(773—828),字德载,京兆人。他以鹅湖大义为师,为鹅湖大义写有碑铭,赞美其禅法"以不定之辨,遣必定之执;祛一定之说,趣无方之道"③。李翱也与大义禅师交往,曾拜见大义,问其:"大悲用千手眼作么?"大义的回答是:"今上用公作么?"④。

时性善惟宽、章敬怀晖禅师亦在京城受到士大夫的追捧。白居易即为惟宽的俗家弟子,曾问道于惟宽。贾岛和权德舆则均为怀晖禅师写有碑铭。道一的另一弟子归宗智常门下俗弟子有白居易和李渤。

---

① 董诰等编:《全唐文》卷五三四《道士刘宏山院壁记》,第5423页。
② 董诰等编:《全唐文》卷四四六《唐洪州百丈山故怀海禅师塔铭》,第4548页。
③ 董诰等编:《全唐文》卷七一五《兴福寺内道场供奉大德大义禅师碑铭》,第7353页。
④ 东吴道原:《景德传灯录》卷七,《大正藏》第51卷,第253页上。

李渤(773—831),字濬之,洛阳人。初隐庐山,久之更徙少室。穆宗时召为考功员外郎,进谏议大夫。为江州刺史时尝问法于智常禅师,事载《祖堂集》卷一五。①

　　希迁及其门下丹霞天然、药山惟俨、天皇道悟等,也得到士大夫的崇敬。时有庞蕴,与希迁往来,参禅问道。庞蕴,字道玄,衡阳人。世以儒为业,他本人参禅学佛,与多位禅师交往深厚。贞元初,他参谒石头希迁,问"不与万法为侣者是什么人?"希迁用口掩其口,乃豁然有悟。一天,希迁问他:"平常都在干什么?"庞蕴说:"若问平常事,则不好回答。"于是呈现一偈:"日用事无别,唯吾自偶谐。头头非取舍,处处勿张乖。朱紫谁为号,北山绝点埃。神通并妙用,运水及搬柴。"②希运对他的见解表示肯首。

　　离开希迁后,庞蕴又到江西参见马祖道一。他问了相同的问题:"不与万法为侣者是什么人?"道一说:"待你一口吸尽西江水,我再告诉你。"庞蕴于是领悟,又写一偈:"十方同一会,各自学无为。此是选佛处,心空及第归。"③此后他在道一那里参禅两年。

　　元和年间他北游襄汉,住郭西小屋,女儿灵照自制竹漉篱出售,以维持生活。庞蕴将卒,使此女出门看早晚,灵照性敏,在此之前即登父座,合掌坐化。庞蕴感叹道:"俊哉!我说之在前,行之在后。"州牧于頔问疾,庞蕴对他说:"但愿空诸所有,慎勿实诸所无。"说话枕着于頔的膝盖就坐化了。庞蕴以居士身份宣扬佛法,世称"庞居士"。他参禅多作偈,与希迁、道一、丹霞等禅师的对话,由于頔整理成《庞居士语录》三卷,流传于世。

　　玄素的弟子法钦也在浙江临安、临海大兴牛头禅。大历三年(768),代宗诏迎法钦至京,咨问法要;贞元五年(789),德宗又遣使赍玺书宣劳,并赏赐丰厚。法钦在朝廷及地方得到不少官僚士大夫的拥戴。据《宋高

---

① 静筠二禅师编撰:《祖堂集》,孙昌武,衣川贤次,西口芳男点校,第683—684页,北京,中华书局,2007。
② 东吴道原:《景德传灯录》卷八,《大正藏》第51卷,第263页中。
③ 《庞居士语录》卷三,《续藏经》第69卷,第142页上。

僧传》卷九记载,崔涣、裴度、第五琦、陈少游等,均对其"执弟子礼"。①

崔涣(？—768),少以士行闻,博综经籍,尤善谈论,累迁尚书司门员外郎。玄宗入蜀,迎驾谒见,拜黄门侍郎、同中书门下平章事,扈从成都府。肃宗时,初除左散骑常侍,兼余杭太守、江东采访防御使,旋授正议大夫、太子宾客。乾元三年(760)转大理卿,历任吏部侍郎、检校工部尚书、集贤院待诏、御史大夫、加税地青苗钱物使等职,坐事贬道州刺史。崔涣性尚简淡,不交世务,或许就与其对法钦持弟子礼学佛有关。

裴度(765—839),字中立,河东闻喜(今属山西)人。贞元五年进士,历监察御史、中书舍人、御史中丞、门下侍郎、同中书门下平章事等职。因耿直坚正,数为奸臣所构,几至颠沛。及晚节,稍浮沉以避祸。与友人白居易、刘禹锡酬宴终日,高歌放言,以诗酒琴书自乐,当时名师,皆从之游。如前所述,裴度师从法钦。长庆元年(821),他启奏穆宗,云"五台佛光寺庆云,见文殊大士乘师子于空中,从者万众"②。他相信并传播这样的言论,说明他信仰之深。

第五琦(729—799),字禹珪,京兆长安人。"安史之乱"起,因军功为监察御史,勾当江淮租庸使,寻拜殿中侍御史,加山南等五道支使,迁司金郎中、兼御史中丞,迁户部侍郎、兼御史中丞,专判度支,领河南等道支度都勾当转运租庸盐铁铸钱、司农太府出纳、山南东西江淮南馆驿等使,加同中书门下平章事。代宗时为户部侍郎,判度支。后出为处州刺史,历饶、湖二州。入为太子宾客、东都留司。如前所述,第五琦师从法钦。此外,第五琦还与京兆抱玉相善。及抱玉卒,五琦临丧颇哀,以香乳灌其口,有祥光自口而出,晃然四照,事载《宋高僧传》卷一九。③ 另第五琦左迁鄱阳太守时,道士刘宏山途经此处,主动植杖请谒。《全唐文》卷

---

① 赞宁:《宋高僧传》卷九《唐杭州经山法钦传》,《大正藏》第50卷,第764页下。
② 志磐:《佛祖统纪》卷四二,《大正藏》第49卷,第384页中。
③ 赞宁:《宋高僧传》卷一九《唐京兆抱玉传》,《大正藏》第50卷,第830页下。

五三四云其"一见而敛衽,再见而倒屣。忘言相契,志意偶合"①。这是第五琦与道教人士交往的记录。

陈少游,博州人。幼聪辩,初习《庄》、《列》、《老子》,为崇玄馆学生,众推引讲经,音韵清辩,观者属目,所引文句,悉兼他义,诸生不能对。初补渝州南平令,因善于交接权贵,代宗时拜宣州刺史、宣歙池都团练观察使,历越州刺史、兼御史大夫、浙东观察使,扬州大都督府长史、淮南节度观察使,加银青光禄大夫,封颖川县开国子。由于所处皆大藩,得以积财行贿,为士人所不耻。陈少游师从法钦,且与神邕有来往。据《佛祖统纪》卷四〇记载,天宝四年(745),道士吴筠入宫为高力士所斥,乃还茅山著论以攻击佛教,时陈少游请法师神邕与之进行论战,神邕于是著《翻邪论》,后受敕任僧统。②

此外,据《居士分灯录》卷一记载,崔群亦参径山法钦。③ 崔群(772—832),字敦诗,清河武城人。未冠举进士,显宗时为翰林学士,历中书舍人、礼部侍郎、中书侍郎、同中书门下平章事。穆宗时为吏部侍郎,历御史中丞,校兵部尚书,兼徐州刺史、武宁军节度使、徐泗濠观察使等。据《旧唐书》卷一五九记载,元和七年(812),魏博节度使田季安进绢五千匹,充助修开业寺。崔群以为事实无名,体尤不可,请止。另崔群曾问法钦,"弟子能出家吗?"法钦回答说:"出家是大丈夫事,岂将相之所能为"。宪宗朝,崔群出为湖广观察使,才至任,便访如会禅师。问法师:"师以何得会?"如会说:"以见性得"。时会正好患眼疾,崔群又问:"既云见性,其奈眼何?"如会说:"见性非眼,眼病何害。"崔群稽首称谢。《居士分灯录》关于崔群的这段记载,在《景德传灯录》卷七是另外一种说法:"崔相公入寺,见鸟雀于佛头上放粪,乃问师曰:鸟雀还有佛性也无? 师云:有。崔云:为什么向佛头上放

---

① 董诰等编:《全唐文》卷五三四《道士刘宏山院壁记》,第5423页。
② 志磐:《佛祖统纪》卷四〇,《大正藏》第49卷,第375页下。
③ 《居士分灯录》卷一,《经藏经》第86卷,第582页下。

粪？师云：是，伊为什么不向鹞子头上放？"①崔群很受启发。

活跃于四川成都的净众禅和保唐禅，也由于士大夫的支持得到发展。无相禅师得到章仇兼琼的支持，入成都净众寺开禅法，前后二十余年，创立"净众禅"。其弟子神会（注：非荷泽神会）得到南康王韦皋的支持。韦皋（745—805），字城武，京兆人。大历初以建陵挽郎调补华州参军，累授使府监察御史。贞元初拜检校户部尚书，兼成都尹、御史大夫、剑南西川节度使。顺宗即位，加检校太尉。韦皋信奉佛教，他在《再修成都府大圣慈寺金铜普贤菩萨记》中声称："皋受命方镇，十有七年，求所以赞皇猷、裨大化，尝以万众之心，不俟惩诫，靡然归善者，释氏之教宏矣。况冥祐昭报，大彰于时，崇而守之，亦同归之理也。"②韦皋在蜀二十一年，神会卒后，他为之立碑撰文，他对净众寺神会的支持产生了相当影响。镇蜀期间，南康王韦皋还在府东南创建宝历寺，目的是为了感恩和祈福。此外，他支持唐怀素的东塔律学，不仅"以俸钱缮写《新疏》四十本，兼写《法华疏》三十本，命宝园律大德光翌总而行之"③，而且挑选志行纯深、仪表端正的僧人21人，令他们修习《新疏》；有能传此道者，则刊名于石，以示宗归。另韦皋撰有《嘉州弥勒如来石像记》、《宝应寺记》、《宝园寺传授毗尼新疏记》、《西川鹦鹉舍利塔记》等佛教文章。

无相的另一弟子无住，永泰二年（766）受杜鸿渐之请在成都保唐寺开示禅法，创建"保唐禅"。杜鸿渐（709—769），字之选。敏进好学，举进士，解褐王府参军。天宝末，累迁大理司直、朔方留后、支度副使。肃宗时为兵部郎中，知中书舍人事，历武部侍郎，兼御史大夫、河西节度使、凉州都督、荆州大都督府长史、荆南节度使等职。代宗时封卫国公，历兵部侍郎、同中书门下平章事，中书侍郎，宰相兼充山、剑副元帅、剑南西川节度使，东都留守等职。

---

① 《景德传灯录》卷七，《大正藏》第51卷，第255页中。
② 董诰等编：《全唐文》卷四五三《再修成都府大圣慈寺金铜普贤菩萨记》，第4629页。
③ 董诰等编：《全唐文》卷四五三《宝园寺传授毗尼新疏记》，第4631页。

杜鸿渐为朝廷要臣,"心无远图,志气怯懦,又酷好浮图道,不喜军戎"①,故其至成都,本肩负军事重任,却未能尽职恪守。他初至益州,即遣使诣白崖山请无住禅师入城问法。他与无住有下列对话:"公曰:弟子闻金和尚说无忆、无念、莫妄三句法门,是否?曰:然。公曰:此三句是一是三?曰:无忆名戒,无念名定,莫妄名慧。一心不生,具戒定惠,非一非三也。……又问:师还以三句示人否?曰:对初心学人,还令息念,澄停识浪,水清影现,悟无念体,寂静现前,无念亦不立也。"②由于无住的影响,杜鸿渐栖心禅悦,此事《景德传灯录》卷四有载。时杜鸿渐与崔宁邀请无住出山,开示禅法,直接推动了保唐禅的流传。

另据《旧唐书》卷一八〇《杜鸿渐传》记载:"鸿渐晚年乐于退静,私第在长兴里,馆宇华靡,宾僚宴集。鸿渐悠然赋诗曰:'常愿追禅理,安能挹化源。'朝士多属和之。及休致后病,令僧剃顶发,及卒,遗命其子依胡法塔葬,不为封树,冀类缁流,物议哂之。"③也表明杜鸿渐对佛教信仰之深。

中唐时期,弘扬天台宗的士大夫有梁肃(753—793)。他字敬之,一字宽中,安定(今甘肃泾川)人,唐代重要的古文家,韩愈、李翱均曾从之受学。梁肃是荆溪湛然的弟子,《佛祖统纪》卷四一云,其"学天台教于荆溪禅师,深得心要。以《止观》文义弘博,览者费日,乃删定为六卷行于世"④。梁肃对天台"止观"之学甚有研究,《佛祖历代通载》卷一三云其"深得台教之旨趣"⑤。他著有《天台止观统例》,云"夫止观何为也,导万法之理,而复于实际者也。实际者何也,性之本也。物之所以不能复者,昏与动使之然也。照昏者谓之明,驻动者谓之静。明与静,止观之体也。在因谓之止观,在果谓之智定。因谓之行,果谓之成。行者行此者也。成者证此者也……于是乎止而观之,静而明之,使其动而能静,静而能明。因相待以成法,即绝待

---

① 刘昫等:《旧唐书》卷一〇八《杜鸿渐传》,第3283—3284页。
② 念常:《佛祖历代通载》卷一四,《大正藏》第49卷,第600页中。
③ 刘昫等:《旧唐书》卷一八〇《杜鸿渐传》,第3284页。
④ 志磐:《佛祖统纪》卷四一,《大正藏》第49卷,第379页中。
⑤ 念常:《佛祖历代通载》卷一三,《大正藏》第49卷,第597页中。

以照本"①。提出"止观"就是要回归本性,反身而诚,自明其性。

在梁肃看来,佛教所云空、假、中,无非是为了破除妄念,认识本性清净。所谓"破一切惑,莫盛乎空;建一切法,莫盛乎假;究竟一切性,莫大乎中。举中则无法非中,目假则何法非假,举空则无法不空,成之谓之三德,修之谓之三观。举其要,则圣人极深研幾,穷理尽性之说乎"②。因此,要旨在于把握本性,性明则悟,性昏则迷;虽同一理,凡圣有别。"是惟一性而已,得之为悟,失之为迷;一理而已,迷而为凡,悟而为圣。迷者自隔,理不隔也;失者自失,性不失也。《止观》之作,所以辨异同,而究圣神,使群生正性而顺理者也。正性顺理,所以行觉路而至妙境也。"③梁肃的"明静"、"穷理尽性"之说,为李翱的"复性"学说提供了重要的思想源流。

关于天台宗的理论研究,梁肃还有《天台法门议》,云"修释氏之训者,务三而已,曰戒、定、慧。斯道也,始于发心,成于妙觉,经纬于三乘,导达于万行,而能事备焉。昔法王出世,由一道清净,用一音演说,机感不同,所闻益异。故五时五味半满权实偏圆小大之义,播于诸部,粲然殊流。要其所归,无越一实。故经曰,虽说种种道,其实为佛乘。又曰,开方便门,示真实相。喻之以众流入海,标之以不二法门"④。

此外,梁肃还为天台宗的宗师撰有碑铭,写有传论。在《天台禅林寺碑》中,梁肃高度赞美了天台一代宗师智𫖮,将之与孔子相提并论,云"夫治世之经,非仲尼则三王四代之制,寝而不彰;出世之道,非大师则三乘四教之旨,晦而不明"⑤。梁肃还高度评价了智𫖮的"止观法门",指出"其教大略,即身心而指定慧,即言说而诠解脱。大中一实之宗趣,无证真得之妙旨。自发心至于成道,行位昭明无相夺伦,然后诞敷契经而会同之,焕然冰释示佛知见。窥其教者,修焉,息焉,盖无入而不自得焉。"⑥在

---

① 董诰等编:《全唐文》卷五一七《止观疏例议》,第5256页。
②③ 董诰等编:《全唐文》卷五一七《止观疏例议》,第5257页。
④ 董诰等编:《全唐文》卷五一七《天台法门议》,第5255页。
⑤⑥ 志磐:《佛祖统纪》卷四九《天台禅林寺碑》,《大正藏》49卷,第438页中。

《智者大师传论》中,梁肃认为当时宗派之间各持己见,教法涣散。只有天台宗"用三种止观成一事因缘,括万物于一心,开十乘于八教。戒定慧之说,空假中之观,坦然明白,可举而行,于是教无遗法,法无弃人,人无废心,心无择行,行有所证,证有其宗,大师教门所以为盛"①。

梁肃与灵诏上人有着深厚的交情,其所作《送灵诏上人游寿阳序》,自述两人交往已有30年,"初用文合,晚以道交。淡而文,文而敬,他人未之知也。"②出于对佛教的虔诚信仰,梁肃作诸《神仙传论》文,以为"彼仙人之徒,方窃窃然化金以为丹,炼气以存身。颛千百年居于六合之内,是类龟鹤大椿,愈长且久,不足尚也。"③他认为学仙之人,"驰其智用,以符箓药术为务,而妄于灵台之中,有所念虑,其末也。谓齿发不变,疾病不作,以之为功,而交战于天寿之域,号为道流,不亦大哀乎!"④文末,梁肃用"自警"标明了写作此文的目的。

梁肃有不少与佛教有关的文字,除前面述及的,还有《游云门寺诗序》、《送沙门鉴虚上人归越序》、《维摩经略疏序》、《常州建安寺止观院记》、《涅槃经疏释文》、《三如来画像赞》、《金刚般若波罗蜜经石幢赞》、《药师琉璃光如来画像赞》、《绣观世音菩萨像赞》、《地藏菩萨赞》、《药师琉璃光如来绣像赞》、《释迦牟尼如来像赞》、《台州隋故智者大师修禅道场碑铭》、《越州开元寺律和尚塔碑铭》等。

梁肃具有较高的佛理修为,加之又有文学才华,故其所作被看做是"摛鸿笔成绝妙之辞",赞宁对其给予了高度赞美。梁肃对佛法的弘护也得到了同门崔恭的赞赏,他在《梁肃文集序》中说梁肃:"早从释氏,义理生智,结意为文,志在于此。言谈语笑,常所切劘,心在一乘,故叙释氏最为精博。……归根复命,一以贯之。作《心印铭》,住一乘,明法体。作

---

① 志磐:《佛祖统纪》卷四九《智者大师传论》,《大正藏》49卷,第440页中。
② 董诰等编:《全唐文》卷五一八《送灵诏上人游寿阳序》,第5268页。
③ 董诰等编:《全唐文》卷五一九《神仙传论》,第5277—5278页。
④ 同上书,第5278页。

《三如来画赞》,知法要,识权实。作《天台山禅林寺碑》,达教源,用境智。作《荆溪大师碑》,大教之所由,佛日之未忘,盖尽于此矣。"①

中唐时期传播华严宗有力者为四祖澄观。他讲说《华严经》50遍,所著疏记四百余卷,德宗时被封为"清凉国师",宪宗时任全国"僧统"。唐代与之交往的士大夫有李吉甫、武元衡、高崇文、薛华、郑余庆、陆长源。

李吉甫(758—814),字弘宪,赵郡(今河北赵县)人。少好学,能属文。年二十七,为太常博士,迁屯田员外郎,博士如故,改驾部员外。宪宗时拜考功郎中,为翰林学士,历中书舍人、中书侍郎、平章事、集贤殿大学士等职。据《佛法金汤编》卷八记载,李吉甫尝请清凉澄观法师为述《华严正要》一卷。值得一提的是,李吉甫对禅宗二十八祖及传法体系的描述:"如来自灭度之后,以心印相付嘱,凡二十八祖至菩提达摩。绍兴大教,指授后学。后之学者,始以南北为二宗。又自达摩三世传法于信禅师,信传牛头融祥师,融传鹤林马(当为玄)素禅师,素传于径山,山传国一禅师,二宗之外,又别门也。"②

其子李德裕(787—849),字文饶,中唐名相,在政治、军事上颇有建树。然一生陷于党争,多遭打击,晚年被贬崖州(今海南琼山县南),卒于贬所。唐高祖对下令毁寺,李德裕有《贺废毁诸寺德音表》。其间云:"拆寺兰若共四万六千六百余所,还俗僧尼并奴婢为两税户共约四十一万余人。得良田约数千顷。"③他从有利于国家经济发展的角度,对此举表示赞同。唐元和年间下诏不准私度僧尼,而泗州王智兴却违规置戒坛,为此李德裕呈上《王智兴度僧尼状》,主张要特行禁止此事,否则不仅有"规避王徭,影庇资产"之弊,而且江淮到南,将"失却六十万丁壮"④。这些都反映了李德裕对佛教的态度。同时,由于其父与牛头禅的关系,李德裕又有《请宣赐鹤林寺

---

① 董诰等编:《全唐文》卷四八〇《唐右补阙梁肃文集序》,第4903—4904页。
② 董诰等编:《全唐文》卷五一二《杭州径山寺大觉禅师碑铭》,第5206页。
③ 董诰等编:《全唐文》卷七〇〇《贺废毁诸寺德音表》,第7194页。
④ 董诰等编:《全唐文》卷七〇六《王智兴度僧尼状》,第7242页、第7243页。

僧谥号奏》,求为鹤林寺玄素禅师追赐谥号。① 另宝历年间,李德裕曾以淮海书院及所居宅建甘露寺,以资穆宗冥福,事载《佛法金汤编》卷八。

武元衡,字伯苍,河南缑氏人。元衡进士登第,累辟使府,至监察御史。德宗时招受比部员外郎,迁左司郎中、御史中丞,顺宗时为仪仗使。宪宗时复拜御史中丞,迁户部侍郎,门下侍郎、平章事。他尝请清凉澄观法师著《法界观玄镜》一卷,事载《佛法金汤编》卷八。

高崇文(746—809),其先渤海人,后徙幽州。德宗时带兵作战有功,迁兼御史中丞。宪宗时拜检校工部尚书、兼御史大夫,统左神策行营节度使,兼统左右神策、奉天麟游诸镇兵,东川节度使。尝请清凉澄观法师著《镜灯说文》一卷,事载《佛法金汤编》卷八。

薛华,为滑州节度使,与孟简、钱徽、白居易、杜羔等,请清凉澄观法师制《七处九会华藏界图心镜说文》十卷,事载《佛法金汤编》卷八。

郑余庆(？—820),字居业,郑州荥阳人。少勤学,善属文。大历中举进士,累官殿中侍御史。贞元初入朝,历左司、兵部员外郎,库部郎中,翰林学士,工部侍郎,知吏部选事,中书侍郎、平章事。顺宗时拜尚书左丞。宪宗时擢守本官平章事,历国子祭酒、河南尹、检校兵部尚书,兼东都留守、兵部尚书等职。穆宗时进位检校司徒。尝请清凉澄观法师造《华严纲要》三卷,事载《佛法金汤编》卷八。

陆长源,字泳之,吴人,汝州刺史。陆长源与佛道两教人士都有往来。他为灵泉寺元林禅师写有碑文,云其精意儒术,艺皆绝伦。依龙兴寺解律师学业,被学者号为"律虎",时人目为"善龙"②。其中特记禅师真身流汗一事,足可见陆长源对佛教灵异事件的兴趣。③ 陆长源又为华阳三洞景昭大法师写有碑文。此法师的师承关系可上溯至齐梁名道陶弘景,"法师师事大法师包士荣,荣师事崇元观道士包法整,整师事上士包

---

① 董诰等编:《全唐文》卷七〇一《请宣赐鹤林寺僧谥号奏》,第7196页。
② 董诰等编:《全唐文》卷五一〇《唐故灵泉寺元林禅师神道碑》,第5186页。
③ 同上书,第5187页。

方广,广师事华阳观道士王轨,轨师事昇元先生王远知,知师事华阳隐居陶宏景。"①为后世了解陶弘景的门下弟子提供了史料。

陆长源还介入佛、道两教的宣判活动。他有《僧常满智真等于倡家饮酒烹宰鸡鹅判》文,严厉谴责犯戒的僧人,"口说如来之教,在处贪财;身著无垢之衣,终朝食肉。苦行未同迦叶,自谓头陀;神通何有净名,入诸淫舍。犯尔严戒,默我明刑。"②又有《断金华观道士盛若虚判》文,云道士劣迹,"常住钱穀,惟贮私家;三盏香灯,不修数夕。至于婢仆,遍结亲情;良贱不分,儿女盈室。行齐犬马,义悖清廉。"③故主张严厉惩治,将不良者赶出道观。陆长源对佛理有研究,尝撰《华严经清凉疏序》,大意是:"大方广佛华严经者,西方谓之圆满修多罗也。大者,如宇之覆;方者,如地之载;广者,笼万有而为义;佛者,总十号而称首;华者,行业之繁绘;严者,庄敬之成饰。其功大,其德圆,法教之宗系,经论之泉薮。江河之归东海,星象之拱北辰,微妙甚深不可得而称也。"陆长源还请清凉澄观法师撰《三圣圆融观》一卷,事载《佛法金汤编》卷八。今《全唐文》卷五一〇的《嵩山会善寺戒坛记》,也是他与佛教交涉的记录。

时有李观者,居父忧,刺血写金刚经,布诸其人,以资父冥,事载《佛法金汤编》卷八。

士大夫颜真卿亦信奉佛教。他字清臣,琅玡临河人,师古五世从孙。博学,工辞章。开元中举进士,天宝末年为平原太守。肃宗即位,授宪部尚书,迁御史大夫。直道而行,不畏疆御,不容于朝,屡遭外转。乾元初拜浙江节度使,尝受戒问道于湖州慧明,又问道于江西严峻。时肃宗诏天下立放生池。颜真卿为之撰《天下放生池碑》。大意是乾元二年三月史元琮、张廷玉奉命诏布德音,始于洋州之兴道,讫于升州之江宁,临江带郭上下五里,各置放生池八十一所,以宣皇明而广慈爱也。《易》曰:信

---

① 董诰等编:《全唐文》卷五一〇《华阳三洞景昭大法师碑》,第5188页。
② 董诰等编:《全唐文》卷五一〇《僧常满智真等于倡家饮酒烹宰鸡鹅判》,第5183页。
③ 董诰等编:《全唐文》卷五一〇《断金华观道士盛若虚判》,第5183页。

及豚鱼。《书》曰:暨鸟兽鱼鳖咸若。"古之聪明睿智神武而不杀者,非陛下而谁。昔殷汤克仁,犹存一面之网;汉武垂惠,才致衔珠之答。虽流水救涸,宝胜称名,盖事止于当时,尚介祉于终古,岂若我今日动者植者,水居陆居,举天下以为池,罄域中而蒙福,乘陀罗尼加持之力,竭烦恼海生死之津,揆之前古,曾何仿佛"①云云。颜真卿引《易》、《书》来说明佛教的放生意义,颇显佛、老、儒融合倾向。

颜真卿同样热衷道教。大历年间,他任湖州刺史,结交皎然诗僧,以及陆羽、张志和这样的道门人物。任抚州刺史时,他写有《抚州宝应寺律藏院戒坛记》、《抚州南城县麻姑山仙坛记》,后者既是道教名篇,又是有名的书法作品。

中唐文人崇佛的代表有杜甫、柳宗元、刘禹锡、白居易。

杜甫(712—770),字子美,京兆杜陵(今陕西西安市西南)人,生于巩县,是晋朝名将杜预之后,祖父杜审言,初唐著名诗人。奉儒守素的家庭文化传统对他忠君恋阙、仁民爱物的思想有极大影响。开元二十三年(735)杜甫举进士不第,天宝六年(747)应制科试又不顺,此后困居长安十年,历尽辛酸。安史乱起之后,杜甫落入叛军手中,被押解到陷落的长安。他听到肃宗已经即位灵武,便历尽艰辛,奔赴凤翔行在,被授予左拾遗的官职。乾元元年(758),杜甫因事贬为华州司功参军。乾元二年(759)秋,他弃官入蜀,于岁末抵达成都,开始晚年飘泊西南的生活。他在成都有一段时间生活相对安定。后因剑南兵马使徐知道反,他移家梓州,来往旁县,中间又曾在阆州小住。永泰元年(765)五月,杜甫离成都经渝州出峡,在云安短期养病之后,于次年春末迁居夔州(今四川奉节)。大历三年(768)春,他离夔州,飘泊江陵、公安、岳阳、潭州,于大历五年(770)冬,死在自潭州赴岳州途中的舟上,时年五十九。

杜甫倾心禅宗,他有《夜听许十一诵诗爱而有作》诗,其中云:"许生五

---

① 董诰等编:《全唐文》卷三三九《天下放生池碑》,第3435页。

台宾,业白出石壁。余亦师粲可,身犹缚禅寂。何阶子方便,谬引为匹敌。离索晚相逢,包蒙欣有击。"①粲指僧璨、可指慧可。大历二年(767),杜甫又有诗《秋日夔府咏怀奉寄郑监李宾客一百韵》,其中云:"身许双峰寺,门求七祖禅。落帆追宿昔,衣褐向真诠。"②据张培锋先生考证,此双峰寺在潭州南岳,为怀让传法之地;七祖指怀让。③ 由此可知他晚年所参禅为与洪州禅同源的南岳系禅法。在《秋日夔府咏怀》诗中,杜甫还有"本自依迦叶"、"晚闻多妙教"的语句,均表明其晚年受到佛教的影响不小。

杜甫诗歌中带有禅意的名句,如"水流心不竞,云在意俱迟",常为后人津津乐道。叶梦得认为,至德、大历年间,杜甫不得志,饥寒辗转于巴峡之间而不悔,"非有'不竞'、'迟留'之心安能然? 耳目所接,宜其了然自与心会。此固与渊明同一出处之趣也"④,说明禅宗的愉悦超然对文人创作影响之深。

柳宗元(773—819),字子厚,河东蒲(今山西永济)人,唐代有名的散文家和诗人。贞元九年(793)进士,中博学宏词科,授集贤殿正字,转蓝田尉,拜监察御史。贞元二十一年(805),他与刘禹锡等人因参与王叔文为代表的政治革新活动,晋升为礼部员外郎,革新失败后遭贬,为永州(今属湖南)司马。元和十年(815),迁为柳州(今属广西)刺史,四年后终于任所。

柳宗元对佛教有着深厚的感情,他在《送巽上人赴中丞叔父召序》中云,"吾自幼好佛,求其道,积三十年。世之言者罕能通其说,于零陵,吾独有得焉"⑤。柳宗元信佛与其家庭环境、生活背景均有关系。其父柳镇与天台宗湛然弟子梁肃为知交,柳宗元少年时跟随就职的父亲去洪州,马祖道一正在那里弘扬禅法,并为江西观察使李兼礼重;李兼既是当时柳镇的上司,又是后来柳宗元的夫人杨氏的外祖父;柳宗元生活的唐德

---

① 《杜甫全集》卷一,高仁标点,第10页,上海古籍出版社,1996。
② 《杜甫全集》卷一五,第226页。
③ 张培锋:《杜甫'身许双峰寺,门求七祖禅'新考》,第46—53页,《文学遗产》2006年第2期。
④ 叶梦得:《避暑录话》卷上,《四库全书》第863册、第654页,上海古籍出版社,1987。
⑤ 董诰等编:《全唐文》卷五七九《送巽上人赴中丞叔父召序》,第5851页。

宗时期,大兴"三教讲论",佛教受到世人广泛关注。

"永贞革新"失败,柳宗元被贬到永州,他那时已鳏居,与他同行的老母因水土不服,去后仅半年即病逝。初无官舍,柳宗元孤独地寄居在龙兴寺。时龙兴寺的和尚重巽是湛然的再传弟子,对他多有照应,两人建立了亲密的友情。柳宗元有诗酬之,写有《巽上人以竹间自采新茶见赠酬之以诗》、《巽公院五咏》等作品。然他的个人境况实在悲惨:他在永州有个女儿和娘,大抵是与未有婚配的女子所生,是其苦闷生活的慰藉,不幸得病,更名佛婢;病重时,又削发为尼,号初心,但即便如此,仍然未能留住她的性命。现实的压迫和打击,使柳宗元内心充满苦闷和压抑,他在永州十年,结识了不少僧人,并写了一些释教碑,包括《曹溪第六祖赐谥大鉴禅师碑》等,也使他更加坚定了对佛教信仰的追求。

柳宗元习天台宗,《佛祖统纪》将其列入荆溪湛然门下。他在《岳州圣安寺无姓和尚碑》中说:"佛道愈远,异端竞起,唯天台大师为得其说。"[1]天台宗有"三观"思想,认为对任何事物,都可以从"空"、"假"、"中"三个方面来观察。从无自性来说,它是"空";从缘起非无,它是"假";而认识到空假相即,即是"中道第一义谛"。柳宗元曾赞美琛上人"观经得'般若'之义,读论悦'三观'之理"[2]。对此中的"中道"义,柳宗元颇为推崇。他在《时令论下》中说:"圣人之为教,立中道以示于后。"[3]他还赞美无姓和尚是"绍承本统,以顺中道";弥陀和尚是"凡化人,立中道而教之"。在柳宗元看来,天台宗宣扬"中道"之义,与儒家学说的"中庸"思想共通,均有利于佐世安民。

柳宗元是中国士大夫的典型,他有"穷则独善其身,达则兼济天下"的人生理想,故虽遭到贬斥,在南荒之地做个地方官,依然尽心吏治。他的思想倾向于"统合儒释"。柳宗元认为儒、释各有所长,在许多方面存

---

[1] 董诰等编:《全唐文》卷五八七《岳州圣安寺无姓和尚碑》,第5938页。
[2] 董诰等编:《全唐文》卷五七九《送琛上人南游序》,第5853页。
[3] 董诰等编:《全唐文》卷五八二《时令论下》,第5879页。

在相通之处:

比如儒释均主张孝道。他在《送濬上人归淮南覲省序》中说:"金仙氏之道,本于孝敬,而后积以众德,归于空无。其敷演教戒于中国者,离为异门,曰禅曰法曰律。……上人专于律行,恒久弥固,其仪刑后学者欤;诲于生灵,触类蒙福,其积众德者欤;覲于高堂,视远如迩,其本孝敬者欤。"①表明佛教也是讲孝的。在《送元暠师序》中,柳宗元又写道:"余观世之为释者,或不知其道,则去孝以为达,遣情以贵虚。今元暠衣粗而食菲,病心而墨貌。以其先人之葬未返其土,无族属以移其哀,行求仁者,以冀终其心。勤而为逸,远而为近,斯盖释之知道者欤?释之书有《大报恩》十篇,咸言由孝而极其业。世之荡诞慢訑者,虽为其道而好违其书,于元暠师,吾见其不违且与儒合也。"②说明僧人也注重孝道。

又如儒释均主张为善。柳宗元在《曹溪第六祖赐谥大鉴禅师碑》中写道:"自有生物,则好斗夺相贼杀,丧其本实,诐乖淫流,莫克返于初。孔子无大位,没以余言持世,更杨墨黄老益杂,其术分裂。而吾浮图说后出,推离还源,合所谓'生而静'者。……(大鉴禅师)其道以无为为有,以空洞为实,以广大不荡为归。其教人始以性善,终以性善,不假耘锄。本其静矣。"③这是将佛教宣扬"自性本自清净",劝人为善,与儒家《礼记·乐记》中的"人生而静,天之性也;感于物而动,性之欲也"联系起来。

再如儒释均主张自我约束。柳宗元在《南岳大明寺律和尚碑》中说:"儒以礼立仁义,无之则坏。佛以律持定慧,去之则丧。是故离礼于仁义者,不可与言儒。异律于定慧者,不可与言佛。"④这又是将儒家的礼义与佛教的戒律等同起来。

---

① 董诰等编:《全唐文》卷五八二《时令论下》,第5854页。
② 董诰等编:《全唐文》卷五七九,第5852页。
③ 董诰等编:《全唐文》卷五八七,第5933页。
④ 同上书,第5936页。

基于这样的立场和经历，柳宗元对好友韩愈的反佛表示出不满。韩愈是儒学复古主义者，认为佛道横流是纲纪紊乱的根源，力主对佛教要"人其人，火其书，庐其居"。对柳宗元的佛教信仰，韩愈颇有微词，曾批评柳"嗜浮图言"，也反对其"与浮图游"①。为此，柳宗元也发表了自己的看法。他一方面力辩儒释有相通之处，且僧人有不同于世俗的高风亮节；另一方面则批评好友韩愈有偏颇之处。他说："退之所罪者其迹也。……退之忿其外而遗其中，是知石而不知韫玉也。"②柳宗元认为在以夷乱华问题上，要去名求实，不存种族偏见；而对于僧侣不事生产，他表示自己也不赞同。不过，柳宗元对宗教的本质也存在认识不清的问题，他肯定佛教有存在的价值，相信净土的存在，这未免是归于信仰，而缺乏理性思考了。

对于禅宗，柳宗元有不同意见。他反对禅宗所谓"不立文字"。在《送琛上人南游序》中，他说："法之至，莫尚乎《般若经》之大，莫极乎《涅槃》。世之上士，将欲由是以入者，非取乎经论则悖矣。而今之言禅者，有流荡舛误，迭相师用，妄取空语，而脱略方便，颠倒真实，以陷乎己，而又陷乎人。又有能言体而不及用者，不知二者之不可斯须离也，离之外矣，是世之所大患也。"③在《龙安海禅师碑》中，柳宗元又说："而言禅最病，拘则泥乎物，诞则离乎真，真离而诞益胜。故今之空愚失惑纵傲自我者，皆诬禅以乱其教，冒于嚣昏，放于淫荒"④，批评修禅者怪诞失真。

佛教思想对柳宗元的创作有相当大的影响，他的许多作品均与佛教相关，在长期的佛学浸染中，他倾心佛教倡导的一些内容。如面对世俗官场的争名逐利，高僧的淡泊和超脱令其赞赏不已。柳宗元在《送僧浩初序》中说："凡为其道者，不爱官，不争能，乐山水而嗜闲安者为多。吾病世之逐逐者，唯印组为务，以相轧也，则舍是其焉从？吾之好与浮图游

---

① ② 董诰等编：《全唐文》卷五七九《送僧浩初序》，第5852页。
③ 董诰等编：《全唐文》卷五七九《送琛上人南游序》，第5853页。
④ 董诰等编：《全唐文》卷五八七《龙安海禅师碑》，第5937页。

以此"①,这是他结交僧人受到的影响。此外,在恶劣的生存环境中,柳宗元真诚地相信西方净土。他在永州时曾助修龙兴寺净土堂的回廊,并写下《永州龙兴寺修净土院记》。其中云,"中国之西数万里,有国曰身毒,释迦牟尼如来示现之地。彼佛言曰:西方过十万亿佛土,有世界曰极乐,佛号无量寿如来。其国无有三恶八难,众宝以为饰;其人无有十缠九恼,群圣以为友。有能诚心大愿归心是土者,苟念力具足,则往生彼国,然后出三界之外,其于佛道无退转者,其言无所欺也。……呜呼!有能求无生之生者,知舟筏之存乎是。遂以《天台十疑论》书于墙宇,使观者起信焉"②。这也是他学佛受到的影响。

不过,柳宗元虽也宣扬信仰,但其接受佛教的重心还在吸收其义理成分。他"统合儒释"的思想取向,代表了中土士大夫吸纳佛教文化的普遍态度,对其思想的形成以及创作均带来了裨益。不过,"与佛教妥协,却是他理论上的重大失误;也给他的创作带来不少消极因素"③,这也是需要指出的。

刘禹锡(772—842),字梦得,中山无极(今属河北)人。贞元九年的进士,登宏辞科。禹锡精于古文,善五言诗,今体文章复多才丽。德宗时为监察御史,顺宗时为屯田员外郎、判度支盐铁案,兼崇陵使判官。因王叔文事牵连,坐贬连州(今广东连县)刺史,在道,贬朗州(今湖南常德)司马。朗州地居西南夷,土风僻陋,刘禹锡在此度过了十年。唯以文章吟咏,陶冶情性。宪宗时因为诗语涉讽刺,贬播州刺史,改授连州刺史。文宗时始召还,为主客郎中,历苏州刺史、汝州刺史、太子宾客、同州刺史、检校礼部尚书等职。其晚年与白居易友善,相互酬唱。

刘禹锡崇佛,他把佛教传入视为"犹夫重昏之见旮爽",把禅宗的兴

---

① 董诰等编:《全唐文》卷五七九《送僧诰初序》,第5852页。
② 董诰等编:《全唐文》卷五八一《永州龙兴寺修净土院记》,第5868—5869页。
③ 孙昌武:《佛教与中国文学》,第98页。

起视为"犹夫昧旦之睹白日",自称"予事佛而佞"①。刘禹锡对佛教的支持态度,与他官场失意,人生坎坷紧密相连。"永贞革新"失败后,他被贬谪边地多年,内心的苦闷可想而知,因此他学佛,并建立起虔诚的信仰。他在《送僧元皓南游》中说:"予策名二十年,百虑而无一得。然后知世所谓道无非畏途。唯出世间法可尽心耳。繇是在席砚者多旁行四句之书,备将迎者皆赤頿白足之侣。深入智地,静通道源。客尘观尽,妙气来宅。内视胸中,犹煎炼然。"②这是他在苦闷中转向佛教的真实写照。

刘禹锡许多文章均与佛教相关。如他的《曹溪六祖大鉴禅师第二碑》,是继柳宗元之后,应僧道琳之请为南宗禅慧能而作,其中云:"自达摩六传至大鉴,如贯意珠,有先后而无异同。世之言真宗者,所谓顿门。初达摩与佛衣俱来,得道传付,以为真印。至大鉴置而不传,岂以是为筌蹄耶刍狗耶?将人人之莫已若而不若置之耶?吾不得而知也。"③对于当时禅宗中的南北之争,刘禹锡以"不得而知"表示不偏不倚的态度。不过,他又有《佛衣铭并序》,云"六祖未彰,其出也微,既还狼朡,憬俗蚩蚩,不有信器,众生曷归。是开便门,非止传衣,初必有终,传岂无已,物必归尽,衣胡久恃。先终知终,用乃不穷。我道无朽,衣于何有,其用已陈,孰非刍狗"④,则显然偏向南宗禅了。

刘禹锡学佛有自己的心得体会。他在《赠别君素上人》中说:"曩予习《礼》之《中庸》,至不勉而中,不思而得,慊然知圣人之德,学以至于无学。然而斯言也,犹示行者以室庐之奥耳。求其经术而布武未易得也。晚读佛书见大雄念物之普,级宝山而梯之。高揭慧火,巧镕恶见,广疏便门,旁束邪径。其所证入,如舟溯川,未始念于前而日远矣。夫何勉而思之邪?是余知突奥于《中庸》,启键关于内典。会而归之,犹初心也。不

---

① ②《刘禹锡全集》卷二九《送僧元皓南游》,瞿蜕园校点,第215页,上海古籍出版社,1999。
③ 董诰等编:《全唐文》卷六〇〇《曹溪六祖大鉴禅师第二碑》,第6162页。
④ 董诰等编:《全唐文》卷六〇八《佛衣铭并序》,第6145页。

知予者诮予困而后援佛,谓道有二焉。夫悟不因人,在心而已。其证也,犹喑人之享太牢,信知其味而不能形于言以闻于耳也。"①认为学习《中庸》时遇到的疑惑之处,通过读佛经则豁然大悟,终于明白悟道的关键是"心"。

刘禹锡对佛教的肯定是与儒家学说联系在一起的,他认为佛教有补足儒家学说的意义。所谓"素王立中枢之教,懋建大中;慈氏起西方之教,习登正觉。至哉!乾坤定位,而圣人之道参行乎其中,亦犹水火异气,成味也同德;轮辕异象,致远也同功。然则儒以中道御群生,罕言性命,故世衰而寖息。佛以大悲救诸苦,广起因业,故劫浊而益尊。自白马东来,而人知像教;佛衣始传,而人知心法。宏以权实,示其摄修。味真实者,即清净以观空;存相好者,佈威神而迁善。厚于求者,植因以觊福;懼于苦者,证业以销冤。革盗心于冥昧之间,泯爱缘于死生之际。阴助教化,总持人天,所谓生成之外,别有陶冶。刑政不及,曲为调柔"②。刘禹锡指出了佛教谈性命,落实于人心,其对心性之学的研究,实有高明于儒家学说之处。

刘禹锡推崇佛教"中道实相"学说,有会通儒释的旨趣。他在《牛头山第一祖融大师新塔记》中说:"夫上士解空而离相,中士著空而嫉有,不因相何以示觉,不由何以悟无,彼达真谛而得中道者,当知为而不有,贤乎以不修为无也。"③这是因为儒家谈"中道"(中庸),但罕言性命,而佛教"中道"学说反对执着于"空"或"有",主张空有相即,才是真谛。刘禹锡在《袁州萍乡县杨岐山故广禅师碑》中说:"如来说法,遍满大千,得胜义者,强名为禅。至道不二,至言无辩。"④这是认为达到"中道",则言息理冥。在《送惟良上人》中,刘禹锡说自己与唯良谈论佛理,就有这样的

---

① 《刘禹锡全集》卷二九《赠别君素上人》,第214页,上海古籍出版社,1987。
② 董诰等编:《全唐文》卷六〇〇《袁州萍乡县杨岐山故广禅师碑》,第6162页。
③ 董诰等编:《全唐文》卷六〇六《牛头山第一祖融大师新塔记》,第6118页。
④ 董诰等编:《全唐文》卷六〇〇《袁州萍乡县杨岐山故广禅师碑》,第6163页。

境界:"初以说合,至于不言。言息而理冥。"①

白居易(772—846),字乐天,他祖籍太原,后迁居下邽(今陕西渭南县东北)。贞元十六年(800)进士,授秘书省校书郎。宪宗朝任左拾遗、左赞善大夫等职。元和十年(815)因宰相武元衡被盗杀而第一个上书请急捕贼,结果被加上越职言事以及一些莫须有的罪名,贬为江州(今江西九江)司马。元和十三年底,白居易迁忠州刺史。元和十五年(820)穆宗继位后,被召回朝,先后任主客郎中、知制诰、中书舍人。长庆初为中书舍人,出为杭州、苏州刺史。历秘书监、刑部侍郎、河南尹、太子少傅等职。武宗会昌二年(842),以刑部尚书致仕,闲居洛阳履道里,自号"醉吟先生"、"香山居士"。会昌六年(846)卒,时年七十五。

白居易早年即习佛。他在《八渐偈》中说:"初居易常求心要于师,师赐我八言焉。曰观曰觉、曰定曰慧、曰明曰通、曰济曰舍。繇是入于耳,贯于心,达于性,于兹三四年矣。"②此师指洛阳圣善寺的凝公,白居易28岁由宣城北归洛阳以后就师事于他。

白居易倾心南宗禅。他在《答户部崔侍郎书》说:"顷与阁下在禁中日,每视草之暇,匡床接枕,言不及他,常以南宗心要,互相诱导。"③崔侍郎指崔群,他和钱徽都是白居易的"道友"。白居易元和十五年(820)所作的《钱虢州以三堂绝句见寄因以本韵和之》诗就是附和钱徽的,他在其中写道:"同事空王岁月深,相思远寄定中吟。遥知清净中和化,只用金刚三昧心。"④可知他与钱徽以这种方式交流学佛的心得体会。贬江州之前,他有诗云:"近岁将心地,回向南宗禅。"⑤表明他对南宗禅有相当的兴趣。他以道一弟子惟宽为师,在《西京兴善寺传法堂碑铭》中,白居易把

---

① 《刘禹锡全集》卷二九《送惟良上人》,第 222 页。
② 董诰等编:《全唐文》卷六七七《八渐偈》,第 6925 页。
③ 董诰等编:《全唐文》卷六七五《答户部崔侍郎书》,第 6892 页。
④ 《白居易集》卷一八,顾学颉校点,第 392 页,北京,中华书局,1979。
⑤ 《白居易集》卷六《赠杓直》,第 125 页。

自己与惟宽的关系比作释迦得燃灯佛之授记,表达了对惟宽的崇敬之情。① 元和九年(814),白居易为赞善大夫,向惟宽"四诣师,四问道",得无修无念之说。他贬江州司马后,又对道一门下的智常,"最加钦重"②。晚年结交的智如、如满也是南宗弟子。

白居易的习佛也与客观环境的影响分不开。中唐时期时政动荡,强藩割据,宦官弄权,士大夫在黑暗的现实中普遍倾向于佛教。白居易的思想发展可分两个时期,44岁被贬江州司马前,他自许甚高,有兼济天下之志;被贬之后,他深刻体会到宦海风波,世事艰难,内心逐渐向参禅、学道、饮酒、赋诗等方面倾斜,其早前的佛教熏陶迅速演化为味道的痴迷。

白居易在《和梦游春诗一百韵》中写道:"入仕欲荣身,须臾成黜辱。合者离之始,乐兮忧所伏。愁恨僧祇长,欢荣刹那促……《法句》与《心王》,期君日三复。"③在《郡斋暇日忆庐山草堂兼寄二林僧社三十韵多叙贬官已来出处之意》又写道:"谏诤知无补,迁移分所当。不堪匡圣主,只合事空王。"④抒发的均是仕途的失望转而向佛教寻求安慰的情绪。长庆以后,朝廷内部党争加剧。面对无力改变的现实,白居易明哲保身,继续走佛教避世之路。

白居易对佛教的态度处于游移状态。他早年积极用仕之时,曾批评朝廷佞佛,提出寺院经济发展有害于民生:"僧徒月益,佛寺日崇,劳人力于土木之功,耗人利于金宝之饰,移君亲于师资之际,旷夫妇于戒律之间。古人云:一夫不田,有受其馁者;一妇不织,有受其寒者。今天下僧尼不可胜数,皆待农而食,待蚕而衣。臣窃思之,晋宋齐梁以来,天下凋弊,未必不由此矣。"⑤在诗歌中,白居易多次流露出学佛、参道,不如饮酒享乐。如《卯时酒》中,他写道:"佛法赞醍醐,仙方夸沉瀣;未如卯时酒,

---

① 董诰等编:《全唐文》卷六七八《西京兴善寺传法堂碑铭》,第6929页。
② 赞宁:《宋高僧传》卷一七《唐庐山归宗寺智常传》,《大正藏》第50卷,第817页中。
③ 《白居易集》卷一四《和梦游春诗一百韵》,第294页。
④ 《白居易集》卷一八《郡斋暇日忆庐山草堂兼寄二林僧社三十韵多叙贬官已来出处之意》,第379页。
⑤ 董诰等编:《全唐文》卷六七一《策林四·六十七议释教僧尼》,第6852页。

神速功力倍。"①在《劝酒寄元九》中,白居易又写道:"薤叶有朝露,槿枝无宿花。君今亦如此,促促生有涯。既不逐禅僧,林下学楞伽。又不随道士,山中炼丹砂。百年夜分半,一岁春无多。何不饮美酒?胡然自悲嗟!"②他代表了唐代相当一部分文人对佛教的态度。

　　白居易接受佛教是开放的、多元的。如前所述,他习南宗禅,与此门弟子多有往来。但他初受的也有北宗禅的内容,如《八渐偈·观偈》中所表达的"以心中眼,观心外相。从何而有,从何而丧。观之又观,则辨真妄"③,说的正是北宗的渐修。白居易也听习华严学说,曾在杭州听灵隐寺道峰讲《华严经》,作有《华严经社石记》,并结交圭峰宗密,作有《赠草堂宗密上人》诗。白居易还宣扬律学,他为抚州景云寺精于律学的上弘和尚写有石塔碑铭;晚年又结交宣讲律学的智如。此外,白居易还信仰净土,他在《重修香山寺毕题二十二韵以纪之》诗中写道:"南祖心应学,西方社可投。生宜知止足,次要悟浮休。"④。"西方社",即传说中的白莲结社。白居易在《画西方帧记》中写道:"极乐世界清净土,无诸恶道及诸苦。愿如我身老病者,同生无量寿佛所。"⑤表明他信仰的是弥陀净土;但在《画弥勒上生帧赞》中,他自称"稽首发愿,愿当来世,与一切众生,同弥勒上生,随慈氏下降,生生劫劫,与慈氏俱,永离生死流,终成无上道"⑥,则又把弥勒净土作为信仰了。

　　长庆三年(823),苏州重元寺法华院石壁所刻金字经,白居易为作碑文,此文尤能见证白居易对各种佛经的理解和容纳倾向。他在文中说:"开示悟入,诸佛知见,以了义度无边,以圆教垂无穷,莫尊于《妙法莲华经》,凡六万九千五百五言;证无生忍,造不二门,住不可思议解脱,莫极于《维摩经》,凡二万七千九十二言;摄四生九类,入无余涅槃,实无得度

---

① 《白居易集》卷二一《卯时酒》,第467页。
② 《白居易集》卷九《劝酒寄元九》,第174页。
③ 董诰等编:《全唐文》卷六七七《八渐偈·观偈》,第6925页。
④ 《白居易集》卷三一《重修香山寺毕题二十二韵以纪之》,第700页。
⑤⑥ 董诰等编:《全唐文》卷六七六,第6904页。

者,莫先于《金刚般若波罗蜜经》,凡九千二百八十七言;禳罪集福,净一切恶道,莫急于《佛顶尊胜陀罗尼经》,凡三千二十言;应念顺愿,愿生极乐土,莫疾于《阿弥陀经》,凡一千八百言;用正见,观真相,莫出于《观音普贤菩萨法行经》,凡六千九百九十言;诠自性,认本觉,莫深于《实相法蜜经》,凡三千一百五言;空法尘,依佛智,莫过于《般若波罗蜜多心经》,凡二百五十八言。是八种经,具十二部,合一十一万六千八百五十七言。三乘之要旨,万佛之秘藏尽矣。"①

白居易的思想倾向于统合儒释,这与当时调和三教的趋势相一致。他在《三教论衡》中说:"夫儒门释教,虽名数则有异同,约义立宗,彼此亦无差别。所谓同出而异名,殊途而同归者也。"②不过,就其具体的表现形式而言,则往往把佛教内容向儒家学说靠拢,如他在《策林·议释教僧尼》中说:"若欲以禅定复人性,则先王有恭默无为之道在;若欲以慈忍厚人德,则先王有忠恕恻隐之训在;若欲以报应禁人僻,则先王有惩恶劝善之刑在;若欲以斋戒抑人淫,则先王有防欲闲邪之礼在。虽臻其极则同归,或能助于王化,然于异名则殊俗,足以贰乎人心。"③

白居易还曾学道,《唐才子传》之《白居易传》云其"好神仙,自制飞云履,焚香振足,如拨烟雾,冉冉生云。初来九江,居庐阜峰下,作草堂烧丹"④。他的《游悟真寺诗一百三十韵》云:"身著居士衣,手把《南华》篇。"⑤白居易对佛、道二教的认识是:"大抵宗庄叟,私心事竺乾。浮荣水划字,真谛火生莲。梵部经十二,玄书字五千。是非都付梦,语默不妨禅。"⑥

白居易虽然学佛,内心并未虔诚皈依,他的实际生活与佛教根本教

---

① 董诰等编:《全唐文》卷六七八《苏州重元寺法华院石壁经碑文》,第6926页。
② 董诰等编:《全唐文》卷六七七《三教论衡》,第6922页。
③ 董诰等编:《全唐文》卷六七一《策林四·六十七议释教僧尼》,第6852页。
④ 辛文房:《唐才子传》卷六《白居易传》,舒宝璋校注,第247页,郑州,中州古籍出版社,1987。
⑤ 《白居易集》卷六《游悟真寺诗一百三十韵》,第123页。
⑥ 《白居易集》卷一九《新昌新居书事四十韵因寄元郎中张博士》,第416页。

义差距很大。他一生以琴、酒、诗为"三友",曾在《醉吟先生传》中自况,云"家虽贫,不至寒馁;年虽老,未及昏耄。性嗜酒、耽琴、吟诗。凡酒徒琴侣诗客,多与之游。游之外栖心释氏,通学小中大乘法。与嵩山僧如满为空门友,平泉客韦楚为山水友,彭城刘梦得为诗友,安定皇甫朗之为酒友,每一相见,欣然忘归。洛城内外六七十里间,凡观寺邱墅有泉石花竹者靡不游;人家有美酒鸣琴者靡不过;有图书歌舞者靡不观"①,这是他的真实生活。

白居易以维摩诘居士为榜样,在《早服云母散》中说:"每夜坐禅观水月,有时行醉看风花。净名事理人难解,身不出家心出家。"②故而白居易学佛并未妨碍他享乐尘世生活。他好酒,将饮酒的乐趣等同于学禅,在《和微之诗二十三首·和〈知非〉》中说:"因君知非问,诠较天下事。第一莫若禅,第二无如醉。禅能泯人我,醉可忘荣悴。……劝君虽老大,逢酒莫回避。不然即学禅,两途同一致。"③白居易留恋人世功名,曾有《题旧写真图》,云"羲和鞭日走,不为我少停;形骸属日月,老去何足惊。所恨凌烟阁,不得画功名!"④他还留恋女乐,晚年蓄歌妓陈结之、小蛮、樊素等数人。其《与牛家妓乐雨夜合宴》诗云:"歌脸有情凝睇久,舞腰无力转裙迟。人间欢乐无过此,上界西方即不知。"⑤说的正是歌舞欢乐。故苏辙有诗相讥,云"乐天得法老凝师,后院犹存杨柳枝。春尽絮飞余一念,我今无累日(四部丛刊本《栾城集》作"百")无思"⑥。

白居易晚年住在龙门香山寺,自称已归佛门。他在病中自言:"予栖心释梵,浪迹老、庄,因疾观身,果有所得。何则?外形骸而内忘忧患,先

---

① 董诰等编:《全唐文》卷六八〇《醉吟先生传》,第6954—6955页。
② 《白居易集》卷三一《早服云母散》,第712页。
③ 《白居易集》卷二二《和微之诗二十三首·和〈知非〉》,第484页。
④ 《白居易集》卷七《题旧写真图》,第144页。
⑤ 《白居易集》卷三四《与牛家妓乐雨夜合宴》,第777页。
⑥ 普枣庄、舒大刚主编:《三苏全书》集部《苏辙集》卷二三《读乐天集戏作五绝》,第549页,北京,语文出版社,2001。

禅观而后顺医治。"①暮年的他因中风痺之疾,舍俸钱三万,命工人杜宗敬按《阿弥陀》、《无量寿》二经,画西方世界一部,高九尺,广丈有三尺,阿弥陀佛坐中央,观音势至二大士侍左右,天人瞻仰,眷属围绕,楼台妓乐,水树花鸟,七宝严饰,五彩彰施,烂烂煌煌。白居易焚香稽首,跪于佛前发愿说:"愿此功德回施一切众生,一切众生有如我老者,如我病者,愿皆离苦得乐,断恶修善。不越南部,便睹西方,白毫大光,应念来感,青莲上品,随愿往生,从见在身,尽未来际,常得亲近而供养也。"②并为之作偈赞:"极乐世界清净土,无诸恶道及诸苦,愿如我身老病者,同生无量寿佛所。"③表达了对净土世界的向往之情。

白居易的文学创作,深受佛教思想的影响。他的不少作品除了宣扬佛教,还表现出任运随缘、优游自得的情怀,从而使其语言风格呈现出平易的特色。宋人张镃曾赞美白居易,"诗到香山老,方无斧凿痕。目前能转物,笔下尽逢源。学博才兼裕,心平气自温。随人称白俗,真是小儿言。"④因此,"白居易和柳宗元相比,对于佛理的理解显然浅薄得多,但他更注重使佛教变成生活践履,因而从一定意义上说对后世反而造成更大的影响"⑤。

李贺(790—816),字长吉,生于福昌昌谷(今河南宜阳县),是没落的唐宗室后裔,因父讳而不得参加进士考试。后荫举做了个从九品的奉礼郎,不久即托疾辞归,卒于故里,年仅 27 岁。

李贺信道,自小生长在道风很盛的河南府福昌县之昌谷,他与道士交往,不少诗歌是描述仙人以及神仙世界的。但李贺也颇受佛教影响,他读经,在《赠陈商》诗中说:"《楞伽》堆案前,《楚辞》系肘后。"⑥他还听与

---

① 刘昫等:《旧唐书》卷一六六《白居易传》,第 4356 页。
② 董诰等编:《全唐文》卷六七六《画西方帧记》,第 6903—6904 页。
③ 同上书,第 6904 页。
④ 《南湖集》卷四《读乐天诗》,四库本。
⑤ 孙昌武:《佛教与中国文学》,第 109 页。
⑥ 《李贺全集》卷三,(清)王琦注释,王步高、刘林辑校汇评,第 213 页,珠海出版社,2002。

佛教有关的俗讲,即僧徒依经文为俗众讲佛家教义、"悦俗邀布施"的一种宗教性说唱活动,他在《春归昌谷》诗中写道:"听讲依大树,观书临曲沼。"①李贺的很多诗歌或叙述佛教故事,或引用佛语。② 如《马诗二十三首》其十九云:"萧寺驮经马,元从竺国来。空知有善相,不解走章台。"讲佛经传入故事。又如《送沈亚之歌》诗中有"短策齐裁如梵夹"句,"梵夹"指佛教新翻经本,典故源于《大业杂记》。再如《秦王饮酒》诗云:"羲和敲日玻璃声,劫灰飞尽古今平。""劫灰"也是佛教术语,佛教把世界每经历一次大水、大火等毁灭性打击到再重新建立称为一劫,"劫灰"即是劫后留下的余灰。

李贺对宗教的迷恋情感,当与其出身高贵而无缘仕进,以及胸怀志向而体弱多病等原因有关,这使诗人对现实的感受在失意中变得敏锐。道教脱离肉体的飞升理想,以及佛教"空"观的说教,均给痛苦中的诗人以精神的慰藉和心灵的超脱。

中唐反佛文人首推韩愈。韩愈(768—824),字退之,河阳(今河南孟县)人,自言郡望昌黎,故后人多称"韩昌黎"。以文才入仕,崇尚儒学,与柳宗元同为"古文运动"的倡导者,一生以弘扬和振兴儒道为己任。他为官正直,发言率真,拙于世务,不通人事,故屡遭贬黜。元和十四年(819),宪宗诏迎凤翔法门寺塔佛指骨至京师,留禁中三日,五色光现,百僚称贺,历送诸寺,王公士民瞻奉舍施,唯恐不及。时韩愈为刑部侍郎,上表极谏。他指斥佛教以夷乱华,败坏纲纪,不事生产,对社会、世人造成危害,并表示"乞以此骨付之水火,永绝根本,断天下之疑,绝后代之惑。使天下之人,知大圣人之所作为出于寻常万万也,岂不盛哉!岂不快哉!佛如有灵,能作祸祟,凡有殃咎,宜加臣身,上天鉴临,臣不怨

---

① 《李贺全集》卷三《春归昌谷》,第 253 页。
② 参见《李贺全集》卷二《马诗二十三首》,第 116 页;卷一《送沈亚之歌》,第 20 页、卷一《秦王饮酒》,第 68 页。

悔"①。在举国崇佛的社会环境下,韩愈的反佛言论尤其需要胆识和勇气,他因而被贬为潮州刺史。

韩愈到潮州后,听说石头希迁的法嗣大颠禅师很有名望,遂致书请入郡问道。据《释氏稽古略》卷三所载②,韩愈屡次致书,大颠始至郡,韩愈见了心生敬意,留其数十日。后又登灵山,造访大颠。大颠问韩愈何以至此,韩愈说是因为反对迎佛骨事遭贬。大颠得知韩愈不读佛书后,发表了一番言论,大意是佛教与儒家学说旨趣相通,也宣扬忠孝,与人臣言必依于忠,与人子言必依于孝。但它所言的还有儒家学说不曾具备的玄而又玄的理论,需要诚心、尽性、穷物之理、极天之命,然后可以知晓。

两人交往较多,故有传闻说韩愈已皈依佛教。韩愈对此事在给好友孟简的信中有交代,他说"有人传愈近少信奉释氏,此传之者妄也。潮州时有一老僧号大颠,颇聪明,识道理,远地无可与语者,故自山召至州郭留十数日,实能外形骸,以理自胜,不为事物侵乱。与之语,虽不尽解,要且自胸中无滞碍,以为难得,因与来往。及祭神至海上,遂造其庐;及来袁州,留衣服为别。乃人之情,非崇信其法,求福田利益也"③。这些辩解之话,不乏南宗禅旨意。当时禅宗因为阐发"心性"的理论,受到士大夫推崇,韩愈的思想不可避免受到浸染,这是勿庸置疑的。

韩愈的好友孟简素好佛,韩愈与之有过关于佛教思想的书信往来,他谈及的佛教对教化的积极作用,当对韩愈也起到触动作用。故中唐时期韩愈这位反佛斗士,其思想理论接受佛教的地方有很多。韩愈倡导儒学,特别推崇其中的正心诚意,修、齐、治、平之说,而究"心"论"性",正是禅宗大力宣扬的;再者,其所作《五原》中之《原性》篇,区分"性"与"情",也与禅宗的性净情感说相通;至于他勾勒的尧、舜、禹、汤、文、武、周公的儒家学说的继承体系,亦与禅宗确立祖统传承相似。故陈寅恪先生指

---

① 刘昫等:《旧唐书》卷一六〇《韩愈传》,第4200页。
② 觉岸:《释氏稽古略》卷三,《大正藏》第49卷,第834页上—834页中。
③ 马其昶:《韩昌黎文集校注》卷三《与孟尚书书》,第210页,上海古籍出版社,1986。

出:"退之道统之说表面上虽由孟子卒章之言所启发,实际上乃因禅宗教外别传之说所造成。……退之生值其时,又居其地,睹儒家之积弊,效禅侣之先河,直指华夏之特性,扫除贾、孔之繁文,《原道》一篇中心旨意实在于此。"①韩愈容纳佛教,改造儒学,其弟子李翱继承其志,对佛教内容亦多关注。宋代"新儒学"的奠定,与他们的这种前期准备工作是分不开的。

李翱是韩愈的侄婿,他跟随韩愈,也反对佛教。李翱(774—836),字习之,幼勤于儒学,博雅好古,为文尚气质。贞元十四年(798)登进士第,授校书郎,三迁至京兆府司录参军。元和初,转国子博士、史馆修撰。其性刚直,屡涉事件,仕途周折。

元和十五年(820)七月,李翱出为朗州刺史。苦闷中的他仰慕药山唯俨禅师道风,遂与之结交。据《宋高僧传》卷一七《唐朗州药山唯俨传》记载,李翱曾两次为唯俨作偈。其一为"炼得身形似鹤形,千株松下两函经。我来问道无余说,云在青天水在瓶。"其二为"选得幽居惬野情,终年无送亦无迎。有时直上孤峰顶,月下披云笑一声。"②这两首偈已带有对任运随缘的禅趣的欣赏。后来李翱在唐州遇紫玉禅师,亦"增明道趣"③。另据《景德传灯录》卷七记载,李翱还于贞元年间问道于西堂智藏禅师;而《历代佛祖通载》卷十五则云其还于元和初问道于鹅湖大义禅师。

受禅宗思想中关注心性的理论影响,李翱作有《复性书》三篇,重点讨论性情问题。他在《复性书上》中说:"人之所以为圣人者性也。人之所以惑其性者情也。喜怒哀惧爱恶欲,七者皆情之所为也。情既昏,性斯匿矣,非性之过也。……性与情不相无也。虽然,无性则情无所生矣,是情由性而生,情不自情,因性而情;性不自性,由情以明。性者天之命

---

① 陈寅恪:《论韩愈》,《金明馆丛稿初编》,第286—287页,上海古籍出版社,1980。
②③ 赞宁:《宋高僧传》卷一七《唐朗州药山唯俨传》,《大正藏》第50卷,第816页中。

也,圣人得之而不惑者也。情者性之动也,百姓溺之而不能知其本者也。"①李翱认为人皆有"性"。不过,圣人不惑,故能知性;凡人愚昧,则为情所困,以至不能发现固有之性,因而提倡"复性"。这种论调吸收了禅宗的"心性本净",但为"客尘所覆"的思想。

李翱提出复性的基本方法是无思、寂照,即所谓的"弗虑弗思,情则不生,情既不生,乃为正思。正思者,无虑无思也","方静之时,知心无思者,是斋戒也。知本无有思,动静皆离,寂然不动者,是至诚也"②。"复性"的关键是不动情,而要不动情则需内心排除妄念,寂然不动。其讲寂然息妄是禅宗的内容,而以"至诚"与"斋戒"并举,则表现为统合儒释的倾向。最后,李翱认为人有道德之性,是异于禽兽,有思想的表现。将"性"与道德联系,又有老子思想的内容。因此,李翱的《复性书》实际上是儒家学说、佛教以及老子思想的融合。

李翱的《复性书》虽然思想多有综合,但不可否认的是其中带有强烈的儒家"入世"精神。他重视儒家的性命之书——《中庸》,在"复性"问题上引用其"至诚"概念,强调人具有道德之性,主张发挥儒家"正心诚意"、"致诚返本"之说,力图通过心性的修养,完成齐家治国平天下的重任,从而表现出知识分子一种强烈的历史使命感。

韩愈和李翱作为反佛的代表,其理论中不乏"盗取"佛教部分,反映出佛教影响的深入;而他们吸收佛教进行改造的儒家学说,则推动了宋代"新儒学"的发展,丰富了思想资源宝库。

三、晚唐士大夫与佛教

宪宗以后,朝政渐趋腐败,朋党之争愈演愈烈,唐朝国势日衰。而皇帝依然倡导佛教,全国僧尼人数上升,这些人成为国家经济发展的沉重

---

① 董诰等编:《全唐文》卷六三七《复性书上》,第6433页。
② 同上书,第6435页。

负担;寺院经济活动范围逐步扩大,又进一步加剧了僧团与世俗地主阶层在利益上的矛盾冲突,终于导致唐武宗时的灭佛。不过,灭佛过后,佛教又迎来了恢复与发展,特别是禅宗,更是成为佛教发展中的旗帜。

裴休(797—870),怀海弟子黄檗希运门下的俗家弟子,他是裴肃之子,字公美,河内济源(今属河南)人。幼即好学,经年不出济源别墅大门,昼讲经籍,夜课诗赋。善为文,长于书翰,自成笔法。长庆中乡赋登第。文宗时历诸藩辟召,入为监察御史、右补阙、史馆修撰。武宗时自尚书郎历典数郡。宣宗时累官户部侍郎,充诸道盐铁转运使,转兵部侍郎,兼御史大夫,领使如故,以本官同平章事。累转中书侍郎,兼礼部尚书。裴休在相位五年,大中十年罢相,检校户部尚书、汴州刺史、御史大夫,充宣武军节度使,历潞州大都督府长史、太原尹、北都留守、河东节度观察等使,凤翔尹、吏部尚书、太子少师诸职。

据《旧唐书》卷一七七记载,裴休"家世奉佛,休尤深于释典。太原、凤翔近名山,多僧寺。视事之隙,游践山林,与义学僧讲求佛理。中年后不食荤血,常斋戒,屏嗜欲。香炉贝典,不离斋中,咏歌赞呗,以为法乐。与尚书纥干皋皆以法号相字,时人重其高洁而鄙其太过,多以词语嘲之,休不以为忤"①。可知他崇佛既是时代影响,也是家庭熏陶的结果。其父裴肃任越州观察使时,曾捐俸重修龙兴寺大佛殿,事载《佛法金汤编》卷八。

会昌二年(842),裴休官钟陵,入洪州龙兴寺,即问可有禅僧。有人告诉他有希运禅师。他遂延之入府,请以为师,朝夕问道。大中二年(848),裴休官宛陵(今安徽宣城),又延请希运住开元寺,旦夕受法。他与希运的对话,集为《传心法要》和《宛陵录》。裴休对希运禅法评价很高,云其"唯传一心,更无别法;心体亦空,万缘俱寂。如大日轮,升虚空中,光明照耀,净无纤埃。证之者无新旧,无浅深;说之者不立义解,不立

---

① 刘昫等:《旧唐书》卷一七七《裴休传》,第 4594 页。

宗主,不开户牖。直下便是,运念即乖,然后为本佛。故其言简,其理直,其道峻,其行孤"①。

裴休还支持怀海另一弟子沩山灵祐。他任湖南观察使时,正值武宗灭佛后即位的宣宗复兴佛法,裴休对还俗的灵祐,"固请迎而出之,乘之以己舆,亲为其徒列,又议重削其须发"②,深表礼敬,尝咨玄奥。

裴休与荷泽禅传人圭峰宗密的关系也很密切,曾入其阃域,受其显诀。宗密受学于菏泽神会的三传弟子遂州大云寺道圆禅师,从其出家,后又谒见益州圣寿唯忠禅师、奉国寺神照禅师,从而接触华严经典,转而拜澄观为师。其禅学是以"华严禅"为核心的禅教一致学说,因不守禅行,广讲经论,故有人议论圭峰的学说到底是禅、是律、还是经论,裴休为之进行辩护,认为"议者焉知大道之所趣哉!夫一心者,万法之总也。分而为戒定慧,开而为六度,散而为万行,未尝非一心,一心未尝违万行。禅者,六度之一耳,何能总诸法哉?……其他诸祖,或广行法教,或专心禅寂,或蝉蜕而去,或火化而灭,或攀树以示终,或受害而偿债。是乃法必同,而行不必同也。……故大师之为道也,以知见为妙门,寂静为正味,慈忍为甲盾,慧断为剑矛。破内魔之高垒,陷外贼之坚阵。……三乘不兴,四分不振,吾师耻之;忠孝不并化,荷担不胜任,吾师耻之。……其四依之人乎,其十地之人乎,吾不识其境界廷宇之广狭深浅矣,议者又焉知大道之所趣哉"③!他称宗密"吾师",其思想当受宗密影响。宗密卒后,裴休撰写碑铭,自称与宗密的关系是:"于法为昆仲,与义为交友,于思为善知识,与教为内外护。"④宗密的《中华传心地禅门师资承袭图》,是为答裴休疑问而作;其所著《禅源诸诠集都序》,裴休为之作《叙》;另有《华严原人论》、《圆觉经略疏》、《注华严法界观门》,裴休亦为之作序。

---

① 董诰等编:《全唐文》卷七四三《黄檗山断际禅师传心法要序》,第 7688 页。
② 董诰等编:《全唐文》卷八二〇《潭州沩山同庆寺大圆禅师碑铭》,第 8646 页。
③ 董诰等编:《全唐文》卷七四三《圭峰禅师碑铭》,第 7692—7693 页。
④ 同上书,第 7694 页。

据《乐邦遗稿》卷二记载,裴休常身着毳衲,在歌妓院里,持钵乞食,自称"不为俗情所染,可以说法度人"①。每自发愿,世世为国王,弘护佛法。他有《唐故左街僧录内供奉三教谈论引驾大德安国寺上座赐紫方袍大达法师元秘塔碑铭并序》文,其中写道:"为丈夫者,在家则张仁义礼乐,辅天子以扶世导俗;出家则运慈悲定慧,佐如来以阐教利生。舍此无以为丈夫也,背此无以为达道也。"②认为在家要遵从儒家学说,尽忠报国;出家要守持释氏精神,利益众生,从中反映出裴休统合儒释的思想。

怀海弟子沩山灵祐的门下俗家弟子是王敬初。王敬初初见睦州道明,后得法于灵祐。据《居士分灯录》卷一记载③,有僧从沩山来,王敬初问:"山头老汉有何言句?"僧人说:"人问如何是西来意?和尚竖起拂子。"王敬初又问:"山中如何领解。"僧人说:"山中商量,即色明心,附物显理。"王敬初说:"会便会著,甚死急汝,速去,我有书与老师。"僧快速赶回,灵祐拆开见画一圆相,其中书个"日"字。灵祐呵呵大笑说:"谁知五千里外,有个知音。"这是对王敬初的高度评价。此外,王敬初还与怀海弟子希运的法嗣临济同到僧堂,问:"这一堂僧还看经么?"临济说:"不看经。"又问:"还习禅么?"临济说:"不习禅"。又问:"既不看经,又不习禅,毕竟作个甚么?"临济说:"总教伊成佛作祖去。"王敬初说:"金屑虽贵,落眼成翳。"临济说:"我将谓是个俗汉。"④此事同样记载于《居士分灯录》卷一。临济的话,即"不看经、不习禅",代表着这一禅家的思想。

仰山慧寂是灵祐弟子,其门下俗家弟子有陆希声。陆希声也与慧寂有言语机锋。《居士分灯录》卷一载:"山以拂子倒点三下,声便设礼,又问:'和尚还持戒否?'曰:'不持戒。'曰:'还坐禅否?'曰:'不坐禅。'声良久。山曰:'会么?'曰:'不会。'山曰:'听老僧一颂:滔滔不持戒,兀兀不

---

① 宗晓:《乐邦遗稿》卷二《裴相国为于阗国王子》,《大正藏》第47卷,第245页中。
② 董诰等编:《全唐文》卷七四三《圭峰禅师碑铭》,第7694页。
③ 《居士分灯录》卷一,《续藏经》第86卷,第585页下。
④ 同上书,第585页中。

坐禅,酽茶三两碗,意在镢头边。'山却问声:'承闻相公看经,得悟是否?'曰:'弟子因看《涅槃经》有云:'不断烦恼而入涅槃,得个安乐处'。山竖起拂子,曰:'只如这个,作么生入。'曰:'入之一字,也不消得。'山曰:'入之一字,不为相公。'声便起去。"①这里反映出沩仰宗不满形式主义的读经、参禅,而强调重视禅法的内心领悟能力。

睦州道明禅师也是希运弟子,其门下俗家弟子有陈操。陈操曾任睦州刺史,经常参问道明禅师。一天,他见道明正在看经,便问:"和尚看什么经?"道明说是《金刚经》。又问:"六朝翻译,此当第几译?"道明举起经书说:"一切有为法,如梦幻泡影。"②陈操还与希迁门下药山唯俨的再传弟子洞山良价、以及希迁第五传雪峰义存门下的云门文偃有过语言机锋。《居士分灯录》卷一载,操尝与禅者颂曰:"禅者有玄机,玄机是复非。欲了机前旨,咸于句下违。"操又与云门文偃对话,云:"口欲谈而辞丧,心欲缘而虑亡。"云门说:"口欲谈而辞丧,为对有言;心欲缘而虑亡,为对妄想,作么生是教意。"③说的是不重读经,欲解玄机,则在领悟的禅门思想。

药山唯俨是石头希迁的弟子,其门下俗家弟子有李翱、于頔。于頔(?—818),字允元,河南洛阳人。德宗时为湖州刺史,转襄州刺史、山南东道节度使,迁左仆射、平章事,封燕国公。宪宗时拜户部尚书,贬太子少保。曾参谒紫玉道通禅师,问:"如何是黑风吹其船舫,漂堕罗刹鬼国?"道通指他说:"这个便是漂堕罗刹鬼国。"于頔又问:"如何是佛?"道通呼頔名,頔应诺,道通说:"更莫别求。"④事载《景德传灯录》卷六。后来于頔又向唯俨问法,也是禅语机锋,表示有所领悟。于頔还与庞蕴相交,与之关系友好,往来无间。不过于頔虽然问道参禅,但在现实中却是"公然聚敛,恣意虐杀,专以凌上威下为务"⑤。可见唐代如此习禅者,并未真

---

① 《居士分灯录》卷一,《续藏经》第 86 卷,第 586 页上—中。
② 《景德传灯录》卷一二,《大正藏》第 51 卷,第 291 页下。
③ 《居士分灯录》卷一,《续藏经》第 86 卷,第 585 页下。
④ 《景德传灯录》卷六,《大正藏》第 51 卷,第 248 页下。
⑤ 刘昫等:《旧唐书》卷一五六《于頔传》,第 4130 页。

正领略佛法的慈悲智慧真谛。

唯俨的再传弟子有石霜庆诸,其俗家弟子是张拙。史载他参谒庆诸,庆诸问:"汝名什么?"张拙说出了自己的名字。庆诸说:"世间文字有什么限? 名什么拙?"张拙说:"觅个巧处不可得。"庆诸说:"也只是个拙张秀才。"于是张拙作偈云:"光明寂照遍恒沙,凡圣含灵共一家。一念不生全身本现,六情才动被云遮。遣除烦恼重增病,趣向真如亦是邪。任逐境缘无挂碍,真如凡圣是空花。"①表达了其参禅的心得。

雪峰义存作为希迁的四传弟子,也拥有众多士大夫信众,其俗家弟子有陈延郊。向他表示敬奉崇仰之情的有观察使京兆韦山由,司空颍川陈岩。另义存法嗣还有长庆慧棱和保福从展,他们门下重要的俗弟子分别为王延彬和王公(其名不详),参见潘桂明先生的《中国居士佛教史》,兹不赘述。②

武宗灭佛后,即位的宣宗宣布恢复佛教。时有李节撰文抨击反佛言论,主张保护佛教。宣宗时李节为河西节度使巡官。大中八年(854),潭州岳麓寺沙门疏言往太原求经,河东节度使司空卢钧、副使韦宙施之以经5048卷,李节撰《饯潭州疏言禅师诣太原求藏经诗序》文,其中指出,儒家学者喜欢排斥释氏,殊不知世风日下,风俗大败,诈力相乘,善以柔退,恶以强用,上下相仇,激为怨俗。而维护佛教,则有益于世情。他说:"夫释氏之教,以清净恬虚为禅定,以柔谦退让为忍辱,故怨争可得而息也。以菲薄勤苦为修行,以穷达寿夭为因果,故贱陋可得而安也。……论者不责衰代之俗,而尤释氏之盛,则是抱疾之夫,而责其医祷攻疗者也。……论者不思释氏扶世助化之大益,而疾其雕镂绘之小费,吾故曰能知其然不知其所以然者也。"③这是为宣宗的复佛活动制造舆论,而新的信仰狂热也由万敬儒这样的人表现出来。敬儒是庐州人,三世同

---

① 静、筠二法师:《祖堂集》卷六,第319—320页。
② 参考潘桂明《中国居士佛教史》(上册),第429—430页。
③ 董诰等编:《全唐文》卷七八八《饯潭州疏言禅师诣太原求藏经诗序》,第8249—8250页。

居,丧亲庐墓,刺血写佛经,断手二指輒复生,宣宗表其家,事载《佛法金汤编》卷八。

晚唐与佛教多有交涉的文人代表有杜牧、李商隐、罗隐。

杜牧(803—853),字牧之,京兆万年(今陕西西安)人。文宗大和二年(828)进士,制策登科,授弘文馆校书郎。会昌二年(842)以后,相继出任黄州、池州、睦州刺史。大中三年(849),回朝任司勋员外郎、史馆修撰,复出为湖州刺史,一年后又内调为考功郎中、知制诰,官终中书舍人。他秉性刚直,屡受排挤,仕途不得志,晚年纵情声色,过着放荡不羁的生活。杜牧的诗、赋、古文均有盛名,以诗的成就最大。与李商隐齐名,并称"李杜"。其诗风格俊爽清丽,独树一帜,尤长于七言律诗和绝句。

杜牧对佛教有着清醒认识。他在《杭州新造南亭子记》中,对武宗灭佛持赞赏态度,认为"佛炽害中国六百岁,生见圣人一挥而幾夷之"①,然受社会大环境的影响,杜牧仍然不能摆脱与佛教的关涉。他有首著名的《江南春绝句》诗,诗云:"千里莺啼绿映红,水村山郭酒旗风。南朝四百八十寺,多少楼台烟雨中。"②不少人认为这代表了杜牧反对佛教。其实,杜牧流连于佛寺楼台,一些诗歌如"九华山路云遮寺,青弋江边柳拂桥","秋山春雨闲吟处,倚遍江南寺寺楼"等,均表明他对这些佛教名胜有着极大的兴趣。

他在诗歌中说:"清时有味是无能,闲爱孤云静爱僧"③,表达对僧人的仰慕之情。他还借诗歌表示对禅学的兴趣,如在《将赴京留赠僧院》中,他写道:"谢却从前受恩地,归来依止扣禅关。"④杜牧还有反映道教的作品,如《赠朱道灵》:"刘根丹篆三千字,郭璞青囊两卷书。牛渚矶南谢山北,白云深处有岩居。"⑤站在治国平天下的政治立场上时,文人流露出

---

① 董诰等编:《全唐文》卷七五三《杭州新造南亭子记》,第7810—7811页。
② 《杜牧全集》卷三《江南春绝句》,陈允吉校点,第29页,上海古籍出版社,1997。
③ 《杜牧全集》卷二《将赴吴兴登乐游原一绝》,第26页。
④ 彭定求等编:《全唐诗》卷五二六《将赴京留赠僧院》,第3284页。
⑤ 《杜牧全集》卷三《赠朱道灵》,第40页。

对佛教的批判意识；而追寻内心的真实感受时，他们又往往倾心于佛教。

李商隐(813—858)，字义山，号玉溪生，怀州河内(今河南泌阳)人。开成进士，曾任县尉、秘书郎和东川节度使判官等职。受牛李党争影响，从大和三年踏入仕途，到大中十二年去世，三十年中有二十年辗转于各处幕府，东到兖州，北到泾州，南到桂林，西到梓州，远离家室，飘泊异地。其善为文，诗文瑰迈奇古，号"西昆体"。

李商隐本好道，十五六岁时曾在玉阳山学道。但他很早也接触过佛教，自称"《妙法莲华经》者，诸经中王，最尊最胜。始自童幼，常所护持"①。还曾在梓州长平山慧义精舍经藏院，自出财俸，特创石壁五间，金字勒《妙法莲华经》七卷。②世事推移，李商隐逐渐倾向佛教，他向悟达国师参学，并与澈师、臻师、惠禅师、融禅师交往。自述心迹为："白衣居士访，乌帽逸人寻。侫佛将成缚，耽书或类淫。"③其妻王氏病故后，李商隐披露心机，在《樊南乙集序》中云："三年以来，丧失家道，平居忽忽不乐，始尅意事佛，方愿打钟扫地，为清凉山行者。"④

他对佛教的感情与其敏感多情的性格，与其坎坷的经历有关，入朝无路，仕途不顺，情爱不果，配偶早丧，正是王维所说的"一生几许伤心事，不向空门何处销"(《叹白头》)。李商隐写过佛教题材的作品，如《唐梓州慧义精舍南禅院四证堂碑铭》等。⑤ 临终之际，他表示愿削染为知玄弟子，弃绝世事，遁入空门。佛教史上也一直将其列入佛门"传灯录"。

罗隐(833—909)，字昭谏，余杭(今属浙江)人，曾十举进士不第，后依镇海军节度使钱镠，历任钱塘令、著作令等职。他与贯休禅师相交，禅月师曾馆于给事即罗隐之舍，"隐有识师迟之恨"⑥。其落第后，贯休予以

---

① ② 董诰等编：《全唐文》卷七七八《上河东公第二启》，第8118页。
③ 《李商隐全集》卷二《自桂林奉使江陵途中感怀寄献尚书》，(清)冯浩注，王步高、刘林辑校汇评，第298页，珠海出版社，2002。
④ 董诰等编：《全唐文》卷七七九《樊南乙集序》，第8136页。
⑤ 董诰等编：《全唐文》卷七八〇《唐梓州慧义精舍南禅院四证堂碑铭》，第8141—8144页。
⑥ 潜说友：《咸淳临安志》卷八四《大雄院》，《四库全书》第490册，第902页。

安慰,罗隐有归依之意,写下《和禅月大师见赠》,诗云:"高僧惠我七言诗,顿豁尘心展白眉。秀似谷中花媚日,清如潭底月圆时。应观法界莲千叶,肯折人间桂一枝。漂荡秦吴十余载,因循犹恨识师迟。"①罗隐还与无相禅师相交,有《寄无相禅师》《赠无相禅师》诗。他还倾慕明州国宁寺宗亮,事载《宋高僧传》卷二七。

罗隐落第后,曾四处游历。写有不少与寺院有关的诗作,如《春日独游禅智寺》《封禅寺居》《秦望山僧院》《登瓦棺寺阁》《金山寺》《宿法华寺》《题圣果寺》《游华严寺》等。他出入众多佛寺,表明内心有从佛教中寻求安慰的强烈愿望。

此外,像元稹、陆龟蒙、皮日休、司空图等,亦与佛教多有交涉,其诗文创作亦深受佛教影响,兹不赘述。

民众欢迎的净土、弥勒、弥陀、观音信仰,以及俗讲、"变文"、"变相"等艺术形式,也为士大夫接受佛教提供了多样的途径。唐代盛行俗讲,武宗会昌元年(841),仅京都长安一次就有七座寺院同时开讲,自"正月十五日起首,至二月十五日罢"(《入唐求法巡礼行记》卷三),俗讲法师有海岸、体虚、文溆等。其中,以文溆尤为有名,史载"有文淑(溆)僧者,公为聚众谭说,假托经论,所言无非淫秽鄙亵之事。不逞之徒,转相鼓扇扶树。愚夫冶妇,乐闻其说,听者填咽寺舍,瞻礼崇奉,呼为'和尚教坊'"②。如前所述,李贺就有关于听讲的诗《春归昌谷》,云"听讲依大树,观书临曲沼"③。

一些佛教结社活动,也吸引士大夫参入。白居易的《华严经社石记》中就记载,僧人南操劝十万人转《华严经》一部,他承认自己就是"十万人中一人也"④。从上述士大夫结交僧人、读经参道等诸多记载中,可知士大夫对隋唐佛教的繁荣发展,做出了历史贡献。

---

① 彭定求等:《全唐诗》卷六五七《罗隐·和禅月大师见赠》,第4096页。
② 赵璘:《因话录》卷四,《四库全书》第1035册,第487页。
③ 《李贺全集》卷三《春归昌谷》,第253页。
④ 董诰等编:《全唐文》卷六七六《华严经社石记》,第6908页。

第三章 唐代的佛典翻译

唐代的佛典翻译大多由朝廷主持,采用官办译场的形式进行。佛典翻译事业的空前发达,是唐代佛教繁荣的标志,也推动佛教一步步地走向辉煌。

从唐太宗贞观三年(629)朝廷组织译场开始,直至唐宪宗元和六年朝廷罢译事为止,李唐一代译出的佛典总数达 372 部,2159 卷。[①] 唐代佛典翻译者,《开元释教录》卷八记载:"自高祖神尧皇帝武德元年岁次戊寅,至开元神武皇帝开元十八年庚午之岁,兼天后代凡经一百一十三载,传译缁素已有三十七人,所出经律论及传录等,总三百一部二千一百七十卷。"[②] 此中智昇列出的 37 人中,真正从事翻译的是沙门波罗颇迦罗蜜多罗、沙门释玄奘、沙门释智通、沙门伽梵达摩、沙门阿地瞿多、沙门那提、沙门若那跋陀罗、沙门地婆诃罗、清信士杜行顗、沙门佛陀多罗、沙门佛陀波利、沙门提云般若、沙门释慧智、沙门实叉难陀、婆罗门李无谄、沙门弥陀山、沙门阿你真那(宝思惟)、沙门释义净、沙门菩提流志、沙门释

[①] 参见《中国佛教》的"唐代佛教"辞条,其依据是唐代经录而未记载完全,比如元和之后仍有译籍问世。但唐代到底译出多少部卷佛典,仍有待研究统计。
[②] 智昇:《开元释教录》卷八,《大正藏》第 55 卷,第 552 页下。

智严、沙门跋日罗菩提(金刚智)、沙门释怀迪、沙门输波迦罗(善无畏)等23位。其他的14位沙门释法琳、沙门释道宣、沙门释玄应、沙门释靖迈、沙门释玄恽、沙门释彦悰、沙门释复礼、沙门释慧立、沙门释怀素、沙门释明佺、沙门释玄嶷、沙门释爱同、沙门释慧苑、沙门释智昇并非译家,智昇列入其名下的并非独立的翻译著作。开元之后的佛典翻译,根据唐圆照《贞元新定释教目录》以及其他史籍记载,共有不空、阿质达霰、法月、般若、勿提提犀鱼三藏、尸罗达磨三藏、满月三藏、菩提仙三藏、智慧轮三藏9位主译者。上述共计32位主译者,其中,最为重要的是玄奘、菩提流志、实叉难陀、义净、善无畏、金刚智、不空、般若等人,其中以玄奘、义净、不空贡献最大。

第一节 初唐的佛典翻译

在唐高祖立国(618)至先天元年(712)七月止的90余年中,佛典翻译呈现出前所未有的繁荣局面,特别是玄奘、义净的翻译,成就巨大,影响深远。这一时期,慈恩宗、律宗、华严宗、禅宗、净土宗等正式形成,并且逐渐走向繁荣。可以说,佛典的大量译出,一方面是这一时期佛教繁荣的表征,另一方面也是初唐、盛唐时期佛教愈来愈发达的推动力之一。

一、唐代佛典翻译的肇始

唐代译场开始于贞观三年(629)三月,主译者是中天竺僧波罗颇迦罗蜜多罗。

关于波罗颇伽罗蜜多罗(565—633),道宣《续高僧传》卷三为其立传。根据《续高僧传·波罗颇伽罗蜜多罗传》记载,"波罗颇迦罗蜜多罗"的意思是"明知识",他还有一名为"波颇",意思是"光智"。波罗颇迦罗蜜多罗为中天竺人,"本刹利王种,姓刹利帝。十岁出家,随师习学,诵一洛叉大乘经可十万偈。受具已后,便学律藏,博通戒网,心乐禅思。又随胜德修习定业,因修《不舍经》十二年。末复南游摩伽陀国那烂陀寺,值戒贤论师盛弘《十七地论》,因复听采,以此论中兼明小教,又诵一洛叉偈小乘诸论"①。从这一叙述可知,波罗颇迦罗蜜多罗曾经跟从戒贤研习《瑜伽师地论》,并且精通小乘佛教经典。

《续高僧传·波罗颇伽罗蜜多罗传》又记载说:

> 波颇识度通敏,器宇冲邃,博通内外,研精大小,传灯教授,同侣所推,承化门人。般若因陀罗跋摩等,学功树绩,深达义纲,今见领徒本国匡化,为彼王臣之所钦重,但以出家释子不滞一方,六月一移,任缘靡定。承北狄贪勇,未识义方,法藉人弘,敢欲传化,乃与道俗十人展转北行,达西面可汗叶护衙所,以法训勖,曾未浃旬,特为戎主,深所信伏,日给二十人料,旦夕祇奉,同侣道俗,咸被珍遇,生福增敬,日倍于前。②

这一记述显示,波罗颇迦罗蜜多罗离开中天竺,与道俗十人北上至西突厥叶护可汗统治区域,其王庭位于石国北千泉(今中亚塔什干北库马雷克至灭尔基一带)。波罗颇迦罗蜜多罗一行得到了统叶护可汗的优待。

关于波罗颇伽罗蜜多罗到达长安的时间,现存资料记载略有差异。道宣在《续高僧传·波罗颇伽罗蜜多罗传》记载:

> 武德九年,高平王出使入蕃,因与相见。承此风化,将事东归,而叶护君臣留恋,不许。王即奏闻,下敕征入。乃与高平同来谒帝,以其年十二月达京,敕住兴善。③

这一材料仅仅出现了一个武德九年(626),而将这一年代与"其年十二月达京"相联系,则易于得出波罗颇伽罗蜜多罗于武德九年十二月到达长安的结论。然而,现存的由波罗颇伽罗蜜多罗译场助译僧释慧赜撰写的

---

① 道宣:《续高僧传》卷三,《大正藏》第50卷,第439页下—440页上。
②③ 同上书,第440页上。

《般若灯论释序》却有不同的记载，文中说：

> 中天竺国三藏法师波罗颇蜜多罗，唐言明友，学兼半满，博综群诠，丧我怡神，搜玄养性，游方在念，利物为怀，故能附忕传身，举烟召伴，冒冰霜而越葱岭，犯风热而渡沙河，时积五年，途经四万，以大唐贞观元年岁次娵訾十一月二十日，顶戴梵文，至止京辇。昔秦征童寿，苦用戎兵；汉请摩腾，远劳蕃使，讵可方兹感应，道契冥符，家国休祥，德人爱降。有司奏见，殊悦帝心，其年有敕安置大兴善寺。①

上述叙述，浓缩简要，表面看似乎不一致，但参照其他史实则可知其所包含的史实。

隋朝时期，西域诸国主要在西突厥的控制之下，但他们与内地仍有较为密切的联系。公元605年隋炀帝即位后，即派侍御史韦节、司隶从事杜行满出使西域，同时又派裴矩到张掖与往来的西域商人联络，劝喻西域诸国来朝，此后，西域诸国相继至隋朝贸易者达30余国。唐朝建立后，射匮死，其弟被立为统叶护可汗。他东征西讨，统治了西域，将牙帐迁往碎叶河北的千泉（今吉尔吉斯斯坦境）。统叶护可汗与唐朝关系较为密切。武德三年(620)秋七月，统叶护可汗遣使贡条支巨卵。"时北突厥作患，高祖厚加抚结，与之并力以图北蕃，统叶护许。以五年冬，大军将发，颉利可汗闻之，大惧，复与统叶护通和，无相征伐。统叶护寻遣使来请婚。高祖谓侍臣曰：'西突厥去我悬远，急疾不相得力，今请婚，其计安在？'封德彝对曰：'当今之务，莫若远交而近攻，正可权许其婚，以威北狄。待之数年后，中国盛全，徐思其宜。'高祖遂许之婚，令高平王道立至其国，统叶护大悦。遇颉利可汗频岁入寇，西蕃路梗，由是未果为婚。"②武德八年(625)四月，西突厥统叶护可汗派遣使节入唐求婚，高祖与裴矩商讨此事。封德彝等大臣主张结好西突厥，"远交而近攻"，高祖于是答

---

① 《大正藏》第30卷，第51页上。
② 刘昫等：《旧唐书》卷一九四，第5181—5182页。

应统叶护可汗请婚要求。唐高祖遂派高平王李道立出使西突厥。关于高平王从西突厥回归长安的日期,《旧唐书·突厥传》记载,统叶护可汗于贞观元年(627),"遣真珠统俟斤与高平王道立来献万钉宝钿金带,马五千匹"①。统叶护派遣使者与高平王一起到长安之时,高祖已经让位于太宗。真珠统俟斤向唐太宗献万钉宝钿金带和马五千匹,以迎娶公主。但因东突厥颉利可汗连年入寇唐朝边境,唐与西突厥往来的道路梗阻,颉利又威胁统叶护不让与唐和亲,这桩婚姻未能结成。

参照上述史料可以将波罗颇迦罗蜜多罗的行历概括如下:武德五年(622),波罗颇迦罗蜜多罗离开中天竺,与道俗十人北上至西突厥叶护可汗统治区域,在护叶可汗王庭停留近五年,大约在武德九年(626),波罗颇迦罗蜜多罗与高平王相见。受高平王邀请,于贞观元年(627)十一月二十日到达长安。② 朝廷下敕令其住于兴善寺,"释门英达,莫不修造。自古教传词旨有所未逾者,皆委其宗绪,括其同异,内计外执,指掌释然,征问相雠,披解无滞。乃上简闻,蒙引内见,躬传法理,无爽对扬,赐彩四十段,并宫禁新纳一领,所将五僧,加料供给,重频慰问,劳接殊伦"③。从文中可知,与波罗颇迦罗蜜多罗一同到达长安的还有五位僧人。这五位僧人与波罗颇迦罗蜜多罗一起获得太宗礼遇,并且被安排在大兴善寺。

关于波罗颇迦罗蜜多罗译场的起始时间,文献记载也有一些差异。《续高僧传》卷三《释慧净传》记载:

> 贞观二年,新经既至,将事传译,下敕所司搜选名德,净当斯集。笔受《大庄严论》,词旨深妙,曲尽梵言,宗本既成,并缵文疏为三十卷,义冠古今,英声藉甚。三藏法师对仆射房玄龄、鸿胪唐俭、庶子杜正伦、于志宁,抚净背而叹曰:"此乃东方菩萨也。自非精爽天拔,

---

① 刘昫等:《旧唐书》卷二〇五《突厥传》,第5182页。
② 李百药:《大乘庄严经论序》说:"摩伽陀国三藏法师波罗颇蜜多罗,唐言明友,即中天竺刹利王之种姓也,以大唐贞观元年十二月入京。"(《大正藏》第31卷,第590页上)此可能取约数。
③ 道宣:《续高僧传》卷三,《大正藏》第50卷,第440页上。

何以致斯言之极哉?"其为异域见钦如此。①

此文说,翻译是从贞观二年(628)开始的。《续高僧传·波罗颇伽罗蜜多罗传》又记载说:

> 至三年三月,上以诸有非乐,物我皆空,眷言真要,无过释典,流通之极,岂尚翻传。下诏所司,搜扬硕德、备经三教者一十九人,于大兴善创开传译,沙门慧乘等证义,沙门玄谟等译语,沙门慧赜、慧净、慧明、法琳等缀文。又敕上柱国尚书左仆射房玄龄、散骑常侍太子詹事杜正伦参助勘定,光禄大夫太府卿萧璟总知监护,百司供送,四事丰华。②

道宣此文将开始时间记载为贞观三年三月。现存的由波罗颇伽罗蜜多罗译场助译僧释法琳撰写的《宝星陀罗尼经序》叙述说:

> 有中天竺国三藏法师波颇,唐言光智,誓传法化,不惮艰危,远涉葱河,来游真丹,以贞观元年景戌泊于京辇。既登上席,爰懋锦衣,有诏所司,搜扬硕德,兼闲三教,备举十科者,一十九人,于大兴善寺,请波颇三藏,相对翻译,沙门慧乘等证义,沙门玄謩等译语,沙门慧明、法琳等执笔承旨,殷懃详覆,审名定义,具意成文。起贞观三③年三月,讫四年四月,凡十卷十三品,用纸一百三十幅,总六万三千八百八十二言,归命一切佛菩萨。④

法琳在《辩正论》中写的是:"有诏所司搜扬硕德兼闲三教备举十科者一十九人,于大兴善寺请波颇三藏法师相对翻译,沙门慧乘等证义,沙门玄谟等译语,沙门慧明、法琳等执笔承旨,殷懃详覆,审名定义,具意成文。起贞观三年三月,讫四年四月,凡十卷十三品,用纸一百三十幅,总六万

---

① 道宣:《续高僧传》卷三《释慧净传》,《大正藏》第50卷,第443页上。
② 同上书,第440页上一中。
③《大正藏》正文作"三"而注解依据明版作"二"。
④《大正藏》第13卷,第536页下。

三千八百八十二言。"①

根据记载,波罗颇迦罗蜜多罗于贞观三年(629)三月至贞观四年四月在大兴善寺译场翻译出《宝星经》十卷。贞观四年六月,"移住胜光,乃召义学沙门慧乘、慧朗、法常、昙藏、智首、慧明、道岳、僧辩、僧珍、智解、文顺、法琳、灵佳、慧赜、慧净等传译,沙门玄谟、僧伽及三藏同学崛多律师等同作证明,对翻此论。尚书左仆射邠国公房玄龄、太子詹事杜正伦、礼部尚书赵郡王李孝恭等并是翊圣贤臣,佐时匡济,尽忠贞而事主,外形骸以求法。自圣君肇虑,竟此弘宣,利深益厚,寔资开发,监译。敕使右光禄大夫太府卿兰陵萧璟,信根笃始,慧力要终,寂虑寻真,虚心慕道,赞扬影响,劝助无辍,其诸德僧,夙兴匪懈,研核幽旨,去华存实,目击则欣其会理,函丈则究其是非,文虽定而覆详,义乃明而重审。岁次寿星十月十七日,捡勘毕了"②。根据此文所记载,《般若灯论释》的翻译时间是贞观四年四月移居胜光寺后开始,完成于贞观六年十月十七日。

关于《大乘庄严经论》的翻译,现存李百药所撰《大乘庄严经论序》叙述说:

> 以贞观四年,恭承明诏,又敕尚书左仆射邢国公房玄龄、散骑常侍行太子左庶子杜正伦铨定,义学法师慧乘、慧朗、法常、智解、昙藏、智首、道岳、惠明、僧辩、僧珍、法琳、灵佳、慧赜、慧净、玄谟、僧伽等,于胜光寺共成胜业。又敕太府卿兰陵男萧璟监掌修缉。三藏法师云:"外国凡大小乘学,悉以此论为本。若于此不通,未可弘法。"是以覃思专精,特加研究。慧净法师聪敏博识,受旨缀文。玄谟法师,善达方言,又兼义解,至心译语,一无纰谬。以七年献春此始撰定斯毕,勒成十有三卷,二十四品。敕太子右庶子安平男李百药序之云尔。③

---

① 法琳:《辩正论》卷四,《大正藏》第52卷,第512页下。
② 慧赜述:《般若灯论释序》,《大正藏》第30卷,第51页上。
③ 李百药:《大乘庄严经论序》,《大正藏》第31卷,第590页上。

此文未明确记载《大乘庄严经论》开始翻译的时间。如上文所叙述,贞观四年是三藏法师波颇开始翻译《般若灯论释》的时间,此论至贞观六年十月十七日方才最后定稿。参照这些记载可大致推断出,《大乘庄严经论》的翻译可能是在初步完成《般若灯论释》后进行的,二者在时间上有交叉。而如《大乘庄严经论序》所说,此论的完成时间是贞观七年"献春"即正月。

在叙述了波罗颇伽罗蜜多罗翻译《宝星陀罗尼经》10卷、《般若灯论释》15卷、《大乘庄严经论》13卷的过程之后,道宣又写道:

> 波颇意在传法,情望若弦,而当世盛德,自私诸己。有人云:"颇侥幸时誉,取驰于后。"故聚名达,废讲经论,斯未是弘通者时。有沙门灵佳,卓荦拔群,妙通机会,对监护使具述事理云:"颇远投东夏,情乖名利,欲使道流千载,声振上古。昔符姚两代,翻经学士乃有三千,今大唐译人不过二十,意在明德同证,信非徒说。后代昭奉无疑于今耳。"识者佥议攸同,后遂不行。①

这一段文字叙述波颇在译出三部佛典后所面临的非议。尽管译场的助译僧灵佳竭力向朝廷的监护使争取,但翻译还是停顿了下来。恰好,"时为太子染患,众治无效。下敕迎颇入内一百余日,亲问承对,不亏帝旨。疾既渐降,辞出本寺,赐绫帛等六十段,并及时服十具。"此时,太子李承乾染病,太宗召波颇进宫为太子治病。波颇在宫中为太子治病一百多日,并得以与太宗谈论佛法,颇得皇帝好感。

波颇出宫回到胜光寺,但译场也未能再开。"颇誓传法化,不惮艰危,远度葱河,来归震旦,经途所亘四万有余,躬赍梵本,望并翻尽,不言英彦,有坠纶言,本志颓然,雅怀莫诉,因而构疾。自知不救,分散衣资,造诸净业,端坐观佛,遗表施身。下敕特听,寻尔而卒于胜光寺,春秋六十有九。东宫下令给二十人,舆尸坐送至于山所。阇维既了,沙门玄谟

---

① 道宣:《续高僧传》卷三,《大正藏》第50卷,第440页中。

收拾余骸,为之起塔于胜光寺。"波罗颇伽罗蜜多罗圆寂于贞观七年(633)四月六日,俗寿六十九。

作为唐初来到中土立志弘教的高僧,波罗颇伽罗蜜多罗颇有壮志未酬的寂寥。对此,道宣评论说:"于斯时也,大集梵文,将事广传,陶津后代。而恨语由唐化,弘匠不行,致使梵宝无由分布,故十载之译,三部献功,可悲深矣!"①这也是唐王朝立国之后对待佛教的态度所决定的。从波罗颇伽罗蜜多罗译场中道而废至玄奘于贞观末年重设译场的十几年中,仅有一部佛典译出。从唐初佛典翻译史考察,唐代佛教的转机确实是从玄奘回国开始的。

二、永徽年至载初年间的佛典翻译

玄奘于贞观十九年(645)五月开始翻译佛典,开创了唐代佛教经典翻译的新纪元。在玄奘翻译正在进行之时,智通、伽梵达摩、阿地瞿多、那提等僧人翻译出9部佛教经典。玄奘圆寂之后(664)至武则天代唐立周的天授元年(690)之间,沙门若那跋陀罗、地婆诃罗、佛陀波利、杜行顗等翻译出21部佛典。

1. 沙门智通、沙门阿地瞿多、沙门伽梵达摩的佛典翻译

智通、伽梵达摩、阿地瞿多三位是太宗朝和高宗朝翻译出密教经典并且加以传播的最重要僧人。

在贞观年和永徽年翻译出四部密教经典的释智通的生平,文献记载很少。道宣《续高僧传》未曾提到他,唐代的几部经录的记载大同小异,基本出自于《续古今译经图纪》。尽管《宋高僧传》卷三有本传,但文字简短。现依据这些记载对智通的生平和翻译活动作一简单叙述。

根据《宋高僧传》卷三记载,"释智通,姓赵氏,本陕州安邑人也。"②现

---

① 道宣:《大唐内典录》卷五,《大正藏》第55卷,第281页上。
② 赞宁:《宋高僧传》卷三,《大正藏》第50卷,第719页下—720页上。

存最早的传记见于《续古今译经图纪》。此书记载说:

> 沙门释智通,律行精苦,兼明经论,于总持门特所留意。通以隋大业年中出家,住京大总持寺。有游方之志,遂于洛京翻经馆学梵书语,早通精奥。唐贞观中,有北天竺僧赍《千臂千眼经》梵本奉进,文帝敕通共梵僧对译,名《千眼千臂观世音菩萨陀罗尼神咒经》,一部二卷。后于天皇永徽四年癸丑,于总持寺又译《千转陀罗尼观世音菩萨咒经》一卷、《观自在菩萨随心咒经》一卷、《清净观世音普贤陀罗尼经》一卷。凡四部合五卷。①

依据上述记载可知,智通是中国僧人,于隋代洛阳翻经馆学习了梵文,至唐初太宗、高宗朝翻译出四部五卷佛典。

关于释智通所译《千臂千眼经》的梵文来源,现存于《千眼千臂观世音菩萨陀罗尼神咒经》经首由高宗、武周时期活跃的僧人波仑撰写的《千眼千臂观世音菩萨陀罗尼神咒经序》中说:

> 千手千眼菩萨者,即观世音之变现,伏魔怨之神迹也。自唐武德之岁,中天竺婆罗门僧瞿多提婆于细氎上图画形质及结坛手印经本至京进上。太武见而不珍,其僧悒而旋辔。至贞观年中,复有北天竺僧赍《千臂千眼陀罗尼》梵本奉进。②

依据此文的叙述,先是于武德年间(618—626),中天竺婆罗门僧瞿多提婆送来绘有千手千眼菩萨"形质及结坛手印经本",高祖看到过,不重视,此僧无奈返回。至贞观年间(627—649),又有北天竺僧人送来《千臂千眼陀罗尼》梵本。此文中未记载北天竺僧的法号,现存于智通译《千眼千臂观世音菩萨陀罗尼神咒经·菩萨神变自在印第二十四》中的夹注则提及了此梵本的来历:

---

① 智昇:《续古今译经图纪》,《大正藏》第55卷,第368页上。
② 波仑:《千眼千臂观世音菩萨陀罗尼神咒经序》,《大正藏》第20卷,第83页中。

> 昔有罽宾国僧阇提于北天竺求得此梵本,未曾翻译,自得受持,威力广大,不敢流传。智通于此僧弟婆伽边得本,依法受持,功効不少,唯不流行于世。此本绝无,后同学得者,愿同功德。①

依据此说,智通曾经从罽宾国僧阇提之弟婆伽边获得梵本,智通依法受持且颇有功劝。

关于释智通译出《千臂千眼经》的过程,现存波仑所撰《千眼千臂观世音菩萨陀罗尼神咒经序》中说:

> 文武圣帝敕令大总持寺法师智通共梵僧翻出《咒经》并手印等。智通法师三覆既了,即祈心恳切,伫流征应,于是感庆惠尊者之俯降形仪,通悲喜惊嗟,投身顶谒,蒙存慰喻,问"欲何求?"通曰:"搥昧庸心,辄此详译,不审情诣稍符圣旨以否?"默而印许,窃表深衷,便录本进上。②

唐太宗令大总持寺法师智通与梵僧一起翻译出《千眼千臂观世音菩萨陀罗尼神咒经》并"手印"。智通翻译校订完成,奉送入宫,"帝委问由绪,通具以事述,感惬帝心。于是赍藁本出内将示,弘福大德玄暮法师一见此文,嗟称不已。有人云:'敕未流行,何因忽兹漏泄?'其本遂寝,不复弘扬。"③依据此说,经文虽然译出,但未获得朝廷批准,因此未能流通。说其未流通,只是指未曾公开传播。现存《千眼千臂观世音菩萨陀罗尼神咒经》卷上中有两条夹注:"此语智通亲自供养,蒙作此问,以此录之。"④"通翻此法与玄暮一本,玄暮受学。"⑤可见,作为密法,智通将其传授给了玄暮。

---

① 智通:《千眼千臂观世音菩萨陀罗尼神咒经》卷下,《大正藏》第20卷,第89页中。《大正藏》所收高丽本和明本的两个译本,三处夹注都相同。
②③《大正藏》第20卷,第83页中。
④《大正藏》第20卷,第86页下。此注前的经文是:"尔时,观世音菩萨当化现作阿难身相貌来问:'行者,所须何法?求何愿耶?'"
⑤《大正藏》第20卷,第86页中。此注在"千眼千臂观世音菩萨置十肘曼拏罗坛法"之下。

此后,"又有西来梵僧,持一经夹以示智通。通还翻出,诸余不殊旧本,唯阙身咒一科"。从这些记述可知,智通先后翻译出两个译本,后一个译本缺少"身咒"一科,而"身咒"则是后来他人补充进去的。关于第一品中"身咒"的补充经过,波仑所撰《千眼千臂观世音菩萨陀罗尼神咒经序》中说:

> 有常州正勤寺主慧琳法师,功德为务,定慧是崇,深入总持,周穷艺术,历游京邑,栖迟实际伽蓝,思广异闻,希诚脱简。爰有北天竺婆罗门僧名苏伽施,常持此法结坛手印,朝夕虔祈。琳罄折咨询,每致叹阻,后同之洛下,渐示津途。即请一清信士李太一,其人博学梵书,玄儒亦究,纡令笔削,润色成章,备书梵音,身咒具至。神功年中,有一仁者自京都至,将通师所翻后本,有上、下两卷惟阙身咒,琳参入其中,事若一家,婉而备足。①

依据此文叙述,智通译本中的"身咒"是由慧琳从北天竺婆罗门僧名苏伽施获得而由清信士李太一翻译的。尔后,武周神功年(697)中,有人将智通第二个译本从长安带到洛阳,慧琳将此"神咒"掺译入其中。

现存的《千眼千臂观世音菩萨陀罗尼神咒经》卷下《菩萨成就印第十八》文后有一夹注:

> 此印法拔咤那罗延长年师才翻便即归国,并将所翻之本。智通毕竟寻逐不得,遇于一僧边得梵本译出,在外无本。②

推究此文,其意思似乎是:智通翻译出此经不久,"法拔咤那罗延长年师"就归国了,且带走了此经翻译时依据的梵文本("所翻之本"),智通后来在另外的僧人处获得"梵本"译出。从这一叙述推知,"法拔咤那罗延长年师"就是为智通第二次翻译此经提供梵文本的"西来梵僧"。

---

① 《大正藏》第20卷,第83页中—下。
② 《大正藏》第20卷,第95页中。此为明本文字。

现存《千眼千臂观世音菩萨陀罗尼神咒经》卷下《菩萨解脱印第二十二》中有一夹注说：

> 此印智通本上先无。智通于源州①逢一婆罗门僧有此梵本，遇会勘之，更有此印，自得受持，大有功效，不可思议。②

可见，此部分也有智通后来增补的。

从上举文献可知，智通两次翻译《千眼千臂观世音菩萨陀罗尼神咒经》，而第一个译本又经过了较长时期的增补。可惜，对于智通初译《千眼千臂观世音菩萨陀罗尼神咒经》的时间，波仑撰写的《千眼千臂观世音菩萨陀罗尼神咒经序》以及智昇《续古今译经图纪》之笼统地记成贞观（627—649）年中。不过，唐静泰撰写《众经目录》卷一文后有一注，注文中说：

> 此二卷入藏目，贞观九年四月，奉敕苑内写一切经。大总持寺僧智通，共使人秘书郎褚遂良等，附新译经校定申奏，奉敕施行。……贞观十一年四月，皇太子于延兴寺造一切经。有人将六十卷《大集》本来，诸德莫之能定，遂抄入藏，仍五本重抄，目复不改。智通睹此参差，处处寻勘，乃见八卷。③

此文说，大总持寺僧智通与秘书郎褚遂良等，于贞观九年（635）四月附新译经典申奏，至贞观十一年四月还再参校六十卷《大集经》。《众经目录》卷一中收载了波罗颇伽罗蜜多罗译出的三部佛典，而未收智通的译籍。从这个角度推测，智通初译《千眼千臂观世音菩萨陀罗尼神咒经》应该是在贞观九年之后。

根据唐代经录记载，智通于唐高宗朝又翻译出三部密教经典。《开元释教录》卷八中说：

---

① 此为高丽本，明本作"凉州"。
② 《大正藏》第20卷，第89页中。
③ 《大正藏》第55卷，第188页下—189页上。

《千啭陀罗尼观世音菩萨咒经》一卷,或无"经"字。永徽四年于总持寺译。

《观自在菩萨随心咒经》一卷,亦云《多唎心经》,永徽四年于总持寺译。

《清净观世音普贤陀罗尼经》一卷,永徽四年于总持寺译。①

上述记载将三部经译成的时间都标注为永徽四年(653),似乎可以推知这三部经典是在同一年完成的。但参照下文的零碎材料,这一时间很大可能是翻译完成上奏朝廷的时间。

关于《清净观世音普贤陀罗尼经》,《大周刊定众经目录》卷一记载:"《清净观世音普贤陀罗尼经》一卷,五纸。右大唐永徽四年五月十一日西京总持寺大德僧智通译,天册万岁元年十月二十四日奉敕编行。"②此文中记载了译出(也许是上奏朝廷的日子)此经的月日。

关于《观自在菩萨随心咒经》,现存经文中有一加注:"此一印通于师三藏玄奘法师边亲受,三藏知此印阙,故授与智通师。中天竺国长年跋咤那罗延与罽宾国沙门喝啰那僧伽,同三曼茶罗会受持此法。后因敕召入京,遂有大总持寺僧智通闻解翻译,与数十大德求及此印法,遂流传翻译。通依作坛,经七七日,如法受持,愿皆满足。威力既异于常,亦不敢流传于世,亦有数百诵咒师僧,于通边求及此法,毕竟不行。纵得者,印法不过三。通作此法,观世音菩萨亲自现身,自外不能具述。谨依梵本翻出,总有四十七件。后同行者,请依法遵崇,咒文虽少,功德弥多,广说穷劫不尽。"③

关于《千转(啭)陀罗尼观世音菩萨咒》,现存经本中有一小注:"上件咒及功能,并是通师总持寺翻梵本出,其印法者崛多师译出。"④经文中还

---

① 智昇:《开元释教录》卷八,《大正藏》第55卷,第562页中。
② 明佺等编撰:《大周刊定众经目录》卷一,《大正藏》第55卷,第379页上。
③《大正藏》第20卷,第463页上。
④《大正藏》第20卷,第18页上—中。

有一小注:"此印是阿地多崛多师译出。"①依据这两条注可知,《千转(啭)陀罗尼观世音菩萨咒》中的"印法"是由"崛多"(阿地多崛多)译出的。经查考,现存其他史料中,高宗、武周时期并未有"崛多"活动的记载。因此,吕建福先生直接认定,此注文中所说的"崛多"应该是"阿地瞿多"之误。② 这一判断是正确的。因为现存署名阿地瞿多译《佛说陀罗尼集经》卷五《又千转印咒第二》中的相关文字与《千转(啭)陀罗尼观世音菩萨咒》中的一致。③

关于阿地瞿多,目前所知不多。宋赞宁《宋高僧传》卷二《唐西京慧日寺无极高传》的文字全部抄自唐智昇《续古今译经图纪》,可见,赞宁没有收集到新材料。唐智昇《续古今译经图纪》卷一叙述说:

> 沙门阿地瞿多,唐言无极高,中印度人。学穷满字,行洁圆珠,精练五明,妙通三藏。以天皇永徽三年壬子正月,广将梵本,来届长安,敕令慈恩寺④安置。沙门大乘琮等一十六人,英公、鄂公等一十二人,请高于慧日寺浮图院,建陀罗尼普集会坛,缘坛所须,并皆供办。法成之日,屡降灵异,京中道俗咸叹希逢,沙门玄楷等遂固请翻其法本。后以四年癸丑至五年甲寅,于慧日寺,从《金刚大道场经》中撮要钞译,集成一部,名《陀罗尼集经》一十二卷,沙门玄楷等笔受。于时有中印度大菩提寺僧阿难律木叉师迦叶师等,于经行寺译

---

① 《大正藏》第 20 卷,第 17 页下。
② 参见吕建福《中国密教史》,第 164 页,北京,中国社会科学出版社,1995。
③ 《陀罗尼集经》卷五文字是:"手印与前一切观世音心印同唯足不同。头指以下四指反叉,向内相捺,左大指屈入头指中,右大指舒直,向内勿曲,两腕相合,两脚作丁字形,右脚丁头左脚丁尾,乃右脚直立,左膝曲在外,努胯身屈向左边,以心印当右乳前,勿著乳,面作笑颜,头面向右。每月十五日香汤洒浴,入于净室,而作此印诵后大咒,四重五逆悉皆消灭。"(《大正藏》第 18 卷,第 825 页—826 页上)《千转(啭)陀罗尼观世音菩萨咒》译文是:"千转印与观世音心印同(唯足不同)。头指以去四指反叉,向内相捺,左大指屈入头指中,右大指舒直,向内勿曲,两腕相合,两脚作丁字形,乃右脚直立左膝曲在外,弩跨身屈向左边,以心印当右乳前,勿著乳,面作笑颜,头向右。(手印与观世音心印同唯身脚法用别)每月十五日洗浴于净室,手作心印诵咒,灭四重五逆。(此印是阿地多崛多师译出)"(《大正藏》第 20 卷,第 17 页下)
④ 《佛说陀罗尼集经翻译序》写作于"慈门寺"。

《功德天法》,编在集经第十卷内故,不别存也。①

此中所叙述要点是:沙门阿地瞿多是中印度僧人,于高宗永徽三年(652)正月来到长安。不久,受长安高僧和朝廷大臣的邀请,在慧日寺建立密教法坛,影响颇大。后受沙门玄楷等请求,从《金刚大道场经》中撮要抄译成《陀罗尼集经》一部十二卷。当时,来自中印度大菩提寺的僧人阿难律木叉师迦叶师等于经行寺译出《功德天法》。于是,将《功德天法》编在《陀罗尼集经》第十卷内。

关于阿地瞿多和《陀罗尼集经》的翻译过程,现存于《陀罗尼集经》经首的《佛说陀罗尼集经翻译序》一文也有叙述:

> 有高德沙门厥号阿地瞿多,唐言无极高也,是中天竺人也。法师聪慧超群,德迈过人,弱冠慕道。历五竺而寻友,低心跃步而谘法要,故能精练五明,妙通诸部。欲运西域之法水,润东夏之渴仰,判身许于险难,务存弘道之心,跋山岩而不疲,涉沙流而无倦,顶戴尊经,向斯汉地。永徽二年正月,届于长安奉,敕住慈门寺。但法师含珠未吐,人莫别于怀珍,雅辩既宣,方知有宝(云云)。故能决众疑,言皆当理。然则经律论业传者非一,唯此法门未兴斯土,所以丁宁三请,方许坛法。三月上旬赴慧日寺浮图院内,法师自作普集会坛,大乘琮等一十六人,爰及英公、鄂公等一十二人,助成坛供。同愿皇基永固,常临万国,庶类同沾,皆成大益。其中灵瑞,恐繁不述(别在传记)。余庆逢此法,不胜忻跃,躬诣翻经。所惜翻广本,屡值事闹,不及陈请,恐幻质迁谢,失于大利,便请法师于慧日寺,宣译梵本且翻要抄一十二卷,竖兴国之洪基,存隆民之秘宝欤。从四年三月十四日起首,至永徽五年岁次甲寅四月十五日毕。以后频频敕追法师入内,邂逅之间,无暇复校。此经出《金刚大道场经·大明咒藏分》

---

① 智昇:《续古今译经图纪》,《大正藏》第55卷,第379页中。

>之少分也。今此略抄，拟勘详定，奏请流通，天下普闻焉。①

从此文的叙述语气推知，作者可能是当时的笔受玄楷法师。与上引《续古今译经图纪》的叙述对照，此文记载了建立坛场的时间，即永徽二年(651)三月上旬，翻译《陀罗尼集经》的时间是永徽四年三月十四日至永徽五年四月十五日。智昇《续古今译经图纪》和《开元释教录》卷八的记载都出自于此。

除上述材料之外，现存日本求法僧的相关记录显示，阿地瞿多的部分译籍也传入日本。

《慈觉大师在唐送进录》记载："《梵汉两字阿密利多军荼利大神力陀罗尼》一卷，阿地瞿多三藏与日昭三藏同译。"②《入唐新求圣教目录》记载："《大菩提心随求陀罗尼一切佛心真言法》一卷，阿地瞿多译。"③《诸阿阇梨真言密教部类总录》记载："《大菩提心随求陀罗尼一切佛心真言法》一卷，阿地瞿多译。"④《日本国承和五年入唐求法目录》记载："《罗金神力陀罗尼》一卷，阿地多、日照三藏翻本。"⑤《入唐新求圣教目录》记载："《诃布陀罗金刚大神力陀罗尼》一卷，阿地多三藏、日照三藏翻译。"⑥这些单行本，很大可能是从大部中抄出的。

高宗朝还有一位翻译出密教经典的印度高僧伽梵达摩。

关于伽梵达摩，史料记载有限，智昇已经不知其详。在其所编撰的《续古今译经图纪》中作了如下记载：

>沙门伽梵达摩，唐云尊法，西印度人也，译《千手千眼观世音菩萨广大圆满无碍大悲心陀罗尼经》一卷。然经题云"西天竺伽梵达

---

① 《大正藏》第18卷，第785页上—中。
② 《大正藏》第55卷，第1077页上。
③ 同上书，第1081页中。
④ 同上书，第1125页上。
⑤ 同上书，第1074页上。
⑥ 同上书，第1085页中。

摩译",不标年代。推其本末,似是皇朝新译。准《千臂经序》亦云智通共译。①

伽梵达摩翻译的这部经留存至今,但未有唐人撰写的经序,因此智昇所说的"《千臂经序》亦云智通共译",不知其所指。而《千臂经序》至少从字面讲应该是指《千眼千臂观世音菩萨陀罗尼神咒经序》,但现存的波仑此文也未提及伽梵达摩与智通翻译《千手千眼观世音菩萨广大圆满无碍大悲心陀罗尼经》之事。

智昇在《开元释教录》卷八中又记载说:

> 沙门伽梵达摩,唐云尊法,西印度人也。译《千手千眼大悲心经》一卷,然经题云"西天竺伽梵达摩译",不标年代。推其本末,似是皇朝新译。但以传法之士随缘利见,出经流布,更适余方。既不记年号,故莫知近远。昇亲问梵僧,云有梵本。既非谬妄,故载斯录。准《千臂经序》亦云智通共出。②

此文与前述记载相比,有几个细节。一是暗示此经的翻译是"随缘利见,出经流布,更适余方",也就是不是由朝廷批准的正式译场所出。二是智昇亲自询问来自印度的僧人,知道此经有梵本存在,因此不伪。

赞宁《宋高僧传》卷二《唐尊法传》记载:"释尊法,西印度人也,梵云伽梵达磨,华云尊法。远逾沙碛,来抵中华。有传译之心,坚化导之愿。天皇永徽之岁,翻出《千手千眼观世音菩萨广大圆满无碍大悲心陀罗尼经》一卷,经题但云西天竺伽梵达磨译,不标年代。推其本末,疑是永徽、显庆中也。又准《千臂经序》云,智通同此三藏译也。法后不知其终。"③此文与智昇的记述相比,字句基本相同。唯一的补充是此经的翻译时间,先说"天皇永徽之岁,翻出《千手千眼观世音菩萨广大圆满无碍大悲

---

① 智昇:《续古今译经图纪》,《大正藏》第 55 卷,第 368 页上。
② 智昇:《开元释教录》卷八,《大正藏》第 55 卷,第 562 页中—下。
③ 赞宁:《宋高僧传》卷二,《大正藏》第 50 卷,第 718 页中—下。

心陀罗尼经》一卷",后又说"疑是永徽、显庆中也",时间跨度极大,显然是从智昇的记载中推断出来的,赞宁并未发现新史料。

日本《大正藏》中又收载有《千手千眼观世音菩萨治病合药经》卷一。注解说,原本为享保年间(1716—1735)刊丰山大学藏本,校本为天承元年(1131)写高山寺藏本。吕建福先生推断说:"按其内容,并非伽梵达摩另译本,而是其译本最后一部分中的诵咒成就法部分,系从该本中另外抄出流传。"①笔者经过对勘,此说正确。

2. 那提三藏的佛典翻译

高宗朝来长安的那提三藏,翻译出三部佛典。

有关那提的生平事迹,最早的文献是道宣《续高僧传》卷四的《那提传》。根据道宣所记载,那提三藏的名字"依梵言则云'布如乌代邪',唐曰'福生',以言烦多故,此但讹略而云'那提'也。"那提是中印度人,少出家,"名师开悟,志气雄远,弘道为怀。历游诸国,务在开物,而善达声明,通诸诂训。大夏召为文士,拟此土兰台著作者。性泛爱好奇,尚闻有涉悟,不惮远夷。曾往执师子国,又东南上楞伽山,南海诸国随缘达化。善解书语,至即敷演。度人立寺,所在扬扇"②。从这一记载可知,那提三藏曾经在大夏、师子国,后来至南海诸地弘扬佛教,成效显著。

关于那提来到中土的经过,道宣叙述说:

> 承脂那东国盛转大乘佛法,崇盛赡洲称最,乃搜集大小乘经律论五百余夹,合一千五百余部,以永徽六年创达京师。有敕令于慈恩安置,所司供给。时玄奘法师当途翻译,声华腾蔚,无有克彰,掩抑萧条,般若是难,既不蒙引,返充给使。③

那提来中土是有所准备的,带来梵本大小乘经律论500余夹,合1500余部,不仅数量多,而且部类齐全。此前,玄奘带回国的经论共657部,那

---

① 吕建福:《中国密教史》,第166页,北京,中国社会科学出版社,1995。
②③ 道宣:《续高僧传》卷四,《大正藏》第50卷,第458页下。

提所带来的是玄奘的2.28倍。那提于永徽六年(655)到达长安,唐高宗下诏将其安置在慈恩寺,当时玄奘正在此寺译经。那提来中土的目的就是翻译传播佛典,而朝廷让其入住慈恩寺的动因,恐怕也是想让其与玄奘合作。道宣所说"掩抑萧条,般若是难,既不蒙引,返充给使"数句的含义表明,那提独立设立译场的想法,未得到朝廷支持,朝廷反而要求那提至慈恩寺参加玄奘译场("返充给使"应该就是此意)。对于这样一个安排,近现代学者要么得出玄奘一派压制那提不让其发挥作用的结论,要么直接否认此传的真实性。① 总观这些质疑,无非是从对玄奘的崇拜出发而产生的"圣化"玄奘的思维所致。由于不便怀疑道宣的史学品格,只能归结为后人的"伪托"。这样结论的得出,并非是学术方法以及贯彻历史真实性原则所致,而是从"宗派性"出发的武断怀疑,绝对不能成立。其实,这一记载也未直接指责玄奘有意压制对方,只是从客观效果上讲,玄奘的光辉确实掩蔽了一些于此时来华的外国僧人的光辉,更重要的是,唐初的三位皇帝并不重视佛典翻译,若不是玄奘的威望和影响,唐初期的佛典翻译确实举步维艰。太宗答应了玄奘设立译场的请求,但太宗、高宗可能都将其当做个案处理,没有大力推动的意思。这可以从下面事实看出端倪:太宗朝至高宗朝的译经活动主要是玄奘的译场承担,其他人尽管也有翻译的,但都只寥寥数部而已。

正如上文叙述所显示的,波罗颇迦罗蜜多罗于贞观三年(629)至贞观七年翻译出《宝星陀罗尼经》10卷、《般若灯论释》15卷、《大乘庄严经论》13卷等三部经典,此后,智通翻译出4部5卷、伽梵达摩翻译出1部1卷、阿地瞿多翻译出1部12卷佛典。这就是由唐代立国(618)至玄奘圆寂(664)长达46年间,除玄奘、那提之外,佛教经典翻译所取得的成绩。有当代学者以阿地瞿多得以设译场译经来反衬《续高僧传·那提传》为

---

① 也有学者质疑此资料的真实性,认为并非道宣所作。参见熊十力《唐世佛学旧派反对玄奘之暗潮》、张建木《读〈续高僧传·那提传〉质疑》,并参见杨廷福《玄奘年谱》第262页。

"伪作"："如永徽三年阿地瞿多来长安，也是奉敕安置于慈恩寺，然而他在翻译《陀罗尼集经》时就得到当时权贵英国公、鄂国公的支持（参看《开元释教录》卷八）。那提若是如传中所述那样有学问，何以当时显贵竟没有任何人作他的护法！"①对于这一疑问，只要仔细揣摩有关阿地瞿多译经过程的记载即可明白其中的奥妙。根据唐智昇《续古今译经图纪》卷一叙述，沙门阿地瞿多于天皇永徽三年正月，"广将梵本，来届长安，敕令慈恩寺②安置"③。其后，"沙门大乘琮等一十六人，英公、鄂公等一十二人，请高于慧日寺浮图院，建陀罗尼普集会坛，缘坛所须，并皆供办。"阿地瞿多是密教僧人，"法成之日，屡降灵异，京中道俗咸叹希逢，沙门玄楷等遂固请翻其法本。后以四年癸丑至五年甲寅，于慧日寺，从《金刚大道场经》中撮要钞译，集成一部，名《陀罗尼集经》一十二卷，沙门玄楷等笔受"④。从结果上说，阿地瞿多受朝廷批准，在慧日寺设立译场从事佛典翻译，但却仅仅翻译出《陀罗尼集经》一部十二卷就未能继续进行了。正如文中所显示的，阿地瞿多获得了沙门大乘琮等16人以及英公李绩（594—669）、鄂公尉迟敬德（585—658）等12位权贵的支持，也不过如此，那提当然在短时间内难以有所作为了。结果是，那提于永徽六年（655）到达长安，显庆元年（656）就被敕往外国为皇帝求取"异药"。

道宣《续高僧传·那提传》叙述说："显庆元年，敕往昆仑诸国，采取异药。既至南海，诸王归敬，为别立寺，度人授法，弘化之广，又倍于前。"⑤那提在南海（今广东一带）数年，弘扬佛教，建立佛寺，度人传法，影响甚大。然而，那提"以昔被敕往，理须返命。慈恩梵本，拟重寻研。龙朔三年，还返旧寺。所赍诸经，并为奘将北出，意欲翻度，莫有依凭。⑥ 那

---

① 张建木：《读〈续高僧传·那提传〉质疑》，《现代佛教学术丛刊》第6册，第202页，台北：大乘文化出版社，1977。
② 《佛说陀罗尼集经翻译序》写作于"慈门寺"。
③④ 智昇：《续古今译经图纪》，《大正藏》第55卷，第379页中。
⑤ 道宣：《续高僧传》卷四，《大正藏》第50卷，第458页下—459页上。
⑥ 同上书，第459页上。

提一直操心放于慈恩寺的梵本,于是于龙朔三年(663),还返长安慈恩寺。但是他发现自己所带来的诸经大多被玄奘带走,大概是转移到玉华寺了。

那提至慈恩寺只翻译出了三部小经,从内容看,应该属于密咒之类。《续古今译经图纪》卷一记载:那提"唯译《师子庄严王菩萨请问经》一卷,一名《八曼荼罗经》。《离垢慧菩萨所问礼佛法经》一卷,《阿咤那智咒经》一卷。凡三部三卷,要约精最,可常行学。禅林寺沙门慧泽译语,丰德寺沙门道宣缀文并制序。"① 道宣所撰写的两部经序现存。

道宣在《离垢慧菩萨所问礼佛法经序》中说:

泊龙朔三年,有天竺三藏,厥号那提,统括六异之宗,穷微四围之典,九部八藏词,无昧于自他,十谛一乘义,有归于空色,并详略名理,妙达宏致,来仪帝里,频谒天庭,降厚礼于慈恩,将归飞于海表。以此经群圣之发轸,凡众之初心,乃出流布,传于道俗,遂依缮写,所在通之。恐未悉其来由,故因叙其缘致云尔。②

《师子庄严王菩萨请问经序》说:"逮龙朔三年冬十月,有天竺三藏,厥号那提,挟道间萌,来游天府,皇上重法,降礼真人,厚供骈罗,祈诚甘露。南海诸蕃,远陈贡职,备述神药,唯提能致,具表上闻,霈然下遣。将事道途,出斯奥典。文旨既显,冀由来之所传,道场不昧,起机缘之净业,辄以所闻序之云尔。"③ 道宣《续高僧传·那提传》也记述说:那提"唯译《八曼荼罗》、《礼佛法》、《阿咤那智》等三经。要约精最,可常行学。其年,南海、真腊国为那提素所化者,奉敬无已,思见其人,合国宗师假涂远请,乃云:'国有好药,唯提识之。请自采取。'下敕听往,返亦未由"④。这样,那提于龙朔三年十月离开长安南下至南海。

---

① 智昇:《续古今译经图纪》卷一,《大正藏》第55卷,第368页中。
② 《大正藏》第14卷,第698页中—下。
③ 同上书,第697页上—中。
④ 道宣:《续高僧传》卷四,《大正藏》第50卷,第458页下—459页上。

对于那提在中土的经历,道宣有一评论:

> 余自博访大夏行人云:"那提三藏乃龙树之门人也。所解无相,与奘颇返。"西梵僧云:"大师隐后,斯人第一,深解实相,善达方便。小乘五部毗尼、外道四韦陀论,莫不洞达源底,通明言义,词出珠联,理畅霞举。"所著《大乘集义论》,可有四十余卷,将事译之,被遣遂阙。夫以抱麟之叹,代有斯踪,知人难哉,千龄罕遇。那提挟道远至,投俾北冥,既无所待,乃三被毒载充南役,崎岖数万,频历瘴气,委命斯在,呜呼,惜哉!①

关于文中所说那提属于龙树的"弟子",应理解为龙树学派的传承者而并非是中土语言中所常说的入门弟子。譬如,佛教徒都可自称为佛弟子。对于道宣文中的感喟,当代学者多解读为,道宣暗示玄奘一系因为所学所弘与那提不同而故意压制那提。这一解读其实是误解。玄奘并非单单传播瑜伽行派经典,他其实想为中国佛教提供一个全面的更可靠的佛典译本以代替旧译本。玄奘的翻译,范围广泛,几乎囊括了大小乘佛教的重要典籍。也许是出于对玄奘抱负的高度理解、配合,在玄奘设立译场之后,举凡来长安的外国僧人,都优先安排进入玄奘译场。依照朝廷的意思,也就是充当玄奘翻译的助手。但是,这些外国僧人,一则不愿,二则也无法发挥作用。因此,只能离开。但对于他们想独立设立译场的想法,朝廷不大支持。这样的情形,在贞观十九年(645)至麟德元年(664)间不止一次发生,也不限于那提。

3. 沙门若那跋陀罗和会宁律师的佛典翻译

中国僧人会宁在去印度的途中,在南海波凌国与当地僧人若那跋陀罗合作翻译出《大般涅槃经》的"后分"。

关于会宁,唐义净《大唐西域求法高僧传》卷一为其立传,传文说:

---

① 道宣:《续高僧传》卷四,《大正藏》第 50 卷,第 459 页上。

> 会宁律师，益州成都人也。禀志操行，意存弘益，少而聪慧，投迹法场，敬胜理若髻珠，弃荣华如脱屣。薄善经论，尤精律典，志存演法，结念西方。爰以麟德年中，仗锡南海，泛舶至诃陵洲。停住三载，遂共诃陵国多闻僧若那跋陀罗，于《阿笈摩经》内译出"如来涅槃焚身之事"。①

如上文所说，会宁于麟德元年（664）前往南海，在诃陵洲停留三年，在此期间，与当地僧人若那跋陀罗共同翻译出《阿笈摩经》内记载"如来涅槃焚身之事"的《大般涅槃经》（习称为"后分"）。

在海外翻译出此部佛典后，会宁派遣僧人运期奉送回长安。对此过程，义净叙述说：

> 会宁既译得"阿笈摩本"，遂令小僧运期奉表赍经，还至交府，驰驿京兆，奏上阙庭，冀使未闻流布东夏。运期从京还，达交阯，告诸道俗，蒙赠小绢数百疋，重诣诃陵报德智贤（若那跋达罗也），与会宁相见。于是会宁方适西国，比于所在，每察风闻。寻听五天，绝无踪绪。准斯理也，即其人已亡。伤曰："嗟矣，会宁为法孤征，才翻二轴，启望天庭，终期宝渚，权居化城。身虽没而道著，时纵远而遗名，将菩萨之先志，共后念以扬声。"春秋可三十四五矣。②

由此叙述可知，运期将经奉送至长安后又南下至交阯，受到当地僧俗的尊敬和礼遇。他后来返回诃陵洲，与会宁和若那跋陀罗相见。会宁于是前往天竺。义净说，他到天竺后寻访会宁，未能相见。义净于是推测会宁已经圆寂，且由此推断出会宁享年仅三十四五。

关于会宁和若那跋陀罗的翻译，《大周刊定众经目录》卷二著录如下：

> 《大般涅槃经荼毗分》二卷，一名《阇维分》。右唐麟德年中南天

---

①② 义净：《大唐西域求法高僧传》卷一，《大正藏》第51卷，第4页上。

竺僧若那跋陀共唐国僧会宁,于日南波陵国译。仪凤年初,交州都督梁难敌附经入京。至三年,大慈恩寺主僧灵会于东宫三司受启所陈闻,请乞施行。三司牒报,逐利益行用,长安西太原寺僧慧立作序。至天册万岁元年十月二十四日,奉敕编行。①

依照此文记载,仪凤年初(676),交州都督梁难敌"附经入京"。仪凤三年(678),大慈恩寺主僧灵会上奏朝廷,请求流通。这一叙述,与义净不同的是将送经至长安的人说成是交州都督梁难敌。这一叙述与义净所说的"遂令小僧运期奉表赍经,还至交府,驰驿京兆,奏上阙庭"的过程一致。然仔细核对可知,时间的记载有问题。依照上引义净的叙述,小僧运期奉送此经回国的时间应该距离此经翻译出的时间(664—666)不远,因为义净明确说在确认译本已经送至国内的情况下,会宁才动身去了天竺。尤其是,义净说他在天竺还曾经寻找过会宁。这就是说,此经送至京城的时间一定早于义净动身去天竺的时间。查考义净的行历则可知,唐高宗咸亨元年(670),义净在长安曾和同学处一、弘祎等相约西游;但处一未能成行,弘祎亦至江宁而中止。后来他途经丹阳,有玄逵同行。第二年(671)十一月,义净从广州搭乘波斯商船泛海南行。武周证圣元年(695),义净回到洛阳。由此可见,《大周刊定众经目录》卷二所记载的此经到达长安的时间有问题。

关于会宁与若那跋陀罗合作翻译出的这部《大般涅槃经荼毗分》二卷是否是传说中的《大般涅槃经》的"后分",从现存资料看,还有疑点。义净曾经说:

> 斯与《大乘涅槃》颇不相涉。然《大乘涅槃》,西国净观见目云:"其大数有二十五千颂,翻译可成六十余卷。"检其全部竟而不获,但得初《大众问品》一夹,有四千余颂。②

---

① 明佺等编撰:《大周刊定众经目录》卷二,《大正藏》第55卷,第385页中。
② 义净:《大唐西域求法高僧传》卷一,《大正藏》第51卷,第4页上。

稍晚一些的智昇则说:"今寻此经,与《长阿含》初分《游行经》少分相似,而不全同。经中复言法身长存,常乐我净,佛菩萨境界,非二乘所知,与《大涅槃》义理相涉。经初复题《陈如品末》,文势相接。且编于此,后诸博识者详而定之。"①此事尚待研究。

4. 地婆诃罗三藏、沙门佛陀波利、杜行顗的佛典翻译

高宗朝后期从事佛典翻译的主要是地婆诃罗、佛陀波利、杜行顗三位,地婆诃罗、佛陀波利来自于天竺,杜行顗则是中土居士。有文献记载,三人曾经合作过。

现存地婆诃罗的传记数法藏《华严经传记·地婆诃罗传》最早,也最全面,此后,包括《宋高僧传·地婆诃罗传》的有些内容都脱胎于此。但是,由于对《佛顶最胜陀罗尼经义记序》的误读,导致对地婆诃罗来华时间的不同记载。在此先叙述法藏的叙述,然后通过对于《佛顶最胜陀罗尼经》翻译过程的考辨,对地婆诃罗来华的时间作些分析。

《华严经传记》对于地婆诃罗来华之前的行历叙述如下:

> 中天竺国三藏法师地婆诃罗,唐言日照,婆罗门种,幼而出家,住摩诃菩提及那兰陀寺。三藏风仪温雅,神机朗俊,负笈从师,研精累岁,器成雕玉,学擅青蓝。承沙门玄奘传教东归,思慕玄门,留情振旦。既而占风圣代,杖锡来仪,载阐上乘,助光神化。②

这里有两个方面很重要,一是地婆诃罗在天竺住于玄奘曾经求学的那兰陀寺,而此寺是当时印度佛学的中心,以瑜伽行派学说为主。二是地婆诃罗来华是受到玄奘在天竺之影响的感召。

关于地婆诃罗来华的时间,现存的记载有混乱之处,有三类说法:

第一种说法主要来自于法藏的撰述及其传记。《华严经传记》记载:

> 爰以永隆初岁,言届京师。高宗弘显释门,克隆遗寄,乃诏缁徒

---

① 智昇:《开元释教录》卷一一,《大正藏》第55卷,第591页上。
② 法藏:《华严经传记》卷一,《大正藏》第51卷,第154页下。

> 龙象、帝邑英髦道诚律师、薄尘法师十大德等,于魏国西寺,翻译经论之次。①

而《唐大荐福寺故寺主翻经大德法藏和尚传》卷一记载:

> 至圣唐调露之际,有中天竺三藏地婆诃罗,此云日昭,赍此梵本来届,藏乃亲共雠校,显验缺如,声闻于天,寻奉纶旨,与成、尘、基师等译出补之,复礼润文,慧智度语,依六帙本为定。②

这一段文字是说明补译《华严经》之事。《华严经文义纲目》明确说翻译的时间是"今大唐永隆元年三月内,有中天竺三藏法师地婆呵罗,唐言日照,奉敕与沙门道成等十大德,于西京太原寺译出补之,沙门复礼笔受"③。史书记载,调露二年八月改元为永隆元年(680),严格的纪年应该为调露二年三月,然史书中也不乏如此纪年的例子。因此,看起来说法不一,实际上是相同的。可见,上述资料表明,地婆诃(呵)罗是永隆初年或称调露二年一月至三月之间来到长安的,同年补译了《华严经》的阙文。

第二种说法来源于智昇。智昇在《续古今译经图纪》卷一中说:地婆诃罗"以天皇仪凤初至天后垂拱末,于两京东京太原寺及西京弘福寺,译《方广大庄严经》一部二十二卷"④等等共18部经典。这似乎暗示地婆诃罗至少是于仪凤元年(676)就已经来到中土。

第三种说法也来源于智昇。在《续古今译经图纪》卷一中,智昇又说,地婆诃罗于仪凤四年(679)正月五日与清信士杜行顗等人一起翻译《佛顶尊胜陀罗尼经》一卷。⑤ 这一说法被宋代的赞宁《宋高僧传·地婆诃罗传》所沿袭,赞宁说:

---

① 法藏:《华严经传记》卷一,《大正藏》第51卷,第154页下。
② 崔致远:《唐大荐福寺故寺主翻经大德法藏和尚传》卷一,《大正藏》第50卷,第282页上。
③ 法藏:《华严经文义纲目》卷一,《大正藏》第35卷,第493页中。
④ 智昇:《续古今译经图纪》卷一,《大正藏》第55卷,第368页下。
⑤ 同上书,第368页下—369页上。

> 释地婆诃罗,华言日照,中印度人也,洞明八藏,博晓五明,戒行高奇,学业勤悴,而咒术尤工。以天皇时,来游此国。仪凤四年五月表请翻度所赍经夹,仍准玄奘例,于一大寺别院安置,并大德三、五人同译。①

从资料的来源言之,赞宁的上述文字有错误,显然将智昇所说的"仪凤四年正月五日"误写为"仪凤四年五月",但不知是传抄所致还是赞宁自己搞错了。

上述三种说法中,法藏之说源于自己的亲自参与,可信度应该是最高的。如此一来,现在的核心问题就变成了智昇说法的来源、依据是什么?他是否发现了足以否定或修正法藏之说的新资料?经过检索现存文献,笔者发现智昇的两种说法其实都来源于对《佛顶尊胜陀罗尼经》翻译的不同记载,经过仔细核对考辨,可以肯定,智昇误解了这些记载。因而,搞清楚《佛顶尊胜陀罗尼经》的翻译过程就显得至关重要。

关于《佛顶尊胜陀罗尼经》的翻译,智昇在《开元释教录》卷十二中的记载是清晰的,其文如下:

> 《佛顶尊胜陀罗尼经》一卷,大唐朝散郎杜行顗奉制译,出《大周录》,第一译。
>
> 《佛顶最胜陀罗尼经》一卷,大唐中天竺三藏地婆诃罗译,《拾遗》编入,第二译。
>
> 《佛顶尊胜陀罗尼经》一卷,大唐罽宾沙门佛陀波利译,出《大周录》,第三译。
>
> 《最胜佛顶陀罗尼净除业障经》一卷,大唐中天竺三藏地婆诃罗于东都再译,《拾遗》编入第四译。
>
> 《佛顶尊胜陀罗尼经》一卷,或加"咒"字,大唐三藏义净译,新编入录,第五译。

---

① 赞宁:《宋高僧传》卷二,《大正藏》第50卷,第719页上。

> 右五经同本异译。①

尽管在此没有标明具体翻译时间(在本著其他卷有记载),单看这一表述是看不出什么问题的,但细细参照智昇在本书其他卷中以及另一部著作《续古今译经图纪》的记载,智昇对此经翻译记录的混乱就显露出来了。

首先,关于上述第一译即杜行顗的翻译,智昇在《开元释教录》卷一二中,没有提到地婆诃罗曾经参与,但在《开元释教录》卷九以及《续古今译经图纪》卷一中都记载了地婆诃罗参与了这一次翻译。

《续古今译经图记》卷一的传记说:

> 清信士杜行顗,京兆人。仪凤中任鸿胪寺典客署令,顗明天竺语,兼有文藻。诸有翻传,妙参其选。于时有罽宾国僧佛陀波利,赍梵经一夹,诣阙奉献。天皇有诏,令顗翻出,名为《佛顶尊胜陀罗尼经》一卷。宁远将军度婆,及中印度三藏法师地婆诃罗证译,是时仪凤四年正月五日也。此杜译者,有庙讳国讳,皆隐而避之。即"世尊"为"圣尊","世界"为"生界","大势"为"大趣","救治"为"救除"。译讫奉进,上皇读讫,顾谓顗曰:"既是圣言,不须避讳。"杜时奉诏以正,属有故而寝焉。后日照三藏奉诏详译,名《佛顶最胜陀罗尼》也。②

这一段文字,智昇提出了两个独特的说法:第一,由杜行顗"主持"翻译的这一译本是罽宾国僧佛陀波利所带来。第二,地婆诃罗也参与此经的第一次翻译。这两点与其他相关资料矛盾。由于智昇在此书中将此经第一译的时间写定为仪凤四年(679)正月五日,因而地婆诃罗到长安的时间最晚只能落在仪凤三年了。

于是,智昇在《续古今译经图纪》中又如此记载地婆诃罗的翻译活动:

---

① 智昇:《开元释教录》卷一二,《大正藏》第55卷,第600页上。
② 智昇:《续古今译经图纪》卷一,《大正藏》第55卷,第368页下—369页上。

> 沙门地婆诃罗，唐言日照，中印度人……以天皇仪凤初至天后垂拱末，于两京东京太原寺及西京弘福寺译《方广大庄严经》一部二十二卷、《大乘密严经》一部三卷、《大乘显识经》一部二卷、《证契大乘经》一部二卷、《大方广佛华严经》续《入法界品》一卷、《大乘离文字普光明藏经》一卷、《大乘遍照光明藏无字法门经》一卷、《大方广师子吼经》一卷、《大乘百福相经》一卷、《大乘百福庄严相经》一卷、《大乘四法经》一卷、《菩萨修行四法经》一卷、《七俱胝佛大心准提陀罗尼经》一卷、《佛顶最胜陀罗尼经》一卷、《最胜佛顶陀罗尼净除业障经》一卷、《造塔功德经》一卷、《金刚般若波罗蜜经破取著不坏假名论》一部二卷、《大乘广五蕴论》一卷，凡一十八部合三十四卷。①

如此以来，智昇便将地婆诃罗来长安的时间确定为仪凤初，仪凤年号使用仅三年半，"仪凤初"的表述不是指元年(676)就应该是二年。这就是上文归纳的关于地婆诃罗来华第二种说法的出处。由于这种说法与第三种说法都出自于智昇，如果从为智昇圆场的角度解释，也许在智昇看来，二说不存在矛盾，因为智昇仅仅记载说翻译《佛顶尊胜陀罗尼经》的时间是仪凤四年(679)正月，因此，地婆诃罗在来华一年之后翻译此经也是说得过去的。

那么，智昇为什么对于法藏的记载视而不见而要出新说呢？要搞清楚智昇如此写的理由，先须从现存彦琮的《佛顶最胜陀罗尼经序》中的一些记载入手。彦琮序文说：

> 此经以仪凤四年正月五日，朝散郎行鸿胪寺典客令杜行顗，与宁远将军度婆等，奉诏译进。时有庙讳、国讳皆隐而避之，即"世尊"为"圣尊"，"世界"为"生界"，"大势"为"大趣"，"救治"为"救除"之类是也。上读讫，谓行顗曰："既是圣言，不须避讳。"杜时奉诏以正，属有故而寝焉。

---

① 智昇：《续古今译经图纪》卷一，《大正藏》第55卷，第368页中—下。

> 无几,敕中天法师地婆诃罗于东西二京太原、弘福寺等传译法宝,而杜每充其选,余时又参末席。杜尝谓余曰:"弟子庸材,不闲文体,屈师据敕删正,亦愿依文笔削。"余辞以不敏,载涉暄寒,荏苒之间,此君长逝。余叹惋流涕,思其若人。又惧寝彼鸿恩,乖于贝牒,因请沙门道成等十人,屈天竺法师再详幽趣,庶临文不讳,上奉皇私,曲尽方言;下符流便,故乃具表曲委,陈诸始末。俾夫披览之士,无猜此教焉。于时永淳元年五月二十三日也。①

彦琮上述文字,大概是智昇考订此经译本形成过程的依据之一。此文叙述了两次翻译形成的两个译本。第一个译本形成于仪凤四年(679)正月五日,但遗憾的是,彦琮没有记录"主译"者以及梵本的来源。智昇面对这一段文字,可能依靠猜测,在《古今译经图纪》中将主译归之于地婆诃罗,梵本来源归之于佛陀波利。而奇怪的是彦琮的序文一字未提佛陀波利。第二译本,是彦琮请求地婆诃罗修改第一个译本而成的,时间则是永淳元年(682)五月二十三日(从上引文字的语气推测,大概是完成时间)。

除上述序文外,还有一篇《佛顶尊胜陀罗尼经序》保存了下来。

其文首先叙述佛陀波利于仪凤元年从西国来至此汉土,到五台山五体投地向山顶礼,礼已举首,忽见一老人从山中出来,建议他回国取回《佛顶尊胜陀罗尼经》来中土。其文接着说:

> 僧闻此语,不胜喜跃,遂裁抑悲泪,至心敬礼。举头之顷,忽不见老人。其僧惊愕,倍更虔心,系念倾诚,回还西国,取《佛顶尊胜陀罗尼经》。至永淳二年,回至西京,具以上事闻奏大帝。大帝遂将其本入内,请日照三藏法师及敕司宾寺典客令杜行颉等共译此经,敕施僧绢三十匹。其经本禁在内不出,其僧悲泣奏曰:"贫道捐躯委命,远取经来,情望普济群生,救拔苦难,不以财宝为念,不以名利关怀,

---

① 彦琮:《佛顶最胜陀罗尼经序》,《大正藏》第19卷,第355页上—中。

请还经本流行,庶望含灵同益。"帝遂留翻得之经,还僧梵本。其僧得梵本,将向西明寺,访得善解梵语汉僧顺贞,奏共翻译。帝随其请,僧遂对诸大德共顺贞翻译讫。僧将梵本遂向五台山,入山于今不出。今前后所翻两本,并流行于代。其中小小语有不同者,幸勿怪焉。①

序文中还说:"至永昌元年八月,于大敬爱寺见西明寺上座澄法师,问其逗留,亦如前说。其翻经僧顺贞见在,住西明寺。"②从此看,此序文写于永昌元年(689)八月,距离翻译此经的时间很近。这一序文的关键记载如下:第一,佛陀波利首次来唐土是仪凤元年(676),此次大概未带佛典写本;第二,佛陀波利重来唐是永淳二年(683),这次带来了《佛顶尊胜陀罗尼经》梵本;第三,唐高宗令地婆诃罗等在内宫翻译出此经,但经本禁在内宫未传出;第四,佛陀波利请求高宗归还梵本,又至西明寺,约请顺贞等一起翻译出此经。此外,此序文还说到垂拱三年(687),定觉寺志静又请求地婆诃罗对经中的咒语作了重新翻译。

对于上述两篇序文的记载,智昇抱不信任的态度。他在《开元释教录》卷九中所附的《佛陀波利传》之后的"附注"中说:

> 准经前《序》乃云,永淳二年回至西京。具状闻奏,其年即共顺贞再译,名《佛顶尊胜陀罗尼经》。今寻此说,年月稍乖。其杜令译者,乃仪凤四年正月五日也。日照再译,乃永淳元年五月十三日也。既云永淳二年,方达唐境,前之二本从何而得?又永淳二年天皇已幸东都,如何乃云在京译出?其《序》复是永昌已后有人述记,却叙前事致有参差。此波利译者,不可依序定其年月也。③

由此可见,智昇看到了这两篇序文,但出于对此经译本来源的考虑,他不

---

① 《佛顶尊胜陀罗尼经序》,《大正藏》第19卷,第349页中—下。
② 同上书,第349页下。
③ 智昇:《开元释教录》卷九,《大正藏》第55卷,第565页中。

相信《经序》以及《大周录》中关于此经前两种译本时间的记载。如前所分析,彦琮序文所说的两译,第一译为仪凤元年(676)完成,但未标主译,也未曾交待梵本的来源;第二译完成于永淳元年(682)五月,实际上是第一译的修改本。

关于佛陀波利翻译此经的时间,智昇不相信现存的置于署名佛陀波利译的《佛顶尊胜陀罗尼经》前的经序之记载,因此,在其著作中不标注具体翻译年月。而《大周刊定众经目录》则记载:"《佛顶尊胜陀罗尼经》一卷,八纸,右大唐永淳二年佛陀波利译。新编入录。"①而法崇在其撰述的《佛顶尊胜陀罗尼经教迹义记》中记载:

> 沙门顺贞,西明寺僧也,妙闲梵语,弥解经文。乃与大德测法师并罽宾三藏,于西明寺再更翻出。即日照三藏所译于先,波利法师所翻于后。虽文质少异,而义理不殊。寻其两本,是永淳二年之翻也。波利还赍梵本,入五台山。②

法崇是不空三藏的弟子,在唐代宗永泰元年(765)参加了不空的译场,活动时间在智昇之后。显然,法崇采纳了经序的说法。

关于佛陀波利,智昇也有一简略传记,其基本内容与永昌元年《经序》大致差不多,但对于地婆诃罗翻译此经时助手的记载有一疏漏。智昇说:唐高宗"遂诏鸿胪寺典客令杜行顗及日照三藏于内共译,译讫儭绢三十匹"③。彦琮的序文说,杜尝嘱托自己修改此经,而"余辞以不敏,载涉暄寒,茌苒之间,此君长逝。余叹惋流涕,思其若人"④。由此可见,杜行顗至少在永淳元年(682)五月之前就已经死了。而智昇的这一错误被千福寺沙门法崇撰述的《佛顶尊胜陀罗尼经教迹义记》所沿袭。⑤

---

① 明佺等编撰:《大周刊定众经目录》卷四,《大正藏》第55卷,第396页下。
② 法崇:《佛顶尊胜陀罗尼经教迹义记》卷上,《大正藏》第39卷,第1014页下。
③ 智昇:《开元释教录》卷九,《大正藏》第55卷,第565页上。
④ 彦琮:《佛顶最胜陀罗尼经序》,《大正藏》第19卷,第355页中。
⑤ 法崇:《佛顶尊胜陀罗尼经教迹义记》卷上,《大正藏》第39卷,第1014页中。

综合上述考据,关于地婆诃罗到达长安的时间,法藏的记载是准确的。而智昇的不同说法,完全是出于合理化《佛顶尊胜陀罗尼经》第一个译本的梵本来源问题,其实是没有根据的假设。

地婆诃罗行历中还有一个晚年欲辞归故土的问题。法藏在《华严经传记》中说:

> 三藏辞乡之日,其母尚存。无忘鞠育之恩,恒思顾复之报,遂诣神都,抗表天阙,乞还旧国。初未之许,再三固请,有敕从之。京师诸德,造绯罗珠宝袈裟,附供菩提树像,敕锡神钟一口,及请幡像供具遵途。①

可惜的是,法藏在此未语及地婆诃罗报请回国的时间以及最后是否成行,于是形成一个谜团。智昇在《开元释教录》卷九列举地婆诃罗所译经论总目时说:

> 《最胜佛顶陀罗尼净除业障经》一卷,第四出,即与前经同本。日照后欲归国,于东都共沙门慧智再译,前缘后法二文并广。②

依据智昇的记载,地婆诃罗是在翻译《最胜佛顶陀罗尼净除业障经》时提出回国看望其母的。现存《佛顶尊胜陀罗尼经序》中记载:

> 至垂拱三年,定觉寺主僧志静,因停在神都魏国东寺,亲见日照三藏。法师问其逗留,一如上说。志静遂就三藏法师谘受神咒,法师于是口宣梵音,经二七日,句句委授,具足梵音,一无差失。仍更取旧翻梵本勘校,所有脱错,悉皆改定。其咒初注云"最后别翻"者是也。其咒句稍异于杜令所翻者,其新咒改定不错,并注其音。③

此序文中未明确说明地婆诃罗这次改定的经的名称。现存的标明地婆

---

① 法藏:《华严经传记》卷一,《大正藏》第51卷,第154页下。
② 智昇:《开元释教录》卷九,《大正藏》第55卷,第564页上。
③ 《佛顶尊胜陀罗尼经序》,《大正藏》第19卷,第349页中—下。

诃罗翻译的《佛顶最胜陀罗尼经》与《最胜佛顶陀罗尼净除业障经》两经，经过笔者核对，后者符合上文所说的"并注其音"的特征，而前者中的咒语部分并无注音。由此言之，上引经序中所说志静请求重翻之经应该是智昇所记载的《最胜佛顶陀罗尼净除业障经》。如此看来，地婆诃罗最大可能是在翻译《最胜佛顶陀罗尼净除业障经》之时提出归国请求的。

确定地婆诃罗是在垂拱三年（687）提出归国探母请求的另一旁证是其翻译经论的编年。根据《开元释教录》卷九记载：

> 《大方广佛华严经续入法界品》一卷，垂拱元年于西太原寺归宁院译。
>
> 《七俱胝佛大心准提陀罗尼经》一卷，垂拱元年于西太原寺归宁院译。①
>
> 《大乘广五蕴论》一卷，垂拱元年六月二十五日于西太原寺归宁院译。②

尽管现存资料中缺乏地婆诃罗在垂拱二年的活动资料，但从垂拱元年六月底至垂拱三年十二月之间的一年半，一则时间紧张，在中天竺至唐朝首都之间来回一次颇有困难；二则地婆诃罗既然为探母而归国，自然不会立即又返回，何况此年地婆诃罗是七十余岁的老人了。

总而言之，地婆诃罗在垂拱三年（687）翻译修订完成《最胜佛顶陀罗尼净除业障经》一卷之后，提出归国探母的请求，获得了高宗的批准，并且赏赐了许多物品，但未曾成行，就圆寂于东都洛阳。《华严经传记》记载：

> 以垂拱三年十二月二十七日，体甚康体，告门人曰："吾当逝矣。"右胁而卧，无疾而终于神都魏国东寺。会葬者数千万人，圣母闻之，深加悲悼，施绢千匹，以充殡礼。道俗悲慕，如丧所亲，香华辇

---

① 智昇：《开元释教录》卷九，《大正藏》第55卷，第563页下。
② 同上书，第564页上。

舆,塞于龙门山阳,伊水之左。门人修理灵龛,加饰重阁,因起精庐其侧,扫洒供养焉。后因梁王所奏请,置伽蓝,敕内注名为香山寺,危楼切汉,飞阁凌云,石像七龛,浮图八角,驾亲游幸,具题诗赞云尔。①

法藏、智昇都没有记载地婆诃罗的俗龄,而赞宁则说,地婆诃罗"终于翻经小房,享年七十五。天后敕葬于洛阳龙门香山,塔见存焉"②。

唐代几种经录,在杜行顗、佛陀波利名下都仅著录《佛顶尊胜陀罗尼经》一卷。根据智昇的记载,杜行顗、佛陀波利分别翻译出《佛顶最胜陀罗尼经》一卷。

杜行顗译本,根据《开元释教录》卷九记载:"《佛顶尊胜陀罗尼经》一卷,初出,与日照等出者同本,仪凤四年正月五日译毕。"③至于佛陀波利的翻译,应该以《大周刊定众经目录》的记载为准:"《佛顶尊胜陀罗尼经》一卷,八纸,右大唐永淳二年佛陀波利译。新编入录。"④

唐代经录在地婆诃罗名下著录了18部34卷译籍。下文以《开元释教录》卷九的记载为主要依据并参照其他文献记述,对地婆诃罗的译籍作一编年叙述:

永隆元年(680):

"《大乘显识经》二卷,第二出,与《宝积贤护长者会》同本,见《大周录》,永隆元年于东都东太原寺译。"⑤

"《证契大乘经》二卷,亦名《入一切佛境智陪卢遮那藏》,第二出,与《大乘同性经》同本,见《大周录》。永隆元年于东太原寺译。"

"《大方广师子吼经》一卷,第二出,与《如来师子吼经》同本,见《大周

---

① 法藏:《华严经传记》卷一,《大正藏》第51卷,第154页下—155页上。
② 赞宁:《宋高僧传》卷二,《大正藏》第50卷,第719页中。
③ 智昇:《开元释教录》卷九,《大正藏》第55卷,第564页上。
④ 明佺等编撰:《大周刊定众经目录》卷四,《大正藏》第55卷,第396页下。
⑤ 智昇:《开元释教录》卷九,《大正藏》第55卷,第563页下。

录》。永隆元年于东太原寺译。"

"《大乘四法经》一卷,初出,见《大周录》。永隆元年于东太原寺译。"①

"《造塔功德经》一卷,见《大周录》。永隆元年于东太原寺译。"②

永隆二年(681):

"《菩萨修行四法经》一卷,永隆二年正月于京弘福寺译,沙门彦悰制序,第二出,与前《大乘四法》同本,于京再出。"③

永淳元年(682):

"《佛顶最胜陀罗尼经》一卷,第二出,与杜行顗等出者同本,永淳元年五月二十二日于京弘福寺共沙门彦悰译,悰兼制序。"④

永淳二年(683):

"《方广大庄严经》十二卷,一名《神通游戏》,第四出,与竺法护《普曜经》等同本,见《大周录》。永淳二年九月十五日于西太原寺归宁院译讫,沙门复礼笔受。"⑤

"《大乘离文字普光明藏经》一卷,第三出,与元魏菩提留支所出《无字宝箧经》等同本,见《大周录》。永淳二年于西太原寺归宁院译。"

"《大乘百福相经》一卷,初出,见《大周录》。永淳二年于西太原寺归宁院译。"⑥

"《金刚般若波罗蜜经破取著不坏假名论》二卷,功德施菩萨造,亦云《功德施论》,见《大周录》。永淳二年九月十五日于西太原寺归宁院译。"⑦

垂拱元年(685):

"《大方广佛华严经续入法界品》一卷,或无'续'字,续旧《华严经》阙

---

① ③ ⑤ ⑥ 智昇:《开元释教录》卷九,《大正藏》第55卷,第563页下。
② ⑦ 同上书,第564页上。
④ 同上书,第563页下—564页上。

文,见《大周录》。垂拱元年于西太原寺归宁院译。"①

"《七俱胝佛大心准提陀罗尼经》一卷,初出,与金刚智出者同本,见《大周录》。垂拱元年于西太原寺归宁院译。"②

"《大乘广五蕴论》一卷,安慧菩萨造,或无'广'字,见《大周录》。垂拱元年六月二十五日于西太原寺归宁院译。"③

垂拱三年(687):

"《最胜佛顶陀罗尼净除业障经》一卷,第四出,即与前经同本,日照后欲归国,于东都共沙门慧智再译,前缘后法,二文并广。"④此文中所说"前经"是指《佛顶最胜陀罗尼经》。

此外,《开元释教录》以及稍早的《大周众经目录》在记录地婆诃罗翻译佛典目录时都列入了《大乘密严经》,但都没有记载具体翻译时间。而各种文献都记载,法藏在此经译出不久,就撰述了《密严经疏》,并且传入了日本。如《华严宗章疏并因明录》记载:"《密严经疏》四卷,法藏述。"⑤《东域传灯目录》也记载:"《密严经疏》四卷,法藏师。"⑥法藏在其著述如《华严经探玄记》中多次引用《密严经》以证成其说。

上述16部之外,还有两部是地婆诃罗重出。智昇记载如下;其一,"《大乘遍照光明藏无字法门经》一卷,第四出,即与次前《离文字经》同本,日照重出"。其二,"《大乘百福庄严相经》一卷,第二出,即与次前《百福相经》同本,日照重出。"⑦

从上叙述可知,地婆诃罗是唐代立国(618)至武则天立周(690)72年间除玄奘之外翻译佛典最多的翻译家,朝廷也依照玄奘译场的惯例配置人员。《续古今译经图纪》卷一记载:

> 沙门战陀般若提婆译,沙门慧智证梵语,敕召名德十人助其法化,

---

①②⑦ 智昇:《开元释教录》卷九,《大正藏》第55卷,第563页下。
③④ 同上书,第564页上。
⑤ [日]圆超:《华严经章疏并因明录》,《大正藏》第55卷,第1134页上。
⑥ [日]永超:《东域传灯录》,《大正藏》第55卷,第1152页下。

沙门道成、薄尘、嘉尚、圆测、灵辩、明恂、怀度等证义,沙门思玄、复礼等缀文笔受,天后亲敷睿藻,制序标首,光饰像教,传之不朽也。①

这反映了唐代王朝对待佛典翻译态度的积极变化。此后,译场的持久性逐渐增强,单个译场佛典翻译的数量也不断增多。

三、武周时期的佛典翻译

下文叙述的是武周时期即武则天代唐立周(690)至其退位还政于中宗(704)间近15年的佛典翻译。这一时期,最重要也是最有成就的翻译家是义净三藏。其次,对中国佛教很有影响的《圆觉经》也是这一时期由佛陀多罗翻译出来的。义净三藏的翻译成就将于本著第七卷叙述其律学贡献时论述,至于《圆觉经》的翻译则置于本卷第四章第一节论述。作为初唐最重要的佛典翻译家沙门宝思惟、菩提流志,其翻译活动由武周开始而终于唐睿宗朝,因此,在下文专列题目论述。缘于这些考虑,在此,仅将提云般若三藏、沙门慧智、婆罗门李无谄、实叉难陀三藏、沙门弥陀山等五位佛典翻译家的事迹和贡献叙述如后。

1. 提云般若三藏的佛典翻译

《大乘法界无差别论》只有一个汉语译本,即唐代提云般若的译本。此后又有一改译本。以下对此论的汉译情况略作考辨。

关于提云般若的情况,现存的最早的材料是参与其译场的法藏在其撰述的《大乘法界无差别论疏》中的介绍,其文曰:

> 第九翻译由致者,有于阗国三藏法师提云般若,此云天慧。其人慧悟超伦,备穷三藏,在于本国,独步一人。后为观化上京,遂赍梵本百有余部,于垂拱年内届至神都。有敕慰喻,入内供养,安置魏国东寺,令共大德十人翻译经论,仍令先译《华严》。余以不敏,猥蒙

---

① 智昇:《续古今译经图纪》卷一,《大正藏》第55卷,第368页下。

征召,既预翻译,得观宝聚,遂翻得《华严不思议境界分》《华严修慈分》《大乘智炬陀罗尼经》《诸佛集会陀罗尼经》,已上各一卷成,《造像功德经》二卷,《法界无差别论》一卷。沙门慧智等译语,沙门法华笔授,沙门复礼缀文,沙门圆测、慧端、弘景等证义。其余经论,并未及译,三藏遂便迁化,瘞于龙门,与日照三藏同处,敕甚优礼,道俗钦慕,如丧考妣焉。①

上文出自参与其译场的法藏之手,当然最为可信。遗憾的是,法藏的介绍既简略又随意,对于为人立传最主要的内容——生卒年以及来到唐土的具体时间等等,都不作记载。当然这不能苛求法藏,因为此著的目的并非为译者作传。然而,也许是当事者,包括法藏在内的参译者的疏忽,后来智昇,特别是宋代的赞宁为其立传,便现出巧妇难为无米之炊的窘境。

现存最早的提云般若的传记是唐智昇《续古今译经图纪》中的小传,其文曰:

> 沙门提云般若,或云提云陀若那,唐云天智,于阗国人。学通大小,智兼真俗,以天后永昌元年来届都邑,敕于魏国东寺翻经。从永昌元年己丑,至天授二年辛卯,译《大乘造像功德经》一部(二卷)、《大方广佛华严经不思议佛境界分》(一卷)、《大方广佛华严经修慈分》(一卷)、《智炬陀罗尼经》(一卷)、《诸佛集会陀罗尼经》(一卷)、《大乘法界无差别论》(一卷),凡六部合七卷,沙门战陀慧智等译语,沙门处一等笔受,沙门复礼等缀文,沙门德感、慧俨、法明、弘景等证义。②

其后,《宋高僧传·周洛京魏国东寺天智传》,几乎完全重复了此著的叙述,没有任何新的材料出现,只是依照体例加了一句"智终年、卒地,莫得

---

① 法藏:《大乘法界无差别论疏》卷一,《大正藏》第44卷,第63页下—64页上。
② 智昇:《续古今译经图纪》卷一,《大正藏》第55卷,第369页中。

而闻"①。

综合上述三种材料可知,提云般若是于阗国人,于武后永昌元年(689)来到洛阳,带来梵本百有余部。从此年开始至武周天授二年(691)共翻译出经论六部七卷。具体的翻译时间,《开元释教录》卷九有记载:

> 《大方广佛华严经不思议佛境界分》一卷,或二卷,十二纸。永昌元年于魏国东寺译。见《大周录》。初出,与后实叉难陀所译《不思议境界经》同本。
>
> 《大方广佛华严经修慈分》一卷,天授二年于大周东寺译。见《大周录》。
>
> 《大乘造像功德经》二卷,或一卷,天授二年于大周东寺译。见《大周录》。
>
> 《智炬陀罗尼经》一卷,天授二年于大周东寺译。见《大周录》。
>
> 《诸佛集会陀罗尼经》一卷,天授二年于大周东寺译。见《大周录》。
>
> 《大乘法界无差别论》一卷,天授二年十月十四日于大周东寺译。见《大周录》。
>
> 右六部七卷其本并在。②

智昇注出上述记载出自于《大周刊定众经目录》,经对照,二者所言完全一致。由于《大周录》未按照译者编排,因而本著姑且引用了晚于《大周录》的《开元释教录》的记载。

应该指出,法藏在《华严经传记》中也记载了提云般若翻译前两部经的时间,其文曰:

> 《大方广佛华严佛境界分》一卷,唐载初年于阗三藏提云般若译。

---

① 赞宁:《宋高僧传》卷二,《大正藏》第 50 卷,第 719 页中。
② 智昇:《开元释教录》卷九,《大正藏》第 55 卷,第 565 页中。

《大方广佛华严修慈分经》一卷,唐载初年提云般若译。①

载初是武后使用的很短的一个年号,也很特殊。《旧唐书·则天皇后本纪》记载:"依周制建子月为正月,改永昌元年十一月为载初元年正月,十二月为腊月,改旧正月为一月,大酺三日。神皇自以'曌'字为名,遂改诏书为制书。"②武则天于载初二年(690)九月九日革唐命,改国号为周,改元为天授,也就是从此年九月开始为天授元年(690)。通过这样的疏解,如果采用严格的纪年体例,法藏上文所说的载初年便是从永昌元年(689)十一月开始至天授元年(690)九月,总共十一个月。

如果将法藏的记载与《大周录》的记载相对照,可以说,对于《大方广佛华严佛境界分》一卷的翻译时间,二者的记载应该是一致的。而关于《大方广佛华严修慈分经》一卷的翻译时间的记载,法藏与《大周刊定众经目录》的记载则明显不同。这究竟是为什么呢?

《大周录》编定于武周天册万岁元年(695),而《华严经传记》则是法藏生前初成而未最终完成,法藏圆寂(712)之后,由其门人慧苑、惠英等续编而成。如上引法藏在《大乘法界无差别论疏》卷一所说,他自己亲身参加了提云般若的译场,是重要的当事人,尽管《华严经传记》撰写完成要晚于《大周录》,但由法藏特殊身份言之,法藏或者法藏弟子的记述,不会有错的,因为这一翻译时间距成书才短短的十余年。无论对于《大周录》的编写者,还是法藏及其弟子来说,都是当代人记录当代事或者亲身经历的事情,也会发生偏差,这真是最可奇怪的事情!

然而,如果考虑到"经录"这一特定体裁在记载翻译经论的时间时所面临的复杂处境的话,这一理解的窘境自然就会解除或者大大减轻。前文已经说过,关于经典的翻译时间,至少有开始翻译的时间、完成的时间、修订的时间以及上报朝廷批准流通(或者"入藏")的时间等几个角

---

① 法藏:《华严经传记》卷一,《大正藏》第51卷,第156页上。
② 刘昫等:《旧唐书》卷六,第120页。

度,一般的经录是选择其中之一或者之二加以记载。如果记载其中一个类型的时间,往往又不标明,而是笼统地说某某年月"出"经论。仔细观察一下《大周录》以及《开元释教录》对于提云般若所译经典之时间的记载,便可看出其中的端倪。提云般若翻译出六部经典,只有一部标明为永昌元年,其他都标明为天授二年(691)。这能不能认为,提云般若及其译场在永昌元年(689)翻译出第一部经之后的一年多时间未曾开译呢?显然不是。正如法藏所叙述的:此译场是武皇"有敕慰喻,入内供养,安置魏国东寺,令共大德十人翻译经论"①,集合这么多人而中途停滞,显然有悖常理。因此,对于《大周录》为其中四部经论所标明的翻译时间——天授二年,不可太过拘泥。因为这可能是完成翻译的时间,也可能是最终上报朝廷的时间。

如果上述疏解不错的话,《华严经传记》所记《大方广佛华严修慈分经》一卷翻译的时间"唐载初年"与《大周录》所记天授二年,尽管有一年或者数月的差距,但二者并不矛盾,更不存在一个必然正确而另一个必然错误的问题。二者角度可能不同,但同样可能是忠实于历史事实的。考虑到载初年在前,天授二年在后,因而可以大致推定,此经的开译时间是载初年,或者考虑到是其第二部翻译作品,而且来唐土不久,翻译不会太快,因而甚至可以再行推定为载初二年(690)或者天授元年(690)。

尽管现存文献中未曾言及提云般若的圆寂时间,但至少应该早于法藏圆寂的时间,即公元712年。或者,如果依据生命不息译经不止或者未得重疾译经不止的境界去悬测的话,甚至可以推测其圆寂于天授三年(692)之内。因为法藏说,提云般若"其余经论,并未及译,三藏遂便迁化,瘗于龙门,与日照三藏同处,敕甚优礼"②,所以,可以肯定,提云般若圆寂之地是在洛阳。赞宁所说"智终年、卒地,莫得而闻"③一句中,不言

---

① 法藏:《大乘法界无差别论疏》卷一,《大正藏》第44卷,第63页下。
② 同上书,第63页下—64页上。
③ 赞宁:《宋高僧传》卷二,《大正藏》第50卷,第719页中。

其"终年"显示赞宁的谨慎,不知卒地则说明赞宁未翻检法藏《大乘法界无差别论疏》。

关于《大乘法界无差别论》的翻译,《大周录》记载说:

> 《大乘法界无差别论》一卷,七纸。右大周天授二年十月十四日,于阗三藏提云般若,于大周东寺译。①

如前文所说,对于一个翻译活动时间的准确描述,至少需要首尾两个时间,然此处仅仅有一个时间表述,因此我们只能借用经录一贯所使用的笼统语言,提云般若及其译场于武周天授二年(691)十月十四日"出"《大乘法界无差别论》一卷。

最后还有一个问题,就是现存此论,除标明提云般若译的《大乘法界无差别论》之外,还有一种一名《如来藏论》的《大乘法界无差别论》。此本的作者难考,自北宋初刻藏经收录后,于高丽藏、金藏、元藏、明藏本中均收有此本。但北宋藏之订正刻本中则汰去改译本而独存原译,其后契丹刻及南宋刻据此订正刻本者皆无其书。现今流行的《大正藏》则两本俱存。《大正藏》在《大乘法界无差别论》的"原本"之后附有一后记。文曰:

> 此论丹藏与国宋二藏不同,此则丹本。有五字四句二十四颂,间挟七言一偈,离为十二段,段段各释。吾祖贤首疏所释者,此本也。按彼国宋两本,有七字四句二十偈,一举并出,后方次第释之。其初偈曰:"法界不生亦不灭,无老病死无蕴过。由彼发胜菩提心,是故我今稽首礼"者是也。今按《开元录》及贤首《疏》,并以此论为单译。而国宋两本与此丹本,文虽有异,义则无殊。必是开元之后,后代重译也。但未详何代何人之译。此须待勘,二藏直以为提云般若译者,错耳。②

---

① 明佺等编撰:《大周刊定众经目录》卷六,《大正藏》第55卷,第408页中。
②《大正藏》第31卷,第894页上一中。

这里简要对比了两本的异同,但将以重本界定为开元之后的重译本。现今学者一般将其定为改定本。

2. 沙门慧智、婆罗门李无谄的佛典翻译

沙门慧智是侨居中土的印度婆罗门的后代,在中土出家。在高宗朝、武周时期,他参与多个译场,发挥了重大作用。根据智昇的记载,《赞观世音菩萨颂》一卷属于他"自译"。

关于沙门慧智的生平事迹,文献记载有限。最早者为智昇《续古今译经图纪》卷一的记载:

> 沙门释慧智,父印度人也,婆罗门种,因使游此而生于智。少而精锐,善梵书语。三藏地婆诃罗、提云、若那、宝思惟等,所有翻译皆召智为证,兼令度语。智以天后长寿二年癸巳,于东都佛授记寺自译《赞观世音菩萨颂》一卷。①

《贞元新定释教目录》卷一三略有扩展:

> 沙门释慧智,父中印度人也,婆罗门种。因使游此而生于智。少而精勤,有出俗之志。天皇时,因长年婆罗门僧,奉敕度为弟子。本既梵人,善闲天竺书语;又生唐国,复练此土言音。三藏地婆诃罗、提云、若那、宝思惟等所有翻译,皆召智为证义令度语。智以天后长寿二年癸巳,于东都佛授记寺自译《赞观世音菩萨颂》一部。②

宋赞宁《宋高僧传》卷二《周洛京佛授记寺慧智传》③几乎全文照抄了《贞元新定释教目录》的文字。对照上述记载可知,慧智出生于中土,在高宗时期出家为僧。《贞元新定释教目录》说其跟从在长安的婆罗门僧为弟子,学习天竺书语。尽管不能确知此语的根据,但从情理上说,这一情形是可能的。因为慧智兼通梵汉,了解中国文化,因此,如文所述,高宗朝、

---

① 智昇:《续古今译经图纪》,《大正藏》第55卷,第369页中。
② 圆照:《贞元新定释教目录》卷一三,《大正藏》第55卷,第865页下—866页上。
③ 赞宁:《宋高僧传》卷二,《大正藏》第50卷,第719页中。

武周时期的重要译场都有慧智的参与,这些都见于经录的记载。

慧智于长寿二年(693)在洛阳佛授记寺翻译出的《赞观世音菩萨颂》一卷,现存,是偈颂体,篇幅不长。不过,从仅有此颂为其独立具名推测,慧智法师在当时资历尚浅。

关于婆罗门李无谄,智昇《续古今译经图纪》卷一和《开元释教录》卷九有其小传。《开元释教录》卷九叙述说:

> 婆罗门李无谄,北印度岚波国人,识量聪敏,内外该通;唐、梵二言,洞晓无滞。三藏阿儞真那、菩提流志等翻译众经,并无谄度语。于天后代圣历三年庚子三月,有新罗国僧明晓远观唐化,将欲旋途,于总持门先所留意,遂殷勤固请,译此真言,使彼边维,同闻秘教。遂于佛授记寺翻经院为译《不空罥索陀罗尼经》一部,沙门波仑笔受。至久视元年八月,将所译经更于罽宾重勘梵本,方写流布。①

依据上引文献记载,李无谄来自于北天竺,出身于婆罗门。从上述文字表述看,应该不是僧人,波仑所撰《不空罥索陀罗尼经序》中称其为"北天竺岚波国婆罗门大首领李无谄"。此人精通梵汉两种语文,熟悉佛教,因此,多次参与阿你真那、菩提流志等主持的译场。至于翻译《不空罥索陀罗尼经》的缘起,智昇记载为出于新罗僧人明晓的请求。波仑所撰《不空罥索陀罗尼经序》对其经过有更详细叙述,可补智昇上文之缺。

李无谄主译的《不空罥索陀罗尼经》一卷现存,在经首有署名福寿寺沙门波仑撰的《不空罥索陀罗尼经序》。其文说:

> 余虽愚暗,少慕法门,巡历两京,寻参善友。每念总持,如饥若渴。于大周圣历三年岁次戊子②三月庚戌朔七日景辰,幸得此经,如死再生。是西京宝德寺僧惠月与常州正勤寺大德惠琳、叱于、智藏等数人,请北天竺岚波国婆罗门大首领李无谄,以同翻梵本《不空罥

---

① 智昇:《开元释教录》卷九,《大正藏》第55卷,第566页中。
② "戊子"应为"庚子"。

>索经》一十六品,合为一卷,将就北天竺迦湿弥啰国婆罗门大德僧迦
>弥多啰以同勘梵本。久视元年八月景午朔十五日庚申,勘会粗毕,
>则拟将进。此十六品斯土未行,曾闻隋朝所翻别本六十三纸,未尝
>见也。①

此经翻译起于大周圣历三年(700)三月七日,至久视元年(700)八月十五日完成,此年五月武则天改元,因此,此经翻译历时五月余。

3. 实叉难陀三藏的佛典翻译

武周时期,翻译佛典最多的是实叉难陀。法藏在《华严经传记》卷一《传译》部分的叙述是现存史籍中最早的实叉难陀传记。

实叉难陀(652—710)三藏,其名意思为"喜觉",于阗(今新疆和田)人。法藏在《华严经传记》卷一称赞实叉难陀"智度弘旷,利物为心,善大小乘,兼异学论"。他之所以来内地,是武则天派遣使者迎请来的。法藏叙说:

>天后明扬佛日,敬重大乘,以《华严》旧经,处会未备,远闻于阗
>有斯梵本,发使求访,并请译人。实叉与经,同臻帝阙。②

可惜,法藏未明确记载实叉难陀来到内地的时间,仅仅说明了重译《华严经》的过程。

>以天后证圣元年乙未,于东都大内遍空寺,译《华严经》。天后
>亲临法座,焕发序文,自运仙毫,首题名品。南印度沙门菩提流志,
>沙门义净,同宣梵文。后付沙门复礼、法藏等,于佛授记寺译,至圣
>历二年己亥功毕。③

现存署名武皇的《大方广佛华严经序》说:

>朕闻其梵本先在于阗国中,遣使奉迎,近方至此。既睹百千之

---

① 波仑:《不空罥索陀罗尼经序》,《大正藏》第20卷,第409页中。
②③ 法藏:《华严经传记》卷一,《大正藏》第51卷,第155页上。

妙颂,乃披十万之正文。粤以证圣元年,岁次乙未,月旅沽洗,朔惟戊申,以其十四日辛酉,于大遍空寺,亲受笔削,敬译斯经。遂得甘露流津,预梦庚申之夕;膏雨洒润,后覃壬戌之辰。式开实相之门,还符一味之泽。以圣历二年,岁次己亥,十月壬午朔,八日己丑,缮写毕功。①

经过查考,得知翻译开始的时间是证圣元年(695)三月十四日,而从"月旅沽洗"的表述推测,从于阗至洛阳大致费时一个月,由此可推知,出发的时间也在此年。依照当时翻译的流程,由外来僧人担任的主译者,不一定非得会汉语,只需精通原本即可。因此,可以推出实叉难陀到达洛阳的时间不会晚于此年三月。实叉难陀完成八十卷《华严经》翻译工作的时间是圣历二年(699)十月八日。

根据史籍记载,完成《华严经》的重译之后,实叉难陀又重译了《大乘起信论》。关于实叉难陀翻译《大乘起信论》的经过,现存《起信论》唐译本有一序,其文曰:

此本即于阗国三藏法师实叉难陀赍梵文至此,又于西京慈恩塔内获旧梵本。与义学沙门荆州弘景、崇福法藏等,以大周圣历三年岁次癸亥十月壬午朔八日己丑,于授记寺,与《华严经》相次而译,沙门复礼笔受,开为两卷。然与旧翻时有出没,盖译者之意,又梵文非一也。②

上述引文将实叉难陀翻译《大乘起信论》使用的梵本的来源、翻译的时间、地点、助译者等都作了记载。依照此文的说法,《大乘起信论》是实叉难陀在完成《华严经》的翻译之后进行的。查考各种经录的记载,在圣历二年(699)十月至久视元年(700)五月五日之间没有实叉难陀翻译其他经典的记载。因此,上引《起信论序》所说与《华严经》"相次而译",从时

---

① 武则天:《大方广佛华严经序》,《大正藏》第10卷,第1页中。
② 《大乘起信论序》,《大正藏》第32卷,第583页下。

间上说是完全没有疑点的。

在完成《大乘起信论》的重译工作之后,实叉难陀的重要工作是翻译《入楞伽经》。关于《大乘入楞伽经》的翻译过程,现存武则天御制《新译大乘入楞伽经序》说:

> 以久视元年岁次庚子,林钟纪律,炎帝司辰。于时避暑箕峰,观风颖水,三阳宫内,重出斯经,讨三本之要诠,成七卷之了教。三藏沙门于阗国僧实叉难陀大德、大福先寺僧复礼等,并名追安远,德契腾兰,袭龙树之芳猷,探马鸣之秘府,戒香与觉花齐馥,意珠共性月同圆,故能了达冲微,发挥奥赜,以长安四年正月十五日,缮写云毕。①

依据此文的记载,此经的翻译开始于武周久视元年(700),文中未记载具体月份。文中所说的"三阳宫"是武则天在嵩山的行宫,根据《旧唐书·则天皇后本纪》记载,圣历三年(700)三月三阳宫建成。当年"夏四月戊申,幸三阳宫"。武则天于四月二十九日至三阳宫。"五月癸丑,上以所疾康复,大赦天下,改元为久视,停金轮等尊号,大酺五日。"②武则天于当年七月,离开三阳宫。这一次,武则天在三阳宫停留近四个月。《大乘入楞伽经》即于此期间开始翻译。对此,《开元释教录》记载说:"《大乘入楞伽经》七卷,第四出,与宋功德贤等出者同本。久视元年五月五日,于东都三阳宫内初出,至长安四年正月五日缮写功毕。"③此记载与武则天行程一致。也就是说,实叉难陀在三阳宫的翻译活动是随驾而行的。短短三四月,《大乘入楞伽经》的翻译显然没有完成。后续的工作,则有弥陀山参与进来。

法藏在叙述《大乘入楞伽经》的翻译过程时写道:

---

① 《大正藏》第16卷,第587页上—中。
② 刘昫等:《旧唐书》卷六,第129页。
③ 智昇:《开元释教录》卷九,《大正藏》第55卷,第565页下。

> 今此一本即大周圣历元年于阗三藏实叉难陀,于神都佛授记寺译《华严》了,寻奉敕令再译《楞伽》,文犹未毕,陀驾入京,令近朝安置清禅寺。粗译毕,犹未再勘,三藏奉敕归蕃。至长安二年,有吐火罗三藏弥陀山,其初曾历天竺廿五年,备穷三藏,尤善《楞伽》,奉敕令共翻经,沙门复礼、法藏等,再更勘译。复礼辍文,御制《经序》,赞述云尔。①

应该特别指出,"陀驾入京"之"陀"②是指实叉难陀。实叉难陀在洛阳佛授记寺翻译完成《华严经》《大乘起信论》后,于久视元年(700)五月五日在嵩山三阳宫内开始翻译《入楞伽经》。所谓"文犹未毕"是说,在《入楞伽经》未曾翻译完成的情况下,实叉难陀随驾入长安,入住清禅寺。笔者将其译场由洛阳移至长安的背景解释为武则天从洛阳移驾长安,可以从《旧唐书》的记述中获得证实。《旧唐书·则天皇后本纪》记载:大足元年(701)"冬十月,幸京师,大赦天下,改元为长安"③。武则天这一次在长安一直住到长安三年(703)。《旧唐书·则天皇后本纪》又记载:长安三年"冬十月丙寅,驾还神都。乙酉,至自京师"④。经查,武则天于长安三年(703)十月八日从长安出发,当月二十七日到达洛阳。而武则天离开长安时,《入楞伽经》的翻译仍然没有完成。长安四年(704),实叉难陀以母亲年老,请求归省,朝廷特派御史霍嗣光送他回归于阗。如上引法藏之文所记载的,长安二年,弥陀山来到长安,受时在长安的武则天的诏命,与实叉难陀一起继续翻译《入楞伽经》,直至长安四年正月十五日缮写完毕,上奏朝廷。

根据法藏的记载,实叉难陀在长安清禅寺还曾经翻译过其他经典。如《华严经传记》所说:"又至久视元年庚子,于三阳宫内,译《大乘入楞伽

---

① 法藏:《入楞伽心玄义》卷一,《大正藏》第39卷,第430页中。
② 依照文意,应该是"随驾入京"。
③ 刘昫等:《旧唐书》卷六,第130页。
④ 同上书,第131页。

经》。及于西京清禅寺、东都佛授记寺译《文殊授记》等经，前后总译一十九部。沙门波仑玄执等笔受，沙门复礼缀文，沙门法宝、弘景等证义，太子中舍人贾膺福监护。"①这一记载，都被智昇所沿袭。从这一记载推测，实叉难陀在长安还曾经翻译过其他经典，特别是与弥陀山一起修订过《无垢净光大陀罗尼经》。

实叉难陀曾经回于阗看望母亲，后又在唐中宗的邀请下重回内地，最后圆寂于长安。关于其回国的过程，前引法藏在《入楞伽心玄义》卷一中的叙述有误解之处。法藏在叙述完《入楞伽经》出译之后说："粗译毕，犹未再勘，三藏奉敕归蕃。至长安二年，有吐火罗三藏弥陀山"②来唐土续译等等。因为《入楞伽经》最终完成于长安四年（704）正月十五日，法藏如此顺序的叙述易于误导人们得出实叉难陀早在长安二年弥陀山来华之前就已经离开了。但是，法藏在《华严经传记》卷一中明确说："至长安四年，实叉缘母年老，请归觐省，表书再上，方蒙允许。敕御史崔嗣光送至于阗。"③可见，法藏《入楞伽心玄义》卷一的叙述并非说实叉难陀未曾参与《入楞伽经》的修正就回去了。也许，法藏如此说的原因在于早在弥陀山来之前，实叉难陀已经产生了回于阗探母的想法，不过，未获得武则天的许可而已。至长安四年，实叉难陀方才由敕御史崔嗣光护送回到于阗。

唐中宗即位之后，又派人奉迎实叉难陀至唐都。法藏在《华严经传记》卷一中说：

> 后和帝龙兴，重晖佛日，敕再征召，方届帝城。以景龙二年，达于兹土，帝屈万乘之尊，亲迎于开远门外，京城缁侣，备诸幢幡，逆路导引，仍装饰青象，令乘入城。敕于大荐福寺安置。④

---

①③ 法藏：《华严经传记》卷一，《大正藏》第51卷，第155页上。
② 法藏：《入楞伽心玄义》卷一，《大正藏》第39卷，第430页中。
④ 法藏：《华严经传记》卷一，《大正藏》第51卷，第155页上—中。

实叉难陀于景龙二年(708)到达长安,中宗皇帝亲自至开元门迎接,礼遇优渥。可惜,实叉难陀未来得及翻译经典就病逝了。法藏叙述说:

> 未遑翻译,遘疾弥留。以景云元年十月十二日,右胁迭足。终于大荐福寺,春秋五十有九。缁徒悲喧,叹法栋之遽摧;俗侣哀号,恨群生之失导。有诏听依外国法葬,以十一月十二日于开远门外古燃灯台焚之,薪尽火灭,其舌犹存。斯是弘法之嘉瑞也。至十二月十三日,本国门人悲智敕使哥舒道元,送其余骸及斯灵舌,遂归于阗,起塔供养。后人复于焚尸之所,起七层塔焉。①

实叉难陀于景云元年(710)十月十二日圆寂于长安大荐福寺,春秋五十九。

根据《开元释教录》卷九记载,实叉难陀翻译出佛教经典19部107卷,现存14部102卷,5部5卷阙本。现存14部及部分翻译时间如下②:

《大方广佛华严经》80卷,证圣元年三月十四日(695年5月2日)始译于洛阳大遍空寺,圣历二年十月八日(699年11月5日)完成。

《大乘起信论》2卷,圣历二年(699)十月八日于洛阳佛授记寺译出。

《大方广入如来智德不思议经》1卷,于东都佛授记寺译出。

《大乘入楞伽经》7卷,久视元年五月五日(700年5月27日)在嵩山三阳宫内开始翻译,至长安四年正月十五日(704年2月24日)于长安清禅寺缮写完毕。

《文殊师利授记经》3卷,于长安清禅寺译出。

上述5部93卷译本现存且译时、译地至少一项有记载。而现存的《大方广如来不思议境界经》1卷、《大方广普贤菩萨所说经》1卷、《观世音菩萨秘密藏神咒经》1卷、《妙臂印幢陀罗尼经》1卷、《百千印陀罗尼经》1卷、《救面燃饿鬼陀罗尼神咒经》1卷、《右绕佛塔功德经》1卷、《大乘

---

① 法藏:《华严经传记》卷一,《大正藏》第51卷,第155页中。
② 参见智昇《开元释教录》卷九,《大正藏》第55卷,第565页下—566页上。

四法经》1卷、《十善业道经》1卷等9部9卷译本译时、译地都无记载。此外,《开元释教录》卷九还著录了五部当时已经缺失的译籍,即《摩诃般若随心经》1卷、《大方广不生不灭经》1卷、《大方广如来难思议境界经》1卷、《离垢净光陀罗尼经》1卷、《菩萨出生四法经》1卷。

此外,《大正藏》第19卷所收《华严经心陀罗尼》1卷,文后有说明:

> 此陀罗尼是普贤如来说,于阗国三藏实叉难陀译。别有本经云:"若人诵此一遍,准诵龙藏中《华严经》上中下三本一遍,何况常持?若能满十万遍者,其人敏悟精微,洞彻一切教藏,至于福聚转障不可具说。"①

此经文后有一夹注:"上元县高公寺摩诃衍和尚授。"②此本不见于高丽藏和宋、元、明诸藏,可见是日本所独传。此本见于日本入唐求法僧空海(774—835)所编集的《御请来目录》中:"《华严经心陀罗尼》一卷,右实叉难陀三藏译。"文后有一总说明:"右二十四部九十七卷,或近译未传此间,或旧译名来实阙,古人所未传略在斯中。"③从这些记载看,此经是空海所抄写的,直接来源于上元县高公寺摩诃衍和尚的授予。④ 空海于唐贞元二十年(804)八月到达福建,十二月二十日到达长安,至元和元年(806)三月辞别归国。可见,在贞元年间,《华严经心陀罗尼》已经在中土流传,但未被此前此后不久编订的经录所收载,遂在中土隐没不闻。

4. 沙门弥陀山的佛典翻译

关于沙门弥陀山,智昇《续古今译经图纪》卷一和《开元释教录》卷九有其小传。虽然弥陀山仅仅独立翻译出一部《无垢净光大陀罗尼经》,但由于韩国发现的唐代前期的《无垢净光大陀罗尼经》的印本而引起印刷术发明权的争论,此经的翻译时间也成为这一争论的焦点之一。

---

① 《华严经心陀罗尼》,《大正藏》第19卷,第709页下—710页上。
② 同上书,第710页上。
③ [日]空海:《御请来目录》,《大正藏》第55卷,第163页中。
④ 不过,也有可能此语的意思是指"别有本经"的传授者。

《开元释教录》卷九叙述说:

> 沙门弥陀山,唐言寂友,睹货逻国人也。幼小出家,游诸印度,遍学经论,于《楞伽》、《俱舍》最为精妙。志弘像法,无悋乡邦,杖锡而游,来臻皇阙。于天后代共实叉难陀译《大乘入楞伽经》。后于天后末年,共沙门法藏等译《无垢净光陀罗尼经》一部。译毕进内,辞帝归邦。天后厚遗,任归本国。①

睹货逻国又名吐火罗国,是与唐帝国关系密切的中亚古国,在今阿富汗北部。弥陀山少小出家,赴印度求法,精通《楞伽经》和《俱舍论》。后来,"杖锡而游",来到中土弘扬佛法。智昇在文中叙述了弥陀山参与《入楞伽经》的翻译和独立翻译《无垢净光大陀罗尼经》之事,但对于翻译时间,记述模糊。上文中"天后末年"语义模糊,后世或理解为长安四年(704),或理解为神龙元年(705)。

关于《无垢净光大陀罗尼经》具体的翻译时间,目前中韩学者争论很多。

1943年,庆州狼山东麓皇福寺三层石塔内发现法舍利用具,其中金铜舍利函盖上有手刻铭文,由寺主沙门善伦等撰文。文中称:

> 神龙二年景午五月三十日,今主大王佛舍利四、全金弥陀像六寸一躯、《无垢净光大陀罗尼经》一卷,安置石塔第二层。

神龙二年(706)为唐中宗年号,相当于圣德王五年,这套法舍利器物是706年7月14日圣德王为超度其已故王考妣神文王、神睦王后和王兄孝昭王之亡灵而捐献的,供奉于皇福寺石塔中。圣德王时,新罗与唐关系愈加密切,几乎每年遣使入唐,此经本在译出不久就传入新罗。1966年10月,韩国庆州佛国寺石塔中又发现金铜舍利盒,其中除其他器物外,还有以丝绢包裹的一卷《无垢经》。《佛国寺古今历代记》载,佛国寺是唐玄

---

① 智昇:《开元释教录》卷九,《大正藏》第55卷,第566页中—下。

宗天宝十年(751)、新罗景德王十年宰相金大城(700—774)唐代技师和建筑工人参加重建的。此经在塔内受雨水浸泡，前半部已残损，作小型卷轴装，印以黄色楮纸，版框直高5.4 cm，横长52.5 cm—54.7 cm不等，上下单边，无界行，共12版，每版55—65行，行7—9字，一般8字，刻以唐人写经楷体字，每字径4 mm—5 mm。经中混用了四个武周制字，还有63个宋以前使用的俗体字或异体字。继此之后，大中九年(855)，文圣王(839—856)在临去世前一年发愿写《无垢经》供养于庆州南郊昌林寺塔中。中和三年(883)，普门寺僧玄余抄77份此经经咒、造77个小塔，再一起放入大塔中。乾宁二年(895)石城山寺塔中亦曾供养此经。对于上述发现，韩国许多学者认为，此经是751年左右刊行于新罗，是最早的印行本，由此，也就有了印刷术发明于韩国的说法。

对于韩国庆州佛国寺发现的《无垢净光大陀罗尼经》刻本，中国学者潘吉星、李致忠等先生已著文论证，它是中国武则天时代于东都(当时称做"神都")洛阳刻印的经卷。他们都指出，这部经译于公元700至701年，译出不久即刊行于世。有韩国学者认为《无垢经》是法藏和弥陀山在长安四年(704)译于西都长安，也有人将此经汉译时间定在(699—700)，还有一些著作将此经的翻译时间标注为天授(690—692)年间。本著的立场很明确，发现于佛国寺印本的具体时间仅仅是一长达50余年的区间，即便是真的如韩国学者所说此经印本为新罗所印制，也不能据此成立印刷术发明于韩国的说法①，更何况此说论据薄弱，不值一驳。

从笔者上文所引资料看，此经的翻译只能在长安二年(702)至长安四年之间，其他的说法都缺乏确切根据。

首先，需要排除"天授中"译出的说法。经过查考，此说最早见于赞

---

① 韩国大真大学校柳富铉教授在《〈无垢净光大陀罗尼经〉现存本原文演变考》一文(《法源》，2001年)中通过对《资福》、《碛砂》、《永南》、《敦煌》、《房山》、《赵城》、《高丽》等诸多版本的对照比较，推断庆州发现的《无垢净光大陀尼经》印行本系根据中国宋代的《资福藏》而刊印的，应为南宋以后的版本。

宁《宋高僧传》卷二《周洛京寂友传》。此文抄自智昇《续古今译经图纪》卷一和《开元释教录》卷九,其中有文说:"又天授中,与沙门法藏等译《无垢净光陀罗尼经》一卷,其经佛为劫比罗战荼婆罗门说,延其寿命。译毕进内,寻辞帝归乡,天后以厚礼饯之。"①天授年(690—692)时,弥陀山尚未来中土,此说自然不能成立。推测言之,不是赞宁搞错,就是后代传抄失误所致。

其次,也有史籍记载为神龙元年(705)译出。经过查对,唐代几种经录中没有这一说法,记载法藏事迹的唐代史籍中也未明确地将此事系于神龙元年。此说出自于宋代之后的文献,如清续法在《法界宗五祖略记》卷一叙述说:"神龙元年,诏与弥陀山,译《无垢净光陀罗尼经》。"②此明显是将智昇所说的"天后末年"理解为神龙元年。根据史书记载,神龙元年(705)正月,武则天病危,宰相张柬之等联络文武官员多人率领禁军入宫,逼迫武则天退位,拥戴中宗复位,恢复国号为唐,上太后尊号为则天大圣皇帝,徙居上阳宫。这年十一月,武则天病逝。将此背景与下面叙述对照,即可作出更切合历史事实的结论。智昇叙述说:"于天后末年,共沙门法藏等译《无垢净光陀罗尼经》一部。译毕进内,辞帝归邦。天后厚遗,任归本国。"③此中明确说,译经后奉入内宫,"天后"赏赐,允许其归国。由此可推论,此事一定是发生在武则天退位之前。与此事可参照的,义净三藏甚至法藏于神龙元年的翻译活动,最大的支持者已经转换为唐中宗了。

总体言之,智昇《续古今译经图纪》卷一和《开元释教录》卷九未曾明确记载弥陀山来中土的时间,从叙述《入楞伽经》翻译过程的史料可以推定其大概于长安二年(702)到达中土。从前引法藏《入楞伽心玄义》卷一的叙述可知,弥陀山于长安二年(702)来到长安,在译出《无垢净光陀罗

---

① 赞宁:《宋高僧传》卷二,《大正藏》第50卷,第719页下。
② 《续藏经》第77册,第622页上。
③ 智昇:《开元释教录》卷九,《大正藏》第55卷,第566页中一下。

尼经》之后就回国了。由此可知，《无垢净光陀罗尼经》的翻译也就在长安二年至长安四年之间。从上文记叙"天后"赏赐弥陀山之语来看，弥陀山大约是在长安四年回国的。

有关《无垢净光陀罗尼经》翻译时间的最直接证据，是法藏在叙述《大乘入楞伽经》的翻译过程时所提及的有关弥陀山的行历：

> 至长安二年，有吐火罗三藏弥陀山，其初曾历天竺廿五年，备穷三藏，尤善《楞伽》，奉敕令共翻经，沙门复礼、法藏等，再更勘译。复礼辍文，御制《经序》，赞述云尔。①

如上引法藏之文所记载的，长安二年（702），弥陀山来到长安，受时在长安的武则天的诏命，与实叉难陀一起继续翻译《入楞伽经》，直至长安四年（704）正月十五日缮写完毕，上奏朝廷。而且从"奉敕令共翻经"之语推测，《无垢净光陀罗尼经》的翻译（实为重译）是由弥陀山与实叉难陀共同翻译而以弥陀山为主的。如上文已经引用过的法藏《华严经传记》卷一所明确记载的，实叉难陀于长安四年在武皇派遣的御史崔嗣光的护送下回到于阗。在此，应该特别指出，宋本觉编集的《释氏通鉴》卷八将此事系于长安四年。《释氏通鉴》卷八记载如下：

> 甲辰（四）正月，实叉译《入楞伽经》七卷，功毕（今在藏。此比诸本，尤为详明）。实叉至此，总译经论一十九部一百七卷。实叉难陀，辞还于阗，诏遣御史霍嗣光送还。
>
> 睹货逻国沙门弥陀山（此云寂友），初共实叉难陀译经，是年译《无垢净光经》一卷，乃辞帝还邦，帝厚遣之。②

综合上述证据，《无垢净光陀罗尼经》最晚是在长安四年译出，而且很有可能是在长安四年正月十五日《入楞伽经》缮写完毕之后开始翻译的，此

---

① 法藏：《入楞伽心玄义》卷一，《大正藏》第39卷，第430页中。
② 本觉编集：《释氏通鉴》卷八，《续藏经》第76册，第93页上。

经篇幅不大,加之有实叉难陀的初译本作底本,费时不会太多。

四、宝思惟三藏、菩提流志三藏的佛典翻译

宝思惟、菩提流志三藏是在武周时期和中宗神龙时期都翻译佛典的三藏法师之一。

1. 宝思惟三藏的佛典翻译

宝思惟(620?—721),北印度迦湿蜜罗国人,刹帝利种,"宝思惟"是汉语意译之名,梵文音译为阿你真那。"幼而舍家,禅诵为业;进具之后,专精律品;复慧解超群,学兼真俗;乾文咒术,尤工其妙。加以化导为心,无恋乡国。"①从这一段叙述可知,宝思惟是精通戒、定、慧和咒术的大师。怀有化导异乡之大愿,宝思惟于武周长寿二年(693)到达洛阳,武则天敕其住于洛阳天宫寺。

从天后长寿二年开始至中宗神龙二年(706),宝思惟先后在佛授记寺、天宫寺、福先寺等地译出《不空罥索陀罗尼经》等七部九卷佛典。在此,依据《开元释教录》卷九的著录,依据时间顺序,将宝思惟的译籍罗列如下:

《不空罥索陀罗尼自在王咒经》三卷,亦名《不空罥索心咒王经》,长寿二年十②月于东都佛授记寺译,沙门德感笔受。初出,与李无谄出一卷者,同本。

《随求即得大自在陀罗尼神咒经》一卷,亦云"所得"。见《大周录》,长寿二年于东都天宫寺译,罽宾沙门尸利难陀设等证梵文,李无谄译语,李无碍笔受。

《文殊师利根本一字陀罗尼经》一卷,长安二年于天宫寺译,沙门慧智等证梵文,婆罗门李无谄译语,直中书李无碍笔受。初出,与

---

① 智昇:《开元释教录》卷九,《大正藏》第55卷,第567页上。
② 《大正藏》原文为"七",宋元明版藏经为"十",《贞元释教录》卷一三为"十",应从"十"为正。

后义净出者同本。

《浴像功德经》一卷,神龙元年正月二十三[①]日于东都大福先寺译,婆罗门李无谄译语。初出,与后义净出者同本。

《校量数珠功德经》一卷,神龙元年正月二十三日于大福先寺译,李无谄译语。初出,与后义净出者同本。

《大陀罗尼末法中一字心咒经》一卷,神龙元年于大福先寺译,李无谄译语。

《观世音菩萨如意摩尼陀罗尼经》一卷,第二出,与实叉难陀等出者同本。[②]

从上述著录看,宝思惟三藏于长寿二年(693)翻译出《不空罥索陀罗尼自在王咒经》三卷、《随求即得大自在陀罗尼神咒经》一卷二部四卷佛典,长安二年(702)译出《文殊师利根本一字陀罗尼经》一卷。神龙元年(705)译出《浴像功德经》一卷、《校量数珠功德经》一卷、《大陀罗尼末法中一字心咒经》一卷三部三卷佛典。唯有《观世音菩萨如意摩尼陀罗尼经》一卷未明确注明译出时间,考虑到智昇说"三藏自神龙二年已后,更不译经"[③]的说法,此部佛经也许是宝思惟三藏最后主译的佛典。

此外,在中国国家图书馆藏雨字三十九号《金光明最胜王经》卷五末尾有一题记:"大周长安三年岁次癸卯十月巳未朔四日壬戌三藏法师义净奉制于长安西明寺新译并缀文正字;翻经沙门婆罗门三藏宝思惟正梵义;翻经沙门婆罗门尸利未多读梵文;翻经沙门七宝台上座法宝证义;翻经沙门荆州玉泉寺弘景证义;翻经沙门大福先寺寺主法明证义;翻经沙门崇光寺神英证义;翻经沙门大兴善寺复礼证义;翻经沙门大福先寺上座波仑笔受;翻经沙门清禅寺寺主德感证义;翻经沙门大周西寺仁亮证义;翻经沙门大总持寺上座大仪证义;翻经沙门大周西寺寺主法藏证义;

[①]《大正藏》原文为"二",宋元明版藏经为"三",《贞元释教录》卷一三为"三",应从"三"为正。
[②] 智昇:《开元释教录》卷九,《大正藏》第55卷,第566页下。
[③] 同上书,第567页上。

翻经沙门佛授记寺都维那惠表笔受;翻经沙门大福先寺都维那慈训证义;请翻经沙门天宫寺明晓,转经沙门北庭龙兴寺都维那法海,弘建勘定。"由此可见,宝思惟三藏在自己主译之外,也参与了义净译场的翻译工作。现存《唐河南龙门天竺寺碑》记载了宝思惟三藏曾经住过西明寺,并且参与过实叉难陀译场、义净和菩提流志译场。

智昇《开元释教录》卷九又记载:

> 三藏自神龙二年已后,更不译经,唯精勤礼诵,修诸福业。每于晨朝磨香为水涂浴佛像后方饮食,从始至终,此为恒业。衣钵之外,随得随施。后于龙门山请置一寺,依外国法式制造,呼为天竺,已及门人同居此寺。精诚所感,其数寔多。寿年百余,以开元九年终于寺矣。①

依据这些记载可知,宝思惟三藏于神龙二年(706)放弃翻译佛典,专心念诵。后来,宝思惟三藏在洛阳龙门山依据天竺法式修造一所佛寺,带领门人迁居此寺。此寺称之为天竺寺。关于此寺的修造,智昇未曾记载具体时间,现存的《唐河南龙门天竺寺碑》记载了此寺的建造时间,即景云二年(711),此时的皇帝是唐睿宗。② 不过,此寺于建成的第二年被洪水冲毁。安史之乱后,唐代宗于龙门西山再立天竺寺,位于今伊阙西北两公里的寺沟村。

在宝思惟三藏入住天竺寺后,以宝思惟三藏署名的七部佛典被上奏入藏。如智昇在《开元释教录》卷九记载:"后至睿宗太极元年壬子四月,太子洗马张齐贤等缮写进内。至延和元年六月,敕令礼部尚书晋国公薛稷、右常侍高平侯徐彦伯等详定入目施行。"③太极元年、延和元年均为712年,此年五月改元为延和年。

宝思惟三藏的修为获得高度尊敬。唐玄宗开元四年(716),善无畏

---

① ③ 智昇:《开元释教录》卷九,《大正藏》第55卷,第567页上。
② 参见苏颋《唐河南龙门天竺寺碑》,《全唐文》卷二五七,第2600—2601页。

以80高龄抵达中国长安,玄宗礼之为国师,奉诏住兴福寺南塔院,后移西明寺。《玄宗朝翻经三藏善无畏赠鸿胪卿行状》记载:"法侣高标,唯尊奉长老宝思惟,其余皆接以门人之礼。"①当时在中土的外国僧人甚多,善无畏三藏来中土后,遵奉宝思惟三藏为师,这足以说明宝思惟三藏的修行之高。

开元九年(721),宝思惟三藏圆寂于住寺,享年一百余岁。

2. 菩提流志三藏的佛典翻译

菩提流志是武周时期来到中土的最重要、影响最大的外来高僧。他在武周时期翻译出佛典19部20卷,在唐中宗、睿宗时期翻译出34部91卷,总53部110卷。这一成就在唐代仅次于玄奘、义净和不空。

菩提流志(571—727),本名达摩流支(意思为"法希"),武则天为其改名菩提流志,汉语意思为"觉爱"。菩提流志是南印度人,婆罗门种姓,俗姓迦叶。《开元释教录》卷九记载:

> 聪叡绝伦,风神爽异。生年十二,外道出家,师禀波罗奢罗,学彼经术,遂洞晓声明,尤闲数论,阴阳历数、地理天文、咒术医方,皆如指掌。年登耳顺,自谓孤行撩僧论议,货以身事。时有大乘上座部三藏,厥号耶舍瞿沙,知其根熟,遂与交论。未越几关,词理俱屈。始知佛日高明,匪萤灯并照,法海深广,岂涓滞等润?于是没身敬事,专学佛乘,奉戒无亏,志节高峻。崇慧有在,解学宽深。未越五年,通达三藏。②

由上述记载可知,菩提流志12岁时师从外道波罗奢罗出家,学习经术、声明以及数历、咒术、阴阳、缴纬等,尤其精通"数论"。他自诩才高超群,不可一世,能与任何学识渊博的佛教学者展开辩论。60岁时,他遇上了一位大乘佛教学者耶舍瞿沙三藏。他们两人辩论,不到几个回合,流志

---

① 《玄宗朝翻经三藏善无畏赠鸿胪卿行状》,《大正藏》第50卷,第291页中。
② 智昇:《开元释教录》卷九,《大正藏》第55卷,第570页上。

就理屈词穷,只好认输了。他这时才知道佛法之深广,于是放弃原来的信仰,改信佛法,礼耶舍瞿沙为师,研习佛典。仅用了不到五年的时间,他就通晓了三藏。其后他又遍游五印度,名声大振。

关于菩提流志来华的缘由,现存睿宗制《大宝积经序》有明确记述:

> 其后遍游五天竺国。高宗天皇大帝闻其远誉,挹其道风,永淳二年,遣使迎接。天后圣帝应乾司契,当宇披图,令住东都,居福先寺。①

《开元释教录》卷九叙述说:"天皇远闻雅誉,遣使往邀,未及使还,白云遽驾。暨天后御极,方赴帝京。以长寿二年癸巳,创达都邑。"②参照二者记载,根据此文所说,唐高宗于永淳二年(683)派使者赴印度迎请菩提流志,但他却于长寿二年(693)才到达洛阳,此时已经武周时期了。其间的原因正如智昇文中所说,高宗于派遣使者的当年就驾崩了,此后政局动荡,菩提流志就未曾动身,于是至长寿二年才到达洛阳。

菩提流志刚到达洛阳,就奉武皇的诏令翻译《宝雨经》。关于此经翻译的过程,敦煌遗书斯2278号《佛说宝雨经》(残卷)卷九译经题记记载了参与者的名单:

> 大周长寿二年岁次癸巳九丁亥朔三日己丑佛授记寺译。大白马寺大德沙门怀义监译。南印度沙门达摩流支宣释梵本,中印度王使沙门梵摩兼宣梵本。京济法寺沙门战译语。佛授记寺沙门慧智证译语,佛授记寺沙门道昌证梵文,天宫寺沙门达摩难证梵文。大周东寺都维那清源县开国公沙门处一笔受,佛授记寺都维那昌平县开国公沙门德感笔受。佛授记寺沙门思玄缀文,长寿寺寺主沙门知激缀文。佛授记寺都维那赞皇县开国公沙门知静证义,大周东寺都

---

① 《大正藏》第11卷,第1页中。
② 智昇:《开元释教录》卷九,《大正藏》第55卷,第570页上。

> 维那豫章县开国公沙门惠俨证义,天宫寺上座沙门知道证义,大周东寺上座江陵县开国公沙门法明证义,长寿寺上座沙门知机证义,大奉先寺上座当阳县开国公沙门慧棱证义,佛授记寺沙门神英证义,佛授记寺寺主渤海县开国公沙门行感证义,京西明寺沙门圆测证义。

由此看来,《佛说宝雨经》不但在洛阳的佛授记寺译出,而参与译场工作的多为大周东寺、佛授记寺、长寿寺、大奉先寺的僧人。此经译出的时间是长寿二年(693)九月三日。

依据《开元释教录》记载,菩提流志在武周时期共翻译出佛典19部20卷。除上述《佛说宝雨经》10卷之外,此外18部如下:《实相般若波罗蜜经》一卷、《文殊师利所说不思议佛境界经》二卷、《大乘金刚髻珠菩萨修行分》一卷、《大乘伽耶山顶经》一卷、《有德女所问大乘经》一卷、《妙慧童女所问经》一卷、《妙德婆罗门女问佛转何法轮经》一卷、《六字神咒经》一卷、《护命法门神咒经》一卷、《般若波罗蜜多那经》一卷、《不空罥索咒心经》一卷、《智猛长者问经》一卷、《佛入毗耶离除一切鬼病经》一卷、《那邪经》一卷、《大陀罗尼经》一卷、《文殊师利咒法藏经》一卷、《一字咒王经》一卷[①]、《无迦略曳菩萨造广大摩尼秘密善住经》一卷。上述译籍中,前8部是在大周东寺译出的,后10部是在佛授记寺译出的。值得注意的是,智昇标注的时间一律是长寿二年(693)。菩提流志来到洛阳也是这一年,译出《佛说宝雨经》是在当年九月,而菩提流志在武周时期译出的经典都被智昇标注为长寿二年,多少有些奇怪。此后直至神龙二年(706)才又开始译经。

武周时期,菩提流志住于洛阳。武则天驾崩之后,中宗令其住于长安。《开元释教录》卷九记载:"后至和帝龙兴,神龙二年丙午,随驾归京,

---

① 智昇:《开元释教录》卷九:"《文殊师利咒法藏经》一卷,长寿二年于佛授记寺译。《一字咒王经》一卷,今疑与前咒藏共是一经,长寿二年于佛授即寺译。"(《大正藏》第55卷,第569页下)

敕于西崇福寺安置。"①由此,菩提流志又开始翻译佛典。

中宗、睿宗时期,菩提流志译出的最重要经典是《大宝积经》。玄奘生前开译此经未曾完成。根据《大唐故三藏玄奘法师行状》记载,玄奘"知此经于汉土未有缘,纵翻亦不了。固请不免。法师曰:'翻必不满五行。'遂译四行止"②。"流志来日,复赍其梵本。和帝命志续奘余功,遂广鸠硕德,并召名儒,寻绎旧翻之经,考校新来之夹。上代译者勘同即附,昔来未出,案本具翻,兼复旧义拥迷,详文重译。始乎神龙二年丙午创筵,迄于睿宗先天二年癸丑毕席。"③对于翻译的基本情况,《开元释教录》卷九记载:

> 创发题日,于大内佛光殿,和帝亲御法筵,笔受经旨,百僚侍坐,妃后同观,求之古人,无以加也。逮睿宗嗣历,复于北苑白莲华亭及大内甘露等殿,别开会首,亦亲笔受。并沙门思忠及东印度大首领伊舍罗、直中书度颇具等译梵文,北印度沙门达摩、南印度沙门波若丘多等证梵义,沙门慧觉、宗一、普敬、履方等笔受,沙门胜庄、法藏、尘外、无著、深亮、怀迪等证义,沙门承礼、神暕、云观等次文,太子詹事东海郡公徐坚、邠王傅固安伯卢粲、尚书右丞东海男卢藏用、中书舍人野王男苏瑨、礼部郎中彭景、直左补阙祁县男王瑨太府丞颜温之、太常博士贺知章等润色,中书侍郎平舆侯陆象先、侍中巨鹿公魏知古等监译,前太常卿薛崇胤、通事舍人弘农男杨仲嗣监护。缮写既了将本进内。④

此经翻译始于中宗神龙二年(706),完成于睿宗先天二年(712)六月八日,历时六年余。现存的睿宗制《大宝积经序》中说:

---

① 智昇:《开元释教录》卷九,《大正藏》第55卷,第570页上。
② 冥祥:《大唐故三藏玄奘法师行状》,《大正藏》第50卷,第219页上。
③ 智昇:《开元释教录》卷九,《大正藏》第55卷,第570页中。
④ 同上书,第570页中—下。

中宗孝和皇帝循机履运，配永登枢。神龙二年，令住京下于崇福寺翻译此经。俄属灵祐亏微，绵区集祸，乔岳之仙长往，茂陵之驾不还。朕以庸虚，谬膺不构，敬遵前旨，勖就斯编。法师寻绎故文，发挥新句，炎凉不懈，晓夕忘疲，旧翻新翻，凡有四十九会，总其部帙一百二十卷成。以先天二年六月八日，毕功进内。①

上文"属灵祐亏微"数句是叙述中宗被杀和睿宗自己登基之事。景龙四年（710）六月，唐中宗李显被韦后、安乐公主毒杀。数天之后，临淄王李隆基举兵杀死韦后、安乐公主。其后，睿宗李旦登基。此经的翻译最初于大内佛光殿开题，中宗皇帝亲自参加，后至佛寺继续进行。睿宗登基之后，也在北苑白莲华亭、大内甘露等殿"别开会首"，睿宗皇帝亲自参加。译成的《大宝积经》120卷，依据智昇的记载，"此部经新译旧译四十九经合成一部。于中析取二十六会三十九卷为菩提流志新译，余二十三会八十一卷，并是旧译勘同编入。"②菩提流志新译的二十六会三十九卷，"谓《三律仪会》、《无边庄严会》、《无量寿如来会》、《不动如来会》、《被甲庄严会》、《文殊师利普门会》、《出现光明会》、《佛为阿难说处胎会》、《无尽伏藏会》、《授幻师跋陀罗记会》、《大神变会》、《优波离会》、《发胜志乐会》、《善顺菩萨会》、《勤授长者会》、《优陀延王会》、《妙慧童女会》、《恒河上优婆夷会》、《功德宝花敷菩萨会》、《善德天子会》、《阿阇世王子会》、《净信童女会》、《弥勒菩萨所问会》、《无尽慧菩萨会》、《胜鬘夫人会》、《广博仙人会》。"③

在翻译《大宝积经》的过程中，菩提流志有同时翻译出七部经典。《续古今译经图纪》记载："于间又译《不空罥索神变真言经》一部三十卷、《一字佛顶轮王经》一部五卷、《广大宝楼阁善住秘密陀罗尼经》一部三卷、《千手千眼观世音菩萨姥陀罗尼身经》一卷、《如意轮陀罗尼经》一卷、《文殊师利宝藏陀罗尼经》一卷、《金刚光焰止风雨陀罗尼经》一卷。已上七部，并弟子般若丘多助

---

① 《大正藏》第11卷，第1页中。
② 智昇：《开元释教录》卷九，《大正藏》第55卷，第569页中。
③ 同上书，第570页中。

宣梵本,沙门云观等笔受。"①《开元释教录》卷九著录如下：

> 《不空罥索神变真言经》三十卷,当第四出,旧译单卷者,即是此经初品。神龙三年夏于西崇福寺译,弟子般若丘多助宣梵本,至景龙三年春功毕。
>
> 《千手千眼观世音菩萨姥陀罗尼身经》一卷,第二出,与唐智通译二卷者同本。景龙三年夏于西崇福寺译,弟子般若丘多助宣梵本。
>
> 《如意轮陀罗尼经》一卷,第四出,与实叉难陀等出者同本,此法稍具。景龙三年夏于西崇福寺译,弟子般若丘多助宣梵本。②
>
> 《广大宝楼阁善住秘密陀罗尼经》三卷,神龙二年九月十五日于西崇福寺译毕,东天竺伊舍罗等译语,沙门云观笔受。
>
> 《一字佛顶轮王经》五卷,亦云"五佛顶",或四卷。景龙三年夏于西崇福寺译,弟子般若丘多助宣梵本,其年冬译毕。
>
> 《文殊师利宝藏陀罗尼经》一卷,景龙四年于西崇福寺译,弟子般若丘多助宣梵本。
>
> 《金刚光焰止风雨陀罗尼经》一卷,景龙四年于西崇福寺译,弟子般若丘多助宣梵本。③

从上述记载可知,菩提流志于中宗朝的翻译活动始于《大宝积经》,在先天二年(713)六月八日,此经"毕功进内"之后,菩提流志结束了自己的翻译工作,如《开元释教录》所说:"三藏流志自翻《宝积经》了,更不译经。禅观怡神,金丹养志,寿虽过百,道业无亏,持诵经行,晨昏靡替。"④至此年,菩提流志已经是142岁高龄了。

菩提流志于开元十二年(724)"随驾入洛,敕于长寿寺安置,以流志所住加号开元"⑤。这是《开元释教录》的记载,恰好与《旧唐书》所记

---

① 智昇:《续古今译经图纪》,《大正藏》第55卷,第371页下。
②④ 智昇:《开元释教录》卷九,《大正藏》第55卷,第569页中。
③ 同上书,第569页下。
⑤ 同上书,第570页下。

玄宗的行踪相应。《旧唐书·玄宗本纪》记载:十二年春"冬十一月庚申,幸东都,至华阴,上制《岳庙文》,勒之于石,立于祠南之道周。戊寅,至自东都"①。从此可知,菩提流志随玄宗于开元十二年十一月十六日到达洛阳,敕住于洛阳长寿寺,玄宗后来给其加号"长寿开元三藏"之师号。

唐开元十五年(727)九月,菩提流志对门人说:"泡影之身,日就衰朽。纵然久住,终归磨灭。吾生年摄养,冀免衰弊,今渐迟暮,徒更延时。"②从九月二十日起,他"不饮不食,药饵俱绝。虽向五旬,神色不异。至十一月三日,遂索香水洗浴,换新洁衣。至四日晨朝,取梵本众经,手擎顶戴,一一赞叹。至五日斋时,告诸侍人,皆令四散:'吾暂就静,汝勿喧声。'遂于净室之中,右胁而卧,奄然而卒"。春秋一百五十六,玄宗皇帝闻知,"恸叹久之,追赠鸿胪大卿,谥曰'开元一切遍知三藏',诏遣内侍杜怀敬往东都监葬。敕内库出物,供葬所须,务令优赡,无限其数。于是卤薄羽仪,幡幢华盖,阗塞衢巷而不可数。遂迁窆于龙门,起塔供养焉"③。菩提流志葬于洛阳龙门。

菩提流志所翻译的佛典之名称上文已经叙述。需要说明的是文献关于其译经数量统计口径不一,易于致误。智昇在《开元释教录》卷九著录为:"前后总译五十三部合一百一十一卷。"④这是将一百二十卷《大宝积经》中由菩提流志新译的二十六会三十九卷算作二十六部经而成。智昇在《续古今译经图纪》中又著录为:"前后总译二十八部一百九十二卷。"⑤这是将《大宝积经》算一部且将一百二十卷都算入菩提流志译籍而成的数字,二者的基本内容一致。

---

① 刘昫等:《旧唐书》卷八,第187页。
②④ 智昇:《开元释教录》卷九,《大正藏》第55卷,第570页下。
③ 同上书,第570页下—571页上。
⑤ 智昇:《续古今译经图纪》,《大正藏》第55卷,第371页下。

第二节　玄奘西行求法及其佛典翻译

在中国佛教史上，甚至在中国历史上，玄奘都毫无异议地屹立于最伟大的人物行列。作为一位佛教高僧，他不畏艰险，只身一人，前往天竺求取佛经，其意义早已经超越了佛教范围而成为中华民族不屈不挠精神的象征，千百年来一直鼓舞着中华民族努力奋斗。从佛教言之，玄奘不仅是佛教在中国传播史上成就最大的学者，同时又是继承印度正统佛教学说的集大成者。他翻译的经论既多且精，弘扬佛法真义也最为得力，在中国佛教史、文化史、思想史上都有广泛而深刻的影响。他不但是一位伟大的佛学家、佛典翻译家，也是一位伟大的旅行家与思想家。玄奘西行求法归来，通过翻译经典和传授学徒等方面的工作，将当时印度唯识学的最新成果介绍给中土，最终创立了以佛教义学见长的法相唯识宗，为中国佛教的发展做出了重大贡献。

作为中国历史上最伟大的高僧，玄奘的生平自然很引人关注。唐代关于玄奘有三部传记资料。第一种是冥祥著《大唐故三藏玄奘法师行状》一卷（一般简称为《行状》，第二种是道宣《续高僧传·唐京师大慈恩寺释玄奘传》（一般简称为《玄奘传》），第三种是慧立著《大慈恩寺三藏法师传》十卷（一般简称为《慈恩传》）。这三种传记材料，均撰写于玄奘卒后几年之内，也是与玄奘同时代的人所写，作为叙述玄奘生平事迹的基本材料很受后世的重视。本章依据上述文献，参照学术界的研究成果，对玄奘大师的早期行历和西行求法的历程作些考辨叙述，并叙述其归国之后的翻译活动。

一、玄奘早期行历

尽管唐代流传下来不少记载玄奘生平事迹的文献资料，但在玄奘的生卒年等问题上仍然有不少分歧。下文将在引证原始材料的基础上，参照学术界考证①,先对玄奘生卒年问题作些综合叙述。然后,参照学术界的研究成果,对玄奘大师的早期行历作些考辨叙述。

1. 玄奘三藏的籍贯

释玄奘(602—664),俗姓陈,籍贯一般称"洛州缑氏县",笼统地说他是今河南省偃师县人。但古代史籍对其记载有文字上的差别,近年来,在具体地点上,也有学者提出不同看法。

关于玄奘大师的籍贯,慧立、彦悰的《大慈恩寺三藏法师传》说:"陈留人也"②,道宣的《续高僧传·玄奘传》说"为洛州缑氏人"③,冥祥的《大唐故三藏玄奘法师行状》说"本居颍川,后徙河南"④,《旧唐书·玄奘传》说"洛州偃师人"⑤。这几种说法,似乎互相矛盾,其实都不错。

陈留为汉代郡名,治所在陈留县(今河南省开封市东南陈留城)。说玄奘为陈留人,这是指他的郡望说的,玄奘并非陈留出生,也从来没有在陈留生活过。玄奘先祖本居颍川(今河南省许昌市),从他的祖籍说他"本居颍川"是符合实际的。他的祖父陈康迁居河南洛州缑氏县。隋开皇十六年(596),废缑氏县,置偃师县(今河南省偃师县东)。大业初年复置缑氏县。缑氏县即偃师县,属洛州(今河南省洛阳市东北)。可见,从出生地说他为"洛州缑氏人"或"洛州偃师人",也都是正确的。这样一来,关于玄奘的籍贯,由郡望说是陈留人,由祖籍说是颍川人,由出生地

---

① 关于玄奘的生平行实,研究著作很多,仅年谱、年表、传记就已经出版十多种,重要者有:梁启超编《玄奘法师年谱》,刘汝霖编《唐玄奘法师年谱》,陈思编《玄奘法师年谱》,罗香林编撰《〈旧唐书·僧玄奘传〉讲疏》以及《玄奘法师年代考》,石万寿《玄奘译经进度年表》。这些著作分别收载于台北天一出版社出版的《玄奘传记资料》诸册。楮伯思编《玄奘法师大事年表》收录于台湾新文丰出版公司1981年版的《玄奘大师新传》。北京中华书局1988年出版的杨廷福《玄奘年谱》,约17万字,是篇幅较大的一种。新近出版的有《玄奘法师年谱》,英汉对照,张力生著,宗教文化出版社2000年版。田光烈《玄奘生卒学行略表》载于《玄奘哲学研究》,学林出版社1986年版。关于玄奘生卒年、西行出发时间等等争论问题,这些论著都有考辨。最近的著作则有傅新毅著《玄奘评传》,南京大学出版社,2006年版。
② 慧立、彦悰:《大慈恩寺三藏法师传》卷一,《大正藏》第50卷,第221页中。
③ 道宣:《续高僧传》卷四,《大正藏》第50卷,第446页下。
④ 冥祥:《大唐故三藏玄奘法师行状》,《大正藏》第50卷,第214页上。
⑤ 刘昫等:《旧唐书》卷一九一,第5109页。

说是缑氏县人或偃师县人,可以并存。

关于玄奘具体的出生地,道宣在《续高僧传·玄奘传》中说:"其少室山西北,缑氏故县东北,游仙乡控鹤里凤凰谷,是法师之生地也。"①慧立、彦悰写《大唐大慈恩寺三藏法师传》时,新县治已13年,因称玄奘故里为:少林"寺西北岭下,缑氏县之东南凤凰谷陈村,亦名陈堡,即法师之生地也"②。大多数学者认为,上述描述指的是偃师县缑氏镇陈河村,当地也于此村建立玄奘纪念馆。然而,近年来一直有几位学者主张陈河村并非玄奘故里,偃师县府店镇滑城河村才是玄奘的真正故里。③ 这一说法并未得到认可。二者纷争的关键有两个:一是玄奘出生时偃师县县治的位置,二是道宣等在叙述玄奘出生地时参照的是此县的故治还是新治。

有学者根据《新唐书》和《旧唐书》的《地理志》考知:缑氏县在贞观十八年(644)被废,上元二年(675)七月复置,并迁址到故县治西北涧水南(即马涧河),以便于管理"恭陵"(即武则天长子李弘之陵,他被追谥为"孝敬皇帝"),县治在今缑氏镇。缑氏县本为西汉所设,据《水经注·洛水》记载,其县治在春秋时期的滑国费城。考古调查发现,在滑城河村的南面残存一小段城墙实体,考古钻探也发现,在其东南角、西北角均有城墙墙体遗迹,整个城址平面呈倒梯形。这就是滑国费城的遗址。不过这一证据只能证明,此地确实曾经是贞观十八年之前的缑氏县故治,但不能确证道宣等在叙述玄奘故里时参照的就是旧县治而不是新县治。

对于上述疑问,力主此说的学者举出《大唐大慈恩寺三藏法师传》的一段话:"自后备通经奥,而爱古尚贤,非雅正之籍不观,非圣哲之风不习,不交童幼之党,无涉阛阓之门,虽钟鼓嘈囋于通衢,百戏叫歌于间巷,

---

① 道宣:《续高僧传》卷四,《大正藏》第50卷,第457页下。
② 冥祥:《大唐故三藏玄奘法师行状》,《大正藏》第50卷,第218页下。
③ 参见冯双海的《玄奘法师诞生及发祥地考证考察》,台湾《妙林》,1992年;肖冰的《玄奘故里订正》,《中国文物报》,1993年3月21日;温玉成、刘建华《玄奘生平几个问题的再考订》,《文物春秋》,2005年第1期。

士女云萃,其未尝出也。"①有学者解释说:"滑城河村在隋代缑氏县城的东北角,所以才有'通衢'(大道)及'间巷'(小道)。而陈河村只是一个普通农村,绝不会有这一番热闹景象。即玄奘故里不是在偏僻的农村,而是在一座城市之中。"②这一证据如果属实,则可推知玄奘少年时的生活环境确实是在县治近边,可惜上述引文仅仅是文学性的表述,显然是作者的悬测之辞,不足为据。

2. 玄奘三藏的生卒年考辨

现存史籍中,没有明确记载玄奘的生年,而其卒年则有间接记载。因此,确定其生年的关键在于其在世寿命。关于玄奘的在世之年,常见的异说有五种。近代学者分别采纳其中之一,玄奘的生年和生平中一些事迹的年月推定会发生歧义。五种说法如下:

第一种以冥详《大唐故三藏玄奘法师行状》为根据主 63 岁说。《行状》并没有在玄奘圆寂时叙述其享年岁数,仅在圆寂的那一年,即麟德元年(664)正月一日,"谓弟子及翻经僧等曰'有为之法,必归磨灭,泡幻之盾,何得久停? 今麟德元年,吾行年六十三,必卒于玉华,若于经论有疑,宜即速问,勿为后悔'"③。《行状》这段记载,即表明玄奘圆寂时,年龄为 63 岁。

第二种以道宣《续高僧传·玄奘传》为根据主 65 岁说。《续高僧传·玄奘传》记载:玄奘在圆寂的那一年,"告翻经僧与门人曰:'有为之法,必归寂灭,泡幻形质,何得久停,行年六十五矣,必卒玉华,于经论有疑者,今可速问'"④。道宣也是用间接的方式,表明玄奘寂年为 65 岁。

第三种以唐刘轲《大遍觉法师塔铭》(一般简称《塔铭》)为根据主 69

---

① 慧立、彦悰:《大慈恩寺三藏法师传》卷一,《大正藏》第 50 卷,第 221 页下。
② 温玉成、刘建华:《玄奘生平几个问题的再考订》,《文物春秋》,2005 年第 1 期。
③ 冥祥:《大唐故三藏玄奘法师行状》,《大正藏》第 50 卷,第 219 页上。
④ 道宣:《续高僧传》卷四,《大正藏》第 50 卷,第 458 页上。

岁说。《塔铭》则在麟德元年二月五日云:"俄而去,春秋六十有九矣。"①直接表明玄奘享寿 69 岁。

第四种《旧唐书·玄奘传》的 56 岁说。《旧唐书·玄奘传》则说:"六年,卒,时年五十六,归葬白鹿原。"②直接说明玄奘享寿 56 岁。

第五种,《慈恩传》记载:显庆五年(660)至龙朔三年(663)译《大般若经》时,玄奘曾"谓诸僧曰:'玄奘今年六十有五,必当卒命于此伽蓝,经部甚大,每惧不终,人人努力加勤,勿辞劳苦'"③。由此推算到麟德元年(664),玄奘寂年的岁数,应为 66—69 岁。此一岁数,似为前四种说法以外的另一种说法。

尽管对于玄奘的享年记载分歧,但在近代之前注意者不多。现今能够查考到提及此事的最早著述是元代释念常编的《佛祖历代通载》。明万历间赵崡即已发现在玄奘生卒年问题上,文献史传间的记载互有参差。赵崡在《石墨镌华》卷四在《唐大遍觉禅师塔铭》项下说:"玄奘久居西域,广译佛言,唐太宗极尊崇之。据史,卒于显庆六年,即龙朔元年;铭则云卒于麟德元年之二月。史云年五十六,铭云年六十九。"④入清后,有孙承泽《庚子销夏记》、倪涛《六艺之一录》、林侗《来斋金石考》和王澍《竹云题跋》等,对《慈恩传》、《塔铭》与《旧唐书·玄奘传》之间的抵牾,皆作过细致的比勘和分析。迨至 1923 年 4 月,梁启超在《东方杂志》第 27 卷第 7 期上,发表《支那内学院精校本〈玄奘传〉书后》一文,认为《塔铭》的 69 岁说,为唯一正确的寂年俗寿。此文引起陈垣等人的反驳,遂使玄奘享年问题成为唐史研究上的一大论争,一直到现在尚未成定论。

五种说法之中,《旧唐书·玄奘传》的 56 岁说错谬明显,又是晚出,

---

① 董诰等编:《全唐文》卷七四二《大遍觉法师塔铭》,第 7684 页。
② 刘昫等:《旧唐书》卷一九一《玄奘传》,第 5109 页。
③ 慧立、彦悰:《大慈恩寺三藏法师传》卷一〇,《大正藏》第 50 卷,第 276 页中。
④ 赵崡:《石墨镌华》卷四,《石刻史料新编》第 1 辑第 25 册,第 18627 页。

不足凭信。尽管有学者以僧腊说来维护这一记载,认为玄奘13岁出家为沙弥,二者的相加证成69岁之说。但古代僧人僧腊是以受具足戒为比丘或比丘尼的时间来计算的,玄奘21岁受具足戒,可见,其僧腊并非56。这一说法漏洞最多,可不置评。第五种说法,常常被作为69岁说的证据。其余三说——63岁说、65岁说、69岁说,各有学者维护,也有学者反对,需要考辨一番,以确定本著的立场。

69岁说的最初认定者是梁启超。他在《支那内学院精校本〈玄奘传〉书后》一文中认定《塔铭》的69岁说最为可信,其理由有以下五点[1]:第一,在古今所有名人谱传中,《慈恩传》的价值应推第一,诸家所记,十九皆取材于慧立的传记,故《慈恩传》实为奘传的基本资料。第二,《行状》误将《慈恩传》所载的显庆五年译《大般若经》时所说的"玄奘今年六十五,必当卒命于此伽蓝"一语,记为"今麟德元年,吾行年六十有三"。又《行状》中有"贞观三年,年二十九"一语,若以63岁推算,其年仅28耳,自相矛盾者一年。而《续僧传》的65岁,也自相矛盾。第三,《慈恩传》载,显庆二年九月二十日,玄奘上表云:"岁月如流,六十之年,飒然已至。"以69岁推算,是年为62岁,与"已至"二字之意合。第四,《慈恩传》于显庆五年条下,记玄奘翻《大般若经》时,曾经对诸僧曰:"玄奘今年六十五,必当卒命于此伽蓝"一语,依《塔铭》69岁推算,正与《慈恩传》符合。

对于梁启超上述几点,当代学者反驳者很多,概括起来主要是:第一,《慈恩传》并非最早最可信。几种玄奘传记中,先写成的是《行状》,其后则是《续高僧传·玄奘传》,此后才是《慈恩传》。因此,与其说诸家所记大多取材于慧立的传记,倒不如说慈恩传抄自《行状》、《续高僧传》等书。第二,梁启超说,《续高僧传》所云"行年六十三,必卒玉华"一词,似抄自《慈恩传》。而石万寿先生考证的结论是:"上列三段,词句含义大体相同,可能是同一来源,也就是传抄自最早撰成的文献。按撰成时间最

---

[1] 参见梁启超《佛学研究十八篇》附录三,第355页,上海古籍出版社,2009。

早,作者参与玄奘治丧事宜最深的史料为《行状》,极可能是《续僧传》、《慈恩传》所载都来自《行状》,而非《行状》误载《慈恩传》"①。第三,对于《行状》中所举年岁自相矛盾的现象,几乎是所有玄奘相关资料的共同现象。第四,梁启超以《慈恩传》显庆元年条下有"年六十五岁"一语,推算到麟德元年,正好为69岁,认为《塔铭》可信。查《慈恩传》所载"年六十五"一语,系玄奘翻译《大般若经》时所说的,而译《大般若经》的时间,是在显庆五年正月一日至龙朔三年正月二十日之间,《慈恩传》的"年六十五"一语,在显庆五年到龙朔三年间,每一年都有可能,并没有指明是在哪一年,实不可以以显庆五年作为推算的依据。

对于梁启超的观点,后来主要有郭元兴《试论玄奘法师出生西行的年代问题》、罗香林《旧唐书僧玄奘传讲疏》、《玄奘法师年代考》和释东初《玄奘大师生平年代考》等五篇论文加以补充论证,但上述疑点并未消除。另外,更重要的是一个细节,即玄奘出家为沙弥时"恒度"的主持者郑善果的官职变化,与此说不符。正如杨廷福所说:"即以69岁来对勘《传》、《状》、《碑》、《录》、《表》中的年岁记载,就没有一处相合。"②因此,此说采纳者不多。

65岁说,初见于道宣《续高僧传》,后来《开元录》、《贞元录》沿袭其说。现代学者陈思《唐玄奘三藏法师年谱》、吕澂《玄奘法师略传》等先后采用此说,而杨廷福在其论文和《玄奘年谱》中的考辨较为详细,影响也很大,大陆一些论述玄奘的书籍,一度直接标注此说而不加甄别。

吕澂撰《玄奘法师略传》对玄奘寂年岁数,并没有专文论述,仅于附注中,注明采用65岁说的理由是:"关于奘师的年岁,有63、65、69等数说,现依显庆四年(659)奘师表启自称'行年六十'一语,暂定为

---

① 石万寿:《玄奘寂年岁数新证》,台北,《人文学报》第4期,1997。在玄奘生卒年的考证综述和辩驳上,此文所论尤其精慎,本著此部分是参照此文撰写的。
② 杨廷福:《玄奘年谱》第11页,北京,中华书局,1988。

65岁。"此中所引的文献是《重请入山表》。此表中,玄奘说:"自奉诏翻译一十五年,夙夜匪遑,思力疲尽,行年六十,又婴风疹。"此中的"行年六十"一词,吕澂先生即解释为年60岁。由此下推至麟德元年,正得65岁。此表为玄奘自述的年代,按道理应是最为可信的资料。但如有学者指出的,"奘师所上表启中的年岁,常自相矛盾"。如显庆二年(657)上《请入少林寺译经表》云:"岁月如流,六十之年,飒焉已至。念慈遄速,则生涯可知。"再如龙朔三年(663)十一月二十三日坊州宜君县玉华寺沙门玄奘所上的《请御制大般若经序表》,则云:"玄奘获归中国,十有九年,翻译梵文千三百余卷,但玄奘年垂七十,劳疹屡婴,恐先朝露,庆酬天造,是以力此里弊,光烛缠宵,只奉诏恩,夙夜翻译,以显庆五年正月一日起,首译《大般若经》,至今龙朔三年十月二十三日绝笔,合成六百卷。"以上两表,加上吕先生所引用的一表,三表的年代分别是显庆二年(657)、龙朔二年(662)、显庆四年(659),表中自称的年岁,则分别是"六十之年,飒焉已至"、"再垂七十"、"行年六十"。这三个年岁,除"六十之年,飒焉已至"一词,可以解释为至少超过55岁,伸缩性较大外,"行年六十"和"年垂七十"二词,在字面上的解释,至少相差五岁以上,但二表中另有"自奉诏翻译一十九年"和"获归中国十有九年"二词,依字面上的解释,二表的时间相差四年,与上表的年代相符,与表启中的年岁不符。由此观之,表启中自称的年岁,自相矛盾之处仍多,并不是最可信的资料。吕澂先生由表中的"行年六十"一词,推定为65岁之说,似难于成立。①

杨廷福确认65岁说,主要的根据是"《行状》较后出,系据《续传》与《慈恩传》而成"②。道宣撰《续高僧传》的时间,最初的完成时间是贞观十

---

① 石万寿:《玄奘寂年岁数新证》,台北,《人文学报》第4期,1997年。
② 杨廷福:《玄奘年谱》,第9页。

九年(645),此后他又补充新撰若干篇,曾经单独流通,后于流通过程中被合并,因此而成今日习见之面貌。根据学者研究,道宣写僧传的下限时间为德麟二年(655)。而《行状》的作者为冥祥,从《行状》的叙述看,似乎参与了玄奘治丧事宜。且有学者认为,《行状》中所提及最后日期,系玄奘圆寂后的 60 日,并未提玄奘葬仪等事。而"奘师的葬期,据《慈恩传》卷十所载,是在麟德元年四月十五日,为寂后的 70 天。《行状》未载葬所,实为当时的通例。因此,行状似应作于奘师寂后的第 60 天,即安葬奘师于浐东之日以前"①。由此可见,杨廷福先生以此作论据来成立 65 岁说是有困难的。

力主 63 岁说的,最初是陈垣《书内学院新校〈慈恩传〉后》,此后刘汝霖《唐玄奘法师年谱》、曾了若《玄奘法师年谱》、释印顺《玄奘大师年代之论定》、释隆根《唐僧玄奘大师生平之研究》等以及石万寿《玄奘享年问题的商榷》、《玄奘寂年岁数新证》两篇论文,都主张此说。

陈垣先生在 1924 年 10 月出版的《东方杂志》第 21 卷 19 号发表《书内学院新校〈慈恩传〉后》一文,反驳了梁启超的 69 岁说,认为 63 岁说可信,其理由有以下四点:第一,诸家记玄奘的年岁,皆自相矛盾,《慈恩传》亦不例外,"盖诸师撰传时,各据所闻,并未预先制为年表月表,而后系以事实,故有此误"。② 第二,刘轲在玄奘寂后的 170 余年撰塔铭,"为避免矛盾计,芟夷武德、贞观时一切年岁,独标法师寂年为 69。溯其所根据,盖即根据本传显庆五年条下之 65 岁,而推算麟德元年为 69 也。然何解于诸家武德五年 21 岁之说耶? 如是孤证,殊不足据"。③ 第三,"《旧唐

---

① 石万寿:《玄奘寂年岁数新证》,台北,《人文学报》第 4 期,1997。印顺法师在《玄奘大师年代之论定》一文中也认为《行状》"最为先出。奘公卒于麟德元年(664)二月五日。三月十五日,敕京城僧尼以幢盖送葬。四月十五日,葬于浐东白鹿原。《行状》说及敕葬而未及葬事,有'舍命时经六十日,头发渐生'之语,可断为四月初旬,临葬前所作。"(《佛教史地论考》,第 257 页,台北,正闻出版社,1992)
② 《阿垣学术论文集》,第 410 页,北京,中华书局,1980。
③ 《陈垣学术论文集》,第 410—411 页。

书·玄奘传》谓:法师显庆六年卒,年五十六,尤谬,梁任公谓显庆于六年,亦非! 显庆六年三月朔,始改元龙朔"。① 第四,"今校本于法师寂年,特取 63 岁,至为审慎。盖综合诸家记载,唯武德五年满 20 岁,即 21 岁,及麟德元年寂之说,唯能统一,校者即根据此说,推算为 63,而又与行状合也"②。陈垣提出上述四条论证来支持 63 岁说的成立,但没有作详尽解说。1930 年 9 月、1931 年 1 月出版的《女师大学术季刊》第 1 卷第 3 期、第 2 卷第 1 期,发表了刘汝霖《唐玄奘年谱》,也力主 63 岁说。1961 年印顺法师撰《玄奘大师年代之论定》批驳罗香林《旧唐书玄奘传讲疏》、《玄奘法师年代考》所持的 69 岁之说,力主 63 岁说。此后的石万寿先生先于 1971 年 4 月发表《玄奘享年问题的商榷》一文,后于 1997 年发表《玄奘寂年岁数新证》,全面评述诸说,完善了 63 岁之说。著者认为,与其他诸说相比,这一推定最为成熟、妥当,本著采取此说来论定玄奘三藏的行历。下文选择最重要的几个理由来说明之。

在现有的文献记载中,玄奘 13 岁时,郑善果批准剃度其为沙弥之事,对于确定玄奘的生年具有重要作用。在此需要略作综述。

《塔铭》记载玄奘 69 岁圆寂,13 岁出家,《慈恩传》所载略同。而玄奘圆寂于麟德元年(664)。依照 69 岁说,13 岁应为隋炀帝大业四年(608),也就是玄奘在大业四年,由大理卿郑善果剃度出家。从学术界考证的结论看,这是不可能的。

关于郑善果任大理卿的时间,史书并未明载。而经过学者考证,郑善果于此年不可能任此官职。《旧唐书》卷六二《郑善果传》云:郑善果,父诚,"大象初讨尉迟迥,力战遇害。善果年九岁,以父死王事,诏令袭其官爵。……大业中,累转鲁郡太守"。事亲至孝,所至有政绩,百姓怀之。及朝京师,炀帝以其居官俭约,莅政严明,与武威太守樊子盖考为天下第

---

①②《陈垣学术论文集》,第 411 页。

一,再迁大理卿。①《新唐书》卷一〇〇《郑善果传》云:郑善果,父诚,"讨尉迟迥,战死。善果方九岁,以死事,子袭爵"。大业中,转鲁郡太守,"善果母崔,贤明晓政治",故善果所至有绩,号称清吏。尝与武威太守樊子盖考为天下第一,再迁大理卿。②《隋书》卷八〇《郑善果母传》及《北史》卷九一《郑善果传》则云:郑善果,转鲁郡太守,号称清吏。炀帝遣御史大夫张衡劳之,考为天下最,征授光禄卿。其母卒后,善果为大理卿。③ 由此三则史料可知,郑善果任鲁郡太守,与樊子盖被考为天下第一后,调任光禄卿,母卒服丧起复时,始转任大理卿。唯转任三职的时间,史书并未明载。郑善果调任光禄卿的原因,是和樊子盖共同被考为天下第一以后。关于樊子盖被考为第一的时间,《隋书》卷六三《樊子盖传》记载:炀帝即位,授"武威太守,以善政闻,大业三年入朝,帝引之内殿,特蒙褒美。"④《北史》卷七六《樊子盖传》说:"炀帝即位,转凉州刺史,改授银青光禄大夫、武威太守,以善政闻。大业三年,入朝,加金紫光禄大夫。"⑤这两则史料,均明载樊子盖在大业三年(607),以武威太守的身份蒙炀帝召见。除此次以外,各史书均无樊子盖再一次以武威太守的身份,被召见的记录。由此可知,樊子盖与郑善果二人,以善政被召见的时间,是大业三年,郑善果由鲁郡太守转任光禄卿的时间,不会早于大业三年。至于郑善果改任大理卿的时间,是在其母崔氏逝世、善果服丧期满起复以后。服丧的时期,《隋书》卷八《礼仪志》云:开皇初,定礼制,"凶服不入公门,期丧已下不解官","齐衰心丧已上,虽有夺情,并终丧不吊不贺不预宴"⑥。可见,父卒,母未改醮而丧,子须为母服齐礼三年。在此三年中,必须解官守丧,纵有夺情,亦不可迁官和预庆喜宴。三年的丧期,依郑玄的说法是

---

① 刘昫等:《旧唐书》卷六二《郑善果传》,第2378页。
② 宋祁、欧阳修等:《新唐书》卷一〇〇《郑善果传》,第3936—3937页。
③ 《隋书》卷八〇《郑善果母传》,第1804页;《北史》卷九一,第3007页。
④ 《隋书》卷六三《樊子盖传》,第1490页。
⑤ 李延寿:《北史》卷七六《樊子盖传》,第2994页。
⑥ 《隋书》卷八《礼仪志》,第157页。

27个月,王肃的说法是25个月。郑善果母逝世的时间,史书并无明文记载。即使郑母在善果于大业三年拜光禄卿之后,即告逝世,而善果起复后,即拜大理卿,其就任新职的时间,最早也当在大业五年以后。因此在大业四年整年中,郑善果似不可能任大理卿。① 玄奘自然也极不可能由郑善果剃度为僧,而与此事有关的69岁说,也就不可能成立。

根据学者的考证,郑善果于大业十一年(615)因为"突厥围炀帝于雁门,以守御功,拜右光禄大夫。"② 可知,郑善果为大理卿,应在大业十一年前。又根据《隋书》、《通鉴》等书考证,郑善果于大业九年十月至东都审问杨玄感党羽,诛杀三万余人,而《隋书·炀帝本纪》明载,大业九年十二月甲申车裂玄感弟朝请大夫积善及党羽十余人。由此可知,郑善果审判此事,必然延续至大业十年初。由此可见,玄奘在洛阳可能在此一阶段遇到郑善果而批准剃度。

现存的几种早期史料中,各文献完全相同者之中有一条是:武德五年(622)玄奘于成都受具足戒,当时的年龄是年满20,而虚数已经为21岁。这一记载符合佛教制度中的满20方才允许受具足戒的规定,以此下推,麟德元年(664)玄奘圆寂时的岁数应为63。《塔铭》载,玄奘年13出家于洛阳。《慈恩传》又载:受度时,大理卿郑善果奇之。如前所考辨,大业五年(609)后,郑善果方有可能在东都,是时法师13岁,这也与63岁说相合。

总之,在目前文献中仔细考辨,以暂定玄奘生于隋仁寿二年(602)、卒于唐麟德元年(664)、享年63岁较为妥切。

3. 玄奘出家的因缘

关于玄奘幼年时期的事迹,以《大慈恩寺三藏法师传》所记较详,其他文献只是参差互见。下文的叙述也以此为主,引其文不再标记。

---

① 参见石万寿《玄奘寂年岁数新证》,台北,《人文学报》第4期,1997年。
② 刘昫等:《旧唐书》卷六二,第2378页。

依照文献记载,玄奘法师俗姓陈,名为袆。其先祖为"汉大丘长仲弓之后。本居颍川,后徙河南,子孙因之为缑氏人焉"①。高祖陈湛,曾经做过魏清河太守。曾祖陈钦(山)曾为魏征东将军、上党太守,封南阳郡开国公。祖父陈康,曾为齐国子博士,转司业,又转礼部侍郎。其父陈惠,"英洁,有雅操,早通经术,长八尺,美眉明目,哀衣博带,好儒者之容,时人方之郭有道。郡举孝廉,拜陈留令。又迁江陵,后隋运将衰,遂息缨冕之心,结薜萝之志,识者高之"②。又根据《续高僧传·玄奘传》记载:"父惠,拜江陵令,解缨而退,即大业年也。"③可知,陈惠于大业年辞官归故里,具体时间不详,但不会晚于玄奘8岁那年。

玄奘的母亲为广平宋氏,隋洛州长史宋钦之女,育有四子一女,玄奘法师为其第四子。关于其母的情况,《古今译经图纪》卷四有一句话说及玄奘"鸠车之龄落彩"④,根据学者考证,此"鸠车之龄"指5岁,"落彩"是说"居母忧"⑤,也就是玄奘五岁丧母的意思。

僧传说:"法师粤自袚辰,夙标温嶷,迨于二十日,更表贞淳,机智有殊,聪敏绝异。"这些描写文学性很强,不可拘泥,但他确实卓尔不群,聪慧异常。这可从以后的发展得到证实。在玄奘年少的时候,其父就教以

---
① 冥祥:《大唐故三藏玄奘法师行状》,《大正藏》第50卷,第214页上。学术界对于玄奘的家世有更详细的研究。根据黄心川先生的概括,基本结论如下:玄奘的祖先陈寔是河南省大丘的"大丘长"。陈寔生活于公元104年至187年之间,原籍颍川郡许县,谥"文范先生"。据《史记》卷三六、世家第六载,玄奘祖陈杞居于河南省。陈朝建国者陈霸先、天台宗创立者陈德安(即法名智顗),皆是玄奘的同族。陈霸先是陈寔的后裔,陈寔四代孙陈达在永嘉南迁后曾为长城县令(浙江吴兴县的长城,即今浙江长兴县)。玄奘的祖系陈康、陈英、陈弼、陈鼎、陈高、陈咏、陈猛、陈道巨、陈文赞、陈霸先等历代长年居住在浙江长城县。玄奘另一祖先,天台大师出生于荆州华阳县,现属湖南省(在湖北江陵县之南、洞庭湖的北岸,即古代的颍川故地),这一系(智顗)传十代孙,皆居住于颍川地区。玄奘的祖父陈康、父陈慧开始南迁,居于河南陈留。(参见黄心川:《关于玄奘与紫阁寺的几个问题》;[日]野村耀昌译:《大唐西域记》日文版序言)
② 冥祥:《大唐故三藏玄奘法师行状》,《大正藏》第50卷,第214页上。
③ 道宣:《续高僧传》卷四,《大正藏》第50卷,第446页下。
④ 靖迈:《古今译经图纪》卷四,《大正藏》第55卷,第366页下。
⑤ 陈思:《玄奘法师年谱》,《现代佛教学术丛刊》第8册,第177页,台北,大乘文化出版社,1980。

儒家、道家典义。靖迈《古今译经图记》卷四有一句话说玄奘"竹马之齿通玄",根据学者考证,"竹马之齿"是指 7 岁。① "年八岁,父坐于几侧,口授《孝经》。至曾子避席,忽整襟而起。问其故,对曰:'曾子闻师命避席,玄奘今奉慈训,岂宜安坐?'父甚悦,知其必成,召宗人语之。皆贺曰:'此公之扬焉也。'"②可见,其父及其族人早就感到此儿将来必成大器。

关于玄奘父亲的卒年,几种重要的玄奘传记都只字未提。现存的玄奘于显庆二年(657)改葬父母时上唐高宗的表文中说:"玄奘不天夙种,荼蓼兼复,时逢隋乱,殡掩仓卒,日月不居,已经四十余载。"③当今学者对此解读不一。有学者将此事系于大业七年(611),其理由是:在玄奘 11 岁前后,其兄长捷法师携其至洛阳净土寺,"若其父尚在,必不致有此"④。有学者不同意此解,其理由有三:第一,大业七年,隋乱初起,尚未波及东都附近,则似未必至于殡掩仓卒之境。第二,因由显庆二年(657)回溯至大业七年(611),已经 47 年,与 50 年接近,不应该说成 40 余。第三,玄奘法师出家之年,如在其父卒后,则慧立《慈恩传》中应有提及;其父卒年在出家之后,则传内略之,尚较可信。⑤ 两种不同解释的差别,深层次的原因在于对其出家动机的认定。

关于玄奘出家的原因,现存文献语焉不详。《行状》说:法师"爰以宿植,早厌樊笼,驿思玄门,翅神觉道,大业之际"⑥而出家。《慈恩传》卷一说:"其第二兄长捷先出家,住东都净土寺,察法师堪传法教,因将诣道场,诵习经业。"⑦这两种记载,都将玄奘出家的动机解释为对佛法的崇

---

① 陈思:《玄奘法师年谱》,《现代佛教学术丛刊》第 8 册,第 177 页。
② 慧立、彦悰:《大唐大慈恩寺三藏法师传》卷一,《大正藏》第 50 卷,第 221 页下。
③ 慧立、彦悰:《大唐大慈恩寺三藏法师传》卷九,《大正藏》第 50 卷,第 273 页上。
④ 刘汝霖:《唐玄奘法师年谱》,《现代佛教学术丛刊》第 8 册,第 224 页。
⑤ 曾了若:《玄奘法师年谱》,《现代佛教学术丛刊》第 8 册,第 309 页。
⑥ 冥祥:《大唐故三藏玄奘法师行状》,《大正藏》第 50 卷,第 214 页上。
⑦ 冥祥:《大唐大慈恩寺三藏法师传》卷一,《大正藏》第 50 卷,第 221 页下。

信。对比之下,道宣的记载则颇为微妙:"兄素出家,即长捷法师也。容貌堂堂,仪局瓌秀,讲释经义,联班群伍,住东都净土寺。以奘少罹穷酷,携以将之。日授精理,旁兼巧论。"①此中的"少罹穷酷"耐人寻味,似乎暗示玄奘少年时期生活颇显困顿,其兄由此才携其住于佛寺。对于此问题,现存的有限资料无法判定,姑且从疑。

不管出于何种情形,十一二岁时,玄奘在其二兄长捷法师的带领下,住于东都洛阳的净土寺。他跟随其兄在净土寺做了一两年"行者"。"俄而有敕,于洛阳度二七僧。时业优者数百,法师以幼少,不预取限,立于公门之侧。时使人大理卿郑善果,有知士之鉴,见而奇之。问曰:'子为谁家?'答以氏族。又问:'求度耶?'答曰:'然。但以习近业微,不蒙比预。'又问:'出家意何所为?'答:'意欲远绍如来,近光遗法。'果深嘉其志,又贤其器貌,故特而取之。因谓官僚曰:'诵业易成,风骨难得。若度此子,必为释门伟器。但恐果与诸公不见其翔翥云霄、洒演甘露耳。又名家不可失。'"②玄奘出家为沙弥的经过就是如此,当时他年十三。依照享年63岁推算,此年即为隋大业十年(614)。

4. 玄奘法师的早期行历

出家之后,玄奘与兄长捷法师同住于洛阳净土寺。"时寺有景法师讲《涅槃经》,执卷伏膺,遂忘寝食。又学严法师《摄大乘论》,爱好逾剧,一闻将尽,再览之后,无复所遗,众咸惊异。乃令升座覆述,抑扬剖畅,备尽师宗,美问芳声,从兹发矣。"③玄奘刚出家为沙弥,就有机会学习《大涅槃经》和《摄大乘论》,这为他以后研习佛法精义打下了良好的基础。

大业年间的东都,佛教法事极盛。隋炀帝于东都建立四大道场,召天下著名僧尼居于此。如《慈恩传》卷一记载:"初炀帝于东都建四道场,召天下名僧居焉。其征来者,皆一艺之士,是故法将如林,景、脱、基、暹

---

① 道宣:《续高僧传》卷四,《大正藏》第50卷,第446页下。
②③ 慧立、彦悰:《大唐大慈恩寺三藏法师传》卷一,《大正藏》第50卷,第221页下。

为其称首。"①此中所说的四大师即慧景、智脱、道基、宝暹。智脱卒于大业三年(607),其余三位高僧后来都先后成为玄奘的老师。由此导引,洛阳的义学僧人极多,讲说经论,探究经义,蔚然成风。《续高僧传·玄奘传》有记载:"时东都慧日,盛弘法席,《涅槃》、《摄论》,轮驰相系。每恒听受,昏明思择。僧徒异其欣奉,美其风素,爱敬之至,师友参荣,大众重其学功,弘开役务。时年十五,与兄住净土寺。"②从这一段叙述看,玄奘剃度为沙弥之后,经常至慧日道场听高僧宣讲《大涅槃经》和《摄大乘论》。而至15岁时方才常住净土寺,"由是专门受业,声望逾远"③。如果依照玄奘享年63岁推算,大业十二年(616)玄奘15岁。

然而,隋末战乱,洛阳成为混战中心,大业十三年前后,很多僧人逃离了洛阳。在隋炀帝于扬州被杀后,王世充在此地建立"郑国",同时,僧人已经不能自由出入洛阳了。玄奘法师对其兄说:"此虽父母之邑而丧乱若兹,岂可守而死也?余闻唐帝驱晋阳之众,已据有长安,天下依归如适父母,愿与兄投也。"④于是,玄奘与其兄一起来到长安,此即武德元年(618)。唐王朝是在此年五月正式立国的,因此,玄奘兄弟到长安不会早于本年五月。

关于玄奘此年在长安的活动,《续高僧传·玄奘传》记载稍详些:"大业余历,兵饥交贸,法食两缘,投庇无所。承沙门道基化开井络,法俗钦仰,乃与兄从之,行达长安,住庄严寺。"⑤由此可知,玄奘与其兄是跟随道基法师一起离开洛阳至长安的。到达长安后,住于庄严寺。此寺是隋文帝修建的,原名禅定寺,武德元年(618)刚刚改名。

《慈恩传》说:"是时国基草创,兵甲尚兴。孙吴之术斯为急务,孔释之道有所未遑,以故京城未有讲席,法师深以慨然。"⑥隋末,大批僧人前往蜀地,玄奘法师对其兄说:"此无法事,不可虚度,愿游蜀受业焉。"于是

---

① ④ ⑥ 慧立、彦悰:《大唐大慈恩寺三藏法师传》卷一,《大正藏》第50卷,第222页上。
② ③ ⑤ 道宣:《续高僧传》卷四,《大正藏》第50卷,第446页下。

二人相随,与经子午谷入汉川,"遂逢空、景二法师,皆道场之大德。相见悲喜,停月余,从之受学。仍相与,进向成都。"①需注意,此引文中的"道场"应该是指隋炀帝在洛阳建的"四道场",如果联系前文所说的玄奘曾经至慧日道场听讲经论的话,引文中所说的"相见悲喜"就更易于理解。因此,此中的"景法师"即慧景,空法师也是"四道场"僧人之一。

在前往成都的路旅,玄奘法师仍然向空法师和景法师请教,到达成都时,已经将《摄论》、《毗昙》各研习一遍。

当时的成都,俨然一个新的弘法中心,在战乱的背景下,此地大师云集,各种经论都有宣讲弘扬者。如《慈恩传》记载:"诸德既萃,大建法筵。于是更听基、暹《摄论》、《毗昙》,及震法师《迦延》,敬惜寸阴,励精无怠。二三年间,究通诸部。时天下饥乱,唯蜀中丰静,故四方僧投之者众,讲座之下常数百人。"②到成都后,玄奘听宝暹讲《摄论》,向道基学《毗昙》,向"震法师"学《迦旃延阿毗昙》(即《阿毗昙八犍度论》)。

关于玄奘在成都研习《摄论》的情形,道宣有一叙述:"昔来《摄论》十二住义中表销释,十有二家,讲次诵持,率多昏漠。而奘初闻记录,片无差舛。登座叙引,曾不再缘。须便为述,状逾宿构。如斯甚众,不可殚言。"③

玄奘入蜀的时间大概是在武德二年(619)年初之后的事情。至于在成都停留的时间,几种史籍记载不一致,《行状》说"四、五年间,究通诸部。……法师年二十有一,以武德五年受戒"④等等。《慈恩传》卷一记载:"二、三年间究通诸部。……法师年满二十,即以武德五年,于成都受具。"⑤但不管如何,玄奘于武德五年在成都受具足戒是一致的,按照佛教仪轨,受大戒之后的比丘需要有一两年时间学习戒律,因而玄奘离蜀的

---

①② 慧立、彦悰:《大唐大慈恩寺三藏法师传》卷一,《大正藏》第50卷,第222页上。
③ 道宣:《续高僧传》卷四,《大正藏》第50卷,第447页上。
④ 冥祥:《大唐故三藏玄奘法师行状》,《大正藏》第50卷,第214页中。
⑤ 慧立、彦悰:《大唐大慈恩寺三藏法师传》卷一,《大正藏》第50卷,第222页中。

时间不大可能是在武德五年,应该是晚一两年之后的事情。如此来推理,两家的记载不见得就是矛盾的。《行状》的写法可能是将法师在成都的时间先作一综合叙述,然后再写其受戒之事。而《慈恩传》则可能是先叙述学习经论之事,然后再叙述武德五年受戒之事。总之,玄奘在成都停留的时间不会短于五年,离开的年龄应该是在22岁后。

玄奘在成都由沙弥成为一位比丘,而其兄长捷法师则是一位公认的高僧。对此,史籍也有记载。《行状》如此说:

> 法师兄因住城都空慧寺,即长捷法师焉。其亦风神朗俊,体状魁杰,加之秀美,每出外衢路观者,莫不驻车停盖。讲《涅槃经》、《摄大乘论》、《阿毗昙》,兼通史传,及善老庄,为蜀人所慕。总管酇公、行台尚书韦云起等,特所钦重。至于属词谈吐,蕴藉风流,接物诱凡,篇章书疏,和光嗢噱,狎道俗之情,有出于弟。若其亭亭独秀,不杂埃尘,游八宏,穷玄理,廓魔气以为志,继圣达而为心,匡振颓纲,苞挫殊俗,涉风波而意靡倦,临大难而节逾高,通曩哲之深疑,开后贤之未悟,垂义功于来裔,标准的于当今,乃率生而寡俦,非唯兄之弗建也。然昆季二人,懿德清规,芳声雅质,虽庐山将远,无得同焉。①

这里将长捷法师、玄奘法师与著名的慧持、慧远兄弟相比较,从后来的历史事实来讲,确实很妥切。

《慈恩传》记载:玄奘法师受具足戒"坐夏学律,五篇七聚之宗,一遍斯得。益部经论,研综既穷,更思入京,询问殊旨,条式有碍。又为兄所留,不能遂意。乃私与商人结侣,泛舟三峡,沿江而遁,到荆州天皇寺"②。玄奘离开四川,是因为研综已穷,多留无益。他离蜀之后想到何处呢?依《行状》和《慈恩传》,是因当时天下初定,京城法席更开,便再思入京,

---

① 冥祥:《大唐故三藏玄奘法师行状》,《大正藏》第50卷,第214页中。
② 慧立、彦悰:《大唐大慈恩寺三藏法师传》卷一,《大正藏》第50卷,第222页中。

由于因缘不遂,为兄所留,只得私自跟随商侣,沿江而下,到达荆州。道宣《续高僧传·玄奘传》说:

> 晚与兄俱住益南空慧寺,私自惟曰:"学贵经远,义重疏通,钻仰一方,未成探赜。"有沙门道深,体悟《成实》,学称包富。控权敷化,振网赵邦。愤发内心,将捐巴蜀。捷深知其远量也,情顾勤勤,每劝勉之,而正意已行,誓无返面。遂乃假缘告别,间行江硖。①

依此说,则是玄奘听说赵州道深之名,想从学于他,因为兄长不同意,他只好偷偷离开。应该说,《续高僧传》的说法更准确,因为后来玄奘并未从荆州到京,而是北上求学。不过依照《行状》和《慈恩传》,玄奘后来从荆州直接北上,依道宣所叙述,则是"经途所及,荆扬等州,访逮道阾,莫知归诣。便北达深所,委参勇铠"②。还顺道访问了扬州等地。虽称游学访道,然并未遇到真正的高人,于是玄奘向北到赵州向道深求学。

玄奘到达荆州的时间,可能是武德六年(623)或者七年。据《慈恩传》卷一记载:

> 时汉阳王以盛德懿亲,作镇于彼。闻法师至,甚欢,躬身礼谒。发题之日,王率群僚及道俗,一艺之士,咸集荣观。于是征诘云发,关并峰起。法师酬对解释,靡不词穷意服。其中有深悟者,悲不自胜。王亦称叹无极,嚫施如山,一无所取。③

据《旧唐书》卷六〇记载:汉阳王李瓌,武德元年(618)封汉阳郡公,武德五年晋爵为王,后代兄李孝恭为荆州都督。李孝恭于武德五年四月为荆州总管,武德六年八月,辅公祏反,李孝恭奉命为行军元帅,前往讨伐。④ 如此,李瓌代兄孝恭任,至少是在八月以后。玄奘受戒之后不会立即离开成都,因此,最早也是武德六年,以武德七年最有可能。玄奘在荆州天

---

① ② 道宣:《续高僧传》卷四,《大正藏》第50卷,第447页上。
③ 慧立、彦悰:《大唐大慈恩寺三藏法师传》卷一,《大正藏》第50卷,第222页中。
④ 参见刘昫等《旧唐书》卷六〇。

皇寺至少停留半年以上,因为他在此地"讲《摄论》、《毗昙》,自夏及冬,各得三遍"①。

对于玄奘荆州之行,其弟子靖迈亦有记载,据《古今译经图纪》卷四:

> 泊武皇定鼎,文轨攸同,沿江徇友,途经鄢郢。于时汉阳王以盘石之寄,藩镇荆楚,先闻高誉,殷请敷扬。爰于荆府天皇寺,讲《摄大乘》及《阿毗昙》等论。淮海名僧,钦风云萃,王及群公,亲诣法筵。法师析微通质,妙尽理原,王公硕识,得未曾有。其时大德法师智琰等,并江汉英灵,解穷三藏,既观法师,妙辩无碍,泣而叹曰:"岂期以桑榆未光,得遇大阳初辉乎!"遂以纵心之年,师奘卒礼。②

靖迈指出,玄奘沿江而下,为的是寻师访友,求道问学。这里还有一种新的说法,即他在荆州说法时,大德智琰(564—634)等竟为之感泣,说了如上文所引的话语,且以高龄欲拜玄奘为师。虽然《慈恩传》中也有"深悟者,悲不自胜"③之说,但未提具体僧人法号。

据《续高僧传》卷一四本传,智琰是大庄严寺爓法师的高足,陈亡东归,削迹虎丘,将三十载,受到隋晋王和文帝的钦敬。隋末之时,"属炎历有终,锋镝腾沸,四海同弊,三吴益甚。檀越子弟迎出毗坛,首尾十载,化行常部。大唐统宇,咸返旧居。武德七年,苏州总管武阳公李世嘉,与内外公私,同共奉迎,还归山寺。于是禅宾慧侣,更复曩时;龙沼凤林。信为怀喜"④。智琰于隋开皇九年(589)陈亡后,隐迹苏州虎丘近三十载。隋末离乱时,化行毗陵,在常州前后十载,武德七年(624)回到虎丘。如此智琰未曾离开江东,武德七年时似乎仍在苏州,似乎不大可能跑到荆州听玄奘说法。如此来说,靖迈此说似有道听途说的嫌疑。道宣所写的玄奘传记说及玄奘曾经到过扬州,因而玄奘曾与智琰相见倒是可能的。

---

①③ 慧立、彦悰:《大唐大慈恩寺三藏法师传》卷一,《大正藏》第50卷,第222页中。
② 靖迈:《古今译经图纪》卷四,《大正藏》第55卷,第366页下。
④ 道宣:《续高僧传》卷一四,《大正藏》第50卷,第532页上。

玄奘可能于武德七年末或八年初离开荆州,前往扬州。停留数月,继续北上。

　　玄奘北行的具体路线难于悉知,他有可能从江南渡江到彭城,渐次向北,经山东到达河北,大概于武德八年(625)末或九年初,到达赵州。依照道宣之说,是先到赵州从学道深,然后南下到邺,再从学于慧休。依《行状》和《慈恩传》,则是先到相州,后到赵州。这可能是由于所述行程路线不同,若自荆州北游,必从河南到河北,则相州是必由之路,不可能绕过慧休北上;若是自扬而下,则可能经山东到河北,不必路过相州。《行状》、《续高僧传》记事过简,依《慈恩传》说:玄奘以武德八年末或九年初到达赵州,从学十月,则已到了九年末,又闻慧休之名,南下相州,从学八月,则应是贞观元年(627)秋天。

　　玄奘在贞观元年(627)秋天之后回到长安。《慈恩传》卷一又记载:"又入长安止大觉寺,就岳法师学《俱舍论》,皆一遍而尽其旨。"①在京之时,他先跟从道岳学习《俱舍论》,后跟名僧法常、僧辩学习《摄大乘论》,更从玄会学习《大涅槃经》等。至此,他已遍历名师,所获极多,但还是有疑莫参,便下决心远行印度求法。

5. 玄奘在国内的师承

　　关于玄奘大师西行之前在国内的师承,有13师或14师的说法,笔者以为是12师。下文以玄奘问学的先后为序,依次予以说明考辨。

景法师、严法师、空法师

　　在有关玄奘的师承中,记载有两位"景法师"。有学者认为,二者是同一位僧人。而笔者经过查考,认为二者是两位僧人。

　　第一位"景法师"是洛阳净土寺的涅槃师。《慈恩传》记载说:"时寺有景法师讲《涅槃经》,执卷伏膺,遂忘寝食。又学严法师《摄大乘论》,爱好逾剧,一闻将尽,再览之后,无复所遗,众咸惊异。乃令升座覆述,抑扬

---

① 慧立、彦悰:《大唐大慈恩寺三藏法师传》卷一,《大正藏》第50卷,第222页中。

剖畅,备尽师宗,美问芳声,从兹发矣。"①从玄奘各种传记中知晓,这位景法师是常住于洛阳净土寺的,也就是与玄奘的兄长在同一寺。从引文中可知,玄奘刚出家为沙弥,就跟随净土寺中的景法师学习《大涅槃经》,跟从严法师学习《摄大乘论》。

此外,文献均记载,玄奘在前往成都的路途,曾经向"景法师"学习《摄大乘论》。学界公认,这位"景法师"就是慧景,住于东都洛阳慧日道场。隋炀帝在东都建立的"四道场"是佛、道都有的,习称"内道场",正如《慈恩传》卷一记载:"初,炀帝于东都建四道场,召天下名僧居焉。其征来者,皆一艺之士,是故法将如林,景、脱、基、暹为其称首。"②此道场中的高僧是从全国选拔征召而来的,慧景即是其中最突出的四位僧人之一。由此观之,净土寺"景法师"与内道场的慧景法师并非同一位僧人。

关于慧景,《续高僧传》卷一四《道基传》"附传"中也有简要记载:"时彭门蜀垒,复有慧景、宝暹者,并明《摄论》,誉腾京国。景清慧独举,诠畅玄津,文疏抽引,亟发英采。"③可见,慧日道场的慧景与此文的慧景是同一僧。

关于玄奘向慧景学习的内容,也许由于文献记载的原因,当代叙述玄奘事迹的书籍中,常常写成《大涅槃经》。而从道宣的叙述看,慧景在成都也曾经宣讲过《摄论》,玄奘也曾经向慧景学习此论。

在此,需特别指出,玄奘译场中也有一位西明寺慧景,并且撰有不少新译唯识经典之注疏。笔者经过考辨断定,此位慧景与玄奘在此所师不是一人。

关于空法师,有线索表明他可能是神照(607—665)曾经短暂师从过的"许州空法师"。神照大约18岁之后至邺城听慧休讲《摄大乘论》,一遍无遗,讲散辞还。此后"又往许州空法师所,听《杂心论》,才始八卷,为

---

① 慧立、彦悰:《大唐大慈恩寺三藏法师传》卷一,《大正藏》第50卷,第222页下。
② 同上书,第222页上。
③ 道宣:《续高僧传》卷一四《道基传》,《大正藏》第50卷,第532页下。

师疾而返。后因遂讲之。初后通冠，时人语曰：'河南一遍照，英声不徒召。'"①从这一描述推测，神照从学于空法师的时间大概是在18岁之前不久。如此则可知，"空法师"大概在625年前后在许州（今河南省许昌市）宣讲《杂心论》。

此外，《续高僧传·志念传》提及一位"明空"法师。隋文帝驾崩（605）隋炀帝即位，汉王举兵反抗，志念"乘衅还里，与沙门明空等讲宣二论，绍业沧溟，望风总集"。② 文中的"沧溟"是指沧州。尽管现在不能确定明空与志念的真正关系，但其精通《大智度论》和《杂心论》二论，通贯大小，学业优异，因此得以与志念同于沧州弘宣"二论"。志念以年老，又先前为汉王所知遇，在汉王反抗隋炀帝被杀的情况下，不欲赴召，明空则可能后来应召到东都。从上引文字可推知，空法师是东都洛阳慧日道场的僧人。

通过上述资料，玄奘师从的空法师，与许州的空法师以及沧州的明空法师是同一人的可能性很大，但仍然需要更直接的证据。

道基、宝暹、震法师

关于玄奘师从道基之事，《续高僧传·玄奘传》叙述的较为详细：玄奘本来与道基一起从洛阳到长安，后来则分头前往成都。玄奘"既达蜀都，即而听受《阿毗昙论》，一闻不忘，见称昔人，随言镜理，又高伦等。至于《婆沙广论》、《杂心玄义》，莫不凿穷岩穴，条疏本干。然此论东被，弘唱极繁，章钞异同，计逾数十，皆蕴结胸府，闻持自然。至于得丧筌旨，而能引用无滞，时皆讶其忆念之力，终古罕类也。基每顾而叹曰：'余少游讲肆多矣，未见少年神悟若斯人也。'席中听侣，佥号英雄，四方多难，总归绵益，相与称赞，逸口传声"③。玄奘在道基门下听其讲授《杂阿毗昙心论》一遍，道基则对玄奘赞赏有加。

---

① 道宣：《续高僧传》卷一三，《大正藏》第50卷，第529页上。
② 道宣：《续高僧传》卷一一，《大正藏》第50卷，第509页中。
③ 道宣：《续高僧传》卷四，《大正藏》第50卷，第446页下—447页上。

各种文献都记载玄奘在成都曾经向宝暹学习《摄论》。但关于这位高僧,道宣在《续高僧传·道基传》中记载说:"暹神志包总,高岸伦俦,谈论倚伏,态出新异,数术方艺,无学不长。自预比肩,莫有沦溺。末年耽滞偏驳,遂掩徽猷,故不为时匠之所班列。"①此中描述性语句很多,具体的信息不多。而在现存佛教史籍中可查到几条资料,可兹参证。

第一处资料是费长房《历代三宝纪》卷一二记载:

> 时属相州沙门宝暹(道邃、智周、僧威、法宝、僧昙、智照、僧律等十有一人以)齐武平六年相结西游,往还七载,凡得梵经二百六十部。回到突厥,闻周灭齐,并毁佛法,退则不可,进无所归,迁延彼间,遂逢至德,如渴值饮,若暗遇明。仍共寻阅,所得新经,请翻名题,勘旧录目,颇觉巧便,有殊前人。暹等内诚,各私庆幸,获宝遇匠,得不虚行,同誓焚香,共契宣译。大隋受禅,佛法即兴。暹等赍经,先来应运,开皇元年季冬止,敕旨付司,访人令翻。②

从这一记载看,宝暹原为北齐僧人,于武平六年(575)西行求法,七年之后回国。开皇五年(585),隋文帝下敕令崛多共婆罗门沙门若那竭多等道俗六人,组成译场,至开皇十二年共翻译经典二百余卷。此后,隋文帝又置十大德沙门僧休、法粲、法经、昙迁等监掌始末,诠定旨归。这次翻译活动一直持续到开皇十五年,但参与翻译的人员中并没有宝暹。

《续高僧传》卷一五《志宽传》中也有宝暹的一处资料:

> 属炀帝弘道,海内搜扬,以宽行解同推,膺斯荣命。既处慧日,讲悟相仍。会枭感作逆,斋事拘缠,宽便下狱待罪。……末又配流西蜀,行达陕州。有送财帛祖饯之者,并即散而不遗,唯留一驴,负经而已。路次潼关,流僧宝暹者,高解硕德,足破不进。宽见卧于道侧,泣而哀焉。即舍驴与乘,自担经论,徒行至蜀,虽有事劳而口不

---

① 道宣:《续高僧传》卷一四,《大正藏》第 50 卷,第 532 页下。
② 费长房:《历代三宝纪》卷一二,《大正藏》第 50 卷,第 104 页中。

告倦。其仁恕之性,登苦知其人矣。①

这一条资料是说,志宽(566—643)曾经被隋炀帝征入洛阳住慧日道场,大业九年(613)杨玄感作乱,许多僧人受到牵连。志宽被流放到西蜀,在路途遇到了同被流放的宝暹。从"宝暹者,高解硕德"等语句推测,此位宝暹应该就是《慈恩传》所说的慧日道场的"景、脱、基、暹"中的暹法师。

《宋高僧传·道因传》也写道了宝暹。道因至成都之后,多次宣讲《摄论》、《维摩诘经》,听者千数。"时有宝暹法师,东海人也。殖艺该洽,尤善大乘。昔在隋朝,英尘久播,学徒来请,接武磨肩。暹公傲尔其间,仰之弥峻。每至因之论席,肃然改容,沉吟久之,方用酬遣。"②《道因传》以宝暹法师来说明道因佛学素养之高深。相比于30余岁的道因,宝暹应该属于前辈。

将上述三处资料对勘可知,后两处可以肯定就是玄奘在成都向其请教《摄论》的宝暹。但第一处是否就是如此,则不易于断定。因为这位宝暹于武平六年(575)西行求法,七年之后回国。依照当时的规定,受具足戒后并且学习律学数年之后才可以远行求学。如果假定宝暹23岁西行,宝暹最晚的出生年为552年,大业末年被流放到四川的时候至少已经60多岁。这个假定可能是最低限度的,因为当时去天竺的11位北齐僧人从现在记录的名单看,他是第一位的,应该是年资较长的。因而笔者认为,很有可能西行的宝暹与《摄论》高僧的宝暹不大像是同一僧人。

玄奘在成都还向"震法师"学习《迦延》。此"震法师"是《慈恩传》的说法,而《续高僧传·玄奘传》作"道振"③,《行状》作"志振"④。"振法师"的师承事迹不明,而据《续高僧传》卷一五《玄会传》可知,他曾经是玄会的老师。此文中说:"振法师曰:'此公就我学迦延者,之赞成吾学耳。以

---

① 道宣:《续高僧传》卷一五,《大正藏》第50卷,第543页中一下。
② 赞宁:《宋高僧传》卷二,《大正藏》第50卷,第717页上。
③ 道宣:《续高僧传》卷四,《大正藏》第50卷,第447页上。
④ 冥祥:《大唐故三藏玄奘法师行状》,《大正藏》第50卷,第214页中。

我小术,不耻下问,乃回龙象于兔径也。吾何言哉!'"① 玄会长期住于长安,振法师在去西蜀之前,应当亦在长安传法。《续高僧传·玄奘传》说:"又僧景《摄论》,道振《迦延》,世号难加,人推精覆,皆师承宗据,隅奥明铨。"② 可见,道振的学问很深,影响很大。

道深、慧休

如前所述,玄奘在蜀地就听说了道深在北方弘法,就想前去学习。这说明,道深在当时的影响力非同一般。《慈恩传》卷一记载:玄奘"又到赵州谒深法师,学《成实论》"③。说明当时道深在赵州弘扬《成实论》。

关于道深,资料很匮乏。《续高僧传·志念传》中记载:

> 学者数百人,如汲郡洪该、赵郡法懿、漳滨怀正、襄国道深、魏郡慧休、河间圆粲、俊仪善住、汝南慧凝、高城道照、洺寿明儒、海岱圆常、上谷慧藏,并兰菊齐芳,踵武传业。关河济洽二十余年。④

道宣在罗列了志念12位高足之后所说的"关河济洽,二十余年",应该是指志念弘扬毗昙学的时间。襄国指今河北省邢台市。《志念传》中没有志念弘扬《成实论》的记载,而开皇四年(584),《成实论》大师明彦法师与其弟子洪该等请志念讲《心论》和《迦延》。从这一情形推知,道深可能是明彦的弟子。明彦当时是在渤海弘传《成实论》,而"襄国道深"的称呼不明所以。依照当时世俗社会的一般习惯,名号前地名是指籍贯,僧人法号之前的地名一般是指僧籍所在地。现在无法确定的是,道宣在《志念传》中叙述"襄国道深"是在何种意义上使用的。根据一般的惯例推测,襄国应该是道深出师之后独立弘法时的住寺。由此观之,道深确是在今河北一带传播《成实论》的大师。

经查考,玄奘回国设置译场时,有一位"廓州法讲寺沙门道深"参与

---

① 道宣:《续高僧传》卷一五《玄会传》,《大正藏》第 50 卷,第 452 页下。
② 道宣:《续高僧传》卷四《玄奘传》,《大正藏》第 50 卷,第 447 页上。
③ 慧立、彦悰:《大唐大慈恩寺三藏法师传》卷一,《大正藏》第 50 卷,第 222 页中。
④ 道宣:《续高僧传》卷一一《志念传》,《大正藏》第 50 卷,第 509 页上。

其中,如《慈恩传》卷六记载:贞观十九年(645)夏六月"证义大德、谙解大小乘经论、为时辈所推者一十二人至,即京弘福寺沙门灵润……廓州法讲寺沙门道深"①等等。根据《旧唐书·地理志》的记载,廓州在隋代称浇河郡,唐"武德二年,置廓州。天宝元年,改为宁塞郡。乾元元年,复为廓州"②。廓州治所在化成,即今青海化隆回族自治州西。廓州的确也有法讲寺,如《广弘明集》卷一七记载:隋文帝仁寿年奉安舍利,"廓州于法讲寺起塔,舍利初发京,下宿于临皋……"③参照二者可知,此位道深确实是从廓州征发来的。鉴于廓州距离河北过于遥远,从常理推测,作为《成实论》大师的道深似乎也不一定非得要到廓州去传教。因此,笔者倾向于认定,这两位道深很大可能不是同一人。

释慧休(548—647)是地论南道第三代的领袖人物灵裕的大弟子。《慈恩传》卷一记载:武德七年(624),玄奘"复北游询求先德。至相州,造休法师,质问疑碍"④。《续高僧传》卷四《玄奘传》记载得详细些:

> 沙门慧休,道声高邈,行解相富,夸罩古今。独据邺中,昌言传授,词锋所指,海内高尚。又往从焉,不面生来,相逢若旧,去师资礼,事等法朋。偏为独讲《杂心》、《摄论》,指摘纤隐,曲示纲猷,相续八月,领酬无厌。休又惊异绝叹,抚掌而嗟曰:"希世若人,尔其是也。"⑤

慧休此时住于相州云门寺,玄奘跟从慧休八个月,学习《杂心论》和《摄大乘论》。

长安四师

玄奘大概于武德九年(626)前后重回长安。在长安数年中,他先后

---

① 慧立、彦悰:《大唐大慈恩寺三藏法师传》卷六,《大正藏》第50卷,第253页下。
② 刘昫等:《旧唐书》卷四〇《地理志》,第1637页。
③ 道宣:《广弘明集》卷一七,《大正藏》第52卷,第216页中。
④ 慧立、彦悰:《大唐大慈恩寺三藏法师传》卷一,《大正藏》第50卷,第222页中。
⑤ 道宣:《续高僧传》卷四,《大正藏》第50卷,第447页上一中。

跟随道岳、法常、僧辩、玄会四位高僧学习《俱舍论》、《成实论》和《大涅槃经》等经论。

释道岳（568—636）是以弘传真谛之学为己任的高僧，为道尼弟子，精通《摄大乘论》和《俱舍论》。《续高僧传》卷四《玄奘传》记载："沙门道岳，宗师《俱舍》，阐弘有部，包笼领袖，吞纳喉襟，扬业帝城，来仪群学。乃又从焉，创迹京都，诠途义苑。"①《慈恩传》卷一说：

> 又入长安止大觉寺，就岳法师学《俱舍论》，皆一遍而尽其旨，经目而记于心，虽宿学耆年，不能出也。至于钩深致远，开微发伏，众所不至。独悟于幽奥者，固非一义焉。②

二者所记载赞语不同，但基本事实一致。看来，玄奘确实曾经跟随道岳法师学习《俱舍论》。

《慈恩传》又记载：

> 时长安有常、辩二大德，解究二乘，行穷三学，为上京法匠，缁素所归。道振神州，声驰海外，负笈之侣，从之若云。虽含综众经，而偏讲《摄大乘论》。法师既曾有功吴蜀，自到长安，又随询采，然其所有深致亦一拾斯尽。二德并深嗟赏，谓法师曰："汝可谓释门千里之驹，再明慧日，当在尔躬。恨吾辈老朽，恐不见也。"③

此中是将玄奘从师法常、僧辩学习《摄论》之事一并叙述的。《续高僧传》卷四《玄奘传》则是分开的。

释法常（567—645）初为昙延法师弟子，精《涅槃》学，后学《摄论》，明《成实》、《毗昙》、《华严》、《地论》。《续高僧传·玄奘传》记载："沙门法常，一时之最，经论教悟，其从如林。奘乃一举十问，皆陈幽奥，坐中杞

---

① 道宣：《续高僧传》卷四《玄奘传》，《大正藏》第50卷，第447页中。
② 慧立、彦悰：《大唐大慈恩寺三藏法师传》卷一，《大正藏》第50卷，第222页中。
③ 同上书，第222页中—下。

梓,拔思未闻。由是驰誉道流,檀声日下。"①史载法常以《涅槃》、《摄论》名世,前者为其所尚,后者为人所称。玄奘从其学习的主要是《摄大乘论》。

释僧辩(568—642)是智凝的弟子,精通《摄论》。《续高僧传·玄奘传》记载:"沙门僧辩,法轮论士,机慧是长。命来连坐,吾之徒也。"②道宣的这一叙述,颇显费解。将其与《慈恩传》对照体味,可推知:在玄奘跟随法常学习的时候,僧辩爱才心切,加之僧辩与法常关系非常密切,因此他"命"玄奘"来连坐",并且说玄奘可堪为"吾之徒"也,如此也可明白《慈恩传》为何将此事合叙。

此外,需指出,《续高僧传·玄奘传》现行版本有错行。在接续有关僧辩的上引文字后,道宣说:"但为《俱舍》一论,昔所未闻,因尔伏膺,晓夕谘请。"似乎可以解读为玄奘跟随僧辩学习的是《俱舍论》,实际不然。因为后文又说:"岳审其殷至,慧悟霞明,乐说不穷,任其索隐,单思研采,晬周究竟。"③可见,此段文字叙述的仍然是玄奘跟随道岳学习《俱舍论》的事情。

根据现存文献,玄奘在中土的最后一位老师是玄会。《续高僧传·玄奘传》记载说:"沙门玄会,匠剖《涅槃》,删补旧疏,更张琴瑟。承斯令问,亲位席端,谘质迟疑,焕然祛滞。"④可见,玄奘向玄会学习的是《大涅槃经》。

释玄会(582—640),《续高僧传》卷十五有本传。玄会,字怀默,俗姓席氏,本为豳土安定(今甘肃省定西市安定区)人,后居京兆樊川之秘坂(今属陕西省西安市长安区内)。年十二,经隋汉王杨谅奏度出家,住于海觉寺,为总法师弟子。"总法师"即法总。《续高僧传》卷一○有《法总传》,"开皇中年,敕召为涅槃众主,居于海觉"⑤。法总卒于大业年中,春

---

① ② ③ ④ 道宣:《续高僧传》卷四《玄奘传》,《大正藏》第 50 卷,第 447 页中。
⑤ 道宣:《续高僧传》卷一○《法总传》,《大正藏》第 50 卷,第 505 页下。

秋七十。根据《续高僧传·玄会传》记载，玄会自从出家之后，"即预讲席，专志《涅槃》，勤至之功，伦等推尚，总深会之解也，举为覆述。所以盘节拘致、由来拥虑者，皆剖决通释，泠然可见。时大赏之，以为《涅槃》之后胤也。因尔改前旧章，更新户牖，穿凿之功，难与雠抗。造《涅槃义章》四卷，《义源文本》、《时文释抄部》各四卷。自延、远辍斤之后，作者祖述前言，唯会一人，独称孤拔"①。这里说，从涅槃学派而言，玄会是从昙延、慧远圆寂以来，最杰出的涅槃师。

武德元年(618)，"沙门昙献道开国望，造慈悲寺，奏会以为寺主。经始唯新，法务连续，引接后昆"②。玄会宣讲《涅槃经》40遍。总法师称赞说："吾非圣人，何得此子入吾室乎？"辨相法师称赞说："经云，后五百岁有福智者，此子谓乎？法之大将，岂不然乎？"道岳法师称赞说："此公就我学《俱舍》者，同事摄也。愿以妙庄严世值善知识矣。"道振法师说："此公就我学《迦延者》，之赞成吾学耳。以我小术，不耻下问，乃回龙象于兔径也。吾何言哉！"③贞观八年(634)，又敕玄会住弘福寺。此后，玄会不大从事讲说，专修禅定。贞观十四年(640)五月二十七日圆寂，春秋五十九。

二、玄奘西行的历程

玄奘不畏艰险，长途跋涉，孤身前往天竺求取佛教经典，历时十余年，行程五万余里，广学诸说而卓有所成，成为誉满五印的佛学大师。玄奘西行及其成果，对中国佛教产生了深远的影响。本节在吸取学术界研究成果的基础上，先对玄奘西行的动机和出发时间作些分析考证，然后对玄奘西行以及归国的基本历程作一简要叙述。

1. 玄奘西行的动机

关于玄奘西行动机的研究和猜测，一直是学术界的热门话题。作为

---

①②③ 道宣：《续高僧传》卷一五《玄会传》，《大正藏》第50卷，第542页下。

全面叙述唯识宗形成和发展历史的著作,对此问题也必须作出说明。

学术界对此问题一致的切入角度,是当时佛教发展的现状。玄奘出家和早期活动的时期恰恰是由繁荣的学派佛教向宗派佛教发展的过渡时期。转益多师固然很好,但从中发现佛教界对同一经典所显露出来的巨大诠释差异,确实会令人萌生去圣地探求真意的强烈冲动。不同学派之间,对于佛教经典各取所需,精彩纷呈固然好,但歧义百出不能统一的局面,对于佛教的发展也是明显的隐患,作为弘法之雄杰,玄奘自然有结束这一局面以统一佛学教义的强烈使命感。①

玄奘出家后西行前的十余年间,于国内学习主要有三大重点:一是《大般涅槃经》,阐述"佛性真常"及"阐提有性"思想的经典;二是以《摄大乘论》为代表的建构唯识思想体系的论典;三是小乘佛教的经典。第一类重点放在真如佛性,探索成佛的必然性;第二类重点放在心识差别,讨论"惑业"与"果报"的关联性。而他所接触的部派论典,以"有部"、"经部"为主。这些部派,彼此间在诸如"三世有"与"现在有"等众多问题上,观点常是南辕北辙;它们更与大乘法义之间,存在着明显的见解差异。特别是,除这些学派之外,隋代已经出现了后世称之为宗派的天台宗、三论宗以及境遇曲折的三阶教。玄奘博学多师,但却未曾拜访天台宗和三论宗的宗师。这是今人大惑不解的地方。

学术界注意到,玄奘在国内求法的十余年间,似乎未曾学习三论典籍,也不曾接触到天台思想。"这并非他个人一开始就有意识地排斥着三论与天台,或于大小乘之有宗学派情有独钟,而应是反映了其时北方佛教义学方面偏重有宗的传弘状况。他受到的是有部、经部与瑜伽行派的思想熏习,严格的毗昙训练,成就了他日后一贯的论师风格——慎思明辨,于不同学说之间,缜密分析其来龙去脉与异同关键,而不认同大而

---

① 此专题主要参考了昭慧法师《"详考其理,各擅宗涂"——玄奘西行求法的原委》一文的论述。(2001年11月"第三届玄奘国际学术研讨会论文",台北,《人文关怀与社会发展——人文篇》专刊,2003)

无当的、玄学式的融摄风格。他也多少修学过一些基本禅法,临危之际或是繁忙之中,都依然不忘至诚恳到以礼拜念诵观音菩萨,但不崇尚天马行空式的玄思冥悟。所以玄奘此时游学之旅的所学所思,反映的其实正是中国北方佛教质朴无华而以精严见长的义学风貌。"①

玄奘思想上存在的上述困惑,古代史籍也有叙述。如《行状》所说:"自是学徒改观,誉满京邑。法师既遍谒众师,备飡其说,详考其理,各擅宗涂,验之圣典,亦隐显有异,莫知适从。"②经典内容"隐显有异,莫知适从",这就是玄奘当时内心的困惑。此困惑在佛教义学上的焦点就是:"双林一味之旨,分成当现二常;大乘不共之宗,析为南北二道。纷纭诤论,凡数百年,率土怀疑,莫有匠决。"③他深知这与译经不全以及译经者的学派师承不同有关,因此发大愿西行求取佛典。对玄奘这样立志高远的僧人来说,将愿行转化为实际的行动是必然的归结。

玄奘西行求法的动机是求取佛典。对此,玄奘的弟子们习惯直接将其具体化为求取《瑜伽师地论》。《行状》、《慈恩传》都说:玄奘"誓游西方,以问所惑,辨取《十七地论》以释众疑,即今之《瑜伽师地论》也"④。这一想法,在天竺巡游时,有所表现。如《慈恩传》记载,玄奘至屈支国后,当地人对玄奘说:"此土《杂心》、《俱舍》、《毗婆沙》等一切皆有,学之足得,不烦西涉受艰辛也。"玄奘回答说:"此有《瑜伽论》不?"毱多说:"何用问是邪见书乎?真佛弟子者不学是也。"玄奘回答说:"《婆沙》、《俱舍》本国已有,恨其理疏言浅,非究竟说。所以故来,欲学大乘《瑜伽论》耳。又《瑜伽》者,是后身菩萨弥勒所说。今谓邪书,岂不惧无底在坑乎?"⑤玄奘于天竺寻访《瑜伽师地论》,回国之后终将此巨著翻译成汉语,引入中土。

学术界一直认为,玄奘西行的另外一大动机是西行至天竺求法的先

---

① 昭慧:《"详考其理,各擅宗涂"——玄奘西行求法的原委》。
② 冥祥:《大唐故三藏玄奘法师行状》,《大正藏》第50卷,第214页下。
③ 慧立、彦悰:《大唐大慈恩寺三藏法师传》卷一,《大正藏》第50卷,第225页下。
④ 同上书,第222页下。
⑤ 同上书,第226页下。

行者的示范,特别是东晋僧人法显的成功及其所撰《佛国记》,更直接激发了玄奘求取佛教经典的决心。

早期佛教的弘法主体是西域以及天竺僧人。据统计,汉代东来译经僧人十人,其中,来自天竺的仅仅四人,六人来自西域;三国魏、吴两国共有外国译经僧人十人,来自西域的七人,仅有三人来自天竺;西晋时外来译经僧五人,来自天竺的仅有一人。① 可见,早期佛教之传入,是经由西域这一中介进行的,而且是以西域僧人为骨干的,因而许多佛教经典并非直接从梵语译出,而是由古代中亚地区的所谓"胡语"转折译出的。这样的一再转译,再加之译人的不谙汉文,使得译出的经典难于满足中土弘传佛法的现实需要,这是一方面。另一方面,随着佛教信仰的逐渐深入人心,作为佛教发源地和佛学最发达的地区,天竺就成为了佛教徒向往的圣地。因此,躬身前往天竺瞻礼圣迹、求学访师便成为中土僧人的重要愿行。上述两方面的结合,便引发了持续近千年的西行求取佛法的运动。

法显之后,西行求法者便越来越多,至隋唐达到了顶峰。玄奘就是在法显大师西行事迹的鼓舞感召之下,毅然西行的。慧立《慈恩传》卷一所记玄奘大师自道西行之志曰:"昔法显、智严亦一时之士,皆能求法导利群生,岂能高迹无追,清风绝后?大丈夫自当继之。"②玄奘于是陈表西行,在未能获准的情况下,冒险出发西行,经历艰难险阻,终于大功告成。

2. 玄奘西行首年考辨

记载玄奘西游起程年月的史料较多,基本的原始资料有《续高僧传》、《大慈恩寺三藏法师传》、《大唐西域记》、《大唐三藏大遍觉法师塔铭》、《广弘明集》、《太宗圣教序》等。

《续高僧传·玄奘传》记载:"会贞观三年,时遭霜俭,下敕道俗,逐丰

---

① 参见方豪《中西交通史》第 211 页,长沙,岳麓书社,1987。
② 慧立、彦悰:《大唐大慈恩寺三藏法师传》卷一,《大正藏》第 50 卷,第 222 页下。

四出,幸因斯际,经往姑藏,渐至敦煌。"①《慈恩传》、《大唐三藏大遍觉法师塔铭》:"贞观三年秋八月……遂即行矣。"②也说是贞观三年出发。③《大唐西域记·敬播序》记载:"以贞观三年,杖锡遵路。"④《大唐西域记·辩机赞》:"以贞观三年仲秋朔旦,褰裳遵路,杖锡遐征。"⑤《于阗上表》:"遂以贞观三年四月,冒越宪章,私往天竺。"⑥《释迦方志》:"沙门玄奘以贞观三年,自吊形影,西寻教迹。"⑦《法苑珠林》:"故以贞观三年季春三月,吊影单身,西寻圣迹。"⑧《广弘明集》:"奘以贞观元年,往游西域。"⑨可见,《广弘明集》记载为"贞观元年",其余皆为"贞观三年"。此外,除《大慈恩寺三藏法师传》、《于阗上表》和《大唐西域记赞》分别载为"三年秋八月"、"三年四月"和"三年仲秋朔旦",其余均无月份。由这些材料出发,学者对玄奘从长安出发的时间进行仔细研究,提出了数种不同看法。

以贞观元年(627)为玄奘出发的时间,近代以来的首倡者是梁启超。梁启超在《中国历史研究法》正补编和《支那内学院精校本玄奘传书后》二文中,集中论证此说。梁文发表后,陈垣即著文反驳之,仍主贞观三年之说。其后刘汝霖、罗香林诸氏先后撰文讨论,均拥护梁说。中外学者如曾了若、冯承钧、沙畹、前嶋信次等都使用贞观元年说。贞观三年说,除陈垣、陈思外,石万寿在《玄奘西游时间的探讨》一文综合讨论诸说,在此基础上力主大多数史籍所记载的贞观三年说没有任何失误。本著赞成贞观三年的说法,其理由则主要认同陈垣、石万寿的考证。

---

① 道宣:《续高僧传》卷四《玄奘传》,《大正藏》第 50 卷,第 447 页中。
② 董诰等编:《全唐文》卷七四二,第 7682 页。
③ 慧立、彦悰:《大唐大慈恩寺三藏法师传》卷一,《大正藏》第 50 卷,第 222 页下。
④《大正藏》第 51 卷,第 867 页下。
⑤ 同上书,第 946 页中。
⑥ 慧立、彦悰:《大唐大慈恩寺三藏法师传》卷五,《大正藏》第 50 卷,第 251 页下。
⑦ 道宣:《释迦方志》卷下,《大正藏》第 51 卷,第 969 页下。
⑧《法苑珠林》卷二九,《大正藏》第 53 卷,第 496 页下。
⑨ 道宣:《广弘明集》卷二二,《大正藏》第 52 卷,第 258 页上。

综合上述诸家诸文的论述,争论的要点有四:第一,玄奘出关是否借"霜俭"之便利。第二,玄奘会见的是统叶护可汗还是肆叶护。第三,玄奘见到凉州都督李大亮之事。第四,玄奘日程的推算问题。下文依据石万寿先生的述评考辨,对上述四点作些说明,至于其余的枝节性争论则从略。

(1) 西行的时机

梁启超认为,玄奘出游本冒禁越境。他之所以能够如此,是由于霜俭饥荒,掺在饥民队伍中得以西行。唐代禁止人民自由旅行,若欲旅行,须持"公文"。无者称"私度关",凡私度关者的处罚,《唐律》"卫禁律私度关"条规定:"诸私度关者,徒一年,越度者,加一等。"《疏议》卷八说:"水陆等关,两处各有关禁,行人来往,皆有公文。谓驿使验符卷,传送据递牒,军防丁夫有总历,自余各请过所而度,若无公文,私从关门过,合徒一年。越度者,谓关不由门,津不由济而度者,徒一年半。"这是对于国内关津而言的。对于边境关塞越度者的处罚,同卷"缘边城戍"条规定:"诸越度缘边关塞者,徒二年。"《疏议》规定:"缘边关塞,以隔华夷,其有越度此关者,得徒二年。"私度边关远较内地关隘惩罚更重。

梁启超以为《续高僧传·玄奘传》所说的"是年霜俭,下敕道俗随丰四出,幸因斯际,西向敦煌"[①]就是证据。而《旧唐书·太宗本纪》也有相应记载:贞观元年八月,"关东及河南、陇右沿边诸州霜害秋稼"[②]。但在贞观三年(629),则无"霜俭"之事。陈垣针对上述论点而提出两点异议:第一,玄奘的出关,非因"霜俭"。倘因"霜俭",出关时何迭被留难。于阗上表与洛阳谒帝时,何以都称违法和私行?第二,《新唐书》卷三六《五行志》称:"三年,北边霜杀稼。"[③]魏征疏称"贞观之初,频年霜旱"[④]。可见,

---

① 道宣:《续高僧传》卷四《玄奘传》,《大正藏》第50卷,第447页中。
② 刘昫等:《旧唐书》卷二《太宗本纪》,第32—33页。
③ 宋祁、欧阳修等:《新唐书》卷三六《五行志》,第942页。
④ 吴兢:《贞观政要》卷一〇,第299页,上海古籍出版社,1978。

贞观三年也有霜灾。

依照上述叙述可知,玄奘欲西游,必须先获得"公文"。玄奘西游之前曾经上书唐太宗,求取"公文",但未能获得批准。如此情形下,如果没有特殊事由,如"霜俭"等,玄奘何得自长安行抵凉州,又何能在凉州讲经?因此,陈垣说玄奘出行并非必然由于"霜俭"的推论,不大可能成立。现在的关键就是贞观三年有无"霜俭"之事。

陈垣先生引用《新唐书·天文志》的记载来证明贞观三年也有霜害。然而,石万寿先生指出,此次霜害发生在北边,即唐之北疆,贞观初突厥未平前,约在今长城沿线,若有霜灾,边民可能流亡,长安人民则不致随丰逐粮。石先生则另行寻找关于贞观三年"霜俭"的证据。

关于贞观元年(627)至贞观三年"霜俭"的记载如下:

第一,《资治通鉴》卷一九三"贞观四年"一条,该条有文:"元年,关中饥,斗米直绢一匹。二年,天下蝗。三年,大水。上勤而抚之,民虽东西就食,未尝嗟怨。是岁,天下大稔,流散者咸归故里。"①

第二,《新唐书》卷三〇《五行志》:"贞观元年夏,山东大旱。二年春、旱。三年春、夏,旱。四年春旱。自太上皇传位至此,而比年水旱。"②此次允人民自由离乡的原因,是缘于水旱灾。

第三,贞观元年七月或以前的灾荒,唯六月一次。《通鉴》卷一九三贞观元年:"六月,山东大旱,诏所在赈恤,无出今年租赋。"③此年再无饥荒的记载,八月以后则有霜旱等灾。然山东偏在东方,其旱灾不致使关陇人民随丰逐粮。

第四,贞观三年七月以前的饥荒。《旧唐书》卷二《太宗本纪》:"贞观三年六月戊寅,以旱亲录囚徒,遣长孙无忌、房玄龄等祈雨于名山大川,

---

① 《资治通鉴》卷一九三,第6084—6085页。
② 宋祁、欧阳修等:《新唐书》卷三四,第915页。
③ 《资治通鉴》卷一九三,第6036页。

中书舍人杜正伦等往关内诸州慰抚,又令文武官各上封事,极言得失。"①《新唐书》卷二《太宗本纪》:"贞观三年正月丙午,以旱避正殿。"又说:"六月戊寅,以旱虑囚。"②《通鉴》卷一九三贞观三年:"六月壬午,以旱诏文武官极言得失。"③

生活于贞观时代的道宣,在《续高僧传》卷二〇唐《密州茂胜寺释明净传》载:"贞观三年,从去冬至来夏,六月迥然无雨,天子下诏释李两门,岳渎诸庙,爰及淫祀,普令零祭。于是万里赫然,全无有应,朝野相顾,惨怆无赖。"④此次旱灾以六月时最严重,其地点即在玄奘所在的关中地区,贤君名相对此亦无可奈何。唯遣使慰抚百姓,祈雨于名山大川,岳渎诸庙。允许人民离乡的诏令,当在此时发出,法师正好利用这个机会,于八月一日早上离长安西游。

如此可见,尽管贞观元年确实曾经有过"霜俭",但在贞观三年也有"霜俭"的情况下,不能因此记载而轻易否定大多数史籍记载的可靠性。

(2) 统叶护可汗

笼罩在玄奘出行时间上的迷雾之一就是玄奘在碎叶城会见的究竟是统叶护可汗还是肆叶护可汗。

梁启超成立贞观元年首途说的证据之一是,玄奘曾在碎叶城晤西突厥统叶护可汗。他举的证据:第一、《新唐书·薛延陀传》说:"贞观二年,叶护死,其国乱。"⑤第二、《旧唐书·西突厥传》记载:贞观四年俟毗可汗来请婚,"太宗答之曰:'汝国扰乱,君臣未定,战争不息,何得言婚。'"⑥若贞观三年才出发西行,玄奘则不可能见到统叶护。

---

① 刘昫等:《旧唐书》卷二《太宗本纪》,第37页。
② 宋祁、欧阳修等:《新唐书》卷二《太宗本纪》,第30页。
③《资治通鉴》卷一九三。
④ 道宣:《续高僧传》卷二〇《密州茂胜寺释明净传》,《大正藏》第50卷,第594页中。
⑤ 宋祁、欧阳修等:《新唐书》卷二一七下《薛延陀传》,第6134页。
⑥ 刘昫等:《旧唐书》卷一九四下《西突厥传》,第5182页。

罗香林《〈旧唐书·玄奘传〉讲疏》①一文,也力主贞观元年说,对于梁启超此说作了补充:玄奘西行,曾得高昌王函介,在碎叶城见及西突厥之统叶护可汗,大得其助,乃能通行各国。而此统叶护可汗,据《新唐书》卷二一七下《薛延陀传》,谓其殁于贞观二年,《资治通鉴》卷二九三《唐纪九》,则记统叶护于贞观二年十二月被其伯父所杀。若玄奘果于贞观三年八月始出发西行,则无从见到统叶护可汗。

关于此问题,陈垣等人也承认统叶护可汗被杀于贞观元年。陈垣引《通典》、《旧唐书》、《册府元龟》所载,证明统叶护可汗卒于贞观元年。《通典》卷一九九突厥下:

> 统叶护寻遣使来请婚……高祖许之婚,令高平王道立至其国,统叶护大悦。遇颉利可汗频岁入寇,西蕃路梗,由是未果为婚。贞观元年,遣真珠统俟斤与道立来献万钉、玄钿、金带、马五千匹。……颉利可汗不欲中国与之和亲,数遣兵入寇,又遣人谓统叶护曰:"汝若迎唐家公主,要经我国中而过。"统叶护患之,未克婚,为其伯父所杀而自立,为莫贺咄侯屈利俟毗可汗。②

《旧唐书》卷一九四下《突厥传》、《太平寰宇记》卷一九七《西突厥传》与《通典》相同。《册府元龟》卷九七四外臣部:"太宗贞观元年,西突厥统叶护为伯父所杀。帝闻统叶护之死,甚悼之,遣使赍玉帛至其死所祭而焚之。会其国乱,不果至而止。"

《新唐书》卷二一五下《突厥传》:

> 统叶护可汗来请昏……帝乃许昏,诏高平王道立至其国。统叶护可汗喜,遣真珠统俟斤与道立还,献万钉宝钿金带、马五千匹以藉约。会东突厥岁犯边,西道梗塞。又颉利谓曰:"若迎唐公主,必假我道,我且留之。"统叶护病之,未克昏……其诸父莫贺咄杀之,帝欲

---

① 罗香林:《〈旧唐书·玄奘传〉讲疏》,《学术季刊》第4卷第1期,1955。
② 杜佑:《通典》,第5455—5456页,北京,中华书局,1988。

> 斋玉帛焚祭其国,会乱,不果至。①

新唐书此则未载年月,但载太宗吊祭统叶护事。此据《册府元龟》所载,时为贞观元年。《新》、《旧唐书·突厥传》所载和二《唐书·薛延陀传》所载时间不同。

对于上述材料,石万寿先生的解读最全面:西突厥国势强盛,弥近中原,为中原北方之大患。薛延陀尚臣属于突厥,距中原又远,中原人对此两国的记载,自以《突厥传》最为可信。且《通典》作于唐宪宗时,《太平寰宇记》成于宋太宗时,《册府元龟》成于宋真宗,而《册府元龟》据杨家骆氏的考证,唐代部分系摘自实录。三书所载,均与《突厥传》相同,亦可确定《突厥传》较《薛延陀传》可信。陈垣所说,确实可以成立。

关于玄奘于碎叶会见统叶护可汗问题,梁启超以为见的是"统叶护可汗",时间在首途第二年的春夏之交。陈垣以为见的是"肆叶护可汗"而非统叶护。然而对是否能见肆叶护,陈垣之文未作论证,后来拥护其说者分别作了补充,尤以石万寿先生的考证最为周详。在此引证其文以见其实。

关于统叶护可汗死后,西突厥的政治情形,《通典》卷一九九《突厥下》记载:

> 统叶护……为其伯父所杀而自立,是为莫贺咄侯屈利俟毗可汗。先分统突厥种类为小可汗,及此自立称大可汗,国人不附。弩矢毕部共推泥熟莫贺设为可汗,泥熟不从。时统叶护之子咥利特勤避莫贺咄之难,亡在康居,泥熟遂引而立之,是为乙毗钵罗肆叶护可汗,连兵不息。……肆叶护既是旧主之子,为众心所归,其西面都陆可汗及莫贺咄可汗二部豪帅,多来附之。又兴兵以击莫贺咄,莫贺咄大败,遁于金山,寻为咄陆可汗所害,国人乃奉肆叶护为大可汗。②

---

① 宋祁、欧阳修等:《新唐书》卷二一五下《突厥传》,第6057页。
② 杜佑:《通典》,第5456页。

《旧唐书》与《通典》同。《新唐书》卷二一五下《突厥传》记载:

> 莫贺咄立,是为屈利俟毗可汗,遣使来献。俟毗可汗初分统突厥为小可汗,既称大可汗,国人不附。弩失毕部自推泥孰莫贺设为可汗,泥孰辞不受。会统叶护可汗子咥力特勒避莫贺咄乱,亡在康居,泥孰迎立之,为乙毗钵罗肆叶护可汗,与俟毗可汗分王其国,挚斗不解。……由是西域诸国悉叛之,国大虚耗,众悉附肆叶护可汗,虽俟毗之部亦稍稍去,共以兵击俟毗,俟毗走保金山,为泥孰所杀,奉肆叶护为大可汗。①

由此可见,统叶护死后,突厥政情是:俟毗可汗篡位后不久,弩失毕部拥立肆叶护可汗,与之相抗。以后肆叶护势力日大,终逼迫俟毗可汗走死金山。弩失毕部的位置,据沙畹的考证是在热海之西。冯承钧于此附注:"莫贺咄杀统叶护而自立,国人不附,弩失毕立肆叶护可汗,则莫贺咄仅主东方五部。"碎叶城在热海之西数百里,据此注,碎叶城应在弩失毕范围内。弩失毕拥立肆叶护后,该城的主人即为肆叶护。莫贺咄则退居热海以东五部。玄奘自高昌行抵碎叶城的路线,据《大唐西域记》、《慈恩传》的记载及今人的考证,在葱岭以东的一段行程,是经阿耆尼、屈支、跋禄迦,都在天山南麓。由跋禄迦国越天山至碎叶城的一段路程,《慈恩传》卷二记载:

> 至跋禄迦国,停一宿,又西北行三百里,度一碛至凌山,即葱岭北隅也。……七日之后,方始出山。……至一清池,周千四五百里,东西长,南北狭,望之森然。无待激风而洪波数丈,循海西北行五百里至素叶城。②

所经路线,今在弩失毕部范围之内。由碎叶城至突厥南境铁门关,所经

---

① 宋祁、欧阳修等:《新唐书》卷二一五下《突厥传》,第6057页。
② 慧立、彦悰:《大唐大慈恩寺三藏法师传》卷二,《大正藏》第50卷,第227页上。

过西域诸小国,如"奴赤建、石、康、何、东安、中安、火寻、史等昭武九姓诸国"皆在弩失毕部之南,国小力微,臣属弩失毕部。统叶护可汗于元年被杀,贞观元年、二年间,肆叶护是否已立,因史料缺乏,不敢揣测。贞观四年时的情况,《通鉴》卷一九三"贞观四年":"肆叶护引兵击莫贺咄,莫贺咄兵败,逃于金山,为泥熟设所杀。"①

从这些材料出发,石万寿先生不赞成陈垣先生所说的在贞观四年肆叶护统一突厥的说法,但他强调:在春夏之间,肆叶护虽不一定一统西突厥,但可控制弩失毕五部。玄奘所经既是弩失毕部,于贞观元年出发,则不一定能见统叶护可汗。于贞观三年出发,则定可见肆叶护可汗于碎叶,且能安然出西突厥境。这一结论,从目前的史料看来,是最有说服力的。

(3) 李大亮

陈垣先生在反驳梁启超的推断时,提出了凉州都督李大亮任职时间问题。这是梁启超未曾注意到的问题。

陈垣考证的结论是:贞观元年(627)凉州都督有三易,先为长乐王幼良,次为宇文士及,三为李大亮。李大亮此职在九月十二日发表,就职最早须在十月。若元年说成立,玄奘至凉州为九月,不能见李大亮。

关于长乐王被杀及替代者之事,《旧唐书》卷二《太宗纪》记载:"贞观元年夏四月癸巳,凉州都督长乐王幼良有罪伏诛。"②……"九月辛酉,中书令郢国公宇文士及为殿中监。"③《新唐书》卷二《太宗本纪》记载:"贞观元年四月癸巳,凉州都督长乐郡王幼良有罪伏诛。……八月……宇文士及检校凉州都督。……九月庚戌朔,月有食之。辛酉……宇文士及罢。"④《旧唐书》卷六三《宇文士及传》记载:

---

① 《资治通鉴》卷一九三,第6086页。
② 刘昫等:《旧唐书》卷二《太宗纪》,第32页。
③ 同上书,第33页。
④ 宋祁、欧阳修等:《新唐书》卷二《太宗本纪》,第28页。

太宗即位，代封伦为中书令，真食益州七百户，寻以本官检校凉州都督。时突厥屡为边寇，士及欲立威以镇边服，每出入陈兵，盛为容卫，又折节礼士，凉土服其威惠，征为殿中监。①

《新唐书》卷一〇〇《宇文士及传》则记载："王即位，拜中书令，真食益州七百户，以本官检校凉州都督。时突厥数入寇，士及欲立威以镇耀边鄙，每出入，盛陈兵卫又痛折节下士。或告其反，讯无状，召为殿中监。"②同书卷六一《宰相表》："贞观元年，八月，士及检校凉州都督。……九月辛酉……士及罢为殿中监。"③

从上述材料可知，贞观元年四月，长乐王幼良被诛杀，同年八月，宇文士及接任凉州都督，九月即被人进谗言而召回长安。继任者则为李大亮。

关于李大亮续任凉督的时间，《旧唐书》卷六二《李大亮传》记载："贞观元年，转交州都督，封武阳县男。……寻召拜太府卿，出为凉州都督。"④《新唐书》卷九九《李大亮传》记载："贞观初，徙交州，封武阳县男。召授太府卿，复出凉州都督。"⑤将这些记载与前述宇文士及被召回的时间联系起来可知，李大亮任凉州都督的时间是在贞观元年九月之后。如此则引出了李大亮到达凉州的具体时间问题，如其到达的时间过晚，则可证实，玄奘如贞观元年出行，则不大可能于凉州见到李大亮。

关于李大亮至凉州的具体时间，石万寿先生依据由长安出发至凉州需要耗费的时间来论说，颇具说服力。唐时任命一新任地方首长时，新官须先向吏部取告身后，招集幕僚，再加上应酬，至少花费十几日，才走马上任。此种情形常见于唐人笔记小说中。凉州至长安的距离，《通典》

---

① 刘昫等：《旧唐书》卷六三《宇文士及传》，第2410页。
② 宋祁、欧阳修等：《新唐书》卷一〇〇《宇文士及传》，第3935页。
③ 宋祁、欧阳修等：《新唐书》卷六一，第1630页。
④ 刘昫等：《旧唐书》卷六二《李大亮传》，第2387页。
⑤ 宋祁、欧阳修等：《新唐书》卷九九《李大亮传》，第3911页。

卷一七四"武威郡条"记载:"武威郡……去西京二千二十里。"武威郡即凉州。每日的行程,据唐令的规定,《唐律疏议》卷三名例:"行程令,马日七十里,驴及步人五十里,车三十里。"如是,长安至凉州,乘马须 29 日,步行须 40 日,乘车须 67 日。宇文士及被征召的时间是九月十二日。李大亮如果当时在京师,按寻常迁官之例,在京师的准备加上乘马赴任的时间,须达 40 余日,抵达凉州的时间,已在十月底。

玄奘如果于八月一日由长安出发步行抵凉州,约在九月十日,以后在凉州讲经一月多,约在十月半即离开凉州赴瓜州。可见,即便以保守的时间计算,玄奘与李大亮也不可能相见。由这一方面的论据证明,玄奘贞观元年出发之说是不可信的。

(4)西行行程的推算

梁启超考订玄奘首途西游的时间为贞观元年(626)八月的一个依据是玄奘行程的推算问题。他认为,玄奘在《于阗表》中有贞观三年出游,今已十七年之语。表文作于贞观十八年(644)春夏之交,贞观三年八月至十八年四月并不能推算出历时十七年的结论。他又依据《慈恩传》所载,玄奘在某处留学若干年若干月,往返途中所历若干里,详细计算的结果,玄奘自初发长安以迄归达于阗最少亦须满十六年有半的时间,非满十七年不敷分配,若出游果在贞观三年,则所记皆成虚构。

刘汝霖发表《唐玄奘年谱》一文①,又以玄奘以贞观十四年见戒日王推算。由此上推,则贞观十三、十二两年,在杖林山从胜军学,十二年之上半与十一年之下半,在钵伐多罗国。若从元年之说,则贞观四年至那烂陀寺,居此五年之久,至贞观九年,又至伊烂那国居一年,自伊烂那至钵伐多罗国,中间相隔一载有余,正为游南印度之时。若从三年之说,则至伊烂那之岁,当下移两年,是与至钵伐多罗国之年相接,而此三万里之路程,岂可一飞而至?

---

① 刘汝霖此文最早刊发于《女师大学术季刊》第 1 卷第 3 期,1930 年、1931 年。

对于上述二人的推算,石万寿先生作了有力的反驳。

石先生指出,梁启超的第一个论点是基于玄奘在《于阗表》中"今已十七年"一语而成立。而《于阗表》的原文是:

> 玄奘……以贞观三年四月,冒越宪章,私往天竺。……历览周游一十七载,今已从钵罗耶伽国经迦毕试境越葱岭渡波谜罗川,归还达于于阗。①

在这一段记载中,有一个年代即贞观三年四月,和一个时间即周游十七载,二者均出于玄奘之手,照理说都是可信的一手资料。梁启超引用此表时,认为"周游十七载"一语是截至贞观十八年春夏间,由此上推十七载,则贞观三年误。

实际上,如果贞观三年出游和周游十七载二说既相互矛盾,必须求证于其他史料。贞观三年出发说,各书相同的记载甚多,如《行状》:"贞观三年,将欲首涂。"②《续高僧传》、《开元录》:"会贞观三年,时遭霜俭,下敕道俗,逐丰四出,幸因斯际,径往姑臧,渐至敦煌。"③《慈恩传》、《塔铭》:"贞观三年秋八月,将欲首涂,又求祥瑞……遂即行矣,时年二十六也。"④敬播《大唐西域记序》:"以贞观三年,杖锡遵路。"⑤辩机《大唐西域记赞》:"以贞观三年仲秋朔旦,褰裳遵路,杖锡遐征。"⑥道宣《大唐内典录》卷五玄奘条:"以贞观三年出观释化,五竺八河备经历览。"⑦

周游十七载说,亦有类似记载。如唐太宗《大唐圣教序》:"玄奘法师……周游西宇十有七年。"⑧唐高宗《述圣记》:"玄奘法师……间道往返

---

① 慧立、彦悰:《大唐大慈恩寺三藏法师传》卷五,《大正藏》第 50 卷,第 251 页下。
② 冥祥:《大唐故三藏玄奘法师行状》,《大正藏》第 50 卷,第 214 页下。
③ 道宣:《续高僧传》卷四,《大正藏》第 50 卷,第 447 页中。
④ 慧立、彦悰:《大唐大慈恩寺三藏法师传》卷一,《大正藏》第 50 卷,第 222 页下。
⑤ 《大正藏》第 51 卷,第 867 页下。
⑥ 同上书,第 946 页中。
⑦ 道宣:《大唐内典录》卷五,《大正藏》第 54 卷,第 283 页中。
⑧ 道宣:《续高僧传》卷四,《大正藏》第 50 卷,第 456 页中。

十有七载。"①除二文外,在与玄奘同时的著作中,并无类似记载。但二文的"十七载",是西游时间的总和,即截至贞观十九年正月回到长安时,并非如梁氏特别指明是截至贞观十八年归至于阗时。由此可知,梁氏此证的史料基础仅建立在《于阗表》上,而《于阗表》本身即发生矛盾。梁启超于此矛盾中,采用毫无旁证的归至于阗时十七载说,而否定同表中与众书一致的贞观三年出游说,其逻辑令人生疑。

梁启超的第二点理由,是累计《慈恩传》所载玄奘在印度各地停留的岁月和所费的时间,认为至少须十六年半,非满十七年不够分配。梁先生的计算法,是将《慈恩传》中的年月按足数算,如两年即满两年。《慈恩传》载玄奘入那烂陀寺以前,在各地停留的情形如下:

在高昌国停一月。

在屈支国淹停六十余日。

在活国淹留月余。

在缚喝国停月余。

在迦湿弥罗国留学,首尾二年。

在磔迦国停一月。

在至那仆底国停十四月(梁启超以为十四月应作四月)。

在阇烂达那国停四月。

在窣禄勤那国停一冬半春。

在秣底补罗国停半春一夏。

在羯若鞠阇国停三月。

就此淹留的岁月,按梁氏的算法,即达四年又三个月。同书又载玄奘抵那烂陀后,答戒贤问在路行程时说"三年",以梁氏所计少一年三个月以上。可见书中所载的岁月并非按足数算,系按虚数算,如二年即两个年头。由此可知,梁氏以足数算出十六年半的岁月,实不足采信。若

---

① 道宣:《续高僧传》卷四《述圣记》,《大正藏》第50卷,第457页上。

由虚数算出,法师在印度停留的岁月,不过十四年多,以十五年即够分配,不需要特为此提前二年而新创元年西游说。更何况从贞观三年到十九年中有闰月之年,据陈垣《二十史朔闰表》,尚有三、六、九、十二、十四、十七共六年呢!

综合上述三点,再加上陈垣有关肆叶护和李大亮两个论证,当可证明旧说贞观三年出游较梁氏新创贞观元年西游说更可信。

3. 西行西域

贞观三年(629),玄奘偕秦州僧孝达,同至秦州(又名天水)。停一宿,结伴去兰州。次日起程赴凉州(在今甘肃),停留月余,探询西域路径,并为道俗讲《涅槃》、《摄论》、《般若》等。玄奘往西求法之愿为西域各国来往的商人所传扬,"以是,西域诸城无不预发欢心,严洒以待"①。事为新任都督李大亮所闻,逼令还京,幸赖当地慧威法师赞助,密派二弟子"窃送向西",昼伏夜行,遂至瓜州(甘肃安西县双塔堡附近)。瓜州刺史独孤达尊信佛教,听说玄奘法师到,很高兴,供事殷厚,因访西行路程。

淹留月余,凉州追捕牒文到,幸得州吏李昌曲法成全,嘱速离境。玄奘苦于无人向导,正忧悯忙之际,得胡人石盘陀皈依玄奘受五戒,愿送过五峰,又经老翁赠识途老马,遂准备渡河,越玉门关。石盘陀惧前途险远,又无水草,唯五峰下有水,须黑夜偷水而过。但一被发觉,即是死人,不愿前往,玄奘乃纵之还。"自是孑然孤游沙漠矣,唯望骨聚马粪等渐进。"②行八十里经第一峰,幸得校尉王祥的支持,并将其介绍于第四峰校尉王伯陇,得侥幸而过,九死一生,以达伊吾(今新疆维吾尔自治区哈密专区哈密县)。玄奘在伊吾停留十余日,本想逾天山循道西行,经可汗浮图(今新疆昌吉回族自治州),直奔突厥王庭,请得肆叶护可汗的保护,以达印度北境,但为高昌王麴文泰所闻,遣使请至其国,"不获免,于是遂

---

① 慧立、彦悰:《大唐大慈恩寺三藏法师传》卷一,《大正藏》第50卷,第223页上。
② 同上书,第223页下。

行,涉南碛,经六日,到高昌界白力城"①(即唐之薄昌县,今之辟展)。连夜数换良马,夜半赶到高昌王城(今新疆维吾尔自治区吐鲁番县东南)。

高昌王麹文泰列烛出迎,拜问甚厚,备极优礼。停十余日,玄奘欲辞去,文泰誓不放行,玄奘绝食,文泰见不可强留,于是当着其母张太妃的面与玄奘法师约为兄弟,"任师求法,还日,请住此国三年,受弟子供养"②。玄奘允许,停留一月,开讲《仁王般若经》。文泰为玄奘准备西行所需物品,极为丰厚。又作二十四封书通屈支等 24 国。玄奘乃上书谢王。玄奘离高昌行数百里,经阿耆尼国(即焉耆,今新疆焉耆回族自治县)入屈支(即龟兹,今新疆阿克苏专区库车县),折服小乘一切有部的高僧木叉毱多。因凌山(冰山)雪路未开,不得进发,停留 60 余日。

起程西行二日,又前行 600 里,渡小碛,到跋禄迦国(今新疆阿克苏专区间克苏至拜城一带),停一宿,又西行 300 余里,渡一碛,至凌山。山行七日,历尽艰辛,出山后,经大清池(又名热海,一作咸海,今吉尔吉斯共和国伊塞克库尔湖),西北行 500 余里,至素叶城,遇西突厥肆可汗。肆可汗"令达官答摩支引送安置"③。款待数日,送玄奘到迦毕试国。

玄奘从素叶城西行四百余里,经千泉,又西行百四五十里至呾逻斯城,又西南行 200 里至白水城,又西南行 200 里至恭御城,又南行 50 里至笯赤建国,又西行 200 里,经赭时国,又西行千余里,经窣堵利瑟那国,西北进入大碛,无水草,寻遗骨进 500 余里,至飒秣建国,玄奘在此地以佛法化度国王。又西南行 300 余里至羯霜那国。从此西南行 200 里入山(帕米尔高原的西部边缘),山行 300 里,逾铁门,到达睹货罗国境(今阿富汗北部)。玄奘后于活国晤西突厥叶护长子、高昌王妹婿呾度设。呾度设旋为其子毒死,玄奘滞留月余,并折服小乘达摩僧伽。其后,玄奘南下到缚喝国都城西南的纳缚僧伽蓝,瞻礼佛教遗迹。遇磔迦国小乘三藏

---

① 慧立、彦悰:《大唐大慈恩寺三藏法师传》卷一,《大正藏》第 50 卷,第 224 页下。
② 同上书,第 225 页上。
③ 《大唐大慈恩寺三藏法师传》卷二,《大正藏》第 50 卷,第 227 页中。

般若羯罗(慧性),相见甚欢,一起研究《大毗婆沙论》。在缚喝国停留月余,玄奘接受锐秣陁、胡寔建两国王的邀请,至其国盘桓数日,即同慧性自缚喝国南行,入揭职国(前述诸国均在今阿富汗),东南进入大雪山(今兴都库什山的伊拉克斯奇山),行600里,倍极艰险,出睹货罗境,入梵衍那国(在兴都库什山麓),为其国摩诃伶抵学僧阿梨耶驮婆(圣使)、阿利期那(圣军)所叹服。同往巡礼佛教遗迹,经十五日,出梵衍那二日,逢雪迷路,至一沙岭,遇猎人示道,度黑山,至迦毕试国境。又为国王所邀请,到大乘寺说法五天。当时名僧秣奴若量沙(如意声)、阿梨耶伐摩(圣胄)、求那跋陀(德贤),咸皆悭服。

在迦毕试国安居讫,慧性被睹货罗王请回,玄奘乃东进600余里,越黑岭,进入当时北印度境。

4. 进入印度

进入印度后,玄奘先到滥波国(今阿富汗东境的拉格曼)停留三日,下岭渡河至那揭罗曷国(今阿富汗的贾拉拉巴德)的都城,观礼佛教遗迹。此都城东南二里许,相传为阿育王所造的窣堵波和佛陀"敷鹿皮衣及布发掩泥得受记处",西南十余里为"佛买花处遗迹"。又东南度沙岭十余里到醯罗城。玄奘于此城礼拜佛骨,又到灯光城西南20余卷里瞿波罗龙王窟,参观"佛影"。

从灯光城东南山行500里,玄奘到达健驮罗国(包括旁遮普以北的今巴基斯坦共和国白沙瓦市和拉瓦尔晶第地区)的都城布路沙布逻(巴基斯坦白沙瓦西北)。健驮罗佛教属于一切有部的势力范围,在迦腻色迦王时代极为兴盛,流传到中亚和中国,是为北传佛教。其都城为当时东西文化交流的要冲,亦为北传佛教东传的重镇。古代印巴次大陆的佛教著名论师那罗延天、无著、世亲、法救、世友、如意、胁尊者都生于此地。同时,健驮罗又是佛教艺术发源地之一。

玄奘在布路沙布逻城参观雀离浮图之后,东行百余里,渡大河,至布色羯逻伐底城城东参观阿育王所造"过去四佛说法处"的窣堵波,城北观礼佛陀为菩萨时的千生舍眼窣堵波,并将高昌王所赠金银绫绢衣服等分留各处供养。玄奘又从此东南行 200 余里至跋虏沙城,巡游苏达拿(善兴)以白象施与敌国的窣堵波,东南行经乌铎迦汉城荼城,北逾山涉川,行 600 余里到乌仗那国(今巴基斯坦斯瓦特那)国都参观佛教遗迹,再东行 250 里,入大山,到苏婆伐窣堵河的上源阿波逻罗龙泉,巡礼佛陀行化的遗迹。再溯印度河而上,到乌仗那旧都达丽罗川,睹末田底迦木刻的弥勒佛造像。

巡礼毕,玄奘还归乌铎迦汉荼城,又南渡印度河,至呾叉始罗国(约在今巴基斯坦伊斯兰堡西部拉瓦尔晶第附近),参观阿育王所建的释迦舍头窣堵波,从此北界渡信度河,东南行 200 余里,经大石门,瞻礼太子舍身饲饿虎的遗迹。又向东南山行 500 余里,玄奘至乌刺尸国(今克什米尔的哈查拉),并向东南登山履险,度铁桥,行千余里,玄奘至迦湿弥罗的西门户——石门,国王遣母弟将车马来迎,投宿于护瑟迦罗寺。行数日,渐近王城,抵达摩舍罗国,国王率群臣及沙门千余人,持幢盖烟华来迎,请玄奘乘大象入城,住于阇耶因陀罗寺。次日,国王请玄奘入宫供食,与名僧数 10 人讨论教义并命 20 人助玄奘写经;5 人供承驱使。玄奘亦事此国中第一大德僧称(亦云僧胜)听受《俱舍论》、《顺正理论》及声明,并与其中毗戍陀僧诃(净师子)、辰那饭荼(最胜晾)以及苏伽密多罗(如来友)、婆苏密多罗(世友)和苏利耶提婆(日天)、辰那呾逻多(最胜救)等论难。

迦湿弥罗之迦腻色迦王竭力弘扬佛法,与印度阿育王并称。他组织 500 名佛教徒整理佛教典籍,举行《大毗婆沙论》结集(即第四次结集),集一切有部宗义之大成。玄奘得国王之助,在此停留,钻研经藏,从僧称受学,为日后周游五印和回国翻译佛经奠定基础。玄奘在此国停留首尾两年,学习经论。

贞观六年(632),玄奘从迦湿弥罗启程,向西南逾行,越过山涧,行 700 里,至半笯嗟国,再东行 400 余里,经曷逻阇补罗国(上述三国均在今克什米尔),东南下山渡水700余里,抵磔迦国(指整个旁遮普平原),停留一月,就一老婆罗门(龙猛弟子)学《经百论》和《广百论》;学毕,又东行500余里到至那仆底国的突舍萨那寺(乐授寺),从毗腻多钵腊婆(调伏光,北印度王子)学《对法论》(《阿毗达摩杂论集》)及《显宗论》(《阿毗达摩显宗论》)。玄奘于此停留四月,又到阇烂达那国的那迦罗驮那寺,从旃达罗伐摩(月胄)受学《众事分毗婆沙》。于那迦罗驮那寺停留四月,玄奘复行2000余里,出北印度,至中印度境,抵窣禄勤那国,从阇耶毱多受《经部毗婆沙》。

贞观八年(634)春,玄奘又渡河东进,至秣底补罗国,巡礼德光伽蓝、众贤论师窣堵波以及毗末罗密多罗遗身处,从密多斯那学《怛埵三第烁论》(《辨真论》)、《随发智论》。在此停留四五月,玄奘北行300余里经婆罗吸摩补罗国东南行400余里至瞿毗霜那国,东南行400余里经醯掣怛罗国,又南行200余里渡恒河,西南经毗罗挐国;向东行200余里,至劫比他国(以上诸国均在印度),观礼佛陀上天为其母摩耶夫人说法的"三宝阶"遗迹。玄奘又从此西北行200里抵达当时称霸五印的戒日王统治的羯若鞠阇国(国都恒河西岸的曲女城,即今印度北方邦的卡诺吉),在跋达罗毗诃罗寺住三月,从毗离耶犀那三藏就学佛使《毗婆沙》和月胄《毗婆沙》。学成之后,玄奘东南行600余里渡恒河,南经阿踰陀国(为印度佛教七大圣地之一),巡礼大乘佛教瑜伽行派的伟大导师无著、世亲的遗迹和佛陀行化的遗迹。在此国礼佛圣迹之后,玄奘再从此顺恒河东下,中途遇险,以镇定、机智得以死里逃生。

玄奘又向东行300余里,渡恒河,经阿耶穆佉国,东南行700余里,再渡恒河、南阎牟那河,北至钵逻耶伽国(两国均在今印度北方邦),参观戒日王每五年举行一次的无遮大会的大施场、佛陀降伏外道处以及提婆(圣天)作《广百论》挫小乘、外道之遗迹。玄奘又从此西南行入大林,多逢恶兽野象,经500余里至憍赏弥国,瞻礼佛教遗迹。从此国东北行500余里,玄奘至鞞索迦国观礼佛教遗迹。又东行500余里,玄奘至室罗伐悉底国的国都舍卫城(印度佛教圣地之一),巡礼佛陀往日说法行道遗迹。

从舍卫城东南行800余里,玄奘至佛陀故乡劫比罗伐窣堵国(古代憍萨罗的附属国,在喜马拉雅山南麓的尼泊尔境内,巴达利亚)巡礼佛陀诞生地蓝毗尼园遗迹。从此东行荒林200余里,玄奘巡视阿育王所建舍利塔和沙弥伽蓝以及佛陀逾城出家解下璎珞、服饰、白马、遣车匿归报父王等遗迹,又经历艰险的大森林至拘尸那罗国(印度、尼泊尔交界处)朝拜佛陀涅槃的遗址。从此经行700余里,玄奘至佛陀初转法轮的鹿野苑,顺恒河东行300余里经战主国转向东北,再渡恒河行145里到吠舍釐国,巡行佛陀行化遗迹、耶舍等700佛教徒重勘律典举行第二次结集的遗迹。南沿恒河百余里到湿吠多补罗城,得《菩萨藏经》。

5. 学有所成

玄奘最有成就的学习历程是在中印度的佛学中心——那烂陀寺完成的。

贞观九年(635)前后,玄奘从吠舍釐南南渡恒河,到摩揭陀的波吒釐子,停留七日,巡礼圣迹,又西南行六七由旬至罗碟加寺,又南行百余里,观礼佛陀成道处的菩提树与金刚座,时逢众僧解夏,远近辐辏数千人,停八九日礼拜方遍。

当时印度最高学府那烂陀寺(在印度比哈尔邦巴特那以东的巴腊贡村)的僧众闻玄奘已抵金刚座,特派四位长老前往迎接,到达寺庄,更有200余僧与千余檀越捧幢盖花香前来迎引,在众人赞叹围绕下将玄奘迎入那烂陀寺。

又据义净《大唐西域求法高僧传》记载:"那烂陀寺,乃是古王室利铄羯罗昳底为北天苾刍曷罗社槃所造。此寺初基,才余方堵,其后代国王苗裔相承,造制宏壮。"[①]上文中的铄羯罗昳底即帝日王,与玄奘所记相

---

① 义净:《大唐西域求法高僧传》卷一,《大正藏》第51卷,第5页中。

合。经过多次扩建后,那烂陀寺的规模十分宏大。

那烂陀寺的扩建工作一直持续了许多代。据《大唐西域记》载,帝日、觉护、如来护、幼日、金刚诸王各建一院,连同戒日王所建,共有六院,道宣的《释迦方志》则称那烂陀寺,总有七院,义净所载是八院。《宋高僧传》卷三《寂默传》:"那烂陀寺,周围四十八里,九寺一门是九天王所造。"①公元六至九世纪可算是那烂陀的极盛时期,十世纪时,规模依然不小。

这一印度古代的最高学府不仅规模宏大,建筑壮丽,藏书丰富,更重要的是学者辈出。印度大乘佛教的许多大师都曾在此地讲学或受业,玄奘留学印度的岁月也大部分在此度过。在那烂陀求学的僧徒众多,《慈恩传》卷三所谓僧徒主客,常有万人。

在那烂陀寺研习的科目,除佛教哲学外,也兼习印度古代各种学说。《慈恩传》说:"并学大乘,兼十八部及俗典《吠陀》等书,因明、声明、医方、术数亦俱研习。寺内讲座,日百余所。学徒修习,无弃寸阴。"②我国高僧除玄奘外,玄照曾在此寺学习三年,此外如义净、慧轮、智弘、无行、道希、道生、大乘灯以及新罗人慧业、阿离耶跋摩等,也都曾到那烂陀寺留学过。吐蕃赤松德赞曾礼聘那烂陀寺大师寂护及其大弟子莲花生大师去西藏弘法。

玄奘到那烂陀寺时,正是至德幽邃的戒贤大师住持此寺。这时,戒贤已百余岁,据说是留寿等候玄奘的,对玄奘异常器重。当时在那烂陀学习的有万人左右,他们除了学习佛家哲学中的大小乘各派学说而外,印度古典哲学以及论理学(因明)、音韵学(声明)、医学(医方明)、术数工艺(工巧明)等学科均在必修之列。寺中有学问的僧人很不少,精通20部经论的学者有1000余人,精通30部的有50余人,精通50部的连玄奘

---

① 赞宁:《宋高僧传》卷三,《大正藏》第50卷,第721页上。
② 慧立、彦悰:《大唐大慈恩寺三藏法师传》卷三,《大正藏》第50卷,第237页中—下。

在内有10人。至于戒贤大师,则一切经论,无不精通。

　　玄奘在那烂陀寺很受欢迎,被推为精通三藏的十大德之一。他请戒贤三藏讲《瑜伽师地论》,同听者数千人,历时一年五个月,后又重听两遍,听讲《顺正理论》、《显扬》、《对法》各一遍,《因明》、《集量》等论各两遍,《中论》、《百论》各三遍。《俱舍》、《婆沙》、《六足》等论,他先在诸国听过,至此更披寻决疑,又兼学婆罗门《声明记论》。玄奘如是在寺学习,历时五年。

　　贞观十三年(639)以后,玄奘离开那烂陀寺南游,到达伊烂那钵伐多国(今印度比哈尔邦芒吉尔地区)。在此停留一年,玄奘从怛他揭多毱多(如来密)和孱底僧诃(师子忍)两师学《毗婆沙》、《顺正理》等论。贞观十四年,玄奘从此顺恒河南岸,过瞻波(孟加拉国鸯伽首都)等国入东印度境,经羯罗拏苏伐剌那(在今印度西孟加拉国邦北和孟加拉国的马拉白姆一带)等国,折而向西北,行至中印南憍萨罗国(其领域包括纳格浦尔以南,钱达全部及以东康克尔一带),参观龙树、提婆的遗迹。停一月有余,从善解因明的婆罗门学《集量论》。从此南行入南印度境,过案达罗国(今印度安得拉邦以海得拉巴为中心的地方),参观阿折罗造石伞堵波及陈那著《因明论》遗迹。南越林野千余里,至驮那羯磔迦国(今印度马得拉斯克里希那河河口两岸地区),停数月,从苏部底和苏利耶二僧学大众部《根本阿毗达磨》等论,他们也从玄奘学大乘诸论。过珠利耶国(在今印度马拉拉期邦)至达罗毗荼国(今印度安得拉邦南部、泰密尔纳得邦北部)国都建志补罗城,访问达摩波罗(护法)的降生之处。玄奘本拟与苏部底、苏利耶从此渡海到师子国,适逢该国名僧菩提迷祇湿伐罗、阿跋耶邓瑟嗏罗与300多僧人渡海前来,知该国正值饥乱,相与谈论,其学识"亦不能出戒贤之解"①,遂中止前往。玄奘乃与师子国来的70多名僧人从南印度绕道西印度,一路巡视,回返中印度。玄奘等从此行2000余

---

① 慧立、彦悰:《大唐大慈恩寺三藏法师传》卷四,《大正藏》第50卷,第242页上。

里,经恭建那补罗国,从此西北行,经大林暴兽之野,行二千四五百里,至摩诃剌侘国(其域相当于今印度马哈拉施拉那),向东北参观印度佛教艺术圣地阿旃陀石窟寺。玄奘又西北行千余里渡耐秣陀河(纳玛达河),经跋禄羯咕婆国(今孟买邦西北布罗奇为其国都旧址),西北行2000余里至摩腊婆国(约今孟买邦Cutch湾以东到中央邦马尔瓦一带地区),从此西北行至伐腊毗国(其地各说不一),再从此北行千八百里经瞿折罗国(今印度以北古吉拉一带),再转而东南行二千百余里经鸣阇衍那国(今印度中央邦乌买因地区),又东北行千余里经掷枳陀(今印度彭德尔甘特地区)等国,从此西行3000余里至狼揭罗国(在今巴基斯坦俾路东南部、马克兰东部沿海一带地方,为五印极西之地)。

从狼揭罗国折回,玄奘等过臂多势罗(约在今巴基斯坦的信德省海德巴拉地区)等国,渡印度河,至北印钵伐多国,于此停两年,学正量部《根本阿毗达摩》及《摄正法论》、《教实论》等论。从此东南行,玄奘又回到那烂陀寺。玄奘又至寺西低罗择迦寺,从般若跋陀罗就萨婆多部三藏及《声明》、《因明》等论,咨决所疑,共两月。

贞观十五年(641)春末,玄奘至杖林山,从胜军居士就学。胜军居士博通古代印度宗教、哲学、天文、地理、医方、术数,为七世纪时与戒贤齐名的学者,他继承难陀之学,对于因明学造诣甚深。据《因明入正理论疏》记载,胜军论师声名独擅五天,学艺超群,四方学者闻风来学。《慈恩传》卷四记载:"军本苏刺侘国人,刹帝利种也。幼而好学。先于贤爱论师所学因明,又从安慧菩萨学声明、大小乘论,又从戒贤法师学《瑜伽论》。援至外籍群言、四《吠陀》典、天文、地理、医方、术数,无不究览根源,穷尽枝叶。既学该内外,德为时尊。……法师就之,首末二年,学《唯识决择论》、《意义理论》、《成无畏论》、《不住涅槃论》、《十二因缘论》、《庄严经论》,及问瑜伽、因明等疑义。"[1]

---

[1] 慧立、彦悰:《大唐大慈恩寺三藏法师传》卷四,《大正藏》第50卷,第244页上。

第二年正月初,玄奘随胜军居士参观菩提寺舍利,并巡礼菩提树等遗迹,然后辞别居士,还那烂陀寺。回寺后,应戒贤三藏之嘱,为寺僧讲《摄论》与《唯识决择论》。玄奘作《会宗论》以折服师子光,据大乘正义以破顺世婆罗门;以梵文著《三身论》以酬答鸠摩罗王(童子王)有关佛德之问;著《制恶见论》,在戒日王所主持的曲女城无遮大会上破正量部之说。这三部著述,奠定了玄奘在印度佛教史上的重要地位。这几部著作的来龙去脉待下节专论。

玄奘在赴曲女城无遮大会前,已辞别那烂陀寺诸师友,决定回国。会后次日,即向戒日王辞行。戒日王坚请玄奘参与第六次的75天"无遮大施"后启程。玄奘无奈,只得随戒日王往钵罗耶伽国参与大施会。会后玄奘又辞行,戒日王又坚请玄奘再留一段时日。13日之后,玄奘再辞行,戒日王不便再留,决定遣使送玄奘从海道回国。玄奘为了不负与高昌王麴文泰的前约,宁舍近就远,取道北路,访问高昌,以谢当年一路相送的盛情。临行,玄奘对戒日王所送珍宝财物一概辞谢,仅接受途中实际需要的服装等,金钱三千,银钱一万。三日后,戒日王更与鸠摩罗王、跋咤王等各将轻骑数百又来相送。戒日王又以素毡作书,红泥封印,使达官数人奉书送玄奘所经诸国,令送至汉境。

6. 踏上归程

贞观十七年(643)孟夏,玄奘自钵罗耶伽国启程返国,在西南大林野中行七日经憍赏弥国,转向西北行一月余,历经数国至毗罗那拏国,遇那烂陀寺同学师子光,被邀在该地讲《瑜伽决择》及《对法论》等两月。玄奘又西北行一月,经数国至阇兰达那国。在此停留一月,乌地王遣人引送玄奘等西行20余日,玄奘等至僧诃补罗国,时已岁暮。

玄奘从僧诃补罗国启程,于山涧中行20余日,至呾叉尸罗国。于此国停七日,玄奘又西北行三日,渡印度河时,因风浪骤起,船倾欲覆,遂失50夹经本及花种等。迦毕试王闻讯,亲自到河边迎接,玄奘遂往乌铎迦汉荼城,暂寓寺内。玄奘又派人到乌仗那国补抄渡河失落的迦叶臂耶部三藏,停留50余日。经文补抄齐全,玄奘再随迦毕试国王继续向西北进发。一月余,玄奘至蓝波国境。在道俗数千人前后围绕赞咏下,玄奘与国王徐徐进城,寓大乘寺。迦毕试国仿效戒日王之举,为玄奘举行75日的无遮大会,以示敬意。会毕,玄奘随迦毕试国王由此正南行15日经伐剌挐国,巡礼佛教遗迹。从此西北行经阿薄健国,行2000余里,出印度境,至漕矩吒国(今属阿富汗)。又北行500余里经佛粟悕傪那国,从此始东出迦毕试国境。国王又为之举行七天大施会,会毕至瞿庐萨谤城,才与玄奘告别;另派一大臣率领百余人,护送玄奘过艰险的大雪山(今兴都库什山塔瓦克山口)。逾岭至安呾罗缚婆国(今阿富汗安多罗卜地区),逗留五天,后进入西突厥势力范围。

从安呾罗缚婆西北下山行400余里经阔悉多国,又西北山行300余里,玄奘至活国。停一月,东行二日经瞢健国,再向东行,进入帕米尔高原外围。又山行300余里经呬摩怛罗国,东行200余里至钵铎创那国。因大雪,玄奘被阻月余,俟雪稍停,继续进发。玄奘东南山行200余里经淫薄健国,东南行300余里至屈浪挐国。从此东北山行500余里至达摩悉铁帝国,参观石佛像后,又北行逾尸弃尼国,越商弥国,由帕米尔高原向东溯峡谷上行700余里,至波谜迷罗川(帕米尔河),行500余里至劫槃陀国(今新疆维吾尔自治区喀什专区的塔什库尔罕一带)。玄奘于此国瞻礼访问佛教遗迹,逗留20余日。从此东行五日,玄奘遇群贼,商侣惊怖登山,象被驱逐溺死。玄奘乃冒寒履险,东行800余里,出葱岭经乌锻国,北行500余里经佉沙国,东南行500余里渡徙多河,逾大岭至斫句迦国,向东逾岭越谷,行800余里,抵瞿萨旦那国(以上诸国均在新疆维吾尔自治区境内)。

贞观十八年(644)年初,玄奘到达于阗国境的勃伽夷,停七日,于阗王闻玄奘至其境,躬亲来迎,接入城中,安置于小乘萨婆多寺。于阗王请玄奘留住说法,玄奘于是为之开讲《瑜伽》、《对法》、《俱舍》、《摄大乘论》,一月四遍,听者千余人。时高昌人马玄智来,玄奘知麴文泰已死,遂中止去高昌,打算从天山南路直接回国。玄奘因渡河失落经书,再派人去屈支、疏勒一带访求。因系违禁出国,玄奘先遣马玄智随商队前往长安上表。

在于阗国,玄奘上表,遣人报知太宗。其文说:

> 玄奘往以佛兴西域,遗教东传;然胜典虽来,而圆宗尚阙;常思访学,无顾身命。遂以贞观三年四月,冒越宪章,私往天竺;践流沙之浩浩,陟雪岭之巍巍,铁门崄崄之涂,热海波瀁之路。始自长安神邑,终于王舍新城,中间所经,五万余里;虽风俗千别,艰危万重,而凭恃天威,所至无鲠。……宣皇风之德泽,发殊俗之钦思;历览周游,一十七载。今已从钵罗耶伽国,经迦毕试境,越葱岭,渡波谜罗川,归还达于于阗。为所将大象溺死,经本众多,未得鞍乘,以是少停。①

太宗接法师上表,即下敕迎接慰劳;并令沿途各地,供给夫马。其文有说:"闻师访道殊域,今得归还,欢喜无量;可即速来,与朕相见。"②法师接敕后,即辞别于阗王,东行300余里,至媲摩城(即今于阗县)。从此向东进入戈壁大沙漠,望人畜遗骸骨为标识,行200余里,经泥壤城,又行400余里经睹货罗故国,又行600余里经折摩驮那故国,又东北行千余里,至纳缚波故国楼兰(以上诸地均在今新疆境内),后到达沙州(今甘肃敦煌西)。

法师东还至沙州(即甘肃敦煌县),又附表报知太宗。太宗时在洛阳,接表知法师渐近,即令西京留守左仆射梁国公房玄龄,使有司迎接。玄奘法师闻太宗欲亲征辽东,恐稽缓不及相见,乃加快前行。

贞观十九年(645)正月七日,玄奘进至漕上,朝廷官员不知,来不及设置仪仗。唐道宣《续高僧传·玄奘传》说:"道俗相趋,屯赴阗闼,数十

---

① 慧立、彦悰:《大唐大慈恩寺三藏法师传》卷五,《大正藏》第50卷,第251页下—252页上。
② 同上书,第252页上。

万众如值下生。将欲入都,人物喧拥,取进不前。"①房玄龄遣官奉迎,自漕上而入,住于朱雀街馆舍。百姓闻声奔集,围观若堵,从者如云。法师安置所得经卷佛像于弘福寺。当迎接经卷佛像等入弘福寺之时,典礼隆重,倾动全都。玄奘法师安置经像后,即赴洛阳,谒见太宗。

根据文献记载,玄奘奉迎至长安的佛教经典写本有:

> 大乘经二百十四部,大乘论一百九十二部,上座部经律一十四部,大众部经律一十五部,三弥底部经律论一十五部,弥沙塞部经律论二十二部,迦叶臂耶部经律论一十七部,法密部经律论四十二部,说一切有部经律论六十七部,因明论三十六部,声论一十三部。②

共得经卷 520 夹、657 部。

玄奘又得佛像、肉舍利等:

> 法师于西域所得如来肉舍利一百五十粒;摩揭陀国前正觉山龙窟留影金佛像一躯,通光座高三尺三寸;拟侨罗疟斯国鹿野苑初转法轮像,刻檀佛像一躯,通光座高三尺五寸;拟侨赏弥国出爱王思慕如来刻檀写真像,刻檀佛像一躯,通光座高二尺九寸;拟劫比他国如来自天宫下降宝阶像,银佛像一躯,通光座高四尺;拟摩揭陀国鹫峰山说《法华》等经像,金佛像一躯,通光座高三尺五寸;拟那揭罗曷国伏毒龙所留影像,刻檀佛像一躯,通光座高尺有五寸;拟吠舍厘国巡城行化,刻檀像等。③

三、玄奘归国及译场的组织

玄奘回国之后,立即请求太宗允许从事佛典翻译活动。至麟德元年(664)圆寂,20 余年,玄奘法师全身心地投入到译经和授徒活动。本节将

---

① 道宣:《续高僧传》卷四《玄奘传》,《大正藏》第 50 卷,第 454 页中。
② 慧立、彦悰:《大唐大慈恩寺三藏法师传》卷六,《大正藏》第 50 卷,第 252 页下。
③ 同上书,第 252 页中—下。

从译场的组织以及翻译成果等几方面论述玄奘三藏的佛典翻译活动。

玄奘的翻译工作获得了唐太宗李世民和高宗李治两代皇帝的大力支持。玄奘卓有成效的翻译活动,除三藏自身的勤奋工作之外,完备的译场组织和协调的分工,也是重要因素。

1. 弘福寺设立译场

从贞观三年(629)秋天离开长安西行,至贞观十九年(645)正月二十四日到达京师长安西郊,玄奘三藏历时17年西行求法,完成了历史使命,大展宏图的时日指日可待。

玄奘达到沙州之后,派人送表给太宗。当时,唐太宗在洛阳宫,"知法师渐近,敕西京留守左仆射梁国公房玄龄,使有司迎待。……因宿于漕上矣。"①这是正月二十四日所发生的事情。第二日,玄奘至长安,轰动了整个京城,成为唐代300年间屈指可数的盛典之一。对此,《慈恩传》卷六记载:

> 京城留守、左仆射梁国公房玄龄等,承法师赍经像至,乃遣右武侯大将军侯莫陈寔、雍州司马李叔眘、长安县令李乾祐等奉迎。自漕而入,舍于都亭驿。其从若云,是日有司颁诸寺具帐舆花幡等,拟送经像于弘福寺。人皆欣踊,各竞庄严。翌日,大会于朱雀街之南,凡数百件部伍陈列,即以安置法师于西域所得如来肉舍利一百五十粒……以二十匹马负而至。其日,所司普班诸寺,但有宝帐幢幡供养之具,限明二十八日旦,并集朱雀街,拟迎新至经像于弘福寺。于是人增勇锐,各竞庄严,穷诸丽好,幢帐、幡盖、宝案、宝舆,寺别将出,分布讫。僧尼等整服随之,雅梵居前,熏炉列后,至是并陈于街内。凡数百事,布经像而行。珠佩动音,金花散彩。预送之俦,莫不歌咏希有,忘尘遣累,叹其希遇。始自朱雀街内,终届弘福寺门,数十里间,都人仕子,内外官僚,列道两傍,瞻仰而立,人物阗阗,所司恐

---

① 慧立、彦悰:《大唐大慈恩寺三藏法师传》卷五,《大正藏》第50卷,第252页上一中。

相腾践,各令当处烧香散花,无得移动。而烟云赞响,处处连合。昔如来创降迦毗,弥勒初升睹史,龙神供养,天众围绕,虽不及彼,时亦遗法之盛也。其日众人同见天有五色绮云,现于日北,宛转当经像之上,纷纷郁郁,周圆数里,若迎若送,至寺而微。①

如上叙述,颇多文学笔法,特别是将其与佛陀昔日降生与弥勒佛上升兜率天相比,崇信色彩浓郁,但基本事实不差。这一仪式,既是迎接经像,也是迎接玄奘法师归来,因而庄严盛大。这些都是当时佛教处于鼎盛期的表征。

玄奘法师安置经像后,即赴洛阳,谒见太宗。时为二月一日。太宗慰劳甚殷,既而坐定,忽问法师说:"师去何不相报?"玄奘回答说:"玄奘当去之时,以再三表奏,但诚愿微浅,不蒙允许。无任慕道之至,乃辄私行,专擅之罪,唯深惭惧。"太宗说:"师出家与俗殊隔,然能委命求法,惠利苍生。朕甚嘉焉,亦不烦为愧。但念彼山川阻远,方俗异心,怪师能达也。"② 太宗又说:"佛国逖远,灵迹法教,前史不能委详。师既亲睹,宜修一传,以示未闻。"③ 这就是撰《大唐西域记》十二卷的来由。

在这次会见中,玄奘向太宗提出到少林寺译经的请求。玄奘法师上奏说:"玄奘从西域所得梵本六百余部,一言未译。今知此嵩岳之南少室山北有少林寺,远离廛落,泉石清闲,是后魏孝文皇帝所造,即菩提留支三藏翻译经处。玄奘望为国就彼翻译,伏听敕旨。"太宗回答:"不须在山。师西方去后,朕奉为穆太后于西京造弘福寺。寺有禅院,甚虚静,法师可就翻译。"法师又奏曰:"百姓无知见,玄奘从西方来,妄相观看,遂成阛阓。非直违触宪网,亦为妨废法事,望得守门,以防诸过。"太宗皇帝很高兴地说:"师此意可谓保身之言也。当为处分。师可三五日停憩,还京就弘福安置,诸有所须一共玄龄平章。"④

---

① ② 慧立、彦悰:《大唐大慈恩寺三藏法师传》卷六,《大正藏》第50卷,第252页中—253页上。
③ 同上书,第253页中。
④ 同上书,第253页下。

三月一日，玄奘法师自洛阳还至长安，即居弘福寺将事翻译。他乃条疏所须证义、缀文、笔受、书手等数，以申留守司空、梁国公玄龄。四月一日，证义大德谙解大小乘经论，为时辈所推者一十二人至，即：

> 京弘福寺沙门灵润、沙门文备，罗汉寺沙门慧贵，实际寺沙门明琰，宝昌寺沙门法祥，静法寺沙门普贤，法海寺沙门神昉，廓州法讲寺沙门道深，汴州演觉寺沙门玄忠，蒲州普救寺沙门神泰，绵州振音寺沙门敬明，益州多宝寺沙门道因。①

又有缀文大德九人至，即：

> 京师普光寺沙门栖玄，弘福寺沙门明璿，会昌寺沙门辩机，终南山丰德寺沙门道宣，简州福聚寺沙门静迈，蒲州普救寺沙门行友，栖严寺沙门道卓，豳州照仁寺沙门慧立，洛州天宫寺沙门玄则。②

又有字学大德一人至，即京大总持寺玄应。又有证梵语梵文大德一人至，即京大兴善寺沙门玄谟。自余笔受、书手、所司供料等并至。

玄奘为译场所列出的助译僧四类共23人，书手的身份不详。这是他在总结此前中土佛典翻译官办译场经验的基础上作出的设置。依照这一设置，玄奘自任"译主"。"证义大德"达12名，征召各地精通教义的高僧担任，职责是就翻译的语句与佛理之间的"适当性"进行斟酌。"缀文大德"有9名，职责是就文句的整体表达作构思，而"字学大德"1人，其职责就是对译文的文字表达作修饰、改定。"证梵语梵文大德"1名，其职责是将译成中文的经文再反过来译成梵文，以确定与原文在意思和语言上有无差别。如果不能还原成原文，那就说明翻译出了毛病。如《续高僧传》卷四《玄奘传》中所记载："初从梵语倒写本文，次乃回之，顺同此俗，然后笔人观理文句，中间增损，多坠全言。"③所谓"书手"也就是现在

---

① 慧立、彦悰：《大唐大慈恩寺三藏法师传》卷六，《大正藏》第50卷，第253页下。
② 同上书，第253页下—254页上。
③ 道宣：《续高僧传》卷四《玄奘传》，《大正藏》第50卷，第455页上。

所说的"书记员",最终将修订完成的译文写下来。

玄奘在弘福寺的翻译工作,几种文献所记的起始时日略有差异,但大多数学者认定应该从四月三十日或者五月开始翻译。根据文献记载,此年五月二日至九月二日,译出《大菩萨藏经》20卷。贞观二十年(646)七月十三日,玄奘进呈所译经5部58卷,再《表》中,玄奘说:臣"以贞观十八年,方还京邑,寻蒙敕旨,令于弘福道场,披寻翻译。今已翻出《菩萨藏》等经,伏愿垂恩,以为经序,唯希敕旨,方布中夏。并撰《西域传》一部,总一十四卷,谨令舍人李敬一以将恭进。无任悚息之至,谨奉表以闻。"①太宗在《敕答玄奘法师前表》中说:

> 省书具悉来旨,法师凤标高志,行出尘表,泛宝舟而登彼岸,搜妙道而辟法门,弘阐大猷,荡涤众罪。是故慈云欲卷,舒之而荫四空;慧日将昏,朗之而照八极。舒朗之者,其惟法师乎?朕学浅心拙在物犹迷,况佛教幽微,岂能仰测?请为经题者,非己所闻。又云,新撰《西域记》者,当自披览。②

玄奘于此时所奉献给皇帝的5部58卷译品,是弘福寺译场的最初一批成果。玄奘想借助于皇帝的权威加强这些佛典的流通,未果。

贞观二十二年(648)六月底或七月一日,太宗在玉华宫,敕追玄奘赴宫相见。到达玉华宫之后,太宗在玉华殿接见玄奘,又言渴慕之意,劝请玄奘还俗辅政。玄奘委婉拒绝。太宗皇帝又问法师:"此翻何经论?"玄奘回答说:"近翻《瑜伽师地论》讫,凡一百卷。"太宗问:"此论甚大,何圣所说?复明何义?"玄奘回答说:"论是弥勒菩萨说,明十七地义。"又问:"何名十七地?"玄奘回答说:"谓五识相应地,意识相应地,有寻有伺地,无寻唯伺地,无寻无伺地,三摩呬多地,非三摩呬多地,有心地,无心地,闻所成地,思所成地,修所成地,声闻地,独觉地,菩萨地,有余依地,无余

---

①② 道宣:《广弘明集》卷二二,《大正藏》第52卷,第258页上。

依地。"①太宗很感兴趣,遣使到京城取《瑜伽论》。论至,太宗详览,叹其词义宏远,非从来所闻。

此年七月十三日,太宗施法师衲袈裟一领,价值百金,并赐剃刀一口,法师因于十四日上谢表。太宗于此年答应为新翻译经论作序。至八月四日,法师重启,太宗方为染翰,少顷而成,名《大唐三藏圣教序》,凡481字。太子李治奉睹父皇此文,又制《述圣记》。九月十八日,上《请经出流行启》。又上《东宫所写六门陀罗尼及题菩萨藏经等谢启》。十月一日,玄奘翻《能断金刚般若经》讫,奏上之,且言旧译之失:

>……今观旧经,亦微有遗漏。据梵本具云《能断金刚般若》,旧经直云《金刚般若》,欲明菩萨以分别为烦恼,而分别之惑,坚类金刚,惟此经所诠,无分别慧,乃能除断,故曰《能断金刚般若》。故知旧经失上二字。又如下文,三问阙一,二颂阙一,九喻阙三。如是等,什法师所翻舍卫国也。留支所翻婆伽婆者,少可。②

十月十六日,太宗从玉华宫回京城,玄奘也跟随回长安。可见,从此年六月,玄奘应召至玉华宫陪侍太宗,抽暇翻译出《能断金刚般若经》一部。

此前,太宗令所司于北阙紫微殿西别营一所,号"弘法院"。玄奘回到长安后,太宗让其居于弘法院。如此,玄奘白天入宫与皇帝谈说,夜乃还院翻经。玄奘在此地于闰十二月二十六日,翻译出无著《摄大乘论本》三卷。贞观二十三年(649)正月一日,翻译出《缘起圣道经》一卷。

2. 慈恩寺译场

玄奘翻译佛典的第二个大译场是慈恩寺。玄奘在此译经的时间不是最长的,但由于窥基后来在此寺弘扬玄奘所传,终于成立了唐代佛教的第一个宗派,因此窥基被称为"慈恩法师",法相唯识宗也被称为慈恩宗。

---

① 《慈恩传》卷七,《大正藏》第50卷,第258页上。
② 同上书,第259页上。

慈恩寺在长安佛寺中具有特殊性。唐贞观十年(636)六月,太宗文德皇后崩,十一月葬于昭陵。贞观二十二年,太子李治在春宫,以其母文德皇后早弃万方,一心"思报昊天,追崇福业"①。六月,使中大夫守右庶子高季辅宣令说:

> 寡人不造,咎谴所钟。年在未识,慈颜弃背。终身之忧,贯心滋甚。风树之切,刻骨冥深。每以龙忌在辰,岁时兴感。空怀陟屺之望,益疚寒泉之心。既而笙歌遂远,瞻奉无隶。徒思昊天之报,罔寄乌鸟之情。窃以觉道洪慈,实资冥福。冀申孺慕,是用皈依。宣令所司,于京城内旧废寺,妙选一所,奉为文德圣皇后,即营僧寺。寺成之日,当别度僧。仍令挟带林泉,务尽形胜,仰规忉利之果,副此罔极之怀。②

根据此令,有司于是仔细普查京城各处形胜,并最后决定在宫城南晋昌里面对曲江池的"净觉故伽蓝"旧址营建新寺。寺址既定,工役随兴。经过一番"瞻星揆地"的测量定位工作,最后制定了"像天阙,仿给园"③(祇树给孤独园之略)的建造方案。整个工程,"穷班李巧艺,尽衡霍良木","文石、梓桂、橡樟、并桐充其材,珠玉、丹青、赭垩、金翠备其饰"。按照设计,寺院建成之后将是"重楼复殿,云阁洞房",总共有十余院1897间,"床褥器物,备皆盈满"④。至当年十月,太子李治又下令说:大慈恩寺工程"渐向毕功,轮奂将成",但僧徒尚缺,奉太宗皇帝敕旨,度僧300,别请50名大德"同奉神居,降临行道",同时正式赐新寺寺名为"大慈恩寺",并增建"翻经院"。很快,翻经院宣告落成,"虹梁藻井,丹青云气,琼础铜沓,金环华铺,并加殊丽"⑤。随后,太子李治又令玄奘法师自弘福寺移就大慈恩寺翻经院继续从事佛典翻译,充上座,纲维寺任。

---

① 《慈恩传》卷七,《大正藏》第50卷,第257页下—258页上。
②③④ 同上书,第258页上。
⑤ 同上书,第259页中。

贞观二十二年(648)十二月,太宗皇帝为玄奘举行了盛大隆重的入寺升座仪式。《慈恩传》卷七对此作了详细的描述:

> 又敕太常卿江夏王道宗将九部乐,万年令宋行质、长安令裴方彦各率县内音声及诸寺幢帐,并使豫极庄严。已巳旦,集安福门街,迎像送僧入大慈恩寺。至是陈列于通衢,其锦彩轩槛、鱼龙幢戏,凡千五百余乘,帐盖五百余事。先是,内出绣画等像二百余躯、金银像两躯、金缕绫罗幡五百口,宿于弘福寺,并法师西国所将经像佛舍利等,爰自弘福引出,安置于帐座及诸车上,处中而进。又于像前两边各严大车,车上竖长竿悬幡,幡后即有狮子神王等为前引仪。又庄宝车五十乘,坐诸大德;次京城僧众执持香花,呗赞随后;次文武百官,各将侍卫部列陪从;太常九部乐挟两边,二县音声继其后。而幢幡钟鼓旬磕缤纷,眩日浮空,震曜都邑,望之极目,不知其前后。皇太子遣率尉迟绍宗、副率王文训领东宫千余人充手力,敕遣御史大夫李乾祐为大使,与武侯相知检校。帝将皇太子、后宫等,于安福门楼手执香炉,目而送之,甚悦。衢路观者数亿万人。经像至寺门,敕赵公、英公、中书褚令执香炉引入安置殿内,奏九部乐、《破阵舞》及诸戏于庭前,讫而还。①

此后不数天,太子李治又在仗卫的扈从、百僚的陪同下到大慈恩寺礼佛,会见 50 大德,讲述其造寺之原由,不禁呜咽感伤,史称其"蒸蒸之情,亦今之舜也"②。侍臣及僧共睹此景,无不为之哽咽。会罢大德,太子遂登东阁,宣布大赦令等。李治继而巡历廊宇,至玄奘法师房,亲制五言诗一首贴于户:"停轩观福殿,游目眺皇畿。法轮含日转,花盖接云飞。翠烟香绮阁,丹霞光宝衣。幡虹遥合彩,空外迥分辉。萧然登十地,自得会

---

① 《慈恩传》卷七,《大正藏》第 50 卷,第 259 页中—下。
② 同上书,第 259 页下。

三归。"①

太宗又给玄奘新度弟子15人,使其跟随玄奘至慈恩寺。从此月开始,玄奘就在大慈恩寺从事翻译活动。

贞观二十三年(649)四月,太宗驾幸翠微宫,皇太子及玄奘法师并奉命陪从。翠微宫,位于今西安长安区沣峪滦镇南浅山上的黄峪填充村,是唐太宗李世民避暑养病的离宫,始建于唐代初年,唐贞观十年废,贞观二十一年重修,名曰翠微宫。唐太宗一行至翠微宫后,太宗与玄奘唯谈玄论道,玄奘为其言说因果报应及西域先圣遗芳故迹,皆引经酬对。唐太宗深信纳数,攘袂叹曰:"朕共师相逢晚,不得广兴佛事。"②五月二十六日,太宗崩于含风殿。"时秘不言,还京发丧,殡太极殿。其日,皇太子即皇帝位于梓宫之侧。"③时为六月初一,太子即位,是为高宗。八月二十八日,葬太宗于昭陵,与长孙皇后合葬。第二年改元"永徽"。从这一叙述可知,在太宗驾崩时玄奘在场,他应该是参与办理完毕太宗丧事之后方才离开皇宫,重新开始翻译工作的。

根据《慈恩传》卷七记载,太宗驾崩,高宗即位后,"法师还慈恩寺。自此之后,专务翻译,无弃寸阴。每日自立程课。若昼日有事不充,必兼夜以续之,过乙之后,方乃停笔。摄经已,复礼佛行道,至三更暂眠,五更复起,读诵梵本,朱点次第,拟明旦所翻。每日斋讫,黄昏二时,讲新经论。及诸州听学僧等,恒来决疑请义。既知上座之任僧事,复来谘禀。复有内使遣营功德,前后造一切经十部,夹纻宝装像二百余躯,亦令取法师进止。日夕已去,寺内弟子百余人,咸请教诫,盈廊溢庑,皆酬答处分,无遗漏者。虽众务辐凑,而神气绰然,无所拥滞,犹与诸德说西方圣贤立义诸部异端。及少年在此,周游讲肆之事,高论剧谈,竟无疲怠。其精敏强力,过人若斯。复数有诸王卿相来过礼忏,逢迎诱导,并皆发心,莫不

---

①②③《慈恩传》卷七,《大正藏》第50卷,第260页上。

舍其骄华,肃敬称叹。"①

永徽三年(652)春三月,"法师欲于寺端门之阳造石浮图,安置西域所将经像。其意恐人代不常,经本散失,兼防火难。浮图量高三十丈,拟显大国之崇基,为释迦之故迹,将欲营筑,附表闻奏"②。高宗敕使中书舍人李义府告诉法师:"师所营塔功大,恐难卒成。宜用砖造,亦不愿师辛苦。今已敕大内东宫掖庭等七宫亡人衣物助师,足得成办。"③ 于是用砖,仍改就西院,其塔基面各一百四十尺,仿西域制度,不循此旧式也。塔有五级,并相轮露盘,凡高一百八十尺,层层中心皆有舍利,或一千二千,凡一万余粒。上层以石为室,南面有两碑,载二圣《三藏圣教序记》,其书即尚书右仆射河南公褚遂良之笔。初,建塔奠基之日,玄奘法师曾自述诚愿,略述自己皈依佛门经过、赴印求法原因、太宗父子护法功德等,最后说:

> 但以生灵薄运,共失所天,惟恐三藏梵本零落忽诸,二圣天文寂寥无纪,所以敬崇此塔,拟安梵本;又树丰碑,镌斯序记,庶使巍峨永劫,愿千佛同观,氛氲圣迹,与二仪齐固。④

在建塔过程中,玄奘师"亲负篑畚,担运砖石"。"首尾二周,功业斯毕"⑤。此塔于永徽五年方才建成。

永徽三年(652)夏五月,中印度国摩诃菩提寺大德智光、慧天等致书给玄奘。智光于大小乘及彼外书四韦陀、五明论等莫不洞达,是戒贤上首门人,五印度学者咸所共宗。慧天于小乘十八部该综明练,匠诱之德,亦彼所推重。玄奘法师在印度时,常共切磋。慧天虽弘教有功,然未措心于大乘,执守小乘之见。玄奘在曲女城法集之时,在辩论中挫败了慧天,慧天亦愧伏,自别之后,钦仁不忘,乃使同寺沙门法长带来问候书信

---

① 《慈恩传》卷七,《大正藏》第 50 卷,第 260 页上—中。
②③ 同上书,第 260 页下。
④⑤ 同上书,第 261 页上。

及奉送玄奘毡两端。永徽五年春二月，法长辞还，又索报书，玄奘法师写答书并信物。玄奘所写两封书信，收录于《慈恩传》卷七，保存至今。

永徽六年(655)，玄奘翻译的《理门论》一卷流传长安，被吕才阅读研究。吕才作《因明批注立破义图》，引起一场续数月的大辩论。

显庆元年(656)正月，高宗就慈恩寺为皇太子设五千僧斋，每人施布帛三段，敕遣朝臣行香。薛元超、李义府来谒，问玄奘说："翻经固法门之美，未审更有何事可以光扬？又不知古来翻译仪式如何？"①玄奘回答说：

> 法藏冲奥，通演实难，然则内阐住持，由乎释种。外护建立，属在帝王。所以泛海之舟，能驰千里。依松之葛，遂竦万寻。附托胜缘，方能广益。今汉魏遥远，未可详论。且陈符姚已来，翻宣经论，除僧之外，君臣赞助者，符坚时，昙摩难提译经，黄门侍郎赵整执笔；姚兴时，鸠摩罗什译经，姚主及安城侯姚嵩执笔；后魏，菩提留支译经，侍中崔光执笔。及制经序，齐、梁、周、隋并皆如是。贞观初，波颇罗那译经，敕左仆射房玄龄、赵郡王李孝恭、太子詹事杜正伦、太府卿萧璟等监阅详缉。今独无此。又慈恩寺圣上为文德圣皇后营建，壮丽轮奂，今古莫俦，未得建碑，传芳示后。显扬之极，莫过于此。公等能为致言，则斯美可至。②

二公许诺而去。第二日上朝，遂替法师陈奏。此后，高宗指派于志宁、来济、许敬宗、薛元超、李义府、杜正伦等校阅经文，襄助译事。三月，高宗为慈恩寺作碑文，并允御笔亲书。书成，法师特集合徒众，及京城僧尼，举行一次"迎接御制并书慈恩寺碑文"的大典。玄奘法师为此前后两次表谢高宗。四月十四日，高宗送御书《大慈恩寺碑》，于佛殿前东南角造碑屋安置。《旧唐书·高宗本纪上》记载，显庆元年"夏四月戊申，御安福

---

① 《慈恩传》卷八，《大正藏》第50卷，第266页上。
② 同上书，第266页上—中。

门,观僧玄奘,迎御制并书慈恩寺碑文。导从以天竺法仪,其徒甚盛"①。五月,玄奘法师旧疾复发,几将不治。高宗令御医治理始瘳。玄奘法师病愈,高宗遣使迎入宫内,住凝阴殿之西阁。玄奘即在此翻译。

显庆二年(657)二月,玄奘法师随高宗往洛阳,译经僧若干人也随往。在洛阳,玄奘住于积翠宫,继续译经。四月,玄奘随高宗避暑于明德宫,住飞华殿,翻译《观所缘缘论》一卷,及续译《大毗婆沙论》、《发智论》等。五月,法师还居积翠宫译经,因上翻译各经次第,表奏高宗,文中说:

> 去月日奉敕所翻经论,在此无者宜先翻,旧有者在后翻。但《发智》、《毗婆沙论》有二百卷,此土先唯有其半,但有百余卷,而文多舛杂,今更整顿翻之。去秋已来,已翻得七十余卷,尚有百三十卷未翻。此论于学者甚要,望听翻了。②

夏四月,高宗避暑于明德宫,玄奘奉命陪从,安置飞华殿。五月,敕法师还于积翠宫翻译。

这一年,玄奘趁回洛阳之便,就近还乡,查访宗族情形,知晓族人无多,仅仅寻得适瀛州张氏的老姊一人而已。与老姊相见,然后知父母的坟陇,只是已荒芜颓坏,便欲择地改葬。后经高宗允许,于是将父母遗柩改葬于西原。改葬之日,洛阳附近,道俗赴者万余人。

显庆二年(657)秋九月二十日,玄奘请求高宗批准入少林寺翻译。其表文说:

> 玄奘每惟此身,众缘假合,念念无常。虽岸树井藤,不足以俦危脆。干城水沫,无以譬其不坚。所以朝夕是期,无望长久,而岁月如流。六十之年,飒焉已至。念兹遄速,则生涯可知。加复少因求法,寻访师友,自他邦国,无处不经,涂路遐遥,身力疲竭。顷年已来,更增衰弱,顾阴视景,能复几何? 既资粮未充,前涂渐促,无日不以此

---

① 刘昫等:《旧唐书》卷四《高宗本纪上》,第 75 页。
②《慈恩传》卷九,《大正藏》第 50 卷,第 272 页下—273 页上。

伤嗟,墨陈之不能尽也。……望乞骸骨,毕命山林,礼诵经行,以答提奖。又蒙陛下以轮王之尊,布法王之化,西域所得经本,并令翻译,玄奘猥承人乏,滥当斯任。①

高帝览表不许。

玄奘居于积翠宫译经,无时暂辍,积劳成疾。高宗闻之,立遣医官慰问。

显庆三年(658)正月,玄奘随高宗自东都还长安,仍居于慈恩寺。

3. 西明寺译场

西明寺译场是玄奘住锡的第三个大译场,但为时很短。

显庆元年(656)秋八月十九日,高宗下令造西明寺。关于西明寺的建造过程,文献记载如下:"先有敕曰:'以延康坊濮王故宅,为皇太子分造观、寺各一。'命法师案行其处,还奏地窄,不容两所。于是总用营寺,其观改就普宁坊。仍先造寺。"显庆三年六月,西明寺最终修造完成。"其寺面三百五十步,周围数里,左右通衢,腹背廛落,青槐列其外,渌水亘其间。罾罾耽耽,都邑仁祠,此为最也。而廊殿楼台,飞惊接汉,金铺藻栋,眩日晖霞,凡有十院,屋四千余间。庄严之盛,虽梁之同泰、魏之永宁,所不能及也。"②六月十二日,"道俗云合,幢盖严华,明晨良日,将欲入寺。箫鼓振地,香华乱空。自北城之达南寺十余里,十街衢阗阒。至十三日清旦,帝御安福门上,郡公僚佐,备列于下,内出绣像,长旛高广,惊于视听。从于大街,沿路南往,并皆御览,事讫方还"③。这是西明寺建造的情况。

显庆三年(658)七月,高宗"敕先委所司简大德五十人、侍者各一人,后更令诠试业行童子一百五十人拟度。至其月十三日,于寺建斋度僧。命法师看度。至秋七月十四日,迎僧入寺。其威仪、幢盖、音乐等,一如

---

① 《慈恩传》卷九,《大正藏》第50卷,第273页中—下。
② 《慈恩传》卷一〇,《大正藏》第50卷,第275页中—下。
③ 道宣:《集古今佛道论衡》卷四,《大正藏》第52卷,第388页下。

入慈恩及迎碑之则。敕遣西明寺给法师上房一口,新度沙弥海会等十人充弟子"①。可见,玄奘法师于此年七月十四日,入住西明寺。十月,译毕《入阿毗达磨论》二卷。

高宗以玄奘法师为太宗所重,嗣位之后,礼敬愈隆,中使朝臣,慰问不绝,施舍绵帛绫锦,前后万余段,法服、袈裟等数百件。玄奘法师接受后,都随得随送,或造塔,或营经像,或舍给贫穷及外国婆罗门等,一无贮蓄。

显庆四年(659),法师见前代所翻译《般若经》漏语不少,众僧又屡请翻译,乃决心重新翻译此经。但以住在京城,每苦诸多纷扰,因而玄奘请高宗批准移居故玉华宫翻译。其时,此宫已舍为寺。高宗批准了玄奘法师的请求,十月,玄奘法师并助译僧等入住玉华寺。

玄奘法师由显庆三年七月移居西明寺,仍然不懈地进行翻译工作。但是现存经录中未曾将这一时间段所完成的译本标注为西明寺。

4. 玉华寺译场

显庆四年(659)十月起,玄奘译场转移至玉华寺。玄奘住于玉华寺肃成院内。

显庆五年正月一日,玄奘开始翻译《大般若经》。此经梵本共有二十万颂,文极广大。玄奘法师于印度得三本。在翻译过程中,若遇有疑误,玄奘即参校三本以定之;殷勤覆省,方乃下笔。或文乖义奥,意有踌躇,必觉异境;似若有人,授以明决;心即豁然,若拨云见日。玄奘自云:"如此悟处,岂奘浅怀所通?并是诸佛菩萨所暗助耳。"②时殿侧有双李树,忽于非时,屡次开花,花皆六出,鲜荣可爱。众僧都说:"是般若再阐之征,六出者,表六到彼岸。"③

玄奘生命的最后五年是在玉华寺度过的。五年中,他共翻译出佛典

---

① 《慈恩传》卷一〇,《大正藏》第 50 卷,第 275 页下。
② 同上书,第 276 页上。
③ 同上书,第 276 页中。

14部682卷,大约为其译经总数的一半。

玄奘圆寂在当时是社会上的一个重大事件,颇得朝廷和民众的关注。从整个唐代佛教发展过程来说,唐初三个最大的活动都与玄奘有关。第一件是玄奘法师回归长安,第二件是慈恩寺建成典礼,第三件则是玄奘法师的葬礼。

关于玄奘圆寂的经过以及隆重的葬仪,《续高僧传·玄奘传》、《慈恩传》和《大唐故三藏玄奘法师行状》都有较为详细的记载,但在具体细节方面有些差异。下文综合几种文献记载,叙述玄奘大师圆寂的经过。

龙朔三年(663)十月二十三日,玄奘翻译完成《大般若波罗蜜多经》六百卷。《慈恩传》记载,此日玄奘合掌欣然对徒众说:

> 此经于此地有缘,玄奘来此玉华寺者,经之力也。向在京城,诸缘牵乱,岂有了时？今得终讫,并是诸佛冥加,龙天拥祐。此乃镇国之典,人天大宝,徒众宜各踊跃欣庆。①

玉华寺都维那寂照,庆贺译《大般若波罗蜜经》功竣,设斋供养。是日请经从肃成殿入嘉寿殿斋所讲读。十一月二十二日,玄奘法师令弟子窥基奉表奏闻高宗,并请御制经序。十二月,译毕《五事毗婆沙论》2卷、《寂照神变三摩地经》1卷、《阿毗达磨集异门足论》20卷。玄奘至此自觉精力衰竭,料死期将近,乃对门徒预嘱后事:"吾来玉华,本缘《般若》,今经事既终,吾生涯亦尽。若无常后,汝等遣吾,宜从俭省,可以苫蕟里送,仍择山涧僻处安置,勿近宫寺。"②

麟德元年(664)正月一日,玄奘译毕《咒五首经》一卷。三日,玉华寺内译经诸僧,还请玄奘翻译《大宝积经》。根据《行状》记载:

> 知此经于汉土未有缘,纵翻亦不了。固请不免。法师曰:"翻必不满五行。"遂译四行止,谓弟子及翻经僧等:"有为之法,必归磨灭。

---

①②《慈恩传》卷一〇,《大正藏》第50卷,第276页中。

> 泡幻之质,何得久停?今麟德元年,吾行年六十有三,必卒于玉华。若于经论有疑,宜即速问,勿为后悔。"徒众闻者无不惊泣。皆曰:"和上尊体康和,计年未至耆耄,何为忽作此言?"报曰:"此事自知,非徒众所悉。"是时法师,未有疾患,徒众相顾,咸生疑怪。①

根据《慈恩传》记载,大概在正月三日,玄奘前往兰芝谷,礼辞俱胝佛像。玄奘与门徒同出,僧众相顾,莫不潸然。礼毕还寺,玄奘停止翻译。九日黄昏,玄奘"于房后度渠,脚跌倒,胫上有少许皮破。因即寝疾,气候渐微"②。

十七日后某日,他命嘉尚法师统计前后所翻译经论,合共 75 部,1335 卷,"又录造俱胝画像、弥勒像各一千帧,又造塑像十俱胝。又抄写《能断般若》、《药师六门陀罗尼》等经各一十部,供养悲敬二田各万余人,烧百千灯赎数万生。录讫,令嘉尚宣读。"③

二十三日,玄奘令集合全体僧众,设斋,并全部布施所有衣物、财帛等,更令造像。接着,玄奘对众说:

> 玄奘此毒身,深可厌患,所作事毕,无宜久住。愿以所修福慧,回施有情;共诸有情,同生睹史多天弥勒内眷属中,奉事慈尊,佛下生时,亦愿随下广作佛事,乃至无上菩提。④

说完后,玄奘默默正念,口中诵经。

二月初,玄奘法师病势沉重。二月五日夜半,弟子普光等问:"和上决定得生弥勒内院不?"法师报云:"得生。"⑤言讫,喘息渐微,少间神逝。

玄奘法师病时,检校翻经使许玄备以其年二月三日上奏说:"法师因

---

① 冥祥:《大唐故三藏玄奘法师行状》,《大正藏》第 50 卷,第 219 页上。
② 同上书,第 276 页下。
③ 同上书,第 276 页下—277 页上。
④ 同上书,第 277 页上。
⑤ 同上书,第 277 页中。

损足得病。"①二月七日,高宗敕中御府:"宜遣医人将药往看。"所司即差供奉医人张德志、程桃捧将药急赴。比至,法师已终,医药不及。"时坊州刺史窦师伦奏:'法师已亡。'帝闻之哀恸伤感。为之罢朝,曰:'朕失国宝矣!'时,文武百寮,莫不悲哽流涕。帝言已呜咽,悲不能胜。帝翌日,又谓群臣曰:'惜哉!朕国内失奘师一人,可谓释众梁摧矣。四生无导矣。亦何异于苦海方阔,舟楫遽沈;暗室犹昏,灯炬斯掩?'帝言已,呜咽不止。"②二月二十六日,高宗下敕说:"窦师伦所奏,玉华寺僧玄奘法师既亡,葬事所须并令官给。"③至三月六日,又有敕说:"玉华寺奘法师既亡,其翻经之事且停。已翻成者,准旧例,官为抄写。自余未翻者,总付慈恩寺守掌,勿令损失。其玄奘弟子及同翻经僧,先非玉华寺僧者,宜各放还本寺。"

根据记载,玄奘大师圆寂后,未依佛教葬仪举行毗荼,而是以中土的葬礼进行的。麟德元年(664)三月十五日,高宗下敕说:"故玉华寺僧玄奘法师葬日,宜听京城僧尼造幡盖,送至墓所。"于是门人遵照遗命,"以籧篨为舆,奉神柩还京,安置慈恩翻经堂内。弟子数百,哀号动地。京城道俗,奔赴哭泣,日数百千"。玄奘的灵柩由坊州玉华寺奉迎至长安慈恩寺翻经堂安置。四月十四日,"将葬浐之东,都内僧尼及诸士庶,共造殡送之仪,素盖白幢、泥洹帐舆、金棺银椁、娑罗树等五百余事,布之街衢,连云接汉,悲笳凄挽,响匝穹宇。而京邑及诸州五百里内,送者百余万人。虽复丧事华整,而法师神柩仍在籧篨本舆。东市绢行用缯三千匹,结作泥洹舆,兼以花佩庄严,极为殊妙,请安神柩。门徒等恐亏师素志,不许。乃以法师三衣及国家所施百金之纳,置以前行,籧篨舆次其后。观者莫不流泪哽塞,是日缁素宿于帐所者,三万余人。十五日旦,掩坎

---

① 《慈恩传》卷一〇,《大正藏》第50卷,第277页下。
② 同上书,第277页下—278页上。
③ 同上书,第278页上。

讫,即于墓所设齐而散"①。

玄奘的身后事在历史上也留下了重重迷雾。玄奘的遗骨先是被安葬在陕西蓝田灞、浐之间的白鹿原。但五年之后,高宗下令将玄奘法师的遗骨迁至樊川,安葬于兴教寺墓塔内。现在该寺中尚保存着唐文宗开成四年(839)所立的《大遍觉法师玄奘塔铭》古碑,记录此事相当详细。

唐僖宗广明元年(880),黄巢起义军占据长安,兴教寺被毁,玄奘的头骨被寺僧护送至终南山紫阁寺五重塔奉养。这时,玄奘的头骨虽然已移迁,但是还在长安附近。北宋初年,金陵(今南京)天禧寺住持可政朝山来此,在废寺危塔中发现法师头骨,就亲自千里背负,迎归金陵天禧寺供奉。宋代安葬玄奘大师头骨的石函有刻文写道:"大唐三藏大遍觉法师玄奘灵骨,早因黄巢发塔,今长干演化大师可政,于长安传得,于此葬之。"据说玄奘大师头骨在南迁金陵之后,在金陵本地又迁葬过两次。第一次是在元文宗至顺三年(1332),当时天禧寺主持释广演发塔重建。第二次是明太祖洪武十九年(1386),天禧寺住持释守仁等人将玄奘头骨从寺内东岗迁至南岗,修建了三藏塔供奉。

近代以来,迁移至南京的玄奘头骨叠经变迁,至今已有包括南京玄奘寺、南京灵谷寺在内的九处供奉地。

四、玄奘的翻译成就及其译学思想

关于玄奘的翻译成就,可以从其译籍的分类、翻译的风格以及义学思想等方面来说明。

中国佛教史上,玄奘的译籍数量最多、品类最齐全。

玄奘从印度回来以后,仅仅准备了一百天工夫,就从事他毕生的翻译事业。19年中,翻译地点虽然迁移了好几处(弘福寺、慈恩寺、西明寺、玉华寺)。此外,在随时应召陪伴皇帝的间隙,在皇宫等临时住地玄奘都

---

① 《慈恩传》卷一〇,《大正藏》第50卷,第278页上一中。

没有停止翻译工作。玄奘共译出佛教经典75部、1335卷。这巨大数量，比新旧译家和与玄奘齐名的罗什、真谛、不空的所译全部，还要多出600余卷。在翻译作品的类型上，尽管他心仪的是瑜伽行派，但他仍然立足于全面地翻译介绍佛教的整体内容，举凡佛教经、律、论，大乘、小乘，几乎所有品类的经典，都有译本现世。

玄奘的翻译不光有翻译实践的示范，也有对于翻译佛典活动的理论思考。这一方面的理论成果就是"五种不翻"说①。

关于"五种不翻"的出处，梁启超在《佛典之翻译》一文中最先揭示出周敦义《翻译名义序》（这篇序文写于绍兴二十七年，即1157）中。曹仕邦《中国佛教译经史研究余沈之四》中指出："举凡治佛教史或研究翻译方法的学人，莫不知唐时玄奘三藏（602—664）提出所谓'五种不翻'之说，谓遇到五种情形，对梵文仅译音而不译意。此说一般人均误以为保存于南宋周敦义为释法云（1088—1158）编集的《翻译名义序》一书所撰的序文中。仕邦以前亦有此误解。实则奘公之说，保存于《翻译名义集》卷一《十种通称》的'婆伽婆'条中，周氏不过节引之而已。"②

《翻译名义集》卷一中法云原文抄录如下：

> 唐奘法师明五种不翻：一、秘密故不翻，陀罗尼是。二、多含故不翻，如"薄伽梵"含六义故。三、此无故不翻，如阎浮树。四、顺古故不翻，如"阿耨菩提"，实可翻之，但摩腾已来存梵音故。五、生善故不翻，如"般若"尊重，智慧轻浅。令人生敬，是故不翻。③

除了南宋法云外，北宋释赞宁在他的《宋高僧传》卷三中也提到"五种不翻"："逖观道安也，论'五失三不易'；彦琮也，籍其'八备'；明则也，撰《翻经仪式》；玄奘也，立'五种不翻'。此皆类左氏之诸凡，同史家之变例。"④

---

① 此问题论述参考了方广锠《玄奘"五种不翻"三题》，《法音》，2006年第10期。
② 曹仕邦：《中国佛教译经史论集》，第187页，台北，东初出版社，1990。
③ 法云：《翻译名义集》卷一，《大正藏》第54卷，第1057页下。
④ 赞宁：《宋高僧传》卷三，《大正藏》第50卷，第723页。

赞宁此记载早于法云,但并未解释玄奘"五种不翻"的具体内容,也未提及资料来源。

作为佛教经典翻译之千古第一人以及伟大的佛教大师,玄奘佛典翻译过程中可能有许多经验和原则,但现今留存的仅仅这么简单的几条。

对于玄奘上述理论的实际内涵,近代学者阐述不一。如梁启超将玄奘的"五种不翻"列入遣词、定名之列,仅称之为"忠实审慎,其所定程序,可供今日之参考者,固不少也"。梁启超以为"五不翻"是遣词、定名时所用的一种规范。换言之,此说仅仅是一种技术性规范。台湾学者王文颜则称"'五种不翻'是玄奘最具体的译经理论。……内容全属'音译'佛教名相问题"。"玄奘久游印度,对于印度境内的各种语言,了解十分深入。……既然他有如此优秀的梵文造诣,再加上精通汉文的有利条件,所以他的音译的名相,自然较前人准确。在《大唐西域记》及他所重译的经典之中,我们随处都可发现他订正旧译的例证,而'五种不翻'就是他处理音译的准则。"[①]王文颜的这种解释是正确的。但他以为"'五种不翻',才是玄奘译经理论的重心,这方面的成就也最为可观。"这说法颇不严密,因为现今所保存的这一段文字,可能不是玄奘对于佛典翻译问题的全面系统论述,将"五种不翻"当做玄奘翻译理论的重心并围绕"五种不翻"来研究与评价玄奘的翻译工作,显然不可能获得玄奘翻译理论的真实面貌。

玄奘的翻译从古到今都评价很高。长期以来,大凡研究玄奘翻译及其佛学思想的人都一致认为,玄奘的翻译,最忠实于印度原本,历来被看做是罕见的精确直译之文。因而玄奘的佛学思想,最忠实于印度佛学思想,玄奘所传的唯识学,基本上照搬了印度的唯识思想。然而近代以来也有不同观点。

吕澂在研究玄奘的翻译及其佛学思想时,提出了自己的独特看法。

---

① 王文颜:《佛典汉译之研究》,第263页,台北,天华出版事业股份有限公司,1984。

吕澂研究佛学，喜欢利用各种文字的资料，对勘各种佛典，以鉴别真伪，考订异乱，纠正错讹，补正缺失。他在研究玄奘翻译的《观所缘释论》时，对勘了陈真谛的译本、唐义净的译本和西藏译本，发现玄奘和义净的两个译本所以有不同之处，主要有以下三个原因：

"一者，奘净两家所用原本未尝有异也，而奘译翻译修辞改之。"[①]意思是说，玄奘和义净两家翻译所用之原本，并没有两样，只是玄奘在翻译时，在文辞上作了修饰。由此，他认为，义净的翻译"近于直译"，玄奘的翻译则"近于意译"。所以"两家虽有文质繁简之殊"，实际上"其原本犹无害为一类"。他接着又说："奘译力求整齐，每释皆先引全颂，于是文句未能分段落者必改组而断句，意有未尽者亦必引而足之，错综其词，庐目遂非。"这是意译的一种格式；同时，"奘译据文敷演，不觉其词之酣畅"，这又是意译的一种格式。所以他认为，"奘译原本不必与净译异，特译文敷畅，见其文采有殊而已"。

"二者，奘译之润文非但畅意而已，亦取注释家言以改论。"[②]意思是说，玄奘的翻译还不仅仅是在文辞上加以修饰，使之词意通畅，而且还常常采用注释家的言论来改变论文的原意。在他看来，玄奘的翻译有许多地方都采用了护法所作疏中的言论和观点。

"三者，奘译改论非真宗护法之解也，乃别取诸后起之说。"[③]意思是说，玄奘的翻译还并不都是直接依据护法的注疏以改变论中之文，有些地方还另外采取了护法以后的一些佛教学者的理论，"奘译文义大同护法而不尽同，其所依据殆在继承护法而变其说者"。他所说的护法以后的学者，大概就是护法的门下弟子胜子等三家，或者就是指戒贤其人。

吕澂先生通过分析、研究，将《观所缘释论》的四种译本互相对勘，终于对玄奘的翻译提出了三点看法：第一，"奘师译文与其谓为忠实之直

---

① 《吕澂佛学论著选集》第一册，第51页，济南，齐鲁书社，1990。
② 同上书，第53页。
③ 同上书，第55页。

译,无宁谓为畅达之意译"①。第二,"奘师意译与其谓为信于原本,无宁谓为信于所学"。第二,"奘译所宗与其谓为护法之学,无宁谓为晚起变本之说"②。

后来,吕澂进一步对玄奘的译籍作了全面考订,更加肯定地认为,玄奘的翻译是不忠实于原本的意译。他在与熊十力论学的书信交往中说:"奘译喜以晚说改译旧文,谨严实有不足。如以《瑜伽》说改《般若》,时见唯心所现与无性为自性之义。又以《毗昙经》改《本地分》,有言说性与离言性平等之义。又以慧护遍计执余之说改《摄论》,以清辨和集说改《二十颂》,以护法五识说改《观所缘》,几乎逐步移观,终不以完全面目示人。"最后,他在《覆熊十力书七》一文中"断定奘译为不忠于原本之意译"③。

如果听从吕澂先生的研究结论,玄奘的翻译活动并非真正意义上的"直译",而是以"直译"面目深深地隐藏了"宗派诠释学"意图。奘门弟子以其师的译文来批评真谛等的唯识学,称其为"旧译"。这一结论,有一些依据,但也不尽然。将玄奘译文与真谛译文的差异完全归结到翻译方面也有偏颇之处理。由于玄奘、真谛翻译时所依据的"原典"已经遗失,所以,现在无法确定这些差异有多少是由于"诠释学意图"造成,又有多少是由于两位三藏所依据的"原典"略有差别而造成。

五、玄奘翻译经论编年

下文依据唐靖迈《古今译经图记》、唐智昇《开元释教录》以及经论"译后序"等相关资料,参照当代学者的研究成果,编成玄奘翻译经论年表,文字顺序是先标翻译年月,再列经论名称、卷数,然后是翻译地点,最后是主要助译者。

---

① 《吕澂佛学论著选集》第一册,第 56 页。
② 同上书,第 57 页。
③ 吕澂:《辨佛学根本问题》,《中国哲学》第 11 辑,北京,人民出版社,1984。

贞观十九年(645)

五月二日至九月二日,《大菩萨藏经》20 卷,长安弘福寺翻经院,智证、道宣证文。

六月十日至岁暮,《显扬圣教论颂》1 卷,长安弘福寺翻经院,辩机等笔受。

七月十四日,《六门陀罗尼经》1 卷,长安弘福寺翻经院,辩机等笔受。

七月十五日,《佛说佛地经》1 卷,长安弘福寺翻经院,辩机等笔受。

十月一日,开始翻译《显扬圣教论》,长安弘福寺翻经院,智证等笔受。

贞观二十年(646)

正月十五日,完成《显扬圣教论》20 卷,长安弘福寺翻经院,智证等笔受。

正月二十日至闰三月二十九日,《大乘阿毗达磨杂集论》16 卷,长安弘福寺翻经院,玄颐等笔受。

五月十五日开始翻译《瑜伽师地论》100 卷,长安弘福寺翻经院,灵会、明浚等笔受。

贞观二十一年(647)

继续翻译《瑜伽师地论》,长安弘福寺翻经院,灵会、明浚等笔受。

二月二十四日,《大乘五蕴论》1 卷,长安弘福寺翻经院,大乘光等笔受。

三月一日,开始翻译《摄大乘论无性释》10 卷,长安弘福寺翻经院,大乘巍、大乘林等笔受。

五月十八日至七月十三日,《解深密经》5 卷,长安弘福寺翻经院,大乘光等笔受。

秋八月六日,《因明入正理论》1卷,长安弘福寺翻经院,弘福寺沙门明浚等笔受证文。

贞观二十二年(648)

继续翻译《摄大乘论无性释》10卷,长安弘福寺翻经院,大乘巍、大乘林等笔受。

三月二十日,《天请问经》1卷,长安弘福寺翻经院,辩机等笔受。

五月十五日,历时两年,完成《瑜伽师地论》100卷的翻译,长安弘福寺翻经院,灵会、明浚等笔受。

五月十五日,《胜宗十句义论》1卷,长安弘福寺翻经院,云隽等笔受。

五月二十九日,《唯识三十论颂》1卷,长安弘福寺翻经院,大乘光等笔受。

十月一日,《能断金刚般若波罗蜜经》1卷,坊州玉华宫弘法台,杜行顗等笔受。

十一月十七日,《大乘百法明门论》1卷,北阙紫微殿右弘法院,玄忠等笔受。

十二月十八日,开始翻译《摄大乘论世亲释》10卷,大慈恩寺翻经院,大乘巍等笔受。

闰十二月二十六日,开始翻译无著《摄大乘论本》3卷,北阙紫微殿右弘法院,大乘巍等笔受。

贞观二十三年(649)

正月一日,《缘起圣道经》1卷,北阙紫微殿右弘法院,大乘光等笔受。

正月十五日至八月八日,《阿毗达磨识身足论》16卷,大慈恩寺翻经院,大乘光等笔受。

二月六日,《如来示教胜军王经》1卷,大慈恩寺翻经院,大乘光等笔受。

五月十八日,《甚希有经》1卷,终南山翠微宫,大乘钦等笔受。

五月二十四日,《般若波罗蜜多心经》1卷,终南山翠微宫,知仁等笔受。

六月十七日,完成无著《摄大乘论本》3卷,长安弘福寺翻经院,大乘巍、大乘林等笔受。

六月十七日,完成《摄大乘论世亲释》10卷,北阙紫微殿右弘法院,大乘巍等笔受。

六月十七日,完成《摄大乘论无性释》10卷,大慈恩寺翻经院译毕,沙门大乘巍、大乘林等笔受。

七月十五日,《菩萨戒羯磨文》1卷,大慈恩寺翻经院,大乘光等笔受。

七月十八日,《王法正理论》1卷,大慈恩寺翻经院,大乘林等笔受。

七月十九日,《最无比经》1卷,大慈恩寺翻经院,大乘光等笔受。

七月二十一日,《菩萨戒本》1卷,大慈恩寺翻经院,大乘光等笔受。

十月三日至十一月二十四日,《佛地经论》7卷,大慈恩寺翻经院,大乘光等笔受。

十二月二十五日,《因明正理门论本》1卷,大慈恩寺翻经院,知仁等笔受。

永徽元年(650)

正月一日,《称赞净土佛摄受经》1卷,大慈恩寺翻经院,大乘光等笔受。

二月一日,《瑜伽师地论释》1卷,大慈恩寺翻经院,大乘晖等笔受。

二月三日至八日,《分别缘起初胜法门经》2卷,大慈恩寺翻经院,大乘光笔受。

二月八日,《说无垢称经》6卷,大慈恩寺翻经院,大乘光等笔受。

五月五日,《药师琉璃光如来本愿功德经》1卷,大慈恩寺翻经院,慧立等笔受。

六月十日,《广百论本》1卷,大慈恩寺翻经院,元瑜等笔受。

六月十日,《大乘掌珍论》2卷,大慈恩寺翻经院,大乘光等笔受。

六月二十七日至十二月二十三日,《大乘广百论释论》10卷,大慈恩寺翻经院,敬明等笔受。

九月十日至十一月八日,《本事经》7卷,大慈恩寺翻经院,靖迈、神昉等笔受。

九月二十六日,《诸佛心陀罗尼经》1卷,大慈恩寺翻经院,大乘云等笔受。

永徽二年(651)

正月九日,《受持七佛名号所生功德经》1卷,大慈恩寺翻经院,大乘光等笔受。

正月二十三日至六月二十九日,《大乘大集地藏十轮经》10卷,大慈恩寺翻经院,大乘光等笔受。

四月五日,开始翻译《阿毗达磨显宗论》,大慈恩寺翻经院,慧朗、嘉尚等笔受。

五月十日,开始翻译《阿毗达磨俱舍论》,大慈恩寺翻经院,元瑜等笔受。

闰九月五日,《大乘成业论》1卷,大慈恩寺翻经院,大乘光等笔受。

月份不明,《阿毗达磨俱舍论本颂》1卷,大慈恩寺翻经院,元瑜等笔受。

永徽三年(652)

继续翻译《阿毗达磨俱舍论》，大慈恩寺翻经院，元瑜等笔受。

正月十六日至三月二十八日，《大乘阿毗达磨集论》7卷，大慈恩寺翻经院，大乘光、大乘云等笔受。

四月四日，《佛临涅槃记法住经》1卷，大慈恩寺翻经院，大乘光等笔受。

十月二十日，完成《阿毗达磨显宗论》40卷，大慈恩寺翻经院，慧朗、嘉尚等笔受。

永徽四年(653)

继续翻译《阿毗达磨俱舍论》，大慈恩寺翻经院，元瑜等笔受。

正月一日，开始翻译《阿毗达磨顺正理论》，大慈恩寺翻经院，元瑜等笔受。

永徽五年(654)

闰五月十八日，《大阿罗汉难提蜜多罗所说法住记》1卷，大慈恩寺翻经院，大乘光等笔受。

六月五日，《称赞大乘功德经》1卷，大慈恩寺翻经院，大乘光等笔受。

七月十日，完成《阿毗达磨顺正理论》80卷，大慈恩寺翻经院，元瑜等笔受。

七月二十七日，完成《阿毗达磨俱舍论》30卷，大慈恩寺翻经院，元瑜等笔受。

九月十日，《拔济苦难陀罗尼经》1卷，大慈恩寺翻经院，大乘光等笔受。

九月二十七日，《八名普密陀罗尼经》1卷，大慈恩寺翻经院，大乘云等笔受。

九月二十八日,《显无边国土功德经》1卷,大慈恩寺翻经院,大乘云等笔受。

九月二十九日,《胜幢臂印陀罗尼经》1卷,大慈恩寺翻经院,大乘云等笔受。

十月十日,《持世陀罗尼经》1卷,大慈恩寺翻经院,神泰等笔受。

显庆元年(656)

三月二十八日,《十一面神咒心经》1卷,大慈恩寺翻经院,玄则等笔受。

七月二十七日,《阿毗达磨大毗婆沙论》,大慈恩寺翻经院,嘉尚、大乘光等笔受。

显庆二年(657)

正月二十六日,开始翻译《阿毗达磨发智论》,长安大内顺贤阁,玄则等笔受。

十二月二十九日,《观所缘缘论》1卷,洛阳大内丽日殿,大乘光、大乘云等笔受。

显庆三年(658)

继续翻译《阿毗达磨发智论》,长安大内顺贤阁,玄则等笔受。

四月十九日,《不空罥索神咒心经》1卷,大慈恩寺翻经院,大乘光等笔受。

七月三日,完成《阿毗达磨大毗婆沙论》200卷,大慈恩寺翻经院,嘉尚、大乘光等笔受。

七月二十七日,《阿毗达磨法蕴足论》12卷,大慈恩寺翻经院,大乘光等笔受。

十月八日至十三日,《入阿毗达磨论》2卷,大慈恩寺翻经院,释诠、嘉尚等笔受。

显庆四年(659)

闰十月,《成唯识论》10卷,坊州玉华寺云光殿,大乘基等笔受。

显庆五年(660)

正月一日,开始翻译《大般若波罗蜜多经》,坊州玉华寺玉华殿,大乘光、大乘钦、嘉尚等笔受。

五月七日,完成《阿毗达磨发智论》20卷,坊州玉华寺译毕,玄则等笔受。

九月一日至十月二十三日,《阿毗达磨品类足论》18卷,坊州玉华寺,大乘光等笔受。

十一月二十六日,开始翻译《阿毗达磨集异门足论》,坊州玉华寺明月殿,弘彦、释诠等笔受。

龙朔元年(661)

继续翻译《大般若波罗蜜多经》,坊州玉华寺玉华殿,大乘光、大乘钦、嘉尚等笔受。

继续翻译《阿毗达磨集异门足论》,坊州玉华寺明月殿,弘彦、释诠等笔受。

五月一日,《辩中边论颂》1卷,坊州玉华寺嘉寿殿,大乘基笔受。

五月十日至十三日,《辩中边论》3卷,坊州玉华寺嘉寿殿,大乘基笔受。

六月一日,《唯识二十论》1卷,坊州玉华寺庆福殿,大乘基笔受。

七月九日,《缘起经》1卷,坊州玉华寺八桂亭,神昉等笔受。

龙朔二年(662)

七月十四日,《异部宗轮论》1卷,坊州玉华寺庆福殿,大乘基笔受。

龙朔三年(663)

六月四日,《阿毗达磨界身足论》3 卷,坊州玉华寺八桂亭,大乘基笔受。

十月二十日,完成《大般若波罗蜜多经》600 卷,坊州玉华寺玉华殿,大乘光、大乘钦、嘉尚等笔受。

十二月三日至八日,《五事毗婆沙论》2 卷,坊州玉华寺玉华殿,释诠等笔受。

十二月二十九日,《寂照神变三摩地经》1 卷,坊州玉华寺玉华殿,大乘光等笔受。

十二月二十九日,完成《阿毗达磨集异门足论》20 卷,坊州玉华寺明月殿,弘彦、释诠等笔受。

麟德元年(664)

正月一日,《咒五首经》1 卷,坊州玉华寺玉华殿,大乘光等笔受。

第三节　盛唐时期的佛典翻译

唐玄宗、唐肃宗统治时期(712 年至 761)近 50 年的佛典翻译,成就巨大。尤其是"开元三大士"善无畏三藏(637—735)、金刚智三藏(669—741)和不空三藏(705—774)相继主持翻译工作。他们三人从事翻译更是不遗余力。

开元五年(717),善无畏译出《虚空藏求闻持法》一卷;其后于开元十二年译出《大毗卢遮那成佛神变加持经》(即《大日经》)6 卷,第二年又译出《供养法》1 卷,二者合为 1 部 7 卷;开元十四年译出《苏悉地羯罗经》3 卷、《苏悉呼童子经》3 卷等。① 金刚智于开元十一年译出《金刚顶瑜伽中略出念诵法》4 卷、《七俱胝佛母准提大明陀罗尼经》1 卷;开元十八年,译

---

① 参见智昇《开元释教录》卷九,《大正藏》第 55 卷,第 571 页下—572 页上。

出《金刚顶经曼殊师利菩萨五字心陀罗尼品》1卷、《观自在如意轮菩萨瑜伽法要》1卷①；开元十九年之后，又译出《金刚顶经瑜伽修行毗卢遮那三摩地法》1卷、《千手千眼观世音菩萨大身咒本》1卷、《千手千眼观自在菩萨广大圆满无碍大悲心陀罗尼咒本》1卷、《不动使者陀罗尼秘法》1卷等4部。② 金刚智三藏共译出8部11卷佛典。据圆照《贞元新定释教目录》卷一四的记载，不空共翻译佛典110部，其中《金刚顶一切如来真实摄大乘现证三昧大教王经》(即《金刚顶经》)3卷，是《一切如来真实摄大乘现证三昧大教王经》的初分，是密宗的重要经典。另外译有《金刚顶王秘密修行念诵仪轨》1卷、《金刚顶瑜伽中发阿耨多罗三藐三菩提心论》1卷、《略述金刚顶瑜伽分别圣位修证法门》1卷等。这些重要密宗经典的翻译都是于这一时期完成的。上述"三大士"的翻译活动，善无畏、金刚智都是开元年间进行的，不空的翻译活动则历玄宗、肃宗、代宗三朝。代宗朝的翻译已经属于中唐范围。

可以说，盛唐时期的佛典翻译主要是以善无畏三藏、金刚智三藏和不空三藏为主角，其他译师只能是配角。依据智昇和圆照所编经录的记载，除善无畏三藏、金刚智三藏和不空三藏之外，仅仅有沙门智严、阿质达霰三藏和法月三藏进行过零星翻译。鉴于此著的写作分工，善无畏三藏、金刚智三藏和不空三藏的翻译成就置于第七卷密宗部分论述，在此仅将沙门智严、阿质达霰三藏和法月三藏的翻译工作作一论述。

一、沙门智严的佛典翻译

关于沙门智严叙述的难点在于，作为佛典翻译家的僧人智严是否与来自于阗的唐代著名画家尉迟乙僧以及善无畏弟子智俨是同一人。现在学术界的看法不一，本著以为智严和尉迟乙僧是同一人的可能性是存

---

① 参见智昇《开元释教录》卷九，《大正藏》第55卷，第571页中。
② 参见圆照等《贞元新定释教目录》卷一四，《大正藏》第55卷，第876页中。

在的,但还需要更直接的证据。

先叙述智严的行历。智严的俗姓,有两种说法。智昇《开元释教录》和《续译经图纪》中都说"姓郁持"①,而《宋高僧传》则作"释智严,姓尉迟氏"②。现代学者以为两者仅仅是译名的音译写法不同而已,证据较为充分。

关于释智严出家前的身份,《开元释教录》卷九记载:"沙门释智严,于阗国王之质子,姓郁持,名乐。幼至大唐,早居荣禄,授左领军卫大将军上柱国,封金满郡公。"③此文未明确说郁持乐到大唐的时间。下文在讲到他舍宅建寺的原因时说:"又自唯生居异域,长自中华,幸得侍奉四朝,班荣宠极,犹恐叨承厚禄,滥沐殊恩,于是固请出家,冀酬玄泽。"④从引文中"侍奉四朝"等语句推测,郁持乐至大唐作质子的时间应该在唐太宗贞观年间。如此一来,就与《历代名画记》等艺术类文献所记载的唐初来大唐的于阗尉迟乙僧似有关联。

关于郁持乐舍宅建寺之事,《开元释教录》卷九记载:郁持乐"立性淳质,贞信居怀,请舍宅置寺,奉为国家,神龙二年五月十一日敕允其所请"⑤。此处未写明郁持乐舍宅所建佛寺的寺额。而《宋高僧传》卷三《释智严传》则记载为:尉迟乐"深患尘劳,唯思脱屣。神龙二年五月奏乞,以所居宅为寺。敕允,题牓曰'奉恩'是也"⑥。依照赞宁的记载,郁持乐所建佛寺被称为奉恩寺。

神龙二年(706)五月十一日,中宗皇帝同意了郁持乐舍宅建寺的请求。他"又自唯生居异域,长自中华,幸得侍奉四朝,班荣宠极,犹恐叨承

---

① 分别见智昇《开元释教录》卷九,《大正藏》第 55 卷,第 571 页上;《续译经图纪》,《大正藏》第 55 卷,第 372 页上。其中,《续译经图纪》中,《大正藏》本作"尉",但页下有注:元明版作"郁"。上述两书都为智昇所编,因此,智昇的著述应作"郁持"。
②⑥ 赞宁:《宋高僧传》卷三,《大正藏》第 50 卷,第 720 页上。
③ 智昇:《开元释教录》卷九,《大正藏》第 55 卷,第 571 页上。
④ 同上书,第 571 页中。
⑤ 同上书,第 571 页上—中。

厚禄,滥沐殊恩,于是固请出家,冀酬玄泽"①。神龙二年十一月二十四日,中宗皇帝"墨制云:'人之情也,莫不贪惜禄位。卿之愿也,乃欲弃俗出家,袭兰若之踪,起禅那之行。忽省来奏,嗟赏兼怀。特遂所祈,式成高志。'以景龙元年十一月五日和帝生日,舍家剃落,法号智严"②。智严于景龙元年(707)五月十一日中宗皇帝生日时剃度出家,法号智严。

关于智严出家后的行历,智昇在《开元释教录》卷九中记载说:

> 仍请住于终南山至相寺兰若修道,犹是虚心静虑,宴坐经行,精苦居怀,幽栖积念;加以经明唐梵,智照幽微;宝积真诠,如来秘偈,莫不屡承纶旨,久预翻详,频奉丝言,兼令证译。常于石鳖谷居阿练若,习头陀行。③

上文讲了智严三方面的修行和弘法内容:第一是住于长安城外终南山至相寺修禅定,第二是参与了部分译场佛典的翻译工作,第三是住于石鳖谷阿练若修头陀行。除上述记载外,宋代赞宁还补充说:智严曾经"充终南山至相寺上座,体道用和,率从清谨"④。

关于智严主持译场翻译佛典的情形,智昇在《开元释教录》卷九中记载说:

> 开元九年,于石鳖练若及奉恩寺译《决定业障经》等四部,并文质相兼,得其深趣。又译《尊胜陀罗尼咒》一首及《法华经药王菩萨》等咒六首,时有经本写新咒入,幸勿怪之。⑤

关于智严译出的四部经典,智昇著录如下:

> 《说妙法决定业障经》一卷,第二出与奘法师《称赞大乘功德经》同本,开元九年六月于终南山石鳖谷老尹兰若译。
>
> 《出生无边门陀罗尼经》一卷,第十一译,与《无量门微密持经》

---

① ② ③ ⑤ 智昇:《开元释教录》卷九,《大正藏》第55卷,第571页中。
④ 赞宁:《宋高僧传》卷三,《大正藏》第50卷,第720页上。

等同本,开元九年于奉恩寺译。

《师子素驮娑王断肉经》一卷,开元九年于奉恩寺译。

《大乘修行菩萨行门诸经要集》三卷,开元九年六月二十日于终南山石鳖谷老尹兰若译。①

依据上文的记载,智严翻译佛典的地点有终南山石鳖谷老尹兰若和奉恩寺两处,时间在开元九年(721)。上述四部六卷译籍现存。此外,智严还译有《尊胜陀罗尼咒》一首及《法华经药王菩萨》等咒六首,这七首咒语现已不存,原因是智昇解释的"时有经本写新咒入,幸勿怪之"②,意思是不断有新版本传入,这几首因此而被代替。具体言之,智昇所在的时期,是善无畏、金刚智以及不空大量翻译密典的时期,智严的这几首咒语于是被新译所代替也就毋须"怪之"了。

下文引述文献分析有关尉迟乙僧的记载。

唐朱景玄《唐朝名画录》记载:

> 尉迟乙僧者,土火罗国人。贞观初,其国王以丹青奇妙,荐之阙下。又云其国尚有兄甲僧,未见其画踪也。乙僧今慈恩寺塔前功德,又凹凸花面中间千手眼大悲精妙之状,不可名焉。又光泽寺七宝台后面画降魔像,千怪万状,实奇踪也。凡画功德、人物、花鸟皆是外国之物像,非中华之威仪。前辈云:"尉迟僧,阎立本之比也。"景玄尝以阎画外国之人,未尽其妙;尉迟画中华之像,抑亦未闻。由是评之,所攻各异,其画故居神品也。

此书作者朱景玄为元和初应进士举,曾任咨议,历翰林学士,官至太子谕德,主要活动于唐宪宗元和至唐文宗大和年间(806—835)。稍晚些的张彦远《历代名画记》也有类似记载。《历代名画记》卷九记载:

---

① 智昇:《开元释教录》卷九,《大正藏》第55卷,第571页上。
② 同上书,第571页中。

尉迟乙僧，于阗国人，父跋质那（具第八卷）。乙僧，国初授宿卫官，袭封郡公，善画外国及佛像。时人以跋质那为大尉迟，乙僧为小尉迟。画外国及菩萨，小则用笔紧劲，如屈铁盘丝，大则洒落有气概。

《历代名画记》卷八记载："尉迟跋质那，西国人。善画外国及佛像，当时擅名，今谓之大尉迟。"《历代名画记》将尉迟跋质那列于隋朝。对这些资料，向达先生解释说："尉迟乙僧及其父跋质那，史未言其为于阗质子，然而父子同封郡公，乙僧并授宿卫，非质子不能至此。跋质那，《名画记》列之隋代，则跋质那及乙僧乃父子同为质子而久居长安者也。"[1]依据上述资料可知，尉迟乙僧确实是于唐贞观年来到大唐的，至于来的原因，上文的交待并不一致。朱景玄说于阗国王"荐之阙下"，可见来长安之前尉迟乙僧已经技艺高超、名声显著。向达先生以父子同为质子来解释，尽管有道理，但不算完满。鉴于资料的缺失，这里也只能姑妄信之了。

仅仅从上引几种艺术类文献的记载，还不能看出郁持乐与尉迟乙僧为同一人。连接两者的关键是文献中所记载的两者的宅第是同一处。

《历代名画记》卷三在"记两京外州寺观画壁"项下记载："奉恩寺，中三门外西院北，尉迟画本国王及诸亲族。次塔下小画，亦尉迟画。此是尉迟乙僧宅。"这里记载的是尉迟乙僧于奉恩寺所画壁画的内容。张彦远在此有一批注："会昌中多毁折，今亦具载，亦有好事收得画壁在人家者。"张彦远此目下所记载的长安、洛阳佛寺、道观中美术作品大多是其目见的，可靠性很高。而他说奉恩寺曾经是尉迟乙僧的宅第，应该是当时社会所认定的说法。稍后的韦述在《两京新记》卷三中也说：长安"南门之西，奉恩寺，本将军尉迟乐宅，神龙二年立为寺也。"此处所说建寺时间也与智昇所说郁持乐舍其住宅建佛寺的时间一致；而且，尽管智昇未明确说郁持乐所舍建佛寺之名就是奉恩寺，但他却写明智严译经的地点

---

[1] 向达：《唐代长安与西域文明》，第12页，石家庄，河北教育出版社，2001。

之一就是奉恩寺。这确实耐人寻味。由此可见,至少在中晚唐时期的长安,文化人士心中都认为郁持乐和尉迟乙僧为同一人,否则,这些记载如果都为真的,就太巧合了。

综合上述材料,向达先生作出如此推论:"尉迟乐与乙僧父子同为宿卫,同封郡公,而又前后同居一宅。……智严为中宗时人,上溯四朝,适在唐初,与大小尉迟同时。则诸人者疑为一家,由跋质那以至于乐,自隋末三世入居中国,先后以质子留宿卫京师。而乐则诞于西域,长自中华,如天宝以后尉迟胜之子锐然,是以翻经能'文质相兼,得其深趣'也。"[1]笔者对此结论持赞成态度,但要使此结论成为不易之论,还有两个疑点需要新证据给予疏解。一是郁持乐即智严来大唐的时间和缘由,二是智严(尉迟乙僧)的年龄问题。对于前者,一种说法是于阗国王的质子,一种说法是于阗国王推荐给大唐朝廷的画家,一种说法则是父子同在内地。这三种说法有细微的差别,后面两种特别是最后一种,如何与于阗质子的说法协调,确实是个难点。尽管向达先生有解释,但究竟还不完全令人信服,尤其是智严的年龄是一个大问题。

参照正史记载,贞观年于阗曾经两次派遣质子。《新唐书·于阗传》记载:于阗国"王姓尉迟氏,名屋密。本臣突厥,贞观六年,遣使者入献。后三年,遣子入侍。"[2]于阗国于贞观六年(632)朝献,贞观九年遣子入侍。《旧唐书·于阗传》记载,贞观十三年,于阗王"又遣子入侍"[3]。如《历代名画记》等文献的记载属实,智严至迟于贞观十三年(639)来长安,且以成年20岁计,景龙元年(707)出家时已经80余岁。80岁出家为僧,不符合佛教的教制。这是智严与尉迟乙僧为同一人的最大可质疑处。

根据有关尉迟乙僧的记载,他从贞观初年来大唐之后,曾在长安慈恩寺、兴唐寺,洛阳大云寺、安国寺、光泽寺作壁画。《历代名画记》卷三

---

[1] 向达:《唐代长安与西域文明》,第12—13页。
[2] 宋祁、欧阳修等:《新唐书》卷一九八《于阗传》,第6235页。
[3] 刘昫等:《旧唐书》卷一九八《于阗传》,第5305页。

记载:"慈恩寺,塔内面东西间,尹琳画,西面菩萨骑狮子,东面骑象。塔下南门,尉迟画。西壁千钵文殊,尉迟画。"长安安国寺"东廊大法师院塔内,尉迟画及吴画。"尤其是,《历代三宝纪》关于尉迟乙僧为奉恩寺作画的记载说明,在奉恩寺于神龙二年(706)五月建寺之后,尉迟乙僧仍然在创作。如此一来,尉迟乙僧至此时应该已经80高龄了。

在历史文献中还有一个误解,也就是来自于阗的智严与作为善无畏弟子的智俨被混同为一人。

僧一行的弟子释温古撰《毗卢遮那成佛神变加持经义释序》中说:

> 以梵文有一二重缺,纤芥纡回。开元十五季,禅师没化。都释门威仪智俨法师与禅师同受业于无畏,又闲梵语。禅师且死之日,属仗法师求诸梵本,再请三藏详之。法师阏其文墨,访本未获之,顷而三藏弃世,咨询无所,痛哉!禅师临终叹此经幽宗,未及宣衍,有所遗恨。①

此文中的禅师指一行,文中的"智俨法师"在《大毗卢遮那成佛神变加持经义释演密钞》卷一中被直接解释为智严。其文说:

> 都释门威仪等者,威仪者,释门主者之称,如今都僧录也。即今道门犹存此职。智严者,师讳也。按《开元录》云:沙门释智严,于阗国王之质子,姓郁持,名乐……久预翻译,频奉丝言,兼令证译。开元九年,于石鳖练若及奉恩寺译《决定业障经》等四部,并文质相兼,得其深趣。具如《录》中所载。盖法师有此学业,所以禅师见嘱伏之。②

上文是说,开元十二年(724)至开元十三年,善无畏译出《大日经》,但梵文原本有"一二重缺"。一行禅师在圆寂时嘱托智俨法师寻找梵本,请善

---

① 《续藏经》第23册,第265页上一中。
② 同上书,第523页上。

无畏三藏补充翻译。一行禅师圆寂于开元十五年十月,善无畏三藏圆寂于开元二十八年。可见,这位智俨法师至开元十五年时仍然健在。《大毗卢遮那成佛神变加持经义释演密钞》的作者是元代燕京圆福寺崇禄大夫检校太保行崇禄卿总秘大师赐紫沙门觉苑撰。可见,此时已经有将智俨法师等同于智严的说法。

将智俨法师的生存年代与尉迟乙僧和于阗智严的生平联系起来,似乎有不少相似性。尉迟乙僧与智严的关联已见前述,而智俨法师之所以被解释为智严①,从现有资料推测,至少有两个缘由:其一,二者都通梵文,而一行禅师还委托其寻找《大日经》梵文本,可见,他一定与西域或者天竺有一定关联。其二,现存《贞元新定释教目录》卷一一目录中列智严译籍时写作"沙门释智俨(四部六卷经集)"②。其三,宋代赞宁《宋高僧传》卷二六中也提及智俨在洛阳大相国寺曾经摹写于阗天王寺的壁画。《宋高僧传》二六中的文字为:

> 又开元十四年,玄宗东封回,敕车政道往于阗国摹写天王样,就寺壁画焉。僧智俨募众画西库北壁,三乘入道位次,皆称奇绝。③

这位智俨和智严译籍以及修行内容颇为相应,如果不是尉迟乙僧和智严在舍宅奉恩寺方面的同一以及奉国四朝的记载,笔者反倒会相信智俨和智严为一人。

如上文所引述和分析,现存文献和今人的解释中,译经的智严、画家尉迟乙僧和善无畏弟子智俨三者混同时有发生,辨析困难。本著对上述文献辨析表明,译经的智严与画家尉迟乙僧为同一人的可能性最大。

二、阿质达霰三藏的佛典翻译

阿质达霰为北天竺僧人,并未来华,其所翻译的佛典是由来华天竺

---

① 如吕建福先生认为,"智俨,即译《出生无边门陀罗尼》者"(《中国密教史》,第213页)。
② 圆照:《贞元新定释教目录》卷一一,《大正藏》第55卷,第852页中。
③ 赞宁:《宋高僧传》卷二六,《大正藏》第50卷,第875页上。

僧人法月带回中土的。

根据《大唐贞元续开元释教录》卷上记载,阿质达霰的汉语译名为"无能胜将"。经录中著录了他主译的三种经典:

> 《大威力乌枢瑟摩明王经》三卷,三十五纸。
> 《秽迹金刚说神通大满陀罗尼法术灵要门》一卷,五纸。
> 《秽迹金刚法禁百变法》一卷,三纸。①

圆照等编集的《贞元释教录》没有更多记载,仅仅说这三部译籍是"玄宗朝所翻经遗漏未入古今录者"②。

南唐释恒安编集的《续贞元释教录》在著录了上述三部译籍之后有一说明:

> 右三部五卷其本见在。北天竺三藏阿质达霰,唐言无能胜将,于安西译。开元二十年,因法月三藏贡献入朝,附上件经,到于京邑。不及得入《开元录》,准敕编入《贞元目录》。③

依据上述记载可知,阿质达霰未曾至长安而是在安西翻译出上述佛典,且由法月三藏一行于开元二十年奉送入长安。当时《开元释教录》已经编就,因此,未曾入藏,后入《贞元录》中。

三、三藏法月的佛典翻译

从文献记载看,法月三藏声望很高,然来长安八九年,仅仅译出一部《普遍智藏般若波罗蜜多心经》,这很遗憾。

三藏沙门达摩战涅罗(652—743),唐言"法月",东天竺国人。因其"游中印度,亦称摩提国人焉。学通三藏,善达医明,利物随缘,至龟兹国,教授门人"④。依据《贞元新定释教目录》中的这一记载,法月三藏长

---

①② 圆照:《大唐贞元续开元释教录》卷上,《大正藏》第55卷,第748页中。
③ 恒安:《续贞元释教录》,《大正藏》第55卷,第1049页中。
④ 圆照:《贞元新定释教目录》卷一四,《大正藏》第55卷,第878页中。

期在中印度游学,后至龟兹弘传佛法、教授弟子。利言是法月在龟兹所收的弟子。

关于利言,《贞元新定释教目录》记载:

> 地战湿罗(唐言真月),字布那羡,亦称利言,使令记持梵本《大乘月灯三摩地经》满七千偈,及《历帝记》过一万偈,瑜伽真言获五千偈,一闻于耳,恒记在心。开元十四年受具足戒,自后听习律论,大小乘经,梵书汉书,唐言文字,石城四镇护密战于吐火罗言,眼见耳闻,悉能领会,便令译语,形影相随。①

从上叙述可知,利言博闻强记,开元十四年(726)受具足戒。他精通许多种语言(包括汉语),受戒之后,跟随法月三藏,充当其翻译。

开元十八年(730),安西节度使吕休林表荐法月入朝,利言法师跟随其师,以充译语。法月、利言一行,随行随停,一路弘法。至开元二十年,法月等到达长安,"司奏引对大内,进奉方术医方梵夹药草经书,称惬天心。或见宣政,天骑迎送,锡赉重重。弟子比丘利言随师译语,方药本草随译上闻。三余之间,遂译《普遍智藏般若波罗蜜多心经》,与古旧二经中无少异"②。法月到达长安,受到玄宗的隆重接待和礼遇,并且翻译出许多医药方面的书籍。在翻译医药书籍之余,法月还译出《普遍智藏般若波罗蜜多心经》一卷。此经此前已有几种译本,此译本与鸠摩罗什、玄奘译本的区别是:

> 与古旧二经中无少异。姚秦译见名《摩诃般若波罗蜜大明咒经》。经中云:是大明咒,无上明咒,无等等明咒。经后略赞受持功德,能除十恶、五逆等罪。文字少殊。大唐三藏玄奘译者,题云《般若波罗蜜多心经》,正宗经云:是大神咒,是大明咒,是无上咒,是无等等咒。余义无异。此之二经,同本异译,但有正宗,并无序分及流

---

① 圆照:《贞元新定释教目录》卷一四,《大正藏》第55卷,第878页中。
② 同上书,第878页中一下。

通分。今法月所译,三分具全。正宗经文,不异玄奘译者。①

这部经是诸家经录唯一著录于法月名下的译籍。

法月三藏在长安最重大的活动恐怕是宣讲《金刚经》和《仁王般若经》。关于此事的经过,《贞元新定释教目录》有较为详细的叙述:

> 时,圣上万枢之暇,注《金刚经》。至二十三年著述功毕,释门请立般若经台。二十七年,其功终竟。僧等建百座道场,七月上陈墨制,依许八月十日安国寺开经。九日暮开,西明齐集。十日,迎赴安国道场,讲御注经及《仁王般若》。法月三藏当其一焉。演梵本经,利言译语。凡是听者虚往实归,七难永清,七福咸集。②

此事发生于开元二十七年(739)九月十日。当时法月三藏宣讲的是梵文经本,利言充当翻译。在上面叙述之后,《贞元新定释教目录》有一段颇费思量的文字:

> 洎乎明岁,刘志成狂贼,潜构凶谋,卜日问于宝花三藏。天不长恶,逆党平除,凡是蕃僧,诏归本国,法月三藏恩尚延留。③

从字面意思推测,开元二十八年,在长安城中曾经发生过一次重大"构凶"事件,这件事牵涉到了宝花三藏。在事件平息后,朝廷下令命"蕃僧"即外来僧人回归本国,法月三藏由于声望卓著的原因得以例外。不过,法月不久还是思念故乡,请求回归本国。开元二十九年七月二十六日,朝廷批准法月离开长安而回国。

法月离开长安后的经历,《贞元新定释教目录》叙述说:

> 路取西凉、沙碛、伊西、乌耆、疏勒,望于天竺。转次西行,渐届前程。至式匿国之乏骡岭吉运镇城,遇国贼兴,不由前进,旋骑退入疏勒城中。转次东南行八百里,至于阗国,住金轮寺,化利有缘,一

---

①②③ 圆照:《贞元新定释教目录》卷一四,《大正藏》第55卷,第878页下。

岁有余,道俗瞻觐。时因病疹,渐染缠绵,药石无征,奄从迁化,春秋九十一,法夏七十二。以天宝二年岁次癸未十一月二十三日卒于此寺矣。①

法月本来想回到自己的故土北天竺,可是路途不通,只得转至于阗,住于金轮寺。一年多之后,染病而亡,春秋九十一岁,法腊七十二,时为天宝二年(743)十一月二十三日。当时"节度副使大夫蒙零察监护葬仪,弟子比丘利言等衔哀啜泣,擗栗茹茶,烧香散花,茶毗起塔"②。

最后,应该特别指出,法月三藏圆寂之后,法月三藏的弟子利言返回了长安。如《贞元新定释教目录》卷一五记载:

> 至十三载甲午十月使牒安西,追僧利言河西翻译。时,四镇伊西庭节度使安西副大都护摄御史大夫、知节度事、上柱国封常清给家乘马两匹,日驰六译。十一月二十二日,发安西域,路次乌耆、摩贺,延碛转次,行过交河、伊吾、进昌、酒泉,届武威郡,即十四载二月十日也。③

天宝十三年(754),不空三藏在武威译经,缺少译语者,朝廷于是下令河西节度使征召时在安西的利言至武威参与不空译场。至天宝十四年二月十日,利言到达武威。"使司安置于龙兴寺及报德寺,同崇译经。"④此年七月,安史之乱爆发。第二年五月,"敕下河西追三藏入朝,住兴善寺,令开灌顶"⑤。至此,不空三藏重入长安,想必利言也于此时同达长安。长安被安禄山的军队攻陷后,不空未离开长安,利言则不知所在。不过,大历二年(767),不空三藏在化度寺组织"万菩萨堂三长斋月念诵"法会时,上奏带批的表文中有利言。不空《请抽化度寺万菩萨堂三长斋月念

---

① 圆照:《贞元新定释教目录》卷一四,《大正藏》第55卷,第878页下—879页上。
② 同上书,第879页上。
③ 圆照:《贞元新定释教目录》卷一五,《大正藏》第55卷,第881页中—下。
④⑤ 同上书,第881页下。

诵僧制》中所列"化度寺文殊师利护国万菩萨堂三长斋月念诵僧二七人"有"醴泉寺大德利言"①，其文还说：

> 奉去年十二月二十三日恩命，赐香兼宣口敕，命不空简择念诵大德，及命寺主智藏专检校道场。其前件大德等，或业茂真言，学通戒律，或敷宣妙旨，转读真乘。望抽住于此中，每年三长斋月，精建道场，为国念诵。必有事故，随阙续填。其堂内外施及功德一物已上，兹请三纲专句，当冀不遗漏。②

时为大历二年二月十六日。

贞元四年（788），般若三藏译《六波罗蜜经》时，利言奉命任翻译，翌年随侍般若三藏，任《那罗延力经》的翻译，其后不知所终。然根据般若三藏翻译四〇卷《华严经》时，找寻译语人的艰难过程，以及圆照编定《翻经大德翰林待诏光宅寺利言集》二卷且著录于《贞元新定释教目录》中等等事实推知，至少在《贞元新定释教目录》编定的贞元十五年，利言已经圆寂了。

第四节 中晚唐的佛典翻译

此节叙述的中晚唐时期的佛典翻译，跨度相当长，开始于唐代宗登基（762）。止于唐王朝灭亡（907），时间长达140余年。然而，这一时期的佛典翻译，仅仅有一位巨星聊作点缀，那就是不空三藏，他跨唐肃宗和代宗两朝，翻译佛典100多部140余卷，被列入中国佛教四大翻译家之一。此外，则算主要活动于贞元初期的般若三藏了。不空、般若三藏之外，则仅有数人零星的翻译，相当寂寥。以至于赞宁说："朝廷罢译事，自唐宪宗元和五年至于周朝，相望可一百五十许岁，此道寂然。"③此中所说

---

① 圆照：《代宗朝赠司空大辨正广智三藏和上表制集》卷二，《大正藏》第52卷，第834页下。
② 同上书，第835页上。
③ 赞宁：《宋高僧传》卷三《译经论》，《大正藏》第50卷，第725页上。

的"周"指五代时期的"后周"。不过,此文是赞宁《宋高僧传·译经篇》的"论"中的话。其实,就在此文稍前《智慧轮传》中,赞宁就记载了智慧轮也有佛典翻译的成就。赞宁之所以如此说,也许是纯粹以经录所载为是,更可能是以官办译场为指标来说的。这就是中晚唐佛典翻译的梗概。限于本著分工,不空三藏的翻译成就在本著第七卷叙述,在此仅仅将般若三藏、勿提提犀鱼三藏、尸罗达摩三藏、满月三藏、菩提仙三藏、智慧轮三藏的翻译活动作一论述。

一、般若三藏的佛典翻译

唐德宗贞元、唐宪宗元和年间有般若译场。关于般若的生平,赞宁《宋高僧传》有一大误解。《宋高僧传》卷二列《唐洛京智慧传》,经对照,其材料来源于圆照集的《大唐贞元续开元释教录》卷上。《宋高僧传》卷三则又列有《唐醴泉寺般若传》。其实二传所指应该为同一人,圆照撰写其书时,般若三藏仍然健在,因此未言及后事。而赞宁《唐醴泉寺般若传》所写恰好是般若三藏在宪宗朝的活动。

1. 般若三藏早期行历

般若(734—?),又称般剌若。北印度迦毕试国(罽宾)人,姓乔答摩。记载般若三藏行年事迹最全面也是最原始的,是圆照法师的《续开元释教录》和《贞元释教录》。前者书成于唐德宗贞元十一年(795),记载有般若三藏翻译《华严经》以前的事迹。般若三藏翻译《华严经》的过程及以后的译传活动,则在《贞元释教录》中有记载。

关于其学历,《大唐贞元续开元释教录》所附传记有详细记载:

> 七岁发心,违侍二亲,归依三宝。时依大德,名调伏军,诵四《阿含》满十万颂,《阿毗达摩》二万颂余。又乃随师诣迦湿蜜,至年二十,具足律仪。诵《萨婆多》近四万颂,及《俱舍论》诵二万八千并《大婆沙》,兼受其义七年。此国学习小乘。至二十三,诣中天竺那烂陀寺,受学大乘,《唯识》、《瑜伽》、《中边》等论,及《声明论》与《金刚

经》、因明、医明、工律论等,并依智护、进友、智友三大论师。时乃游从双林八塔,往来瞻礼一十八年。时闻南天尚持明藏,遂便往诣,谘禀未闻。有灌顶师厥名法称,授瑜伽教,入曼茶罗三密护身五部契印。如是承奉,住经一年,诵满三千五百余颂。①

在《大唐贞元续开元释教录》有贞元六年(790)"时,般若三藏法师行年五十七矣"②的记载,可知般若三藏生于734年。此书中也收录有般若三藏上德宗皇帝的表奏,文中说:

> 伏以生自罽宾。十四离乡,南游天竺,闻所未悟,二十余年,巡礼圣踪,双林八塔,大小乘学,誓报四恩。③

依据这些记载可知,般若三藏确实学通了小乘经典以及大乘三宗经典。14岁离开故土,至印度各地游学20余年,年龄三十四五岁,即768年。如此计算,般若的学历如下:先在迦湿蜜罗学习小乘经典7年。23岁即757年,般若至中印度那烂陀寺,依智护、进友、智友等三大论师研习瑜伽行派经典,为时十年余。32岁(765)后,又拜法称为师学习密法,为时一年。

般若"尝闻支那大国文殊在中,东赴大唐,誓传佛教。泛海东迈,驾险乘航,垂至广州,风飘却至执师子国之东隅。又集资粮,坚修航舶,备历南海,路次国中二十二年,垂至广府。风吹舶破,平没数船。始从五更,泊平日出"④。此后,"东行半月,方达广州",时为唐德宗建中三年(782)。文中所说"路次国中二十二年"至"上国"。从上下文看,交代的是般若从天竺出发到达中土,历时22年。但从上引资料推出,般若发心至大唐,出发的时间最早应该是766年,至建中三年到达广州为止,最多

---

① 圆照:《大唐贞元续开元释教录》卷上,《大正藏》第55卷,第755页下—756页上。
② 同上书,第757页中。
③ 同上书,第756页下。
④ 同上书,第756页上。

为时 17 年。不过,如以贞元二年(786)到达长安计算,则庶几近之。

关于般若三藏到达长安的时间,史籍未明确记载。现代学者或以建中三年系之,或者以贞元二年系之。如果联系当时唐朝的政治形势则可知,建中三年,朱泚之弟朱滔谋反,朱泚因此被软禁在京城。时淮西(今河南汝南)节度使李希烈叛,攻襄城(今属河南)。建中四年十月,泾原军哗变。德宗仓皇逃往奉天,叛军迎朱泚为主,史称"泾卒之变"。朱泚自称大秦皇帝,改元应天。般若到达广州,应该会立即知晓这一形势,不会贸然北上。而贞元二年则是史籍明确记载的般若三藏移住于其表兄罗好心宅第的时间。

般若三藏在长安意外地遇到了其表兄(舅之子)。《大唐贞元续开元释教录》的叙述是:"至贞元二祀,访见乡亲。袖策十将罗好心,即般若三藏舅氏之子也。悲喜相慰,将至家中,用展亲亲,遂留供养。"①关于罗好心,《贞元新定释教目录》载其官称是"右神策军十将、奉天定难功臣、开府仪同三司、检校太子詹事、上柱国、新平郡王"②。可见,罗好心是在平定朱泚的叛乱中立功而受封赏的将领,受封赏的时间是兴元元年(784)一月。罗好心不见于其他史籍,不知其何时何因而至唐廷。罗好心的表文说:

> 微臣表弟,十四离乡,志慕缁流,迹现僧侣。昨所进经本,稽梵夹《大乘理趣曰六波罗蜜》,陛下信崇,特令翻译。功勤靡辍,今帙告终,特赐幡花,又令重进。微僧为幸,惊宠伏深。臣家西蕃,得居中国,名参戎禁,荣及私门。父子相欢,实惭天地。僧人何德,更蒙委曲洪私!愿为修持,福资皇祚。臣之多幸,誓死答恩,载喜载欢,无任抃跃之至。③

---

① 圆照:《大唐贞元续开元释教录》卷上,《大正藏》第 55 卷,第 756 页上。
② 同上书,第 756 页下。
③ 同上书,第 757 页上。

从罗好心上皇帝的表文可知,其父也在长安。

依据上引文献记载,般若于建中三年(782)到达广州。可能于兴元元年(784)六月至贞元二年(786)之间,从广州北上到达长安。贞元二年,般若与表兄罗好心相认。此后,般若三藏就入住罗好心家,受其供养。

2. 般若三藏的初期翻译活动

般若来长安之初,未曾学习汉语。《大唐贞元续开元释教录》记载了他一次失败的佛典翻译活动:

> 既信重三宝,请译佛经,乃与大秦寺波斯僧景净,依胡本《六波罗蜜》译成七卷。时为般若不闲胡语,复未解唐言。景净不识梵文,复未明释教。虽称传译,未获半珠。图窃虚名,匪为福利,录表闻奏,意望流行。①

在罗好心的请求下,般若与"大秦寺波斯僧景净"一起翻译出《六波罗蜜》七卷。这位景净是景教传教士,而经文原文为"胡语",般若不识胡语和汉语,景净识胡语、汉语却不识梵文。这样的组合完成的七卷《六波罗蜜》的翻译,质量自然难于保证。但可以肯定,这一翻译活动属于"私译"而非官办。依照当时的规定,佛典译出流通,须报请朝廷批准。这一译籍上报之后,自然难于通过。《大唐贞元续开元释教录》又记载:

> 圣上睿哲文明,允恭释典。察其所译,理昧词疎。且夫释氏伽蓝、大秦僧寺,居止既别,行法全乖。景净应传弥尸诃教,沙门释子弘阐佛经,欲使教法区分,人无滥涉,正邪异类,泾渭殊流。若网在纲,有条不紊,天人攸仰,四众知归。②

---

① 圆照:《大唐贞元续开元释教录》卷上,《大正藏》第55卷,第756页上。
② 同上书,第756页下。

德宗皇帝知晓此事,于是为其组织官办译场。贞元四年(788),德宗下令有司,乃下制曰:

> 中书门下牒王希迁牒奉敕,释教深微道俗虔敬,皆因梵本法被中华,宜令王希迁与所司精选有诸行僧,就西明寺重更翻,译讫闻奏。①

皇帝下牒的日期是贞元四年四月十九日。六月七日,译场正式开始运作。

关于般若官办译场的运作,《大唐贞元续开元释教录》有详细记载,从中可以见出官办译场翻译佛典的较为完整的过程。其文如下:

> 贞元四年四月十九日牒。次牒祠部准敕亦然,转牒京诚诸寺大德。
>
> 罽宾三藏沙门般若宣译梵本,翰林待诏光宅寺沙门利言译梵语,西明寺沙门圆照笔受,资圣寺沙门道液、西明寺沙门良秀、庄严寺沙门圆照并润文。慈恩寺沙门应真、醴泉寺沙门超悟、光宅寺沙门道岸、西明寺沙门辩空并同证义。②
>
> 自六月八日欲创经题,敕街西功德使兼句当右神策军使、营幕使元从兴元元从、镇军大将军行右监门卫将军、知内侍省事、上柱国、大原县开国伯王希迁,亲奉纶旨;与奉天定难功臣、骠骑大将军行右神策军大将军知军事、检校工部尚书兼御史大夫、上柱国、武都郡王孟涉,宝应功臣元从、骠骑大将军行右神策军大将军知军事兼御史中丞、上柱国、静戎郡王、食实封五十户马有麟等,送梵本经。六律五声,八音合韵,四部云集,歌呗交喧,箫韶沸天,鼓钟震地,发彼禁闼,出芳林门,车骑满于天衢,士女溢于闾里,入西明寺翻译真经。同日恩赐钱一百千文、檾三十钏、香一大合,以充译经院供养。

---

①② 圆照:《大唐贞元续开元释教录》卷上,《大正藏》第55卷,第756页中。

> 开题名曰《大乘理趣六波罗蜜多经》也。自后日来月往,两上翻经。十月中旬,译文周毕。至十一月十五日,缮写复终。二十八日,大设威仪,彩车音乐,入于光范,甫光顺门,修表上闻,奏进新经,入其文十卷,品十亦然。敕旨再三,往来劳问。仍于禁以设斋飡,赐般若法师绢一百匹一副冬衣。余之十人,各五十匹衣一副;检校二人,各三十匹衣一副,以充嚫焉。①

贞元四年(788)六月八日,般若法师开始翻译《大乘理趣六波罗蜜多经》,十月中旬译文初步完成,至十一月十五日缮写完毕,二十八日上奏皇帝,获皇帝赏赐。至此,这部经的翻译才告结束。三藏法师般若接到封赏当日,"捧戴惭惶",依照惯例,陈表感谢。其文如后:

> 沙门般若言:伏以生自罽宾,十四离乡南游天竺,闻所未悟,二十余年,巡礼圣踪,双林八塔,大小乘学,誓报四恩。远慕支那,聿来瞻礼。自持梵夹经典,中国未传。每思上达,无由进献。昨因表兄右神策十将、新平郡王罗好心,身参戎卫,遂与奏闻,得彻圣听,实为多幸。陛下崇教,信受大乘,命以缁徒,许令翻译,微僧至愿,斯以为终,誓奉精修,上资皇祚。谨诣光顺门,奉表陈谢以闻。沙门僧般若诚惶诚恐谨言。②

从此表文中可直接推知,般若三藏译场的成立实赖于罗好心的荐举。

贞元四年(788)十二月二日,将军王希迁宣:"奉敕:醴泉寺僧思唯院宜与罽宾国进梵本《六波罗蜜经》般若安置。"③此后,般若由西明寺移住醴泉寺僧思唯院。此处的"僧思唯院"的意思颇不易解。然参照下文所言"罽宾国僧般若院"的表达推知,这一"僧思唯院"应该是僧人思唯所住之院的意思,很大可能就是宝思惟三藏曾经的住院。《大唐贞元续开元

---

① 圆照:《大唐贞元续开元释教录》卷上,《大正藏》第 55 卷,第 756 页中—下。
② 同上书,第 756 页上。
③ 同上书,第 757 页上。

释教录》记载说：

> 又至二十三日，敕右神策军判官内谒者监冯国清宣：送赐罽宾国僧般若院八尺床三张，各夹帖及席，褐官绝褥、白氍毡、白副手巾二枚，铜水瓶一，铁锅二枚，三斗釜一口，白瓷椀十枚，楪瓶一枚，蒲团一枚，新楪二十钏并楪碾子一副。①

这一赏赐发生于贞元四年十二月二十三日。

贞元四年十一月完成的《大乘理趣六波罗蜜多经》译本，其实还缺少密咒等内容。《大唐贞元续开元释教录》记载说：

> 又于进经日奉恩旨，令再译《六波罗蜜经》中真言契印法门唐梵相对进来者。至五年二月四日，缮写毕功。与沙门良秀等进上，恩敕赐楪三十钏。②

这是说，在贞元四年十一月二十八日，德宗皇帝下令般若等再补译《大乘理趣六波罗蜜多经》中的真言、契印法门等内容。至贞元五年二月四日完成上奏朝廷。

在翻译完成《六波罗蜜经》之后，般若等又翻译了《大花严长者问佛那罗延力经》一卷。对其翻译时间，《大唐贞元续开元释教录》记载说："又译《六波罗蜜经》，了日，又译《大花严长者问佛那罗延力经》一卷，强一纸许。其年十二月十五日校写终毕，未获进上。今随目录进奉。"③《贞元新定释教目录》卷一七记载：

> 复以西明寺沙门圆照于翻译时承旨笔受，经中赞佛节节之中皆有八万四千六百六十三种那罗延力。虽见此说，未识其由。因请般若三藏法师翻兹秘典，名曰《佛说大花严长者问佛那罗延力经》，宣布译语、笔受、润文及证义沙门，并同《六波罗蜜经》，更无增减。即

---

①② 圆照：《大唐贞元续开元释教录》卷上，《大正藏》第 55 卷，第 757 页上。
③ 同上书，第 757 页上一中。

487

贞元四年二月十五日缮写功毕,才一纸余。时为修疏怱遽,未得上闻。谨具委由,敕编入。①

上述文献所记最大的不同是翻译的时间。《贞元新定释教目录》卷一七说,德宗皇帝为其组织的译经班子成员与《六波罗蜜经》相同,而贞元四年十一月,《六波罗蜜经》的翻译才完成。因此,《贞元新定释教目录》卷十七所记载的时间显然有误,可能是传抄错误,从后文的分析可知漏掉了"十"字。《大唐贞元续开元释教录》中的"又译《六波罗蜜经》。了曰"究竟是指贞元四年十一月二十八日还是贞元五年二月四日?不易确定。考虑到《大花严长者问佛那罗延力经》一卷仅有一纸许,而完成日为十二月十五日,如以补译《大乘理趣六波罗蜜多经》中的真言、契印法门等内容的时间贞元五年二月四日开始、十二月十五日结束,显得费时过多。因此,笔者以为,《大花严长者问佛那罗延力经》一卷的翻译开始于贞元四年十一月二十三日,完成于同年十二月十五日。至于为何未能及时上报朝廷,文中说当时参与译经的沙门忙于为《六波罗蜜经》作注疏。

德宗皇帝对般若三藏翻译的《大乘理趣六波罗蜜多经》相当重视。贞元五年(789)五月四日,德宗御制《〈六波罗蜜经〉序》,"成题之经首。敕下千福及章敬寺,各赐经一本,转读流行。是时章敬千福唯雅智柔,修表谢闻。皇帝批曰:'此经出代以来,未传中夏,须因梵本,至自西方。详考宗源,克符觉义。遂令翻译,俾可流行。师等虔奉法门,住持斯久,令加缮写,锡在伽蓝。庶此真文,摅之不朽'"②。不仅如此,德宗皇帝还亲自下令多位僧人撰写经疏。贞元四年十一月二十八日,"右街功德使王希迁奉宣进止,令良秀等修撰新翻译《大乘理趣六波罗蜜经》疏"③。贞元五年七月一日,西明寺主沙门良秀等上奏《大乘理趣六波罗蜜多经疏》10

---

① 圆照:《贞元新定释教目录》卷一七,《大正藏》第55卷,第893页中—下。
② 圆照:《大唐贞元续开元释教录》卷上,《大正藏》第55卷,第757页中。
③ 圆照:《大唐贞元续开元释教录》卷中,《大正藏》第55卷,第762页下。

卷。贞元五年四月十五日,"少监马钦溆奉宣进止,令超悟于千福寺讲新译《大乘理趣六波罗蜜多经》,兼令修疏"①,贞元五年七月十五日醴泉寺沙门超悟等上奏成稿。沙门超悟"又于是日修表上闻,请置新经院额,并请抽僧讲习,住持有阙续填,望为恒式,圣恩允许,所请皆依。至十九日,中书门下颁宣制曰:'醴泉寺西北角本住院一所,请为国置六波罗蜜经院,兼请抽僧七人,常令讲习'"②。贞元五年七月二十四日,此事完成。贞元五年四月十五日,德宗皇帝还下旨,令僧道岸、智通修订《大乘理趣六波罗蜜经疏义》。贞元五年九月八日,僧智通、道岸完成《大乘理趣六波罗蜜多经疏》10 卷(各分上、下以为二十卷)、《大乘理趣六波罗蜜多经疏义例诀》1 卷、《大乘理趣六波罗蜜多经疏义目》1 卷,上奏朝廷。贞元五年九月十六日,僧道岸、智通修又上表德宗,请求"准醴泉寺翻经造疏沙门超悟置院传经例,伏望天慈许以一寺一院充'大乘理趣经院',乞赐题额,仍择有道行僧七人同崇讲诵,有阙续填,庶保无强之福上圣寿"③。德宗皇帝同意在章敬寺设立大乘理趣经院。

3. 般若三藏出使天竺

般若三藏看来颇得朝廷信任,竟然被任命为使者,出使北天竺。贞元六年(790)七月十五日,皇帝下诏命般若充往北天竺迦湿蜜国使。对其出使过程,《大唐贞元续开元释教录》卷上有如下记载:

> 洎六年六月二十三日,沙门般若进当院庵罗果二百五十颗,奉敕赐绢十匹。至七月十五日,又赐绢五十匹、冬衣五副。仍敕般若至十七日,又赐春衣一副,并弟子二人各绢三十匹,冬衣四副。二十二日,于右银台门引般若入于三殿对见,受中书门下敕牒。二十四

---

① 圆照:《大唐贞元续开元释教录》卷中,《大正藏》第 55 卷,第 763 页上。
② 同上书,第 763 页中。
③ 同上书,第 764 页下。

日进发,宿长乐译。① 二十五日,又敕罽宾国进梵夹《六波罗蜜》沙门般若,宜赐名般若三藏,仍赐紫衣。二十七日,续使送此告牒并杂药物十斤,至宜领取。师等好去,明辰又发。路取回鹘、北庭、镇西、大食、天竺。时般若三藏法师行年五十七矣。②

从上述记载可知,般若一行于贞元六年六月二十四日出发,宿长乐驿。二十五日,德宗皇帝下诏赐名"般若三藏"并赐紫衣。二十八日,般若三藏离开长乐驿,经回鹘、北庭、镇西、大食等地到达天竺。

关于般若三藏出使的历程,《大唐贞元续开元释教录》卷上略有记述:

> 时般若三藏奉承王命,出使北天,路取大原,途经振武,入游回鹘也。沙场异域,践历山川,暑往寒来,奉忠奉法。向二周载,旋于太原,即贞元八年三月也。自月八日,公牒而行。四月上旬,还上都也。敕使劳问,赐紫袈裟,宜归醴泉旧院安置。③

依据此文可知,般若三藏于贞元八年(792)四月上旬回到长安,安置于醴泉寺"旧院",即般若出使前曾住过的院落。

在般若出使天竺出发后的贞元六年(790)八月,"千福寺御注金刚经宝幢院检校功德沙门"智柔将般若已经翻译出的《般若心经》上奏朝廷,德宗下诏流通。《大唐贞元续开元释教录》卷上略有记述:"又三藏法师奉制,前千福寺大德智柔请更重译《般若心经》。及奉使西蕃,不遑进奉。至八月十一日,随表上闻,序分、流通此经具足。"④ 关于翻译过程,《贞元新定释教目录》卷十七有详细叙述:

---

① "长乐译"为"长乐驿"之误。长乐驿是离长安通化门七里左右地方的一个驿站。这里是进出长安官员的落脚点,唐朝的皇帝也会在这个驿站赐宴招待那些重要的官员。
②④ 圆照:《大唐贞元续开元释教录》卷上,《大正藏》第55卷,第757页中。
③ 同上书,第757页下。此文常常被误解为德宗诏书中的内容。笔者以为,此段文字属于《大唐贞元续开元释教录》转录自《般若三藏续译图纪》,此文后有一说明:"此之所述,略举其由,委细而知,广如《般若三藏续译图纪》。"

>　　复有千福寺讲论大德沙门智柔,戒行精苦,好乐大乘,传《花严经》及《大佛顶》,又常讽味《般若心经》。此经罗什翻译,名曰《大明咒经》。玄奘法师当往西方,临发之时,神人授与,路经砂碛,险难之中,至心讽持,灾障远离。是大神咒,斯言不虚,后得梵夹,译出无异,唯少序分及后流通。次于开元末年,法月三藏复译此经。二文并有。今遇般若三藏甲具有此,则与法月经同本异译也。诚心恳请,重出真文。未及参详,三藏出使,八月十一日证义润文,缮写功毕,修表进上,意愿流行。①

此文所记《般若心经》的梵文本的情形,弥足珍贵。从《贞元新定释教目录》卷十七的记载可知,此译本的梵文本是由般若三藏带来,翻译的时间应该是贞元六年七月之前不久。般若三藏出使时,未来得及校核。在般若三藏走后,智柔等证义润文,最终完成。

4. 般若三藏与 40 卷《华严经》的翻译

般若从天竺归来后,又开始了佛典翻译,最重要的成就是 40 卷《华严经》。

般若三藏于贞元十年(794)三月曾经至五台山,礼拜文殊菩萨圣迹。《贞元释教录》记载其行程为:

>　　自惟宿愿未终。大圣曼殊,不遑瞻礼,思其本志,焚灼其心。傥恩旨无违,誓当亲往。十年三月发趋清凉,巡礼五台,至于秋首。十一年四月,还至上都。②

在此期间,德宗下诏请般若组织译场翻译《华严经》。事情的起因是这样的:

>　　今此《华严》梵夹自彼乌荼国主手,自书写,乘航架海,发使献

---

① 圆照:《贞元新定释教目录》卷一七,《大正藏》第 55 卷,第 893 页下。
② 同上书,第 894 页下。

来。是知法王御历，不贵异货珠珍，信重大乘，以佛法僧而为上宝，斯乃拯拔沦溺，能证菩提。以贞元十一年岁次乙亥十一月八日，届于长安，进奉明主。帝览所奏，深生信焉。文字既殊，事须翻译，般若三藏即其人焉。①

贞元十一年，乌荼国王进奉自己书写的《华严经》梵本至大唐朝廷。"梵本《大方广佛华严经》总有六夹，共有十万偈，大唐已译八十卷，当第二夹了。今南天竺国王所进当第三夹，有一万六千七百偈。"②十一月十八日"自南天竺乌荼国王，进奉大唐梵经两夹。至于晦日，敕下使司，令三藏法师与诸大德参详题目译名进来"③。由此记载可知，贞元十一年十一月三十日（796年1月14日）德宗就下诏请般若三藏组织人员就此经原文翻译出此经"题目"。

接到德宗皇帝的旨意，般若"三藏乃以梵语翻作胡音，沙门智真译成汉语，以兹重译状上使司"④。这一方案是，先由般若三藏将梵语经文翻译成"胡音"，再由沙门智真由胡语翻译成汉语。这就叫"重译"。在这一工作组合中获得如下信息："右件经当旧译八十卷《华严经》第九会在室罗筏城说。"⑤大概在上给皇帝的表奏中，署名为："罽宾国三藏沙门般若宣梵文，翰林供奉光宅寺沙门智真译语，西明寺翻译经沙门圆照笔受。使司得状，具以奏闻。上览其由，制令翻译，频使催迫，无译语人。"⑥这一略等于翻译申请的报告获得皇帝批准，皇帝催促组建翻译班子。但一时找不到"译语人"。从文中的叙述推知，承担前述译语工作的光宅寺沙门智真不懂梵语只懂胡语，因而在正式翻译时，不能承担译语人的重任。《贞元释教录》后文详细记载了寻找合适的译语人的过程。

从上文的叙述可知，德宗下决心翻译《华严经》这一新传来版本的时

---

① 圆照：《贞元新定释教目录》卷一七，《大正藏》第55卷，第894页中。
② 同上书，第894页下—895页上。
③④ 同上书，第894页下。
⑤⑥ 同上书，第895页上。

间是贞元十一年十一月三十日(796年1月14日),而般若译出经题上奏的时间不会晚于此时太久,但正式的翻译工作迟至贞元十二年六月才开始,原因是缺少合适的译语人。关于这一译场的组织过程,《贞元释教录》有详细记载,可借此一窥当时译经人才的难得。《贞元释教录》卷一七记载说:

> 上览其由,制令翻译。频使催迫,无译语人。访知东都有善语者,三藏表状,伏请奏进,使司得状,具录奏闻,天恩允从,下河南府留守杜亚给券赴朝,起三月十二日发自东洛,泊二十七日达于上都,至西明寺,使司奏闻。①

如前文所述,般若三藏翻译《大乘理趣六波罗蜜多经》等经时,都是光宅寺沙门利言担任"译梵语"的重任。至此时,利言或圆寂或年老不足以担当此任。经过数月找寻,确认东都洛阳广济法师为合适的译语人,广济法师当时住于东都天宫寺。般若三藏报告皇帝,德宗下诏由河南府留守等护送广济法师入长安。广济法师于贞元十二年(796)三月十二日从洛阳出发,二十七日到达长安,暂住于西明寺。四月二日,德宗皇帝派遣中使张朝进慰问僧广济法师。之后,中使张朝进上奏说:"尔时诸德云集,共议翻经。既得其人,须得依处。西明地远,来往艰难,应遂便宜,取崇福寺。"②中使的意见获得皇帝的批准,广济法师由此住于当时的译场所在崇福寺。

译场的人员配置完成之后,贞元十二年(796)六月四日,中使张庭绚宣:"奉敕,梵本经夹,宜即翻,译讫进来。香三十五两半,茶五十斤,赐译经院供养。"③这一日,确定经题《大方广佛华严经卷第一入不思议解脱境界普贤行愿品》。翻译工作进行八个月,至贞元十四年二月二十四日,抄写完毕进奉皇帝。这一译场的设置如下:

---

①②③ 圆照:《贞元新定释教目录》卷一七,《大正藏》第55卷,第895页上。

罽宾国三藏赐紫沙门般若宣梵文,东都天官寺沙门广济译语,西明寺赐紫沙门圆照笔受,保寿寺沙门智柔、智通回缀,成都府正觉寺沙门道弘、章敬寺沙门鉴灵润文,大觉寺沙门道章捡勘证义,千福寺沙门大通证禅义,大原府崇福寺沙门澄观、千福寺沙门灵邃详定。

专知官右神策军散兵马使衙前马军正将兼押衙特进行邓州司法参军臣南珍贡,右神策军护军中尉兼右街功德使元从兴元元从云麾将军右监门卫将军知内侍省事上柱国交城县开国男食邑三百户臣霍仙鸣,左神策军护军中尉兼左街功德使元从兴元元从骠骑大将军行左监门卫大将军知内侍省事上柱国邠国公食邑三千户臣窦文场等表。①

在译经奏表中的僧人11员,官员3人。从此书所附表奏中推知,僧人中除般若三藏之外,千福寺沙门灵邃地位最高。霍仙鸣代表官员的上表说:"伏见南天竺乌荼国王进《华严经》梵夹,恩旨令臣等句当罽宾国三藏沙门般若与京城大德僧灵邃等同翻译者,今译成四十卷,为一部义,与旧《华严经》第九会《入法界品》同译。"②般若三藏奉表陈贺,其名义为"罽宾国三藏寄住上都醴泉寺赐紫沙门般若"③。皇帝在般若的表文上批曰:"……所贺知,当进经已,受旨放还。"④这就是说,任务已经完成,译场人员可以各归本寺。至二十六日,德宗皇帝又派中使高品程仲良"又宣进止,奉敕语三藏大德等:久在道场,翻译有劳也。今赐师等法服缣茶,至宜领之。春暖各得平安好。赐般若三藏紫单夹官绝绫绢衣一副,共六事,茶二十串,绢一百匹。僧圆照紫单夹官绝绫绢衣一副,亦共六事。余九人,各褐单夹官绝绫绢衣一副各六事。十人各茶十串,绢五十匹"⑤。此中所列就是这一译场11位重要成员受赐所得的清单。译场11位僧人是般若三藏、圆照、广济、智柔、智通、道弘、鉴灵、道章、大通、澄观、灵

---

①② 圆照:《贞元新定释教目录》卷一七,《大正藏》第55卷,第895页中。
③④ 同上书,第896页上。
⑤ 同上书,第896页上—中。

遂。赏赐分为三等,般若三藏为最高,其次为圆照,其余 9 人为三等。当日这 11 位僧人"附表陈谢","是日谢恩表入,僧等退归,喜大教流行"①。至此,即贞元十四年二月二十六日,设于崇福寺专门翻译 40 卷《华严经》的译场解散了。

从上叙述已经可以见出,般若三藏的翻译工作断断续续。大致可知译出 40 卷《华严经》后,他未曾继续翻译,好不容易组织起来的译场随着特定任务的结束也解散了。

5. 般若三藏与牟尼室利的翻译活动

贞元末,般若三藏与牟尼室利三藏合译出《守护国界主陀罗尼经》10 卷。

关于牟尼室利三藏(?—806),现存记载不多,主要见于《宋高僧传》卷三《唐京兆慈恩寺寂默传》。根据赞宁的记载,释牟尼室利,华言寂默。对于其行历,赞宁叙述如下:

> 其为人也,神宇高爽,量度真率。德宗贞元九年发那烂陀寺,拥锡东来,自言从北印度往此寺,出家、受戒、学法焉。十六年,至长安兴善寺。十九年,徙崇福、醴泉寺。复于慈恩寺请行翻译事,乃将奖师梵本,出《守护国界主陀罗尼经》十卷。又进六尘兽图,帝悦,檀施极多。元和元年六月十九日,卒于慈恩寺。②

从此可知,牟尼室利三藏为北天竺人,至中天竺那烂陀寺出家、学法。贞元十六年至长安,住于大兴善寺。贞元十九年,移住于崇福寺和醴泉寺。

关于《守护国界主陀罗尼经》的翻译,赞宁所记载的翻译时间大致在贞元十九年至贞元二十年之间。关于译场的组成人员,《宋高僧传》卷三记载为:"《守护国界主经》是般若译,牟尼证梵本,翰林待诏光宅寺智真

---

① 圆照:《贞元新定释教目录》卷一七,《大正藏》第 55 卷,第 896 页中。
② 赞宁:《宋高僧传》卷三,《大正藏》第 50 卷,第 721 页上。

译语,圆照笔受,鉴虚润文,澄观证义焉。"①

除此之外,现存藏经中还保存有署名般若三藏译的《造塔延命功德经》一卷。这一部译籍不见于唐五代时期的经录,而当时日本求法僧的请经论目录中列有此经。如《御请来目录》中著录说:

> 新译《华严经》一部 40 卷,612 纸。
> 《大乘理趣六波罗蜜经》一部 10 卷,160 纸。
> 《守护国界主陀罗尼经》一部 10 卷。
> 《造塔延命功德经》1 卷。
> 右 4 部 61 卷,般若三藏译。②

可见,般若的上述译籍当时就已经传入日本。值得注意的是,现在藏经所收的《造塔延命功德经》卷尾有一题记:

> 《佛说造塔延命功德经》
> 中天竺三藏牟尼室利说梵语,
> 西明寺大德赐紫沙门圆照笔授,
> 章敬寺大德沙门鉴虚润文
> 贞元二十年十一月三日译毕,八日进上。③

上述题记中的圆照、鉴虚也见于赞宁所记载的《守护国界主经》的译者名录中。

上述记载应该是可信的。般若三藏和牟尼室利三藏也见于日本求法僧空海的拜师名单中。空海于桓武天皇延历二十三年(唐德宗贞元二十年,804)随第 17 次遣唐使入唐求法,几经曲折,于第二年到达长安。在长安期间,空海初住西明寺,后跟从醴泉寺的般若和牟尼室利三藏学《华严经》等经论,其时应该在永贞元年(805)。元和元年(806)六月十九

---

① 赞宁:《宋高僧传》卷三,《大正藏》第 50 卷,第 722 页上。
② 空海:《御请来目录》,《大正藏》第 55 卷,第 1062 页下—1063 页上。
③ 《大正藏》第 19 卷,第 727 页下—728 页上。

日,牟尼室利卒于长安慈恩寺。

6. 般若三藏元和年间的翻译活动

宋赞宁《宋高僧传·唐醴泉寺般若传》中记载:

> 释般若,罽宾国人也。貌质魁梧,执戒严整,在京师充义学沙门。宪宗敦崇佛门,深思翻译,奈何有事于蜀部,刘辟阻命,王承宗未平,朝廷多故。至元和五年庚寅,诏工部侍郎归登、孟简、刘伯刍、萧俛等就醴泉寺译出经八卷,号《本生心地观》。此之梵夹,乃高宗朝师子国所进者写毕进上。帝览,有敕:"朕愿为序。"寻颁下其文,冠于经首。三藏赐帛,证义诸沙门锡赉有差。①

如前文已经指出的,赞宁此传所说与《宋高僧传·唐洛京智慧传》同为般若三藏。

般若三藏翻译《本生心地观》之事也见于现存唐宪宗制《大乘本生心地观经序》。其文说:

> 《大乘本生心地观经》者,释迦如来于耆阇崛山,与文殊师利、弥勒等诸大菩萨之所说也。其梵夹我烈祖高宗之代,师子国之所献也,宝之历年,秘于中禁。朕嗣守丕业,虔奉昌图,听政之暇,澡心于此。以为摄念之旨,有辅于时;潜导之功,或裨于理。且大雄以慈悲致化,而朕生而不伤;法王以清净为宗,而朕安而不扰。敷教于下,用符方便之门;励精以思,是叶修行之地。无为之益,不其至乎!夫如是得不演畅真宗,阐宏奥义者也。乃出其梵本于醴泉寺,诏京师义学大德罽宾三藏般若等八人翻译其旨,命谏议大夫孟简等四人润色其文,列为八卷,勒成一部。②

此文未明确写入翻译时间,但此文结尾说:"式存年代,时我唐御天下一

---

① 赞宁:《宋高僧传》卷三,《大正藏》第50卷,第722页中。
② 董诰等编:《全唐文》卷六三,第679页。

百九十有四年也。"依此计算,时为元和六年(811)。

上引宪宗之文中所说担任译场监护的工部侍郎孟简,《旧唐书》卷一六三有传,其文说:"六年,诏与给事中刘伯刍、工部侍郎归登、右补阙萧俛等,同就醴泉佛寺翻译《大乘本生心地观经》,简最檀其理。"①

关于般若三藏翻译《大乘本生心地观经》的译场设置,1913年发现于日本江州石山寺《大乘本生心地观经》的古写本第一卷所记载的题记,提供了非常可贵的信息。其文如后:

> 元和五年七月三日内出梵夹,其月二十七日奉诏于长安醴泉寺,至六年三月八日翻译进上。

> 罽宾国三藏赐紫沙门般若宣梵文,醴泉寺日本国沙门灵仙笔受并译语,经行寺沙门令谟润文,醴泉寺沙门少谞回文,济法寺沙门藏英润文,福寿寺沙门恒济回文,总持寺沙门大辨证义,右街都勾当大德庄严寺沙门一微详定。

> 都勾当译经押衙散兵马使兼正将朝议郎前行陇州司功参军上柱国赐绯鱼袋臣李霸、给事朗守右补阙云骑袭徐国公臣萧俛奉敕详定。

> 银青光禄大夫行尚书工部侍郎充皇太子及诸王侍读长洲县开国男臣归登奉朝请大夫守给事中充集贤殿御书院学士判院事臣刘伯刍奉敕详定。

> 朝议朗守谏议大夫知匦使上柱国赐绯鱼袋臣孟简奉敕详定敕详定。

> 神策军护军中尉兼右街功德使扈从特进行右武卫大将军知内侍省上柱国剡国公食邑三千雇第五从直。

从这一题记可知,《大乘本生心地观经》始译于元和五年七月三日。此日奉出梵本,二十七日正式开始翻译,至元和六年三月八日完成进奉朝廷。

---

① 刘昫等:《旧唐书》卷一六三,第4257页。

参与此译场并且担任笔受并译语重任的醴泉寺日本国沙门灵仙,在日本僧人圆仁《入唐求法巡礼记》等文献中有记载。

7. 般若三藏译籍编年

概括上文考辨叙述,般若三藏的翻译工作可编年如下:

《大乘理趣六波罗蜜多经》10卷,贞元四年(788)六月八日开始翻译,十月中旬译文初步完成,至十一月十五日缮写完毕,二十八日上奏皇帝。此后,又补译《大乘理趣六波罗蜜多经》中的真言、契印法门等内容,至贞元五年二月四日完成上奏朝廷。

《大华严长者问佛那罗延力经》1卷,始于贞元四年十一月二十三日,完成于同年十二月十五日。

《般若心经》1卷,贞元六年某时开始(或七月之前不久),此年八月十一日完成。

《大方广佛华严经卷第一入不思议解脱境界普贤行愿品》40卷,贞元十二年(796)六月四日开始,贞元十四年二月二十四日抄写完毕进奉皇帝。

《守护国界主陀罗尼经》10卷,贞元十九年或贞元二十年。

《造塔延命功德经》1卷,贞元二十年十一月三日译毕,八日进上。

《大乘本生心地观经》8卷,始译于元和五年(810)七月三日,至元和六年三月八日完成进奉朝廷。

般若三藏共译出佛典7部71卷。

史籍中未曾记载般若三藏的卒年,《宋高僧传·唐洛京智慧传》记载:"慧后终于洛阳,葬龙门之西冈,塔今存矣。"①从这一记载可知,般若三藏圆寂于洛阳,也许晚年至洛阳某寺住锡。但现存文献中未有相关事迹之记载。

---

① 赞宁:《宋高僧传》卷二《唐洛京智慧传》,《大正藏》第50卷,第716页下。

二、安西、北庭的佛典翻译

根据史籍记载,贞元年间于安西(督护府在龟兹国都城,今新疆库车)、北庭(今新疆吉木萨尔北破城子)翻译出三部佛经并且传入长安,进入经录,流传至今。此时的安西和北庭由唐王朝直接管辖,其佛教已融入中国佛教之中。

这一翻译活动与天宝十年(751)奉命出使天竺后出家为僧的沙门悟空有关。

关于悟空生平事迹以及《佛说十力经》等三部佛典的翻译过程,最早的文献是沙门圆照所撰写的《大唐贞元新译十地等经记》。此文的末尾说:

> 沙门圆照自惟疵贱,素无艺能,喜遇明时,再登翻译,续修《图纪》,赞述真乘,并修《大唐贞元续开元释教录》。悟空大德,具述行由,托余记之,以附《图录》,聊以验其事也。久积岁年,诘问根源,恭承口诀,词疎意拙,编其次云。大雅硕才,愿详其志也。①

赞宁《宋高僧传》卷三有《唐上都章敬寺悟空传》,内容都摘抄自圆照此文,没有新材料。

释悟空(731—?),京兆云阳人,姓车氏,后魏拓跋之远裔。玄宗朝,罽宾国愿附大唐,遣大首领萨婆远乾与三藏舍利越摩,于天宝九年(750)来唐王朝"献款求和,请使巡按"。第二年,宣宗敕中使张韬光将国信行官兼吏40余人西行出使。"授奉朝左卫泾州四门府别将员外置同正员,令随使臣取安西路,次疏勒国,次度葱山"②,直至天宝十二年(753)二月二十一日,至乾陀罗国,"此即罽宾东都城也。王者冬居此地,夏处罽宾,随其暄凉,以顺其性。时王极垂礼接,只奉国恩,使还对辞,并得信物,献

---

① 圆照:《大唐贞元新译十地等经记》,《大正藏》第17卷,第717页中—下。
② 同上书,第715页下。

款进奉,旋归大唐。奉朝当为重患,缠绵不堪胜致,留寄健驮逻国,中使归朝。后渐痊平,誓心归佛,遂投舍利越摩三藏落发披缁,愿早还乡,对见明主,侍觐父母,忠孝两全。时蒙三藏赐与法号,梵云达摩驮都,唐言以翻名为法界。时年二十有七,方得出家。即当肃宗文明武德大圣大宣孝皇帝至德二载丁酉岁也。"①根据圆照这一叙述可知,车朝奉因病留住健驮逻国,疾病痊愈后出家为沙弥,法号法界,时间为肃宗至德二年(757),时年27岁。两年之后,他于迦湿弥罗国受具足戒。"三师七证授以律仪,于蒙鞮寺讽声闻戒,讽毕听习根本律仪。"②此后,他巡礼天竺各地。后以唐代宗广德二年(764)"南游中天竺国,亲礼八塔。……次于那烂陀寺中住经三载。"③如此往来天竺,遍寻圣迹数年,法界思恋"圣朝本生父母,内外戚属,焚灼其心,念鞠育恩深,昊天罔极,发愿归国瞻觐君亲,稽首咨询越摩三藏。三藏初闻,至意不许。法界以理恳请于再三,三藏已于天宝九年曾至唐国,日常赞慕摩诃支那。既见恳诚,方遂所请。乃手授梵本《十地经》及《回向轮经》并《十力经》,共同一夹,并大圣释迦牟尼佛一牙舍利,皆顶戴殷勤,悲泪而授,将为信物,奉献圣皇。"④法界收受,乃却取北路还归唐土。

　　法界到达安西,此时任安西四镇节度使的是郭昕。龟兹国西门外有莲花寺,寺有三藏沙门名勿提提犀鱼,汉语的意思是"莲花精进"。法界请求勿提提犀鱼翻译自己带回的佛典。于是在龟兹城莲花寺中,设置译场,翻译出《十力经》一卷,"可三纸许,以成一卷。三藏语通四镇,梵、汉兼明"⑤。从这些记载可知,勿提提犀鱼三藏梵语、汉语兼通,在翻译中起了重要作用。此经现存。

　　法界在此城住了一年有余,"次至乌耆国王龙如林,镇守使杨日佑延

---

① 圆照:《大唐贞元新译十地等经记》,《大正藏》第17卷,第715页下—716页上。
② 同上书,第716页上。
③ 同上书,第716页中。
④ 同上书,第716页中—下。
⑤ 同上书,第717页上。

留三月。从此又发,至北庭州"。当时北庭道节度使御史大夫杨袭古在任。法界在此地与北庭道节度使御史大夫杨袭古一起请求于阗国三藏沙门尸罗达摩(唐言"戒法")在龙兴寺翻译《十地经》。尸罗达摩三藏读梵文并译语,沙门大震笔授,沙门法超润文,沙门善信证义,沙门法界证梵文并译语。此后,同样的译经班子也翻译出《回向轮经》。这两部经现存,《佛说回向轮经》一卷,三纸半;《佛说十地经》九卷,一百二十一纸。法界在此地完成两部佛典的翻译,缮写完毕,意欲早回内地。关于其回长安的过程,圆照记述说:

> 时逢圣朝四镇北庭宣慰使中使段明秀来至北庭。洎贞元五年己巳之岁九月十三日,与本道奏事官节度押衙牛昕安西道奏事官程锷等随使入朝。当为沙河不通,取回鹘路。又为单于不信佛法,所赍梵夹不敢持来,留在北庭龙兴寺藏,所译汉本,随使入都。①

法界于贞元五年九月十三日从北庭出发,从天竺带来的梵本被迫留在北庭龙兴寺,三部汉译佛典悉数带回。贞元六年二月,法界回到长安,"有敕令于跃龙门使院安置。中使段明秀遂将释迦真身一牙舍利及所译经,进奉入内。天恩宣付左神策军,令写此经本与佛牙舍利一时进来。时左街功德使窦文场,准敕装写进奉阙庭兼奏"。左街功德使窦文场向德宗皇帝报告了此事。面对一位昔日以官员身份派出的使者今日以僧人面目归来,德宗皇帝做了三件事:其一,承认其僧人身份。如圆照所说"其年二月二十五日,奉敕宣与正度"②。其二,为其改换法号。如圆照所说:"是岁也,天恩正名,冠冕兼履,昔名法界,今字悟空。"③其三,确定其住寺以为寺籍。如圆照文中所记:"从安西来无名僧悟空,年六十,旧名法界,俗姓车名奉朝,请住章敬寺。"④其四,封赏。如皇帝制文说:"余依又本道节度奏事官,以俗姓车奉朝名衔奏。至五月十五日,敕授壮武将

---

①②④ 圆照:《大唐贞元新译十地等经记》,《大正藏》第17卷,第717页上。
③ 同上书,第717页中。

军守左金吾卫大将军员外置同正员兼试太常卿。"①

悟空(法界)带回译于安西、北庭的三部佛典,因入藏而得以保存至今。对此,圆照解释说:

> 其所进《十地经》,依常途写一百二十一纸成部勒为九卷。此经佛初成正觉已经二七日,住他化自在天宫摩尼宝藏殿说。《回向轮经》,佛在金刚摩尼宝山峰中与大菩萨说,译成三纸半以为一卷。其《十力经》如前所说,译成三纸复为一卷。三部都计一百二十九纸,总十一卷同为一帙。然为斯经未入目录,伏恐年月深远,人疑伪经,今请编入《大唐贞元续开元释教录》。②

依据圆照的记述可知,悟空生于开元十九年(731),天宝十年(751)出使西域,因病留在健驮逻国,于至德二年(757)出家为沙弥,法号法界。两年后,于迦湿弥罗国受具足戒成为比丘。在回内地途中,分别在安西、北庭翻译出三部经典。时间在贞元二年(786)至贞元五年之间。贞元六年二月回到长安,所译三部佛典保存至今。

三、菩提仙三藏、满月三藏等的佛典翻译

依据赞宁的概括,元和年间的译场是唐王朝最后的官办译场。然而根据佛典题记以及赞宁《宋高僧传·满月传》可知穆宗长庆年和文宗开成年,也有零星的佛典翻译活动。

根据藏经中的题记,特别是日本求法僧编订的目录可以获知,唐穆宗时期也有零星的翻译,主译者是菩提仙三藏。

现存《大圣妙吉祥菩萨秘密八字陀罗尼修行曼荼罗次第仪轨法》署名为:

> 《大圣妙吉祥菩萨秘密八字陀罗尼修行曼荼罗次第仪轨法》一

---

① 圆照:《大唐贞元新译十地等经记》,《大正藏》第17卷,第717页上一中。
② 同上书,第717页中。

卷,出《文殊菩萨普集会经除灾救难息障品》。

中天竺国大那烂陀寺戒行沙门菩提㗚使净智金刚译亲承笔授僧义云传流。(三藏名,此汉地名菩提仙)①

此经末尾附注为:

长庆四年八月三十日,东塔院青龙寺持念沙门义云法金刚,与中天三藏菩提仙同译,笔受、结偈、润文僧义云,写勘终记之耳。

依据上述署名以及题记可知,菩提㗚使,意译为菩提仙,净智金刚为其密号②,来自于中天竺那烂陀寺。从此题记可知,此经翻译时间为长庆四年(824)八月三十日。此经笔受义云,是惠果的弟子。根据《大唐青龙寺三朝供奉大德行状》的记载:"贞元九季后至十三季,义恒、义一、义政、义□、义操、义云、智兴、义憼、行坚、圆通、义伦、义播、义润,俗弟子吴殷、开丕等,约五十人学法。"③义云于贞元九年(793)至贞元十三年,跟从青龙寺惠果学习密法。

赞宁在《宋高僧传·满月传》及其附传中补充了数位译出密教经典的僧人。

释满月,西域人。根据《宋高僧传·唐京师满月传》记载:他来内地的目的就是传译瑜伽法门。满月于唐文宗开成年(836—840)中进梵夹,"遇伪甘露事,去未旋踵,朝廷无复记纲,不暇翻译"④。此中所说的"甘露事变"发生于太和九年(835)十一月。此时,朝权完全掌握在宦官手里,政治动荡,社会极不安定,缺乏翻译佛典的条件。这时,"悟达国师知玄好学声明,礼月为师,情相款密,指教梵字并音字之缘界、悉昙八转,深得幽趣"。在知玄的请求之后,满月"乃与菩萨嚩曰罗、金刚悉地

---

① 《大正藏》第20卷,第784页中。
② 参见吕建福《中国密教史》,第323页。
③ 《大唐青龙寺三朝供奉大德行状》,《大正藏》第50卷,第295页下。
④ 赞宁:《宋高僧传》卷三,《大正藏》第50卷,第722页下。

等重译出《陀罗尼集》四卷,又《佛为毗戌陀天子说尊胜经》一卷。详核三复,曲尽佛意"①。赞宁说"月等俱不测其终"②,大概因为他们遭逢会昌灭法的缘故。悟达国师,法号知玄,《宋高僧传》卷六有传。从《宋高僧传》的记载看,悟达国师是一位贯通律宗、天台、华严、唯识以及密宗的大师,师承极广。

一般以上引赞宁的叙述将这一次翻译系于开成年间,但翻译出的《陀罗尼集》四卷、《佛为毗戌陀天子说尊胜经》一卷"未闻入藏"③,现今不存。

四、智慧轮等僧的佛典翻译

智慧轮三藏是现有文献可考的唐代最后一位从事佛典翻译的三藏法师。这也是晚唐唯一可知的翻译活动。可惜,其生平仅仅见于《宋高僧传·满月传》附传以及1987年发掘出的法门寺地宫文物中。

关于智慧轮,《宋高僧传·满月传》附传记载:

> 有般若斫迦三藏者,华言智慧轮,亦西域人。大中中,行大曼拏罗法,已受灌顶为阿阇梨,善达方言,深通密语。著《佛法根本》,宗乎大毗卢遮那,为诸佛所依;法之根本者,陀罗尼是也。至于出生无边法门,学者修戒、定、慧,以总持助成,速疾之要,无以超越。又述《示教指归》共一千余言,皆大教之钤键也。出弟子绍明,咸通年中刻石记传焉。

此文很简要,但记载了他有《佛法根本》和《示教指归》传世,今本两卷合为一卷。尤其是,日本求法僧圆珍等曾经向其学习密法,其思想和修行传入日本,对日本密教有一定影响。

关于智慧轮的卒年,有不同记载。如前所说,咸通年间,其弟子曾经为其树碑立传。但是,根据日本方面的记载,圆珍回日本后,曾于唐僖宗

---

① 赞宁:《宋高僧传》卷三,《大正藏》第50卷,第722页下—723页上。
②③ 同上书,第723页上。

中和二年(882)七月,向智慧轮呈《决疑表》,请师书疏。吕建福先生从这一事实推断,似乎智慧轮此时应该健在。因为"当时中日交通畅通,常有往来,尤其密宗内部互有交流,如智慧轮早逝,不至圆珍几年不知"①。吕先生并从法门寺地宫出土文物的记载强化其说。不过,通过对法门寺文物的解读,我们认为,《宋高僧传》的记载是对的,智慧轮确实是在咸通末年圆寂的。

法门寺文物中的智慧轮资料,首要的事实是,智慧轮是咸通末年迎奉法门寺佛骨的积极策划者之一。咸通十二年(871)八月,一大批僧人连续向唐懿宗请求迎奉法门寺佛骨。八月十日,大兴善寺住持智慧轮专门打造金函献给皇帝,其铭文曰:"敬造金函盛佛真身。上资皇帝圣祚无疆,国安人泰,雨顺风调,法界有情,同沾利乐。咸通十二年闰八月十日传教大师三藏僧智慧轮。"十五日,智慧轮又献上银函,上有錾文曰:"上都大兴善寺传最上乘祖佛大教灌顶阿阇梨三藏比丘智慧轮敬造银函一重伍拾两献上,盛佛真身舍利,永为供养,殊标功德,福资皇帝千秋万岁。"②这两宝函最终都供奉在法门寺地宫。耐人寻味的是,在咸通十四年开始的正式迎奉佛骨活动中,未曾有智慧轮活动的直接记载,由大兴善寺僧觉支书写的《衣物账碑》末尾写道:"金函一重廿八两,银函一重五十两,银阏伽瓶四只共重六十四两,银水碗一对共重十一两,银香炉一重廿四两,因盐台三指共重六两。已上遍觉大师智慧轮施。"吕先生认为,此可证明智慧轮于此时尚健在,"否则觉支在《衣物账》末应书'故遍觉大师'等字样,才合乎情理"③。笔者原先也是如此认为的。但是近来仔细琢磨碑文的写法,发现一重大疑点:智慧轮是这次迎奉佛骨筹备阶段的积极参与者,但却未在《志文碑》和《物帐碑》中被标列为"诸头"之一。《志文碑》、《物账碑》共同提到的有"左右街僧录清澜、彦楚,首座僧澈、唯

---

① 吕建福:《中国密宗史》,第326—327页。
② 法门寺地宫出土文物铭文。
③ 吕建福:《中国密宗史》,第326页。

应,大师重谦、云颢、慧晖",《物帐碑》又在大师项下补充了可孚、怀敬、从建、文楚、文会、师益、令真、志柔。这些僧人或者是朝廷正式的僧官,或者是具有朝廷正式赐封"师号"的僧人。最值得注意的有两个细节:一是未有师号的两位僧人澄依、智英可能由于积极参与迎奉并且分别施"银金华菩萨一躯并珍珠装共重五十两并银棱函盛银锁子二具共重二两"、"银金涂盏一枚重四十一两",而在《物帐碑》中被列入正文中的"诸头"项下。二是身为"遍觉大师"的智慧轮,尽管捐施了"金函一重廿八两、银函一重五十两、银阏伽瓶四只共重六十四两、银水碗一对共重十一两、影香炉一重廿四两、银盐台三只共重六两",但却未能在"诸头"项下标列,而是列于"咸通十五年正月四日谨记"之后,很像是刻写时临时加上去的。这究竟是为什么呢?是否仅仅由于外国僧人的身份,还是有别的更为内在的原因?我们以为,最重要的原因可能是智慧轮在此前已经圆寂,因此才未被任命为迎奉佛骨的"诸头"之一。至于吕先生所说的未写成"故遍觉大师"以及日本僧人圆珍于中和二年(882)上《决疑表》的佐证,并不足以推翻赞宁的记载①。

素面盝顶银宝函,盝顶,盖与器身用一对铰链连接,正面有锁扣并配有锁、钥,高圈足四面各镂三壶门,通高22.7厘米,函正面錾文十行八十三字:"上都大兴善寺传最上乘祖佛大教灌顶阿阇梨三藏苾刍智慧轮敬造银函壹,重伍拾两,献上,盛佛真身舍利,永为供养,殊胜功德,福资皇帝千秋万岁!咸通拾贰年闰捌月拾伍日造,勾当僧教原,匠刘再荣、邓行集。"此函实重2117.5克。从錾文可知,此宝函是长安大兴善寺密教高僧智慧轮为贮存佛骨舍利而施奉的。

智慧轮翻译的《般若心经》现存,传入日本的《最上乘瑜伽秘密三摩地修本尊悉地建立曼荼罗仪轨》一卷现今不存,翻译过程未见记载。

---

① 从日本来华并非如今人想象般便利,此可从鉴真东渡过程比较推知。另外,即使有来华的僧人回到日本,也未必打听或获知智慧轮圆寂与否的消息。

第四章 《圆觉经》、《楞严经》、《仁王经》的基本内容

隋唐时期,佛教高僧翻译出了许多重要的佛教经典,对中国佛教发展产生重要影响的佛典也很多。最显著的是,以玄奘翻译的瑜伽行派经典和"开元三大士"翻译出的佛教经典为依据分别形成唯识宗和密宗。鉴于本著体例和分工,本章仅仅选择《圆觉经》、《楞严经》和《仁王经》作一论述。

第一节 《圆觉经》的传译及其要义

唐代翻译成汉语流通的《大方广圆觉修多罗了义经》一卷,很受古今佛教界的重视,对唐代之后的禅宗、华严宗等的发展产生了重要影响。这一部经对于如来藏的叙述,尽管未曾出现明确的融汇唯识思想的语句,但宗密等人以《大乘起信论》的理路解释其经义,倒也显得十分切贴。从各种迹象判断,此经的出现应该比较晚,大致在《大涅槃经》流行之后。本节依据古今几种《圆觉经》的批注、讲义,对此经的思想作一分析叙述。由于此经仅仅一卷,而且其"正宗分"的内容几乎全部与如来藏思想密切相关,因此,本节直接按照"正宗分"本身的内容标示标题。

一、《圆觉经》的汉译

《圆觉经》尽管在唐代方才流通,却颇得僧俗喜爱,在中国佛教很有影响力。但是,近代以来,此经却颇受质疑,一些学者将其判定为"伪经",甚至有人言之凿凿地说此经是宗密伪造的。其实,《圆觉经》的"疑伪"缘由在于目前所存的关于此经翻译的时间、地点等等事项的记载,存在不同说法。

最早记录《圆觉经》翻译过程的是智昇。他在《开元释教录》卷九中记载:

《大方广圆觉修多罗了义经》一卷,右一部一卷其本见在。

沙门佛陀多罗,唐云"觉救",北印度罽宾人也。于东都白马寺,译《圆觉了义经》一部。此经近出,不委何年。且弘道为怀,务甄诈妄。但真诠不谬,岂假具知年月耶?①

智昇在《续古今译经图纪》卷一、圆照在《贞元新定释教目录》卷十二都照抄了上引表述。直至北宋赞宁撰写《宋高僧传·觉救传》,也没有多少新材料补充。"释佛陀多罗,华言觉救,北天竺罽宾人也。赍多罗夹,誓化支那。止洛阳白马寺,译出《大方广圆觉了义经》。此经近译,不委何年。且隆道为怀,务甄诈妄。但真诠不谬,岂假具知年月耶?救之行迹,莫究其终。大和中,圭峰密公著《疏》判解经本一卷,后分二卷成部。续又为《钞》,演畅幽邃。今东京、太原、三蜀盛行讲演焉。"②赞宁仅仅是增加了宗密为《圆觉经》作《疏》的情况,而在照抄智昇的几句话时,连语气都未改,特别是"此经近译"一句,殊觉不妥。

正是由于可以暂时称之为"原始记载"的智昇没有说出《圆觉经》翻译的准确时间,而译主的身世又不详,因此,后来就有了不同的说法,正

---

① 智昇:《开元释教录》卷九,《大正藏》第55卷,第564页下至565页上。
② 赞宁:《宋高僧传》卷二,《大正藏》第50卷,第717页下。

好给近代欲将其当做伪经的学者找到了口实。

宗密不辞辛苦收集有关《圆觉经》的章疏,最终获得四种前人所作《圆觉经》注疏。他自叙其经过说:

> 宗密为沙弥时,于彼州,因赴斋请,到府吏任灌家。行经之次,把著此《圆觉》之卷,读之两三纸以来,不觉身心喜跃,无可比喻。自此耽玩,乃至如今。不知前世曾习,不知有何因缘,但觉耽乐彻于心髓。访寻章疏,及诸讲说匠伯,数年不倦。前后遇上都报国寺唯悫法师《疏》一卷,先天寺悟实禅师《疏》两卷,荐福寺坚志法师《疏》四卷,北都藏海寺道诠法师《疏》三卷。皆反复研味,难互有得失,皆未尽经之宗趣分齐。①

从上文可知,宗密寻找到的注疏:一种是报国寺唯悫法师《疏》一卷,第二种是先天寺悟实禅师《疏》两卷,第三种是荐福寺坚志法师《疏》四卷,第四种是北都藏海寺道诠法师《疏》三卷。唐代的"北都"也称之为"北京",就是当时习称的晋阳、现在的太原。上述四位为《圆觉经》撰写注疏的僧人,只有报国寺唯悫法师于《宋高僧传》卷六中有本传,不过非常简短,主要记载其撰写《楞严经疏》的经过,大概是赞宁仅仅收集到当时仍然流通的《楞严经疏》中的一些记载。在同书卷四,宗密又补充了前三位疏主的简况,其文曰:

> 惟悫者,是《佛顶疏》主。悟实者,少小出家,曾禀荷泽之教。高节志道,戒行冰洁,久在东都,恩命追入内,住先天寺。八十六岁方终,焚得舍利数百粒。坚志者,实之弟子。②

关于唯悫的说法与其他资料所说一致,而悟实、坚志则为荷泽神会传人,二僧为师徒关系,宗密在此后的文字中,对于坚志等人的疏文作了批评。

---

① 宗密:《圆觉经大疏释义钞》卷一,《续藏经》第9册,第478页上。
② 宗密:《圆觉经大疏释义钞》卷四,《续藏经》第9册,第537页下。

关于《圆觉经》的翻译过程,在早于《圆觉经大疏钞》的《圆觉经大疏》中,宗密综合几种资料作了这样的记载:

> 九、叙昔翻传者。《开元释教目录》云:沙门佛陀多罗,唐言觉救,北印度罽宾人也,于东都白马寺译。不载年月。《续古今译经图纪》亦同此文。北都藏海寺道诠法师《疏》又云:羯湿弥罗三藏法师佛陀多罗,长寿二年龙集癸巳,持于梵本,方至神都,于白马寺翻译,四月八日毕。其度语、笔受、证义诸德,具如别录。不知此说,本约何文?素承此人,学广道高,不合孟浪。或应国名无别,但梵音之殊。待更根寻,续当记载。①

根据宗密的这一叙述,道诠法师在其注疏中说,《圆觉经》是天竺僧人佛陀多罗在长寿二年(693)于洛阳白马寺翻译出来的,完成的时间为当年的四月八日。宗密又说:"坚志法师《疏》说译主年月,并与藏海疏同。唯云'天竺三藏羯湿弥罗'为异耳。"②根据现今学者考据,"羯湿弥罗"与"罽宾"在唐代时都是现在的克什米尔的异名。可见,几种《圆觉经》经疏所记是一致的。

在后来所撰的《圆觉经大疏钞》卷四,宗密对于上述文字作了若干疏解,重要的有以下两点:

第一,解释了"龙集"含义。宗密说:"言'龙集'者,有释云:'高宗大帝,当其年龙飞,以王天下。'此说恐谬。曾见有处说,长寿年是则天之代。然今亦未委其指的也,待更寻检。"③宗密的这一解释,暴露了其对于当时纪年习惯的陌生,反而增加了近代学人的疑惑。其实,"龙集"犹言"岁次","龙"指岁星,"集"的含义是到达即"次于"的意思,是古人以星纪年的惯常表述,与一般常见的"岁在某某年"意思相同。而宗密所看到的

---

① 宗密:《圆觉经大疏释义钞》卷上,《续藏经》第9册,第335页上。
② 宗密:《圆觉经大疏释义钞》卷四,《续藏经》第9册,第537页下。
③ 同上书,第537页中一下。

经疏的解释恐怕是误记传言,高宗朝影响较大的飞龙显现事件发生在显庆六年(661)二月,《旧唐书·高宗本纪》记载:"二月乙未,以益、绵等州皆言龙见,改元。曲赦洛州。龙朔元年三月丙申朔,改元。"

第二,对于道诠等著述者所说"其度语、笔受、证义诸德具如别录"之中的"别录",宗密作了补充性解释:"《疏》'具如别录'者,复不知是何图录?悉待寻勘。有释云:'证义大德是京兆皇甫氏范氏沙门复礼、怀素。'又指度语、笔授云:'在白马寺《译经图纪》。'此等悉难信用。谓证义、笔授等,何得半在此纪,半在彼《图》。乍可不知,不得妄生异说"[1]。宗密在此提供了一个极其重要的信息,即有一本被称之为《译经图纪》的书,书中记录了翻译《圆觉经》的各类人员的情况。但是,宗密由于对于自己收集的几种经疏的粗糙极度不满,因此,不信任这种记载。经过笔者考证,上文所说的承担《圆觉经》证义的复礼是唐代高宗、武周朝的"译经大德",被玄奘的弟子惠立称赞为"译主"。

复礼参与翻译的日程如下:

其一,从高宗永隆元年(680)至天后垂拱末年(689),参与日照译场,于两京东京太原寺及西京弘福寺,助其译出经典18部合34卷。

其二,从永昌元年(689)至天授二年(691),参与提云般若译场,助其译出佛教经典6部合7卷。

其三,从武周证圣元年(695)至久视元年(700),参与实叉难陀译场,助其译出佛教经典凡19部合107卷。

其四,从久视元年(700)至睿宗景云二年(711),参与义净译场,助其翻译出佛教经典56部总230卷。

作为唐高宗、武则天任命的"译经大德",从高宗仪凤元年(676)至唐睿宗景云二年(711)的35年间,复礼参加了当时大多数朝廷"敕命"的翻

---

[1] 宗密:《圆觉经大疏释义钞》卷四,《续藏经》第9册,第537页下。

译活动。但是,经过仔细考辨智昇《开元释教录》和《续古今译经图纪》的相关记载,我们发现,唯独缺长寿二年(693)至证圣元年(695)三年的参议记录。这三年,在东都洛阳有如下三起翻译佛典活动:

其一,宝思惟译场。这一译场从武周长寿二年开始,由朝廷敕命成立。

其二,慧智译场。这一译场从武周长寿二年开始,由朝廷敕命成立。

其三,菩提流志译场。根据记载,复礼未参加菩提流志第一阶段即从长寿二年开始直至武周末年的翻译活动,而参加了第二阶段即神龙二年(706)至先天二年(713)的翻译活动。

综上所述可见,长寿二年,武周朝廷下敕在洛阳设立了三个译场,而一直参与各类译场翻译的"译主"(唐慧立称赞复礼时所说)复礼却都没有参加,这多少显得不合乎常规。从这个角度考虑,上述宗密所转引的《圆觉经疏》所说佛陀多罗译场的"证义大德"是复礼,也是有可能的。不过,笔者未查到怀素参与译场的材料,他是以律学见长的,早年拜玄奘为师,应该是参与过翻译的。

此外,宗密在《圆觉经大疏钞》卷四中又补充了一个材料:

> 余又于丰德寺难经中见一本《圆觉经》,年多虫食,悉已破烂。经末两三纸才可识辨,后云:"贞观二十一年岁次丁未七月乙酉朔十五日己亥,在潭州宝云道场译了。翻语沙门罗睺昙捷,执笔弟子姜道俗,证义大德智晞、注纮、慧今、宝证、道脉。"然未详真虚。或恐前已曾译,但缘不能闻奏,故滞于南方,不入此中之藏。不然者,即是诈谬也。[①]

上述记载中,丰德寺在长安附近的终南山,道宣在未被朝廷征调到西明寺之前,就在此寺研究弘扬律学。这座寺院,在唐代中期之前很是活跃。寺院里有许多佛典抄本,有一些是其他寺院的僧人从别处带来置于此寺

---

① 宗密:《圆觉经大疏释义钞》卷四,《续藏经》第9册,第537页下。

的。宗密看到的这本《圆觉经》的题记所写,其他内容已经无法考实,但经过笔者核对,其干支纪年以及纪日都是正确的。这至少说明,这一题记的形成很早,不大像接近宗密所处时段的人所写。宗密撰述这些著作在长庆二年(822)、三年,而贞观二十一年(647)远在此前的176年,假设此经本破损之前已经存在流通50年,也说明这一题记中的说法其来有自,否则就是专业的作伪者所为。一个直接的反证就是上文所辨析的关于"龙集",不但宗密收集的几种经疏作了错误解释,就连宗密自己也没有搞清楚。从这个角度说,《圆觉经》在贞观年已经有一个译本是有可能的。

此外,编写于北宋的《佛祖统纪》卷三九又有一说法:唐高宗永徽六年(655),"罽宾国佛陀多罗,于白马寺译《大方广圆觉修罗了义经》一卷"①。这一记载一是晚出,二是没有说明任何依据,因此,完全是误传或者误置。

综上所述,《圆觉经》在近代被当做"伪经"的际遇,完全是由古代对于其翻译过程记载分歧所导致的结果。之所以如此,首先在于此经的翻译是在国家出面组织的译场非常普遍的情况下,由个别僧人自发组织的"民间译场"完成翻译的。翻译出来之后,又未履行向朝廷申报入藏的程序。其次,与前者及其疏忽相联系,翻译出来之后未曾同时编订记载此经翻译过程的经录,或者是编了但流通不广,且未能被编写者如智昇等所收集。于是,佛教史家依据言必有据的原则书写,便成上引智昇所作的最初著录。其后,宗密访得流通于教界的《圆觉经》抄本,并且多方收集当时的注疏,编写出几种优秀的注疏,此经便逐渐在佛教界流通,不久就风靡佛教界,对唐代中期之后的中国佛教产生了重大影响。

从上引的古人的相关说法可知,智昇、宗密都仅仅是怀疑关于此经翻译过程记载的不完全或者舛误,从来未曾怀疑《圆觉经》的"真经"身

---

① 志磐:《佛祖统纪》卷三九,《大正藏》第49卷,第367页上。

份。如唐宗密在《圆觉经大疏抄》卷四之上中对智昇的说法作了评论："余谓但云'不知年月'即得,何必加此数言?"宗密认为智昇后面几句话是画蛇添足,而近代以来力主其"伪"的学者将其当做智昇的委婉说法,他们认为智昇实际等于说此经为"伪经"。在此,我们明确指出,智昇所言正如宗密所评论的,有画蛇添足的嫌疑,也是中国古代史学传统的要求所致。但是,今人断章取义的引申性的解释,有强加于智昇之嫌。智昇明明说译出年月不详,不影响此经为真经,而现代学者非说这是智昇有意识的"曲说",这是当代学者在考辨古代佛教译籍之时常常出现的方法失当的表现,喜欢"疑古"者往往将经录中"疑惑"部分与"伪经"混为一谈,一旦对于译时、译地、译者以及流通过程等等环节的记载发生一处或几处分歧,便决然地将其统统当做"伪经论"。对于《圆觉经》的"伪经"判定不出这一原因。《楞严经》"伪经"说的形成,也是如此。

二、《圆觉经》的宗旨及结构

在此,依据古今经注家对《圆觉经》的解释,对此经经题、宗旨、结构以及"序分"、"流通分"的内容作些分析说明。

1. 经题含义及结构、宗旨

此经的全名为《大方广圆觉修多罗了义经》,其中"大方广"亦称"方等",为十二部中之"方广部",唯大乘经典有之,小乘经则无,因而凡大乘经皆称"方广"。关于"圆觉"的含义,以唐代宗密最为权威。在其所著《〈大方广圆觉修多罗了义经〉略疏》卷一解释说:"'圆觉'是法,'大方广'是义。经是教法,'修多罗了义',叹教胜能。"①又说:"'圆觉'者,直指法体。若不克体标指,则不知向来说何法'大'、说何法'广'。'圆'者,满足周备,此外更无一法。'觉'者,虚明灵照,无诸分别念想。……此是释如来藏心生灭门中本觉之文也。故知此觉,非离凡局圣,非离境局心,心

---

① 宗密:《大方广圆觉修多罗了义经略疏》卷一,《大正藏》第39卷,第527页上。

境、凡圣本空,唯是灵觉,故言'圆'也。"①总之,"圆觉"之"圆"即"圆满"之义,"觉"为"虚明灵照"之义。然此"圆觉"之性,即一切法之平等真如性,宗密则借用《大乘起信论》中的"本觉"概念来解释。"圆觉"也可解释为"圆满菩提",此正好说明了此经是依于"佛果"而来说明菩萨之修行成佛的"因行"、"境果"的。

"修多罗",中国教界习称"契经",取"契理"、"契机"之义。以梵文本义来解释即是"线"的意思,也就是将佛语书于贝叶,以线穿之,使成一贯,以垂后世,故云"契经"。"了义"的反义词是"不了义"。其一,是"终了"之"了",也就是圆满充足,就叫"了义"。这是以"略说"、"概论"相对而言的。其二,是"明了"之"了",所说明白透彻者为"了义",隐约不露而旁敲侧击者为"不了义"。从上述角度,佛教有"了义经"和"不了义经"的区分。此经题中标示"了义经"就是为了强调此经所说的如来藏思想是最究竟的。

现存的关于此经宗旨的最早概括是唐代宗密以及与宗密同时代的宰相裴休。裴休在为宗密所著《圆觉经略疏序》中说:"夫血气之属必有知,凡有知者必同体,所谓真净明妙、虚彻灵通、卓然而独存者也。是众生之本源,故曰'心地';是诸佛之所得,故曰'菩提';交彻融摄,故曰'法界';寂静常乐,故曰'涅槃';不浊不漏,故曰'清净';不妄不变,故曰'真如';离过绝非,故曰'佛性';护善遮恶,故曰'总持';隐覆含摄,故曰'如来藏';超越玄閟,故曰'密严国';统众德而大备,烁群昏而独照,故曰'圆觉'。其实皆一心也,背之则凡,顺之则圣,迷之则生死始,悟之则轮回息。亲而求之,则止观定慧;推而广之,则六度万行;引而为智,然后为正智;依而为因,然后为正因。其实皆一法也。终日圆觉,而未尝圆觉者凡夫也。欲证圆而未极圆觉者,菩萨也。具足圆觉,而住持圆觉者,如来也。离圆觉无六道,舍圆觉无三乘;非圆觉无如来,泯圆觉无真法;其实

---

① 宗密:《大方广圆觉修多罗了义经略疏》卷一,《大正藏》第39卷,第527页下。

皆一道也。三世诸佛之所证,盖证此也。如来为一大事出现,盖为此也。"①这一段极富文采的文字,将此经所言之核心"圆觉"的含义说得很清楚,兹不再解释。

此经的结构自然也需以流行的三分法来划分。"序分"、"流通分"很短,"正宗分"为全经的核心。《圆觉经》是透过文殊师利、普贤菩萨、普眼菩萨、金刚藏菩萨、弥勒菩萨、清净慧菩萨、威德自在菩萨、辩音菩萨、净诸业障菩萨、普觉菩萨、圆觉菩萨、贤善首菩萨等12菩萨与佛陀的问答,而宣说"大圆觉"的妙理,并为不同根机众生开示各种修行方法,使众生能随顺悟入圆觉。古今依据此结构,将全经分为12章,文殊菩萨章跨"序分"和"正宗分",最后一位贤善首菩萨的提问与佛的回答则构成"流通分"。

《圆觉经》的"正宗分"由"文殊菩萨章"至"圆觉章",共11大段,每段先长行,后重颂。关于其内容的概括,宗密在《大方广圆觉经大疏》卷一中判释说:"自下大文第二,正宗分中有十一菩萨相次请问法门,节节佛答,总十一段,束之为二:初一问答,令信解真正,成本起因;后十问答,令依解修行,随根证入。此乃前顿信解,后渐修证也。亦可初一信,次五解,次四行,后一证。"宗密在此作了两种解释,但内在逻辑一致,即"信"、"解"、"行"、"证"。

关于此《圆觉经》的宗旨,宗密结合此经的结构分10门作了解释。宗密所说前三门是:"一、显示因行有本故,圆照净觉,了无明空;发清净心,方修万行。二、泯绝果相成圆故,本无菩提涅槃,唯是清净觉性,故无始终增减,方为究竟之果。三、决(抉)择悟理应修故,普贤问意云'觉性本圆一切如幻,幻空无体,谁曰修行?如其不修,何因证觉'?佛说因起幻智以除诸幻,幻尽智泯,觉心圆明。然今唯说空幻者,溺在无修。修习

---

① 宗密:《大方广圆觉修多罗了义经略疏》卷一,《大正藏》第39卷,第523页中—下。

之徒,缚于有得,良由悟修之意,似反而符,故最难明,理须决择。"①此中强调说,"圆觉"为成佛之"本",而"因"、"果"泯绝,方成就究竟之果。而领悟"圆觉"之理应奋起修行,为使信众领会,须有所抉择,这就是一般所说的,此经第四章之后的主旨是"抉择"。

其次,宗密说:"四、穷尽甚深疑念故,菩萨难意云:众生本佛,今既无明,十方如来后应烦恼。佛答意云:即此分别便是无明,故见圆觉亦同流转,如云驶月运等,但一念不生,则前后际断,如翳差华亡等。众生即佛,人罕能知,知而寡信,信而鲜解,解亦难臻此境。今经决了,实谓穷源。苟能精通,群疑自释。五、除断轮回根本故。发业成种,无明为根;润业受生,贪爱为本。若不识其相,贼即能为;若不达其空,永不可断。故答文殊、弥勒究了,尽其根源。六、搜索菩提隐障故。谓我人众生寿命,虽名同诸教,而行相深密。从粗至细,展转难除,故'净业一章'重重搜索。七、少文能摄多门故,文唯二十八纸,义具顿渐空有,悟修性相。八、一法一一文中,无不标依圆觉,结入圆觉。巧被三根故,普眼观门被上根,三观诸轮被中根,道场加行被下根。九、令修称性深禅故,三观皆以悟净圆觉为本。十、劝事离相明师故,佛本是而勤修,惑元无而须断。无轨可则,无迹可依,必须离相明师,触向晓喻,故令亲近尽命亡躯等。"②

本节对于《圆觉经》"正宗分"的分析,主要依据宗密的上述分析,将十一章分为四部分去解释。第一章单独列出,第二至第六章为一部分,第七至第十为一部分,第十一章为"正宗分"的结语。依照宗密的概括,上述四部分的内容依次对应于"信"、"解"、"行"、"证",这主要是依据《华严经》的说法来分判的,尽管并不完全能够对应起来,但大致的段落划分是合乎《圆觉经》基本面貌的。本著采用这一划分,在章旨的解释上则适当参考其他注家的解释。

---

① 宗密:《大方广圆觉修多罗了义经略疏》卷一,《大正藏》第39卷,第524页下。
② 同上书,第525页上。

2. 序分

《圆觉经》的"序分"不是很长,与一般大乘经没有大的区别,包含"证信序"和"发起序"两层次。"序分"由"如是我闻。一时,婆伽婆入于神通大光明藏"①开始,至"时,文殊师利菩萨奉教欢喜,及诸大众默然而听"②结束。

"证信分"一般需说明"闻"、"时"、"主"、"处"、"众"五事以证信。此经所明说法之处与其他经不同,其他经多说常人所见之处所,而此经处所,并非世间境界之国土处所,而是佛入定于出世间的"不二"净土。如经中所说:佛"入于神通大光明藏,三昧正受,一切如来光严住持,是诸众生清净觉地,身心寂灭,平等本际,圆满十方,不二随顺,于不二境现诸净土"③。其后叙述"同闻之众",经文说:"与大菩萨摩诃萨十万人俱,其名曰:文殊师利菩萨,普贤菩萨,普眼菩萨,金刚藏菩萨,弥勒菩萨,清净慧菩萨,威德自在菩萨,辩音菩萨,净诸业障菩萨,普觉菩萨,圆觉菩萨,贤善首菩萨等而为上首;与诸眷属皆入三昧,同住如来平等法会。"④此中具名的12位菩萨即随后向佛提问请教者。

"发起序"则具体说明佛于此说如此"法"的因缘。《圆觉经》的"发起序"由文殊菩萨的提问开始。当时,文殊师利菩萨在大众中,即从座起,顶礼佛足,右绕三匝,长跪叉手而问佛说:"大悲世尊!愿为此会诸来法众,说于如来本起清净因地法行,及论菩萨于大乘中,发清净心,远离诸病,能使未来末世众生求大乘者不堕邪见。"⑤文殊菩萨所提的这一问题即为《圆觉经》的核心。所提问题可分为三层:其一,问如来本起清净因地法行;其二,请教菩萨发清净心,远离诸病的方法;其三,后及末世求大乘者,使其不堕于邪见。此后佛的回答则如宗密所解释的分"信"、"解"、"行"、"证"诸义。至"普觉章"之末,有文云:"尽于虚空,一切众生,我皆

---

① 佛陀多罗译:《大方广圆觉修多罗了义经》,《大正藏》第17卷,第913页上。
②④⑤ 同上书,第913页中。
③ 同上书,第913页上—中。

令入,究竟圆觉。于圆觉中,无取无证,除彼我人,一切诸相,如是发心,不堕邪见。"①此语与文殊所提之问,遥遥相对。古德据此判定此句为全经的核心。

最后,如来赞许文殊菩萨能为大众请问佛法,并答允为会众解说此问。由此进入"正宗分"。

3. 流通分

《圆觉经》第十二贤善首菩萨章属于全经的"流通分"。"流通分"的起首是:"于是贤善首菩萨,在大众中,即从座起,顶礼佛足,右绕三匝,长跪叉手而白佛言:'大悲世尊!广为我等及末世众生,开悟如是不思议事。世尊!此大乘教,名字何等?云何奉持?众生修习得何功德?云何使我护持经人?流布此教至于何地?'作是语已,五体投地,如是三请,终而复始。"②贤善首菩萨的询问包含五层:一是"名字",二是"奉持",三是"功德",四是"护持",五是"布至何地"。

第一,答名字何等。

佛回答说:"是经名《大方广圆觉陀罗尼》,亦名《修多罗了义》,亦名《秘密王三昧》,亦名《如来决定境界》,亦名《如来藏自性差别》,汝当奉持!"③依据此说,此经可有五个经名:第一个经名中有"陀罗尼"三字,是因为"文殊章"讲到"大陀罗尼门"。第三个经名称《秘密王三昧》是因为"圆觉三昧"为一切三昧之"总持",因此称之为"王";又因为此是佛独证的真实究竟境界,因此称为"秘密"。第四个经名《如来决定境界》,是说此经所言是如来极证之境界,等觉以还之众生望之为"秘密",因此称之为"如来决定"。第五《如来藏自性差别》的经名,直接指出此经的核心是如来藏,如来藏是"在缠"的"圆觉",虽在幻妄而不为幻妄所变,是为"自性",随缘而起诸幻化方便行位及诸功德,是为"差别"。④

---

① 佛陀多罗译:《大方广圆觉修多罗了义经》,《大正藏》第17卷,第920页下。
②③ 同上书,第921页下。
④ 参见太虚《圆觉经略释》,《太虚大师全书》第14册,第2221页。

第二,答流布何地。

关于此问,世尊回答说:"是经唯显如来境界,唯佛如来能尽宣说。若诸菩萨及末世众生,依此修行,渐次增进,至于佛地。"①这是说,此经所显是如来果上之境界,因此,只有佛才能够宣说。而菩萨及末世众生,如果能够依此经而修行,其功德渐次增进,则必至于"佛地"。

第三,答云何奉持。

关于此问,世尊回答说:"是经名为顿教大乘,顿机众生从此开悟,亦摄渐修一切群品。譬如大海不让小流,乃至蚊虻及阿修罗,饮其水者皆得充满。"此经之教法属于大乘顿教,所以奉持者一定是顿机众生,扩大言之则也可摄渐修的一切众生。

第四,答所得功德。

关于此问,世尊回答说:"假使有人纯以七宝积满三千大千世界以用布施,不如有人闻此经名及一句义。善男子!假使有人教百恒河沙众生得阿罗汉果,不如有人宣说此经,分别半偈。"②

第五,答云何护持经人。

关于此问,世尊回答说:"若复有人闻此经名,信心不惑,当知是人非于一佛二佛种诸福慧,如是乃至尽恒河沙一切佛所种诸善根,闻此经教。汝善男子!当护末世是修行者,无令恶魔及诸外道恼其身心,令生退屈。"闻此经名,产生信仰之心,已属难得,而已生决定不惑的信心者尤其难得!如此难得之人,一定能得到外护之护持。其后,会中有火首金刚、摧碎金刚、尼蓝婆金刚等八万金刚及其眷属,大梵王、二十八天王并须弥山王、护国天王等,大力鬼王名吉盘荼与十万鬼王,如此等等纷纷表态愿意护持。"佛说此经已,一切菩萨、天龙、鬼神、八部眷属,及诸天梵王等一切大众,闻佛所说,皆大欢喜,信受奉行。"③——全经结束。

---

① 佛陀多罗译:《大方广圆觉修多罗了义经》,《大正藏》第17卷,第921页下。
② 同上书,第913页中。
③ 同上书,第922页上。

三、如来之境

在"发起序"中,文殊菩萨代表会众提出,请求佛为会众宣说"如来本起清净因地法行"①,世尊答应文殊等的请求,为会众宣说此法。关于此章的宗旨,宗密解释说:"夫欲运心修行,先须信解真正,以为其本。若不正,所修一切皆邪,纵使精勤,徒为劳苦。权宗多云先且渐修,功成后自顿悟。若《华严》、此经,教相仪式,皆先顿同佛解,方能修证,故彼经十信位满,便成正觉,然说三贤十圣,历位修行通妨云云。故此文殊段中,顿彰信解之境,后普贤等十菩萨,节级显示总别观行。"此中所说的"权宗"是指华严宗之外的其他隋唐佛教宗派。而宗密说《华严经》与"此经"(即《圆觉经》)的教相一致,都是由"信"、"解"、"行"、"证"构成的。由此观之,尽管此章所言是"如来之境",但从菩萨修行的角度言之,仍然可归入"信"的范畴。

世尊首先说:"无上法王有大陀罗尼门,名为圆觉,流出一切清净真如、菩提、涅槃及波罗密,教授菩萨。一切如来本起因地,皆依圆照清净觉相,永断无明,方成佛道。"②这一句是全经的总纲。"无上法王"是佛的别名。"陀罗尼"也称"总持",是总摄一切、持之不失的意思。这是说,一切如来本起之"因地",都是依此"圆明普照"之"清净觉相"为"境"。菩萨欲达佛果,也必须依此"总持"一切清净功德的"圆觉陀罗尼门"之"理"为"境相"。由此"流出"清净真如、菩提而获得涅槃等。

与此"觉相"相对的是"无明",下文则作一解释。经中说:"云何无明? 善男子! 一切众生从无始来,种种颠倒。犹如迷人,四方易处。妄认四大为自身相,六尘缘影为自心相。譬彼病目见空中花及第二月。善男子! 空实无华,病者妄执。由妄执故,非唯惑此虚空自性,亦复迷彼实

---

① 佛陀多罗译:《大方广圆觉修多罗了义经》,《大正藏》第 17 卷,第 922 页上。
② 同上书,第 913 页中。

华生处。由此妄有轮转生死，故名无明。"①此中，通过譬喻说明，"真如心"之中，本无一切相，但因为无明妄执的缘故而有身心之相。此"妄执"不但迷惑了虚空的自性，而且认为此迷惑所生的"身心相"应有另外的生存根据或根基。由此迷"真"起"妄"而有轮转生死，这就是"无明"。而真实的是："此无明者，非实有体。如梦中人，梦时非无，及至于醒，了无所得。如众空华灭于虚空，不可说言有定灭处。何以故？无生处故。"②这是说，"无明"本身是虚妄的，没有一个"体"存在。

关于"觉相"，经中说："如来因地修圆觉者，知是空华，即无轮转，亦无身心受彼生死。非作故无，本性无故。彼知觉者，犹如虚空；知虚空者，即空华相；亦不可说无知觉性。有无俱遣，是则名为净觉随顺。"③这是说，一切如来于"因地"发心修行圆觉时，即有觉照之智，知晓此身心、世界、生死、苦乐当下都是空，就如同空中之华一样是无生无灭的，因此无轮转生死，也无有轮转生死之身心。如此有、无俱遣，相对心无从安立，这就叫"随顺于净觉"，也就是经中所说的"净觉随顺"。须注意，此"净觉"也就是前引经文中所说的"圆照清净觉相"。

对于"觉相"，经中又有一解释："何以故？虚空性故，常不动故，如来藏中无起灭故，无知见故，如法界性究竟圆满遍十方故。"这里强调说，"清净觉相"是不动的，因为如来藏是无起无灭的，无知无见的。此一切法界皆真如性，而此"觉性"是究竟圆满而普遍十方的。

此后有长行偈颂，世尊总结前说，偈颂中有数句说："一切诸如来，从于本因地，皆以智慧觉，了达于无明。"④此中所说的"智慧觉"即圆照清净觉相，此"圆觉"是诸众生清净觉地平等本际，成道时乃究竟证之，非由外来，非是始起，因此说"成道亦无得"。其余不赘述。

---

① 佛陀多罗译：《大方广圆觉修多罗了义经》，《大正藏》第17卷，第913页中。
② 同上书，第913页中—下。
③④ 同上书，第913页下。

四、依境起行

关于《圆觉经》的结构，太虚有一解释："此经根本在前三章，而文殊一章又为根本中之根本。何以故？本经名顿教大乘，当机受益，非智莫属。文殊菩萨者，梵语文殊师利，译为妙吉祥，亦云妙德，依华严表根本智。首先启请，为本经发起之人，以示佛智境界故也。境乃佛智之境，唯一平等，故不必分。若能直下承当，所谓当下即是者，则境与行亦不必分。但义虽如此，而众生根机未必皆顿，即能顿与佛智相应而顿入佛地；故于本章之后，仍有普贤、普眼之问，以明如何修行，使诸菩萨直趋佛果而得实现如此之义，故仍有此三章也。"①太虚在《圆觉经略释》中将此经的前三章合并在一起解释，以文殊章宣说"境"，其后的普贤、普眼章宣说"行"。而又在同一书中说："此经注重在行，上章已示所观之境，即应从境起行；自此以下十章，皆明修行之事。普贤菩萨，行极广大，首先代表发问，亦有深意。"②这一解释与唐代宗密的解释一致。鉴于古代最权威的宗密《圆觉经疏》华严宗义过于强烈，本著则在分层次时将宗密释与太虚释综合起来，因此将第二章至第六章宣说"修行"内容的部分归并在"依境起行"的标题下予以分析说明。

1. 普贤章

普贤章是以普贤菩萨的提问开始的："大悲世尊！愿为此会诸菩萨众，及为末世一切众生修大乘者，闻此圆觉清净境界，云何修行？"③这是总问，其后则有连续的问题提出，宗密将其所提诸问分为三层解释：

其一，"难以幻修幻"。"世尊！若彼众生知如幻者，身心亦幻，云何以幻还修于幻？"这是说，依照此"圆觉清净境界"可知身心俱"幻"，如此则所修之行也应该是"幻"，而以"幻心"去修"幻行"，难道不是助长了"幻

---

① 太虚：《圆觉经略释》，《太虚大师全书》第 14 册，第 2060 页。
② 同上书，第 2074 页。
③ 佛陀多罗译：《大方广圆觉修多罗了义经》，《大正藏》第 17 卷，第 913 页下。

法"吗?

其二,"断灭谁修问"。"若诸幻性一切尽灭,则无有心,谁为修行?云何复说修行如幻?"这是说,如果幻性一切尽灭,则"心"也应灭尽,那么,谁在修行呢?换言之,何为修行的主体呢?

其三,"遮不修之失"。"若诸众生本不修行,于生死中常居幻化,曾不了知如幻境界,令妄想心云何解脱?"①这是说,若是因此便不修行,也是不对的;众生本来不修行,常在幻化中轮转生死,也未曾了知这是幻境,此心已堕在妄想之中,如此怎么能解脱妄想而证得"圆觉"呢?

其四,"请修之方便"。"愿为末世一切众生作何方便,渐次修习,令诸众生永离诸幻?"②普贤菩萨所问的内容,是为了有情众生求取解脱而代为设问的,因此说希望为末世一切众生请教渐次修行的方法。这也可称为"饶益有情问"。

对于普贤菩萨的上述提问,依据宗密的解释,世尊的回答也可分为四个层次:

其一,幻从觉生,以为义本。经中说:"善男子!一切众生种种幻化,皆生如来圆觉妙心,犹如空华从空而有,幻华虽灭,空性不坏。"③这是一个总括性的回答。一切众生身心之"相",都是由于无明虚妄颠倒所致,此即经中所说的"种种幻化"。而此中所说的"圆觉妙心",也即众生本具之"真如法性"。一切众生迷"真"而起"妄",此即经中所说的"种种幻化皆生如来圆觉妙心"的含义。重要的是,此虽说"生",实无"生处",不过犹如空华一样,虽说从空而有,但空中无有实花产生之处。然"幻华虽灭",而空性不坏。

其二,幻尽觉满,以释前疑。经中说:"众生幻心,还依幻灭;诸幻尽灭,觉心不动。依幻说觉,亦名为幻;若说有觉,犹未离幻;说无觉者,

---

① 佛陀多罗译:《大方广圆觉修多罗了义经》,《大正藏》第17卷,第913页下—914页上。
②③ 同上书,第914页上。

亦复如是。是故幻灭,名为不动。"①这是说,众生的这种"幻心",还须依于幻的身心修行,才能得以除灭。迨至所有幻法除灭之后,而"觉心"不动。这是对前述"云何以幻还修于幻"之疑的回答。此外,在此"幻"里,"觉"亦是幻;因为依幻来说"觉",此便不是"真觉",也只能是"幻"。无论说"有觉"还是"无觉",都是相对而言的,仍然未离开"幻"。所以要到"幻"已尽灭,方名为不动的"真觉"。这是对前述"云何复说修行如幻"的回答。

其三,令离幻显觉,正示用心。经中说:"一切菩萨及末世众生,应当远离一切幻化虚妄境界;由坚执持远离心故,心如幻者亦复远离,远离为幻亦复远离,离远离幻亦复远离,得无所离,即除诸幻。譬如钻火,两木相因,火出木尽,灰飞烟灭,以幻修幻,亦复如是。诸幻虽尽,不入断灭。"②这是说,菩萨修行应该远离所有"幻化"境界。在此需明了,不但"幻化"境界应当远离,"幻境之心"也是如幻,也应当远离。更进一步,远离幻心之"心"也是如幻的,也应当远离。这就是前引经文所说的"远离为幻亦复远离"。如此须重重深入,必至离无可离,乃为诸幻尽灭,故云"得无所离,即除诸幻"。其后则以譬喻来说明,"火出"譬喻遣虚妄之幻境,"木尽"譬喻除遣境之幻心,"灰飞"譬喻除心之幻亦离,"烟灭"譬喻"离幻至于澈底"。"诸幻已尽",即是圆满觉性,故云"不入断灭"。

其四,幻觉不俱,结酬其请。经中说:"知幻即离,不作方便;离幻即觉,亦无渐次。一切菩萨及末世众生,依此修行,如是乃能永离诸幻!"③这一层次是此章长行的结语。从根本上说,"知幻即离",不用再作方便修行;"离幻即觉",也无须别立渐次。一切菩萨及末世众生,如果依此修行,即能离幻成觉。

2. 普眼章

普贤菩萨章所讲的"如幻三昧"方法,一般讲是地上菩萨之行,初学

---

①②③ 佛陀多罗译:《大方广圆觉修多罗了义经》,《大正藏》第17卷,第914页上。

者难于措手。普眼菩萨善能观察众生根性,悲悯新学,因而请求佛宣讲"地前"菩萨入"地"之"行"。

在此章,普眼菩萨向佛请求:"大悲世尊!愿为此会诸菩萨众,及为末世一切众生,演说菩萨修行渐次:云何思维?云何住持?众生未悟,作何方便普令开悟?"①依据古德的解释,这是针对初学者所提出的请求,因而核心在于"修行渐次",并详问"云何思维、住持"等,并且请求佛解释使其开悟的"方便"。其后,普眼菩萨请求说:"世尊!若彼众生无正方便及正思维,闻佛如来说此三昧,心生迷闷,即于圆觉不能悟入。愿兴慈悲,为我等辈及末世众生,假说方便。"

世尊的回答分长行和偈颂两大部分。长行部分,依据宗密《圆觉经大疏》卷中的判释,分为四层次:

第一,"起行方便"。

此部分是佛回答普眼之问的导语。经文说:"善男子,彼新学菩萨及末世众生欲求如来净圆觉心,应当正念,远离诸幻。"②由此可见,此章的核心即是阐明"远离诸幻"的方法。宗密《圆觉经大疏》卷中解释说:"离幻用心,以为起行之本。若执法定实,则观行不成,故须蹑前为方便矣。言'正念'者,则无念也。……正念与离幻反复相成。由离幻故正念,正念故离幻。何以故?外存有法,则内起缘念。内有缘念,则外见有法。"③

第二,"观行成就"。

关于"观行成就"的内容分为两部分,先言"戒定"和"观慧"等具体的修行方法,后言所获得的"真理"。

"戒定"很简要,其文说:"先依如来奢摩他行,坚持禁戒,安处徒众,宴坐静室。"④此中,"奢摩他"为"止",以为"奢摩他"为一切如来因地之行,因而说"如来奢摩他行"。"安处徒众,宴坐静室",是说在"止"、"戒"

---

①②④ 佛陀多罗译:《大方广圆觉修多罗了义经》,《大正藏》第17卷,第914页中。
③ 宗密:《圆觉经大疏释义钞》卷中,《续藏经》第9册,第357页上。

的基础上,可以进修禅观了。

关于"观慧"部分,经文叙述稍详。宗密将其分为"二空观"和"法界观"两部分。

"二空观"即"人空"和"法空"。

关于"人空",经中说:"恒作是念:我今此身四大和合,所谓发毛、爪齿、皮肉、筋骨、髓脑、垢色,皆归于地;唾涕、脓血、津液、涎沫、痰泪、精气、大小便利,皆归于水;暖气归火,动转归风。四大各离,今者妄身当在何处?"①这一段是将从"外"至"内"依次观"身空"。其次是观"心空",经文说:"即知此身毕竟无体,和合为相,实同幻化。四缘假合,妄有六根;六根、四大中外合成,妄有缘气,于中积聚,似有缘相,假名为心。善男子!此虚妄心,若无六尘,则不能有。四大分解,无尘可得,于中尘、缘各归散灭,毕竟无有缘心可见。"②这一观"人空"的方法即是对于普眼菩萨所提"云何思维"的回答。

关于"法空",经中说:"善男子,彼之众生幻身灭故,幻心亦灭。幻心灭故,幻尘亦灭。幻尘灭故,幻灭亦灭。"③对于此,宗密《圆觉经大疏》卷中解释说:"前于身心之中推求无我,故名我空。此则身心及境一一自空,故名法空。然身等本空,非今始灭。故经云'色即是空,非色灭空'。但以迷时执有,今执尽始无。义言'灭'也,'幻灭亦灭'者,情计即见幻生,智观即见幻灭。灭对于生,智对于情,对待之法,皆属缘生。缘生即空,故皆'灭'也。"④由此可见,不但"身心"以及"外境"皆空,而且大致对应于当今人们常说的"理念"层面的"法空"、"幻灭"也应该灭除,也是"空"。

在宣说"二空"之后,世尊告诉会众说:"幻灭灭故,非幻不灭。譬如

---

① 佛陀多罗译:《大方广圆觉修多罗了义经》,《大正藏》第17卷,第914页中。
② 同上书,第914页中一下。
③ 同上书,第914页下。
④ 宗密:《圆觉经大疏释义钞》卷中,《续藏经》第9册,第359页下。

磨镜,垢尽明现。"①宗密解释说:"即二空所显真如理也。由前执尽故此理现,如云散月出、尘尽镜明,非谓无云,便名为月,但于无云之处而见月矣。非谓无幻,便是真如,但于无幻之处见真理矣。"②可见,经过修行即可于"幻灭之法"灭尽中显现出清净的"真如"。

对于"法空"的这段经文,太虚判释说:"此节正答云何住持。思维明思所成慧,住持明修所成慧。自此以下,为菩萨入地后所修之行。彼、指欲求净圆觉心之人,依于上来所说渐次思维等,修习纯熟,即可渐空我法诸相而随顺圆觉矣。"③这一说法与宗密的表述略有不同,但基本含义则一致。

宗密将其后论述"清净心"的一大段经文判释为"法界观",尽管有明显的自宗色彩,但也并非没有道理,因为在华严宗教义中,"法界"与"真如"、"清净心"是一个层面的概念。如果不单纯以华严宗自家的概念命名,也可以以此经自身的"圆觉"一词来概括。宗密将这一部分内容分为三部分:"初,印前显后。二、拂迹入玄。三、圆彰法界。"④

其一,"印前二空,显后圆通法界"。经中说:"当知身心皆为幻垢,垢相永灭,十方清净。善男子!譬如清净摩尼宝珠,映于五色,随方各现。诸愚痴者,见彼摩尼实有五色。善男子!圆觉净性,现于身心随类各应,彼愚痴者,说净圆觉,实有如是身心自相,亦复如是,由此不能远于幻化。"⑤上文以明镜上的污垢来譬喻无明之幻,但仍然恐误会"净圆觉心"实有"无明之性",因此在此又设宝珠之喻以示圆觉本净而幻垢妄生的道理。宝珠随方映现五色,"圆觉"随类应现五阴。此中的"随类"是指众生六道中某一"道"受五阴身心,随其而应现出与其相似的身心影像。而愚痴者却错误地执持身、心诸相,并且说清净的"圆觉"也是实有如此身、心

---

① 佛陀多罗译:《大方广圆觉修多罗了义经》,《大正藏》第17卷,第914页下。
② 宗密:《圆觉经大疏释义钞》卷中,《续藏经》第9册,第360页中。
③ 太虚:《圆觉经略释》,《太虚大师全书》第14册,第2086页。
④ 宗密:《大方广圆觉修多罗了义经略疏》卷一,《大正藏》第39卷,第541页中。
⑤ 佛陀多罗译:《大方广圆觉修多罗了义经》,《大正藏》第17卷,第914页下。

的自相,因此而不能远离"幻化"。其实,"圆觉妙心"本无一切,是"无相"的。

其二,"拂迹入玄"。经中说:"是故我说身心幻垢,对离幻垢,说名菩萨。垢尽对除,即无对垢及说名者。"①对于此,宗密解释说:"众生妄执幻化,故佛说云'幻垢';众生依教离垢,故复说名菩萨。幻垢既如珠中之色,当知本无,故云'垢尽'。所离之垢既无,对离之智何立?故云'对除'。既无对离之智,何有起智之人?深浅之执本无,何有说教之者?故云即'无对垢及说名者'。"②可见,众生常在幻化之中,不能出离,而此"幻垢"是可对治远离的,若能对治远离于幻垢,即说是人名为菩萨。如果"垢尽"、"对除"、"对离幻垢"之事是无,而对离垢幻之人也不可得而名之。

其三,"圆彰法界"。经文说:"善男子!此菩萨及末世众生,证得诸幻灭影像故,尔时便得无方清净,无边虚空觉所显发。"③此处所说的"菩萨及众生"是指上文"对离幻垢乃至垢尽对除"之人。"诸幻灭影像"应解读为"诸幻影像尽灭"。于证得诸幻影像尽灭之时,即得无限量的清净。原来认为的"无边晦昧之虚空",今则因"觉性显发"而转成清净圆明。一言以蔽之,在此时说,把"无明"的心转为圆明觉悟的心。以佛学术语说,即"根本无分别智"亲证"真如"、泯事相而显出"理性"。此句是概略叙述,下文则有更详细的说明,而宗密则以华严宗的"一真法界"、"理事无碍法界"、"周徧含容观"来解释。

第一层,"一真法界"。"觉圆明故,显心清净;心清净故,见尘清净;见清净故,眼根清净;根清净故,眼识清净……六尘清净故,地大清净;地清净故,水大清净;火大、风大亦复如是。善男子!四大清净故……如是乃至八万四千陀罗尼门,一切清净。善男子! 一切实相性清净故,一身

---

①③ 佛陀多罗译:《大方广圆觉修多罗了义经》,《大正藏》第17卷,第914页下。
② 宗密:《圆觉经大疏释义钞》卷中,《续藏经》第9册,第361页上。

清净;一身清净故,多身清净;多身清净故,如是乃至十方众生圆觉清净。善男子!一世界清净故,多世界清净;多世界清净故,如是乃至尽于虚空,圆裹三世,一切平等,清净不动。善男子!虚空如是平等不动,当知觉性平等不动;四大不动故,当知觉性平等不动;如是乃至八万四千陀罗尼门平等不动,当知觉性平等不动。"①这里接续上文而言,诸幻永灭,即是觉性圆明而得清净,本来清净也就完全显露出来了。而一切世出世间法都是"真如"而为实相的,真如性净,故一切清净。一切同归一性清净,而非对染之净,这是真净,因而称为"平等"。"不动"是约三世常净而言的。

第二层,"理事无碍法界"。经文说:"觉性遍满清净不动圆无际故,当知六根遍满法界;根遍满故,当知六尘遍满法界;尘遍满故,当知四大遍满法界,如是乃至陀罗尼门遍满法界。"②华严宗所说的"理事无碍法界"有十层含义,而宗密解释说:此文字中所说遍满法界,主要说明了"事遍于理门"兼于余门义理。"谓此即理之诸法与理不异,故一一自遍法界。……既遍法界即知动静无碍,一一周遍。言'觉性圆无际故当知六根遍满'者,由前门已显六根等与觉性平等;平等者,即无分毫之异也。既与觉性不异,觉性圆无际故,六根亦圆无际,故遍满法界。若不遍满,即是有际。有际即与觉性成异,异则乖于前门,故蹑前云'圆无际'。"③可见,前文依理以成事,泯事以显理,此段经文则以"事"随"理"遍,而示"理事无碍"。无边虚空,都是"觉"所显发,圆裹三世,平等不动,因而说"觉性遍满法界",而根、尘、四大乃至陀罗尼门等都是以真如实性为性,因而一一遍满法界。一法虽遍而非别法隐没,因而一一遍满而不相碍,故一一法皆圆无际,这就是"理事无碍法界"。

第三层,"周徧含容观"。经文说:"由彼妙觉性遍满故,根性、尘性、

---

① 佛陀多罗译:《大方广圆觉修多罗了义经》,《大正藏》第17卷,第914页下—915页上。
② 同上书,第915页上。
③ 宗密:《圆觉经大疏释义钞》卷中,《续藏经》第9册,第367页中—下。

无坏无杂;根尘无坏故,如是乃至陀罗尼门无坏无杂。如百千灯,光照一室,其光遍满,无坏无杂。"①这是说,觉性普遍圆无际,如此则根性、尘性也如觉性般圆满无际,因而这些也是无坏无杂的,推而至于陀罗尼门之性,也是如此。其后则另设譬喻来说明。"百千灯"譬喻一一法,"光"譬喻法遍,"室"譬喻法界,光光各满一室,也即如法法各遍法界。一一光互摄互入,一一法互融互遍,此即性相不二的不思议境。这就是华严宗说的"事事无碍法界"。

第三,"顿同佛境"。

这一内容说的是,菩萨经过修行所得的觉心成就之"相"。宗密说有三"同":"于中三:一、用心同。二、见境同。三、称实同。"②

第一层,用心同。"觉成就故,当知菩萨不与法缚,不求法脱,不厌生死,不爱涅槃,不敬持戒,不憎毁禁,不重久习,不轻初学。何以故?一切觉故。譬如眼光,晓了前境,其光圆满,得无憎爱。何以故?光体无二,无憎爱故。"③此中的"觉成就"即指重重观修成功所悟入的圆觉妙心。菩萨因了达诸法皆空故,不被系缚,不求解脱。菩萨了达生死本空,即知涅槃亦空,因此不厌生死也不爱乐涅槃。其后,设譬喻再予说明。"眼光"譬喻觉性,"前境"譬喻一切法。

第二层,见境同。"此菩萨及末世众生,修习此心得成就者,于此无修亦无成就,圆觉普照,寂灭无二。于中百千万亿阿僧祇不可说恒河沙诸佛世界,犹如空华乱起乱灭,不即不离,无缚无脱,始知众生本来成佛,生死、涅槃犹如昨梦。"④此中,"此心"指"净圆觉心"。修习此心之人而获得与佛相同的境界。

第三层,称实同。"如昨梦故,当知生死及与涅槃,无起无灭,无来无去。其所证者,无得无失,无取无舍;其能证者,无作无止,无任无灭。于

---

①③④ 佛陀多罗译:《大方广圆觉修多罗了义经》,《大正藏》第17卷,第915页上。
② 宗密:《圆觉经大疏释义钞》卷中,《续藏经》第9册,第368页上。

此证中,无能无所,毕竟无证,亦无证者,一切法性平等不坏。"①这是说,修性者以"觉成就"的缘故,即如昨梦已醒,反观生死及涅槃起灭来去之相,自不可得。此真如心,即是恒常如此,寂灭无二,更无梦事可得,此即经中所说"无起无灭,无来无去"。所证的"涅槃之法"与能证的"种种求证涅槃之行"都是如此。于此"证"中,无"能"无"所",毕竟无有所证之法以及能证之人,一切法性平等而不坏。

第四,结语。

此章长行的结语是:"善男子!彼诸菩萨如是修行,如是渐次,如是思维,如是住持,如是方便,如是开悟,求如是法,亦不迷闷。"②

3. 金刚藏章

本章的提问者金刚藏菩萨之名具有象征意味。"金刚"为"坚利"之义,"藏"为"最深"之义。金刚藏菩萨智慧坚利,能入如来秘密之藏,因而承当本主题的发问者。

金刚藏菩萨首先说:"世尊!若诸众生本来成佛,何故复有一切无明?"③这一句针对的是前章"始知众生本来成佛"之语。金刚藏菩萨的提问分为三层,这是第一层,有无明即名为众生,无一切无明方才成佛,而现又说众生本来成佛,那么,众生不应复有无明。针对会众的这一误解,金刚藏菩萨特提出此问。

第二层,"若诸无明众生本有,何因缘故如来复说本来成佛?"④这是说,若说众生本有无明,即非本来成佛,何故复说众生本来成佛?

第三层,"十方异生,本成佛道后起无明;一切如来何时复生一切烦恼?"⑤再进一层问,假设众生本来成佛,无明非本有而是后起的;则一切已成之佛,都应退转而再起无明,即此而问如来何时再生烦恼。

宗密在《圆觉经大疏》中将世尊的回答分为四层:

---

①② 佛陀多罗译:《大方广圆觉修多罗了义经》,《大正藏》第17卷,第915页上。
③④⑤ 同上书,第915页中。

第一,反复起疑之本。

经文说:"一切世界始终生灭,前后有无,聚散起止,念念相续,循环往复,种种取舍,皆是轮回。未出轮回而辩圆觉,彼圆觉性即同流转。若免轮回,无有是处。"①这一层是说,世界,包括众生,无非念念相续,循环往复,不能免于轮回相。以未出轮回的众生的角度来辩"圆觉",他们所说的"圆觉境界"其实与流转不休的虚妄世界没有不同,若欲以此虚妄之见闻而求免除轮回,绝对没有这个道理。

其后,则有几个譬喻:"譬如动目,能摇湛水。又如定眼,由回转火,云驶月运,舟行岸移,亦复如是。"②眼睛数动而会晕眩,"湛水"即清净的水。月亮因飘动的云的比照使人误以为月亮在运动;河岸以舟行而看起来似乎在移动。这些都是人们的错幻,因而见不到"真"。此中以这些譬喻说明未出轮回的妄心对于"圆觉"的理解,不能触及"真如觉性"。

依此譬喻来理解,其结论是:"诸旋未息,彼物先住尚不可得,何况轮转生死垢心,曾未清净,观佛圆觉而不旋复!是故汝等,便生三惑。"③此中,"诸旋未息"是指"目动"、"眼定"、"云驶"、"舟行"等,未曾有止息。此等轮转生死垢心,久远以来,在妄法之中,未曾暂时清净过,以此等垢心观于"圆觉",注定为所执的虚妄境界,其所计度之圆觉性,未有不同于流转,如上述诸物般旋复。你们用此生灭妄心测度"圆觉",而不知圆觉本具,无明本空,因而不能见到众生本来成佛之真实义理,因此才有你提出的三种疑惑。

第二,喻释现起之疑。

宗密所划分的这一部分包括两个譬喻,即"空中华无起灭喻"和"金中矿不重生喻"。

关于第一个譬喻,经文说:"譬如幻翳妄见空华,幻翳若除,不可说言

---

①②③ 佛陀多罗译:《大方广圆觉修多罗了义经》,《大正藏》第17卷,第915页下。

此翳已灭，何时更起一切诸翳。何以故？翳、华二法非相待故。"①此中，"幻翳"即遮蔽眼睛的翳障，譬喻无明；"空华"即空中的花，譬喻身心。"幻翳"除则"空华"灭，无明除则身心世界空。"无明"如同"幻翳"一样，都是虚妄之法，并无实体性，灭除之后就不再生起。因此，经中更进一步说："亦如空华灭于空时，不可说言虚空何时更起空华。何以故？空本无华，非起灭故。"②此中，虚空譬喻"圆觉"，即真如净性，也就是佛性。"空华"是眚者妄见，非实有生起灭除之物，虚空之中也无空华起灭之处所。说言于虚空中有"花"生灭，不是正常的眼识所观察到的，更不能指出虚空之中确实有花的起灭。如经所说"空本无花，非起灭故"。——这一譬喻是间接回答上述第三层疑难。

"圆觉性"中本无一切烦恼，不应论其复生，更不得问一切如来何时复生一切烦恼。其结论是："生死、涅槃同于起、灭，妙圆觉照离于华、翳。善男子！当知虚空，非是暂有，亦非暂无，况复如来圆觉随顺而为虚空平等本性！"③生死如空华，涅槃如华灭。虚空之中本来无华，同理，妙圆觉照，本来无妄，实与无明妄法毫不相干。虚空等世俗法尚不同华之起灭，何况如来随顺圆觉湛然真常是虚空之体性耶？——这一段经文，间接解释了上述第二层问难。

关于"金矿"喻，经文说："如销金矿，金非销有，既已成金，不重为矿。经无穷时，金性不坏，不应说言本非成就；如来圆觉，亦复如是。"④此中，"销"即冶炼。众生如矿，佛如金，无明如沙泥等杂质。由众生修习永断无明至于成佛，即如同以钢矿炼销除一切杂质而成纯金。金不是在冶炼中产生的，可见金本来就有。虽说矿中之金本来就有，但矿中仍有杂质。同理，虽说众生本来成佛，但众生仍有无明。这一层含义可以解释第一层疑问。既已成金，不能再为矿，也即成金之后不再有杂质。同理，经过

---

① 佛陀多罗译：《大方广圆觉修多罗了义经》，《大正藏》第17卷，第915页下。
②③④《大正藏》第17卷，第915页下。

修行而成佛,不会再退转重又无明。如同久长时金性不坏,如来之性也是如此。这一层可以解释第三层疑问。不应说言本非成就,如矿中本有杂质之时,也可说金本来已成就;同理,众生虽有无明,也可说本来成佛。这一层可以解释第二层疑问。

第三,显浅难造深。

这一层含义,如上引述宗密所解释的,"所造"即"果"是离念的"圆觉",而"能造"之"声闻"浅薄而难于窥见如来圆觉之真实面目。

经文首先说"所造离念"。"一切如来妙圆觉心,本无菩提及与涅槃,亦无成佛及不成佛,无妄轮回及非轮回。"①此处所说的"一切如来妙圆觉心",如太虚的解释:"即示修大乘者欲求圆觉,即应立定脚跟,以圆觉心为立场而生其正见,不得复以二乘小慧、凡夫世智、辗转测度,自堕戏论。"②这是此章的核心所在。"在众生位有烦恼、有生死,因而可相对烦恼生死而说菩提、涅槃。换言之,成佛不成佛、轮回非轮回,都是就众生立场而言的。而以一切如来妙圆觉心为立场而说,本来无对待烦恼而说之菩提法,及对待生死而说之涅槃法,其成佛不成佛及轮回非轮回,亦不成问题。"③也就是一般所说的,离开生死无涅槃,离开轮回无轮回。

关于"能造浅陋",经文说:"但诸声闻所圆境界,身心、语言,皆悉断灭,终不能至彼之亲证所现涅槃。何况能以有思维心,测度如来圆觉境界!"④声闻所成的境界,身心、语言都得以断灭,无有三界受生之事。但"法执"犹存,终不能证得清净的"圆觉心",因此,他们无法测度如来圆觉境界,更不能亲证所现涅槃。其后,经有一譬喻:"如取萤火烧须弥山,终不能著。以轮回心,生轮回见,入于如来大寂灭海,终不能至。"⑤此中,"萤火"譬喻世俗智慧,即以思维心产生轮回见。萤火似火而非真火,世智似智而非无漏之真智。以如此的世俗智慧和轮回见,无法进入如来大

---

① ④ ⑤ 佛陀多罗译:《大方广圆觉修多罗了义经》,《大正藏》第17卷,第915页下。
② 太虚:《圆觉经略释》,《太虚大师全书》第14册,第2109页。
③ 同上书,第2109—2110页。

涅槃海。

此层含义的结语是:"是故我说一切菩萨及末世众生,先断无始轮回根本。善男子!有作思维从有心起,皆是六尘妄想缘气,非实心体,已如空华。用此思维辩于佛境,犹如空华复结空果,辗转妄想,无有是处。善男子,虚妄浮心,多诸巧见,不能成就圆觉方便。"①此句是勉励修行者息灭妄心的意思。"轮回根本"即"妄心",妄心依于无明而起,妄心断灭则真实心显现。以攀缘心而起的思维,都是由六根、六尘相缘而起的,是妄想,如同空中的花一样,并无实体存在。以此妄想之心去辨别佛的境界,是不能获得真意的,也不能成就圆觉方便。

第四,问不当理。

此章长行部分的最后结语是:"如是分别,非为正问。"②这是说,前述金刚藏菩萨代会众所提的疑难,不是正确合适的提问方式。这说的不是金刚藏菩萨,而是说凡夫、声闻等不应该有如此的疑问。

4. 弥勒章

关于弥勒菩萨章的宗旨,宗密概括为"深究轮回之根","谓穷其展转根元,推其差别种性故"③。也就是说,此章的宗旨是推究众生轮回六道的根源。

弥勒菩萨代表会众向佛请教说:"大悲世尊!广为菩萨开秘密藏,令诸大众深悟轮回,分别邪正;能施末世一切众生无畏道眼,于大涅槃生决定信,无复重随轮转境界起循环见。世尊!若诸菩萨及末世众生,欲游如来大寂灭海,云何当断轮回根本?于诸轮回有几种性?修佛菩提几等差别?回入尘劳,当设几种教化方便度诸众生?"④此中有四层提问:其一,怎样断轮回根本?其二,诸轮回有几种性?其三,修佛菩提几等差别?其四,回入尘劳当设几种教化方便度诸众生?下文依据此顺序,将

---

① 佛陀多罗译:《大方广圆觉修多罗了义经》,《大正藏》第17卷,第915页下—916页上。
②④ 同上书,第916页上。
③ 宗密:《圆觉经大疏释义钞》卷中,《续藏经》第9册,第374页中。

世尊的长行回答作一分析说明。

第一,答轮回根本问。

经文说:"一切众生,从无始际,由有种种恩爱贪欲,故有轮回。若诸世间一切种性,卵生、胎生、湿生、化生,皆因淫欲而正性命。当知轮回,爱为根本。由有诸欲,助发爱性,是故能令生死相续。欲因爱生,命因欲有,众生爱命,还依欲本。爱欲为因,爱命为果。"①此中说,种种的恩爱与贪欲,是轮回的根本。此义在其他类型经典中也很常见,兹不赘述。

第二,答轮回有几种性问。

此经下文回答轮回之性有三:一是恶种性,二是善种性,三是不动性。此经文说:"由于欲境,起诸违顺。境背爱心而生憎嫉,造种种业,是故复生地狱。饿鬼。"②这是说"恶种性"。"知欲可厌,爱厌业道,舍恶乐善,复现天人。"这是说"善种性",厌恶恶业,勤修善道,上品生天,中品生人,下品修罗。"又知诸爱可厌恶故,弃爱乐舍,还滋爱本,便现有为增上善果。"③这是说"不动性"。不动性是禅定所感,应通指"色界"及"无色界"。色界有身,无色界有心,既有身心,便有爱著,其所爱著者,即所修之禅定。由于未能离爱,所现善果,仍属有为范畴。

其后,世尊说:"皆轮回故,不成圣道。是故众生欲脱生死,免诸轮回,先断贪欲,及除爱渴。善男子!菩萨变化示现世间,非爱为本;但以慈悲令彼舍爱,假诸贪欲而入生死。"④恶种性、善种性、不动性都是轮回性,不成圣道。欲脱生死免于轮回,须先断贪欲,再断爱渴。菩萨只是以"变化身"示现于世间,而无可爱著,是故非爱为本。

第三,答修佛菩提几等差别问。

此中说明"五性差别",而造成此差别的是"二障"。如经中说:"一切众生,由本贪欲,发挥无明,显出五性差别不等,依二种障而现浅深。云何二障?一者,理障,碍正知见。二者,事障,续诸生死。"⑤这是说,众生

---

①②③④⑤ 佛陀多罗译:《大方广圆觉修多罗了义经》,《大正藏》第17卷,第916页中。

依据"理障"和"事障"而有五性差别。"理障"也即"所知障",对于可知法(或曰道理)的迷惑,它可障碍"正知见"(正觉)生起,因此而称之为"所知障"。"事障"也即"烦恼障"。众生有贪、瞋、痴、慢等无量烦恼,此烦恼心发动而造种种有漏不净之业,善业者生人天,恶业者堕三涂,轮回六道("续诸生死"即是此义)。

值得注意的是,此经提出了"未成佛"的概念。经中说:"云何五性?善男子!若此二障未得断灭,名未成佛。"①对此,宗密解释说:"本以发心修证约断二障,故成五性。此都不断,故非五数。亦未发心遇教,故言未熏。若据《楞伽》之文,即当第五'无性'。"②此处将为发心修行者排除于五性之外,因为"未成佛"未知断障,也未能断障,所以不入五性之数。

"五性"的前二性为声闻性、缘觉性。经文说:"若诸众生永舍贪欲,先除事障,未断理障;但能悟入声闻、缘觉,未能显住菩萨境界。"③此中所说,永远舍弃贪欲,除灭了烦恼障,但"法执"犹在,即未除去所知障,其中,若依四谛而修断者为"声闻性",若依十二因缘而修断者为"缘觉性"。此二者均未能至菩萨境界,即经中所说"未能显住菩萨境界"。

第三种即"菩萨性"。经文说:"若诸末世一切众生,欲泛如来大圆觉海,先当发愿,勤断二障。二障已伏,即能悟入菩萨境界。若事理障已永断灭,即入如来微妙圆觉,满足菩提及大涅槃。"④此种性是想由凡夫地渡到"如来地"之人,其先当发起勤断二障的大愿,此勤修断勤功夫之时,其二障完全伏灭,即为"登地菩萨"。不过是已伏而未断,仍然在由众生至佛的修行过程中,因此名之为"菩萨性"。

第四种即"不定性"。经文说:"一切众生皆证圆觉,逢善知识,依彼所作因地法行,尔时修习,便有顿渐;若遇如来无上菩提正修行路,根无大小,皆成佛果。"⑤此"不定性"其修行以及最终成就不一。从其本性上

---

① ③ ④ 佛陀多罗译:《大方广圆觉修多罗了义经》,《大正藏》第17卷,第916页中。
② 宗密:《大方广圆觉修多罗了义经略疏》卷二,《大正藏》第39卷,第552页下。
⑤ 佛陀多罗译:《大方广圆觉修多罗了义经》,《大正藏》第17卷,第916页中—下。

说,皆可证得"圆觉"。然此等众生欲求断障,必须寻找善知识以为师友。如其所遇声闻乘作为善知识,则修四谛法;如遇缘觉作为善知识,则修十二因缘法;如遇菩萨乘作为善知识,则修六度法。也就是说,其所修教的顿渐,或大乘或小乘,都依所逢善知识而不定,因此就称之为"不定性"。

第五种即"阐提性"。经文说:"若诸众生,虽求善友,遇邪见者,未得正悟,是则名为外道种性;邪师过谬,非众生咎。"①此处对于"阐提性"的解释,与前述诸经略有不同。有心向道然未遇到善友,而跟随所遇邪见之人,依其不正之行,虽有修习,而成邪见,此即为"外道种性"。上述四种种性,虽有差别,但都是"正悟",可作为成佛之因。唯独外道种性违反成佛正因,也名之为"断佛种"。

第四,答回入尘劳度生方便问。

这一部分内容是世尊回答弥勒菩萨所提的如何进入世间以何种教化方便济度众生的问题。经中说:"菩萨唯以大悲方便,入诸世间,开发未悟,乃至示现种种形相,逆顺境界,与其同事。化令成佛,皆依无始清净愿力。"②此中需要关注的是"逆顺境界"的解释。修诸正行名"顺境界",作诸非法名"逆境界"。菩萨在教化众生时,与其作同类之事,则亲近易化,最后则使其成就佛果。

5. 清净慧章

"清净慧章"的宗旨是叙述"修证之位"。关于此章在《圆觉经》中的地位,宗密在《圆觉经大疏》中解释说:"既显觉智之源,复究轮回之本。已知圆觉染净无殊,但未辨随顺圆觉之心从凡至圣如何差别,故次明之。"③可见,此章的主题是菩萨修行阶位的抉择,由凡夫至佛,依境修行,必然以般若为核心,因而以"清净慧菩萨"为发问者。

清净慧菩萨向佛请求说:"愿为诸来一切法众,重宣法王圆满觉性,

---

①② 佛陀多罗译:《大方广圆觉修多罗了义经》,《大正藏》第17卷,第916页下。
③ 宗密:《圆觉经大疏释义钞》卷中,《续藏经》第9册,第384页中。

一切众生及诸菩萨、如来世尊所证所得,云何差别,令末世众生,闻此圣教,随顺开悟,渐次能入?"①这是说,佛从因地依圆觉境,修圆觉行,至成佛时,始圆满此觉性,修行中必经过菩萨阶位,不知须证何种理,始得何等位?问辞之意不仅为会众,而且注重末世众生,使其能以此能入果位。

世尊的长行回答,宗密将其分为"圆觉无证"、"对机说证"两大层次,第二层次又可分为"渐次随顺觉性"和"顿证觉性"两部分。在此则直接将第二层次的两部分单列出,构成三个小标题叙述分析。

第一,圆觉无证。

这一层面的主旨是,从圆觉自性真实相中言之,实无差别。经文说:"圆觉自性,非性性有,循诸性起,无取无证,于实相中,实无菩萨及诸众生。何以故?菩萨众生皆是幻化,幻化灭故,无取证者。"②此中,"圆觉自性"即"真如法性"。"非性性有"是指此差别性并非其自性中本有,"循诸性起"是指遵循诸众生、菩萨之性而起差别。在此,世尊为会众说明,不可以以"圆觉"为所取所证之法,而以众生、菩萨为能取能证之人。在"真如实相"即"圆觉自性"上,实在无菩萨及众生可言。因为菩萨、众生之名如同幻化般无体,幻化之体即是"圆觉",并非在幻化之体之外而别取证于圆觉。

其后,又以一个譬喻说明之:"譬如眼根不自见眼,性自平等,无平等者。"③眼根与"见性"平等无二,眼根不自见眼,以此譬喻"圆觉"不自取证"圆觉"。因此,以"实相"观之,此"圆觉性"本来自平等,实无从众生至佛的差别,这就是"性自平等,无平等者"的含义。

第二,渐次修行之随顺觉性。

这部分是说明众生如何"随顺觉性"而修行成佛。经中说:"众生迷倒,未能除灭一切幻化,于灭未灭妄功用中便显差别。若得如来寂灭随

---

① 佛陀多罗译:《大方广圆觉修多罗了义经》,《大正藏》第17卷,第916页下。
②③ 同上书,第917页上。

顺,实无寂灭及寂灭者。"①众生未能发心,未悟"圆觉",也即未除灭一切幻化。但是,如果已发心修行,则于一切幻化,或已断而除,或虽伏而未灭,由于伏断之功力不同,便显出种种差别。如果达到如来寂灭的境界,也即能证之智与所证之理平等无二,实无寂灭及寂灭者。这是对此问题的概括性说明,以下则分为四个层面说明由众生至佛之渐次修行的差别。

其一,"凡夫随顺觉性"。经文说:"一切众生,从无始来,由妄想我及爱我者,曾不自知念念生灭,故起憎爱,耽著五欲。若遇善友,教令开悟净圆觉性,发明起灭,即知此生性自劳虑。若复有人劳虑永断,得法界净,即彼净解为自障碍,故于圆觉而不自在,是名凡夫随顺觉性。"②凡夫一向执"我"而不知念念生灭的是妄想,如果获得善友的教诲,能悟知清净圆满的觉性,则可了知此生灭的妄想是忧悲苦痛之劳虑所生。但是,凡夫仅仅了知而未加修断,因此,属于"凡夫随顺觉性"。这是泛泛的解释,依照古德解释,则对应于"十信位"。

其二,"菩萨未入地者随顺觉性"。经文说:"一切菩萨见解为碍,虽断解碍,犹住见觉,觉碍为碍而不自在,此名菩萨未入地者随顺觉性。"③修行至此的菩萨,在"定"中可以断此"解碍",然在"散心"时则不能,此即"虽断解碍,犹住见觉"的意思。此"觉"仍然为解脱的障碍,且于"觉性"未能自在随顺,因此名为"菩萨未入地者随顺觉性"。

其三,"菩萨已入地者随顺觉性"。经文说:"有照有觉,俱名障碍。是故菩萨,常觉不住,照与照者同时寂灭。譬如有人自断其首,首已断故,无能断者;则以碍心自灭诸碍,碍已断灭,无灭碍者。修多罗教,如标月指,若复见月,了知所标毕竟非月;一切如来种种言说开示菩萨,亦复如是。此名菩萨已入地者随顺觉性。"④此如太虚大师的解释,"见解为

---

① ② ③ 佛陀多罗译:《大方广圆觉修多罗了义经》,《大正藏》第17卷,第917页上。
④ 同上书,第917页上—中。

碍,仍是有照;犹住见觉,仍是有觉。以其仍有照与觉之功用,故俱名障碍。此中菩萨,指登地以上之菩萨。不住者,不须用功之意。此菩萨不假功用而无时不照,故云常觉不住。照、谓所照之碍,照者、谓能照之觉。寂灭者,虽常照觉而无照觉之相,故云照与照者同时寂灭。"①此后则以譬喻说明之。"地上菩萨",既从自心之智慧证真如性,即如已能见月之人,则一切如来种种言说,亦同如标月之指而已。

其四,"如来随顺觉性"。经文说:"一切障碍即究竟觉,得念失念无非解脱,成法破法皆名涅槃,智慧愚痴通为般若,菩萨外道所成就法同是菩提,无明真如无异境界,诸戒定慧及淫怒痴俱是梵行,众生国土同一法性,地狱天宫皆为净土,有性无性齐成佛道,一切烦恼毕竟解脱,法界海慧照了诸相犹如虚空,此名如来随顺觉性。"②对此,太虚大师解释说:"此明佛地一切智智境界,性相事理无复别二,平等照了一切诸法。在此平等智慧之中,一切有为诸相,皆为圆满觉性,自在无碍。上自十信净解自障,三贤觉碍为碍,至入地常觉不住,虽已远离诸碍,但既离碍而常觉,则仍未免以碍为碍,未得圆融。今显佛地即碍即觉,乃为圆融自在,故云一切障碍,即究竟觉;所谓'从来真是妄,到此妄皆真'也。"③此等圆融自在无碍,为菩萨以还之所不及不知。今明如来随顺,故能融会,同归圆觉。

第三,顿根无层次之随顺。

关于此部分,宗密称之为"忘心顿证"。他解释说:"由前普示教迹,说有浅深,今直指当根,安心随顺。前是随相,此当离相。亦如《华严》先说差别位地因果,后以平等因果融之。即差别中之平等,平等中之差别。此中意趣,正同彼也。"④

经文说:"但诸菩萨及末世众生,居一切时不起妄念,于诸妄心亦不

---

① 太虚:《圆觉经略释》,《太虚大师全书》第14册,第2138页。
② 佛陀多罗译:《大方广圆觉修多罗了义经》,《大正藏》第17卷,第917页中。
③ 太虚:《圆觉经略释》,《太虚大师全书》第14册,第2139—2140页。
④ 宗密:《圆觉经大疏释义钞》卷中,《续藏经》第9册,第388页下。

息灭,住妄想境不加了知,于无了知不辩真实。彼诸众生闻是法门,信解、受持不生惊畏,是则名为随顺觉性。"①此中菩萨及众生,即指根性猛利即渐次而无渐次以随顺觉性的上等根机之人。他们遇境逢缘,不起我、法二执,不更增生妄念,不依前述凡夫、菩萨等渐次修断。因为妄境是缘生而无性的,虽任运而知而不加意计度分别;虽无计度分别之心,而非辨别此是真实、彼是虚妄,故说其不辨真实。此类圆顿根机之众生,为能闻此法门而起信生解,受以自修,持以教人,无所惊畏,不是其人所能达到的。如此即渐次无渐次,不再有差别,即是"随顺觉性",而"如是众生,已曾供养百千万亿恒河沙诸佛及大菩萨,植众德本,佛说是人名'为成就一切种智'"②。

五、行　法

《圆觉经》从"威德自在章"以下四章阐述"行法",即具体的修行法门。"威德自在章"阐述"单法门","辩音章"宣示"复法门","净诸业障章"阐述修行过程中所遇到的邪思、邪见等"自心病","普觉章"则阐述如何防止跟从邪师邪友。

1. 威德自在章

此章的宗旨是阐述修行的具体方法。威德自在菩萨之名具有象征含义,内心具圆妙之德而外能现庄严之威,因此称为"威德自在"。此菩萨的"行"与"圆觉"相应,因此由他代表会众向佛请问行法。

威德自在菩萨请求佛:"世尊！譬如大城,外有四门,随方来者,非止一路;一切菩萨庄严佛国及成菩提,非一方便。唯愿世尊广为我等宣说一切方便渐次,并修行人总有几种。令此会菩萨及末世众生求大乘者,速得开悟,游戏如来大寂灭海。"③进入大城市必有四门可供选择,而求

---

①② 佛陀多罗译:《大方广圆觉修多罗了义经》,《大正藏》第17卷,第917页中。
③ 同上书,第917页下。

"圆觉"的菩萨修行也不只是一方便。菩萨济度众生,使众生都有福德,即称为"庄严佛国"。庄严佛国象征"悲",成就菩提象征"智"。威德自在菩萨请教的是有关"一切方便渐次"以及修行人的类型的问题。

世尊的长行回答,核心是"三止"。如经中说:"无上妙觉遍诸十方。出生如来与一切法,同体平等,于诸修行实无有二。方便随顺,其数无量,圆摄所归,循性差别,当有三种。"①此中所说,"妙觉"即"妙圆觉心",一切法以"圆觉"为体,则修行都以证此圆觉体为究竟,实无差别可言。如果随顺众生之根性机宜,则修行方便多至无量,故说"方便随顺,其数无量"。然从机性差别的根本归纳,则有三种"行法"。

第一,奢摩他。

经文说:"若诸菩萨悟净圆觉,以净觉心取静为行,由澄诸念,觉识烦动,静慧发生,身心客尘从此永灭,便能内发寂静轻安。由寂静故,十方世界诸如来心于中显现,如镜中像。此方便者,名奢摩他。"②此中说,菩萨先悟后修方名真修,所悟之境为"净圆觉",能悟之智即"净觉心"。菩萨悟得圆觉,即以此心而依"奢摩他"等方便以精进修行。

"奢摩他",意译为"止",是佛家止息一切纷乱烦动的方法。此引文说"取静为行",是指取净觉心上之寂静为观行之本,而先由澄清一切妄念入手。妄念澄清之后,即可觉得识心上烦动之相。在"能觉烦动"之时,坚定地在静上用功,如是功用能引"静慧发生"。其后,此种昏扰不住之相,即从静慧发生而永远熄灭,此即"身心客尘从此永灭"的意思。菩萨内依寂静定力而发轻安,如人已释重负,得休息处,故名寂静轻安。而此寂静心体即是湛然常寂之"净圆觉心"。

第二,三摩钵提。

经文说:"若诸菩萨悟净圆觉,以净觉心,知觉心性及与根尘皆因幻化,即起诸幻以除幻者,变化诸幻而开幻众。由起幻故,便能内发大悲轻

---

①② 佛陀多罗译:《大方广圆觉修多罗了义经》,《大正藏》第17卷,第917页下。

安,一切菩萨从此起行,渐次增进。彼观幻者,非同幻故,非同幻观皆是幻故,幻相永离;是诸菩萨所圆妙行,如土长苗。此方便者,名三摩钵提。"①

"三摩钵提",意译为"等持",也称为"三摩提"、三昧。经中以"观"称呼,是指"定"后之观照。以"净觉心",了知六根、六尘、六识皆因幻化而有。以幻化所依之无明,起诸如幻之智,即以除灭无明,由此幻而发"大悲轻安"。一切菩萨即从此起行而渐次增进,直至得无所离,即"幻相永离"。至此,幻境既空,幻智亦亡,心境、能所俱亡,而净圆觉性随而圆证。此即"三摩钵提"之行法。

第三,禅那。

经文说:"若诸菩萨悟净圆觉,以净觉心,不取幻化及诸静相,了知身心皆为挂碍,无知觉明不依诸碍,永得超过碍、无碍境。受用世界及与身心,相在尘域,如器中锽,声出于外,烦恼涅槃不相留碍,便能内发寂灭轻安;妙觉随顺寂灭境界,自他身心所不能及,众生寿命皆为浮想。此方便者,名为禅那。"②

"禅那",即静虑。修禅那之菩萨,于悟净圆觉之后,以此净觉心,了知幻化身心皆为挂碍。经中说的"无知觉明",即指净觉心上无妄想分别了知之觉明体。以不取幻化,则能超过"碍境";不取静相,则能超过"无碍境",随之可内脱身心,外遗世界。从此不堕于世法之烦恼亦不住于出世法之涅槃的观行功夫,即"能内发寂灭轻安"。此种境界,只能妙觉随顺,而非自身他身、自心他心所能造作、所能识知。此即"禅那"方便之"行"。

上述三种法门,名为"三止",也可名为"三观"。经中总结说:"此三法门,皆是圆觉亲近随顺,十方如来因此成佛,十方菩萨种种方便一切同异,皆依如是三种事业。若得圆证,即成圆觉。"③以此三种法门,随顺修

---

① 佛陀多罗译:《大方广圆觉修多罗了义经》,《大正藏》第17卷,第917页下。
② 同上书,第917页下—918页上。
③ 同上书,第918页上。

习都可直证圆觉而成佛。

2. 辩音章

承接上述"三观","辩音章"接着说明25种定轮,其特征在于以"三法"而变化离合。辩音菩萨善于分辨法者之差别,因而作为此章发问者。

辩音菩萨问佛:"世尊,此诸方便一切,菩萨于圆觉门有几修习,愿为大众及末世众生,方便开示,令悟实相。"①佛则以"二十五种清净定轮"来回答。

第一,单修。

"若诸菩萨唯取极静,由静力故永断烦恼,究竟成就,不起于座便入涅槃。此菩萨者,名单修奢摩他。"②这是对"单修止"的说明,修止即是取静为行,故说"唯取极静"。

"若诸菩萨唯观如幻,以佛力故变化世界种种作用,备行菩萨清净妙行,于陀罗尼不失寂念及诸静慧。此菩萨者,名单修三摩钵提。"这是对"单修观"的说明。

"若诸菩萨唯灭诸幻,不取作用,独断烦恼,烦恼断尽,便证实相。此菩萨者,名单修禅那。"这是对"单修止观不二之禅那"的说明。

第二,以"止"为首的"复修"。

(1)"若诸菩萨先取至静,以静慧心照诸幻者,便于是中起菩萨行。此菩萨者,名先修奢摩他,后修三摩钵提。"这是"先止后观"的修行方法。

(2)"若诸菩萨,以静慧故证至静性,便断烦恼,永出生死。此菩萨者,名先修奢摩他,后修禅那。"这是"先止后禅那"的修行方法。

(3)"若诸菩萨以寂静慧,复现幻力,种种变化度诸众生,后断烦恼而入寂灭。此菩萨者,名先修奢摩他,中修三摩钵提,后修禅那。"这是"先止次观后禅那"的修行方法。

---

① 佛陀多罗译:《大方广圆觉修多罗了义经》,《大正藏》第17卷,第918页上。
② 同上书,第918页中。

(4)"若诸菩萨以至静力,断烦恼已,后起菩萨清净妙行,度诸众生。此菩萨者,名先修奢摩他,中修禅那,后修三摩钵提。"这是"先止次禅那后观"的修行方法。

(5)"若诸菩萨以至静力,心断烦恼,复度众生,建立世界。此菩萨者,名先修奢摩他,齐修三摩钵提、禅那。"①这是"先修止齐修观及禅那"的修行方法。

(6)"若诸菩萨以至静力,资发变化,后断烦恼。此菩萨者,名齐修奢摩他、三摩钵提,后修禅那。"②这是"齐修止观后修禅那"的修行方法。

(7)"若诸菩萨以至静力,用资寂灭,后起作用,变化世界。此菩萨者,名齐修奢摩他、禅那,后修三摩钵提。"③这是"齐修止及禅那后修观"的修行方法。

第三,以"观"为首之"复修"。

(1)"若诸菩萨以变化力,种种随顺而取至静。此菩萨者,名先修三摩钵提,后修奢摩他。"这是"先观后止"的修行方法。

(2)"若诸菩萨以变化力,种种境界而取寂灭。此菩萨者,名先修三摩钵提,后修禅那。"这是"先修观后修禅那"的修行方法。

(3)"若诸菩萨以变化力而作佛事,安住寂静而断烦恼。此菩萨者,名先修三摩钵提,中修奢摩他,后修禅那。"这是"先观次止后禅那"的修行方法。

(4)"若诸菩萨以变化力无碍作用,断烦恼故,安住至静。此菩萨者,名先修三摩钵提,中修禅那,后修奢摩他。"这是"先观次禅那后止"的修行方法。

(5)"若诸菩萨以变化力方便作用,至静,寂灭二俱随顺。此菩萨者,名先修三摩钵提,齐修奢摩他、禅那。"这是"先修观齐修止及禅那"的修

---

① 佛陀多罗译:《大方广圆觉修多罗了义经》,《大正藏》第17卷,第918页中。
② 同上书,第918页中—下。
③ 同上书,第918页下。

行方法。

(6)"若诸菩萨以变化力种种起用,资于至静,后断烦恼。此菩萨者,名齐修三摩钵提、奢摩他,后修禅那。"这是"齐修观、止后修禅那"的修行方法。

(7)"若诸菩萨以变化力资于寂灭,后住清净无作静虑。此菩萨者,名齐修三摩钵提、禅那,后修奢摩他。"①这是"齐修观及禅那后修止"的修行方法。

第四,以"禅那"为首的"复修"。

(1)"若诸菩萨以寂灭力而起至静,住于清净。此菩萨者,名先修禅那,后修奢摩他。"②这是"先修禅那后修止"的修行方法。

(2)"若诸菩萨以寂灭力而起作用,于一切境寂用随顺。此菩萨者,名先修禅那,后修三摩钵提。"③这是"先修禅那后修观"的修行方法。

(3)"若诸菩萨以寂灭力种种自性,安于静虑而起变化。此菩萨者,名先修禅那,中修奢摩他,后修三摩钵提。"④这是"先修禅次修止后修观"的修行方法。

(4)"若诸菩萨以寂灭力无作自性,起于作用,清净境界,归于静虑。此菩萨者,名先修禅那,中修三摩钵提,后修奢摩他。"⑤这是"先禅那次观后止"的修行方法。

(5)"若诸菩萨以寂灭力种种清净,而住静虑起于变化。此菩萨者,名先修禅那,齐修奢摩他、三摩钵提。"这是"先修禅那齐修止、观"的修行方法。

(6)"若诸菩萨以寂灭力资于至静,而起变化。此菩萨者,名齐修禅那、奢摩他,后修三摩钵提。"这是"齐修禅那及止后修观"的修行方法。

(7)"若诸菩萨以寂灭力资于变化,而起至静清明境慧。此菩萨者,

---

①②③④ 佛陀多罗译:《大方广圆觉修多罗了义经》,《大正藏》第17卷,第918页下。
⑤ 同上书,第919页上。

名齐修禅那、三摩钵提,后修奢摩他。"这是"齐修禅那与观后修止"的修行方法。

第五,圆修。

此章所讲最后一种修行方法是"圆修"的方法。经文说:"若诸菩萨以圆觉慧圆合一切,于诸性相无离觉性。此菩萨者,名为圆修三种自性,清净随顺。"①菩萨以圆觉慧,圆融契合于三种法门,即是圆顿之人,随顺法性,一修一切修,因此,如经文所说"以圆觉慧圆合一切"。

3. 净诸业障章

净诸业障章及下一章,特别提出在止观修行方面会产生的病患。"净诸业障"则是去除修行上之病患的方法,因此,本章则以"净诸业障菩萨"作为发问者。

净诸业障菩萨问佛说:"若此觉心本性清净,因何染污,使诸众生迷闷不入?唯愿如来广为我等开悟法性,令此大众及末世众生,作将来眼。"②这是说,若觉心本净,不应染污而有众生。又诸如来悟入圆觉,众生亦应同悟,不应迷闷不入!

佛则以"四相"来回答这一问题:"一切众生,从无始来,妄想执有我、人、众生及与寿命。"因众生执有"我相"、"人相"、"众生相"、"寿命相"而有上述问题。"认四颠倒为实我体,由此便生憎、爱二境,于虚妄体重执虚妄;二妄相依,生妄业道;有妄业故,妄见流转;厌流转者,妄见涅槃。"③此"四相"均是颠倒之见,今不知颠倒而认为实我,以执有"我"的本体存在,以顺我者为"爱",违我者为"憎",以此虚妄之"我"上再加虚妄的"憎爱"。这两种虚妄相依,则产生种种妄业尔后招致善恶六道。"由此不能入清净觉,非觉违拒诸能入者。有诸能入,非觉入故。是故动念及与息念,皆归迷闷。"④凡夫妄想未除,用心皆非,不但凡夫之起惑造

---

① 佛陀多罗译:《大方广圆觉修多罗了义经》,《大正藏》第17卷,第919页上。
②③④ 同上书,第919页中。

业,也就是"动念归于迷闷";二乘沈空滞寂,也就是息念也归之于迷闷。这是对于"四相"之祸患的总回答。以下则分而言之。

第一,我相。

经文说:"云何我相?谓诸众生心所证者。善男子!譬如有人,百骸调适,忽忘我身,四肢弦缓,摄养乖方;微加针艾,即知有我,是故证取方现我体。善男子!其心乃至证于如来,毕竟了知清净涅槃,皆是我相。"①此中说,"我相"既深且细,修行者于禅定之中,必然于自心有所取证方可使其显现出来。不过,此"我相"为求道之障。修道者其心证至诸佛境界,了知清净涅槃,但此所证取其实都是"我相"。而如来涅槃既然是觉体清净之相,非别有可证。如果认定涅槃为可证取之法,必然执持别有能证之心,"能"、"所"未忘,即是"我相",这就是大乘佛教所言的"解脱"。

第二,人相。

经文说:"云何人相?谓众生心悟证者。善男子!悟有我者,不复认我,所悟非我,悟亦如是。悟已超过一切证者,悉为人相。善男子!其心乃至圆悟涅槃俱是我者,心存少悟,备殚证理,皆名人相。"②简言之,"人相"是诸众生心中所悟所证而成。修行者悟所证取者有"我相"存在,心知其非,随即不认其为"我"。既然悟知所证取者非"我","悟"本身也是如此。然而,修行者又不忘此能悟之心,其随即又成为变相的"我",恍如别有他人之相。此种"相",即对"我相"名为"人相",由我而推及于人,因此而名为"人相"。

第三,众生相。

经文说:"云何众生相?谓诸众生心自证悟所不及者。善男子!譬如有人,作如是言:我是众生,则知彼人说众生者,非我非彼。云何非我?我是众生,则非是我。云何非彼?我是众生,非彼我故。善男子!但诸

---

① 佛陀多罗译:《大方广圆觉修多罗了义经》,《大正藏》第17卷,第919页中。
② 同上书,第919页下。

众生了证了悟,皆为我、人,而我、人相所不及者?存有所了,名众生相。"①

在了悟"我相"、"人相"皆非之后,修行中仍会感受到隐微的"我相"存在,此相名为"众生相"。追根究底说,心中所持非我相、非人相本身即表明心中仍然有隐微之相存在。文中所说的"存有所了"的意思是:"证"与"悟"为所"了",二者都不存在,但心中仍然存有"能了之智"。这就是"众生相"的真实含义。

第四,寿命相。

经文说:"云何寿命相?谓诸众生心照清净觉所了者。一切业智所不自见,犹如命根。若心照见一切觉者,皆为尘垢。觉所觉者,不离尘故。如汤销冰,无别有冰知冰销者;存我、觉我,亦复如是。"②此相是以譬喻得名的,此"相"隐微,是修行者不能感知到的,犹如"命根"潜在地延续,因而名之为"寿命相"。

第五,"四相"之病患。

经中指出:"末世众生不了四相,虽经多劫勤苦修道,但名有为,终不能成一切圣果,是故名为正法末世。"③可见,上述"四相"是修行的病患。修道者若不了此"四相",不能成就"圣果"。

在分析原因时,首先说明上述"四相"的核心是"我",如经中说:"何以故?认一切我为涅槃故;有证有悟名成就故。譬如有人,认贼为子,其家财宝,终不成就。"④修行者之所以不能成就圣果,是因为其妄认一切"我相"为涅槃,如以自己有"证"而已成就,以自己有"悟"已成就,以自己有"了"已成就,以自己有"觉"已成就。如此等等,妨碍成就圣果。

对于"我相"的危害,经中又有分析:"有我爱者,亦爱涅槃,伏我爱根为涅槃相。有憎我者,亦憎生死,不知爱者真生死故,别憎生死名不解

---

①②③④ 佛陀多罗译:《大方广圆觉修多罗了义经》,《大正藏》第17卷,第919页下。

脱。"①妄认"我"，必然产生爱憎之心，由此会以此心而爱涅槃，此即为"法爱"。有憎"我"之心，憎恶生死，而不知爱涅槃之爱才是生死的真正原因。此中的关键，爱憎是众生系缚于生死的原因，暂伏"我爱"并非真涅槃，爱涅槃便成"法爱"。如此修习，不能解脱。

至于为何知涅槃法而仍不能解脱，经中解释说："云何当知法不解脱？善男子！彼末世众生习菩提者，以己微证为自清净，犹未能尽我相根本。"②这是说，这是修行者以微证为清净，未尽"我相"，"若复有人赞叹彼法，即生欢喜，便欲济度；若复诽谤彼所得者，便生嗔恨：则知我相坚固执持，潜伏藏识，游戏诸根，曾不间断。善男子！彼修道者，不除我相，是故不能入清净觉。"③

其后，经中又接着论述不了"四相"，必然产生二谬：第一，窃佛德以为己功；第二，以少得而起增慢。经中说："末世众生不了四相，以如来解及所行处为自修行，终不成就。或有众生，未得谓得，未证谓证，见胜进者，心生嫉妒。由彼众生未断我爱，是故不能入清净觉。"④

最后，佛激励会众说："末世众生希望成道，无令求悟，唯益多闻，增长我见。但当精勤降伏烦恼，起大猛勇，未得令得，未断令断，贪、嗔、爱、慢、谄曲、嫉妒对境不生，彼我恩爱一切寂灭。佛说是人，渐次成就，求善知识，不堕邪见。若于所求别生憎爱，则不能入清净觉海。"⑤

4. 普觉章

此章的宗旨是阐述修行过程中要避免跟从邪师。普觉菩萨是普能觉知一切邪见之人，因而由此菩萨发问。

普觉菩萨问佛说："大悲世尊！快说禅病，令诸大众得未曾有，心意荡然，获大安隐。世尊！末世众生，去佛渐远，贤圣隐伏，邪法增炽，使诸众生：求何等人？依何等法？行何等行？除去何病？云何发心？令彼群

---

① ② 佛陀多罗译：《大方广圆觉修多罗了义经》，《大正藏》第17卷，第919页下。
③④⑤ 同上书，第920页上。

盲不堕邪见!"①此中有五个小问题,佛一一作出回答。

第一,求何人。

经中说:"末世众生将发大心,求善知识欲修行者,当求一切正知见人。心不住相,不著声闻、缘觉境界,虽现尘劳,心恒清净。示有诸过,赞叹梵行,不令众生入不律仪。求如是人,即得成就阿耨多罗三藐三菩提。"②此等众生应该寻找"正知见"之人,方可得以成就无上菩提。对于"正知见人","应当供养,不惜身命。彼善知识四威仪中,常现清净,乃至示现种种过患,心无憍慢,况复抟财、妻子眷属?若善男子于彼善友不起恶念,即能究竟成就正觉,心华发明,照十方刹"。③

第二,依何等法。

经中强调的是应远离"四病":

其一,"作病"。"若复有人作如是言:我于本心作种种行,欲求圆觉。彼圆觉性非作得故,说名为病。"④此中说,即是欲求圆觉,而妄以起心造作为能事。而此"圆觉心"非作得,如上所说则名为"病"。

其二,"任病"。"若复有人作如是言:我等今者不断生死,不求涅槃,涅槃生死无起灭念,任彼一切,随诸法性,欲求圆觉。彼圆觉性非任有故,说名为病。"⑤此中的"任"是"任其自然"的含义,此"任病"与前"作病"相反。欲求圆觉而有任其自然之心,而不知圆觉净性实际并非任其自然之所能有,如上所说则名为"病"。

其三,"止病"。"若复有人作如是言:我今自心永息诸念,得一切性寂然平等,欲求圆觉。彼圆觉性非止合故,说名为病。"⑥此中的"止"是"止息妄念"的意思。这是误会奢摩他的真实意义,不知妄念愈息愈多,也就是息妄之心仍是妄念,单单执持"息妄",即成"止病"。

其四,"灭病"。"若复有人作如是言:我今永断一切烦恼,身心毕竟

---

① 佛陀多罗译:《大方广圆觉修多罗了义经》,《大正藏》第17卷,第920页上—中。
②③④⑤⑥ 同上书,第920页中。

空无所有,何况根尘虚妄境界?一切永寂,欲求圆觉。彼圆觉性非寂相故,说名为病。"①此中"灭"的意思是"心境俱灭",身心、根尘一切永寂,以此寂灭之心来求圆觉。误会禅那中所言寂灭及断烦恼等义,不知觉体灵明,寂照不二,单单执持"灭"而忽视"寂照不二"即成病。

第三,行何等行。

经中说:"末世众生欲修行者,应当尽命供养善友,事善知识。彼善知识欲来亲近,应断憍慢;若复远离,应断嗔恨。现逆顺境,犹如虚空。了知身心毕竟平等,与诸众生同体无异。如是修行,方入圆觉。"②此中罗列了"应行之事",核心在于"供养善友,事善知识"。

第四,除去何病。

经中说:"末世众生不得成道,由有无始自他憎爱一切种子,故未解脱。若复有人观彼怨家,如己父母,心无有二,即除诸病;于诸法中自他、憎爱,亦复如是。"③此答语先回答病之所在,也就是分别自他而起憎、爱,此憎爱种子未能解脱,是以触处现行。此即为诸病。要除去这些病,须是以平等之心观人。观人如此,观法亦然。

第五,云何发心。

经中说:"末世众生欲求圆觉,应当发心作如是言:尽于虚空一切众生,我皆令入究竟圆觉,于圆觉中无取觉者,除彼我人一切诸相。如是发心,不堕邪见。"④发心即发愿,此中叙述了应发之"心相"。"尽于虚空一切众生"相当于一般所说的"广大心","我皆令入究竟圆觉"相当于一般所说的"第一心","于圆觉中无取觉"相当于"常心","除彼我人一切诸相"相当于"不颠倒心"。如是发心,则不堕邪见。

六、圆觉法门

从"圆觉菩萨章"开始,内容属于道场加行。对此,宗密解释说:"下

---

① 佛陀多罗译:《大方广圆觉修多罗了义经》,《大正藏》第17卷,第920页中—下。
②③④ 同上书,第920页下。

555

根修证得道之处,名曰'道场',谓于此处,誓志克期加功用行,以求证入,故名'加行'。'下根修证'者,谓虽信解前法,而障重心浮,须入道场,自为制勒,缘强境胜,则功用有期。"①此章所说是本经的精要,体现出此经所言圆觉法门的特点。因此,以圆觉菩萨为发问者。

圆觉菩萨提出两大问题:"若佛灭后末世众生未得悟者,云何安居修此圆觉清净境界? 此圆觉中三种净观,以何为首?"②其一是如何安居修圆觉行,其二是三种净观以何为首。佛的回答也与此相对应。

第一,道场行相。

经中说:"一切众生,若佛住世,若佛灭后,若法末时,有诸众生具大乘性,信佛秘密大圆觉心欲修行者,若在伽蓝,安处徒众,有缘事故,随分思察,如我已说。"③此中的含义,如太虚大师的解释:"一切众生之中,不论佛住于世之时,成佛灭后正法、像法乃至末法最远之时,有一类之人,宿有闻熏之种,已具大乘根性,虽未得悟圆觉,而能信佛秘密大圆觉心,发心欲修圆觉行者。若在下、结前已说。梵谓僧伽蓝,乃和合僧众同住之园,即今寺院丛林之义。谓此类欲修行者,若在伽蓝中,因为有安处徒众等众人缘上之事,不能专心修习,即可随其自己可能之分量,将三种法门思维体察。如我已说者,如普眼章所说。"④

"若复无有他事因缘,即建道场,当立期限:若立长期百二十日,中期百日,下期八十日,安置净居。"⑤这是对于安居修圆觉行的说明。其后解释修习之行相:"若佛现在,当正思维。若佛灭后,施设形像,心存目想,生正忆念,还同如来常住之日。悬诸幡华,经三七日。稽首十方诸佛名字,求哀忏悔。遇善境界,得心轻安,过三七日,一向摄念。"⑥

经中又说:"若经夏首,三月安居,当为清净菩萨止住,心离声闻,不

---

① 宗密:《大方广圆觉修多罗了义经略疏》卷二,《大正藏》第39卷,第571页上。
②③⑤⑥ 佛陀多罗译:《大方广圆觉修多罗了义经》,《大正藏》第17卷,第921页上。
④ 太虚:《圆觉经略释》,《太虚大师全书》第14册,第2207页。

假徒众。至安居日,即于佛前作如是言:我比丘、比丘尼、优婆塞、优婆夷,某甲,踞菩萨乘,修寂灭行,同入清净实相住持,以大圆觉为我伽蓝,身心安居平等性智,涅槃自性无系属故。今我敬请,不依声闻,当依十方如来及大菩萨三月安居,为修菩萨无上妙觉大因缘故,不系徒众。善男子!此名菩萨示现安居,过三期日,随往无碍。"①这是说,结期遇夏,不能入众安居,不为犯律。如此等等,解释从略。

第二,加行修证。

先言"止",经中说:"若诸众生修奢摩他,先取至静,不起思念,静极便觉;如是初静,从于一身至一世界,觉亦如是。善男子!若觉遍满一世界者,一世界中有一众生起一念者,皆悉能知;百千世界,亦复如是。非彼所闻一切境界,终不可取。"②

再言"观",经中说:"若诸众生修三摩钵提,先当忆想十方如来,十方世界一切菩萨,依种种门,渐次修行勤苦三昧,广发大愿,自熏成种。非彼所闻一切境界,终不可取。"

其后言"禅那",经中说:"若诸众生修于禅那,先取数门。心中了知生住灭念分剂头数。如是周遍四威仪中,分别念数无不了知,渐次增进,乃至得知百千世界一滴之雨,犹如目睹所受用物。非彼所闻一切境界,终不可取。"③

最后总结"三观":"是名三观初首方便,若诸众生遍修三种,勤行精进,即名如来出现于世。"上述所言重在显示入手方便。遍修三观,勤行不舍,精进不懈,即是圆觉之行已备。如此之人,其观行即佛,此即经中所说"即名如来出现于世"的意思。这是利根者的修为。"若后末世钝根众生,心欲求道,不得成就,由昔业障,当勤忏悔;常起希望,先断憎、爱、嫉妒、谄曲,求胜上心。三种净观,随学一事。此观不得,复习彼观,心不

---

① 佛陀多罗译:《大方广圆觉修多罗了义经》,《大正藏》第17卷,第921页上。
②③ 同上书,第921页中。

放舍,渐次求证。"① 钝根者即可于三观之中,随其乐欲修习一观。如所修此种法门不成,再改修彼种法门。此"随学"有二义:一是"专修",即于一期之中,专修一"观",期满不成,即于次期改修另一"观"。二是"试修",即于一期之中试取一"观"修习,经相当时日,自知此"观"未合,不得成就,即又改修另一"观"。如是"三观"互修,不少退堕,则时至机熟,必可成就。

第二节 《楞严经》的基本思想

《楞严经》在中国佛教中有着特殊的地位和影响。自从唐代中叶译出之后,此经就被一部分佛教学者怀疑为"伪经",至近现代,疑伪之论更是喧嚣尘上,这是一方面。另一方面,此经一经译出便得到了佛教界的广泛注意。宋以后,此经更是盛行于僧俗、禅教之间。实际上,更多的佛教学者将其作为佛教教、观的总纲看待。《楞严经》译出后,中国佛教诸宗,如禅宗、天台、华严、净土等,都十分重视,纷纷从中吸取营养,强化了其理论基础。《楞严经》有关观世音菩萨的说法,在中国佛教信众中,影响更为深远。在此对《楞严经》的基本内容以及对中国佛教的影响等问题作些分析和论说。

一、《楞严经》的传译

《楞严经》是在唐代中叶译成汉语并开始流通的,唐代著名的佛经目录学家智昇将其列入《开元释教录》中。稍后,释圆照撰写《贞元新定释教目录》也收录了此经。由北宋初年我国雕刊的第一部汉文大藏经《开宝藏》起,一直至清朝乾龙年间刊印的《龙藏》,无一例外地将其列入"正藏"加以流通。但是,关于《楞严经》的传译情况,早在此经流传之初就有

---

① 佛陀多罗译:《大方广圆觉修多罗了义经》,《大正藏》第17卷,第921页中。

不同说法,这一点正是后来"真伪"之争的焦点所在。

唐释智昇是最早记录《楞严经》传译情况的权威学者,但是,他在撰写于同一年的两部著作中,对此经的翻译情况却作了略有差别的记载。智昇在《开元释教录》卷九中说:

> 沙门释怀迪,循州人也。住本州罗浮山南楼寺。其山乃仙圣游居之处。迪久习经论,多所该博,九流七略,粗亦讨寻。但以居近海隅,数有梵僧游止,迪就学书语,复皆通悉。往者三藏菩提流志译《宝积经》,远招迪来,以充证义。所为事毕,还归故乡。后因游广府,遇一梵僧,赍梵经一夹,请共译之,勒成十卷,即《大佛顶万行首楞严经》是也。迪笔受经旨,兼缉缀文理。其梵僧传经事毕,莫知所之。有因南使,流经至此。①

智昇于上述引文中说,此经是沙门怀迪与"梵僧"共同翻译的。同样的记述还见于同书卷一二:"大唐循州沙门怀迪共梵僧于广州译,新编入录。"②但是,《开元释教录》卷一七则干脆记为"大唐沙门怀迪于广州译"③。至于与怀迪共译此经的"梵僧",智昇于《开元释教录》卷九有一小注:"未得其名"④。因为未曾知晓译《楞严经》的梵僧的大名,所以智昇就索性将译者署为怀迪一人。这一在智昇当时并非深思熟虑的做法,却埋下了后世千年诤讼难息的一个由头。此段记述还有第二处疑误,也就是怀迪参与翻译《楞严经》的时间问题。据《开元释教录》所载,怀迪翻译《楞严经》是于京城译完《大宝积经》之后。但这一时间,与《续古今译经图纪》所记又不完全契合。

智昇在《续古今译经图记》中说:

> 沙门般剌蜜帝,唐云"极量",中印度人也。怀道观方,随缘济

---

①④ 智昇:《开元释教录》卷九,《大正藏》第55卷,第571页下。
② 智昇:《开元释教录》卷一二,同上书,第603页上。
③ 智昇:《开元释教录》卷一七,同上书,第669页下。

> 度,展转游化,达我支那。乃于广州制旨道场居止。众知博达,祈请亦多。利物为心,敷斯秘赜。以神龙元年龙集乙巳五月己卯朔二十三日辛丑,遂于灌顶部诵出一品,名《大佛顶如来密因修证了义诸菩萨万行首楞严经》一部十卷。乌苌国沙门弥迦释迦语,菩萨戒弟子、前正谏大夫、同中书门下平章事、清河房融笔受,循州罗浮山南楼寺沙门怀迪证译。其僧传经事毕,泛舶西归。有因南使,流通于此。①

这一记载,颇为全面。不但补充出了《开元释教录》中未曾记载的"梵僧"的情况,而且记述了房融承任笔受的情形。应该说,与智昇在《开元释教录》的记载相比,《续古今译经图纪》之记载当更为详细准确些。在笔者看来,智昇的上述两种记载,表面相同的只是沙门释怀迪曾经参与译事。实际上,智昇两种说法,并非截然对立②,而是互相印证、互相补充的。至于为什么有简、繁两种说法,最可能的解释是,智昇撰写两书的时候所得到的资料有简、繁的差别。可以肯定的是,《开元释教录》撰写于前,《续古今译经图纪》撰写于后。这可以从他在《续古今译经图纪》中所加的小注看出,此注说:"欲若题壁,请依《开元释教录》。"③那么,为什么在得到较为全面的资料后,智昇并未修改《开元释教录》的记述呢?最合理的解释大致有两点:其一,大概智昇认为署"沙门怀迪译"并不算错,因而他在记录了新说后,仍然提醒来者应依《开元释教录》;其二,《开元释教录》撰成不久,便进呈于朝廷④,因而智昇可能不便再去修改旧说。上述两点原

---

① 智昇:《续古今译经图纪》,《大正藏》第 55 卷,第 371 页下。
② 大凡对《楞严经》持怀疑立场的学者,均认为智昇的记载是互相矛盾的。而信其为真的学者则坚信《续古今译经图纪》的记载,并不大重视《开元释教录》的说法。本文则对此作了另外的解析,供参考。
③ 《大正藏》第 55 卷,第 372 页下。智昇在《续古今译经图纪》卷尾自附的小注,还有数语,兹录于下:"前记所载,依旧录编,中间乖殊,未曾删补;若欲题壁,请依《开元释教录》。"此处所言"旧录",虽不详其所指,但是,可以肯定的是,此条注释针对的是《续古今译经图纪》全书,绝非全适用于《楞严经》。其后一语又云:"除此方撰集外,余为实录矣!"可见,智昇对此书中译籍的记述是有信心的。
④ 志磐的《佛祖统纪》"开元十八年"条记载:"西京崇福寺沙门智昇进所撰《开元释教录》20 卷,以五千四十八卷为定数,敕附入大藏。"见《大正藏》第 49 卷,第 374 页下。

因,前者的分量可能要重一些。这也就是说,在智昇看来,《楞严经》的汉译工作是"梵僧"提供原典,怀迪与其共译并承担笔受,房融则仅仅承担笔受。其中,以怀迪贡献为最大。这与后世将房融和"梵僧"般刺蜜帝列为首要略有差别,也是后世生起诤讼的原因之一。

怀迪等翻译《楞严经》的时间,依照《续古今译经图纪》的记载,为唐神龙元年(705)。怀迪曾应召入京参译《大宝积经》。据考,《大宝积经》是菩提流志于神龙二年创译,至先天二年(713)完成。智昇既然记载《楞严经》为神龙二年所译,因而怀迪翻译《楞严经》之事应该在其入京之前,而决不可能是《开元释教录》所记的离京之后,方遇梵僧,尔后译经。智昇的这一疏忽,是《楞严经》"真伪"之争中最难解开的疑团。

智昇在《续古今译经图纪》中所载的主译为"沙门般刺蜜帝",并言其译经事毕,即"泛舶西归"。因般刺蜜帝未再出现于内地,故不为时人所知。后来就有人进而怀疑其系子虚乌有。这一疑问,颇难疏解。近代学者罗香林吸取日本学者的研究成果,认为义净《大唐西域求法高僧传》卷下《重归南海传》中所载的"贞固"可能就是"般刺蜜帝"[①]。这一说法可以参考。

房融笔受《楞严经》之事,经智昇等记述,后续说法很多。然而怀疑者,仍然坚持说:"智昇《续古今译经图纪》录传闻之辞,《楞严》是神龙元年五月二十三日极量所译,房融笔受。融以神龙元年二月甲寅(四日)流高州,州去京师六千二百余里(《旧唐书》卷四一),关山涉水,日数十里,计百数日,几不达贬所,安能从容于广州笔受而即成其所译耶?"[②]这一疑问,自有其道理在。但是,他们却忽略了一个问题,即房融完全可能只参加了结尾的笔受工作,时人却感于其特殊身份而署写其名。将此与智昇未修订《开元释教录》的有关记载联系起来看,这种可能性是很

[①] 参见罗香林《唐相国房融在光孝寺笔受〈首楞严经〉翻译问题》,《现代佛教学术丛刊》第35册,第330—331页。另见日本学者见足立喜六《〈大唐西域求法高僧传〉译注》。
[②] 《〈楞严〉百伪》,载《吕澂佛学论著选集》第一册第371页。

大的。

关于此经的流传经过,也有不同说法。智昇说:"有因南使,流通于此。"宋释子璿在《首楞严义疏注经》中说:

> 房融知南诠,闻有此经,遂请对译。房融笔受,乌长国沙门弥伽释迦译语。翻经才竟,三藏被本国来取。奉王严制,先不许出。三藏潜来,边境被责。为解此难,遂即去回。房融入奏,又遇中宗初嗣,未暇宣布,目录缺书。时禅学者因内道场得本传写,好而秘之,遂流此地。大通在内,亲遇奏经,又写随身,归荆州度门寺。有魏北馆陶沙门慧振搜访灵迹,常慕此经。于度门寺遂遇此本。①

这里,提供了两种说法。其中,房融奏入,由禅学者内道场传出之说,与智昇的说法是一致的。至于神秀传写流通的说法,疑点甚多,难于尽信。赞宁《宋高僧传·唯慤传》说,天宝末,唯慤于京师"受旧相房公融宅请。未饭之前,宅中出经函云:'相公在南海知南诠,预其翻经,躬亲笔受《首楞严经》一部,留家供养。今筵中正有十僧,每人可开题一卷'"②。此条记载,疑伪者乐常引用以说明《楞严经》的流传也有可疑。③ 实际上,此文是说,房融家藏有一部亲笔写经,房公于筵前拿出是让在座十僧"开题"的。因此,这一记载并不能当做此经最初流通于世的情形去理解。经过这样一番疏解,智昇的说法虽然简略,却是确实可信的。《楞严经》并不存在"此经的流传深有可疑"④的问题。

不过,此经流传于世不久,中、日两国却都出现怀疑的论调。《楞严经》是由日本僧人普照入唐携回的。流传不久,日本僧界就对其真实性产生了怀疑。日僧玄叡《大乘三论大义钞》⑤记载了两种不同的说法。据

---

① 子璿:《首楞严义疏注经》卷一之一,《大正藏》第39卷,第825页下。
② 赞宁:《宋高僧传》卷六,第113页。
③ 参见周叔迦《楞严经》一文,《中国佛教》(3),第81—82页,上海,知识出版社,1989。
④ 同上书,第82页。
⑤ 《大日本佛教全书》第75册。

玄叡说，公元724至748年间，日本皇帝曾经召集三论、法相二宗法师就此经的真伪作过辩论。"两宗法师相勘云：是真佛经。"但是，此次并未平息论诤。日本宝龟年间(770—782)"遣德清法师等于唐检之。德清法师承大唐法详居士云：《大佛顶经》是房融伪造，非真佛经也。智昇未详，谬编正录。"从这一记载看，早于唐代中叶，中土就有人怀疑此经的真实性，并影响了日本佛教界的相关看法。

唐代之后，对《楞严经》的怀疑不绝如缕，但也并未影响僧俗对此经的喜爱和崇信。到了近代，可能是受疑古风气的影响，指责《楞严经》为伪经的论述渐渐增多，其中最激烈者莫过于梁启超、吕澂和何格恩。梁启超在《古书真伪及其年代》一书中认为，《楞严经》是剽窃道教以及中国传统思想而来的，"真正的佛经并没有《楞严经》一类的话，可知《楞严经》一书是假书"。吕澂更是断言："《楞严》一经，集伪说之大成。"① 吕澂以"邪说不除，则正法不显"② 的心态撰写《〈楞严〉百伪》一文，从译传和思想等多方面论证此经非真佛经。何格恩、周叔迦等学者也从不同角度对"伪经"说作了补充。但是，不可忽视的是，这种论调同样也没有压倒"真经"论。相对而言，无论是古代，还是近现代，崇信《楞严经》者仍然占据多数。即便是持"伪经"说的人，也认为"至于《楞严经》伪造，谁也拿不出真凭实据，不过见仁见智，点点滴滴，只是一些怀疑"③。对此经的怀疑，虽说头绪繁多，众说纷纭，但不外乎传译和义理两方面。传译方面，正如前面所述，有智昇记述的原因，也有后人理解的不同。义理方面，或者是择取经文中的片言只语以己意解析，或者对此经不同于他经之处加以拒斥。无论从论证方法，还是分析结论，都难于尽信。这说明，围绕着《楞严经》的真伪之争，其实只是事出有因，查无实据而已。

---

①②《〈楞严〉百伪》，《吕澂佛学论著选集》第一册，第370页。
③《现代佛教学术丛刊》第35册，第362页。

二、《楞严经》的结构及其主要内容

《楞严经》是一部大乘佛教的单译经,内容宏富,素有佛教全书之称。在此,拟从经题、经文结构的角度,对此经的主要内容作一概括介绍。

《楞严经》的全名为《大佛顶如来密因修证了义诸菩萨万行首楞严经》,或简称《大佛顶首楞严经》,又名《中印度那烂陀大道场经》。佛经之立题,依照古德所判,有七种方式:以"人"、"法"、"喻"三字,单方面的全名立题可有三种,双字两方面立题可有三种,三字三方面立题则有一种。《楞严经》的全名是以"人"、"法"而略兼于"喻"立题。"如来"是果地之人,菩萨是因地之人;"了义"是教法,"万行"是行法,"首楞严"是果法。以"佛顶"二字直称法体,以表征此经所说之法的胜妙。因为其并非以同类事物相喻,故只说其略兼于喻。至于以《中印度那烂陀大道场经》为经名,来源于古经本经题下的小注:"一名《中印度那烂陀大道场经》,于灌顶部录出别行。"此名大概是时人的方便指称,不必过于执实。因此,后来流行的经本已不再题写此经名。

《楞严经》是佛在"首楞严会"中以阿难受摩登伽女幻术诱惑为由头,宣说而成的。全部经文共10卷,约7万余言。古代佛经分卷一般兼顾义理的完整和文字的多寡两方面。为了装藏的方便,通常以前者添就后者。所以,多卷本佛经往往只能做到每一卷内义理的相对完整,难于周全地兼顾二者。在此,参照古德判经的惯例,以"三分"古制为框架,打乱原经文本的分卷,仅仅以义理的完整为标准,分析此经的结构和内容。

依照古来注疏家的观点,全经10卷可以划分为三部分:第一部分称为"经序分",起自经首"如是我闻"至"提奖阿难及摩登伽归来佛所"[①],也即卷一第一部分。这是全经的序言。第二部分称为"经宗分",紧接经序,是宣讲经义的正文。起自"阿难见佛,顶礼悲泣,恨无始来一向多闻,

---

[①]《楞严经》卷一,《大正藏》第19卷,第106页下。

未全道力"①,直至卷十的末尾"传示将来末法之中诸修行者,令识虚妄,深厌自生,知有涅槃,不恋三界"②。第三部分称为"经益分",也称"流通分",即全经的结束语。紧接"经宗分"直至经尾。"经序分"中,佛受波斯匿王的邀请,带领众徒及大菩萨至王宫受斋。阿难先受别请,未预斋筵。阿难从外乞食毕,路过淫所,遭摩登伽女幻术的控制,将毁戒体。佛预知此事,匆匆结束斋筵,返回祇洹精舍与比丘及无数"辟支无学"举行法会,演说深奥佛法。佛陀于法会演说神咒,并且敕令文殊依凭此咒前去解救阿难回归佛所。"经益分"中,佛宣说弘扬、持诵此经所得的无量功德,以此劝请众生念诵、受持。至此,佛于此会欲讲说的内容已经全部宣说完毕,所有与会大众皆满心欢喜,礼佛而去。"经宗分"部分,内容复杂,是全经的主干,应该对其进行重点解析。

《楞严经》是有一个严密而完整的思想体系的,其内容以理、行、果为框架,几乎将大乘佛学的重要理论都囊括其中,最能体现这一特质的,无疑就是"经宗分"了。元代沙门惟则在《大佛顶首楞严经会解叙》中说:"科经者,合'理'、'行'为'正宗',离'正宗'为五分:一见道,二修道,三证果,四结经,五助道。谓见道而后修道,修道而后证果,此常途之序。"③以下就依照这一科判,对"经宗分"的内容作一概括。

一般认为,在"见道"部分之前,有数句是对全经内容的概括和暗示。它就是接续于"经宗分"的首句而出的一小段文字。在此,阿难"殷勤启请十方如来,得成菩提妙奢摩他、三摩、禅那最初方便"。这也可以看做是"经宗分"的总纲。

自卷一"佛告阿难:'汝我同气,情均天伦'"④起,直至卷四的"如何自欺尚留观听"⑤,属于"见道"部分。此部分是围绕着佛于"经宗分"的起

---
①④《楞严经》卷一,《大正藏》第19卷,第106页下。
②《楞严经》卷一〇,《大正藏》第19卷,第155页上。
③ 惟则:《大佛顶首楞严经会解》卷首,清末常州天宁寺刻本。
⑤《楞严经》卷四,《大正藏》第19卷,第122页上。

始所提出的一个基本观点而展开的。此观点就是:"生死相续,皆由不知常住真心性净明体,用诸妄想。此想不真,故有轮转。"①为了使阿难及其会众领悟这一原理,佛以层层剥笋式的递进逻辑和多方巧妙的比喻,阐述了此"常住真心"实际上就是如来藏心。大致而言,可分四层去理解。

第一层,是卷一的剩余部分。佛首先针对阿难"如是爱乐,用我心目"②的想法,七次反诘阿难:此'识心'到底"今何所在?"阿难的七次回答都遭到佛的驳斥。这就是著名的"七次征心"。然后,佛告诉阿难,世间一切修学人都"皆由不知两种根本"③:一是"生死根本",二是"无始菩提涅槃元清净体"。前者为妄,即众生眼、耳等六根产生的妄识;后者为真,即常住真心。世间众生"执此生死妄想,误为真实",因而"不得漏尽"解脱。最后,佛又以拳与手为喻力图使阿难等开悟而未获成功。

第二层,由卷二起首至同卷"王闻是言,信知身后舍身趣生,与大众踊跃欢喜,得未曾有"④。此处,波斯匿王向佛请教,外道认为"此身死后断灭","云何证知此心不生灭地?"佛以"观河"及面皱两个比喻说明"汝面虽皱,性未曾皱",此不变之性就是真性圆明常住之理。

第三层,跨卷二和卷三。接续前层直至卷三"舜若多性可销亡,烁迦罗心无动转"⑤。佛首先以八种比喻加以说明,它们是:明还日轮、暗还黑月、通还户牖、雍还墙宇、缘还分别、顽虚还空、郁\[土*字\]还尘、清明还霁。此八种"见"都是有因有据才存在的,而众生的"见性无还",不生也不灭。此"见性"就是众生的清净本心。其二,佛又为大众宣示,众生之所以轮回世间,是因为"二颠倒分别见妄"。此"二妄"即"别业妄见"和"同分妄见"。前者是指发生于众生个体身上的虚妄幻相,后者是指所有世间众生共同的虚妄见解。其三,佛告诉阿难"如是觉元,非和合生及不

---

① 《楞严经》卷一,《大正藏》第19卷,第106页下。
② 同上书,第107页上。
③ 同上书,第108页下。
④ 《楞严经》卷二,《大正藏》第19卷,第110页下。
⑤ 《楞严经》卷三,《大正藏》第19卷,第119页中。

和合",所有"幻妄"都是依于此"妙觉明体"而生起。为论述此说,佛以"五阴"、"六入"、"十二处"、"十八界"合为"四科",系统地分析了此"四科"之根本并不是因缘和自然性,而是以"如来藏常住妙明,不动周遍,妙真如性"为其根本的。这一部分篇幅最大。其四,佛又向大众说明"七大"与如来藏的关系。"七大",即"地"、"水"、"风"、"火"、"空"、"见"、"识"。虽然其作用、色相是虚妄的,其体性却圆融无碍、周遍法界。因为其体性就是如来藏妙真如性,只是由于众生的分别计度方才显现出来,是虚妄暂时的存在,没有真实的意义。其五,阿难诵出偈语赞颂佛的微妙开示。

第四层,由卷四起首直至"或得出缠或蒙授记,如何自欺尚留观听?"①佛以"世界相续"、"众生相续"及"业果相续"三种颠倒相续解释世间有为诸相的生起和迁流。此三种相续都是因众生的妄想执着而有,其性本来就是空。它们本来就是苦、集、灭、道"四谛"之理,也是如来藏真性所显。在此层,佛多次以演若达多迷头而狂奔为喻说明"识迷无因,妄无所依"的道理。佛并且指出,只要众生放弃对三种颠倒相续的分别计度,就可证悟菩提。由此,也就过度到了"修道"部分。

由卷四"阿难及诸大众闻佛示诲疑惑销除"②直至卷七"我以宝杵殒碎其首,犹如微尘,恒令此人所作如愿"③,属于"修道"部分。佛于此部分为众生指明了"捐舍小乘,毕获如来无余涅槃本发心路",也就是摄伏攀缘心,"得陀罗尼,入佛知见"之道。此部分也可分为四层去理解。

第一层,由"修道"部分的首句直至卷五"妙理清彻,心目开明,叹未曾有"④。此层的核心是初发菩提心所应具有的"二决定义":其一是"因地发心";其二是"审详烦恼根本"。第一义,在于以无生灭之心为修习之因地心,然后才能圆满果地修证。第二义,众生现前的六根就是烦恼的

---

①②《楞严经》卷四,《大正藏》第19卷,第122页上。
③《楞严经》卷七,《大正藏》第19卷,第138页上。
④《楞严经》卷五,《大正藏》第19卷,第125页上。

根本所在。在卷五的第一部分,佛明确指出,证悟无上菩提的关键就在于从六根中解脱出来。最后,佛亲自说偈总结此"二决定义"。

第二层,由卷五"阿难合掌顶礼白佛"①至同卷"是名菩萨从三摩地得无生忍"②。此层重点讲述"六解一亡"的道理,佛是以"华巾"作比喻对此进行说明的。佛取出一华巾,当众顺次结成六个结,向大众说明"六结"是众生无始妄心累积而显现的尘境。此"六结"为五阴郁结而成,由微至著依次为"识结"、"行结"、"想结"、"受结"、"色结",前四阴各一结,"色阴"则分"根"、"尘"两结。解结则依照由著至微的顺序次第解开。先断除前三结而证人空,再断除"想结"、"行结"而证法空。二空证成,"识结"则随之解开而得"无生法忍"。

第三层,接续前层直至卷六"皆发无等等阿耨多罗三藐三菩提心"③。应佛的指示,诸位大士、菩萨自叙最初证悟所选择的圆通法门:其一,憍陈如五比丘、优波尼沙陀、香严童子、普贤菩萨、优波离、大目犍连等叙述18界中除耳根之外的17种圆通法门。其二,乌刍瑟摩、持地菩萨、月光童子、琉璃光法王子、虚空藏菩萨、弥勒菩萨、大势至菩萨各自叙说选择"七大"之一作圆通法门而证悟的过程。其三,观音菩萨详细叙述了耳根圆通,以闻熏修金刚三昧无作妙力,成三十二应身,入诸国土救度众生等等。其四,文殊师利法王子应佛之命作偈赞叹上述25种圆通法门。

第四层,由卷六"阿难整衣服于大众中合掌顶礼"④至卷七"我以宝杵殒碎其首,犹如微尘,恒令此人所作如愿"⑤。在此,阿难向佛请教"云何令其安立道场,远诸魔事,于菩提心得无退屈?"佛分三方面回答了阿难的提问:其一,在强调"三决定义"即戒、定、慧"三学"的基础上,重点讲述了以戒淫、戒杀、戒盗、戒妄语为核心的四项"决定清净明诲"。其二,

---

① 《楞严经》卷五,《大正藏》第19卷,第125页上。
② 同上书,第125页中。
③④ 《楞严经》卷六,《大正藏》第19卷,第131页中。
⑤ 《楞严经》卷七,《大正藏》第19卷,第138页上。

如果上述四种律仪还不能灭除宿习，就须诵持"佛顶光明摩诃萨怛多般怛罗无上神咒"一百八遍。为此，佛详细讲解了建立道场以及如何诵咒的诸种仪轨。其三，应阿难的请求，佛陀令佛顶佛重宣此"大白伞盖神咒"，然后又为会众宣示了此神咒对诸佛和诸众生分别所具有的十种无上法力。会中无数金刚、梵王、天帝释、四大天王及其眷属听了佛的讲述，纷纷表示愿意护持诵持此咒的无量众生。

由卷七"阿难即从座起，顶礼佛足而白佛言"①直至卷八"作是观者，名为正观；若他观者，名为邪观"②，属于"证道"部分，也即修证三摩地直至涅槃之道。阿难又向佛提出三个问题："云何名为干慧之地？四十四心至何渐次得修行目？诣何方所名入地中？"③佛分三方面回答阿难的提问。

第一层，由此部分起首至卷七尾句。佛说："欲修真三摩地，直诣如来大涅槃者，先当识此众生、世界二颠倒因。颠倒不生，斯则如来真三摩地。"④妄心熏以成业，因业感而妄相生起，此即众生颠倒。众生以无明妄力建立了过去、现在、未来三世以及东、南、西、北四方的界限。三世与四方和合相涉，变化出世界及其十二类众生。十二类众生的成因各自略有不同，但却都是以世界虚妄轮回为其主因的。此十二类众生即卵生、胎生、湿生、化生、有色、无色、有想、无想、非有色、非无色、非有想、非无想。这一观念是《楞严经》特有的分类。

第二层，由卷八首句至同卷"是则名为第三增进修行渐次"⑤。"三种渐次"就是：其一，修习除去助因，也即断世间五种辛菜；其二，真修刳其正性，也即断除淫欲和杀生；其三，增进违其现业，也即尽灭六根向外尘的流逸。

---

① 《楞严经》卷七，《大正藏》第 19 卷，第 138 页上。
② 《楞严经》卷八，《大正藏》第 19 卷，第 142 页下。
③ 《楞严经》卷七，《大正藏》第 19 卷，第 138 页上—中。
④ 同上书，第 138 页中。
⑤ 《楞严经》卷八，《大正藏》第 19 卷，第 142 页上。

第三层，由卷八"阿难，是善男子欲爱干枯"①至同卷"作是观者，名为正观；若他观者，名为邪观"②。佛由此开始宣说菩萨五十五修行圣位。第一位为"干慧地"，第一个十位即"十信"："信心住"、"念心住"、"精进心"、"慧心住"、"定心住"、"不退心"、"护法心"、"回向心"、"戒心住"、"愿心住"。第二个十位即"十住"："发心住"、"治地住"、"修行住"、"生贵住"、"具足住"、"正心住"、"不退住"、"童真住"、"王子住"、"灌顶住"。第三个十位即"十行"："欢喜行"、"饶益行"、"无瞋恨行"、"无尽行"、"离乱行"、"善现行"、"无著行"、"尊重行"、"善法行"、"真实行"。第四个十位即"十回向"："救护一切众生离众生相回向"、"不坏回向"、"等一切佛回向"、"至一切处回向"、"无尽功德藏回向"、"随顺平等善根回向"、"随顺等观一切众生回向"、"真如相回向"、"无缚解脱回向"、"法界无量回向"。"十回向"之后，即是"四加行位"："暖地"、"顶地"、"忍地"、"世第一地"。第五个十位即"十地"："欢喜地"、"离垢地"、"发光地"、"焰慧地"、"难胜地"、"现前地"、"远行地"、"不动地"、"善慧地"、"法云地"。经过以上55位的渐次修行，方证得"等觉"、"妙觉"二圣位。应该指出，关于菩萨55修行圣位的名目及顺序，佛教各经典的说法略有差别。《楞严经》的说法尤为独特，因而于此特将其列出以备查考。

自卷八"尔时，文殊师利法王子在大众中即从座起"③至同卷"汝当奉持"④，此属于"结经"部分。文殊师利菩萨请问"当何名是经？"佛答之以五名。经前题名是综合此五名而命名之。

自卷八"说是语已，实时阿难及诸大众"⑤直至卷十"令识虚妄，深厌自生，知有涅槃，不恋三界"⑥。此属于"助道"部分，可分其为三层去理解。

第一层，由卷八此部分起首至卷九"作是说者，名为正说；若他说者，

---

① 《楞严经》卷八，《大正藏》第19卷，第142页上。
②③ 同上书，第142页下。
④⑤ 同上书，第143页上。
⑥ 《楞严经》卷一〇，《大正藏》第19卷，第155页上。

即魔王说"①。佛应阿难所请,向大众详细叙述了"七趣"的成因及其相状,也就是业报轮回的理论。所谓"七趣"即地狱趣、鬼趣、畜生趣、人趣、仙趣、天趣、阿修罗趣。"七趣"囊括欲界、色界、无色界"三界"共25种有情众生。正如许多论者所说,一般佛经经典只言"六趣"或称"六道",而此经独加"仙趣"以成"七趣"。所谓"仙趣",经中是这样说的:"复有从人不依正觉修三摩地,别修妄念,存想固形,游于山林人不及处,有十种仙。"②"十仙"的名目是:"地行仙"、"飞行仙"、"游行仙"、"空行仙"、"天行仙"、"通行仙"、"道行仙"、"照行仙"、"精行仙"、"绝行仙"。佛告诉大众,"七趣"乃众生"妄想受生,妄想随业",皆因"此等众生不识本心,受此轮回"。众生应当除惑而正入修行路以证得菩提。

第二层,由卷九"实时如来将罢法座"③至卷一○"汝当恭钦十方如来究竟修进最后垂范"④。佛于法会将罢之时,无问自说修习三摩地之中容易出现的"五阴"魔事。"五阴"即色、受、想、行、识。经文中将修习三摩地中因受"五阴"所障而产生的50种"邪见"或"狂解",称之为"魔",以提醒修行者注意剔除。因"魔"作祟,修行者得不到正受、正知和圣解,从而堕入外道或者无间地狱。只有将"五阴"之中的妄想销尽,六根互用无碍,清净如"净琉璃",修行者才能超越55位菩萨修行位而入"如来妙庄严海圆满菩提"。

第三层,由卷一○"阿难即从座起,闻佛示诲"⑤至"令识虚妄,深厌自生,知有涅槃,不恋三界"⑥。阿难在此又提出了三点疑问:一是"五阴"为何以妄想为本?二是"五阴"是顿灭还是渐灭?三是破除"五阴"的界限为何?佛应阿难所问,宣讲了"五阴"以妄想为本的五个原因,五阴是"重迭生起"因而要次第销,以及破除"五阴"的界限等等道理。

---

①③《楞严经》卷九,《大正藏》第19卷,第147页上。
②《楞严经》卷八,《大正藏》第19卷,第145页下。
④⑤《楞严经》卷一○,《大正藏》第19卷,第154页中。
⑥同上书,第155页上。

应该指出,也有人将上述第三层单独列为一单元。因为从其内容看,一方面是对破除"五阴"诸魔以归依清净圆觉之本心等相关问题的概要回答,另一方面这三个问题也含有对"经宗分"所阐述的思想进行总结的意思。

此"助道"部分太虚大师将其判为"保绥菩萨初心"[①],第一层意为"明七趣生报以匡扶第二渐次"[②],第二层意为"辨五阴魔境以匡扶第三渐次"[③]。这一解释准确地揭示了"助道"的含义以及此部分在全经中的地位,可作理解经文的参考。

三、《楞严经》佛学思想的特色

上一节,我们已经依照经文本身的逻辑顺序对《楞严经》的内容作了初步介绍。在此,我们将通过对其佛性论、心性论、修行论以及密教内容的分析,概括出此经的基本特色。

佛教的心性论思想主要是围绕着如来藏系经典发展出来的。《楞严经》尽管不能单纯归于如来藏系,但其所包含的如来藏思想,在传入中国的此类经典中,也是相当独特的,因而也是相当重要的。与其他经典相比,至少有两点是非常突出的:其一是对"如来藏真心"的说明和强调;其二是借助于此"如来藏真心"建构了一个对世间之成因的说明;其三是从这一"如来藏真心"引申出其独具特色的修行观。正如明代高僧憨山大师在《首楞严经悬镜》中所说:"而此经者,盖以一味清净法界如来藏真心为体,以此一心建立三观,修此三观,还证一心。故曰无不从此法界流,无不还归此法界。"[④]因此,准确地理解此经中所阐述的如来藏思想,是打开此经思想宝库的钥匙。

可能因其系晚出的原因,《楞严经》并未着力于阐述"一切众生皆有

---

①②《大佛顶首楞严经研究》,《太虚大师全书》卷一四,第1956页。
③《太虚大师全书》卷四〇,第1977页。
④ 德清:《楞严经悬镜》,《续藏经》第12册,第510页下。

如来藏"这一佛性论命题,而是着力于将其落实于众生的心性层面和修行层面。这是此经与其他如来藏系经典的最大区别。卷一中,佛明确指出,诸修行人不知无上菩提,未能解脱成佛,都是因为不知晓两种根本。"一者,无始生死根本,则汝今者与诸众生用攀缘心为自性者。二者,无始菩提涅槃元清净体,则汝今者,识精元明,能生诸缘缘所遗者。"①所谓"生死根本"是指众生的六识攀缘心,众生不知其为妄体,以其攀缘诸尘之境,妄生爱憎,由此就堕入生死轮回。而作为众生解脱成佛根据的"无始菩提涅槃元清净体",是《楞严经》较为独特的提法。一般的如来藏系经典都用"如来藏自性清净心"的名称,而此经的这一提法,包含了三方面的含义:"菩提"、"涅槃"、"识精"。元释惟则这样疏解:"不染烦恼,名菩提;不涉生死,名涅槃;不染不涉,故号元清净体;识精,陀那性识也。"②此处的菩提,也就是菩提心,属于解脱之因;涅槃,也就是成佛的境界,为修行所得之果。而菩提、涅槃的自体都是本来清净的,并非澄之使然,本来就远离烦恼之浊,因此就显现为真性菩提;也并非修之使净,本来就远离生死之染,因此就显现为性净涅槃。综合二说,所谓"元清净体"也就大致同于"如来藏自性清净心"。当然,二者也有不同之处,容下再谈。最应注意的是"识精"的提法。这一名相,在此经中甚为常见。从上述引文看,"无始菩提涅槃元清净体"实际上就是"识精"。然而,《楞严经》中并未明确地界定"识精"的所指。历来的解经者,大多将其解释为第八识。但是,唯识学中的第八识其性并非全真,因而难于与"元清净体"等同。仔细推敲经文之义,"识精"应该是指众生心识之中原本清净、不生不灭的常住真心。将上述三方面含义合于一体,"无始菩提涅槃元清净体"就成为《楞严经》将佛性论、心性论、修行解脱论合于一体的中心名相。事实也正是如此。《楞严经》卷一中,佛告诉阿难及其会众:"一切众

---

① 《楞严经》卷一,《大正藏》第19卷,第108页下。
② 惟则:《大佛顶首楞严经会解》卷一,清末常州天宁寺刻本第32页。

生,无始来生死相续,皆由不知常住真心性净明体,用诸妄想。此想不真,故有轮转。"①而此经正是围绕着这一命题而展开的。实际上,"无始菩提涅槃元清净体"不仅是众生色身、识心的依据或本体,也是一切诸法和世间万物之所以存在的最终依据,更是众生解脱成佛的依据。

众生生死和解脱的关键既然在于此"无始菩提涅槃元清净体",那么,此体究竟位于何处呢?卷一中,佛连续七次反诘阿难,识心究竟"今何所在",阿难分别作了回答。前六次回答如下:"如是识心实居身内";"我心实居身外";"知在一处",也就是潜伏于眼根里;"有藏则暗,有窍则明",也就是说心是各种器官的综合功能;"心则随有",也就是说心是随着外尘的生灭而生灭的;"当在中间",也就是位于根、尘之间。上述六种关于心的错误见解当即受到佛的驳斥,阿难于是以"无著"的"觉知分别心性"为"心"。佛又以双遣有、无的方法反拨了阿难的说法。这就是"七处征心"的梗概。在此,《楞严经》着力驳斥的是心的实体化观念,以及以"活动"为"心"、将心的功能当做"心"本身的见解。前四次针对的是前者,后三次针对的是后者。实际上,佛反问阿难时所指的"心"应当是"真心",阿难却以妄心来回应。因此,"七次征心"所昭示的实际上是"妄识"无体的思想,也就是妄心并非实体性的存在,更不能以"分别心"为"心"。

不过,《楞严经》于卷二中又指出,"真妄、虚实、现前生灭与不生灭"②并非两体,而是并存于众生的身心之中。佛以河与河水、人的面容与"本性"的关系为例说明,众生的身心"变者受灭,彼不变者元无生灭"③。因此,众生身心虽有可灭,但其并非断灭,而自有不生灭性存在。此"不生灭性"也就是"常住真心"。但是,此纯真无妄之心无可指称,难于实指,只可以以妄显真。《楞严经》以五阴、六入、十二处、十八界"四科"凸现众

---

① 《楞严经》卷一,《大正藏》第19卷,第106页下。
② 《楞严经》卷二,《大正藏》第19卷,第110页上。
③ 同上书,第110页下。

生身心之中的这一常住真心。《楞严经》卷二云:"幻妄真相,其性真为妙觉明体,如是乃至五阴、六入,从十二处至十八界,因缘和合,虚妄有生;因缘别离,虚妄名灭。殊不能知生灭去来,本如来藏常住妙明、不动周遍、妙真如性!性真常中,求于去来迷悟生死,了无所得。"①这里,明确指出,与众生密切相关的阴、入、处、界等等有"生灭去来"的"幻妄"之体,都是本于如来藏"常住妙明、不动周遍"的"妙真如性"。也就是说,五阴、六入、十二处、十八界,就其相而言,都是因缘和合而有,因缘消散而亡;就其性而言,都是本于如来藏妙真如性。概括而言,其乃依真起妄,因此应该说其为"性真相妄"。这样,一切众生所具的此"无始菩提涅槃元清净体"就成为众生色身和识心的依据或本体。

与《华严经》所言"三界唯心"的思想相近,《楞严经》也有类似的思想,并且对其作了更为系统的发挥。《楞严经》卷二说:"一切众生从无始来迷己为物,失于本心,为物所转。故于是中,观大观小。若能转物,则同如来。身心圆明,不动道场,于一毛端,遍能含受十方国土。"②值得注意的是,这种表述将世间万物以及六道轮回中的所有众生之所以存在,归结为"一切众生从无始来迷己为物,失于本心"的结果。也就是说,所有虚妄的存在都是"妄心"之执著所成,而此"妄心"则是一切众生"不知常住真心性净明体"而依真起妄的结果。这一命题,《楞严经》从不同角度反复作了说明。将散见于各卷的论说归纳起来,大致有"七大"、"三种相续"、"十二类众生颠倒之相"和"七趣"之成因等四个理论环节。

在卷三中,佛首先指出通常所说"四大"和合产生世间万物的见解是不能成立的,然后着重对于"七大"产生万物的观念进行了详细批驳。所谓"七大"也就是在"地"、"水"、"火"、"风"之"四大"之上再加"空"、"见"、"识"而构成。《楞严经》认为,不管是"四大"还是"七大",都不能作产生

---

① 《楞严经》卷二,《大正藏》第19卷,第114页上。
② 同上书,第111页下。

万物的根源,只有周遍于法界的如来藏才是万物的最终依据。《楞严经》的结论就是:"汝元不知如来藏中,性色真空,性空真色,清净本然,周遍法界。随众生心,应所知量,循业发现。世间无知,惑为因缘及自然性。"①而"七大"自身本来就是"性真圆融"的,"皆如来藏,本无生灭"。只是由于无知之众生以识心对其加以分别计度,它们方才显现出来。实际上,"七大"是"但有言说,无有实义"的。诸大种又是圆融的,所以,约事而论,诸大之相不但不相互凌灭,而且是兼容的;约理而论,诸大之性本是妙觉圆明真心,只是因众生的妄执妄见才显现出诸大之相。通过如此解析,《楞严经》否定了"四大"及"七大"产生万物的观点,确立了如来藏妙真如性周遍于法界的观念。

既然一切根、尘、阴、处、界以及"七大"等,都是如来藏清净本然,为何能生出山河大地诸有为相呢?《楞严经》卷四是以"三种相续"解释这一疑问的。"三种相续"是"世界相续"、"众生相续"和"业果相续"。"性觉必明,妄为明觉。觉非所明,因明立所。所既妄立,生汝妄能。"②这是说,"真觉"之心的体性必定是"明",众生错误地将此"真觉"当做"妄觉"。"觉"并不是所要"明"的对象,众生以加"明"为因而妄立它的存在。这样,也就产生了众生的妄想之能。此妄想之能一经产生,就在没有"同"和"异"之分别的一体中,突然显现出不同的差别之境,并使这些差别之境相互对立。由此再进一步设立了无有差别的虚空境界。"同"与"异"的两种境界既然已经产生,又接着妄想出既不是"同",也不是"异"的境界。本来清净的如来藏性就是因为如此的扰乱,便在"同"与"异"的对立中产生了"粗识劳虑"。此"劳虑"相续不断,便产生了"尘相"。此"尘相"使心识浑浊不清而引起诸业相,即染污不净、扰动不安的八万四千烦恼。由此"无明"妄力熏变而成"地"、"水"、"火"、"风"之四大。如此诸因缘辗

---

① 《楞严经》卷三,《大正藏》第 19 卷,第 117 页下。
② 《楞严经》卷四,《大正藏》第 19 卷,第 120 页上。

转相续,便产生了"成"、"住"、"坏"、"空"的有为世界。这就是世界相续的内容,主要是说明世间有为诸法的生起原由。《楞严经》又以"众生相续"和"业果相续"说明众生之生起与迁流。妄心辗转而生"色"、"声"、"香"、"味"、"触"、"法"六尘,"根"、"尘"相缘便引起四生系缚。同业相缠便有胎、卵类众生。不因父、母之缘,只依己缘,或者合湿而成形,此类叫湿生。或者离旧而赴新,叫化生。这是"众生相续"的内容。此四生都是以杀、盗、淫三种根本贪求为业因,以业力之强弱而有卵、化、湿、胎的生起和生死的轮回流转,这是"业果相续"的内容。卷四的最后结论是:"如是三种颠倒相续,皆是觉明明了知性因了发相,从妄见生山河大地诸有为相次第迁流。因此虚妄,终而复始。"①这里突出的仍然是虚妄心的辗转相熏。

上述"三种相续"的"世界相续"侧重于解释世间的成因,"众生相续"、"业果相续"除了可以解释有为诸法的成因之外,实际上已经涉及到生死轮回的成因问题。卷七、卷八、卷九又从不同角度,对生死轮回为何仍以如来藏为体的问题作了详细分析。

卷七以"众生颠倒"和"世界颠倒"重申,依于如来藏妙真如心而起妄念方才有世间十二类众生的存在。所谓"妙性圆明,离诸名相,本来无有世界、众生。因妄有生,因生有灭"②,由此依真起妄就生出了妄惑妄业。实际上,妄性并无实体,不能作为所依。但此虚妄之心却据其熏以成业,而业感相生便有了众生颠倒。无明与众生的根身相互织持凝结而成虚妄的根身,并且由此确立了三世、四方的界限。其实,无明本来是空,并不是真实存在的根由;世界本来也是空,并没有常住的境相。但是,由无明妄力所结成的根身念念生灭、迁流不息,因而有了过去、现在、未来三世与东、南、西、北四方的分别。三世与四方和合相涉,变化出 12 类不同

---

① 《楞严经》卷四,《大正藏》第 19 卷,第 120 页中。
② 《楞严经》卷七,《大正藏》第 19 卷,第 138 页中。

的众生。以色、声、香、味、触为对象的"六乱妄想成业性故,十二区分由此轮转"①,"乘此轮转颠倒相故,是有世界卵生、胎生、湿生、化生、有色、无色、有想、无想、若非有色、若非无色、若非有想、若非无想"②十二类众生。

卷八中,阿难又起疑问:"若此妙明真净妙心本来遍圆,如是乃至大地、草木、蝡动含灵本元真如,即是如来成佛真体。佛体真实,云何复有地狱、饿鬼、畜生、修罗、人、天等道?世尊,此道为复本来自有?为是众生妄习生起?"③这一发问,又一次触及到此经的核心思想,即依真起妄何以可能的问题。这里,《楞严经》又提出了"内分"和"外分"的概念。所谓"内分"即是"众生分内因诸爱染发起妄情"④,就是众生身体内部的心理活动,"外分"也就是众生以身体为根据而发生向外辐射的能量。这两种情想正是诸趣升、坠的原因。在卷八的后一部分即卷九的第一部分,《楞严经》详细阐述了"七趣"的成因。文长,难于再析,兹略。在此,只指出一点,依真起妄,因妄见而有"内分"和"外分"两种染尘执想,是"七趣"的根本成因。这可以看做是此经对于生死轮回问题的独特解释。

我们说,《楞严经》以如来藏思想为中心形成了严密的理论体系,这一点,也体现于其修行论思想之中。在此经中,"二决定义"和"六解一亡"两个环节既是连接"理"和"行"的关键,也是将佛性论、心性论落实于修行层面的典范。此层的核心是初发菩提心所应具有的"二决定义":其一是"观因地发心与果地觉为同为异?"⑤;其二是"应当审详烦恼根本"⑥。对于第一义而言,众生错以"五迭浑浊"构成的生灭心为修习之因。所谓"五迭浑浊"即"劫浊"、"见浊"、"烦恼浊"、"众生浊"、"命浊",它

---

① 《楞严经》卷七,《大正藏》第19卷,第138页中。
② 同上书,第138中—下。
③ 《楞严经》卷八,《大正藏》第19卷,第143页上。
④ 同上书,第143页中。
⑤ 《楞严经》卷四,《大正藏》第19卷,第122页中。
⑥ 同上书,第122页下。

们是众生身中由"地"、"水"、"火"、"风"结成的"四缠"将其"湛圆妙觉明"之心分为"视"、"听"、"觉"、"察"四种分别功能。这样,众生的圆明真心就被"五迭浑浊"所遮蔽。因此,修行解脱的第一要义就是"应当先择死生根本,依不生灭圆湛性成。以湛旋其虚妄灭生,伏还元觉,得元明觉无生灭性为因地心,然后圆成果地修证"①。这里的"死生根本"就是"六识攀缘心"。因此,修此无上妙法的首要之处就在于灭伏虚妄的六识,以无生无灭之心为修习之因地心,然后才能圆满果地修证。对于第二义而言,众生现前的眼、耳、鼻、舌、身、意六根无始以来缠缚交织,"自劫家宝",形成虚妄的有情众生世界。"由此无始众生世界生缠缚故,于器世间不能超越。"②这就是烦恼的根本所在,六根就成为众生轮转生死的"结根"。因此,证悟无上菩提的关键也就在于六根。"根、尘同源,缚脱无二"③,修此无上妙法的第二要义也就在于入至一真无妄之地,使六根清净。《楞严经》指出,本来圆明清净的如来藏性因明上"加"觉而变成妄明妄觉,失去了真实体性而方有六根的功能。众生若脱离有为诸相,随顺于一根就可从六根之妄中拔脱,就是"六解一亡"的修行法门。经中详细讲述了25种圆通法门,此处不赘,仅就其包含的修行原则略说一二。

卷五言:"阿难,今汝诸根若圆拔已,内莹发光。如是浮尘及器世间诸变化相,如汤销冰,应念化成无上知觉。"④这是说,修习"六解一亡"法门可得二种妙德:一是于有情界脱离缠缚而得六根互用;二是于器界超越得证纯真圆觉,也就是"无始菩提涅槃元清净体"。由此,我们就可以看出《楞严经》为何不取常见的"如来藏自性清净心",而别出心裁用"无始菩提涅槃元清净体"。菩提为因,正好对应于因地发心;涅槃为果,正好对应于果地之觉。这样,"无始菩提涅槃元清净体"就完全

---

① 《楞严经》卷四,《大正藏》第19卷,第122页中。
② 同上书,第122页下。
③ 《楞严经》卷五,《大正藏》第19卷,第124页下。
④ 《楞严经》卷四,《大正藏》第19卷,第123页下。

符合"二决定义"的第一义,即因地之心与果地之觉的合一。经过如此诠释,我们就很容易看出《楞严经》修行论的特色实际上是返归本源、还归本觉的。这一特色的形成,也是其将如来藏思想落实于修行论的具体表现。

《楞严经》的另一重要内容是密教思想。卷七几乎用全卷的文字讲述了建立道场、诵念神咒的规则,还宣示了长达3600余字的神咒咒文,宣讲了诵持神咒的法力。卷五、卷六诸位大士、菩萨自述圆通部分中,也有不少密教内容,特别是观世音菩萨32应身的说法,明显属于密教。从经题而言,神咒应该是此经的核心,至少应该是除如来藏思想之外的另一中心。所以,中国历代经录都将其列入"秘密部"。尽管目前还未发现《楞严经》的梵文原本,但从其流入中国的时间,我们仍然可以大致推定它是属于印度大乘佛教中、后期的作品。公元六世纪至七世纪印度佛教逐渐密教化,《楞严经》自然免不了受此潮流影响。但是,此经又与纯粹的密教经典不完全相同,"理"、"行"两方面都与"显教"有许多关联。因此,即便它确实是一部密教经典,也应该说其走的是"显密结合"的路子。这也可以看做《楞严经》的特色之一。

正因为《楞严经》是一部晚出的经典,所以它在内容方面就显得十分庞杂和丰富,具有明显的兼容并蓄的性质。一般而言,印度大乘佛学有四系经典,即般若中观学、瑜珈唯识学、如来藏系以及密教经典。《楞严经》所包含的思想既不完全属于上述一系,也未脱离上述任何一系。纵观全经,"理"、"行"结合而显现的理论的严密性,显、密结合而呈现的综合性和包容性,是《楞严经》的最大特色。以如来藏思想为核心而形成的佛性论、心性论、修行论合一的严密的理论体系,正是其之所以在中国佛教享有特殊地位的深层原因。

四、《楞严经》对中国佛教的影响

《楞严经》译出不久,尽管受到少数人的怀疑,但是却受到了中国佛教僧、俗两界的普遍欢迎。不但有数家注疏问世,并且很快传入日本、西藏。经文译语的优美流畅,更博得历朝历代文人士大夫的喜爱。由于此经内容的广博和包容性,更多的信众将其当做大乘佛教的概论式的经典去阅读。更为重要的是,此经对唐代以后天台、华严、净土、禅宗以及佛事仪轨都产生了很大影响。

值得一提的是,尽管《楞严经》历来都被列入"秘密部",但其在中国佛教产生的影响却并不在密教方面。它虽然在唐代密宗"三初大士"大规模翻译密教典籍之前已经译出并且流通,但是对唐代汉密的形成并未产生明显影响。尽管其于汉译不久就被译成藏文,但是也没有留下有关影响藏密发展的史料。难怪有人要对其长期以来编入"秘密部"提出异议。① 有趣的是,《楞严经》本为密教经典,却对显教产生了巨大影响。"楞严咒"未能被唐代密教采纳,但其却成为后来显教佛事仪轨的重要组成部分。元代修订完成的《敕修百丈清规》赫然将《楞严咒》列为禅林必诵之咒。实际上,至迟从元代起,此咒已经成为各宗寺庙所做功课之一,直至今日,未曾改变。不过,公允地说,《楞严经》对中国佛教的影响确实更多地在其显教方面。

从上述对《楞严经》的介绍可以看出,此经既包含了《法华经》"诸法实相"的思想,而且也包括了《法华经》"开佛知见"、"三乘归一"的内容。明释真鉴于《大佛顶首楞严经正脉》中所归纳的此经的十条贡献,有五条与《法华经》及其天台宗有关。这五条是:"毕竟废立"、"直指知见"、"发挥实相"、"改无常见"以及"引入佛慧"等。天台宗的"一念三千"、"一心三观"以及"三谛圆融"的思想,都可以从此经中找到依据以加强其理论渗透力。《楞严经》的戒、定、慧"三学"并重的思想,与天台宗止观双修的思想恰有异曲同工之妙。因如此等等原因,不少台宗大德都对《楞严经》倍加重视,纷纷宣讲、制作注疏。宋代天台宗的"山家"、"山外"派都很重

---

① 参见李富华《楞严经释译》,第 322 页,高雄,佛光出版社,1996。

视《楞严经》,智圆、仁岳等专门撰写注疏弘扬此经。明代台宗大师真觉、传灯、智旭三代相承弘传《楞严经》,均有《楞严经》的注疏行世。经过宋、明的弘扬,《楞严经》在天台宗中的地位是稳固的,经中的许多内容已经渗入到天台宗的宗义之中。

现存的《楞严经》40余家注疏中,属于台宗就有三分之一。主要书目如下:宋仁岳《楞严经集解》10卷、《楞严经熏闻记》5卷;宋智圆《楞严经谷响钞》10卷;宋宗印《楞严经释题》1卷;宋思坦《楞严经集注》10卷;真觉《楞严经百问》1卷;一松《楞严经秘录》10卷;明智旭《楞严经玄义》2卷、《楞严经文句》10卷;清灵耀《楞严经观心定解》10卷、《楞严经科文》1卷、《楞严经大纲》1卷。近代台宗大德也有这方面的著述,不再赘列。

《楞严经》与《华严经》也有许多相近的地方。《楞严经》所说三界六道"唯心所现"的思想与《华严经》"三界唯心"的思想非常相像,将其"唯心"思想贯彻于轮回观念之中,又恰好可以弥补《华严经》这方面的简略之处。其次,于一毛端现宝王刹以及坐于微尘转大法轮的"楞严大定"与《华严经》的"华严三昧",也有许多相通之处。第三,《楞严经》所说的菩萨修行的"五十五阶位"与《华严经》所强调的菩萨"十地"恰好可以互相补充。第四,《楞严经》所体现的圆融思想对华严宗的"法界圆融"思想,是一个非常有力的支持。第五,《楞严经》所弘扬的"常住真心"思想恰好是华严宗赖以立宗的心性论根据。第六,《楞严经》所讲的"阴"、"处"、"界"以及诸法都依于如来藏而起的思想,实际上成为了后期华严宗论述"不变随缘、随缘不变"理论的又一典据。正是由于上述原因,历来的华严大德都将其视为己宗的宝典,以华严宗义解释《楞严经》的做法代代相承,直至当代仍然未曾断绝。宋代的华严宗大师戒还、子璿、净源等连续数代都相当重视《楞严经》,不光撰有《楞严经》注疏,子璿还署"长水疏主《楞严》大师"之号。明代贤首宗大师诛宏、德清也都很注意对《楞严经》的弘传。可以说,以《楞严经》经义充实华严宗义,反过来,以华严宗义解释《楞严经》,是这些华严大师一贯的做法。这种思路,与台宗以天台宗义解释《楞严经》的结论在许多方面都有不同。因此,二宗为此还常常发生争论。

现存的《楞严经》注疏,属于华严宗的最多。主要书目如下:宋子璿《楞严经义疏》20卷、《楞严经科文》1卷;宋怀远《楞严经义疏释要钞》5卷;宋戒环《楞严经要解》20卷;明真鉴《楞严经悬示》1卷、《楞严经正脉疏》10卷、《楞严经科文》1卷;明诛宏《楞严经摸象记》1卷;明德清《楞严经悬镜》1卷、《楞严经通义》10卷、《楞严经提纲》1卷;明圆澄《楞严经臆说》1卷;明通润《楞严经合辙》10卷;明观衡《楞严经悬谈》1卷;明广莫《楞严经直解》10卷;明真界《楞严经纂注》10卷;清续法《楞严经灌顶疏》;清通理《楞严经指掌疏》10卷、《楞严经悬示》1卷、《楞严经事义》1卷;清溥畹《楞严经宝镜疏》10卷、《楞严经悬谈》1卷、《楞严经科文》1卷。近代尊宿以贤首宗义解释《楞严经》的也不在少数,兹略。

《楞严经》对于宋代之后的禅宗也产生了巨大的影响。之所以如此,原因是多方面的,大要如下:首先,贯注于《楞严经》中的一个很重要的观念就是"悟入实相",而返归心源的修证之道与禅宗之"悟"非常相像。第二,"三种渐次"以及"六解一亡"的修行观本身就存在着顿悟和渐修结合的倾向。第三,《楞严经》所言的"楞严大定"本身就是一种禅观。第四,卷十所言的修习禅定于"五阴"之中容易出现的50种魔境或邪计,事实上成为后世坐禅者的指南。第五,值得深思的是,"楞严咒"正是首先被引入禅门成为丛林规式之后,才逐渐渗透到其他宗派的。禅宗僧人念诵《楞严经》,应该说是始于唐代。尽管将其记在神秀头上,十分牵强。但是此经译出未久,就引起了禅宗僧人的注意,是不会有错的。至宋代,永明延寿对《楞严经》很推崇。他的态度对以后的禅宗吸收《楞严经》,起了很大作用。元代禅僧天如惟则于《楞严经》用力最勤,以至于有些学者认为"唯则之思想从《楞严经》、《圆觉经》、《华严经》得来"[1]。综合而言,禅宗僧人对于《楞严经》的吸收有两条路子:一是将其当做"教"典,走禅教

---

[1] (日)忽滑谷快天:《中国禅学思想史》,朱谦之译,第694页,上海古籍出版社,1994。

合一之路;二是从中汲取禅悟的话头。

禅宗僧人不光喜欢念诵《楞严经》,而且撰写了不少以禅家观点解释《楞严经》的注疏,主要有:宋德洪《楞严经合论》10卷;宋咸辉《楞严经义海》30卷;宋可度《楞严经笺》20卷;元唯则《楞严经会解》10卷、《楞严经前茅》2卷、《楞严经圆通疏》10卷;明函昰《楞严经直指》10卷;明大韶《楞严经击节》1卷;明真可《楞严经释》1卷;明乘时《楞严经讲录》10卷;明元贤《楞严经略疏》10卷;明曾凤仪《楞严经宗通》10卷;清济时《楞严经正见》10卷;清净挺《楞严经问答》10卷。

《楞严经》对净土宗也有相当重要的影响。卷五大势至菩萨自述圆通章成为历代净宗大德弘扬净土法门的有力典据之一。现代净宗大师印光法师将其单独列出为《大势至菩萨念佛圆通章》,并且纳入净土立宗经典,成为"净土五经"之一。随着净土法门影响的日益扩大,此章愈来愈受重视。在《楞严经》中,大势至菩萨的念佛三昧依照"七大"本身的顺序应该排在第23位。但是,经文为了突出念佛圆通法门的殊胜,特意将其置于第24位。净土宗大德都认为,念佛圆通是与观世音菩萨的耳根三昧等量齐观的法门。这就是此章对于净土宗所具的特殊意义,也是《楞严经》对净土宗的最大影响。

《楞严经》自述圆通部分的顺序确实是经过特殊安排的。所言二十五圆通是十八界加上"七大",而观世音菩萨所述耳根圆通法门却被排列于第二十五位。不光文字比其他部分长了许多,而且经中又借文殊师利之口称赞此耳根圆通:"未来修学人,当依如是法。我亦从中证,非唯观世音。诚如佛世尊,询我诸方便,以救诸末劫,求出世间人。成就涅槃心,观世音为最。自余诸方便,皆是佛威神。即事舍尘劳,非是常修学,浅深同说法。"①这是说,观世音菩萨所说的耳根法门是最好的"成就涅槃心"的法门,最适合阿难及其会众以及末世众生。与其

---

① 《楞严经》卷六,《大正藏》第19卷,第131页中。

他法门相比，此法门最深、最殊胜。此经卷六所说的观世音菩萨"三十二应身"与《法华经》"普门品"所言的"三十三身"一起，逐渐被演化成为具有中国特色的"三十三观音"形象。《楞严经》中所言的观世音菩萨所具有的"十四种无畏功德"和"四种不思议无作妙德"等随机显化之力，更成为观世音信仰的重要原动力之一。《楞严经》卷六的这部分经文，与《法华经》"普门品"、《华严经》"入法界品"一起成为观世音信仰的三大典据之一。

在中国，弥陀净土、观音菩萨几乎是家喻户晓，妇孺皆知。古语所云"家家有弥陀，户户有观音"正反映了净土法门和观音信仰在中国大地的盛行情况，以及在民众之中的深远影响。《楞严经》在这两方面的影响，标志着其思想已经渗透到了民俗层面，可以说是将佛教典籍的渗透力发挥到了极致。同时，《楞严经》也是文人士大夫非常喜爱的经典，历来的注疏极多。重要的有：宋王安石《楞严经疏义》；宋张无尽《楞严经海眼》；明钟惺如《楞严经说》10卷；明焦弘《精解评林》3卷；陆西星《楞严经说要约》1卷、《楞严经述旨》10卷；清钱谦益《楞严经述解蒙钞》10卷；清凌弘宪《楞严经证疏广解》10卷；清刘道开《楞严经贯释》10卷。

这样，从宗派思想到文人士大夫，再到民间信仰及其民风民俗，《楞严经》都发挥了不可忽略的影响。明代智旭在《阅藏知津》中说，《楞严经》"为宗教司南，性、相总要，一代法门之精髓，成佛作祖之正印。"像《楞严经》这样既有深邃的理论，又可具体指导佛门修行实践，并且又影响到民众心理层面的佛教经典，确实是不多见的。虽然此经译出不久就有种种怀疑的论调，但并未影响我国僧俗两界对其所投入的崇敬和热情，也未影响信众对其所言净土、观音法门的信仰。因此，无论此经的真或伪，都不能动摇其在我国佛教发展史上逐渐确立的历史地位，也不能动摇现代佛教信众继续对其投入热情，继续崇拜信仰。

第三节 《仁王般若经》的汉译及其基本内容

《佛说仁王般若波罗蜜经》,又名《仁王护国般若波罗蜜经》,简称《仁王般若经》或《仁王经》。这部经尽管篇幅并不大,但在中国佛教中具有特殊的意义。首先,此经一度被列入"疑经"类,近代以来屡屡被当做"伪经"看待。其二,此经是中国佛教史上为数不多的体现佛教与政治关系密切的经典。其三,此经译出不久,就受到最高统治者的重视,并且形成影响深远的"仁王法会"仪轨,即使在现今仍然起作用。本文不揣冒昧,拟先就《仁王般若经》的汉译及其"疑伪"之争、《仁王般若经》的历代注疏、《仁王般若经》的结构及其基本内容等方面作些叙说分析,然后再依照现代方法参照古德的注疏,就《仁王般若经》的"内护"和"外护"思想的实际内涵作一分析,最后就此经在中国佛教史上曾经产生的重要影响以及此经的现代意义作些发挥归纳。

一、《仁王般若经》的汉译

《佛说仁王护国般若波罗蜜经》大概是在魏晋南北朝时期开始在中土流通的。鉴于当时特定的时代,译人、译地都存在不同的说法。遵循中土史学严格的求真求实的传统,对于不大确定的事情往往不轻易加载文字。《出三藏记集》和《法经录》从这一原则出发的严格记载,使得后世以"疑古"为特色的人们,对此经的来历大加怀疑,遂有《仁王般若经》为"疑伪经"的说法。

综合古代经录的记载,《佛说仁王护国般若波罗蜜经》先后有四种译本,现存两种。这四种译本如下:

第一,《仁王般若经》2卷,晋竺法护译,现今不存。

第二,《佛说仁王护国般若波罗蜜经》2卷,凡八品,姚秦鸠摩罗什译,今存。

第三,《仁王般若经》1卷,梁真谛译,现今不存。

第四,《仁王护国般若波罗蜜经》2卷,唐不空译,今存。

对于上述四种译本中的第一、第三种是否真的在历史上存在过,现存的第二种译本是否真的是鸠摩罗什所译,以及此经的梵文本是否存在过,这些问题,一些学者不同程度地表示过怀疑。而另外一些人,则相信《历代法宝纪》之后的中国古代佛教经录的记载。这就是所谓的《仁王般若经》的"疑伪"之争。对此,我们不能不首先加以辨析。

《仁王般若经》"疑伪"的说法,其来有自。最古老的说法就是《出三藏记集》所收署名为"大梁皇帝"的《注解〈大品〉序》一文中所说的:"讲《般若经》者多说五时。一往听受,似有条理;重更研求,多不相符。唯《仁王般若》具书名部,世既以为疑经,今则置而不论。"①可见,在梁代此经已经有来历莫辨的困境。但是,应该充分注意的是,此处所言为"疑经"而非"伪经"。从僧祐将之编入"失译录"来看,关于此经当时最为苦恼的是不知译者。后来隋代的《历代三宝纪》却提供了竺法护、鸠摩罗什作为译者,今人则以现代学术方法的"时间"原则检验之,反倒更增加了《仁王般若经》的"疑伪"程度。

现代很多佛教学者认为,《仁王般若经》肯定不是鸠摩罗什所译。近人游侠在为斯里兰卡主编的《佛教大百科全书》撰写的辞条则集"疑伪"说法的大成。游侠的说法有四个层次:第一,"旧传本经除现存的两种译本外,还有晋竺法护及梁真谛的译本,系《历代三宝纪》错误记载,不足信。"第二,《仁王般若经》"自《历代三宝纪》以后,始以此译为罗什译",因此,此经可能并非罗什所译。第三,"本经梵本之有无亦成问题"②。第四,"本经内容颇多可疑之处"③。这一解释被台湾蓝吉富先生主编的《中华佛教百科全书》收载,具有一定的影响。《佛光大辞典》则尽量以客观

---

① 僧祐:《出三藏记集》卷八,《大正藏》第55卷,第514页中。
② 中国佛教协会编:《中国佛教》(3),第132页,上海,知识出版社,1989年。
③ 同上书,第134页。

的立场叙述之,其文曰:"据《历代三宝记》载,本经共有竺法护、鸠摩罗什、真谛等三译,《大唐内典录》以下诸录均依其说。然《出三藏记集》卷四将此经编入失译杂经录,隋代《众经目录(法经录)》卷二则将此经编入疑惑录,谓此经非为罗什或竺法护所译。"台湾学者王文颜则在其著作《佛典疑伪经研究与考录》中力辨此经非"疑伪经"。他说:"《法经》依据出经始末和义理文词,判定此经为伪,其实不然。按,《仁王经》凡有四译……《法经》所指当为第二译。既然罗什之后尚有译本,而具有'存本'可供比对,则其非疑伪经之理由至为明确。"[1]本书甚为赞同王文颜先生的说法。遗憾的是,由于此书篇幅的限制,留给《仁王般若经》的考据也就100余字。有鉴于此,本书将在下文较为详细地辨析反驳对于《仁王般若经》"疑伪"的判定。

现存最早佛教经录——道安《综理众经目录》中,没有《仁王经》的记载。梁代僧祐编订的《出三藏记集》将其列入失译杂经录内。关于"失译杂经录",僧祐解释说:

"祐总集众经,遍阅群录;新撰失译,犹多卷部;声实纷糅,尤难铨品。或一本数名,或一名数本,或妄加游字,以辞繁致殊;或撮半立题,以文省成异,至于书误益惑,乱甚棼丝,故知必也正名,于斯为急矣!是以雠校历年,因而后定。其两卷以上凡二十六部,虽阙译人,悉是全典。其一卷以还五百余部,率抄众经,全典盖寡。观其所抄,多出《四含》、《六度》、《地道》、《大集》、《出曜》、《贤愚》及《譬喻》、《生经》,并割品截偈,撮略取义,强制名号,仍成卷轴;至有题目浅拙,名与实乖,虽欲启学,实芜正典,其为愆谬,良足深诫。今悉标出本经,注之目下,抄略既分,全部自显,使沿波讨源,还得本译矣!寻此录失源,多有大经,详其来也,岂天坠而地踊哉?将是汉魏时来,岁久录亡;抑亦秦凉宣梵,成文届止;或晋宋近出,忽而未详。译人

---

[1] 王文颜:《佛典疑伪经研究与考录》,第112页,台北,文津出版社,1997。

之阙,殆由斯欤？寻大法运流世移,六代撰注群录,独见安公。以此无源未足怪也。"①

《出三藏记集》所列的《仁王护国般若波罗蜜经》为一卷本②,因此,对于僧祐上述文字中关于"一卷失译"的说法之正确理解显得非常重要。表面看来,僧祐对于"一卷以还五百余部"批评甚为激烈,但是,仔细揣摩文义便会发现,僧祐的所有批评其实与《仁王般若经》无关。凡是属于僧祐所批评的"抄众经","并割品截偈,撮略取义,强制名号,仍成卷轴;至有题目浅拙,名与实乖"的情形,僧祐都"标出本经,注之目下"。然而,在《仁王护国般若波罗蜜经》名之下,并没有文字注出。可见,《仁王护国般若波罗蜜经》确实是属于僧祐所说的"将是汉魏时来,岁久录亡;抑亦秦凉宣梵,成文届止,或晋宋近出,忽而未详"这样可以理解的原因造成的"失译"。

正如上述引文中,僧祐对于失译原因的分析：其一,"汉魏时来,岁久录亡";其二,"秦凉宣梵,成文届止";其三,"晋宋近出,忽而未详"。因此,僧祐不知流传的某些经本的译者,并不一定可以肯定晚于僧祐的人就不能再行知晓。僧祐的生存年代为公元445年至518年,而据考证,《出三藏记集》之雏形撰写于齐代。"天监十四年以前,此书已行世。后又有所增加,故有天监十六年之作品在内,直至次年僧祐去世以前,皆在不断增补之中。"③梁武帝天监十四年(515)。在僧祐时代,由于战乱和南北分裂的原因,记载翻译佛典情况的资料(经录)传播并不广泛。殆至隋代南北统一,在资料较为完备的情况下,再行发现翻译《仁王般若经》的译者和出现新的译本,也在情理之中。

下文的分析,我们会很清楚地阐述出这样一个事实：隋代之前,《仁王般若经》确实有三个译本。然而,在资料缺乏或者说各自所得资料不

---

① 僧祐：《出三藏记集》卷四,《大正藏》第55卷,第210页中—下。
② 同上书,第219页下。
③ 苏晋仁、萧鍊子：《出三藏记集·前言》,第11页,北京,中华书局,1995。

同的情况下,隋代法经编写的《众经目录》和费长房编写的《历代三宝纪》等经录,对于《仁王般若经》作了不同的记载,关于《仁王般若经》的争议由之而起。

开皇十四年(594),隋文帝命释法经等20大德撰大隋《众经目录》七卷(通称《法经录》),法经在《众经目录》中将《仁王经》列入"疑惑录"。《众经目录》题《仁王经》二卷,下注云:"《别录》称此经是竺法护译,经首又题云是'罗什撰集佛语'。今案此经始末、义理、文词,似非二贤所译,故入疑。"①这里,可以得到这样的信息:第一,法经看到的经录记载《仁王经》二卷为"竺法护译"。第二,法经看到的实物《仁王般若经》在经首又有"罗什撰集佛语"的题名。第三,法经从出经始末、义理、文词三方面判定此经并非"竺法护"、"罗什"所翻译。从这三点看得很清楚,第一、第二点属于事实层面,第三点属于个人判定,而且并未讲出具体理由。法经对于《仁王般若经》的这一判定,未能得到后世经录学家的认同。在其三年后费长房编订的《历代三宝纪》就未采纳这一说法,而是根据新的资料作了记载。费长房的记载得到后世经录学家的普遍认同,唐代的智昇就直接否定了法经的说法。智昇说:"然《法经录》中以《随愿往生经》、《药师经》、《梵天神策经》、《仁王经》、《宝如来三昧经》、《占察经》、《梵网经》、《五苦章句经》、《安宅神咒经》、《遗教论》等并编疑伪者,不然,其《随愿往生》等三经出《大灌顶》,《仁王》等七经并翻译有源,编为疑伪将为未可。今编正录,此中不载。"②智昇所说的《仁王般若经》"翻译有源"就是以费长房的记载为依据的。

隋文帝开皇十七年(597),费长房等奉隋文帝之命编撰成《历代三宝纪》15卷。在这一经录中,有四卷提到《仁王般若经》。卷六载录"《仁王般若波罗蜜经》一卷",注文曰:"或二卷,见晋世《杂录》。"③卷八在"鸠摩

---

① 法经:《众经目录》卷二,《大正藏》第55卷,第126页中。
② 智昇:《开元释教录》卷一八,《大正藏》第55卷,第676页下。
③ 费长房:《历代三宝纪》卷六,《大正藏》第49卷,第612页下。

罗什译经"项下列入"《仁王护国般若波罗蜜经》一卷",注文曰"见《别录》。第二出,与晋世竺法护出者,文少异"[1]。卷一一在"真谛译著录"下列"《仁王般若经》一卷",注文则曰"第二出,与晋世法护出者少异,同三年在宝田寺翻,见《真谛传》"[2]。此中所言的"第二出"应为"第三出"之误。综合考察费长房关于《仁王般若经》的载记,可以明确地说,费长房等人对于《仁王般若经》的记载是严肃认真的,都注出了资料来源。费长房等人当时看到的许多资料后来大都散失,因此,导致当代学人对于《历代三宝纪》许多载记的怀疑和否定。近代以来的学者对于《仁王般若经》的"疑伪说"正是因此而出现的。

依照我们的上述引证,《仁王般若经》的"疑伪"说之所以形成,主要是由于僧祐《出三藏记集》、法经《众经目录》和费长房《历代三宝纪》三种经录的记载不同导致后人的怀疑所致。如此看来,究竟如何看待《历代三宝纪》的记载就成为其中的关键。

我们首先应该承认,正如古人以及当代学者所言,《历代三宝纪》在某些方面有不完善之处。譬如唐初佛教史学家道宣就说过:"至于入藏,瓦玉相谬,得在繁富,失在核通,非无凭准,未可偏削。"[3]但是,同时我们也应该看到,并不能因为这样的一些缺点就否定此书关于《仁王般若经》的记载。譬如游侠所说:"旧传本经除现存的两种译本外,还有晋竺法护及梁真谛的译本,系《历代三宝纪》错误记载,不足信。"[4]这一看法,奠定于僧祐、法经所知要超过任何后来者,所说自然要比后来者可靠些。实际上却不尽然,殊不知具体到佛教经典的翻译以及经录的流通,在南北朝以及隋初特定的情况下,先出的经录有一个占有资料不全的问题。

如前引证资料所说,《仁王般若经》在梁代就存在一个译者莫辨的问

---

[1] 费长房:《历代三宝纪》卷八,《大正藏》第49卷,第718页上。
[2] 费长房:《历代三宝纪》卷一一,《大正藏》第49卷,第99页上。
[3] 道宣:《大唐内典录》卷五,《大正藏》第55卷,第279页下。
[4] 中国佛教协会编:《中国佛教》(3),第132页。

题,因此,僧祐将其列入"失译录"中。现在的问题是,今人从先出者为"真"、后出者为"伪"这样一种"考据原则"出发,认定僧祐不知道的事情,隋代人是不可能知道事件的真相的。如果有人说出一种僧祐所不知晓的说法,肯定是后人的伪造无疑。但是,这样思考的人恰恰忘记了如前所引僧祐自己所说的造成失译的三种原因。如果我们认定僧祐所说有道理,那么后人在看到了僧祐未曾看到的史料的情形下,说出僧祐所不知晓的事情,是很自然的了。譬如,法经就看到了僧祐未能看到的记载"竺法护"翻译《仁王般若经》的《别录》,不过由于他又同时看到了题名为"罗什撰集佛语"的经本,所以,法经由此产生了怀疑。在编写《众经目录》时,如法经自己所说,掌握的资料不是很全面。法经在编撰完毕上隋文帝的表中说:"僧众既未获尽见三国本,校验异同,今唯且据诸家目录,删简可否,总摽纲纪,位为九录,区别品类。"①也正因为如此,在法经编完经录三年之后,隋文帝又命费长房等人编写新的经录。实际上,《历代三宝纪》所引用的史料要比法经的《众经目录》多得多。具体到《仁王般若经》上,费长房据晋世的《杂录》确定竺法护译本,依照《别录》确定鸠摩罗什的译本,依照《真谛传》确立真谛的译本。《杂录》是晋释道流、竺道祖创撰的《魏世经录目》、《吴世经录目》、《晋世杂录》、《河西伪录》四部之一。僧祐《出三藏记集》未见引用。法经说《别录》载有竺法护翻译《仁王般若经》之事。历史上存在的经录著作中,称为《别录》的有两种:一是东晋成帝时支敏度撰写的《别录》一卷,似是分类目录。二是南朝刘宋或萧齐不详作者的《众经别录》二卷,此录以三乘通教为类,当是受南朝名僧慧观的影响。后一种现有敦煌卷子写本,然仅残存上卷一部分。《出三藏记集》中引用了《别录》21次,最晚的是河西昙无谶的译籍。可见,《出三藏记集》引用的不可能是支敏度的《别录》。但是,同样使用了《别录》,僧祐为何没有提到费长房所看到的关于罗什译《佛说仁王般若波罗蜜

---

① 法经:《众经目录》卷七,《大正藏》第55卷,第149页上。

经》的事情呢？如果费长房所看到的《别录》确实是受慧观影响的宋或齐时的僧人所编写，而且费长房关于罗什译《佛说仁王般若波罗蜜经》的信息确实是从《别录》上得到的话，那么费长房的说法确实是最可信的。如果我们相信费长房等人的人格，相信其不会有意作伪的话，我们只能说，僧祐看到的《别录》与费长房看到的《别录》，或者不是同一作者所写，或者僧祐看到的并非全本。可惜的是，有"疑古"喜好的学者，总是容易将古代僧传中不同记载中的一方或者数方当做有意作伪。这种"喜好"严重妨碍了我们尽可能客观地看待古代佛教史籍中的有关记载。从这个角度言之，相信或者否定《历代三宝纪》中关于《仁王般若经》的记载，与其说是证据之间的争议，还不如说主要是由对待古代僧人所撰写史料的态度所决定的。

费长房在《历代三宝纪》卷一三的"入藏录"中，收入了"《仁王般若波罗蜜经》二卷"，注文曰"凡三译"①。尽管隋代的彦琮以及唐代的道宣、智昇等经录学家都不同程度地批评过《历代三宝纪》的某些疏漏、粗疏甚至轻信，但却都相继接受了《历代三宝纪》关于《仁王般若经》的说法。这绝不是偶然的，也不能简单地用以讹传讹来解释，只能从另一个侧面说明费长房的记载是正确的。

我们说《历代三宝纪》中关于《仁王般若经》有三种译本的说法是正确的，但这三种译本的译出时间仍然有一些不清楚的地方。

关于竺法护的《仁王般若纪》的译出时间，没有更多的资料，只有隋代的智顗在其《仁王护国般若经疏》中说："一者，晋时永嘉年，月支三藏昙摩罗察，晋云法护，翻出二卷，名《仁王般若》。"②《历代三宝纪》没有记载其译出时间。永嘉为西晋怀帝的年号，有六年，从公元306年至312年。据僧祐《出三藏记集》记载，竺法护于永嘉二年在天水寺译出《普曜

---

① 费长房：《历代三宝纪》卷一三，《大正藏》第49卷，第110页下。
② 智顗：《仁王护国般若经疏》卷一，《大正藏》第33卷，第254页中。

593

经》八卷,于永嘉六年即建兴元年(313)译出《大净法门经》一卷。依照智
顗的说法,竺法护翻译《仁王般若纪》就是在这一时间中。

关于鸠摩罗什译《佛说仁王般若波罗蜜经》的时间,智顗说:"二是伪
秦弘始三年,鸠摩罗什于长安逍遥园别馆翻二卷,名《佛说仁王护国般若
波罗蜜》。"①这一记载,似乎有一些问题。依照慧皎《高僧传》等记载,鸠
摩罗什于姚秦弘始三年(401)十二月到达长安,于次年(402)一月五日翻
译出《坐禅三昧经》三卷,二月八日译出《阿弥陀经》一卷。因此,说《仁王
般若经》于弘始三年译出,似乎不一定准确。

关于《仁王般若经》的第三译的时间,费长房在《历代三宝纪》中所
说,被许多人所误解。《历代三宝纪》卷一一说:"《仁王般若经》一卷",注
文则曰"第二出,与晋世法护出者少异,同三年在宝田寺翻,见《真谛
传》"②。此中的"同三年"被后来的智顗、道宣等人写成"大同三年",实际
上是错误的。智顗在《仁王护国般若经疏》中说:"三者,梁时真谛,大同
年于豫章实因寺翻出一卷,名《仁王般若经》。"③道宣在《大唐内典录》卷
十二中也说:"《仁王般若经》一卷,第二出,与晋世法护出者少异,大同三年
在宝田寺译,见曹毗《真谛传》。"④这一错误直到智昇才得以纠正。智
昇在《开元释教录》卷六中说:"《仁王般若经》一卷,承圣三年于豫章宝田
寺译,第三出,与西晋法护等出者同本。"⑤为什么智顗、道宣等人会误解
费长房的说法呢?原来费长房在叙述这一问题时,是与上文连在一起说
的。上文有曰:"《弥勒下生经》一卷,承圣三年于豫章宝田寺,第二译,为
沙门慧显等名德十余僧出。《仁王般若经》一卷,第二出,与晋世法护出
者少异,同三年在宝田寺翻,见《真谛传》。"⑥可见,智昇认为费长房在此
所言的"同三年"是说此经的翻译与《弥勒下生经》同在承圣三年(554)。

---

①③ 智顗:《仁王护国般若经疏》卷一,《大正藏》第33卷,第254页中。
②⑥ 费长房:《历代三宝纪》卷一一,《大正藏》第49卷,第99页上。
④ 道宣:《大唐内典录》卷四,《大正藏》第55卷,第266页上。
⑤ 智昇:《开元释教录》卷六,《大正藏》第55卷,第538页中。

为什么这样说呢？有三个重要原因。

第一，梁武帝大同年间（535—545）真谛尚未来中国，直至梁武帝中大同元年（546）八月真谛方才到达南海郡（今广东省南部），沿途停留，至太清二年（548）八月才到建业。① 因此，真谛根本不可能在梁武帝大同三年翻译《仁王般若经》。

第二，猜想智顗、道宣之所以将费长房的"同三年"理解为"大同三年"，恐怕一个重要的原因是感于费长房在下文所说的真谛撰有"《仁王般若疏》六卷"，注文曰"太清三年出"②。太清为梁武帝的年号，太清三年（549）三月侯景攻破梁都建康，梁武帝被困饿死。这就是说，据道宣所作《真谛传》的记载，真谛在侯景攻破建康之际，离开梁都，"乃步入东土。又往富春令陆元哲，创奉问津，将事传译，招延英秀沙门宝琼等二十余人，翻《十七地论》，适得五卷。而国难未静，侧附通传"③。据记载，真谛在东土未曾进行翻译，而于太清三年末或者太清四年初，离开东土，来到富春，在陆元哲的支持下方才开始翻译佛经。从这一情况看，费长房的说法是错误的。真谛写出《仁王经疏》的时间不可能是在太清三年。而唐代的圆测则说："三者，梁时承圣三年，西天竺优禅差国三藏法师波罗末陀，梁云真谛，于豫章宝田寺翻出一卷，名《仁王般若经》，《疏》有六卷。"④圆测的说法应该是正确的。

第三，据道宣《续高僧传》记载：真谛于承圣"三年二月，还返豫章，又往新吴始兴，后隋萧太保度岭至于南康，并随方翻译"⑤。可见，承圣三年（554），真谛确实在豫章从事佛典翻译。于这一年译出了《仁王般若经》一卷、《弥勒下生经》一卷，并且有可能在这一年撰写了《仁王经疏》六卷。

---

① 参见《真谛传》。真谛"以大同十二年八月十五日，达于南海，沿路所经，乃停两载。以太清二年闰八月，始届京邑"（道宣：《续高僧传》卷一，《大正藏》第50卷，第429页下）。
② 费长房：《历代三宝纪》卷一一，《大正藏》第49卷，第99页上。
③ 道宣：《续高僧传》卷一，《大正藏》第50卷，第429页下。
④ 圆测：《仁王经疏》卷上本，《大正藏》第33卷，第361页下。
⑤ 道宣：《续高僧传》卷一，《大正藏》第50卷，第429页下—430页上。

关于竺法护、鸠摩罗什以及真谛翻译《仁王般若经》的大致情况只能叙说到这个程度。在此，我们要指出，此经之所以在隋唐引起这样的争论，最重要的原因是上述三种译本并非同时在流通。如法经在《别录》中看到竺法护曾经翻译过《仁王般若经》，他看到的经本上却题的是"罗什撰集佛语"，因此，法经之所以产生怀疑，很大程度上是其未看到其他译本。而费长房则似乎看到了竺法护、罗什、真谛等三种译本，因为他说真谛的译本与竺法护的译本少异。现在的问题是，隋代彦琮说过："《仁王经》一卷，重翻，阙本，陈世真谛译。"①可见彦琮未看到真谛的译本。释彦琮撰的《众经目录》五卷完成于仁寿二年(602)，距离费长房完成《历代三宝纪》仅仅过了五年。真谛《仁王般若经》译本在费长房之后的五年内失踪，显得过于离奇。因此，人们很容易相信真谛的译本或者根本就不存在，或者至少在隋代已经不存在了。但是，我们通过仔细翻检考辨隋唐时期的资料，发现了这一事实，那就是智𫖮、吉藏、圆测、良贲等人都看到过真谛三藏的《仁王般若经本记》，而且智𫖮《仁王护国般若经疏》中也提到了《仁王般若经》的另外一种译本。——此在下节当详细论述，其结论将有助于加强我们在此所坚持的真谛三藏确实翻译过《仁王般若经》，而且此经在唐代前期曾经流通过。

然而，智昇在《开元释教录卷》第十四"大乘经重译阙本"中则说："《仁王般若经》一卷，或二卷，三十一纸，西晋三藏竺法护译，第一译。《仁王般若经》一卷，梁天竺三藏真谛译，第三译。右前后三译，一本在藏，二本阙。"②显然，可以肯定的是，至智昇所在的唐代开元十八年(730)，只能看到鸠摩罗什的译本了。

在唐代基本未见到对于《仁王般若经》的怀疑，仅仅在窥基撰写的《瑜伽师地论略纂》卷一〇中，窥基说过："如《仁王经》说有差别，地前有

---

① 彦琮:《众经目录》卷五,《大正藏》第 55 卷,第 175 页中。
② 智昇:《开元释教录》卷一三,《大正藏》第 55 卷,第 626 页中。

三心：一、信心。二、住心。三、坚心。信位中名习种姓住者，即十解、十行二十心，合为住心坚心，即十回向。西方寻访彼经，未闻有本。虽尔，今且会之。"①此中所说的"西方寻访彼经，未闻有本"一句被当做复述玄奘讲的话。有人则从这一论据出发，提出"本经梵本之有无亦成问题"②的结论。其实，由于印度抄写的经本很少，因此，在印度寻访梵文佛经抄本并非都能够实现。如《法显传》说："从波罗捺国东行，还到巴连弗邑。法显本求戒律，而北天竺诸国，皆师师口传，无本可写。是以远步，乃至中天竺。"③因此，玄奘即便是说过他在印度未曾寻访到《仁王般若经》的话，但他的本意也不大可能是由此怀疑《仁王般若经》的真实性。相反，由玄奘弟子完成的《大唐大慈恩寺三藏法师传》记载了玄奘前往印度时，接受高昌国国王请求为其宣讲《仁王般若经》的事。其文曰："仍屈停一月，讲《仁王经》，中间为师营造行服。法师皆许。"④从文中的叙述看，是高昌王提出请玄奘宣讲《仁王经》的。可见，在西域一带，《仁王般若经》也是相当流行的。而在窥基的著述中也可以找到其多次引用《仁王般若经》以证成己说的例子。因此，不存在《仁王般若经》并无梵文本而由中土伪造的问题，更何况不空三藏的翻译在后，有关资料都说依据的是梵本。

《仁王般若经》的第四译是由密宗大师不空完成的。圆照《贞元新定释教目录》卷一五对翻译的经过有详细的记载。

起初，不空"详览晋经，校于梵本，文义脱略，华夷语乖。录表上闻，再请翻译"⑤。不空于永泰元年（765）四月二日上的表文说：

兴善寺三藏沙门不空奏：伏以如来妙旨惠洽生灵，《仁王》宝义崇护国家。前代所译，理未融通，润色微言，事归明圣。伏惟宝应元

---

① 窥基：《瑜伽师地论略纂》卷一〇，《大正藏》第43卷，第129页下。
② 中国佛教协会编：《中国佛教》(3)，第132页。
③ 《高僧法显传》，《大正藏》第51卷，第864页中。
④ 慧立、彦悰：《大唐大慈恩寺三藏法师传》卷一，《大正藏》第50卷，第225页下。
⑤ 圆照：《贞元新定释教目录》卷一五，《大正藏》第55卷，第884页中。

圣文武皇帝陛下，睿文启运，浚哲乘时，弘阐真言，宣扬像教，皇风远振，佛日再明。每为黎元俾开讲诵其《仁王经》。望依梵甲再译旧文，贝叶之言永无漏略，金口所说，更益详明。仍请僧怀感、飞锡、子邻、建宗、归性、义嵩、道液、良贲、潜真、应真、慧灵、法崇、超悟、惠静、圆寂、道林等，于内道场所翻译。福资圣代，泽及含灵，寇盗永清，寰区允穆，传之旷劫，救护实深。①

在四月四日，唐代宗就下诏令不空"于大明宫南桃园翻译"②。于是，不空"爱集京城义学大德应制翻译"，具体人员和分工如下："三藏大兴善寺沙门三藏不空译梵本，大圣千福法花寺沙门法崇证梵本义，翻经大德青龙寺主沙门良贲笔受兼润文，安国寺沙门子邻润文，大安国寺兼西明寺上座沙门怀感证义，荷恩寺沙门建宗、大圣千福法花寺沙门飞锡、大荐福寺沙门义嵩、大兴善寺上座沙门潜真、资圣寺沙门道液、大兴唐寺沙门超悟、保寿寺沙门应真、西明寺都维那沙门归性、大兴善寺主沙门慧灵、西明寺沙门慧静等并证义，保寿寺沙门圆寂梵音，大兴唐寺沙门道林赞呗，崇福寺沙门义秀校勘，寺主沙门弘照检校。"③

《仁王般若经》的重新翻译从四月四日开始，至四月十五日即告完成。完成之日，唐代宗"于承明殿灌顶道场御执旧经对读新本，诏曰：唯新、旧经理甚符顺，所译新本文义稍圆。斯则金言冥契于圣心，佛口再生于凤诏。翻传先后，其在兹欤。三藏言善两方，教传三密，龙宫演奥，邃旨闻天，佛日再冲，真风永扇。诸大德等学该三藏，识达五明，性相圆通，内外精博。恭膺诏命，传译真乘，圣慈曲临，推谢理绝"④。

当经本仅仅在宫内由皇帝浏览之时，"京城大德乘如等，翘想甘露，如渴思浆，录表上言。乃陈表曰：永泰元年八月八日，大安国寺上座临坛大德沙门乘如等上表。沙门乘如等言：乘如闻，日月行于六合，求照者昆

---

① 圆照：《贞元新定释教目录》卷一五，《大正藏》第55卷，第884页中—下。
②④ 同上书，第885页上。
③ 同上书，第884页下—885页上。

虫。甘露垂于九霄,希润者草木。允所谓覆载不间,亭育无私,则蛟蚋可逸于长风,蛙蝇可游于沧海者也。伏惟,宝应元圣文武皇帝陛下,庆承尘劫信植河沙,威慑魔界声流佛刹。以宝位之重,崇宝偈之微;以金轮之尊,腾金口之教,百王千帝,曷可同年而语哉!乘如等幸逢昌运,叨寓玄门,常思讽诵,以答皇泽。伏承顷有恩旨,请不空三藏、义学沙门等,再译《仁王般若波罗蜜多经》,教理兼著,性相周圆,缄在龙宫,未颁鹿苑。僧等昧死敢以请闻。伏愿天慈示之法宝,兼欲依经请百法师置百高座,同宣句味,共殄祅氛"①。唐代宗当即准奏,"取二十三日于资圣、西明两寺共置百座,请百法师讲《仁王经》,及百大德转《密严经》等"②。后来,由于秋雨连绵,两次延期,至九月一日。"是日也,两街大德严洁旛、花、幢、盖、宝车,太常音乐梨园仗内及两教坊诣银台门百戏繁奏。时观军容使兼处置神策军兵马事开府仪同三司兼左监门卫大将军知内侍省事内飞龙廏弓箭等使上柱国冯翊郡开国公鱼朝恩与六军使陈,天龙众八部鬼神,护送新经出于大内。其经适出,彩云浮空,郁郁纷纷,照彰现瑞。洎乎已午,两寺开经,万姓欢心,祥云方隐。缁素瞻仰,获庆非常。"③九月二日,不空又上表请求皇帝亲制《大唐新翻护国仁王般若经序》,颁行天下。

这就是唐代宗时期不空三藏重新翻译《仁王般若经》的经过。在上述引文中,明确讲到不空"详览晋经,校于梵本"④,最终决定请求皇帝批准重新翻译。此中的"晋经"是指鸠摩罗什的译本。因为罗什翻译经典的姚秦时期,相当于东晋时期。因此,从华夏正统言之,用"晋经"的说法。还有,从译经的过程看,绝对不是对于罗什译本的改编,而是直接从梵本新本翻译而成。因此,说《仁王般若经》是否存在梵文原本还有疑问的说法,是根本站不住脚的。

此外,通过对数种《仁王般若经疏》中所蕴藏的大量相关资料进行分

---

①② 圆照:《贞元新定释教目录》卷一五,《大正藏》第55卷,第885页中。
③ 同上书,第885页下。
④ 同上书,第884页中。

析,我们至少说明了两大事实:一是智𫖮确实同时看到了三种《仁王般若经》的译本,隋代的吉藏、唐代的圆测、良贲等人确实看到了真谛三藏的《仁王般若经本记》。这些事实充分说明,在不空重译《仁王般若经》之前,确实有三种不同的《仁王般若经》译本存在过。那种"旧传本经除现存的两种译本外,还有晋竺法护及梁真谛的译本,系《历代三宝纪》错误记载,不足信"①的说法,可以休矣! 认为《仁王般若经》为"疑伪经"的说法也可以休矣!

二、《仁王般若经》的结构及其基本内容

《仁王般若经》是一部大乘佛教的单译经,从内容上属于般若类,由于其独特的护国佑民的内容受到中国佛教的重视,影响巨大。在此,拟从经文结构的角度,对其主要内容作一概括介绍。

1. 科判

关于本经的结构,历代的判释有同有异,大致有三种观点:

第一,真谛三藏的说法。据唐代圆测所说:"依《本记》大分为四:一、'发起分',即初《序品》。二、'正说分',谓次五品。三、'王得护国分',即《受持品》。四、'流通分',即《嘱累品》。"②

第二,依照东晋僧人道安的判释惯例,智𫖮等将此经分为三部分。智𫖮说:

> 圣人说法必有由渐,故初明"序分"。"序"彰"正"显,"利益"当时,名"正说分"。末世众生同沾法利,名"流通分"。此经八品,《序品》为"序分"。《观空》下六品为"正说分"。《嘱累品》为"流通分"。③

隋代的吉藏④以及唐代良贲等人沿袭了智𫖮的说法,但解释稍有不同。

---

① 中国佛教协会编:《中国佛教》(3),第132页。
② 圆测:《仁王经疏》卷上本,《大正藏》第33卷,第361页下。
③ 智𫖮:《仁王护国般若经疏》卷一,《大正藏》第33卷,第255页中。
④ 参见吉藏《仁王般若经疏》卷一上,《大正藏》第33卷,第315页下。

良贲则沿袭了智顗的说法:"今判此经依彼三分:一、教起因缘分,即初《序品》。二、圣教所说分,次之六品。三、依教奉行分,谓《嘱累品》。"①

第三,唐代的圆测虽然也采用三分法,但具体分层却有不同。圆测说:

> 今判此经,依《佛地论》大分为三:初之一品,名"教起因缘分"。次,有五品,名"圣教所说分"。后,有二品,名"依教奉行分"。显已闻等,即是教起所因所缘,故名"教起因缘分"。正显圣教所说法门品类差别,故名"圣教所说分"。显彼时众闻佛圣教,欢喜奉行,故名"依教奉行分"。即当旧说"序"、"正"、"流通"。"序",谓由序,起正说之由致。"正",即"正宗",辨所诠之宗义。"通",即"流通",摄末代之胜益。②

纵观上述三种分法,分歧在于第七品《受持品》的归属。其实从经文的内容看,《受持品》所表达的主题,可以归入"流通分"。智顗也已经注意到这一问题,他说过:"若望经文,《受持品》末'佛告月光'下,即是'流通分'云云。"③吉藏对此也作了说明:"若依文判者,《受持品》末'佛告月光'下即是付嘱。但前品明付嘱,辨不起七难。后品明付嘱,辨经分齐,故言《付属品》名'流通'也。"④这是说,《受持品》尽管也说到"付嘱",但说的是"不起七种灾难",最后一品则说的是此经的付嘱流通。因此,吉藏说第七品《受持品》应该归之于"正宗分"。

《仁王般若经》的主要内容是佛为会众叙说护卫佛果、护卫菩萨十地行法门以及守护国土的因缘,全经分为八品。

2. 经题·经体·经宗·经用

纵观中土佛教经疏所使用的诠释学体系,从时间上来说,以天台智

---

① 良贲:《仁王护国般若波罗蜜多经疏》卷一上,《大正藏》第33卷,第435页中。
② 圆测:《仁王经疏》卷上本,《大正藏》第33卷,第361页下。
③ 智顗:《仁王护国般若经疏》卷一,《大正藏》第33卷,第255页中。
④ 吉藏:《仁王般若经疏》卷一上,《大正藏》第33卷,第315页下。

顗的"五重玄义"最为系统、最为严整。由灌顶所记录的《仁王护国般若经疏》起首就说:"大师于诸经前,例作五重玄义:一、释名。二、辨体。三、明宗。四、论用。五、判教。"①此中,"释名"即解释一经之名称;"辨体"即辨一经之指归;"明宗"即明一经所主之修行;"论用"即论一经之胜能;"判教"即详称教相判释,即判释一经之教相及价值。智顗这一诠释佛经方法的提出,意义重大。在智顗之前,现存南北朝时期的经疏随文释义的情形甚为普遍,并未形成固定的模式。如前所论,净影慧远的经疏著作已经体现出相对固定的结构,但与智顗之"五重玄义"相比较而言,显得较为粗糙。因此缘故,吉藏在其所撰的《仁王般若经疏》中也采用了智顗《仁王护国般若经疏》中的诠释结构。圆测在其《仁王经疏》起首说:"将欲释经,四门分别:一、说经之意及释题目。二、辨所诠宗,能诠教体。三、显教所依,所为有情。四、翻译时代。"②良贲则说:"将解此经,略启四门:一、叙经起意。二、明经宗体。三、所摄所被。四、正解本文。"③尽管四家用以诠释《仁王般若经》的框架有所差别,但其中经题、经体、经宗、经用④等四方面是必不可少的。因此,本文首先从这四方面来解释《仁王般若经》的佛学思想。

关于《仁王般若经》之"经题"、"经体"、"经宗"、"经用"四方面,天台智顗在《仁王经疏》中说:"此经以人、法为名,实相为体,自行因果为宗,权、实二智为用,大乘熟酥为教相。"⑤这确实是一千多年来对于此经经义的最精辟概括,也被近现代的圆瑛法师撰述《仁王经讲义》时所使用。下文在论列四家的看法时以智顗所言为核心来组织文字。

如前所述,《仁王般若经》有四译,有两种译本现在仍然存世流通,而其经题有一点差别。姚秦鸠摩罗什所译的经题为《佛说仁王护国般若波

---

① ⑤ 智顗:《仁王护国般若经疏》卷一,《大正藏》第33卷,第253页中。
② 圆测:《仁王经疏》卷上本,《大正藏》第33卷,第359页上。
③ 良贲:《仁王护国般若波罗蜜多经疏》卷一上,《大正藏》第33卷,第429页中。
④ 圆测、良贲在《仁王护国般若波罗蜜多经疏》中未曾明确地说明"经用",但是,圆测在"显教所依,所为有情"部分、良贲在"所摄所被"部分提及此经所针对的众生之根机。

罗蜜经》,唐不空所译的经题为《仁王护国般若波罗蜜多经》。佛经之立题,依照古德所判,有七种方式:以"人"、"法"、"喻"三字,单方面的全名立题可有三种,双字两方面立题可有三种,三字三方面立题则有一种。此经题中,"佛"是教主,"王"是世主,皆"人"也;"国"是所护,"般若"是能护,皆"法"也;故属于以"人"、"法"来命名的经题。关于此经题的含义,智𫖮的解释被随后诠释此经的大德普遍采用。智𫖮说:

> 所言"佛"者,具德之义,自觉异凡,觉他异圣,觉满异菩萨。八音宣畅名"说",此能说之人也。"仁王"下,明所说之法。施恩布德,故名为"仁";统化自在,故称为"王"。"仁王"是能护,国土是所护,由"仁王"以道治国故也。若望"般若","般若"是能护,"仁王"是所护,以持"般若"故"仁王"安隐。若以"王"能传法,则"王"是能护,"般若"是所护也。又"仁"者,忍也。闻善不即喜,闻恶不即怒,能含忍于善恶,故云忍也。"王"者,统也,四方归统故也。此因缘释。①

智𫖮在此中所言有四层含义:第一,罗什经题中"人"的方面包含佛和"王"两方面,而不空所译经题中则仅包含"王"一方面。第二,"佛"为能说之人,"仁王、护国、般若波罗蜜"为所说之法。第三,"仁"的含义有两层次,第一层是"施恩布德",第二层是"忍"即"含忍善恶"。"王"的含义是"统化自在"、"四方归统"。第四,"护国"又有三层含义。第一层,"仁王以道治国","仁王"是能护,国土是所护。第二层,"持般若故仁王安隐",般若是能护,仁王是所护。第三层,从仁王传播佛法言之,仁王是能护,般若是所护。由此看来,"佛说仁王护国般若波罗蜜经"这一经题非常奇妙,完整准确地概括了说法的主体和经文的三项具体内容。

在佛教传统诠释学中,"经体"是指始终一贯地体现于经文中的内容,有"统"、"别"两种说法。"通义"是指佛经中的文字与含义两方面。"文"是所依体,即一切理所依;"义"是能依体,佛教一切义理都是依文

---

① 智𫖮:《仁王护国般若经疏》卷一,《大正藏》第33卷,第253页中—下。

603

字而得以显现,"义"是能依。因此,"文"与"义"同为能诠佛经之体。此正如智顗在《仁王护国般若经疏》中所引述的:"第二,辨体者,有人云'文、义为体',此通说也。"①而"经体"之"别说"则是指诸家往往在解释各经之时,针对某一部经的侧重,以自宗的观念对其作出解释说明。关于《仁王般若经》数智顗对于"经体"的说明最全面。

智顗首先引述并批驳了在其之前的几种观点:

> 有云"无相为体"者,四教皆有无相,无相永漫,亦通说也。有云"以五忍、十地为体",如下经云"五忍是菩萨法",具列五忍竟,结云"名为诸佛、菩萨修般若波罗蜜",故知因修般若证五忍,一切佛、菩萨无不由五忍而成圣,故以五忍十地为体。今则不然。②

此中,"四教"即智顗判教论中所说的"三藏教"、"通教"、"别教"、"圆教"。智顗上述文字中所引文字是鸠摩罗什所译《佛说仁王护国般若波罗蜜经·菩萨教化品》中的文字:"五忍是菩萨法,伏忍上、中、下,信忍上、中、下,顺忍上、中、下,无生忍上、中、下,寂灭忍上、下,名为诸佛菩萨修般若波罗蜜。"③现在的问题是,智顗在此所反对的"以五忍、十地为体"的判释恰恰是三论宗吉藏所坚持的,而且吉藏所说不但观点相同,连同文字也完全相同,其文曰:

> 第二,出经体。以五忍十地为体,故下文云"五忍是菩萨法",具列五忍竟下,结文云"名为诸佛、菩萨修般若波罗蜜",故知因修般若得证五忍。一切佛、菩萨无不由此五忍而成圣,故知五忍、十地为体。④

然而,吉藏在其经疏起首说过:"所集不同,随流各异,不能具出。天台智

---

①② 智顗:《仁王护国般若经疏》卷一,《大正藏》第33卷,第254页下。
③ 鸠摩罗什译:《仁王般若波罗蜜护国经》卷上,《大正藏》第8卷,第826页中。
④ 吉藏:《仁王般若经疏》卷一上,《大正藏》第33卷,第315页上。

者于众经中阔明五义,今于此部例亦五门分别。"①这显然说明,智顗所述的《仁王护国般若经疏》在前。

智顗在反驳了慧光或者真谛的观点之后,正面提出了自己的看法。他说:

> 先释"体"字。体者,法也。各亲其亲,各子其子,君臣撙节。若无体者,则非法也,出世间法亦复如是。善恶、凡圣,菩萨、佛,一切不出法性,正指实相为体。《普贤观》云:大乘因者,诸法实相。大乘果者,亦诸法实相。实相即法性,依此法性因,得法性果。故知此经以实相为体。
>
> 若别论之,般若二种:一、共二乘人说。二者,不共。准此,实相亦有二种:一共,二不共。共者,但见于空,不见不空。不断无明,但除见、思。此偏真实相。不共者,名中道实相。别教地前,次第修,初地方证。圆教一心,从初住乃至佛果,皆名圆证。若论权、实,即共者是化他之权,不共者是自行之实云云。约教,即般若是通,唯无三藏。有三乘共行十地,有别入通,有圆入通。通、正二傍,即通、别是权,圆教是实。此经虽具三教,正以圆实相为体也。②

智顗于此首先指出,世间法、出世间法都是以"实相"为体的,特别是大乘之因、果都是如此。其次,智顗从其四教的判教理论说明,作为此经之经体的"实相"是"圆教"之"实相"。

"经宗"是指经典主要之宗旨,或指根本的主张而言。与"经体"相比较,如以房屋为喻,则"经宗"为房屋之柱梁,"经体"为其他之构成材料。在《仁王般若经》之"经宗"问题上,诸家也是有分歧的。智顗与吉藏的主张也是完全相反的,智顗反对的恰恰是吉藏所支持的。智顗说:

> 第三,明宗。宗者,要也。所谓佛自行因果以为宗也。有"以无生正

---

① 吉藏:《仁王般若经疏》卷一上,《大正藏》第33卷,第314页中。
② 智顗:《仁王护国般若经疏》卷一,《大正藏》第33卷,第254页下—255页上。

观为宗",离有无二边,假云中道。故下文云"般若无知无见,不行不受,不生不灭"。此通教意,但得于权而失于实。今以佛自行因果以为宗要,令诸闻者欣乐增修,一色一香无非般若,般若真智离有离无。虽离有、无,有、无宛然。虽复宛然,只自无相,故以无相因果以为宗也。①

"自行"指自利之修行,又作"自利"。关于此处所说的"自行因果"的含义,智𫖮将其与作为"经体"的"实相"联系起来作了解释。他说:"又如钗钏金银是体,匠者造之是宗。今实相之理是体,修因得果为宗也云云。"②可见,智𫖮认为《仁王般若经》的"经宗"就是成佛之因和成就的佛果。而吉藏则说:

> 第三,明经宗。夫欲讲读经前须识大旨。此经以无生正观为宗,离有无二见,假言中道。故下文云"波若无知无见,不行不受,不生不灭,以般若不可思议故"。不生不灭者,是中道之异名。不思议,寂灭之别称,亦名佛性,即十方佛母。一大事者,即其事也。③

"无生正观"即中道正观,吉藏强调此经的宗旨是言说"中道正观"。

在智𫖮与吉藏的两种看法之上,圆测又记载了三种看法。圆测说:

> 言所诠宗者,诸说不同。略作三释:一云,此经"三种般若"以为宗旨。谓所观空理即是"实相",能证之智即是"观照",能诠圣教以为"文字"。是故《观空品》中说三般若。一云,此经宗明二谛。所以者何?《观空品》中明自利行,《教化品》中明利他行,菩萨观门不出二行,如是二行不出二谛。以真谛故,无能、所护。以世谛故,能、所二护自他行成。言二谛者,一者真谛是其空理,二者世谛即是有门。《二谛品》中当广分别。一云,此经世尊自判三法轮中无相为宗。故《解深密经》作如是说。初为发趣声闻乘者说四谛轮,如四《阿含

---

① ② 智𫖮:《仁王护国般若经疏》卷一,《大正藏》第33卷,第255页上。
③ 吉藏:《仁王般若经疏》卷一上,《大正藏》第33卷,第315页中。

经》。次为发趣菩萨乘者说无相轮,诸《般若》等。后为发一切乘者说了义教,具如彼说。①

圆测所说的第三种说法是指《解深密经》中所说的"三时"说的第二时"般若时",其所说的第一种观点被后来的良贲所接受,第二种被良贲所否定。

良贲说:

> 明此经者,题云"般若",即以为宗。《观如来品》别明三种,"实相"、"观照"以及"文字"。慈恩三藏更加二种,"境界"、"眷属"。通前五法,般若性故,般若相故,般若因故,般若境故,般若伴故。②

依照良贲的说法,此经是以"般若"为宗的。经中说"三般若",理解其义时须以玄奘所常言之五种般若为正义。"五种般若"如下:其一,"实相般若",指真如之理。此理为般若之实性,故称"实相般若"。其二,"观照般若",指清净无漏之慧。此慧能照见诸法无相,悉皆空寂,故称"观照般若"。其三,"文字般若",指般若之章句。语言文字能诠般若之理,其性空寂,故称"文字般若"。其四,"眷属般若",指六度万行。六度万行与妙慧相应,而能成就般若,为观照慧性之眷属,故称"眷属般若"。其五,"境界般若",指一切诸法。诸法为般若真智之境界,境无自相,由智显发,故称"境界般若"。良贲在文中也记载了三种不同看法:

> 有义"此经观照为宗",经说五忍即是慧,故生空、法空、根本、后得、远近加行,皆是经宗,十四忍中无不摄故。
>
> 有义"此经实相为宗",经自说云"以诸法性即真实故,无来无

---

① 圆测:《仁王经疏》卷上本,《大正藏》第33卷,第360页上—中。
② 良贲:《仁王护国般若波罗蜜多经疏》卷一上,《大正藏》第33卷,第432页上。

去,无生无灭"等。

> 有义"此二合为经宗"。性、相名殊,体、用无别。因或具阙,果必俱故。又即此二,是正所求,若因若果,俱修证故。又即此二,是真实身,合立为宗,义符顺故。①

此中所说的第一种"观照为宗"似乎与吉藏所言类似,其他两种不知是何人所说。此外,良贲还明确反对"以二谛为宗"的主张。他说:"问:经明二谛,何不为宗? 答:先德以彰,为宗无失。又此智证事理皆周,此以摄彼,不别。"②这是说,"二谛"已经为"般若"所包含,所以以般若为宗即可,不必单独将"二谛"立为经宗。

"经用"是指各经对于修行者的作用等等。关于《仁王般若经》的"经用",智𫖮说:

> 第四,辨用。用者,力用也。有人云:此经以内、外二护为用。内护者,下文云"为诸菩萨说护佛果因缘、护十地行因缘"。言外护者,下文云"吾今为汝说护国因缘,令国土获安,七难不起,灾害不生,万民安乐",名外护也。此但得一俗一真,真又不定。通、别、圆皆有十地,为护何者十地? 故不可全依。今以诸佛二智为力用,以诸如来皆以实智自照,权智照他。然此经有三种权、实,通、别虽有实智亦名为权。圆教虽复有权,亦总称实,以圆教是佛自行二智,照理即鉴机,鉴机即照理。如萨婆悉达弯祖王弓满名为力,穿七铁鼓、贯一铁围山、洞地彻水,名为用。通、别力用微弱,如凡人弓箭。何者? 以通裹化他二智,或等照理不遍,或次第方知。不若圆教圆照圆证,故以圆中二智为用也。③

智𫖮在此是以圆教来说明《仁王般若经》的力用的。智𫖮所说的"诸佛二

---

① 良贲:《仁王护国般若波罗蜜多经疏》卷一上,《大正藏》第33卷,第432页上一中。
② 同上书,第432页中。
③ 智𫖮:《仁王护国般若经疏》卷一,《大正藏》第33卷,第255页上一中。

智"是指"权智"与"实智"。"权智"又称"方便智",为通达权巧方便之智慧。"实智"是契合实理之智慧。智顗在《法华玄义》卷三(下)又将"权"、"实"二智分为七种来加以说明。——此不赘述。

与前面所说"经体"、"经宗"的情形相似,吉藏坚持了智顗所反对的对于《仁王般若经》的判定,而且在语言文字方面几乎与智顗所引完全相同。吉藏说:

> 第四,辨经用。此经以外、内二护为用。内护者,下文云"为诸菩萨说护佛果因缘、护十地行因缘"。所言外护者,下文云:"吾今为汝说护国土因缘,令国土获安,七难不起,灾害不生,万民安乐",名外护也。①

如果将"经宗"当做每一部佛经的特殊内容看待的话,吉藏所坚持的"以内、外护为宗"的解释却也别有意义,也许比智顗所说的"诸佛二智"更为直接显赫地体现出《仁王般若经》的特殊性。

从上述分析已经可以看出,关于《仁王般若经》的"经体"、"经宗"、"经用"的解释,最基本的观点是智顗所提出的新解释与吉藏所坚持的观点。唐代之后的诸家基本上是在此二说基础上的重新综合。那么,智顗所反对的观点与吉藏所坚持的观点之间究竟是什么关联呢?针对这一问题,周叔迦先生曾经说过:"智者于陈至德元年,因少主请,于建业屡讲斯经,疏当成于此时。今此疏称智者,此称乃隋开皇十一年晋王杨广从受菩萨戒时所尊师号。是此疏之出甚晚。则天台疏中所呵,当是兴皇朗公之义,而藏公祖述云尔。"②周先生所言智顗以及吉藏《仁王般若经疏》之大致形成年代甚为合理,但关于吉藏对于《仁王般若经》之"经体"以及"经宗"、"经用"的看法来源的推测很大可能是错误的。在现存的文献

---

① 吉藏:《仁王般若经疏》卷一上,《大正藏》第33卷,第315页中。
② 周叔迦:《释典丛录·仁王护国般若波罗蜜经疏八卷》,《周叔迦佛学论著集》(下集),第984页,北京,中华书局,1991。

中，未曾发现兴皇法朗宣讲过或者撰述有《仁王般若经疏》的记载。① 而如前所考释，早于智顗之前的《仁王般若经疏》有慧光和真谛的两种，慧光的《仁王经疏》如本文所考证，即现存的敦煌本 S.2502 号，而真谛的《仁王般若经本记》在吉藏、圆测、良贲的经疏中屡有引述。因此，智顗反对而被吉藏所引用的关于《仁王般若经疏》之"经体"、"经宗"、"经用"的解释，很大可能是慧光或者真谛的看法。二者之中，以真谛三藏的可能性最大。为什么呢？

首先，如前所论，吉藏在《仁王般若经疏》中有十五处引用"三藏师"的有关解释，并有十四次标出"三藏师"，有一次标出"三藏《记》"。此处的"三藏师"、"三藏"就是指真谛。

其二，在智顗和吉藏论述《仁王般若经》之"经体"、"经宗"、"经用"的三段文字中，作为智顗反对的"他说"引述的文字与吉藏主张的完全一致。而吉藏所作《仁王般若经疏》明确在智顗之后，尤其是，吉藏在坚持其说之时，未曾提及或者反驳智顗所言。这在智顗《仁王护国般若经疏》已经流传的情形下，是值得深思的。我们以为，吉藏之所以不加辩驳地言说自己的主张，是因为自己所讲的观点来自于某位权威。而智顗的反驳并未动摇这一权威解释的影响力。在撰述过《仁王般若经疏》的慧光、真谛与周先生所言的吉藏之师法朗三人之中，自然是真谛三藏更具权威性。

其三，将智顗和吉藏在论说"经体"、"经宗"、"经用"之时所引用的《仁王般若经》经文与现存鸠摩罗什的译本对照，"经体"部分与罗什译本完全一致，而"经宗"、"经用"部分与罗什译本差距甚大。当然，古人引用经文常常有节引、意引的情形。因此，也不能直接依据此条就断定吉藏

---

① 关于"经体"问题，由于有"通"、"别"二说，也存在一些佛经的诠释者在解释类似经典时，采取相同说法的情形。因此，从理论上，也存在吉藏将兴皇法朗把对于其他经典的解释移植到对于《仁王般若经》的解释上的可能。但是，其一，智顗所引述的文字与吉藏的文字几乎完全相同；其二，在吉藏的其他著述中，未曾找到"五忍十地为经体、无生正观为经宗"的情形。因此，基本上可以排除吉藏移植法朗说法的可能性。

所引就一定是真谛的观点。

其实,如果我们超越于隋唐古德的宗派限制,关于《仁王般若经》之"经体"、"经宗"、"经用"的不同说法及其之间所发生的争论,其实为我们指出了理解此经经义的重点所在。上述分析所涉及到的一些思想命题,譬如"实相"、"般若"、"二谛"、"五忍十地"、"内护"与"外护"等等,都是此经经义的关键所在。如果将隋唐古德所言的这些方面综合起来,我们对于《仁王般若经》含义之理解可能会更贴切、更全面些。

3. 叙经起意

关于《仁王般若经》的经义,算唐代良贲的概括最为完备。良贲曾经参与了不空翻译《佛说仁王护国般若波罗蜜多经》的全过程,其撰写的《仁王护国般若波罗蜜多经疏》既秉承了自己的法相唯识学传统,又传达了不空所传授的密法的精义,可以看做《仁王般若经疏》中的精品。良贲在"叙经起意"中分"总"和"别"两层来说明此经的核心意义。良贲说:

> 夫诸佛出兴,根缘感赴诸经处、会,各对宜闻。今说此经广陈二护,十四王等有圣有凡,皆育黎元,植菩萨事。此故经云:"波斯匿等十六国王睹希有相,咸作是念:世尊大慈,普皆利乐我等诸王云何护国?"如来大悲平等济利。佛言:"善男子,吾今先为诸菩萨等说护佛果、护十地行。"——广明内护。又《护国品》云:"一切国土若欲乱时,有诸灾难,贼来破坏。"——广明外护。备陈二护,利乐不断说此经矣。①

此引文中所说"十四王"是指经文中"十四忍"所象征的菩萨修行的十四阶位。依照良贲的看法,佛陀每一次赴会讲法都是针对某种特定的因缘和众生的特定根机。此次面对十六大国的国王,佛陀的目的就是广陈"二护"的问题。"内护"是护卫"佛果、十地行"因缘,"外护"是护卫"国土"。这是良贲所说的"总"即"总体"方面来论说此经的内容。

如前所分析,《仁王般若经》的"正宗分"六品其纲目就是"内护"和

---

① 良贲:《仁王护国般若波罗蜜多经疏》卷一上,《大正藏》第33卷,第429页中一下。

611

"外护"。在"内护"方面突出的是"护佛果因缘"和"护十地行因缘",在"外护"方面突出的则是以般若治国、治心的理念。——此在下文当再行详论。

从"别"即"分别"而言《仁王般若经》的内容,良贲分为六个方面作了详细的说明。良贲说:

> 次,别明者,略有六门:一、明佛母。二、明胜德。三、明修行。四、明次第。五、明同说。六、明佛果。诸佛所生心由智母,母出生佛;令德无俦,令德外章;修行是稟;修行之渐,次第浅深;非佛独言,诸佛同说;从因成得,故辨果圆。有此六门是说经意。①

良贲在其文中列举了上述六个方面内容在《仁王般若经》中的具体体现:

第一,从"佛母"而言,"一切诸佛从般若生,般若即是诸佛之母"②。不空所译的《不思议品》中说:"此般若波罗蜜多是诸佛母、诸菩萨母,不共功德神通生处,诸佛同说,能多利益。"③又在《奉持品》中说:"大王,般若波罗蜜多能出生一切诸佛法,一切菩萨解脱法,一切国王无上法,一切有情出离法。"④总之,"佛从母生,还彰母德,力能护国,故说此经"⑤。

第二,从"胜德"即殊胜的德用而言,"所诠般若能生诸佛,能诠之教岂有比方"⑥?这是说,此经所宣说的对象就是能生佛、菩萨的般若智慧,而作为能够展现般若智慧的"经教",其功效岂是语言能够比拟说明的?良贲引用了《观如来品》中佛所说的话来说明之:"若有人于恒河沙三千大千世界满中七宝以用布施,大千世界一切有情皆得阿罗汉果,不如有人于此经中,乃至起于一念净信,何况有能受持、读诵、解一句者?"⑦又引用《二谛品》所说:"若有人能于此经中起一念净信,是人即超百劫、

---

① ② ⑤ ⑥ 良贲:《仁王护国般若波罗蜜多经疏》卷一上,《大正藏》第33卷,第429页下。
③ 不空译:《仁王护国般若波罗蜜多经》卷下,《大正藏》第8卷,第841页上。
④ 同上书,第843页中。
⑦ 不空译:《仁王护国般若波罗蜜多经》卷上,《大正藏》第8卷,第836页上。

千劫、百千万劫生死苦难,何况书写、受持、读诵、为人解说所得功德?即与十方一切诸佛等无有异。"①从经文本身所彰示的弘扬此经的殊胜功德出发,良贲进一步总结说:"彰经胜德,表法难闻。全身尚轻,半偈斯重。诸佛同说出离正因,若不因经无容解脱,令生解脱,故说此经。"②这是说,此经最主要的功德是有助于众生解脱。

第三,从"修行"而言,此经最为独特的地方在于"略开五忍为十四忍"③。良贲引用《菩萨行品》中佛所说的话来说明之:"善男子,此十四忍十方世界过去、现在一切菩萨之所修行,一切诸佛之所显示,未来诸佛、菩萨摩诃萨亦复如是。若佛、菩萨不由此门得一切智者,无有是处。何以故?诸佛、菩萨无异路故。……"④关于"十四忍"在此经中的重要性,良贲说:"于诸忍中备彰胜行,令脱苦缚,故说此经。"⑤

第四,从"次第"而言,"菩提、涅槃是所求证,须修万行,时历僧祇,从浅至深,次第悟证"⑥。良贲引用《奉持品》中佛说的话来说明之:"大王,汝今谛听!从习忍至金刚定,如法修行十三观门,皆为法师依持建立。"⑦此"十三观门"也是《仁王般若经》中的独特内容,"故十三门广明修断,一德不备,无由归源。勿谓一门致少功力,便能圆证无上菩提。具明修断,故说此经"⑧。

第五,从"同说"而言,"诸佛利乐,随对根宜,穷其至理,宗无异说"⑨。良贲引用《二谛品》中佛所说的话来说明之:"大王,一切诸佛说般若波罗蜜多,我今说般若波罗蜜多无别。汝等大众受持、读诵、如说修行,即为受持诸佛之法。"⑩这是说,佛陀于此处所说的"般若波罗蜜多"与一切诸佛所说无二无别。

第六,从"佛果"而言,"菩萨多劫众行庄严,因满果圆,称究竟位,非

---

①⑩ 不空译:《仁王护国般若波罗蜜多经》卷上,《大正藏》第8卷,第839页下。
② 良贲:《仁王护国般若波罗蜜多经疏》卷一上,《大正藏》第33卷,第429页下—430页上。
③⑤⑥⑧⑨ 同上书,第430页上。
④ 不空译:《仁王护国般若波罗蜜多经》卷上,《大正藏》第8卷,第838页中。
⑦ 不空译:《仁王护国般若波罗蜜多经》卷下,《大正藏》第8卷,第841页上。

相无相，永超生灭。"①"如下文中，十三法师由断续生烦恼障，故得真解脱；由断碍解所知障，故得大菩提。"②这是说，《受持品》的十三法师通过修行十三种观门而断除"烦恼障"和"所知障"，最终得以成就佛果。

良贲从上述六方面对于佛宣说《仁王般若经》的缘由及其本意作的概括，无疑是全面的、准确的。但在论说方面，也许由于经疏文体的限制，在《经疏》的卷一，并非非常完备。下文我们重点在两方面作些补充论述：其一，从"修行"及其"次第"而言，《仁王般若经》所说的"十四忍"和"十三观门"作为此经的特殊提法，需要加以强调分析。其二，从"佛母"及其"胜德"而言，此经所宣说的"般若"思想与"仁王护国"理念之间的关系，也有结合当今社会现实再作些分析的必要。

三、"十四忍"与"十三法师"

佛陀在《仁王般若经》的《菩萨教化品》和《受持品》两处宣讲菩萨修行的阶位，而且所说的角度在其他经文中几乎未曾见到，其具体名目就是"十四忍"和"十三观门"、"十三法师"。

《菩萨教化品》中说：

> "世尊，护十地行菩萨云何行可行？云何行化众生？以何相众生可化？"
>
> 佛言："大王，五忍是菩萨法。伏忍上、中、下，信忍上、中、下，顺忍上、中、下，无生忍上、中、下，寂灭忍上、下，名为诸佛菩萨修般若波罗蜜。"③

《受持品》中说：

> 有修行十三观门。诸善男子，为大法王，从习忍至金刚顶，皆为

---

① 良贲：《仁王护国般若波罗蜜多经疏》卷一上，《大正藏》第33卷，第430页上。
② 同上书，第430页中。
③ 鸠摩罗什译：《佛说仁王般若波罗蜜经》卷上，《大正藏》第8卷，第826页中。

法师依持建立。汝等大众,应如佛供养而供养之,应持百万亿天花、天香而以奉上。①

经文中所说的"十四忍"和"十三观门"与大乘佛教中常说的菩萨修行阶位构成一定的对应关系。佛是佛教的最终目标,学佛、修行的最终目的就是获得解脱,达到最高的理想境界——成佛。菩萨自初发菩提心,累积修行之功德,以至达于佛果,其间所历经之阶位称之为"菩萨阶位"。关于菩萨阶位之位次、名义,诸经论所说不一,菩萨阶位说也是随着佛教教理史的发展而发展。在四十一位、五十一位、五十二位、五十七位等各种菩萨阶位说之中,自古以降,《菩萨璎珞本业经》所举之五十二位说——"十信位"、"十住位"、"十行位"、"十回向位"、"十地位"、"等觉"、"妙觉",以名义之整然,位次之无缺,而广为一般采用。与其他类似的经典略有不同,《华严经》采取的是"十信"、"十住"、"十行"、"十回向"、"十地"、"佛地"等五十一层菩萨修行阶位。而《仁王般若经》所讲的"十四忍"则是将菩萨在"十住位"、"十行位"、"十回向位"、"十地位"、"等觉"等四十一位所修证获得的境界归并为"十四忍"。这与《华严经》所言颇为接近。"十三观门"则分别与前十三种阶位之"忍"构成对应关系。因为"十四忍"的最后一位"上品寂灭忍"属于佛位,而《受持品》所说的"十三法师"属于菩萨,因此,《仁王般若经》仅仅说"十三观门"和"十三法师"。下文参照佛教其他经典的说法,对《仁王般若经》中这两大段落经文的含义作一分析疏解。

关于"伏忍",智𫖮解释说:"地前三贤未得无漏,未能证,但能伏不能断,故为伏忍智也。以有智故,能伏烦恼。"②这是说,菩萨在"十地"之前的三贤位即获得"伏忍"。"三贤位",法相唯识学也称其为"资粮位"。菩萨进入"资粮位",已经对佛教解脱的道理有深刻信仰和理解,能够资助

---

① 鸠摩罗什译:《佛说仁王般若波罗蜜经》卷下,《大正藏》第8卷,第831页上。
② 智𫖮:《仁王护国般若经疏》卷三,《大正藏》第33卷,第269页中。

菩提法身之"得",因以"资粮"喻之,因而名之为"资粮位"。至于"资粮位"之"相状",《成唯识论》有一描述:"从发深固大菩提心乃至未起识,求住唯识性。于二取随眠,犹未能伏藏。"①这是说,"资粮位"是从发菩提心到"未起顺决择识,求住唯识真实胜义性"②。在"资粮位",能取之"识"和所取之"境"还未消除,"二取"即"我取"和"法取"的"种子"仍眠伏在第八"阿赖耶识"之中。此位包括"十住"、"十行"和"十回向",构成"三贤位"。既为"贤位",则仅"达至"贤者之境而非"至"圣者之境。

第一,"伏忍下品"与第一位法师。

《菩萨教化品》中如此宣说证得"伏忍下品"的菩萨:"善男子,初发想信,恒河沙众生修行伏忍。于三宝中生习种性十心——信心、精进心、念心、慧心、定心、施心、戒心、护心、愿心、回向心,是为菩萨能少分化众生,已超过二乘一切善地,一切诸佛、菩萨长养十心为圣胎也。"③关于此章经文,智𫖮解释说:"先释十住,文为五别:一、明方便。二、明入位。三、显力用。四、释超过。五、成圣因。"④依照智𫖮的解释,"初发想信,恒河沙众生修行伏忍"这一句即"明方便"。其中,"发想信"是说,修行者进入"十信"之中而尚未进入"十住",不见道理,只能在"想"、"信"层面体味菩萨境界;"恒沙"即以恒河之沙形容发心者众多。"于三宝中"这一句即"明入位"的内容。菩萨在"十住位"最重要的是在佛、法、僧三宝之田中生起此十种心。"是为菩萨能少分化众生"一句即"明力用"的内容。"以十住菩提作铜轮王,王南、西二方,名'少分化众生'也。"⑤"已超过二乘一切善地"即智𫖮所说的"释超过"的内容,即进入"十住"的菩萨已经断除无明,超越了声闻、缘觉二乘的境界。"一切诸佛、菩萨长养十心为圣胎也"即"成圣因"的内容。"十心是因,诸佛、菩萨是缘,因缘和合故成圣胎

---

① ② 玄奘译:《成唯识论》卷九,《藏要》第四册,第741页。
③ 鸠摩罗什译:《佛说仁王般若波罗蜜经》卷上,《大正藏》第8卷,第826页中。
④ 智𫖮:《仁王护国般若经疏》卷三,《大正藏》第33卷,第269页中。
⑤ 同上书,第269页下。

也。"①"十住"菩萨,长养圣胎,相形具足,犹如从佛之王子。此即"圣胎"的含义。

与此相应的是《受持品》所说的第一位法师——习种性菩萨。经文较长,可分为三层去理解:

其一,经文云:"善男子,其法师者是习种性菩萨。若在家婆蹉、优婆蹉,若出家比丘、比丘尼,修行十善,自观己身地、水、火、风、空、识分分不净。复观十四根,所谓五情、五受、男女、意、命等有无量罪过故,即发无上菩提心,常修三界一切念念皆不净,故得不净忍观门。住在佛家,修六和敬,所谓三业同戒、同见、同学,行八万四千波罗蜜道。"②这一段经文包括了智𫖮所说的"一、标位。二、辨差。三、行业"③三部分。"标位"即宣说第一位法师为"习种性菩萨","习"为熏习的意思,是说修行者于三宝真净法中,生起十种信心,熏习成种,以为趣向佛道之性。"行业"即修行境界,"十善"即"十信心"。这一阶位中的菩萨,行十信,起观照般若,修"不净观"。具体言之,先观自身六大——"地"、"水"、"火"、"风"、"空"、"识"不净;其次,观"十四根"不净;再次,观三界不净。

其二,经文云:"善男子,习忍以前行十善菩萨有退有进,譬如轻毛随风东西,是诸菩萨亦复如是。虽以十千劫行十正道,发三菩提心,乃当入习忍位,亦常学三伏忍法,而不可名字,是不定人。是定人者,入生空位,圣人性故,必不起五逆、六重、二十八轻,佛法经书作返逆罪,言非佛说,无有是处。"④智𫖮说此部分的含义是"举劣况胜"⑤,即与"十信"之前的修行者进行比较,以显示"十住位"菩萨的殊胜。"习忍"即指"习种性菩萨"所修行之"伏忍"下品。在"十住位"之前的修行者,有进有退,如果以一万劫的时日来修行十善,发菩提心,即可进入"十住位";否则,即可能

---

① 智𫖮:《仁王护国般若经疏》卷三,《大正藏》第33卷,第269页下。
② 鸠摩罗什译:《佛说仁王般若波罗蜜经》卷下,《大正藏》第8卷,第831页上—中。
③⑤ 智𫖮:《仁王护国般若经疏》卷五,《大正藏》第33卷,第282页下。
④ 鸠摩罗什译:《佛说仁王般若波罗蜜经》卷下,《大正藏》第8卷,第831页中。

退转。而一旦进入"十住位"之后,修行者就不再会退转,不会再犯"五逆"、"六重"、"二十八轻戒",也不会诽谤佛法经典,妄说这些经典不是佛所说。

其三,经文云:"能以一阿僧祇劫修伏道忍行,始得入僧伽陀位。"①此句即是智顗所说的"入位时节"②。"阿僧祇"为无数劫的意思。"'僧伽陀位'者,相传释云'性种性',或云'离著',谓证人空而不执著我有情等。"③这是说,菩萨在"伏忍下品"修行一阿僧祇劫,才可以进入"十行位"。

关于《仁王般若经》中所讲的"伏忍下品"及其所修的"观门",可以参照《华严经·十住品》④来理解,"十住"如下:第一,"发心住",是指修得善根之人以真方便发起十信之心,信奉三宝,常住八万四千般若波罗蜜,受习一切行、一切法门,常起信心,不作"邪见"、"十重"、"五逆"、"八倒",不生"难处",常值佛法,广闻多慧,多求方便,始入空界,即住于空性之位,于心生出一切功德。第二,"治地住",修行者常随空心,净八万四千法门,其心明净,犹如琉璃之内显现出精金;因为初发之妙心,履治为地,故称之"治地住"。第三,"修行住",修行者在前述"发心"、"治地"二住所得之智俱已明了,因而可游履十方而无任何障碍。第四,"生贵住",指在前述各个层次之妙行的基础上,冥契妙理,将生于佛家为法王子;即"行"与佛同,受佛之气分,如"中阴身",自求父母,阴信冥通,入如来种。第五,"方便具足住",修行者至此,习无量之善根,自利利他,方便具足,相貌无缺。第六,"正心住",修行者至此并非仅仅相貌与佛相同,其心也与佛相同,因此名之为"正心住"。第七,"不退住",修行者至此进入无生毕竟空界,心常行空无相愿,身心和合,日日增长。第八,"童真住",菩萨自发心起,始终不倒退,不起邪魔破菩提之心,至此,佛之十身灵相乃一时

---

① 鸠摩罗什译:《佛说仁王般若波罗蜜经》卷下,《大正藏》第 8 卷,第 831 页中。
② 智顗:《仁王护国般若经疏》卷五,《大正藏》第 33 卷,第 282 页下。
③ 圆测:《仁王经疏》卷下(末),《大正藏》第 33 卷,第 416 页上。
④ 参见佛陀跋陀罗译《华严经》卷八《菩萨十住品》、唐译《华严经》卷一六《十住品》。

具足。第九,"法王子住",修行者自初"发心住"至第四"生贵住",称为"入圣胎";自第五"方便具足住"至第八"童真住",称为长养圣胎;而此"法王子住"则相形具足,于焉出胎;犹如从佛王之教中生解,乃绍隆佛位。第十,"灌顶住",进入"灌顶住"的菩萨已可列名为佛子,堪行佛事,故佛以"智水"为之灌顶,犹如刹帝利王子之"受权灌顶"。

第二,"伏忍中品"与第二位法师。

《菩萨教化品》中如此宣说证得"伏忍中品"的菩萨:"次第起干慧性种性有十心。所谓四意止,身受心法,不净、苦、无常、无我也;三意止,三善根,慈施慧也;三意止,所谓三世,过去因忍、现在因果忍、未来果忍。是菩萨亦能化一切众生,已能过我人知见众生等想,及外道倒想所不能坏。"①此章的主旨是"明十行"。关于此章经文,智顗解释说:"文四:一、明位。二、辨体。三、明化他。四、释离患。"②前述"伏忍下品"证得"闻慧",此"伏忍中品"则证得"思慧"(即经文中所言"干慧性")。"闻慧"即由三藏十二分教或善知识处闻知,能生无漏圣慧,故全称"闻所成慧"。"思慧"即由思维所闻所见之道理而生之无漏圣慧,为缘觉所成就。此"干慧性种性"所证得的"十心"即包含下文所言的"四念处"、"三善根"、"三世忍"。"'意止'者,谓以智慧令心止住。'意'即心王也。"③"四意止"即"四念处",包含"身念处"、"受念处"、"心念处"、"法念处"之"四念"。也就是观身不净、观受是苦、观心无常、观法无我,而对治"常"、"乐"、"我"、"净"等四颠倒的观法。"念"指与观慧相应之念心所;"处"即"身"、"受"、"心"、"法"四境。于此四境起不净、苦、无常、无我等观慧时,就能够使念止住于其境,因此称为"念处"或"念住"。"善根"即善之根本,又称"善本"、"德本",指能生出善法的根本。将"善"以树根为喻,故名"善根"。《入阿毗达磨论》说:"善根有三种:一、无贪,是违贪法;二、无嗔,是

---

① 鸠摩罗什译:《佛说仁王般若波罗蜜经》卷上,《大正藏》第8卷,第826页中一下。
② 智顗:《仁王护国般若经疏》卷三,《大正藏》第33卷,第269页下。
③ 同上书,第270页上。

违嗔法;三、无痴,是违痴法。"①此三者称为"三善根"。据此经文讲,"三意止"除包含上述"三善根"之外,还包含"三世忍"。"三世忍"是此经的独特说法,是在十二因缘"三世二重因果"义理下而言的,心以过去"无明"及"行"为观想对象就叫"因忍",心以现在五果及现在三因为观想对象就叫"因果忍",心以未来两果为观想对象就叫"果忍"。"是菩萨亦能化一切众生"一句是智顗所说的"明化他"。此后的两句即"明离患","已能过我人知见众生等想"属于"离内患",即明了自我和他人都是妄念所成,知道众生的观念都是颠倒之想;"外道倒想所不能坏"一句"明离外患",一切外道邪见已经不会使其迷惑。

与此相应的是《受持品》所说的第二位法师——性种性菩萨。经文说:"复次,性种性行十慧观,灭十颠倒,及我人知见分分假伪,但有名,但有受,但有法,不可得,无定相无自他相故。修护空观,亦观亦行百万波罗蜜,念念不去心。以二阿僧祇劫行十正道法,住波罗陀位。"②关于"性种性菩萨"的含义,智顗说:"初学名'习',习已成性,故名'性种性'也。"③这一阶位的菩萨修行"十慧观",灭除"十种颠倒"——"四倒"、"三毒"、"三世定报"。其具体内容与《菩萨教化品》中所说是对应的。在此位所说的"波罗陀位",真谛翻译为"守护",其含义是"十行菩萨其行坚牢,不失自性,以能从空入假,不为假染,能守自行故"④。菩萨经过二阿僧祇劫的修行,即进入这一阶位。

关于《仁王般若经》中所讲的"伏忍中品"及其所修的"十慧观门",可以参照《华严经·十行品》⑤去理解。"十行"如下:第一,"欢喜行",是指菩萨以无量如来的妙德,随顺十方。第二,"绕益行",在前述"十住"修行

---

① 玄奘译:《入阿毗达磨论》卷上,《大正藏》第 28 卷,第 982 页中。
② 鸠摩罗什译:《佛说仁王般若波罗蜜经》卷下,《大正藏》第 8 卷,第 831 页中。
③ 智顗:《仁王护国般若经疏》卷五,《大正藏》第 33 卷,第 282 页下。
④ 同上书,第 283 页上。
⑤ 佛陀跋陀罗译:《华严经》卷一一至卷一二《功德华聚菩萨十行品》、唐译《华严经》卷一九至卷二〇《十行品》。

的基础上,以无量如来之妙德,随顺十方,作大施主,能舍一切,三时无悔,使所有众生欢喜尊敬。第三,"无违逆行",又称"无瞋恨行"、"无恚恨行",是指修"忍辱",远离嗔恨,谦卑恭敬,不害自己和他人,对怨能忍,以德报怨。第四,"无屈挠行",又作"无尽行",是指虽然多劫受诸剧苦,仍勤修精进,发心度一切众生,广摄善法,令至大涅槃而无松懈。第五,"离痴乱行",又名"无痴乱行",是在前述修行的基础上,常住于正念而不散乱,对于一切法都无痴乱。第六,"善现行"是指知晓一切法并无所有,身、口、意"三业"寂灭,无缚无著,但却不舍弃而是教化一切众生。第七,"无著行",是指历诸尘刹供佛求法,心无厌足,且以寂灭观诸法,因此对于一切无有所著。第八,"尊重行",又名"难得行",是指尊重善根智慧等法,悉皆成就,由之更增修二利之行。第九,"善法行",是指获得"四无碍陀罗尼门"等法,成就种种化他之善法,以守护正法,使佛种不绝。第十,"真实行",是指修行至此境界已经成就第一义谛,如说能行,如行能说,语言与思维、外在行为完全相应,"色"、"心"都相顺协调。

第三,"伏忍上品"与第三位法师。

《菩萨教化品》中如此宣说证得"伏忍"上品的菩萨:"复有十道种性地,所谓观色、识、想、受、行,得戒忍、知见忍、定忍、慧忍、解脱忍;观三界因果,空忍、无愿忍、无想忍;观二谛虚实,一切法无常名无常忍,一切法空得无生忍。是菩萨十坚心作转轮王,亦能化四天下,生一切众生善根。"①此中所说的"十道种性地"即"十回向位"。经文中的"观法"有三层次:其一,观"五阴"而证得"五忍"。"由观'色阴'便得'戒忍',以作无作戒皆色阴也。"而"观识阴故得知见忍,以了别识与知见文类相似也。观想阴得定忍,以从倒想能入于定,如无色界天由想故成。观受阴得慧忍,以依受故立四禅天,由于禅故能发智慧。观行阴得解脱忍,以行无常故

---

① 鸠摩罗什译:《佛说仁王般若波罗蜜经》卷上,《大正藏》第8卷,第826页下。

得解脱忍"①。其二,三忍。"以观三界苦果空,故得空忍。观三界因空故,得无愿忍。以烦恼业为集谛故也。观三界因果空故得无相忍,证因果空成无相观也。"②这即是一般所说的"三解脱门"。其三,二忍。"以观俗谛是有为法得无常忍,观真谛是无为法故得无生忍。"忍可诸法无常,叫"无常忍";忍可诸法无生性,叫"无生忍",无生忍即般若慧。道种性菩萨作金轮王,化四天下。"十坚心"即修行上述"戒忍"、"知见忍"、"定忍"、"慧忍"、"解脱忍"、"空忍"、"无愿忍"、"无想忍"、"无常忍"、"无生忍"而获得之心。

与此相应的是《受持品》所说的第三位法师——道种性住菩萨。经文曰:"复次,道种性住坚忍中,观一切法无生无住无灭,所谓五受、三界、二谛无自他相,如实性不可得故。而常入第一义谛,心心寂灭而受生三界。何以故?业习果报未坏尽,故顺道生,复以三阿僧祇劫,修八万亿波罗蜜,当得平等圣人地故,住阿毗跋致正位。"③关于"道种性菩萨"的含义,智𫖮说:"谓欲入初地能与圣道为因性,故名道种性。"④"以其修中道正观,故云'道种性'也。"⑤这是说,证入这一阶位的菩萨即将进入初地并且是以中道正观为修行内容的。此阶位的菩萨经过修行,"观受五阴得五分法身,观三界得三空,观二谛得无常、无生二忍"。经文中讲的"第一义谛即无生中道空也"。此阶位的菩萨,"受报殊胜","由未登初地,不断无明所熏,见、爱犹在,故得生也"⑥。这是说,这一阶位的菩萨由于未曾登入初地,为完全断除无明的熏习,因此仍然在三界中受殊胜之果报。此一阶位是进入初地的准备,"双照二谛,故云'平等圣人'也。此地不退,故云'跋致','正'者,即证初地,此因中说果也。"⑦这就是"当得平等圣人地故,住阿毗跋致正位"一句经文的含义。菩萨经过三阿僧祇劫的

---

① ④ 智𫖮:《仁王护国般若经疏》卷三,《大正藏》第33卷,第270页上。
② 同上书,第270页中。
③ 鸠摩罗什译:《佛说仁王般若波罗蜜经》卷下,《大正藏》第8卷,第831页中。
⑤ ⑥ ⑦ 智𫖮:《仁王护国般若经疏》卷五,《大正藏》第33卷,第283页上。

修行，即进入这一阶位。

关于《仁王般若经》中所讲的"伏忍上品"及其所修的"观门"，可以参照《华严经·十回向品》①去理解。"十回向位"的具体内容如下：第一，"救护众生回向"，菩萨以行"六度"、"四摄"等救护一切众生，使其远离众生之相，怨、亲平等。第二，"不坏回向"，将信仰佛、法、僧等三宝所获得的永远不会变化的信仰，回向此善根，使众生获得善利。第三，"等一切佛回向"，是指效法三世佛，不著生死、不离菩提，修习回向之位。第四，"至一切处回向"，经由回向力以所修善根供养一切三宝、利益一切众生。第五，"无尽功德回向"，回向此等功德，庄严诸佛刹，得以获得"无尽善根"。第六，"随顺平等善根回向"，其内容是回向所修之善根，被佛所守护，能成一切坚固善根。第七，"随顺等观一切众生回向"，其内容是增长一切善根，回向利益一切众生。第八，"如相回向"，是指随顺真如相而将所成种种善根回向给众生。第九，"无缚无著解脱回向"，是指对于一切法无所取执缚著，得解脱心，行普贤行，以无缚著解脱之心回向所习诸善，饶益群生。第十，"法界无量回向"，指修习一切无尽善根，以此回向，愿求法界差别无量功德。

第四，"信忍"与第四、第五、第六位法师。

关于"信忍"，智𫖮解释说："初地、二地、三地得无漏信，名信忍。"②菩萨入"地忍"，在初地至三地之间，既见法性而得正信之位，便随顺不疑，因此，将菩萨在此地所获得之境界称之为"信忍"。其中，初地为"信忍下品"，二地为"信忍中品"，三地为"信忍上品"。

《菩萨教化品》中如此宣说证得"信忍菩萨"："又信忍菩萨所谓善、达、明中行者，断三界色烦恼缚，能化百佛、千佛、万佛国中，现百身、千身、万身神通无量功德，常以十五心为首，四摄法、四无量心、四弘愿、三

---

① 佛陀跋陀罗译：《华严经》卷一四至卷二二《金刚藏菩萨十回向品》、唐译《华严经》卷二三至卷三三《十回向品》。
② 智𫖮：《仁王护国般若经疏》卷三，《大正藏》第33卷，第269页中。

解脱门。是菩萨从善地至于萨婆若,以此十五心为一切行根本种子。"①此中所说的"善、达、明中行者"是信忍菩萨所证得的境界。"'善觉',初地菩萨,证人、法二空,故名'善觉'也。'达'即离达,谓二地菩萨,离破戒垢,达真俗理,故名'离达'。'明'即明慧,谓三地菩萨智慧光明照诸法故,故名'明慧'。五阴假人于中修行,名'中行者'。"②此三地之修行总括为"十五心":"四摄法"即布施、爱语、利益、同事,"四无量"即"慈"、"悲"、"喜"、"舍","四弘誓愿"即"愿一切众生度苦、断集、证灭、修道名'四愿'也,乃至成佛。从于初地用此十五心为根本"③。在《菩萨教化品》是将"信忍"三品综合起来说明的,《受持品》则较为详细地说明了"善觉菩萨"、"德慧菩萨"、"明慧道人"三位法师之所证。

证得"信忍下品"境界的是《受持品》所说的第四位法师"善觉菩萨"。菩萨修行至这一阶位就宣告从凡入圣,《受持品》言之甚详,兹分为五层次解释之。

其一,先标出初地菩萨所证得的智慧。经文曰:"复次,善觉摩诃萨住平等忍,修行四摄,念念不去。"④其中,"平等忍"是指"真实智","四摄"即指"方便智"。

其二,佛宣说此地菩萨开始证得的"真实智"。"真实智"也称为"无分别智"、"无分别心",菩萨于初地入"见道位"时,缘一切法之真如,断离能取与所取之差别,境、智冥合,这种平等而无分别之智称为"无分别智"。另外,"无分别智"也指远离名想、概念等虚妄分别的世俗认识而达到的对于真如之如实而无分别的认识。此智属于"出世间智"与"无漏智",为佛智之相应心品。经文"心入无相,舍灭三界贪烦恼"⑤是对于"真实智"的总体说明。据《俱舍论》卷一说,初地以后的菩萨及佛所证得

---

① 鸠摩罗什译:《佛说仁王般若波罗蜜经》卷上,《大正藏》第8卷,第826页下。
② 智顗:《仁王护国般若经疏》卷四,《大正藏》第33卷,第270页中。
③ 同上书,第270页下。
④⑤ 鸠摩罗什译:《佛说仁王般若波罗蜜经》卷下,《大正藏》第8卷,第831页中。

的"虚空"、"择灭"、"非择灭"等三种"无为法"都是道圣谛之法,都无"随增"烦恼,因此称其为"无漏法"。这就是"真实智"的主要内容。其中,"择灭无为"是灭谛涅槃之道果,以离系(远离烦恼之系缚)为性;"非择灭无为",由于能使其起作用的缘之阙失,永远障碍未来法之生起;"虚空无为",仅以无碍为性,都无作用,非诸漏随增之依处,因此都为"无漏法"。经文"于第一义谛而不二,为法性无为"①是对于"虚空无为"的说明。经文"缘理而灭一切相故,为智缘灭无相无为"是对于"择灭无为"的说明。经文"住初忍时,未来无量生死不由智缘而灭故,非智缘灭"②是对于"非择灭无为"的说明。经文"无相无为,无自他相,无无相故"③是说,"真实智"是远离有无之相的。

其三,佛宣说此地菩萨所证得的"方便智"。"方便智"又作"权智",为"实智"即"真实智"的对称。"方便智"是指熟达方便法之智,也就是行善巧方便之智。此经分六方面说明。经文"无量方便皆现前"为总标智名,以下则分别言之。"观实相方便者,于第一义谛不沉不出,不转不颠倒。遍学方便者,非证非不证而一切学。回向方便者,非住果非不住果而向萨婆若。魔自在方便者,于非道而行佛道,四魔所不动。一乘方便者,于不二相通达众生一切行故。变化方便者,以愿力自在,生一切净佛国土。"④

其四,"重释二智同异"⑤。经文"如是,善男子,是初觉智于有无相而不二,是实知照"⑥,重说"真实智"之相。"初觉中道,故云'初觉智'也。"⑦经文"功用不证,不沈不出不到,是方便观",总结说明"方便智"之相。经文"譬如水之与波不一不异,乃至一切行波罗蜜,禅定陀罗尼,不一不二故",以譬喻说明一切智慧都是"不一不二"的。经文"而一一行成

---

① 鸠摩罗什译:《佛说仁王般若波罗蜜经》卷下,《大正藏》第8卷,第831页中—下。
②③④⑥ 同上书,第831页下。
⑤⑦ 智顗:《仁王护国般若经疏》卷五,《大正藏》第33卷,第283页中。

就"①的含义是:"以得即空即假即中,一行无量行,无量行一行,故云'成就'也。"②

其五,说明初地菩萨入地时节和所登之位。经文"以四阿僧祇劫行行故"即是入地时节。经文"入此功德藏门,无三界业习生故,毕故不造新",从"十地"与"十度"的对应关系言之,初地为"檀度"即"布施波罗蜜多",因此经文说"入功德藏门"。从"所修"角度言之,"初地修愿行",因此,经文说"以愿力故,变化生一切净土"。经文"常修舍观故,登鸠摩罗伽位,以四大宝藏常授与人"③,是言"登位"。智𫖮解释说:"第五,登位。以修舍故,得施度满。'鸠摩罗伽',此云'胜怨',以离三界及二乘怨也。'四宝藏'者,有人云,三藏及杂藏也。今但依《胜鬘经》,一者无价藏菩萨乘也,二者上价藏缘觉乘也,三者中价藏声闻乘也。四者下价藏人天乘也。又亦'四摄'为四藏也。"④菩萨经过四阿僧祇劫的修行,即进入这一阶位。

可见,《仁王般若经》中所说的"善觉菩萨"即入初地"欢喜地"的菩萨。"欢喜地",又作"极喜地"。菩萨历"十信"、"十住"、"十行"、"十回向"等修行阶位,经一大阿僧祇劫之修行,初证"真如平等圣性",全部证得"人空"、"法空"之理,能成就自利、利他之行,心多生欢喜,因而称为"欢喜地"。《十住毗婆沙论》卷二载,菩萨得入初地,有七种相状:其一,"能堪忍受",能为难事,修集无量福德善根,并于无量恒河沙劫往来生死,教化刚强难度之恶众生,心不退没。其二,"不好诤讼",菩萨因为乐于寂灭之道的缘故,而不与人诤竞。其三,"心多喜",能使身体获得柔软,心获得安隐;又能顺于阿耨多罗三藐三菩提之大悲。其四,"心悦",于转法轮时,心得踊悦;又心安隐无患。其五,"乐于清净",离诸烦恼垢浊,于一切深经、诸菩萨及其所行一切佛法,其心都得清净之信。其六,

---

①③ 鸠摩罗什译:《佛说仁王般若波罗蜜经》卷下,《大正藏》第 8 卷,第 831 页下。
②④ 智𫖮:《仁王护国般若经疏》卷五,《大正藏》第 33 卷,第 283 页中。

"悲心愍众生",深切愍念众生而给予其救护。其七,"无嗔恚心",菩萨虽"结"、"使"未断尽,然嗔恨少而心常乐慈行。

证得"信忍中品"境界的是《受持品》所说的第五位法师"德慧菩萨"。经文曰:"复次,德慧菩萨以四无量心,灭三有嗔等烦恼,住中忍中,行一切功德故。以五阿僧祇劫行大慈观,心心常现在前,入无相阇陀波罗位,化一切众生。"①关于此位菩萨称之为"德慧"的缘由,智顗解释说:"谓尸罗清净,与慧俱生,住于三德,故名'德慧'也。"②智顗所言"三德"即"涅槃三德"——"法身"、"般若"、"解脱"。"三有"即三界之"欲有"、"色有"、"无色有"。第二地菩萨凭借"四无量心",灭除三界中的"嗔"烦恼。"四无量心"即四种广大的利他心,为使无量众生离苦得乐而生起的"慈"、"悲"、"喜"、"舍"四种心。菩萨经过五阿僧祇劫的修行,即进入这一阶位。经文中所说的"'阇陀波罗',此云'满足',亦名'无畏',尸罗圆满故"③。

可见,《仁王般若经》中所说的"德慧菩萨"即入第二地"离垢地"的菩萨。"离垢地",又作"离垢"、"无垢地"、"净地"、"具戒地"。进入此地之菩萨,获得守清净戒行,远离烦恼垢染,因此称为"无垢";又以此地具足"三聚净戒"的缘故,也称之为"具戒地"。初地菩萨虽然证得了真理,但在"戒"方面还不能完全无误,所以需要再行修戒。从"十度"来说,"布施"之后就是"戒度"。

证得"信忍上品"境界的是《受持品》所说的第六位法师"明慧道人"。经文说:"复次,明慧道人常以无相忍中,行三明观,知三世法无来、无去、无住处,心心寂灭,尽三界痴烦恼,得三明一切功德观故,常以六阿僧祇劫集无量明波罗蜜故。入伽罗陀位,无相行受持一切法。"④关于此位菩萨称之为"明慧"的缘由,智顗解释说:"得忍成就,故名'明慧'。"⑤此一

---

① ④ 鸠摩罗什译:《佛说仁王般若波罗蜜经》卷下,《大正藏》第8卷,第831页下。
② ③ ⑤ 智顗:《仁王护国般若经疏》卷五,《大正藏》第33卷,第283页中。

"观门"的具体内容是知过去、现在、未来三世诸法皆空,这就是经中所说的"三明观"。此地菩萨凭借"三明观"尽除三界"痴"烦恼。菩萨经过六阿僧祇劫的修行,即进入这一阶位。经文中所说"'伽罗陀'者,此云'度边',度度等边也。"①

可见,《仁王般若经》中所说的"明慧道人"即入第三地"发光地"的菩萨。"发光地",又作"明地"、"有光地"、"兴光地",进入第三地修行的菩萨,菩萨成就"胜定"、"大法"、"总持",因修持佛道,开发出极明净的智慧之光,因此,此地称为"发光地"。从"所修"角度言之,第三"发光地"为"禅行"。从"十度"的角度言之,第三"发光地"为"忍度"即"忍波罗蜜多"。

第五,"顺忍"与第七、第八、第九位法师。

关于"顺忍",智顗解释说:"顺无生忍,观而未正得,故名顺忍。"②这是说,进入此境界的菩萨从观法言之,已经"观"无生法忍,但仍然未获得无生法忍,菩萨已经顺菩提之道,趣向无生之果。其中,第四地为"顺忍下品",第五地为"顺忍中品",第六地为"顺忍上品"。

《菩萨教化品》中如此宣说证得"顺忍菩萨":"又顺忍菩萨所谓见、胜、现法,能断三界心等烦恼缚故,现一身于十方佛国中,无量不可说神通化众生。"③据智顗的解释,"'见'谓顺忍下品见理,道品分明,即第四焰地。'胜'即中品,第五难胜地。'难胜'有二义:一、教化众生。二、不从烦恼。于二事得胜,名难胜地。'见法'即第六现前地,因缘观解现前故也。"④菩萨在"顺忍"中断除的是三界中的"思惑"。经文的最后两句明菩萨摄化众生的功德,"前信忍明化身,故云'现百身、千身、万身'。今顺忍明实身,故云现一身于十方佛土化众生也。"⑤此处,是将"顺忍"三品综合起来说明的,《受持品》则较为详细地说明了"尔焰圣觉达菩萨"、"胜

---

① 智顗:《仁王护国般若经疏》卷五,《大正藏》第33卷,第283页中—下。
②④⑤ 智顗:《仁王护国般若经疏》卷四,《大正藏》第33卷,第270页下。
③ 鸠摩罗什译:《佛说仁王般若波罗蜜经》卷上,《大正藏》第8卷,第826页下。

达菩萨"、"常现真实菩萨"三位法师之所证。

证得"顺忍下品"境界的是《受持品》所说的第七位法师"尔焰圣觉达菩萨"。经文说:"复次,尔焰圣觉达菩萨修行顺法忍,逆五见流,集无量功德,住须陀洹位,常以天眼、天耳、宿命、他心、身通,于念念中灭三界一切见。亦以七阿僧祇劫行五神通,恒河沙波罗蜜常不离心。"①关于此位菩萨称之为"尔焰圣觉达菩萨"的缘由,圆测解释说:"言'尔炎'者,此云'智母',谓此位中生、法二空,能生圣道,故名'智母'。言'圣觉达'者,即所生圣智,前之三地行施、戒、修,相同凡夫。于此位中,起道品观,初证圣觉,达二空理。名'圣觉达'。"②可见,修行至此阶位的菩萨方才可以称做真正地进入圣位。此中,"五见"即"五恶见",即"身见"、"边见"、"邪见"、"见取见"、"戒禁取见",也有另外的解释。如吉藏引述真谛三藏的解释就颇为精到,兹引述如下,以备参考。吉藏说:"三藏师云,大乘别有五见:一、生灭见,准小乘边见。二、四念处见,损正念。正念对治,准小乘邪见。三、善恶见,损正勲,正勲能行一切无分别菩萨善法。若分别不能勲也,准小乘戒取见。四、众生见,是菩萨对治。菩萨不见众生异菩萨也。五、正法见,正施是对治,不见有法也。菩萨行九种道能逆此五见流,始入菩萨须陀洹位。九种道者:一、行生死如病服苦药。二、狎众生如大医,不计病者恼乱。三、促身力如僮仆,不避寒苦其力堪忍故。四、入尘欲,如商人畏失财,为利众生虽处世乐,不多受果报故。五、净三业,如洗衣人未净不息。六、不恼他。七、习善根,如人攒火,取得火方住。八、修定,譬有僮仆。九、依智慧如幻师,于幻众中不生真实。"③"须陀洹"是"入流"或者"预流"的意思。"入流"是初入圣人之流的意思,"预流"是预入圣者之流的意思。至于以小乘初果"须陀洹"来标示其果位,各家解释不一,以吉藏的解释最为详尽。吉藏说:"'住须陀洹

---

① 鸠摩罗什译:《佛说仁王般若波罗蜜经》卷下,《大正藏》第8卷,第831页下—第832页上。
② 圆测:《仁王经疏》卷下末,《大正藏》第33卷,第419页中。
③ 吉藏:《仁王般若经疏》卷下六,《大正藏》第33卷,第351页下。

位'者,释有二义:一者,就修道位中,二地、三地修有漏道,厌伏烦恼;四地修无漏道,永断烦恼,初得修无漏,名'须陀洹'。第二义者,三地已还,造有漏业。初地行施,二地持戒,三地修八禅有漏定,四地已上修无漏道,断三界逆生死流,名'须陀洹'。亦可此人断人相我障,因似小乘初果,就相似立名也。"①"五神通"是修习所得的五种不可思议之力。第一为"天眼通",指超越肉眼的所有障碍,可以看见常人所不能看见的。第二为"天耳通",又名"天耳智证通"或"天耳智通",指超越肉耳的所有障碍,可以听见常人所不能听到的音声。第三"他心通",指可洞悉他人之心念。第四为"宿命通",指能知晓自、他过去之事。第五为"身如意通",指可点石成金、变火成水、飞行自在、变现自在的能力。菩萨经过七阿僧祇劫的修行,即进入这一阶位。

可见,《仁王般若经》中所说的"尔焰圣觉达菩萨"即入第四地"焰慧地"的菩萨。"焰慧地",进入第四地修行的菩萨,安住于最胜的"三十七菩提分法",以智慧之火焰,焚烧烦恼之薪,因此名为"焰慧地"。从"所修"角度言之,第四"焰慧地"为"道品行",即"三十七菩提分"的修行。从"修成"角度言之,菩萨在第四地所修成的智慧是声闻初果"须陀洹果"所具的智慧。从"十度"地言之,第四"焰慧地"为"精进度"即"精进波罗蜜多"。

证得"顺忍中品"境界的是《受持品》所说的第八位法师"胜达菩萨"。经文说:"复次,胜达菩萨于顺道忍,以四无畏观那由他谛、内道论、外道论、药方、工巧咒术故,我是一切智人。灭三界疑等烦恼故,我相已尽。知地地有所出,故名出道;有所不出,故名障道。逆三界疑,修习无量功德故,即入斯陀含位。复集行八阿僧祇劫中,行诸陀罗尼门故,常行无畏观不去心。"②关于此位菩萨称之为"胜达菩萨"的缘由,圆测解释说:"谓

---

① 吉藏:《仁王般若经疏》卷下六,《大正藏》第33卷,第351页下。
② 鸠摩罗什译:《佛说仁王般若波罗蜜经》卷下,《大正藏》第8卷,第832页上。

能了达二、三谛,故名'胜达',亦名'胜慧'。或可此地真、俗双行,如是难事此地能胜,故名'胜达'。"①此菩萨的名称象征了此地的修行特征,即真谛、俗谛"二谛"了达双行。从"观门"言之,此地菩萨修行"四无畏观"。上述经文中,通达"谛论"、"内道论"、"外道论"、"药方"、"工巧咒术"等"五相"即"一切智无畏"。"灭三界疑等烦恼"一句指"无漏尽无畏"。"知地地有所出,故名出道"一句指"说尽苦道无畏"。"有所不出,故名障道"即指"说障道无畏"。此地所除灭的是三界中的"疑"烦恼。菩萨经过八阿僧祇劫的修行,即进入第五地。经文中所说的"斯陀含位",意译作"一来"、"一往来",又为"斯陀含向"与"斯陀含果",即"预流果"之圣者进而更断除欲界一品至五品之修惑,称为"斯陀含向"或"一来果向";若更断除欲界第六品之修惑,尚须由天上至人间一度受生,方可般涅槃,自此以后,不再受生,称为"斯陀含果"或"一来果"。经过五阿僧祇劫的修行,菩萨即进入这一阶位。

《仁王般若经》中所说的"胜达菩萨"即入第五地"难胜地"的菩萨。"难胜地",又作"极难胜地"。关于此地名为"难胜"的意义,如《成唯识论》卷九所说:"五、极难胜地,真、俗两智行相互违,合令相应,极难胜故。"②总之,修行进入此地的菩萨能够使"行相"互违之真、俗二智互合相应,因为其难为而菩萨能为,因而称之为"难胜地"。从"所修"角度言之,第五"难胜地"为"四谛增上慧行"和"五明处教化行"。从"十度"言之,第五"难胜地"为"禅定度"即"禅波罗蜜多"。

证得"顺忍上品"境界的是《受持品》所说的第九位法师"常现真实菩萨"。经文说:"复次,常现真实住顺忍中,作中道观,尽三界集因、集业一切烦恼故。观非有非无、一相无相而无二故,证阿那含位,复于九阿僧祇劫集照明中道故,乐力生一切佛国土。"③此地的菩萨"中道真明般若实

---

① 圆测:《仁王经疏》卷下末,《大正藏》第33卷,第419页下—420页上。
② 玄奘译:《成唯识论》卷九,《大正藏》第9卷,第511页上。
③ 鸠摩罗什译:《佛说仁王般若波罗蜜经》卷下,《大正藏》第8卷,第832页上。

故,'常现真实'。"①因此,称之为"常现真实菩萨"。关于此地菩萨"中道观门"所除之障以及所证入的境界,智𫖮解释说:"一切烦恼为集因,苦等名集业,此地中并尽也。诸法本空,故非有;建立诸法,故非无;无有俱实,故一相;实相亦如,故无相。"②"阿那含"意译"不还",或"不来"。凡是修到此果位的圣人,未来当生于色界、无色界,不再来欲界受生死,所以叫做"不还"。经过九阿僧祇劫的修行,菩萨即进入这一阶位。

《仁王般若经》中所说的"常现真实"即入第六地"现前地"的菩萨。菩萨至此位,能够通观缘起之义理,住于缘起智,进而引发染、净无分别的最胜智显现于前,因此名之为"现前地"。从"所修"角度言之,第六"现前地"为"缘起行"。从"十度"角度言之,第六地为"般若度"即"般若波罗蜜多"。

第六,"无生忍"与第十、第十一、第十二法师。

关于"无生忍",智𫖮解释说:"谓以自、他、共无因,求色、心二法不可得,于此得智,名'无生忍'。"③这是说,从自生、他生、共生三者寻求色法、心法都可不得,此即观诸法无生无灭之理而谛认之,安住且不动心,就叫"无生忍"、"无生忍法"。

《菩萨教化品》中如此宣说证得"无生忍菩萨":"又无生忍菩萨所谓远、不动、观慧,亦断三界心、色等烦恼习故,现不可说不可说功德神通。"④对此,智𫖮解释说:"所谓'远、不动、观慧'者,此配位也。'远'即第七远行地,能至有功用心后边故。'不动'即第八不动地,有相烦恼不能动故。'观慧'即第九善慧地,四无碍解化众生故。"⑤这是说,"无生忍"下、中、上品分别对应于第七、第八、第九地。

证得"无生忍下品"境界的是《受持品》所说的第十位法师"玄达菩萨"。经文说:"复次,玄达菩萨十阿僧祇劫中,修无生忍法乐忍者名为缚

---

①② 智𫖮:《仁王护国般若经疏》卷五,《大正藏》第33卷,第283页下。
③⑤ 智𫖮:《仁王护国般若经疏》卷四,《大正藏》第33卷,第271页上。
④ 鸠摩罗什译:《佛说仁王般若波罗蜜经》卷上,《大正藏》第8卷,第826页下。

忍,顺一切道生而一心忍中灭三界习因业果,住后身中,无量功德,皆成就。无生智、尽智、五分法身皆满足,住第十地阿罗汉梵天位,常行三空门观百千万三昧,具足弘化法藏。"①关于"玄达菩萨",智顗解释说:"'玄',远也。'达',通也。此位得无生忍无功用心,故云'玄达'也。"②菩萨在此地断灭习因、业果之细相现行障,住于后身中。这里所说的"后身"是指"住分段生死中,最后一身"③。此中所说的"无生智"、"尽智"指二种出世圣者之智慧,合称"二智"。"尽智"是指断尽一切烦恼得入无学位之无漏智慧。"无生智"是指了知一切法无生之智,也即灭尽一切烦恼,远离生灭变化之究极智慧;于四谛已自知苦、断集、修道、证灭,又更遍知无"知"、"断"、"修"、"证"之无漏智;已遍知断尽欲、有、无明之三漏及结缚、随眠等不再生起,故称"无生智"。以五种功德法成就佛身,叫做"五分法身"。其一是"戒法身",谓如来三业,离一切过失。其二是"定法身",谓如来真心寂灭,离一切妄念。其三是"慧法身",谓如来真智圆明,通达诸法的性相。其四"解脱法身",谓如来的身心,解脱一切系缚。其五"解脱知见法身",谓如来具有了知自己实已解脱的智慧。经过十阿僧祇劫的修行,菩萨住于第十法师位。经文中所说的"住第十地阿罗汉梵天位",如智顗所说:"即十三法师中第十法师地,非谓十地菩萨也。"④此地菩萨常常修行的"三空观门"即"三解脱门观"——"空观"、"无相观"、"无愿观"。菩萨于"此地中空等三昧已得,圆满具足百万三昧。又以如来修多罗藏等三藏圣教弘化众生"⑤。

《仁王般若经》中所说的"玄达菩萨"即进入第七地"远行地"的菩萨。此地之菩萨住于纯"无相观",远离出世间与二乘之有相行,因此名之为"远行地"。此地所断除之障为"细相现行障",有两方面:一是执持缘生

---

① 鸠摩罗什译:《佛说仁王般若波罗蜜经》卷下,《大正藏》第8卷,第832页上。
②④ 智顗:《仁王护国般若经疏》卷五,《大正藏》第33卷,第283页下。
③ 圆测:《仁王经疏》卷下末,《大正藏》第33卷,第420页下。
⑤ 同上书,第421页上。

有细微的流转相。二是纯粹作意而求取无相,而未能于"空理"中生起殊胜之行。从"所修"角度言之,第七"远行地"为"三十七菩提分行"。从"十度"言之,第七"远行地"为"方便度"即"方便波罗蜜多"。

证得"无生忍中品"境界的是《受持品》所说的第十一位法师"等觉菩萨"。经文说:"复次,等觉者,住无生忍中,观心心寂灭而无相相,无身身,无知知;而用心乘于群方之方,憺怕住于无住之住;在有常修空,处空常万化;双照一切法故。知是处非是处,乃至一切智、十力观故,而登摩诃罗伽位,化一切国土众生,千阿僧祇劫行十力法,心心相应常入见佛三昧。"①关于此阶位的"等觉菩萨"是指"行地中真、俗双照,名等觉者,亦非第十一地之等觉也"②。这是说,证入此阶位的菩萨,真、俗二谛平等觉照,故名"等觉",也称"不动",这并非"法云地"后的"等觉"。关于此地的"观门",经文分三层次去说明:其一,"先明寂而常用。'心心寂灭'者,念念空也,即明寂义。虽无相而相,虽无身而身,虽无知而知。此明用义"③。其二,"明用而常寂"。虽然万行繁兴,毕竟纤毫不动,憺怕自安,住于无住之住。此乃用而常寂,妙有不碍真空。其三,综合二者,"在有常修空",解释"用而常寂";"处空常万化"解释"寂而常用"。经过千阿僧祇劫的修行,菩萨登摩诃罗伽位,化度一切国土众生。"'摩诃罗伽',此云'大得',或云'龙象'等。"④

可见,《仁王般若经》中所说的"等觉菩萨"即入第八地"不动地"的菩萨。菩萨至此"不动位","无分别智"相续任运,不被"相"、"用"、"烦恼"等所扰动,因此名为"不动"。从"所修"角度言之,第八"不动地"为"净土行"。从"十度"的角度言之,第八"不动地"为"愿度",即"愿波罗蜜多"。

证得"无生忍上品"境界的是《受持品》所说的第十二位法师"慧光神变菩萨"。经文说:"复次,慧光神变者,住上上无生忍,灭心心相。法眼

---

① 鸠摩罗什译:《佛说仁王般若波罗蜜经》卷下,《大正藏》第 8 卷,第 832 页上。
②③④ 智𫖮:《仁王护国般若经疏》卷五,《大正藏》第 33 卷,第 284 页上。

见一切法净,三眼色空见,以大愿力常生一切净土。万阿僧祇劫集无量佛光三昧,而能现百万恒河沙诸佛神力,住婆伽梵位,亦常入佛华三昧。"①关于"慧光神变菩萨",智顗解释说:"以此地菩萨得无碍智,化诸众生现诸神通,名为'慧光神变'也。"②经文中"灭心心相"有两层含义,"灭意等名'灭心',灭心数名'灭相'"③。"法眼见一切法净,三眼色空见"是说明"见境","三眼"即"佛眼"、"法眼"、"慧眼","慧眼见色空,法眼见色假,佛眼见中道。空、假不二而二,二而不二,双照即不二而二,双忘即二而不二"④。经过万阿僧祇劫的修行,菩萨住于"婆伽梵位"。经文中所说的"婆伽梵位",如智顗所说:"'薄伽梵',此云'世尊',非真佛世尊,是补处世尊也"⑤。

可见,《仁王般若经》中所说的"慧光神变菩萨"即入第九地"善慧地"的菩萨。菩萨修证至此地,已经获得"法无碍解"、"义无碍解"、"辞无碍解"、"乐说无碍解"等"四无碍解",能遍于十方,以一音演说一切善法,使闻者生欢喜心。又在"力波罗蜜多行"中,断除利他门中的不欲行之障,证得智自在所依真如,因此称之为"善慧"。从"所修"角度言之,第九"善慧地"为"说法行"。从"十度"的角度言之,第九地为"力度"即"力波罗蜜多"。

第七,"寂灭忍"与第十三法师。

关于"寂灭忍",圆测引用真谛三藏的解释说:"若依《本记》,'寂'是定,'灭'是慧,依定发慧,灭诸漏故,名'寂灭忍'。一云:离诸法相,究竟真如,名为'寂灭',缘彼境、智,名'寂灭忍'。"⑥圆测提供了两种解释。真谛的解释是从此"忍"之所证成的方法而言的。第二种则从此"忍"所证的境界言之的。"寂灭忍上品"为佛,下品为第十地。

《菩萨教化品》中如此宣说证得"寂灭忍菩萨"。参照古德的解释,经

---

① 鸠摩罗什译:《佛说仁王般若波罗蜜经》卷下,《大正藏》第8卷,第832页上—中。
②③④⑤ 智顗:《仁王护国般若经疏》卷五,《大正藏》第33卷,第284页上。
⑥ 圆测:《仁王经疏》卷中本,《大正藏》第33卷,第390页上。

文可分为五层次去理解:

其一,标名配位。经文说:"复次,寂灭忍佛与菩萨同用此忍,入金刚三昧。下忍中行名为菩萨,上忍中行名为萨婆若。"①此中,"金刚三昧"是言此忍之用,"'金刚'是喻,三昧是定。有以烦恼如金刚,以其坚靳不可即断,非佛智力无能断者。如经中龟甲羊角所能破者,是此义也。有以智慧如金刚,能破烦恼,不为彼损。"②"萨婆若"即"一切智",指通达一切法相的智慧。

其二,辨明于此"忍"所除之障。经文说:"共观第一义谛,断三界心习。"③菩萨和诸佛同于此"忍"之中观第一谛。菩萨"于前位中,已断色、心二种粗习。今此位中,亦断色、心二种细习。为显所断最微细故,但名'心习'。"④

其三,正辨二道(菩萨第十地和佛地)差别相。经文说:"无明尽相为金刚尽相,无相为萨婆若。"⑤关于此句经文的含义,智顗、吉藏言之不详,圆测提供了两种解释。圆测说:"然释此文,诸说不同。一云:'无明尽相为金刚尽相'者,显无间道相。据实一切烦恼皆尽,就根本说,是故但言'无明尽相',即用此相为'金刚尽相'。解脱道中,已过无明尽相,故言'无相为萨婆若'。若依《本记》,'无明尽相为金刚'者,显无间道相。谓于此位,有涉相尽。就根本说,故言'无明尽相为金刚尽相'。'无相为萨婆若'者,显解脱道。'言尽相'等者,无间道时,惑相虽尽,犹有境智异相,故不言无相。于此位中,尽无明相,亦无境、智异相,故'尽相无相为萨婆若'。虽有两释,且依后释。"⑥

其四,从"谛"(真理)角度辨析二道(菩萨第十地和佛地)之差别。经文说:"超度世谛、第一义谛之外,为第十一地萨婆若,觉非有非无,湛然

---

① ③ ⑤ 鸠摩罗什译:《佛说仁王般若波罗蜜经》卷上,《大正藏》第8卷,第826页上。
② 智顗:《仁王护国般若经疏》卷四,《大正藏》第33卷,第271页中。
④ ⑥ 圆测:《仁王经疏》卷中本,《大正藏》第33卷,第390页中。

清净,常住不变,同真际,等法性。"①智𫖮解释说:"三贤多住世谛,十地多住真谛。真谛即无,世谛即有。超世谛,故非有;超真谛,故非无。非有非无,即萨云若。"②

其五,摄化众生。经文说:"无缘大悲,教化一切众生,乘萨婆若乘来化三界。"③此句是言佛、菩萨以"大悲"教化众生,乘一切智来化导三界。

证得"寂灭忍下品"境界的是《受持品》所说的第十三位法师"观佛菩萨"。经文较长,可分四层次说明:

其一,标位并证入。经文说:"复次,观佛菩萨住寂灭忍者,从始发心至今经百万阿僧祇劫,修百万阿僧祇劫功德故,登一切法解脱,住金刚台。"④关于"观佛菩萨"的含义,智𫖮解释说:"'观佛菩萨'者,若开妙觉,此是'等觉',犹名菩萨,来至此地保为究竟,乃是未极,更须观察别佛,犹有三十二品无明,智去圆佛尚远,故云'观'也。"⑤这是说,此地菩萨之所证与佛还有一定差距,因此,尚需观察别佛,因此称之为"观佛菩萨"。如前所论,"寂灭忍"有上、下品之别,"观佛菩萨"则住于"寂灭忍下品"。"金刚台"即"金刚三昧"。菩萨凭借经过百万阿僧祇劫修行所获得的功德,登上真正解脱的境界。

其二,"辨差别相",即辨别此地之所证与十地之前之所证以及此后佛地的区别。圆测沿袭智𫖮的解释将经文分为五层次。圆测说:"文别有五:一、伏断差别。二、信见差别。三、顿渐差别。四、常无常异。五、等无等异。"⑥经文"善男子,从习忍至顶三昧,皆名为伏一切烦恼,而无相信。灭一切烦恼,生解脱智,照第一义谛",即说明"伏断差别"。因为五忍中最初一品生相无明未破,通名为"伏"。然此句经文

---

① ③ 鸠摩罗什译:《佛说仁王般若波罗蜜经》卷上,《大正藏》第8卷,第826页上。
② 智𫖮:《仁王护国般若经疏》卷四,《大正藏》第33卷,第271页中。
④ 鸠摩罗什译:《佛说仁王般若波罗蜜经》卷下,《大正藏》第8卷,第832页中。以下未注明出处的经文均同此注。
⑤ 智𫖮:《仁王护国般若经疏》卷五,《大正藏》第33卷,第284页中。
⑥ 圆测:《仁王经疏》卷中本,《大正藏》第33卷,第422页上。

中以"伏"称呼"伏忍"至"金刚三昧"的整个修行过程,其原因在圆测的经疏中解释得甚为详细。圆测说:"'伏'义宽故,通名为'伏'。依《本记》云:皆名'伏'者,从十信至金刚末,断阿赖耶识,一刹那在,故说'为伏一切烦恼'。"①菩萨于"初地已上无漏信位,方能欲断。言'无相'者,即是无漏也。无有漏相,故名'无相',谓'无相信',为无间道"②。"'灭一切烦恼'即大涅槃也;'生解脱'即解脱智;'照'即般若第一义,即法身位。"③经文"不名为见,所谓见者是萨婆若,是故我从昔以来常说唯佛所知见觉,顶三昧以下至于习忍。所不知不见不觉",即说明"信见差别"。佛地之前的菩萨因为其在"十地"因位,不见果性,因此不称为"见",而称之为"信"。所谓"见"即是"一切智",唯有佛五眼圆明,无所不见,故云是"萨婆若"。经文"唯佛顿解,不名为信、渐渐伏者",即是说明"第三渐顿差别。'唯佛顿解,不名为信、渐渐伏者。'所以者何?顿断一切二障尽故,但名为'见',不名'信'者,亦不名为'渐渐伏者'"④。这是说,佛是顿断"烦恼障"、"所知障",所以不能称之为"信者"和"渐渐伏者"。经文"慧虽起灭,以能无生无灭。此心若灭,则累无不灭,无生无灭",即是说明"常无常异"。智𫖮解释说:"'无生'则累无不遣,'无灭'则德无不圆。'无生'则断德,'无灭'则智德也。"⑤这是从其自身(即天台宗)的诠释学方法来说明的。圆测引用了真谛三藏、玄奘三藏的两种不同解释。玄奘的解释如下:"慈恩三藏作如是说:金刚时,慧虽有生灭,而能证解无生灭理,故能证得果尽涅槃,亦能证得常住法大菩提也。"⑥经文:"入理尽金刚三昧,同真际,等法性,而未能等、无等等。譬如有人登大高台,下观一切,无不斯了。住理尽三昧,亦复如是",即是说明"等无等异"。此段经文包含"法"、"喻"、"合"三个

---

①② 圆测:《仁王经疏》卷中末,《大正藏》第33卷,第422页上。
③⑤ 智𫖮:《仁王护国般若经疏》卷五,《大正藏》第33卷,第284页中。
④ 圆测:《仁王经疏》卷中末,《大正藏》第33卷,第422页上一中。
⑥ 同上书,第422页中。

环节。"法说"部分,"谓'入理尽金刚三昧',清净无染,同道后真如际等,于道前法性真如也。言'而未能等无等等'者,谓佛世尊下不及故,名为'无等';与诸佛齐,故名为'等'。金刚已还无能等,'无等等'也。"①此中"等"即相等、相同之义。

其三,"入位住定"。经文说:"常修一切行满功德藏,入婆伽度位,亦复常住佛慧三昧。"②圆测解释说:"谓此位中一切'六度'及'四摄'等,行已满足,具功德藏,入'婆伽度',住佛慧三昧。梵音'婆伽度',此云'世尊',即十号中之一位也。住此位中,观三身三昧,方得圆满。"③

可见,《仁王般若经》中所说的"观佛菩萨"即入第十地"法云地"的菩萨。"法云地",又作"法雨地",菩萨至此位,"大法智云"含众德水,如虚空覆隐无边二障,使无量功德充满法身,因此名为"法云地"。澄观综合诸家之说,对其含义作了较为全面的解释。首先,从字义角度,澄观说:"'云'者,是喻,略有三义:一、'含水'义。二、'覆空'义。三、'霪雨'义。"④而将"法"与"云"联系起来,"云"则有四义:"一、喻'智慧'。二、喻'法身'。三、喻'应身'。四、喻'多闻熏因'。"⑤澄观赞成《摄大乘论》的解释,其文曰:"譬如大云能覆如空,广大障故。此喻'覆空'义。即以前智(即"一切智")能覆惑、智二障。又云,又于法身能圆满故。此有二义:一、喻'霪雨'义。即上之智出生功德,充满所依法身故。二、喻'遍满'。即前之智自满法身耳。"⑥从"所修"角度言之,第十"法云地"为"受位行"。从"十度"的角度言之,第十地为"智度"即"智波罗蜜多"。

---

① 圆测:《仁王经疏》卷中本,《大正藏》第33卷,第422页中。
② 鸠摩罗什译:《佛说仁王般若波罗蜜经》卷下,《大正藏》第8卷,第832页中。
③ 圆测:《仁王经疏》卷中本,《大正藏》第33卷,第422页中一下。
④ 澄观:《华严经疏》卷四四,《大正藏》第35卷,第833页下。
⑤ 同上书,第833页下—834页上。
⑥ 同上书,第834页上。

至此，我们已经逐次分析说明了《仁王般若经·菩萨教化品》所说的"十四忍"和《受持品》所说的"十三观门"（"十三法师"）的内涵。为了方便对照，我们将其浓缩为一个表格。

忍		忍位	十三法师	十三观门	菩萨阶位
伏忍	伏忍下品	信想	习种性菩萨	行十善	十信
	伏忍中品	干慧性种性	性种性菩萨	十慧观	十行
	伏忍上品	十道种性地	道种性菩萨	观诸法无生无住无灭	十回向
信忍	信忍下品	信忍菩萨所谓善、达、明中行者。	善觉摩诃萨	修行四摄	第一欢喜地
	信忍中品		德慧菩萨	修四无量心	第二离垢地
	信忍上品		明慧道人	三明观	第三发光地
顺忍	顺忍下品	顺忍菩萨所谓见、胜、现法	尔焰圣觉达菩萨	逆五见流行五神通	第四焰慧地
	顺忍中品		胜达菩萨	四无畏观	第五难胜地
	顺忍上品		常现真实	中道观	第六现前地
无生忍	无生忍下品	无生忍菩萨所谓远、不动、观慧。	玄达菩萨	三空门观	第七远行地
	无生忍中品		等觉菩萨	净土行	第八不动地
	无生忍上品		慧光神变菩萨	四无碍解说法行	第九善慧地
寂灭忍	寂灭忍下品	菩萨	观佛菩萨	住佛慧三昧	第十法云地
	寂灭忍上品	佛			

四、以般若治国主政与"仁王"护教的理念

佛教作为一种有长久生命力的信仰体系，在中国发生过重大作用。佛教与政治的关系并不仅仅停留于现代人的言说之中。在印度、在古代中国实际上确实起过重大作用。譬如，佛陀亲身传教之时对于当时大国的国王所产生的政治影响，通过《长阿含经·转轮圣王修行经》、《仁王般若经》我们就可以充分地感受到。佛陀圆寂数百年之后，印度有一位阿

育王,本来凶恶暴虐,后来皈依佛教之后,成为仁慈爱民的君王。他觉悟到一个道理,以武力来统治国家,只能服人之口,唯有以佛法真理来度化世间,才能服人之心。因此,在他治理国政期间,每五年要派一批大臣到全国各地去考察佛法传播的情况,并且在街衢要道设立许多石柱,上面篆刻佛教经文。他认为佛法愈弘扬,国家就愈兴盛。如此等等,都反映了佛教在印度政治生活中曾经产生的积极的作用。佛教传入中国后,随着佛教教义的普及、帝王对佛教的积极崇信、尤其重要的是,一大批高僧的菩萨情怀,对帝王的施政理国都曾经产生过深刻而重大的影响。譬如西域高僧佛图澄,度化残暴杀人的石虎、石勒,解救无数生灵。石虎、石勒也尊佛图澄为师,时常请教社稷大事。佛图澄的弟子道安大师,曾劝谏苻坚休战。唐朝太宗、高宗朝的玄奘大师,在主持译经大业的同时,还要随驾太宗左右接受国事咨询。唐代中期的不空大师更是凭借《仁王般若经》以及"仁王法会",在国家危亡的时刻,起了稳定民心、振奋士卒精神的积极作用,为"安史之乱"的平定做出了特殊贡献。从以上事例可以看出,佛教和政治有密不可分的关系,佛教在兴国安邦上,一直扮演重要的角色。前面我们以大量篇幅围绕此经的各种疑问作了详细考辨,这样的分析考证,尽管有些枯燥乏味,但是对于《仁王般若经》在现今社会更顺畅地传播,发挥更大的作用,仍然是必要的。下面,我们拟就《仁王般若经》所着力宣说的"仁王"以"般若精神"治国理政的问题,以及佛陀付嘱佛法予国王所蕴含的"仁王护教"的理念作些分析说明。因为,在我们看来,这两点是《仁王般若经》的重心所在,也应该成为《仁王般若经》现代意义的核心。

第一,我们需要分析说明,依照《仁王般若经》的说法,究竟什么才是"仁王"?

在历史上,智𫖮曾经多次为梁后主宣讲《仁王般若经》,由灌顶记录整理的《仁王护国般若经疏》影响也是最大的,近代圆瑛法师所著的《仁王经讲义》就是以智𫖮的经疏为基本依据的。智𫖮经疏所说明的"仁王"

的内涵,既反映了他对《仁王般若经》经义的理解,又是他所向往的理想帝王的典范。

智𫖮对于"仁王"的说明,由"因缘释"和"四教释"两大部分构成,甚为复杂。智𫖮的"因缘释"如下:

> 施恩布德,故名为"仁";统化自在,故称为"王"。"仁王"是能护,国土是所护,由"仁王"以道治国故也。若望般若,般若是能护,"仁王"是所护,以持般若故"仁王"安隐。若以王能传法,则王是能护,般若是所护也。又"仁"者,忍也。闻善不即喜,闻恶不即怒,能含忍于善恶。故云忍也。王者,统也,四方归统故也。此因缘释。①

智𫖮的上述解释有三层含义:

其一,关于"仁王"本身的含义,即"什么样"的国王才可以称之为"仁王"。智𫖮说了两条,一是"施恩布德"、"统化自在",二是"能含忍于善恶"、"四方归统"。这样的释义,除"'仁'者,忍也"的解释,在中国传统经典中不易发现之外,其他几条其实就是儒家等中国传统"圣王"思想的内涵。这一点,后文的两则问答更为直白些。

> 问:"'人'、'仁'字别,云何取同?"②
>
> 答:"《大经》云,有仁恩故名之为人。《老经》云,圣人不仁,以百姓为刍狗。故知人王行仁,不求恩报。若背道之主,但人非仁。顺道之主,是人亦仁。"
>
> 问:"仁义云何?"
>
> 答:"以字论义,理则易明。上一表天德,下一表地德,立人表人德。圣主道侔造化,德合三才,故曰仁王也。"③

"仁者,人也"是先秦儒学的基本命题,智𫖮引用《大经》、《老子》等来证明

---

① 智𫖮:《仁王护国般若经疏》卷一,《大正藏》第33卷,第253页中—下。
② 同上书,第254页上—中。
③ 同上书,第254页中。

"人王"应该行仁政,"顺道之主"就是"仁王"。智𫖮还说,"仁"表"天德","义"表"地德","人"表"人德"。圣主"德合三才",因此称之为"仁王"。所有这几层解释,都是以中国传统上关于"圣王"的种种说法作为依据的。

其二,在"护国"的问题上,智𫖮讲了三层:一是"仁王"护卫国土,其根基在于"仁王"以道治国。二是"般若"护卫"仁王",因为持般若能使"仁王"安隐。三是从国王传法的角度言之,"仁王"则护卫般若及佛法。

其三,以"忍"来诠释"仁王"体现了佛教的特色,特别是《仁王般若经》在《菩萨教化品》以及《受持品》所着力说明的"十四忍"和"十三法师",都体现了般若智慧治国理政才是国土安稳、民众安康的基本道路。因此,在智𫖮看来,"以道治国"之"道"就是指的"般若"。智𫖮在《仁王护国般若经疏》卷一中,借助四教之判教理论完成他的这一诠释意图。下面我们分层次观之。

(1) 关于"藏教"之"仁王"。智𫖮说:"约教则见诸法生,知生是实;见诸法灭,灭则是空。空则六尘等国不动不转故,三界结尽则王安隐。此二乘所得,名为仁王。三藏意也。"①此处所言的"六尘等国"是指"色"、"声"、"香"、"味"、"触"、"法"等"六尘"。此处所言的"仁王"是以佛教教义知晓万法之生是由于诸缘和合,尽管其生是"实",但其灭也即是"空"。这样观察整个世界,就可以做到"不动不转","王"方才安稳无忧。

(2) 关于"通教"之"仁王"。智𫖮说:"于凡、圣同居土而得自在。若观诸法,色即是空,不生不灭,如幻如化,三界烦恼一时顿断,住于界外化城之中,生已度想,生安隐想,则是三乘之人共行十地。能护方便有余化城之国,各得称王。此通教意。"②"通教"之"仁王",最核心含义是在凡、圣同居之土的得以自在。由于自身已经断除了三界烦恼,住于化成之中,因此,能够护卫化城之国。

---

①② 智𫖮:《仁王护国般若经疏》卷一,《大正藏》第33卷,第253页下。

(3) 关于"别教"之"仁王"。智顗说:"若观诸法,空即是色,色无边故;般若等法,亦复无边。虽复无边而与心不相妨碍,如函大盖大。而无边之法在一心中,一一法中具诸佛法。从于初地乃至妙觉,分分圆满,住莲华台。不动不转,能动能转。即十地菩萨住檀等六,各各为王。此别教意也。"①"别教"之"仁王",实际上修行十地的菩萨,证入真如实相,以"布施"、"持戒"、"忍辱"、"精进"、"禅定"、"般若"等"六度"为"王"教化、化度众生。

(4) 关于"圆教"之"仁王"。智顗说:"若观诸法本来不生,今则无灭。虽无生灭,生灭宛然,双照双亡,契乎中道。广大如法界,究竟若虚空,即从初住乃至佛地,四十二心分分明证中道之理,住常寂光,各得称王。此圆教意也。"②"圆教"之"仁王",与前述"别教"之"仁王"最突出的殊胜之处在于"虽无生灭,生灭宛然",常住于"中道之理"中。

在分别解释了"四教"之"仁王"所证入之境界后,智顗又从总体和"观心"两方面进一步说明了"仁王"的内容。

首先看其对于"仁王"之境界的总结说明。

> 又三藏中,罗汉、支佛烦恼尽,故得"仁王";菩萨及果向忍,见、思未尽但名"王",不名"仁"也。通教佛地、别教妙觉、圆教极果,各是"仁王"。当教自有优劣。若非"仁",则是"王"也。③

其次,智顗又从"本"与"迹"的关系来说明"四教"之"仁王"。智顗说:

> 若约"本"、"迹",即三教之"仁王"为"迹",圆教之"仁王"为"本"。分论本、迹,则圆教十行能为别教之"本",通教佛地即是别教之"迹"。三藏二乘复是通教中"本",展转当教,各有"本"、"迹"云云。②

---

①②③ 智顗:《仁王护国般若经疏》卷一,《大正藏》第33卷,第253页下。
②②③ 智顗:《仁王护国般若经疏》卷一,《大正藏》第33卷,第254页上。

"本门"与"迹门"是由鸠摩罗什门下所首创,智𫖮将其引入诠释《法华经》。"本门"即以标显久远本佛者为本门,以伽耶成佛而自本门垂现的应迹之身为迹门。智𫖮以此来诠释"仁王",显然"仁王"是佛、菩萨之境界。

最后,关于"四教""仁王"之"观心"法门,智𫖮解释说:

> 观心者,观生灭法,见色是有,析之至空,心于色上而得自在。此生灭观心"仁王"也。观色即是空,空、色自在。此无生观心"仁王"也。若观空即是色,次第而入中道正观。此无量观心"仁王"也。若观色空,空、色不二而二,二而无二,双照双亡。此是实相一心三观。三观一心,如彼天目,不纵不横而得自在。此圆教观心"仁王"也。②

"生灭观心"即是"藏教"之仁王,"无生观心"则是"通教仁王","无量观心"则是"别教仁王","一心三观"则是"圆教观心仁王"。智𫖮在对"仁王"通释完毕之后,有这样一段话:"我今圣主道化无方,子育苍生,仁恩普洽。恒以三观安隐色、心,迹尚叵穷,本诚难究矣!"③显然是当时为梁后主讲经时所说的应酬话。

智𫖮关于"仁王"的解释说明被后来的经疏所沿袭,现存的几种经疏所说大同小异。值得一提的是,在唐肃宗、唐代宗时期,由于不空三藏的推动,《仁王般若经》得到了帝王和社会各界的重视崇信,所以,良贲依据不空译本所撰写的《仁王护国般若波罗蜜多经疏》在唐代应该说起了很大作用。然良贲对于"仁王"的解释与前述智𫖮的解释并无大的差别,只是不用"四教"的区分而采用法相学以及密宗的一些教义而已。在此只想引用一段良贲吸收儒家思想解释"仁王"的文字,以见出唐代社会所理解的"仁王",实际上是儒家之"圣王"与佛教之菩萨的结合。良贲说:

> 言"仁"者,人也。正理解,人多思虑故;依义训,人有恩亲故;依

645

书解者,如《大传》云,舜不登而高,不行而远,拱揖于天下而天下称仁。《礼》曰:上、下相亲是谓之仁。又曰:温良者,仁之本。敬慎者,仁之地。宽裕者,仁之作。逊接者,仁之能。礼节者,仁之貌。言谈者,仁之文。歌乐者,仁之和。散者,仁之施。儒者,仁之行。兼而有之,谓之仁。《论语》曰:克己复礼,天下归仁。则恩惠于物,慈施博众,名为仁矣。①

言"王"者,主也。《顺正理论》于劫初时,为分香稻,共立田主三曼多王,此云共许。若言天子者,《金光明》偈云:虽生在人世,尊胜故名天。由诸天护持,亦得名天子。依书解者,《韩诗》曰:王者,往也。天下往之,善养人也,故人尊之。善治人也,故人安之。善悦人也,故人亲之。善饰人也,故人乐之。具此四德,而天下往。《礼》曰:天子以德为车,以乐为脚。又曰:昔者,先王尚有德尊,有道任,有能举有贤,故因天事天,因地事地。《老子》四大,王居其一。《说文》王字,德贯三才,兆庶又安,是称王矣。王有仁德,有财得名,王怀仁德,仁即王故,持业得名。王行仁惠,仁之王故,依主得名。②

与智𫖮的解释相比,良贲的解释儒家的色彩显著增强。

第二,《仁王般若经》经题中的"护国",在经文中细化为"二护"——"内护"和"外护"。从二者的含义以及二者的关系入手,我们可以明了此经的核心教义是以般若思想治国理政,以下稍作分析说明。

以"内护"言之,《仁王般若经》先是言说菩萨经过修行所成就的"佛果",然后言说菩萨修行十地的因缘。不管是鸠摩罗什的翻译还是不空的翻译,都是以三品的篇幅言说"内护"。关于第二、第三、第四品的主旨,智𫖮说:"文大为三:初,此品明自利行,答前问。次,《教化品》明利他行,答第二问。后,《二谛品》明二护所依。"③这是智𫖮解释第二品《观空

---

① 良贲:《仁王护国般若波罗蜜多经疏》卷一上,《大正藏》第33卷,第343页中—下。
② 同上书,第343页下。
③ 智𫖮:《仁王护国般若经疏》卷一,《大正藏》第33卷,第265页中。

品》之宗旨时说的。吉藏所说与智顗之说可以互相补充:"就前三品即为三别。《观空》一品明护果,《教化》一品明护十地因,教物起行,《二谛》一品论辨二谛不二。护果内非无因,为成护果;护因中非无果,为明其因;无分别中,因、果本来清净,为因缘故作一途说耳,勿作有所得心定执也。"①综合二人所说,《观空品》是言佛、菩萨的"自利行"即佛之境界,《菩萨教化品》则说明菩萨化度众生的功德,《二谛品》则说明佛因、佛果的依持。这是从"分别"的角度说的,依照吉藏以"无分别"方法所说,二者是无二的。

现在的问题是,《仁王般若经·观空品》中说:

尔时,佛告大众:"知十六大国王意欲问护国土因缘,吾今先为诸菩萨说护佛果因缘、护十地行因缘。谛听!谛听!善思念之,如法修行。"②

在此经中,波斯匿王等16大国的国王所关注的最大问题是"护国土因缘",而佛陀却首先以护佛因、佛果来回应。这是为什么呢?

对这一疑问,智顗解释说:

问:"王但请护国土因缘,佛何故先为说护佛因、果耶?"
答:"人情粗浅,妙理难知。王虽粗情唯请一,而佛粗妙俱施。又若但为说护国,国土安乐,增长憍慢。今佛说出世因、果,令其厌俗,乐入真也。又索少是弟子之礼,赐多是为师之法。又索少表不贪,施多表不悭。又索少施多,表慈导之志云云。"③

智顗有三点回答:其一,凡夫国王人情粗浅,所请自然仅仅是一。而佛陀粗、妙俱施,所与自然非一。其二,仅仅说护卫国土,恐会增长国王的骄慢,先说出世因果,反倒可使其厌俗出世。其三,索取少弟子之本分,体

---

① 吉藏:《仁王般若经疏》卷上二,《大正藏》第33卷,第323页上。
② 鸠摩罗什译:《佛说仁王般若波罗蜜经》卷上,《大正藏》第8卷,第825页下。
③ 智顗:《仁王护国般若经疏》卷一,《大正藏》第33卷,第265页上。

现出不贪的品德。赐多是为师的德行,体现出不悭的品性。

吉藏的解释是:"'十六大国王意欲问护国土因缘'者,王者本欲令七难不起、妖灾消灭、境土清夷、万民安乐。此王者本意,此则生下外护,经文即《护国品》也。'吾今先为'下,二明许说。夫欲卫其内、外,先立其内行。内行若成,外护得备。所以先明内护也。"①吉藏的回答虽说比较简略,但却有极其重要的一点,即"内行若成,外护得备"。"内护"是"外护"成就的必要前提。"内护"如果成就,"外护"方才可能得以具备。离开"内护","外护"就会成为空中楼阁,根本不可能成就。

良贲的解释如下:"解曰:明佛大悲,平等济护。若唯外护,利乐不均。念外答内,显悲深普,不请而说也。又若唯外,事相虽严,内不澄清,心疾宁念?外严内洁,相应义故。又外因内,方得无灾。三毒不除,三灾必起。借内护外,故先明也。又内、外言,约二相说。法唯一味,平等无差,故佛大悲,曾无异说。由悟不悟,修与不修,深浅次第,理必然故。"②良贲的解释是对于智顗、吉藏等人之说的综合概括:其一,既明"外护",又言"内护",体现了佛陀平等济护的德行;不请而说,则显示了佛陀的慈悲。其二,"外护"表国土严整,"内护"表内心澄清,内、外相应,方才完善。其三,"外护"依凭于"内护",除去贪、嗔、痴"三毒"方才可能避免"三灾"——饥馑灾、瘟疫灾、刀兵灾。其四,"内护"和"外护"之分其实是从"相"上去说的,从根本上,法唯一味,平等无差,无所谓"内"、"外"之别。

总括三人上述之解释,即可明了《仁王般若经》如此言之的深意;也只有将"内护"看做"外护"的基础和必要条件,"外护国土"才是可能的。

第三,作为"外护"之对象的"国土",并非仅仅是指人们最容易想到的有形的、作为现行国家形态的"国土"概念。"外护国土"其实有着更为深刻、更为广泛的含义。以下我们从古德的"国土"释义入手,来说明"外

---

① 吉藏:《仁王般若经疏》卷上,《大正藏》第33卷,第323页中。
② 良贲:《仁王护国般若波罗蜜多经疏》卷上,《大正藏》第33卷,第451页下。

第四章 《圆觉经》、《楞严经》、《仁王经》的基本内容

"护"之所以可能的因缘。

关于"国土"的含义,智颛、圆测、良贲都使用了真谛三藏的解释,只不过智颛未曾标出,圆测、良贲则标出了《本记》字样。圆测说:"释品名者,若依《本记》,'国土'有二:一、世间二乘凡夫。二、出世十信至十地。'贼'有二:一、外劫盗禽兽等。二、内,所谓烦恼。"①可见,此品所言的"国"既指世间中的声闻、缘觉和所有凡夫,也指于"十信"至"十地"等行位中修行的菩萨。而须防卫之"贼",既指一般以为的世间中的各种盗贼,更是指众生心中的各种烦恼及其习气。

良贲则在引述了真谛三藏的如上解释之后,又以四门解释这一问题,其中"能护"二门涉及的是"护卫国土"的承担者的问题,"所护"二门则是对于"护卫对象"即"国土"含义的解释。此处先分析第二门和第四门的内容。

其一,从"所护法"即护卫的对象言之,良贲以"佛法"和"王法"两方面解释之。良贲说:

> 二、所护法者,谓此般若及余诸经更无有法过于般若波罗蜜多者,信受读诵,依教修行,天龙潜护,尚得成佛,况乎七难,岂不灭哉?若王法者,文武之道,赏罚两权,进善黜恶,斯为化本。故《金光明经》第八偈云:国人造恶业,王舍不禁制,斯非顺正理,治摈当如法。若见恶不遮,非法便滋长。遂令王国内奸诉日增多,被他怨敌侵,破坏其国土。由国正令,亦护法也。②

从良贲所说来看,佛、菩萨和世俗国王共同所做的首先是护卫佛法使众生所崇信,其次是保证世间的王法能够得到人们的遵守。两方面相辅相成,佛教和实践才是安稳、祥和的。

其二,从"所护事"即所护卫的世间事务言之,良贲说:"四,所护事

---
① 圆测:《仁王经疏》卷下本,《大正藏》第33卷,第407页下。
② 良贲:《仁王护国般若波罗蜜多经疏》卷下一,《大正藏》第33卷,第488页上。

649

者,严饰道场,听受持读,孝养恭敬,王臣正治。"①前述二者属于佛教内部的弘法事务,后面两项则属于世间民众的社会生活和政治事务。

依照良贲的解释,"护卫"的对象(即"所")则是佛法、王法以及弘法事务、世间的伦理和政治事务。将智𫖮和良贲的诠释结合起来,即可看出,"护卫国土"中所言的"国土"并非现今语言中的"国土"或者"国家"或者"国民"的概念,而是具有既广泛又特殊的含义。总体言之,有七方面:① 须护卫世间中的声闻、缘觉和所有凡夫。② 须护卫从"十信"至"十地"等行位中修行的菩萨。③ 须防备祛除世间中的各种盗贼,尤其是众生心中的各种烦恼及其习气。④ 护卫佛法。⑤ 护卫王法。⑥ 护卫弘法事务。⑦ 护卫世间民众的社会生活和政治事务。

第四,"护卫"的对象——"国土"的含义确立之后,我们就可以考察分析"护卫国土"的承担者以及"护卫国土"的功效何以可能的问题。

关于"护卫国土"的主体承担者,智𫖮、吉藏、圆测等人都沿袭了真谛三藏的诠释。智𫖮的解释是:

> "护"亦有二:一、外即百步鬼神。二、内所谓智慧。若内若外,悉是诸佛、菩萨、神鬼能护人之国土,故名《护国品》。约观,观生灭法护同居土,观无生灭法护有余土,观无量法护果报土,观无作法护寂光土。又百步鬼神护依报国,修行般若护正报国。又鬼神护护命等。②

与诸家注释对照可知,"约观"部分是智𫖮自己的意思,此前是沿袭真谛三藏的说法。真谛尽管仅仅标出"百部鬼神"和"般若智慧",但因为这两者都是诸佛、菩萨之神力,实际上已经标出了四方面。而智𫖮则补充了四种"观心"之法③以及鬼神与般若"护卫"发生作用的范围等。此中,世间国土房屋器具等,为身所依,叫做依报;众生五蕴假合之身,乃过去造

---

① 良贲:《仁王护国般若波罗蜜多经疏》卷下一,《大正藏》第33卷,第488页上。
② 智𫖮:《仁王护国般若经疏》卷五,《大正藏》第33卷,第280页上。
③ 此已经见前文所分析。

业所感,叫做正报。

唐代的良贲法师在引用了真谛三藏的解释之后,在其自创的"四门"解释中,第一、三门都是从"能护"的角度言之。

其一,从"能护"即实施"护国"的主体角度言之,良贲完全强调的是佛、菩萨的摄化众生的功效以及世俗国王、大臣以仁慈和循法治国的政绩。良贲说:

> 能护人者,若佛、菩萨摄生如子,为不请友,如母之慈。《维摩经》云:如菩萨者,谓不离大慈,不舍大悲,深发一切智心而不忽忘,教化众生终不厌倦。又诸菩萨现种种身,随念而应,如观音等,即其护也。又诸王仁惠慈育为心,大臣百察奉法陈令,亦其护也。若尔自护,何待于经?世、出世间,此为异故。①

其二,从"能护心"即护卫者的心态言之,佛、菩萨之慈悲以及国王、大臣涤除"三毒"尤其重要。良贲说:

> 三、能护心者,佛无缘慈,菩萨之悲,应念如响,不言而悉,即护心也。若诸王臣常以正直,无贪、瞋、痴,依文奉法,亦护心也。故《正理》云:由彼时人不平等贪,天龙忿责,不降甘雨,故遭饥馑。又彼时人不平等心,非人吐毒,疾疫难救。又彼时人不平等贪、瞋毒增上故,有刀兵互相残害,由贪、瞋、痴积之于内,三灾、七耀灾变于外,内心不平,欲求外护,煎水求冰,不亦难矣!由无贪等,从化如流,即是经中外护之意。

良贲在文中引用了《王法正理论》。这一论书是玄奘从《瑜伽师地论》卷六一《摄决择分》中节选出来单独改译的。良贲的结论就是,"三毒"是国家混乱的根源。由"不贪"等即可达到天下大治。

依照古德的解释,"能护"的修行所证以及所具有的神力是此经具有

---

① 良贲:《仁王护国般若波罗蜜多经疏》卷下一,《大正藏》第33卷,第487页下—488页上。

"护卫国土"功效的源泉。对此,吉藏解释说:

> 问:"何故弘此经能护国土?"
>
> 答:"其意众多,今略明三义故能护国土。一者,般若是佛母,能生诸佛。今弘宣般若,称可佛心,为佛神通之所拥护,能使七难不生,万民安乐。二者,大乘经是菩萨所学,由讲此经,十方菩萨云集此土,听受大乘。以菩萨神通大故,能令七难不起。三者,此大乘经是十方护法天龙、鬼神等之所爱敬,由讲此经,天龙神等悉来听法,拥护国土,能除七难,灾障不起,故能护国也。"①

吉藏所说的三层含义,即"般若"佛母及其佛的佑护、菩萨的神通以及护法天龙鬼神的护卫。所有这些,其核心仍然是大乘经以及《仁王般若经》所弘扬的教义的殊胜。

第五,《仁王般若经》还有一个特殊之处,就是佛陀在此经中付嘱国王而不付嘱菩萨、声闻弟子。这又说明了什么呢?

鸠摩罗什译《佛说仁王般若波罗蜜经·嘱累品》中说:

> 佛告波斯匿王:"我诚敕汝等,吾灭度后八十年、八百年、八千年中,无佛无法无僧,无信男、无信女时,此经三宝付嘱诸国王、四部弟子受持、读诵、解义,为三界众生开空慧道,修七贤行,十善行,化一切众生。"②

在此,佛陀将此经以及三宝付嘱给国王。这一做法,与一般经典甚为不同。关于这一问题,智颛解释说:

> 问:"何不如《大品》付嘱声闻,《法华》付嘱菩萨,而乃付嘱国王耶?"
>
> 答:"此佛随病设药,以王国有灾厄,弘宣得益,故付嘱。又百事大供养深广,自非王力谁所能办?故付嘱也。又王若不信,法即不

---

① 吉藏:《仁王般若经疏》卷下五,《大正藏》第33卷,第344页上。
② 鸠摩罗什译:《佛说仁王般若波罗蜜经》卷下,《大正藏》第8卷,第833页中。

行。行法在王故付之也。"①

智顗说,这是佛陀随病设药、应机说法的实例。具体有三个方面的缘由:其一,王国有灾难须救度,弘宣此经可以得益,首要者在国王,因此,付嘱国王。其二,此经所讲的"仁王法会",规模宏大,非国王不能完备,因此,付嘱国王。其三,佛法的弘扬存续,首要者在于国王,因此付嘱国王。

良贲则解释说:

> 释品名者,"嘱"谓付嘱,"累"即重累,荷佛重累故名"嘱累"。又以此法嘱付诸王,贺累弘宣,令佛种不断。又嘱《般若》,累代流传,令除灾难,利乐有情。如《大品经》嘱付声闻,《法花经》中付诸菩萨,当根摄益,随别不同。此令三宝久住,非王不能建立,满请主所为,故嘱付非余。②

良贲的解释与智顗大致相同。

正如智顗、良贲的解释,佛陀在此经为国王既提供了使国家稳定平安的祈祷之法,劝诫国王以般若思想治理国政,又义正辞严地警告国王勿毁坏三宝。这一内容具体体现在《嘱累品》所言的"七诫"中。依智顗的解释,"七诫"的名目如下:

> 第二,广辨七诫,文为七:一、诫诸灭法过。二、诫坏四众行。三、诫禁不依法。四、诫自毁。五、诫使役。六、诫自咎。七、诫谬信。③

智顗所说的第一"诫诸灭法过"的内容是诫不得障人出家,第二"诫坏四众行"的重要内容是诫不得俗官治僧,第三"诫禁不依法"的主要内容是诫不得系缚比丘,第四"诫自毁"的内容是告诫国王不得自灭佛法,第五"诫使役"的内容

---

① 智顗:《仁王护国般若经疏》卷五,《大正藏》第33卷,第286页中。
② 良贲:《仁王护国般若波罗蜜多经疏》卷下三,《大正藏》第33卷,第520页中。
③ 智顗:《仁王护国般若经疏》卷五,《大正藏》第33卷,第285页中—下。

是告诫国王不得立籍制约信众,第六"诫自咎诫"的内容告诫国王不得非法得罪,第七"诫谬信"的内容是告诫国王不得不依佛戒而另行制戒。

　　上述五方面的分析,我们着力说明了《仁王般若经》经义的核心是"仁王"以"般若精神"治国理政以及"仁王护教"的理念。理由如下:第一,从古德的诠释来看,"仁王"是将儒家的"圣王"与佛教的"法王"结合起来的。第二,《仁王般若经》经题中的"护国",在经文中细化为"二护"——"内护"和"外护"。"内护"是"佛果"和"佛因"(即菩萨修行十地的因缘)。"内护"是"外护"成就的必要前提。"内护"如果成就,"外护"方才可能得以具备。第三,作为"外护"对象的"国土",并非仅仅是指人们最容易想到的有形的、作为现行国家形态的"国土"概念。此经所言的"国"既指世间中的声闻、缘觉和所有凡夫,也指在"十信"至"十地"等行位中修行的菩萨。而须防卫之"贼",既指一般以为的世间中的各种盗贼,更是指众生心中的各种烦恼及其习气。"护卫"的对象(即"所")则是佛法、王法以及弘法事务、世间的伦理和政治事务。第四,从"能护"即实施"护国"的主体角度言之,佛、菩萨的摄化众生的功效以及世俗国王、大臣以仁慈和循法治国的政绩。从"能护心"即护卫者的心态言之,佛、菩萨之慈悲以及国王、大臣涤除"三毒"尤其重要。依照古德的解释,"能护"的修行所证以及所具有的神力是此经具有"护卫国土"的功效的源泉。第五,佛陀将此经以及佛法付嘱给国王,主要缘由是"不依国主,则法事难立",佛陀并且警告国王勿毁坏三宝。上述五方面的结合,完整地体现了佛陀以佛法治世的理念。

人名索引

宝云 190,513
道安 26,61,162,250,456,588,600,641
道宠 32,78
道生 38,432
道祖 592
法护 190,591,593,594
法朗 39,41,43,188,609,610
法上 50,84,126,127,130—132
法泰 112,113
法显 413,597
法云 17,18,20,42,234,456,457
佛图澄 26,641
佛陀跋陀罗 618,620,623
慧持 398
慧光 77,79,84,100,103,111,126,137,142,605,610,634,635,640
慧皎 594
慧可 288
慧琳 325
慧影 36
慧远 13,19,26,30,31,33,34,38,57,73,74,77,87,99,114,117,118,125—156,158,161,162,398,410,602
鸠摩罗什、罗什 26,38,42,61,64,65,74,141,243,448,456,477,491,586—588,590,591—594,596,599,602—604,610,614—625,627—637,639,645—647,652
勒那摩提 103
梁武帝 177,222,245,589,595
菩提达摩、达摩 19,33,46,48,49,57,62,65—73,257,259,269,274,285,294,314,322,330—333,374,375,377,427,429,430,434,436,463,476,481,501,502
菩提流志 138,140,141,184,187,188,190,191,196,200,256,267,374—376,513,559,561
僧辩 102,320,401,408,409
僧稠 78,132
僧朗 32
僧旻 42
僧柔 42

僧叡 43
僧祐 587—589,591—593
僧肇 38,42
昙迁 13,14,30—34,57,73,74,97—100,106,110—124,152,154,250,404
昙无谶 60,61,141,189,592
昙延 12,26,51,52,56,73,74,101,118,123,124,250,408,410
昙影 43
真谛 42,60,61,106,112,115,116,120,121,140,141,408,456,458,459,587,588,591,592,594—596,600,605,606,610,611,620,622,629,631,635,637,638,649—651
支敏度 61,592
智藏 42,207,208,276,304,359,476,477,480
智猛 376
智严 315,413,468—475
竺法护 64,65,73,350,586—588,590—594,596,600
竺佛念 189